A Philosophy of Evidence Law:
Justice in the Search for Truth

"十三五"国家重点出版物出版规划项目

法学译丛·证据科学译丛／丛书主编　张保生　王进喜

证据法哲学
——在探究真相的过程中实现正义

[新加坡]何福来（Ho Hock Lai）　著

樊传明　曹佳　张保生　等　译

中国人民大学出版社
·北京·

编委会

丛书主编　张保生　王进喜

编　　委（按姓氏笔画排序）：

王进喜　刘　良　李　玲　何家弘
常　林　张保生　满运龙　罗亚平
侯一平

献给我的父母。

中文版序言

我很荣幸看到自己的著作被译成中文出版。尤为幸运的是，本书由张保生教授、樊传明副教授等出色的学者翻译而成。他们投入了大量时间和精力以确保翻译的质量，最终让这本精湛的中文译本问世。我对此不胜感激。本书提出了一个观察证据法，尤其是普通法系证据法的哲学视角。这对译者而言意味着，他们除了要跨越语言之间的隔阂，还要应对一些与他们自己法律传统有别的规则、原则、概念和教义。另一个增添难度的因素是，他们不仅要翻译法律术语，而且要翻译一些哲学术语。我很幸运能有这些杰出的同行来翻译本书。感谢他们在促成本书中文版出版过程中所付出的艰辛和努力！

近年来，法学家和哲学家（尤其是专门研究认识论的哲学家）对法律领域的证据与证明理论，研究兴趣不断攀升。这是一个令人兴奋的趋势！这种趋势不仅发生在普通法地区，而且我们可以看到，它也正在世界其他地区发生，甚至还更加明显。中国就是一个极好的范例：其在该领域已经达到一个值得赞扬和令人兴奋的水平，而这种信誉在很大程度上归功于张保生教授及其同事们的组织与推动。来自不同法系和传统的学者，应当通过跨地域的比较和对话，从他人那里学到更多的东西。不幸的是，如果我们不能跨越语言的隔阂，这些本应被相互学习的东西就会被遮蔽。因此，对相关文献的翻译，能够架起跨越这种隔阂的桥梁。我乐于看到自己的著作现在能被更多中国读者看到——如果缺少这几位译者坚持不懈的努力，就不会发生。就此而言，我也要感谢中国人民大学出版社愿意出版本书中文版。

何福来
2019 年 10 月

英文版序言

证据法被诟病已久。哈维将证据法描述成"一组草率、杂乱、不合理的规则"[1];萨蒙德视之为"法律形式主义的最后避难所"[2];边沁认为它"在任何时候对于揭示真相而言都是不合格的……因此在任何时候对于正义目标而言都是不合格的"[3];据说,克罗斯期待看到证据法这个主题被废除的那一天。[4] 但是,本书将论述:普通法系传统中的证据法,其价值要远远大于上述批评者们所看到的。许多证据规则在其核心运行领域,体现了一些原则;这些原则对于法庭事实认定之认识论和道德上的正当性而言,是不可或缺的。我们只有采取将事实认定者看作"道德主体"的视角,才能看到证据法的完整价值。这种视角即一种在审判程序中履行决定性职责的主体立场。与此不同的另一种视角,可以称作"系统工程师"的视角,即从一种外部立场来评价审判及其规则的人的视角。从外部路径分析证据法,是目前占主流的一种路径。尽管这种路径也富有启发性,但它本身是不充分的。本书阐明,从内部路径来描述证据法,也是不可或缺的。这种描述的一个特点,是聚焦于"审判评议"。对证据规则之功能和目的的分析,是根据它们如何规范性地适用于得出裁决的"推理过程"。本书的一个核心主张是,法庭作出的裁决必须具有正当理由;它们必须满足认识合理性与道德的双重要求。

---

[1] C P Harvey, *The Advocate's Devil* (London: Stevens & Son, 1958) 79.

[2] John W Salmond, *Jurisprudence or the Theory of the Law* (London: Stevens & Haynes, 1902) 597.

[3] Jeremy Bentham, *Rationale of Judicial Evidence*, in John Bowring (ed.), *The Works of Jeremy Bentham*, vol 7 (Edinburgh: William Tait, 1843) 206.

[4] 参见:William Twining, *Rethinking Evidence-Exploratory Essays* (Oxford: Blackwell, 1990) 1.

本书的研究基本上是关于对抗制的，即源于普通法系的那种事实认定传统。当然，在不同的普通法地区，证据规则和法律文化有不少差异。然而，总体说来，仍存在一些为英美法系审判制度所共有的核心特征，即一些核心的教义和概念。本书选出其中三个共同之处：证明标准，关于传闻证据的规则，关于相似事实的规则。个别情况下，本书也会对大陆法系和国际刑事法庭的规则做一些比较。

本书前两章是导论性的。第一章分析了事实认定的许多基本构成要素：这一章讨论了"事实"的角色以及对事实的分类，并对给出裁决这个行为做了一个言语行为分析；这一章还重点分析了审判评议的主要元素，以及控制该过程的诸多法律技术。第二章检视了审判的价值和目的。这一章分析了针对"审判旨在探究真相"这一主张的争论，而且探讨了"真相"和"正义"之间的关联。书中引出了这样一种观念：正义概念指向了一种理性要求，即要求"移情式关怀"。随后，第三章以较长篇幅，讨论了事实认定的认识论方面的问题，维护了对事实认定的信念论阐释，概述了获得相关信念的框架，探讨了评议的方法与形式。这一章的篇幅比其他各章都长。若将这一章拆分为两章，就可以保持各章篇幅的均衡了。但这样做也许是不明智的，因为这一章各节的内容有内在联系，理应放在一起，形成一个连贯的论述。

本书其余章节，挑选出几个证据法主题作为讨论对象。第四章讨论了证明标准，发展了第三章所建构的论点。通过使用"谨慎"这一概念，本书阐明，应当对证明标准采取一种可变性解释，这种解释也能够与对民事和刑事标准的绝对性区分相兼容。第五章和第六章分别分析了传闻与相似事实证据。针对这两个主题的证据规则受到了许多批评，理由是它们对发现真相的目标构成了人为的和不正当的阻碍。本书将论述相反的观点，认为相应的证据规则反映了我们对于发现真相以及实现正义的追求。这两个方面不是相互冲突的要求；毋宁说，它们结合在一起，共同为审判评议设定了合法性约束。本书结语概括和反思了一般性主题，从而结束了本书的论述。

致　谢

本书的写作耗时数年。它是在我博士论文的基础上写就的。我非常感激我的导师 T R S Allan 和 Neil Andrews，感谢他们的耐心与指导。我也要感谢论文答辩组成员 Andrew von Hirsch 和 Ian Dennis，他们提出了有益的评论。本书的部分内容写于 2005 年我在澳大利亚国立大学社会科学研究院从事法律项目的访学期间。我要感谢 Peter Cane 促成此次访学，并感谢他及其同事让我的访学之旅成为一段愉快的经历。我在访学期间结识了 Mike Redmayne，他慷慨地花时间阅读了本书许多章节的草稿。我从他的意见反馈中获益颇多。

我很感激 Andrew Ashworth 将本书收入"牛津刑事法律与正义丛书"，并撰写了丛书编辑序言。我还应感谢我所在的大学以及两位成功的院长 Chin Tet Yung 和 Tan Cheng Han 的支持。C J Koh 法律图书馆工作人员的帮助，对于我完成此书非常关键。Luo Ling Ling 和 Alfian Teo 在搜集资料和其他事务方面给我提供了帮助。

与牛津大学出版社编辑团队相处，包括 Gwen Booth、Hayley Buckley 和 Rachel Kemp，是非常愉快的。Nikki Tomlinson 是一位非常出色的技术编辑。牛津大学出版社咨询过的四位评审者，对本书提出了非常有益的评论和建议。我希望最终出版的书稿不至于令他们非常失望。

本书的部分章节摘自以下文章：（1）*Justice in the Pursuit of Truth: A Moral Defense of the Similar Facts Rules*（2006）35 Common Law World Review 51.（2）*Similar Facts in Civil Cases*（2006）26 Oxford Journal of Legal Studies 131.（3）What

Does a Verdict Do? A Speech Act Analysis of Giving a Verdict，International Commentary on Evidence：vol 4，2006：issue 2，article 1 ＜http：//www. bepress. com/ice/vol4/iss2/art1＞. 我要感谢这些期刊的编辑和出版者，允许我再次发表相关内容。

许多知晓本书写作计划的同事，经常询问我写作的进度，尤其是当写作进入最后阶段时。谢谢他们的关心。George Wei 和 Tan Keng Feng 尽管已经不再是我的同事（这很遗憾），却仍然继续给我提供了莫大的鼓励。我要以此铭记对他们友谊的感激。

简 目

第一章 事实认定 ⋯⋯⋯⋯⋯⋯⋯⋯⋯⋯⋯⋯⋯⋯⋯⋯ 1
导论 ⋯⋯⋯⋯⋯⋯⋯⋯⋯⋯⋯⋯⋯⋯⋯⋯⋯⋯⋯⋯ 1
第一节 事实和事实认定 ⋯⋯⋯⋯⋯⋯⋯⋯⋯⋯⋯ 1
第二节 事实认定：言语行为分析 ⋯⋯⋯⋯⋯⋯ 16
第三节 事实认定：评议方面 ⋯⋯⋯⋯⋯⋯⋯⋯ 44
第四节 事实认定：视角 ⋯⋯⋯⋯⋯⋯⋯⋯⋯⋯ 63
结论 ⋯⋯⋯⋯⋯⋯⋯⋯⋯⋯⋯⋯⋯⋯⋯⋯⋯⋯⋯ 68

第二章 真相、正义与正当理由 ⋯⋯⋯⋯⋯⋯⋯⋯ 69
导论 ⋯⋯⋯⋯⋯⋯⋯⋯⋯⋯⋯⋯⋯⋯⋯⋯⋯⋯⋯ 69
第一节 对真相的探究 ⋯⋯⋯⋯⋯⋯⋯⋯⋯⋯⋯ 70
第二节 外在分析 ⋯⋯⋯⋯⋯⋯⋯⋯⋯⋯⋯⋯⋯ 84
第三节 内在分析 ⋯⋯⋯⋯⋯⋯⋯⋯⋯⋯⋯⋯⋯ 97
结论 ⋯⋯⋯⋯⋯⋯⋯⋯⋯⋯⋯⋯⋯⋯⋯⋯⋯⋯ 115

第三章 法律中的事实认定认识论 ⋯⋯⋯⋯⋯⋯ 117
导论 ⋯⋯⋯⋯⋯⋯⋯⋯⋯⋯⋯⋯⋯⋯⋯⋯⋯⋯ 117
第一节 认识论基础 ⋯⋯⋯⋯⋯⋯⋯⋯⋯⋯⋯ 118
第二节 信念与概率 ⋯⋯⋯⋯⋯⋯⋯⋯⋯⋯⋯ 147
第三节 审判评议的结构 ⋯⋯⋯⋯⋯⋯⋯⋯⋯ 197
结论 ⋯⋯⋯⋯⋯⋯⋯⋯⋯⋯⋯⋯⋯⋯⋯⋯⋯⋯ 236

第四章 证明标准 ⋯⋯⋯⋯⋯⋯⋯⋯⋯⋯⋯⋯⋯⋯ 237
导论 ⋯⋯⋯⋯⋯⋯⋯⋯⋯⋯⋯⋯⋯⋯⋯⋯⋯⋯ 237

第一节　外在分析 ·· 237
　　第二节　内在分析 ·· 254
　　结论 ·· 314

第五章　传闻证据 ··· 315
　　导论 ·· 315
　　第一节　外在分析 ·· 316
　　第二节　内在分析 ·· 325
　　结论 ·· 382

第六章　相似事实证据 ·· 385
　　导论 ·· 385
　　第一节　刑事案件 ·· 385
　　第二节　民事案件 ·· 429
　　结论 ·· 456

结语 ·· 458
索引 ·· 460
译者后记 ·· 486

详 目

第一章 事实认定 ... 1
导论 ... 1
第一节 事实和事实认定 ... 1
  1.1 事实的角色 ... 3
  1.2 事实、法律和价值 ... 9
  1.3 对事实的分类与认定 ... 14
第二节 事实认定：言语行为分析 ... 16
  2.1 引言 ... 16
  2.2 叙事—施为的区别 ... 18
  2.3 不当言行和真诚条件 ... 20
  2.4 语言用途 ... 22
    2.4.1 言内行为与一项裁决的命题内容 ... 22
    2.4.2 言外行为与一项裁决的力量和指向 ... 24
    2.4.3 言后行为和言外指向：
          一项裁决的附随效果 ... 26
  2.5 作为言语行为的裁决：其力量维度 ... 27
    2.5.1 裁决的宣告性方面 ... 27
    2.5.2 裁决的断言性方面 ... 30
    2.5.3 无相应事实断言的宣告 ... 33
    2.5.4 裁决的归属性方面 ... 37
    2.5.5 裁决的表达性方面 ... 39

  2.6 小结 ·· 43
 第三节 事实认定：评议方面 ······························ 44
  3.1 引言 ·· 44
  3.2 评议的方面 ··· 45
    3.2.1 认知过程 ································ 45
    3.2.2 对证据和论证的评价 ················· 47
    3.2.3 决定相信什么和认定什么 ··········· 49
  3.3 自由与限制 ··· 50
  3.4 控制方式：劝告、规定和排除 ················ 53
    3.4.1 劝告 ······································· 55
    3.4.2 规定 ······································· 57
    3.4.3 排除 ······································· 58
    3.4.4 规定和忽略证据指示的有效性 ····· 60
 第四节 事实认定：视角 ······································ 63
  4.1 外在视角：系统工程师的视角 ················ 63
  4.2 内在视角：作为道德主体的
      事实认定者的视角 ··························· 65
结论 ·· 68

第二章 真相、正义与正当理由 ···························· 69

 导论 ·· 69
 第一节 对真相的探究 ······································ 70
  1.1 对立的观点 ··· 70
  1.2 真相与争辩 ··· 72
  1.3 真相与可接近性 ··································· 74
  1.4 真相与真诚 ··· 78
 第二节 外在分析 ··· 84
  2.1 探究真相的障碍 ··································· 84
  2.2 程序正义的不充分性 ···························· 88
  2.3 对真相的愿望：准确性和可靠性 ············ 90
  2.4 作为公正的正义 ··································· 93

2.5　真相是首要但非绝对的目标 …………………… 95
　第三节　内在分析 ……………………………………… 97
　　3.1　引言 …………………………………………… 97
　　3.2　认识论上的正当理由 ………………………… 97
　　　　3.2.1　内在的认识论正当理由 ……………… 98
　　　　3.2.2　作为外在的正确性标准的真相 ……… 105
　　3.3　正义的伦理学 ………………………………… 107
　结论 …………………………………………………… 115

第三章　法律中的事实认定认识论 …………………… 117
　导论 …………………………………………………… 117
　第一节　认识论基础 …………………………………… 118
　　1.1　断言 …………………………………………… 118
　　1.2　知识 …………………………………………… 120
　　1.3　信念 …………………………………………… 123
　　1.4　真相 …………………………………………… 137
　第二节　信念与概率 …………………………………… 147
　　2.1　信念与事实认定 ……………………………… 147
　　2.2　概率理论 ……………………………………… 152
　　　　2.2.1　物理概率 ……………………………… 155
　　　　2.2.2　认识论概率 …………………………… 156
　　　　2.2.3　区别与联系 …………………………… 159
　　2.3　审判与概率 …………………………………… 161
　　2.4　命题内容 ……………………………………… 167
　　2.5　两种信念概念 ………………………………… 171
　　　　2.5.1　部分信念 ……………………………… 171
　　　　2.5.2　绝对信念 ……………………………… 175
　　　　2.5.3　例证 …………………………………… 178
　　　　2.5.4　区别和联系 …………………………… 180
　　2.6　证明悖论 ……………………………………… 186

第三节 审判评议的结构 ·················· 197
  3.1 沙克尔的绝对信念模式 ················ 197
  3.2 相关的替代性理论 ·················· 208
  3.3 相对似真性理论 ··················· 214
  3.4 审判评议的叙事模型 ················ 222
  3.5 证据支持的概念 ··················· 228
结论 ····························· 236

第四章 证明标准 ······················ 237
导论 ····························· 237
第一节 外在分析 ······················ 237
  1.1 特征 ························· 237
  1.2 批评 ························· 244
第二节 内在分析 ······················ 254
  2.1 导言 ························· 254
  2.2 谨慎标准 ······················ 256
    2.2.1 语境与谨慎 ················· 256
    2.2.2 语境与信心 ················· 258
    2.2.3 理论和实践推理概述 ············ 259
    2.2.4 事实认定中的正义与正当理由 ········ 261
    2.2.5 审判评议中的理论和实践推理 ········ 269
    2.2.6 怀疑主义 ··················· 273
    2.2.7 认识语境主义 ················ 276
    2.2.8 对知识和证成信念的利益相关解释 ····· 282
    2.2.9 认识论的伦理学 ··············· 285
    2.2.10 可变的证明标准 ·············· 293
    2.2.11 对可变标准的反对 ············· 303
  2.3 对谨慎的分配 ···················· 306
    2.3.1 态度差异 ··················· 306
    2.3.2 中立性态度 ················· 307

详 目

   2.3.3 保护性态度 ································ 311
  结论 ··· 314

第五章　传闻证据 ································ 315

  导论 ··· 315
  第一节　外在分析 ································ 316
   1.1 陪审团能力不足 ························· 317
   1.2 程序保障：宣誓和交叉询问 ············· 321
   1.3 可靠性 ······································ 324
  第二节　内在分析 ································ 325
   2.1 证言论点 ·································· 326
    2.1.1 证言 ································ 326
    2.1.2 传闻规则的适用 ················ 330
    2.1.3 亲身知识要求 ··················· 334
    2.1.4 相信证言的正当理由 ·········· 337
    2.1.5 批判性裁判的职责 ············· 338
    2.1.6 作证程序的意义 ················ 343
    2.1.7 对证言论点的评价 ············· 346
    2.1.8 裁判的职责 ······················ 352
    2.1.9 作为规范性原则的证言论点 ··· 358
   2.2 可废止性论点 ···························· 359
    2.2.1 公平论点 ························· 359
    2.2.2 对公平论点的批评 ············· 363
    2.2.3 可废止性论点 ··················· 364
    2.2.4 对可废止性论点的限制 ······· 370
    2.2.5 暗示性传闻 ······················ 374
  结论 ··· 382

第六章　相似事实证据 ·························· 385

  导论 ··· 385
  第一节　刑事案件 ································ 385

1.1　概述 ·· 385
　　　1.2　外在分析 ··· 390
　　　　　1.2.1　外部证成解释 ·· 390
　　　　　1.2.2　对外部证成的批判 ···································· 393
　　　1.3　内在分析 ··· 398
　　　　　1.3.1　对证据推理的道德约束 ····························· 398
　　　　　1.3.2　先前不当行为证据的使用和滥用 ············· 404
　　　　　1.3.3　对平衡检验的重新解读 ··························· 415
　　　　　1.3.4　信念的道德性 ·· 418
　　　　　1.3.5　职权主义制度和国际刑事审判 ··············· 422
　　　　　1.3.6　对理论范围的限制 ···································· 425
　　　1.4　小结 ·· 427
　　第二节　民事案件 ··· 429
　　　2.1　概述 ·· 429
　　　2.2　判例三部曲中的规则 ···································· 429
　　　2.3　奥布赖恩案中的事实与裁决 ························ 435
　　　2.4　阶段一：可采性 ·· 436
　　　　　2.4.1　相关性和证明力 ······································· 437
　　　　　2.4.2　心理偏见 ·· 441
　　　　　2.4.3　道德偏见 ·· 442
　　　　　2.4.4　相似事实规则在民事和刑事诉讼中的
　　　　　　　　差异 ··· 444
　　　2.5　阶段二：自由裁量 ·· 454
　　结论 ··· 456

结语 ·· 458
索引 ·· 460
译者后记 ·· 486

第一章

事实认定

导 论

本章旨在为后续各章的实质性论证奠定基础。事实认定是指这样一个任务：①得到（arriving at）并②给出（giving）关于③事实问题（question of fact）的答案。这个陈述并非要提出一个定义，它只是强调了事实认定的三个核心方面。这三个方面对于本书的主要论点来说，是一个值得讨论的开场白。元素③是本章第一节的焦点：它关注"事实"在法律裁判中的角色，考察形成事实认定的法律标准和评价标准，并讨论对事实及其认定的常见分类。事实认定具有可称为公共方面（public aspect）和评议方面（deliberative aspect）的内容。公共方面是关于给出一项裁决所涉及的内容（元素②）。给出裁决是一项事实认定之最普通的方面。如在第二节读者将会看到的，给出一项裁决，就是要作出一个言语行为，该言语行为同时具有各种言外之力（illocutionary forces）。事实认定的另一个方面是推理过程，法院通过该推理过程得到其结论（元素①）。这是第三节的论题，它对审判评议进行了一般性的分析，并考察了法律对其进行控制的方式。贯穿本研究将会涉及审判的两个视角，它们对应于两种整体上不同的分析和评价方法。这些视角和方法将在第四节予以介绍。

第一节 事实和事实认定

如果事实认定就是为事实问题找到答案，那么，对该主题的研究以询问以下问题为开端可能是很自然的:"什么是一个事实问题?"我们通常在一个对比模式中界定它:"一个事实问题",何以区别于"一个法律问题"?这种界分会产生许多法律后果,这里只列举几个例子:人们都说,事实问题由陪审团裁决,法律问题则由法官决定;通常,可以就法律要点提出上诉,但却不能就一项对事实的认定上诉;对事实的认定,不像对法律问题的裁定那样具有先例价值;而且,对事实必须进行答辩,对法律则不必。

首先,要对这样一个具有广泛适用范围的界分,给出一个统一且合乎逻辑的阐述,是非常困难的。大多数法律人并不看好先验分析的前景,而是提倡一种实用主义的方法,这种方法是基于对该问题进行此种或彼种界定的有用性。[1] 其次,一个问题并非要么明确地属于事实问题,要么明确地属于法律问题。例如,某人是否犯有被指控的罪行,既不严格地属于前者,也不严格地属于后者。[2] 再次,关于证据和证明的观念,看起来比"事实问题"的概念更基本。通过把"事实问题"界定为"要求证据和证明的问题",这些观念可被用于解释该概念[3];反之,试图用事实问题的概念来解释证据和证明的观念,是不大可能奏效的。

出于这三个理由,关于"事实问题",若聚焦于它与"法律问题"之差异的抽象分析,将不能很好地服务于现在的目的。取而

---

[1] Kim Lane Scheppele, "Facing Facts in Legal Interpretation" (1990) 30 Representations 42; Ronald J Allen and Michael S Pardo, "The Myth of the Law-Fact Distinction" (2003) 97 Northwestern University L Rev 1769, and "Facts in Law and Facts of Law" (2003) 7 Intl J of Evidence and Proof 153; John Jackson, "Questions of Fact and Questions of Law" in William Twining (ed), *Facts in Law* (Wiesbaden: Franz Steiner, 1983) 85. Cf Timothy Endicott, "Questions of Law" (1998) 114 LQR 292(为该界分提供了一种分析方法)。

[2] Endicott (n 1) 310. Cf Peter Brett, *An Inquiry into Criminal Guilt* (London: Sweet and Maxwell, 1963) 73 - 4:"人们常说,陪审团决定事实,法官决定法律。这也许符合民事诉讼的情况,但在刑事案件中并非如此。陪审团在刑事审判中的作用不仅是决定事实,还有决定犯罪。"

[3] 若需进一步阅读,see Neil MacCormick, *Legal Reasoning and Legal Theory* (Oxford: OUP, 1978) 86 - 97.

第一章 事实认定

代之，我们转而考虑以下关于事实认定中之"事实"的三个主题：（1）事实在法律裁判中的角色以及该角色如何与正义观相联系；（2）事实和法律、事实和价值之区分的间隙和实质性；（3）在传统证据法词汇中和能够做出的各种认定中，对事实的逻辑分类。下文按同样顺序对这三个主题进行讨论。

1.1 事实的角色

当代法律裁判的一个区别性特征，是它以事实为取向（fact-orientation）。确实，法院里的争端可能并且经常不基于事实。有时候，一审是在"一致认可的事实"的基础上对案件进行争辩；而且上诉法官主要处理法律问题。但即使在对事实无争议的情况下，事实也会成为法院裁决之正当理由的组成部分。法律规则中包含了对事实的概括。[4] 因此，根据法律规则对每一争端做出裁判，都是基于被相信或被当作是案件事实的东西。

然而，在争端解决的逻辑中，没有哪一点表明，它必须基于对事实的证明。从理论上说，用抛硬币的方法来终结双方当事人的一个动产权利之争，这是可能的。此处也存在一个事实：硬币以有利于一方的方式落地。但那是随机产生的事实，该事实决定了（而不是证明了）对该动产的权利。这是一种纯粹程序性的争端解决方式。[5] 该动产的分配并非基于任何实体正义原则。掷硬币的情况，不会在现代法庭上发生。[6] 正如霍普勋爵（Lord

---

[4] 因此有 *ex facto oritur ius*（法律源于事实）这一个格言：Max Radin, "Ex Facto Ius: Ex Iure Factum" in Paul Sayre (ed), *Interpretations of Modern Legal Philosophies—Essays in Honour of Roscoe Pound* (Oxford: OUP, 1947) 578, 582. 或更确切的说法是 *per factum cognoscitur ius*（借助于事实我们才能认清法律）: Ibid, 583.

[5] John Rawls, *A Theory Justice* (Oxford: Oxford University Press, Revised ed, 1999) 75.

[6] *Re A (Children) (Conjoined Twin: Surgical Separation)* [2001] Fam 147, 203: "法律不能说：正面赢，背面输。" 在弗朗索瓦·拉伯雷16世纪的喜剧小说《巨人传》中，布赖德尔古斯法官对这种方法的使用，遭到很多取笑。*Garantua and Pantagruel*, Burton Raffel trans (London: W W Norton & Co, 1990) 354-355, 356-357. 但这种选择，可能并不像它表面上看起来那样荒谬：Neil Duxbury, *Random Justice—On Lotteries and Legal Decision-Making* (Oxford: Clarendon Press 1999) especially ch 5.

Hope）在 *R v Mirza* 案中论述的那样："以抽签或掷硬币的方式作出裁决的审判，或者在陪审团评议室里通过乞求显灵板而达成裁决的审判，根本就不是审判。"[7] 我们反对这些方法的任意性。人们认为，法律裁决应当依据超越个案的规则、标准或原则。伴随法律标准、规则和原则的引入，事实也进入到裁判中。以下观点既符合历史，也符合逻辑：夏皮诺（Shapiro）说，"事实"的概念源于法律[8]；米尔森（Milsom）将作为规范性规则体系的法律之发展，归功于法院对争议事实日益增加的敏感性。[9]

掷硬币是一个虚构的例子。但是对于不是通过证明事实而解决的争端来说，它却不仅仅是一种理论上的可能性。一位法律社会学家向我们阐述了"事实取向"的裁判形式与"游戏类型"（play genres）的裁判形式之间的一个重要区别：前者是通过"'审查证据'而判定'事实'的过程"，后者则是通过"诉诸某种符号性、表达性或非理性的模式来确定结果"[10]。后者的一个著名例子，是法律人类学家经常讨论的因纽特人歌咏比赛——说得直白一点，就是通过对歌来解决争端。[11] 的确，现代的普通法审判方式，是从一种并非基于证明事实的方式演化而来的。

---

[7] [2004] UKHL 2, [2004] 1 AC 1118, 1164, para 123. 关于陪审团使用显灵板的事例，see Young (1995) 2 Cr App R 379.

[8] Shapiro, "The Concept 'Fact': Legal Origins and Cultural Diffusion" (1994) 26 Albion 227.

[9] S F C Milsom, "Fact and Law in Legal Development" (1967) 27 University of Toronto L J 1. 以下文章提出了相同论点：Joseph R Strayer, "The Writ of Novel Disseisin in Normandy at the End of the Thirteenth Century", in *Medieval Statecraft and The Perspectives of History—Essays by Joseph R Strayer* (New Jersey: Princeton University Press, 1971) ch 1.

[10] Brenda Danet, "Language in the Legal Process" (1980) 14 Law and Society Rev 445, 491；请比较第 IV（D）部分（"游戏类型的争端"）与第 IV（E）部分（"'事实'取向的争端"）。关于"游戏类型"，另参见：Mark Cammack, "Evidence Rules and the Ritual Functions of Trials: Saying Something of Something" (1992) 25 Loyola of Los Angeles L Rev 783.

[11] Eg Max Gluckman, *Politics, Law and Ritual in Tribal Society* (Chicago: Aldine, 1965) 303-313.

第一章 事实认定

在中世纪，正确与错误之争，也不是以分别提出事实和法律问题的方式来解决。[12] 相反，所采取的是一种整体性方法。如贝克（Baker）所说，中世纪的证明方式"旨在避免由人类裁决案件在事实上的是非曲直"[13]。"在［这些程序］背后，不存在探究事实的问题。"[14] 例如，关于解决争端的整体性态度，反映在当事人、原告证人（原告方保证人）[15] 和被告证人（被告方宣誓辅助人）所做宣誓的性质上。[16] 在共誓涤罪程序中，对正义的主张或否认是以宽泛的方式表达的，并未深入事实细节。一个"'真实

---

[12] Mirjan Damaška, "Rational and Irrational Proof Revisited"（1997）5 Cardozo J Intl and Comparative L 25, 25 - 29. 当时，是根据"民间法"（Harold J. Berman, *Law and Revolution-The Formation of the Western Legal Tradition*（Cambridge, Massachusetts: Harvard UP, 1983）ch 1）、"习惯与睿智的劝诫"（J H Baker, *An Introduction to English Legal History*（4th edn, London: Butterworths, 2002）1; Morris S. Arnold, "Law and Fact in the Medieval Jury Trial: Out of Sight, Out of Mind"（1974）18 American J Legal History 267, 278 - 280）、宽泛的对错观念即什么行为应受惩罚的观念（Rebecca V Colman, "Reason and Unreason in Early Medieval Law"（1974）4 J Intl History 571, 580; Paul Vinogradoff, *Villainage in England—Essays in English Mediaeval History*（Oxford: Clarendon Press, 1892）377）等进行裁判的。另参见：S F C Milsom, *Historical Foundations of the Common Law*（2nd edn, London: Butterworths, 1981）39（"在整个过程中，唯一可见的实体性规则，是那些包含在关于可接受性要求之标准中的规则"）. 那时没有发达的"法律"，即对事实情形作清楚界定和分类的逻辑规则体系。如米尔索姆所说："法律的发展在于对事实的愈加详细的考量"，"在任何时候，法律的发展都以法律程序能为法律裁决提供事实的程度为限"。S F C Milsom, "Law and Fact in Legal Development"（1967）27 University of Toronto LJ 1, 1. 同样的主题，参见：Joseph R Strayer, "The Writ of Novel Disseisin in Normandy at the End of the Thirteenth Century", in *Medieval Statecraft and The Perspectives of History*（Princeton: Princeton UP, 1971）ch 1.

[13] Baker（n 12）5.

[14] Baker（n 12）5.

[15] See Frederick Pollock, "English Law Before the Norman Conquest"（1898）14 LQR 291, 294; A L Goodhart and H G Hanbury（eds）, William Holdsworth, *A History of English Law*, vol 1（7th edn, London: Methuen, 1956）300; and Henry C Lea, *Superstition and Force: Torture, Ordeal, and Trial by Combat in Medieval Law*（NY: Barnes & Noble Books, 1996）81.

[16] Dorothy Whitelock, *English Historical Documents*: 500 - 1042 vol 1（Oxford: OUP, 1955）335; Damaška（n 12）26; Max Rheinstein, *Max Weber on Law in Economy and Society* 227（Cambridge, Massachusetts: Harvard UP, 1954）; and Lea（n 15）55.

的'誓言,还带有个人的规范性评价,而不仅仅就是他对于誓言与经验现实相符的信念。"[17] 的确,对于证明被告无罪的证人,并不要求其对争议事实拥有任何亲身知识[18];他们只是"对被告的可信性和自己誓言的纯洁性"宣誓[19],这与今天的品性证人好有一比。[20] 他们所宣誓的"真相",不仅仅包括与外部事实相符这一理智意义,而且更重要的是,还包括(现在人们所不熟悉的)对他们所支持之人"忠心、忠诚和忠实"这一道德意义。[21] 同样地,尽管只在有"一位证人的肯定性誓言"且其"能够对他所见宣誓"的情况下才能进行司法决斗[22],但使用完全驳回(blanket denial)就意味着,不存在需要裁决的具体事实要点。[23] 一位研究者对此评论道:"决斗的结果独立于认知上的真相观念。"[24] 神明裁判也是这样。人们相信,神明通过其裁决而分配了正义——

---

[17] Trisha Olson, "Of Enchantment: The Passing of the Ordeals and the Rise of the Jury Trial" (2000) 50 Syracuse L Rev 109, 123.

[18] James Bradley Thayer, *A Preliminary Treatise on Evidence at the Common Law—Part I Development of Trial by Jury* (Cambridge, Massachusetts: University Press, 1896) 25; R H Helmholz, "Crime, Compurgation and the Courts of the Medieval Church" (1983) 1 Law and History Rev 1, 13.

[19] J Laurence Laughlin, "The Anglo-Saxon Legal Procedure", in H Adams (ed), *Essays in Anglo-Saxon Law* (South Hackensack, NJ: Rothman Reprints, 1972) 183, 297; see also James Appleton Morgan (ed), William Forsyth, *History of Trial by Jury* (2nd edn, Jersey: Frederick D Linn, 1875) 62; and W J V Windeyer, *Lectures on Legal History* (2nd edn, Sydney: The Law Book Co, 1957) 12.

[20] R C Van Caenagem, "Methods of Proof in Western Medieval Law", in *Legal History: A European Perspective* (London: Hambledon, 1990) ch 4, 77; and Scott Rowley, "The Competency of Witnesses" (1939) 24 Iowa L Rev 482, 485.

[21] Richard Firth Green, *A Crisis of Truth—Literature and Law in Ricardian England* (Philadelphia: University of Pennsylvania Press, 1999) ch 1, 101-2.

[22] Milsom (n 12) 39.

[23] S F C Milsom, *The Legal Framework of English Feudalism* (Cambridge: CUP, 1976) 76. 中世纪文献很好地记录了司法决斗前的指控和驳回程序:eg, R Howard Bloch, *Medieval French Literature and Law* (Berkeley: University of California Press, 1977) ch 1, especially 29.

[24] Bloch (n 23) 46.

第一章 事实认定

这种正义在当时环境下是恰当的，而且是被作为一个整体考虑。[25] 一方当事人的整体品性和名声，与其所受指控之真实性一样，也在接受审判。[26]

如果我们所说的"证明"（proof）是指对事实的证明，那么，通过神明裁判、共誓涤罪或司法决斗进行审判的结果，严格地说并不是**证明**的结果（*proof* outcome）；毋宁说是**裁判**的结果（*adjudication* outcome）：它标志着争端的终结，而非对事实的认定——需要将法律规则适用于事实认定然后才能得出裁决。或者，人们也可以持一种宽松的证明观，把中世纪证明模式的结果，看作既是证明结果又是裁判结果；在这种语境下，这两个概念是无法区分的。我们无法仅仅在以下正式的、实证主义的意义上使用裁判结果的概念：通过将对法律规则的正确解释适用于真实的事实认定，然后得出裁判结果。在法律和事实没有严格区分的时代，这种分析方式是不恰当的。[27] 使用中世纪证明模式所寻求的正义，并非是根据适用于案件事实的实体性规范；相反，它是基于对一种精神力量的屈从和信仰。中世纪审判寻求神的正义。这与受规则支配、以事实为基础的正式司法，存在着概念上的区别。[28]

相比之下，事实和法律之间的概念性区别，对于现代的法律分析来说是核心性的。法律并不是通过掷硬币来决定责任或犯罪，

---

[25] Paul R Hyams, "Trial by Ordeal: The Key to Proof in the Early Common Law", in Morris S. Arnold *et al* (eds), *On the Laws and Customs of England—Essays in Honor of Samuel E. Thorne* (Chapel Hill: University of North Carolina Press, 1981) ch 4, 111: "在对整个人及其灵魂的判决中，神宣告该人的一个特定行为有罪还是无辜。"

[26] Green (n 21) 110: "对于那些偏爱灵活的面对面司法的小规模社会而言——在这样的社会中个人的荣誉、声誉与是否有罪关系密切——那种不带感情色彩的事实调查（我们认为其构成了更高级的法律形式），往往显得同样令人反感。"

[27] A D E Lewis, "The Background to Bentham on Evidence" (1990) 2 Utilitas 195, 197.

[28] H L Ho, "The Legitimacy of Medieval Proof", (2004) 14 J of L and Religion 259.

而是根据标准、规则和原则来决定它们。如果法律确立了这样的规则：一个人以这种或那种方式行事，就构成了犯罪；那么，法院承担的任务就是决定：作为一个事实问题，被告人是否在被指控的场合以该方式做出了行为。根据流行的（但如下文所述，也是过于简单化的）法律推理模式，法律结论是随着相关规则适用于所认定的事实而得出的。这种以三段论演绎方法进行的推理，其大前提是"如果 F，那么，C"形式的规则，也就是：如果法院认定 F（即被告人从事了检控方所述的行为），就必须进一步认定 C（即被告人犯有其被指控的罪行）。C 又作为进一步的规则"如果 C，那么，P"的前件（antecedent）而发挥作用：如果法院认定 C（被告人犯了罪），法院就可以或必须作出 P（惩罚被告人）。[29]

  以现代观点看，法律裁判有两个名义上不同的成分：证明的结果和裁判的结果。被告人真的从事了这种或那种行为吗？如果该事实主张的真实性具有法律意义，或者说会传导某种法律后果，那么这个问题在法律上就是相关的；因此，如果一项对事实的认定会要求或支持一项关于被告人有罪或担责的裁决，那么该问题就是相关的。对该事实问题的回答是证明结果，而审判结束时的裁决是裁判结果。它们是法律裁判中的两个在理论上不同的方面，即使它们无法被完全分开[30]，即使有的时候证明结果不会被公开——典型的例子就是陪审团裁决。陪审团裁决通常用一般性术语宣告被告人有罪或担责，而不披露任何具体的对事实的认定。不过，事实和法律的概念，在对导致该裁决之评议的分析性建构中，应当占有重要位置。从法律的形式意义上说，正义就是在法律面前人人平等；并且，由于法律的运行是基于事实，因此正义

---

  [29] 关于这种模型的更高级版本，see Joseph Horovitz, *Law and Logic—A Critical Account of Legal Argument* (NY: Springer-Verlag, 1972) 148-160.
  [30] 关于这个困难，see Adrian A S Zuckerman, "Law, Fact or Justice?" (1986) 66 Boston University L Rev 487, 487-494.

取决于事实真相。从概念上讲，法律本身是否正义，是另一个不同的问题。这样一来，真相和正义就可以分开了。这种对司法推理的理解，没有描绘出审判评议的全部真实面目。

1.2 事实、法律和价值

这种理解是不切实际的，原因有多个方面。首先，它不承认法律和事实之间复杂的相互作用。法院并不是分别考虑法律和事实，然后再将法律适用于事实。不仅事实的相关性以及事实调查的范围是由法律所决定的，而且什么法律相关也是由事实所决定的。[31] 事实和法律是被协同考虑的，而且"不断地彼此调整适应，直到得出一个结果"[32]。

这种理解存在的一个更深层的问题是，其对事实的描述过于简单化。按照通常理解，事实是指世界的可观察的特征。在初始水平上，什么是事实是一个常识问题。一个"事实（fact）"可以是一种**事态**（例如，嫉妒或精神错乱的状态），一个**过程**（即"进行"，如持续跟踪或逐渐中毒），或一个**事件**（即"发生"，如车辆碰撞或用刀刺人的行为）。[33] 但是，事实还包括那些我们通常认为虽不可直接观察但其存在不因而缺乏真实性的情况：一个例子便是他人的精神状态，**犯意**（mens rea）这个术语所表达的基本就是这种情况。

然而，审判并非只处理这些初始或原始[34]（物质的或精神

---

[31] Scheppele（n 1）60-61.

[32] Paul Chevigny, *More Speech-Dialogue Rights and Modern Liberty*（Philadelphia: Temple University Press, 1988）165. 这种相互依赖体现在如下论述中："当事人被问道，规范如何能以他所主张的方式适用于可能的事实；然后他被问道，事实何以像其所主张的那样符合规范。"（Ibid.）

[33] 这种事实分类，源自：Georg Henrik von Wright, *Norm and Action—A Logical Enquiry*（London: Routledge, 1963）25-26. 另一种不同的分类，see John R Searle, *The Construction of Social Reality*（NY: The Free Press, 1995）120-125.

[34] 该术语源自：G E Anscombe, "On Brute Facts"（1958）18 Analysis 69. 本文使用这一术语是因其有耐人寻味的意义，而非严格限定在作者预期的含义上。

的）意义上的事实。即使按照通常的理解，一个事实也可能是物质和精神的集合。法院常常必须回答关于一个人的行为的问题。行为比肢体动作的内涵更丰富。例如，当我们说某人以特定方式行为的时候，就可能在其物理运动中注入了某种意图，所以"无意中撞上（bumping into）"某人与"推搡（shoving）"某人是不一样的。[35] 甚至经常需要解决更复杂的问题。例如，有时候一项裁定的作出需要根据一个争议性概率主张（如主张"丧失机会"）[36]，或者根据一个"反事实条件"（其一般形式是"如果 Y 发生了那么 X 是否会发生"）[37]，或者根据一个对将来事件发生的预测。[38] 所有这些都包含着浓重的理论元素，又超出了人们通常所理解的事实的风险。

一个"事实问题"可能引出一个超越了初始事实的问题，这在对"初始（primary）"和"次生（secondary）"事实的法律区分中是很明显的。更一般地说来，事实命题具有不同的表达或抽象层次，其中的差异比这种简单的两分法所表明的更为精细。"丈夫将砒霜放进妻子的咖啡"这一主张，比"丈夫造成了妻子死亡"这一主张更基本；而后者又比"丈夫谋杀了妻子"这一主张更基本。在最高层次上，事实主张陈述了"关键事实（material facts）"。这个级别的事实将在下文讨论。

对一项次生事实的认定，或者像人们还可能称呼它的那样，

---

[35] 这个例子源自：J R Lucas, "The Ascription of Actions", http://users.ox.ac.uk/~jrlucas/ascript.html.

[36] 参见第三章 2.3 部分。

[37] Eg Richard A Posner, *"The Problems of Jurisprudence"* (Cambridge, Massachusetts: Harvard U P, 1990) 204 - 5; and H L A Hart and Tony Honoré, *Causation in the Law* (2nd ed, Oxford: OUP, 1985) ch XV.

[38] William Wilson, "Fact and Law", in Patrick Nerhot (ed) *Law, Interpretation and Reality—Essays in Epistemology, Hermeneutics and Jurisprudence* (Dordrecht: Kluwer, 1990) 11, 19. Mirjan Damaška, "Truth in Adjudication" (1998) 49 Hastings LJ 289, 299 - 300; "司法事实认定，不纯粹是一个历史事件的重建问题。我们所寻求证实的大多数事实的确存在于过去，但有些存在于调查之时。还有一些事实，特别是那些需要在现代大规模诉讼中探究的事实，则由对将要发生之事件的预测构成。"

第一章 事实认定

对一项"事实和法律之混合问题"的认定，比对一项初始事实的认定居于更高的理论层面。关于这一点的含义，存在多种不同的观点，这里列举三种。第一种观点认为，对次生事实的认定，是从初始事实得出的推论[39]；第二种观点认为，这是整合了价值判断与初始事实认定的混合性主张[40]；第三种观点认为，这里包含着对初始事实的法律分类。[41] 麦考密克举了一个很好的例子：捐赠者人工授精构成通奸吗？[42] 即使对初始事实没有争议，这个问题也会出现；或者，如果一开始存在证据冲突，那么即使在该冲突得到解决的情况下，该问题依然存在。原因很清楚：该问题只能根据人们对相关法律目的和价值的理解，以及潜在的原则和政策，才能作出回答。将对麦考密克提出的这类问题的认定，作为一种对事实的认定来对待，也许有很好的实用主义理由——例如，为了控制上诉案件数量，或者为了以后的裁决不受该裁定的约束。[43] 就本书的论述而言，重要之点在于：更高层面上的事实认定，将经常要求理论建构、价值判断和法律目的性解释。

由法院作出的事实认定，常常包含理论描述（theoretical descriptive）的成分。认定当事人之间存在一项合同，不仅是要报告一个对事态的感知，还要以法律理论术语提供一个描述。一项事实通常只有从其制度背景中才能获得意义。例如，"丈夫"和"妻子"，不能独立于婚姻制度而存在。此外，法律中充斥着加载了道德语言来描述行为的厚重概念。一个经典的例子就是"谋杀（murder）"。当陪审团认定一个人犯有谋杀罪时，该事实认定并非

---

[39] *Benmax v Austin Motor Co Ltd* [1955] AC 370, 373 per Viscount Simonds（对一个次生事实的认定，是"从已具体认定的事实所作的推论"）.

[40] Patrick Devlin, *Trial by Jury* (London: Methuen, 1966) 141–144.

[41] MacCormick (n 3) 93–97.

[42] Ibid, 93.

[43] Ibid, 93–97; Douglas Payne, "Appeals on Questions of Fact" (1958) 11 CLP 185, 198–199.

意在简单"记录或传达关于事实的直截了当的信息"[44];它同时还表达了一种关于所发生之事的价值判断。法律词汇中包含着无数混合了事实、价值和法律的概念,例如:"过失(negligence)""合理预见(reasonable forseeability)""适销品质(merchantable quality)""因果关系(causation)""挑衅(provocation)""不当行为(unreasonable conduct)""危险驾驶(dangerous driving)""轻率(recklessness)""侮辱行为(insulting behavior)""淫秽出版物(obscene publication)"等。这些概念并不仅仅是指代物质和精神世界的原始特性。这些概念是否在特定案件中成立,是一个法律证明(legal proof)的问题。回答这些问题的尝试,包含着判断和评价。这不必然意味着,事实认定者自己的价值观在发挥作用。事实裁判者也许不得不适用他个人并不认同的关于这些概念的法律标准。[45]

事实和法律、事实和价值、描述和评价,在法律的事实认定中是交织在一起、不可分割的。[46]这并不是审判语境独有的情况。通常,在法院内外,任何描述都不可避免地依赖于某些评价。挖掘事实,就不可避免地要以人们的背景假设和信念为媒介。用流行术语来说,事实是社会性建构的(socially constructed),而

---

[44] J O Urmson, and Marina Sbisà (eds), J L Austin, *How to Do Things with Words* (2nd edn, Oxford: Clarendon Press, 1975) 2.

[45] Carlos E Alchourrón and Eugenio Bulygin, "Limits of Logic and Legal Reasoning", in Antonio A Martino (ed), *Expert Systems in Law* (Amsterdam: North-Holland, 1992) 7, 16-18.

[46] Karl Olivecrona, *Law as Fact* (2nd edn, London: Stevens & Sons, 1971) 214:"当法院将一些事件归类为'有效'(operative)事实时,总有一些评价性因素。世界上并无有效的事实,它们只存在于法律语言中。既然法律以'有效'事实这个术语指称合同、承诺、支付、婚姻等,法院就需要将这些事实归类到这种标题下。这是法律适用的一个步骤。它要求比查明某些事实更多的东西:这些事实还必须受到评价;结果是,法院要么宣布它们构成一个合同、一个承诺、一项支付、一个婚姻等,要么驳回所主张的归类。"

第一章 事实认定

且是基于某种特定的世界观建构的。[47] 这些观点有时候会导致过度夸大相对主义，从而挑战真理的客观性[48]，但它们强调了事实概念和事实判断的复杂性。然而这些观点不应当使我们忽视两个核心要求：法律裁决的形式必须经得起逻辑检验（该主张与文本形式主义的批评非常兼容）[49]；有一些基本的案件事实，法院需要予以正确认定。这个重要启发是由贝叶斯（Bayles）提出来的[50]：

> 当然，司法裁决并不是简单地将规则和原则适用于事实。首先，对事实的认定不是一个直截了当的描述过程。必须为了适用规则而对事实进行分类，而不是简单地给其贴上标签。其次，许多所谓的事实问题属于评价问题。要确定某人是否有过失、有理性或者有精神病，需要进行判断和评价。第三，即使在事实清楚的情况下，规则和原则的含义也不总是清晰。一个小孩站在伸进一条公共河流的铁路枕木上，是否是站在铁路公司的财产上？**然而，有一些核心事实问题是人们需要**

---

[47] Eg Clifford Geertz, *Local Knowledge—Further Essays in Interpretive Anthropology* (New York: Basic Books, 1983) 173："法律事实并不是一开始就存在的，而是社会建构的产物，……包括从证据规则、法庭规范和法律报告传统，到辩护技巧、法官修辞和法学院教育传统等的所有社会性因素。"

[48] Alvin I Goldman, *Knowledge in a Social World* (Oxford: OUP, 1999) ch 1; Susan Haack, "Confessions Of An Old-Fashioned Prig", in *Manifesto of A Passionate Moderate—Unfashionable Essays* (Chicago: Chicago University Press, 1998) ch 1.

[49] Michael S Moore, "The Plain Truth about Legal Truth" (2003) 26 Harvard J of Law and Policy 23, 25："与美国法律现实主义者及其传承者的衰落的、误导性的修辞学主流观点相反，一项对争议性法律案件的裁决包含了逻辑推理。前提是事实、法律和解释，结论是表达本案裁决的命题。对这种命题中所包含的裁决之证成，是逻辑性的。……没人能令人信服地促使法官或陪审团在他们的裁决中违反逻辑"；Horovitz (n 29) 153：否定了"（一项判决）与支持性证据既非演绎性相关又非归纳性相关"的观点，而主张："不能说一项判决只要依据了事实性证据就是理性正当的，原则上，只有在该判决被看作是通过归纳推理、继而演绎推理而获得的情况下，才是理性正当的"。

[50] Michael Bayles, "Principles for Legal Procedure" (1986) 5 Law and Philosophy 33, 40, emphasis added. See also Michael D Bayles, *Procedural Justice—Allocating to Individuals* (Dordrecht: Kluwer, 1990) 116-7.

予以正确认定的——例如，那个小孩在枕木上，那个枕木固定在铁路公司的财产上，等等。

1.3 对事实的分类与认定

证据法学家传统上将事实分为"关键的（material）""相关的（relevant）"或"不相关的（irrelevant）"。"关键事实"还有许多别的名称，如"有效事实（operative facts）""决定性事实（dispositive facts）""最终事实（ultimate facts）""争议事实（facts in issue）"等；这种事实能够满足那些构成所争议的犯罪、诉由或抗辩的法律要件。[51] 人们必须转向实体法来寻找**一般的**（generic）关键事实。因此刑法规定了各种犯罪的一般性要件。在对被告人的刑事指控中，刑事诉讼要求对**具体的**关键事实进行列举，尽管很简洁。[52] 同样，在民事诉讼中，**一般的**关键事实是由实体法确定的。在一项合同索赔案中，必须证明：一个要约已经作出，它已被接受，存在对一项条款的违反等等。**具体的**关键事实的概要，会在原告（或请求人）的诉状中陈述。例如，它会陈述所

---

[51] J L Montrose, "Basic Concepts of the Law of Evidence" (1954) 70 LQR 527, 536（"证据的实质性意味着，证据涉及法庭上的问题。该问题的实质性，并不在于证据是否与寻求证实的事实足够相关，而在于那些事实是否与当事人提出的案件足够相关"）; Wesley Newcomb Hohfeld, *Fundamental Legal Conceptions—As Applied in Judicial Reasoning* (Westport, Connecticut: Greenwood, 1978) 32（"有效的、建构的、因果性或决定性的事实，是那些根据一般规则具有可适用性的、足以改变法律关系的事实"）; James Fitzjames Stephen, *The Indian Evidence Act, With an Introduction on the Principles of Judicial Evidence* (Calcutta: Thacker, Spink & Co, 1872) 9（争议事实就是受到争议的事实，它们"能够自身或者与其他事实一起，构成这样一种事态：所争议的权利和责任之存否，将是从它们所作出的法律推论"）, and *Digest of the Law of Evidence* (NY: George Chase, 2nd American Edition, 1898) 5（"争议事实"是指……这样的事实：在任何此类案件中，被主张或否认的权利、责任或不利条件之存在、不存在、性质或范围，根据法律将源自对该事实的证实"）; Graham B Roberts, "Methodology in Evidence—Facts in Issue, Relevance and Purpose" (1993) 19 Monash U L Rev 68, 69 - 70.

[52] 在英国，有时候被告人有提供辩护性陈述的法定义务：Ian Dennis, *The Law of Evidence* (3rd edn, London: Sweet and Maxwell, 2007) 7 - 8.

第一章 事实认定

主张订立的合同之类型、所主张的违约之性质等。以下程序性要求会使事实争议的范围得到聚焦：被告人需陈述他所否认或承认的主张，或者说对于哪些主张他迫使原告（或请求人）去证明。

对相关事实的主张，必须是能够直接或通过多个步骤在某种程度上支持或削弱某个针对关键事实之争议结论的主张。[53] 如果一个事实主张不能在任何可观的程度上，直接或间接地支持或削弱该结论，它就是不相关的。例如，在盗窃现场发现了被告人的指纹（A）；由此可得出一个强有力的推论，即该被告人到过那里（B）；从后者能够得出进一步的推论（比第一个推论弱得多，且须与其他事实相结合），即他可能是盗贼（C）。因此 A 是相关的。"相关事实"被霍菲尔德（Hohfeld）称为"证据性事实（evidential facts）"。他认为："一个证据性事实［在我们的例子中即 A］，是一个若被查明则为推断其他某个事实提供某些逻辑根据——非结论性的——的事实。后者可以是一个要件性事实［用我们所偏好的术语就是'关键事实'，即 C］，也可以是一个中间性的证据性事实［即 B］。"[54]（必须补充的是，这个对证据性推理的描述，只是用于举例说明相关性关系的逻辑结构。实际上，审判评议绝非像这里所说是线性或一维的。第三章 3.4 将给出一个更完整的解释。）

正如事实可以按分析目的进行分类一样，对于事实的认定也可以这样分类。如第三章将要详细论述的，事实认定者对一个争议性事实主张（p）可以持有三种信念状态：①相信它实际上是真

---

[53] 技术性的界定，参见《联邦证据规则》401（把相关证据界定为"使任何事实的存在具有任何趋向性的证据，即对于诉讼裁判的结果来说，若有此证据将比缺乏此证据时更有可能或更无可能"）；Stephen, *Digest of the Law of Evidence* (n 51) 5（"'相关'一词是指，任何两个被考量的事实具有以下关联性：按照事件的一般过程，一个事实自身或与其他事实一起，对另一个事实在过去、现在或将来的存在或不存在，提供了证明或可能性"）。

[54] Hohfeld (n 51) 34.

实的；②相信它实际上是虚假的；③既不相信它实际上是真实的，也不相信它实际上是虚假的。当一项裁决或认定是基于"p 实际上是真实的（或虚假的）"这样一个信念时，我们称该裁决或认定是"**确定性的**（*affirmative*）"；当事实认定者无论以何种方式都不能得出确定性结论的时候，我们将其裁决或认定称为"**缺省性的**（*default*）"。当一个事实认定有利于对 p 负有证明责任的当事方时，它就是"**肯定的**（*positive*）"；当它对其不利时，便是"**否定的**（*negative*）"。下文除非另有说明，否则我们提到一项裁决或认定时，是指一项肯定的裁决或认定。

第二节 事实认定：言语行为分析[55]

2.1 引言

事实认定有一个公共的方面。一项裁决是在一个人的内心深处或陪审团评议室里得出（be arrived at）的结论；但在该裁决被得出之后，它必须在公开的法庭上被给出（be given）。给出一项裁决是什么意思？给出一项裁决是在"做什么"？所谓"裁决（verdict）"，是指事实认定者对罪行或责任之最终问题的判断。裁决直接基于对关键事实的认定，间接地基于对相关事实的认定。因此，在一个刑事审判中，一般形式的有罪裁决表达了对该被告人犯有所指控罪行的最终认定，其必然蕴含着对所有符合必备犯罪要件的具体事实的肯定性认定。在得出该裁决的过程中，法院也许还要对关于不在场证明的证据问题等作出决定。一项有罪裁决蕴含着对不在犯罪现场之主张的否决；法院只有认定该被告人在关键时间确实在犯罪现场，才可以宣告其有罪，尽管其对此持

---

[55] 本节是我以下论文的修改版："What Does a Decision Do? A Speech Act Analysis of Giving a Verdict", *International Commentary on Evidence*：Vol. 4，2006：Iss. 2, Article 1, available at：http：//www.bepress.com/ice/vol4/iss2/art1.

第一章 事实认定

有异议。[56] 一项法律裁决通常伴随着一项法院指令，如监禁令。该指令由该裁决授权，但并非该裁决的组成部分。法官在作出该裁决后或者在给出裁决的过程中可能做的评论，也不属于裁决内容的组成部分。例如，以下情况很常见：在陪审团宣布被告人有罪后、刑罚被宣布前，法官对被告人进行训诫。

陪审团通常只给出一般性裁决，而不披露背后的对具体事实的认定。[57] 在某些司法辖区，可以例外地要求陪审团给出具体裁决，让其说明对具体事实争点的认定。[58] 在法官审判中，人们则期待法官披露更详细的情况。如佩恩（Payne）所说[59]：

> 相比陪审团给出一般裁决时不用和不必说明，相关法律标准被适用于什么样的具体事实，法官独自审判时一定要以理由充分的判断来支持其裁决，陈述他认定已被证实的、任何推论（例如过失）所基于的具体事实。

的确，在本马克斯诉奥斯汀汽车有限公司案（*Benmax v Austin Motor Co Ltd*）中[60]，西蒙斯（Simonds）子爵认为："如果法官不是先认定这些事实，然后从中推论出被告人是否有过失的事实，便没有尽到职责。"

在某个层面上，一项裁决的给出是可以直接观察到的，这不像权利和责任等法律概念那样。人们可以指向陪审团或法官在评

---

[56] 对这种区分的讨论可参见：Stephen, *The Indian Evidence Act* (n 51) 9-10. 他在书中对比了"争议事实"（facts in issue）和"相关事实"（relevant facts）。

[57] 因此，一般性裁决由于缺乏透明度和可追责性而受到诟病：eg, Lord Justice Auld, *Review of Criminal Courts in England and Wales* (London: HMSO, 2001) ch 11, para 52-55.

[58] 例如，《美国联邦民事诉讼规则》(the United States Federal Rules of Civil Procedure) 第 49 条规定："法院只能要求陪审团以具体写出对每一事实争点的认定的形式，给出一项具体裁决。" See also Mark S Brodin, "Accuracy, Efficiency, and Accountability in the Litigation Process—The Case for the Fact Verdict", (1990) 59 Cincinnati L Rev 15.

[59] Payne (n 43) 193.

[60] [1955] AC 370, 373. 澳大利亚高等法院对下述案件的判决，在法定要求的语境中表达了类似观点：*Fleming v The Queen* (1998) 197 CLR 250, 262-3.

议争议问题后于法庭上作出的宣告,来解释何为"给出一项裁决"(giving a verdict)。然而,这只能告诉我们,在物理事实所构成的物质世界中,裁决指代什么;它并未告诉我们,在包含规范、价值和制度的社会世界中,裁决意味着什么。本节通过对其进行言语—行为分析,来探究给出一项裁决的内涵。两位最著名的言语行为理论倡导者是奥斯汀(J L Austin)[61]及其睿智的继承者塞尔(John R Searle)。[62]尽管文献卷帙浩繁,我们将从他们二位的作品中汲取精华。

2.2 叙事—施为的区别(Constative-Performative Distinction)

介绍言语行为理论的最好方式是做一个区分——奥斯汀提出了这种区分,但随后又将它舍弃了。假设你问我一条船的名字,我告诉你,它叫伊丽莎白女王号(The Queen Elizabeth)。此时,我正在向你**报告**一个事实,我的陈述本身可真可假。奥斯汀称此为"叙事(constative)"。

请将上述例子与奥斯汀所举的如下著名例子相比较:我对着船舷打碎瓶子,喊道"我命名这艘船为伊丽莎白女王号"[63]。这句话是我完成给该船命名之行为的核心部分。它是一个"施为话语(performative utterance)。"如果一切顺利,那么,说"我命名这艘船为'某某'",**也就是**命名了这条船为"某某"。此时,我并非在**报告一个事实**,即该船叫伊丽莎白女王号;而是,我正力

---

[61] 他在这个领域的主要著作是:"Performative Utterances", in J O Urmson and G J Warnock (eds), *J L Austin*, *Philosophical Papers* (3rd edn, Oxford: OUP, 1979) ch 10, and Austin (n 44).

[62] *Speech Acts—An Essay in the Philosophy of Language* (Cambridge: CUP, 1969);除了该著作, see also John R Searle, "A Taxonomy of Illocutionary Acts", in K Gunderson (ed), *Language, Mind, and Knowledge* (Minneapolis: Univ of Minnesota Press, 1975), reprinted in John R Searle, *Expression and Meaning—Studies in the Theory of Speech Acts* (Cambridge: CUP, 1979) ch 1. 对他的理论的一个简明通俗的介绍, see John R Searle, *Mind, Language and Society—Philosophy in the Real World* (New York: Basic Books, 1998) ch 6.

[63] Austin (n 44) 5-6.

第一章 事实认定

图**使其成为一个事实**，即该船被如此命名。与上面例子不同的是，问我给该船起名本身是真是假，是令人费解的。然而，问我**在说出那些话时**，是否**成功地**做了我声称做的事情，则是有意义的。我可以因种种原因失败；正如奥斯汀所指出的，我的"施为话语"或"言语行为"可能在某个方面是"不适当的（infelicitous）"或"不幸的（unhappy）"——但并非是"虚假的（false）"[64]。例如，我也许缺乏我自认为享有的给该船命名的权力。在这种情况下，我的话语对于命名来说是一个无效的尝试。尽管这种缺陷、瑕疵或故障使我无法取得自己打算在我的话语中取得的成就，但它并未使我的话语失真。

同样，在宣告一项有罪裁决或一项责任认定（如过失侵权责任）时，法院并非仅仅在报告该人实施了他被指控的罪行，或者，他的行为违反了对方援引的民事标准；法院还宣判他犯有该罪名（在刑事诉讼中），或者宣告了当事人之间的法律关系状态（在民事诉讼中）。尽管该裁决断言了（只要是暗含了）关于要件性关键事实的主张，但其功能还不止于此；它还创造了一个新的和官方的事实，该事实授权了进一步的法律行动，如强制执行监禁判决或损害赔偿。当法院给出了一项裁决或者作出一项认定时，它不仅是在**描述**或**说出**某事；它还在**做**一些**别的**事情。加上"别的（else）"一词，是因为奥斯汀认识到："一旦我们意识到，我们必须研究的东西**不是**句子，而是一个话语在一个语言情境中的发布"[65]，叙事与施为的区别便崩塌了。"描述（describing）""陈述（stating）"或"报告（reporting）"，也是一种"做（doing）"的形式；与"许诺（promising）"相仿，它也是在施行一种言语行为。[66]另外，不仅陈述（statements）可以或真或假；某些施为

14

---

[64] Ibid, 14.
[65] Austin (n 44) 139.
[66] See "the bit where we take it all back": Austin (n 61) 241, 246-251; see also Austin (n 44) lecture 11.

语句，如一项"警告（warning）"，同样可以或真或假。

2.3 不当言行和真诚条件（Infelicities and the Sincerity Condition）

奥斯汀编制了一个详细的体系，来列举一项言语施为（verbal performance）未能成功的各种方式。[67] 首先，它也许不奏效（misfire）且因此"落空（void）"，或者由于某些严重的程序不规范而无效。人们可以在法律中找到许多这样的例子。在审判中，被告人如果说："是的，我那么做了"，他就无法成功地进行"有罪答辩（pleading guilty）"，尽管他说这句话的意图是很清晰的。为了使答辩有效，他必须使用"有罪（guilty）"这个词。[68] 相似地，一项裁决可能不奏效且落空。只有由适当的人，在适当环境下，以适当行为，说出适当的词时，一项裁决才是适当作出的，并因此具有一项裁决的**效力**。陪审团主席若试图通过给法官打电话的方式递交陪审团裁决，将不能达到其目的——法律不允许他以那种方式来递交陪审团裁决；通常，他必须在法庭上大声宣读它，并且是在书记员正式要求其这样做的那个审判程序阶段。尽管并非所有言语行为的效力都依赖于言外惯例（extra-linguistic conventions），但给出一项裁决的言语行为确实如此。[69] 任何有语言能力的人都能给出一项承诺；但是，并非任何有语言能力的人都能给出一项法律裁决。

---

[67] Austin（n 44）lectures 2 - 4.

[68] 在巴·卡伦记录的审判笔录中 [Pat Carlen, "*Magistrates' Justice*" (London: Martin Robertson, 1976) 110 - 11]，我们看到，在被告说出正确的词汇之前，法庭和被告人之间有一长串交流。部分交流如下：

  地方法官：你做有罪答辩，还是无罪答辩？
  被告人：是的，我做答辩。
  地方法官：不，我是在问你，你做有罪答辩，还是无罪答辩。你必须使用"无罪"或"有罪"这样的词。

[69] "陪审团主席在法庭上的适当时刻宣告'有罪'一词，这个事实构成了他作为给出裁决之行为的话语。之所以如此，当然是一个法律的习惯性程序问题。" P F Strawson, "Intention and Convention in Speech Acts" (1964) 73 The Philosophical Review 439, 443.

第一章 事实认定

　　一个施为话语可能以第二种方式出错。此时，与上面的情况不同，该言语行为被成功地执行了。然而，存在奥斯汀所称的"程序滥用（abuse of procedure）"。许多言语行为是表达心理状态的。当我做一项承诺时，我表达了一个遵循它的**意向**；当我发布一项命令时，我表达了一个它要得到服从的**意愿**。[70] 按照奥斯汀的观点，由一项裁决所表达的心理状态是**信念**（*belief*）。当陪审团主席以一种遵循法律程序的方式和形式说出该裁决时，该裁决便是有效作出的。但是，还是会存在某些问题：该裁决也许是**不真诚的**（*insincere*）。就是说，陪审团主席以话语来表达的信念状态，不符合他在说话时的实际信念状态。奥斯汀对此解释道[71]：

　　"我认定他无罪——我宣告无罪。"当我确实认为他有罪的时候，我却这样说。（该行为）没有落空。我确实……给出了一项裁决，尽管并不真诚。在这里，在施行一个**断言**类的言语行为时，存在一个与**说谎**明显类似的要素。

　　不真诚是不当言行的一种形式，它与错误（即包含假的陈述）不同。一项不真诚的裁决也许是真的；相反，一项真诚的裁决也许是假的。我们再引用一下奥斯汀的观点[72]：

　　我们必须把"真的认为它如此"——例如：他有罪，该行为是他所为——与"我们所认为的事情真的如此"区分开，后者即该想法是正确而非错误的。（相似地，我们能够区分"真的感到如此"与"我们感受到的东西是有正当理由的"……）但是，想法是最有趣的、也是最令人困惑的东西：在此，不真诚是说谎的一个必备要素，以区别于仅仅"所说的东西是假的"。一个例子就是：当我说"无罪"时，我正在想

---

[70] Searle，1979（n 62）4-5.
[71] Austin（n 44）40.
[72] Ibid，41.

该行为就是他干的；但是，我这样想可能实际上是错误的。

括号中的这句话具有重要意义。不幸的是，奥斯汀并未深究那句话所说的差别。他认为，一项有罪裁决表达了相信被告人有罪的信念。但是，他所作的区分表明，在相信（即"真的感到"）被告人有罪，与相信人们根据审判中所举证据而判定他有罪是有正当理由的（即"感到有正当理由"）之间，存在着类似的差别。这些心理状态可以互相独立地存在。正如我们将在第三章1.3论述的那样，一项事实认定必须基于一种超然的或"无私的（selfless）"信念；这不同于个人的或主观的信念，尽管它们又常常一致。

2.4 语言用途

2.4.1 言内行为与一项裁决的命题内容

言语行为理论是关于语言用途的。[73] 奥斯汀区分了语言用途的三个重要维度。[74] 第一，语言用于施行一种**言内行为**（locutionary act）。这是以特定的含义说出某些话的行为，说出的词语或多或少具有明确的**意义**和**指称**。当我说"the bank is broken"*时，我是在与一条河流有关的**意义**上使用"bank"一词，并且我是**指称**这条河而非那条河。当你错误地认为我是在宣告一家金融机构破产时，我的言内行为就未能"被领会"。在审判中，给出一项裁决，就是施行如下言内行为：陈述诸如"我们认定被告有罪/无罪"，或者"我们认定被告担责/不担责"等形式的语句。该裁决从其给定语境中，尤其是所适用的实体法、指控或起诉状、审

---

[73] 言语行为属于语用理论（语用学）；尽管与言内意义理论（语义学）有联系，但也有区别。关于它们之间的区别和联系，see Kent Bach, "Speech Acts and Pragmatics", in Michael Devitt and Richard Hanley (eds), *Blackwell Guide to the Philosophy of Language* (Malden, Mass: Blackwell, 2006).

[74] Austin (n 44) lectures 8-10.

* 此句既可理解为"河岸溃了"，也可以理解为"银行破产了"。——译者注

第一章 事实认定

判行为以及它所要回答的问题中，获得其含义。人们对一项裁决所说内容的解释，有赖于对它所表达的心理状态的理解。正如我们看到的，奥斯汀宣称：一项有罪裁决表达信念。暂且假定这是正确的。（某些裁决表达更深层的心理状态，其中最重要的，是责备和厌恶的态度。对这一点，我们稍后将做更多论述。）人们会认为，陪审团主席在回答法院书记员的询问而说出"有罪"这个词时，他是在代表陪审团沿着如下思路述说某事：

> 被称为被告人的这个人，即现在受审之人，从事了他被检控方指控的行为，那个行为构成了曾在我们面前宣读过的起诉中所指控的犯罪。

另外，该裁决还可以被解释为一个关于证明的断言，而不是直接关于要件事实的断言。根据这一观点，我们必须添加一个重要的限定，它标示出在一项裁决所言说内容方面的重要差别：

> **根据法律，现已证明**，被称为被告人的这个人，即现在受审之人，从事了他被检控方指控的行为，那个行为构成了曾在我们面前宣读过的起诉中所指控的犯罪。

然而，根据第三种解释，该裁决断言了一个概率主张。这要求将该裁决解读为言说了以下内容：

> **（非常或最）可能的情况是**，被称为被告人的这个人，即现在受审的人，从事了他被检控方指控的行为，那个行为构成了曾在我们面前宣读过的起诉中所指控的犯罪。

按照塞尔（Searle）所阐述的一般观点[75]，参与这一解释过程，就是对一项裁决的**命题内容**进行分析。本书第三章 2.4 将会为第一种解释辩护。此处，仅需在下一段做一点进一步的评论。

---

[75] 塞尔质疑了奥斯汀对言内行为—言外行为或意义—力量的区分。按照塞尔的观点，真正应当区分的，是话语的命题内容及其力量：John R. Searle, "Austin on Locutionary and Illocutionary Acts", in (1968) 77 The Philosophical Review 405.

本章这一节主要关注的是一项裁决的第二个方面，即其言外之力（illocutionary forces）。

裁决可能是正确的或错误的，这取决于它所断言的命题（该命题的内容）是真是假。但是，给出一项裁决的行为似乎用其他标准加以判断更好。其中一些标准与该裁决的命题内容无关。陪审团主席不能通过给法官打电话的方式反馈一项裁决，无论其内容如何。对给出一项裁决的行为进行评价的其他标准，则必须与其命题内容有关。基于与内容有关的标准的问题包括以下这些：法院根据审判中所采纳的证据而给出它所作的裁决，有正当理由吗？得出结论说争议事件确实发生了，有正当理由吗？所做的判断能够很好地支持对事实的认定吗？等等。即使在裁决的内容是或者包含了错误命题的情况下，在某种完全可理解的正当理由意义上，法院给出这个具体裁决的行为也可能是正当的。

2.4.2　言外行为与一项裁决的力量和指向

正如我们所看到的，言内行为是言说某事的行为。其次，还有**言外行为**（*illocutionary act*）；这是**在**言说某事**时**实施的行为。我们现在将注意力从句子的**意义**（*meaning*）转移到其**力量**（*force*）。施行一个言内行为，事实上也是在施行一个言外行为。但是，说出一个有意义的句子，可能有不同的力量。用塞尔的例子看，"我打算去做它"这个句子有一个字面意思（或命题内容），但可能有多种言外行为的力量。该话语可能相当于一个承诺，一个预告，一个恐吓，一个警告，一个对意图的陈述，等等。[76] 在说某事的时候，我常常也正在做某事；在刚才的例子中，我正在做下述一个或多个事情：许诺、预测、恐吓、警告、断言，等等。我施行这些言外行为中的哪一个，或者我的话语有何种力量，取决于我说话的语境。一项裁决的言外之力（illocutionary forces），正是本节的核心内容。

---

[76] Ibid, 406-7.

第一章 事实认定

当说"我认定被告人有罪/无罪"或"我认定被告担责/不担责"时,按照奥斯汀的术语,"认定（find）"一词发挥着"明确施为动词（explicit performative verb）"的作用。[77] 它就是塞尔所称的"言外之力指示器（illocutionary force-indicating device）"[78]。用于第一人称主动指示形式时,该动词指明,该说话者在说那句话时正在施行什么行为;它告诉我们,我们应当如何理解所表达的命题。还有其他一些与该术语相似的明确的力量指示器,例如"承诺""道歉"和"警告"。如果我说,我承诺你某件事,我就是在对你表明,你应当将我所说的话理解为具有一项承诺的力量,以此向你表明我将恪守承诺;我的话语不仅仅是我很可能做什么的一个预告。不幸的是,审判语境中使用的"认定"一词的力量,在任何情况下都不像"承诺""道歉"或"警告"的意思那么清楚。正如我们将要讨论的,"认定"具有许多力量维度（dimensions of force）。

塞尔区分了一个言外行为的"力量（force）"与"指向（point）"。一个要求（request）和一个命令（command）,共享了让某人做某事这一相同指向,但它们显然具有不同的力量。[79] 一个要求和一个命令共有的言外指向（illocutionary point）部分,是让听者去做正在谈论的行为;它要让世界去符合该话语的命题内容。有时候,谁符合谁的方向是反过来的。当我正向你报告一场事故时,我试图使我话语的命题内容去符合我看到的外界情况。[80] 裁决是复杂的,不仅是因为它具有多重言外指向,而且还因为,那些多重指向并不共享同一个符合方向。对这些言外维度的系统研究,将在2.5进行。

---

[77] Austin (n 44) 61.
[78] Searle, 1969 (n 62) 30.
[79] Searle, 1979 (n 62) 3.
[80] Ibid, 3 - 4.

2.4.3 言后行为和言外指向：一项裁决的附随效果

我们至此已讨论了奥斯汀所说的语言用途的两个方面。首先，"说某事，就是做某事"（即完成一个语句、说某事这个行为）；其次，"在说某事时，我们做某事"（即施行一个言外之力）。现在我们来讨论第三个方面："通过说某事，我们做某事。"[81] 其他人的思想、情感或行为，常常受到我们话语的影响。使用语言我可以达到**说服**、**阻止**或**震慑**你的附随效果（consequential effect）。在说"不要做那件事"（一个言内行为）时，我可能正在**劝告**你不要去做那件事（一个言外行为）；如果你被我**说服**不去做它，这就是我言外行为的言后效果（perlocutionary effect）。[82] 我的话语也许没有达到预期效果。例如，当你拒绝服从我的命令时，它就未达到预期效果。预期效果是一回事，实际效果是另外一回事。

什么是一项裁决之预期附随效果？具体而言，它旨在给对其所说之人的"情感、态度和后续行为"[83] 造成什么影响？正是这一问题驱动了某些审判理论。一项审判的目的，有时候源自以下观念：该裁决对直接的相对人所产生的预期或欲达效果。有人认为，定罪判决的指向，不仅仅是以官方名义记录被指控之人所犯的事项。一项定罪判决通常拥有谴责或责备其从事那种行为的力量[84]，该谴责或责备的预期或欲达效果，是带给他一种羞愧感，以此作为其走向悔悟和革新的第一步。将此作为一项定罪判决的预期或欲达结果，刑事审判被一些研究者解释或规范性地建构为一种交流过程，一种与被告人进行的、旨在使其看到自己所犯错

---

[81] Austin (n 44) 109.

[82] Ibid, 101-2, and lecture 9.

[83] John R Searle and Daniel Vanderveken, *Foundations of Illocutionary Logic* (Cambridge: CUP, 1985) 11.

[84] 要点是，一项定罪**本身**表达了对该人行为的谴责。在一个人被定罪后，法官明确地对其谴责也很常见；但这是为了清楚地说明在定罪行为中已经蕴含着的谴责。

第一章　事实认定

误的道德对话。[85] 它是一个与民事裁判不同的故事；在民事诉讼中，就像许多律师所看到的那样，要点在于对私人争端的权威性解决。这一目标比"以制裁作为威胁命令其停止"这一粗糙的控制争端目标更为宏大，它旨在通过说服争端各方自愿接受司法判决的终局性和约束力来解决争端。按照这一关于民事裁决之言后效果的观点，程序公正是有价值的，因为它促进了对案件结果的自愿接受。[86]

2.5　作为言语行为的裁决：其力量维度

这部分集中论述刚才描述的语言用途之三个维度中的第二个维度。一项裁决具有许多言外之力，或者按照塞尔的分析，具有许多言外指向，因而是复杂的。"力量"和"指向"的区别在前面提到过。尽管塞尔认为可对二者进行区分的观点是正确的，但这种区分就现在目的而言并非十分重要。因此，我们将它们互相替换着使用：我们把裁决的"力量"维度纳入"指向"维度，也把"指向"维度纳入"力量"维度。我们的基本观点是：给出一项裁决，就是在同时施行多种言语行为。言外之力可以按多种方式进行分类。我们将主要遵循塞尔所提出的占主导地位的分类法。[87]

2.5.1　裁决的宣告性方面

认定被告人有罪或担责，是**断言**（assert）一个关于他有罪或担责的命题：例如，在刑事审判中，被告人犯有他被指控的罪行；在民事诉讼中，索赔人或原告所主张的关键事实是真的。一项裁

---

[85] Eg R. A. Duff, *Trials and Punishments* (Cambridge, CUP, 1986); Antony Duff, Lindsay Farmer, Sandra Marshall and Victor Tadras, "Introduction: Towards A Normative Theory of the Criminal Trial", in Antony Duff et al (eds), *The Trial on Trial-Truth and Due Process* (Oxford: Hart, 2004).

[86] See Martin P Golding, *Philosophy of Law* (Englewood Cliffs, New Jersey: Prentice Hall, 1975) ch 6; Tom R Tyler, *Why People Obey the Law* (New Haven: Yale UP, 1990).

[87] Searle 1979 (n 62).

决的这种断言性方面,是下一节分析的内容。但是,对事实的认定不仅是断言性的。一项肯定性裁决的宣布,执行了一项官方职能。它还**宣告**(*declares*)了被告人**是**有罪的或有责任的。这并非对一个过去事件的报告或描述;它是对一个新的制度性事实的创设。一个新的事态得以形成。在法律看来,该被告人由于该裁决才被正式确定为有罪或担责,但在此裁决发布前却没有正式确定。[88]虽然作为犯罪或责任之基础的事实,在该裁决之前就存在,但犯罪或担责的官方状态是由包含在该裁决中的宣告(declaration)造成的。有可能,这个人具有那种状态和罪责,是因为法院对背后的事实做了如此认定。[89]但这种宣告也能够脱离裁决而存在。当一个人做有罪答辩或同意对其的不利判决时,法院无须做出事实认定,便可宣告其有罪或担责。这样的案件得出了判决(judgments),但并不要求任何裁决(verdict)。

宣告的直接要旨,是通过对有罪或担责之权威公告的形式,使关键性指控或主张的内容变成官方事实。[90]这授权了进一步的法律行动,如施加惩罚或赔偿损害,并为其提供了必要根据和

---

[88] John Searle, *Mind, Language and Society* (New York: Basic Books, 1998) 150. Also: D N MacCormick and Zenon Bankowski, "Speech Acts, Legal Institutions, and Real Laws", in Neil MacCormick and Peter Birks (eds), *The Legal Mind-Essays for Tony Honore* (Oxford: Clarendon Press, 1986) 128 - 129; Judith Jarvis Thomson, "Liability and Individualized Evidence" (1986) 49 Law and Contemporary Problems 199, 213.

[89] 请比较:Eugenio Bulygin, "Cognition and Interpretation of Law", in L Gianformaggio and S Paulson (eds), *Cognition and Interpretation of Law* (Turin: Giappiachelli, 1995) 11, 19 - 20. 本文批评了凯尔森所提出的"像谋杀这样的自然事实,经法官宣告而变成法律事实"的观点。

[90] Searle 1998, (n 62) 150; MacCormick and Bankowski (n 88) 128 - 129; Thomson (n 88) 213.

第一章 事实认定

"直接理由"[91]。[92] 一位公民只有先获得一项于对方不利的裁决，即法院关于对方担责的宣告，才能获得民事赔偿。在刑事案件中，被告人在判决之前被推定为无罪。一项定罪判决则改变了这种事态。从法律的观点看，它使其罪行从现在并且只是从现在开始，可以受到惩罚。这一官方的有罪宣告，也引出了其他法律后果：许多司法辖区有剥夺刑事罪犯担任政治职位、参加陪审团审判、担任公司董事长等方面资格的法律。

在上面的分析中，虽说为裁决提供支撑的事实是初始事实，但是，当一个人被依法证明为有罪或有责任后，所引起的罪或责之官方状态是一个超语言意义上的制度性事实。[93] 如上所述，任何人都可以只利用语言资源作出一个承诺，而所创造的新事实（即承诺），是一个语言学存在。[94] 另一方面，不是任何人以任何方式都可以给出一项裁决。这样做需要语言机制之外的东西。一个人被定为罪犯这一事实，就其不能缺少特定的制度结构和角色（包括法院、法官和陪审团）、规则（实体法和程序法的规则）以及惯例（如接受司法判决具有权威性的实践）而存在的意义上来

---

[91] Olivecrona (n 46) 209. See also Hans Kelsen, *Pure Theory of Law* (Berkeley: University of California Press, 1967) 240：法律规则并未说："如果某个人犯了谋杀罪，那么应当将一个惩罚强加于他。"法律规则说："如果一个依法律秩序恰当设立并得到授权的法院，已具有法律效力地查明了某个人犯有谋杀罪，那么该法院应该把一项惩罚强加给那个人。"在法律思维中，由适格的权力机关对事实的确认，取代了事实本身；而后者在非法律思维中构成了强制性行为的条件。

[92] 然而，要注意，在认定有罪或有责任的时候，法院并未因此承诺施加惩罚或裁判赔偿。因此，一项裁决并不是一种"许诺"性质的言语行为。

[93] Cf Zenon Bankowski, "The Jury and Reality", in Patrick Nerhot (ed), *Law, Interpretation and Reality* (Dordrecht: Kluwer, 1990) 236 (审判服务于"证明"真相这一目的)。按照阿尔罗若和布雷金提出的理由，把真的东西与被证明为真的东西等同起来是错误的，这个错误可能是因为混淆了终局性（finality）与不可错性（infallibility）。Alchourrón and Bulygin (n 45) 13–16.

[94] Searle 1979 (n 62) 7 and 18; John R Searle, "How Performatives Work", in Daniel Vanderveken and Susumu Kubo (eds), *Essays in Speech Act Theory* (Amsterdam: John Benjamins Publishing, 2001) 99–100.

说，是"**制度性**（institutional）"事实。[95] 正是在这种必要的背景下，特定语词由特定人在特定条件下以一种特定方式说出，才能构成"给出一个法律判决"。

一个判决的宣告性方面，并不限于一项对有罪或承担法律责任的宣告。在技术上适用确认之诉的司法辖区，一个判决可以只宣告一个人拥有某项法律权利，而不进一步宣告（像民事裁决通常所做的那样）：基于该事实，其他某个人侵犯了该权利。然而还有另一种类型的判决，即所谓形成之诉的判决，其既未宣告权利也未宣告对权利的侵犯，而是在满足特定条件后导致一个法律关系的改变，或者产生一种新的法律状态。这种判决可以宣告双方当事人不再有婚姻关系，或者，一个合伙关系从此解除。[96] 这种情况可以要求、也可以不要求由一个审判来解决事实问题。我们将不讨论确认之诉的判决，也不讨论在无争议情况下适用的形成之诉的判决，因为准确地说它们都不属于我们的具体关注范围。我们所关注的，是基于事实问题而作出的判决；该事实问题涉及某个违反法律规范的主张，而且需要证据和证明。简言之，这种类型的判决（judgment），就是裁决（verdict）。

2.5.2 裁决的断言性方面

裁决虽然具有重要的宣告性力量，但不应当被误解为是一个纯粹的宣告。它还有一种同样重要的断言性力量。裁决兼有宣告和断言这两种力量，这使塞尔称其为"**断言性宣告**（assertive de-

---

[95] 塞尔的示例清晰说明了制度性事实的概念："只有在给定了货币制度的前提下，现在我手头才有5美元钞票。如果没有这个制度，我所拥有的只不过是一张印有各种灰色和绿色印记的纸。"Searle 1969 (n 62) 51. 关于审判语境中的制度性事实，有很多有价值的讨论，例如：Bert van Roermund, "The Instituting of Brute Facts" (1991) 4 Int J for the Semiotics of Law 279；还有在更一般的法律语境中对制度性事实的讨论，例如：Neil MacCormick and Ota Weinberger, *An Institutional Theory of Law—New Approaches to Legal Positivism* (Dordrecht: D Reidel, 1986).

[96] 参见奥利维克罗纳的有益讨论。See Olivecrona (n 46) 200–202.

第一章 事实认定

claration)"[97]。断言性力量的言外指向是使话语符合世界,其真诚条件是信念(belief)。[98] 在塞尔看来,断言 p,就是表达了相信 p 的心理状态。如果 p 是假的,人们对 p 的断言就是错的;如果人们在断言 p 的时候并不相信 p,那就是不真诚。

纯粹宣告的一个例子是宣战。成功地完成了宣战,就导致战争被发动。对这种纯粹的宣告,不能做真与假的评价。我可能在企图宣战时失败(由于我当时缺乏宣战的权力),但如果我宣战成功,战争便爆发了。如塞尔所指出的:"成功执行保证了命题的内容与世界相对应"[99]。断言的指向是使话语符合世界:若 p 为真,则断言 p。另一方面,宣告 p 的指向,是使 p 发生;它同时既使话语符合世界,也使世界符合话语。成功宣告的内容不可能与现实不一致,而成功断言的内容却可能与世界不匹配。在一场战争事实上尚未爆发时,我可以成功地断言它已爆发。但是,不可能同时出现以下情况:我已成功宣战,而战争尚未爆发。不仅我断言的命题内容可能是虚假的,而且我在作出那个断言时还可能是不诚实的。我可以对你撒谎说,战争已经爆发。但是,我不能在宣战时撒谎(不过,如上所述,我在宣战问题上可能成功或失败)。[100]

如果一项裁决只是一个宣告,我们就只能问它是否有效,对此的回答取决于它是否遵守了有效发布的必要程序。根据上面提到的两个标准,一项裁决并不是纯粹的宣告。首先,我们确实以真实和虚假来评价其命题内容,尽管我们倾向于将根据该理由而批评的裁决描述为不公正或错误(wrong or mistaken)。一项已经有效作出的裁决,仍然可能因不公正或错误而遭到批评。当一个人被认定有罪或担责,而实际上他并非如此的时候,该裁决的命

---

[97] Searle 1979 (n 62) 19-20. 奥斯汀也注意到了一项裁决言外之力的模糊性,see Austin (n 61) 249-250, 141-142.

[98] Searle 1979 (n 62) 12-13.

[99] Ibid, 17.

[100] Cf Searle 1969 (n 62) 65:"例如,人们不能不诚实地问候和命名,但却能不诚实地陈述或许诺。"

题内容就未能与世界匹配。其次，与纯粹的宣告不同，一项裁决有一个真诚条件。正如我们所看到的，根据奥斯汀的解释（如下文所述，这是有讨论余地的），在陪审团否弃（jury nullification）*的情况下，裁决是不真诚的：尽管陪审团相信被告人事实上有罪，仍对其作出了无罪释放的裁决。因此，程序有效性并不是关于一项裁决的唯一事项；还有真实和真诚的重要问题。[101]

相比于对一个新的法律事实的宣告（因此也是创设），一项裁决包含了更多的东西。一项裁决并不以牧师宣告俩人结为夫妇而创设婚姻那种方式来创设犯罪或法律责任。[102] 在牧师做此宣告之前，这两个人并未结婚。但是，构成犯罪或责任之根据的东西，是先于该裁决而存在的。的确，正像"事实**认定**"一词所表明的，审判包含着对事实的**发现**，这是许多相互制约的因素之一。[103] 裁决不仅宣告了，而且**断言**了关于（一般为前件）事实的主张[104]：

---

* 又译"陪审团的拒绝"，"指陪审团故意拒绝接受证据或拒绝适用法律，因为陪审团欲对某些超出案件本身的社会问题传达某一信息，或者因为根据法律规定所得出的结果有违陪审团的正义感、道德感和公正感"。薛波. 元照英美法词典. 北京：法律出版社，2003：758-759.——译者注

[101] 奥斯汀很久以前就认识到这种多维性：Austin（n 44）42-3："有一类我称为**裁定用语**的施为语句：例如，当我说'我认定该被告人有罪'或者仅仅说'有罪'时……当我们说'有罪'时，如果我们是真诚地基于证据而认为他确实有罪，这在某种程度上是愉快的。**但是**——当然在某种程度上该程序的整体指向是正确的……我们可能得到了一个'坏的'裁决：它也许是**不正当的**（陪审团的情况），甚或是**不正确的**（裁判员的情况）。所以在这里我们有一种很不愉快的情况。但在我们的任何意义上，它都**不是**不恰当的：它并不是无效的（如果裁判说'出局'，球手便出局了；裁判的决定是终局性的），也不是不真诚的。" See also Ibid, 249-250.

[102] Searle 1998（n 62）150.

[103] 当然，审判既不完全是、也不直接是一个发现（discovery）过程。审判评议无疑具有高度的复杂性：对"陪审团在审判的语言学实践中必须完成的智力操作"（Robert P Burns, *A Theory of the Trial* (Princeton, NJ: Princeton University Press, 1999) 185）的复杂解释，see Ibid, ch VII. 这一章是从伯恩斯所称的"公认的审判观"的角度展开的。

[104] Hanna Fenichel Pitkin, *Wittgenstein and Justice* (Berkeley, Los Angeles: University of California Press, 1972) 262-3; Antony Duff, Lindsay Farmer, Sandra Marshall and Victor Tadros (eds), *The Trial on Trial-Truth and Due Process*, vol 1 (Oxford: Hart, 2004) 18（"审判以裁决告终，裁决必须被确切地理解为，对（或旨在对）被告人有罪与否的真相作出断言"）.

第一章　事实认定

法院宣告被告人**是**有罪的或有责任的，**因为**，它断言，被告**确实**从事了被指控的行为（或者更一般的说法是，事实正如其对方所主张的那样）。对关键事实的断言，为宣告提供了理由。举个简单的例子，在一个谋杀案审判中，一项有罪裁决必然包含一项认定，即该被告人造成了被害人死亡，因为造成他人死亡是谋杀的一个要件。一项有罪裁决暗含地断言，该被告人确实造成了被害人的死亡。这是一个在宣誓"给出一项真实裁决"后作出的郑重断言，它使言说者承担着所断言事项之真实性的义务。该断言也许是错误的，或者是不真诚的；因此，一项裁决可能在这两个方面存在缺陷。

2.5.3　无相应事实断言的宣告

包含在一项裁决中的宣告，不一定伴随着一个相应的对事实的断言。这方面的一个例子是作出不利于承担证明责任一方的否定性裁决的情形。按照第一节结尾处所界定的术语，一项否定性裁决或认定，既可能以确定的方式（affirmatively）作出，也可能以缺省的方式（by default）作出。按照传统的理解，民事审判中的事实认定者，如果未被优势证据说服而相信对于该诉求必不可少的任何关键事实主张都是真的，就必须宣告该被告人"不承担责任"。同时，非常可能的情况是，他也不能确定它们是虚假的；在这种情况下，他没有理由断言它们虚假。法律并不要求有正当理由做出这样一个断言，然后将这个断言作为宣告"不承担责任"之裁决的条件。[105] 因此，民事诉讼中的否定性裁决，本身未必蕴含任何以下断言：该诉求所依赖的关键性主张中的一个或多个是虚假的。否定性认定顶多只能表明，至少有一个对关键主张的断言是不可接受的（unacceptability）。当然——不过这偏离了正在讨论的要点——我们也许不仅有一个单纯的裁决；如上面所提到的，事实认定者们有时的确会披露他们裁决的根据，以及他们是

---

[105]　*The "Popi M"* [1983] 2 Lloyd's Rep 235.

如何得出这些裁决的。

在刑事诉讼中有相似的情况。一项"无罪"裁决，宣告了被告人是无罪的。因此，而且非常重要的是，国家不能根据指控的罪名惩罚他。无罪裁决本身，若不附加其他东西的话，并不等同于对被告人实际上无罪的断言。[106] 事实认定者对被告人的罪行存有合理怀疑时，就应当作出无罪判决。但是，这并不足以提供正当理由，使其断言该被告人未犯罪。一项无罪裁决也不应当被解读为包含任何这种断言。它通常只能被解读为表达了事实裁判者并未认可被告人有罪。这也许是因为他对被告人有罪持有怀疑，或者是因为他相信被告人实际上无罪。由于一项无罪判决可能是基于这两种状态之一，所以从表面上看，我们不能说它是一项确定性裁决还是一项缺省性裁决。[107] 就一般性的"无罪"裁决而言，陪审团是认为被告人实际上无辜，还是对其犯罪持有合理怀疑，我们对此一无所知。[108] 因此，我们不能把一项无罪判决本身

---

[106] Randy E Barnett, *The Structure of Liberty—Justice and the Rule of Law* (Oxford: Clarendon, 1998) 206："不能认定一个人'有罪'，不同于认定'无辜'。当无罪推定未被充分的有罪证据推翻时，我们只能说，没有充分的证据得出他有罪的结论。"相似的观点参见 Duff, Farmer, Marshall and Tadros (n 104) 19："确切地说，'无罪'不能解释为是对被告人无罪的断言，但必须被解读为是对他没有被证明有罪的断言。"但请比较：Damian Cox and Michael Levine, "Believing Badly" (2004) 33 Philosophical Papers 309, 220 - 221：作者观察到，司法制度对待"那些未被认定从事犯罪的人，就如同他们是无辜的一样"。作者认为，尽管从认识论的观点来看这是"不完美的理性行为 (imperfectly rational behavior)"，但这具有道德正当性；因为"司法程序的要旨并非是形成足够理性的信念，而是得出公正的结论"。但正如前面引用的一些作者所主张的那样，如果宣告无罪并非是对无辜的直率断言，那么，理性和道德之间就不存在所谓的冲突。

[107] 它可以是一项确定性裁决，也可以是一项缺省性裁决；see *D P P v Shannon* [1975] AC 717, 772. 当罪行"未被证明"时，宣告无罪就是"缺省性"的。"'无罪'裁决包括'未被证明'"，尽管英国法律并未在技术上认可"未被证明"裁决：*R v Andrews-Weatherfoil* [1972] 1 WLR 118, 126；*Rutherford v Richardson* [1923] AC 1, 6.

[108] *Director of Public Prosecutions v Humphrys* [1977] AC 1, 43.

第一章 事实认定

看作是对被告人无辜的断言。[109]

当然,证据可以非常令人信服地证明被告人无罪,从而使事实认定者断言他实际上是无辜的。但是,我们不能在一个法律制度的一般性无罪裁决中读到那个断言。法律制度只允许二者选一,即认定被告人要么"有罪"要么"无罪"[110]。对于这种观点,必须补充两点说明。首先,在苏格兰及类似的法律制度中,允许给出一项"未被证明"(not proven)的裁决作为第三种选择。那么,把一项"无罪"裁决解释为关于被告人无辜的断言,就是合理的。[111] 其次,就像在某些大陆法系司法辖区那样,法官在其作出的判决中可能会解释裁决,并且可能有规则要求对裁决进行说理。[112] 在这样的案件中,法庭很可能会借助论证"无罪"裁决的机会,去断言被告人事实上是无辜的。[113] 在这种情况下,对事实上无辜的断言,是在附随于"无罪"裁决的陈述中作出的。严格

---

[109] 司法裁决对于这一点的认可,see *Lewis v Frick* (1914) 233 US 291, 302; *Helvering v Mitchell* (1938) 303 US 391, 397. 请注意,这仅仅是主张:一项无罪宣告本身并不等同于一个对无辜的**断言**。宣告无罪之后,被告人可在稍后的诉讼中被视为无罪: eg *Coffee v US* (1886) 116 US 436, 444.

[110] 正如席曼(Schiemann)法官所说的,"刑事法律制度……并不提供对无辜的证明"。See *R (Mullen) v Home Secretary* [2002] EWCA Civ 1882 at para 43; [2003] QB 993, 1007. (Cf *R (Mullen) v Home Secretary* [2004] UKHL 18 at para 55, [2005] 1 AC 1, 47). 在某些司法辖区,情况并非如此。在加利福尼亚州,宣告无罪之后,被告人可请求认定他"事实上无罪": see section 851.8 of the California Penal Code.

[111] 在一个案件中(*McNicol v H M Advocate* (1964) SLT 151, 152),高等法院法官解释道:"未被证明"裁决,"给了对被告人有罪犹豫不决并且基于证据当然也不准备说他无罪的陪审团一个机会,来认定对他的指控没有得到证明。"See also Samuel Bray, "Not Proven: Introducing a Third Verdict" (2005) 72 University of Chicago L Rev 1299, 1299-1300: "无罪裁决针对陪审团认为无辜的被告人;未被证明裁决,针对有罪证据不充分的情况。"

[112] Thomas Weigend, "Is the Criminal Process about Truth?: A German Perspective" (2003) 26 Harvard J of L and Public Policy 157, 166-7 ("在依赖职业法官认定事实的制度中,……法院必须毫无例外地以书面形式解释如何达到其裁决,法院必须把案件结果与所举出的证据关联起来")。

[113] 例如,在 *R v Fergus* 案中((1994) 98 Cr App R 313, 325),上诉法院在撤销一项定罪时郑重宣告:"该定罪不仅是不安全和差强人意的,而且(该被告人)是完全无辜的。"

说来，它并不是该裁决的组成部分。

一项"无罪"裁决宣告了被告人无罪（not guilty）。它还更强有力地宣告被告人无辜（innocent）吗？欧洲人权法院在瑟卡尼纳诉奥地利（*Sekanina v Austria*）案中，倾向于对此作肯定回答[114]：

> 只要刑事程序的结论对该指控的是非曲直没有得出一项裁决，对被告人无辜的怀疑之声就可想而知。然而，一旦一项宣告无罪的判决成为最终裁决，就不再容许依赖这种怀疑。

根据与"该指控的是非曲直"无关的理由撤销定罪判决，也相当于宣告被告人无辜吗？考虑到无罪推定原则，人们可能认为，一个人在被法院证明有罪之前，在所有法律问题上都必须被视为无辜。[115] 如果这是正确的，就似乎意味着，因程序滥用而被撤销定罪的人应当被推定为无辜，并在法律上视为被错误定罪。但恰恰在这种情况下，一项由被告人提出的国家赔偿申请，被英国上议院驳回（*R（Mullen）v Home Secretary*）。[116] 根据《1988 年刑事司法法》第 133 节，要获得赔偿，必须"排除合理怀疑"地证明该被告人就其被定罪的犯罪而言是无辜的。仅由以下事实是不能证明这一点的：对该被告人的定罪已被撤销，而撤销理由与他被指控的案情实质内容无关。[117]

在另一类情况下，一项裁决中所作的宣告是否伴有相应的事实断言，是有争议的。有时候，如果且只要 q 得到证明，法律便要求事实认定者认定 p。不可反驳的法律推定在毒品立法上特别常见。这种推定的一个典型形式是：q 代表"他持有超过一定数

---

[114] (1993) 17 EHRR 221, 235, para 30.

[115] 有观点认为，无罪推定并不像支持它的言辞所说的那样宽泛：Larry Laudan, *Truth, Error, and Criminal Law* (Cambridge: CUP, 2006) 93–6.

[116] [2004] UKHL 18, [2005] 1 AC 1.

[117] 对这个案件的批评，参见：Richard Nobles and David Schiff, "Guilt and Innocence in the Criminal Justice System: A Comment on *R（Mullen）v Secretary of State for the Home Department*" (2006) 69 MLR 80.

第一章　事实认定

量的毒品"，p 代表"该被告人故意贩卖违禁毒品"。在非法贩卖毒品定罪中，包含了对 p 的认定，这是一种具有故意要件的犯罪。一项非法贩卖毒品的定罪相当于宣告了 p。除了 q 之外，没有证明贩卖之故意的证据；在这种情况下，以下说法至少是言之有理的：法院没有充分的正当理由相信 p，因而没有正当理由去断言 p。人们可以把该认定解释为一项对 p 的宣告，但是，并不把它看作隐含或包含了对 p 的断言。比起把这种情况解释为法院知道缺乏充分证据却被迫在法律上作出一项事实断言，这个解释似乎更好。[118] 然而，如果该定罪并未断言该人从事了某些行为——这些行为与其他因素一起构成了他被指控的犯罪——那么，就很难坚守和解释以下观点：如果该人实际上无辜，该定罪就必定是错误的。[119]

2.5.4　裁决的归属性方面（Ascriptive Aspect）

关于一项裁决的力量，还有一个与其断言和宣告方面均有联系的维度。当法院认定被告人有罪或者对一项民事请求担责时，它并非仅仅在报告构成犯罪或民事诉求的事实。很显然，这种情况并不像我看到天在下雨，便告诉你天在下雨那样。至少有两个相伴的因素。首先，对事实的认定并不仅仅报告，某人从事了这样或那样的行为；它常常更进一步，表达了对该行为的态度。一项裁决的这种表达性方面，会在下一节论述。其次，对事实的认定是从法庭上提交的证据得出的结论，而不只是对直接观察到的事实的报告。这是此处要讨论的因素。那些结论是在一个包含评价的过程中得出的。我可以向窗外看，看看是否正下雨。但显然，事实认定者不能以这样的方式，自己亲眼看到案件中实际发生的事情。他不得不努力通过权衡证据并从中进行推论，来得出一个

---

[118] 关于这一点，see eg Lech Morawski, "Law, Fact and Legal Language" (1999) 18 Law and Philosophy 461, 465 – 6: "在司法程序中，某些情况下我们被迫接受虚假陈述，如果这些陈述是根据不可反驳的推定作出的。"

[119] 第三章 1.4 部分进一步讨论了这一点（结尾处）。

结论。

在更深层的意义上，审判评议（trial deliberation）是评价性的。我们已经注意到，结论并不纯粹是事实性质的。对当事人一方违反双方之间具有约束力的合同的认定，将一个对可观察的事实的描述（基于证据评估）整合进了一个理论性的、不可观察的法律规则、原则和概念的框架之中。[120] 哈特一语中的：判决是"事实和法律的合成或混合物"[121]。人们可能进一步补充说，它还是事实和价值的混合物。机械法学（mechanical jurisprudence）将司法审判描述为法律对事实的简单演绎适用，这简直不堪一击。审判中包含了把法律特性归属到显著的事实上；正是以这种方式，拿了某物，就变成了盗窃的犯罪行为。这个过程要求解释和作出判断，不仅是在对事实进行特性描述的时候，而且也在挑选出要进行特性描述的事实的时候；这两种活动同时进行，互相反馈，而且事实的法律特性和事实的相关性皆由法律规定。[122] 但这仅意味着，并且确实没人会否认，将法律特性归属到事实上，比对事实的知觉或者对该知觉的简单报告要复杂得多；它并未将断言与归属区分开。将一个法律特性归属到一组事实上，就是断言那组事实具有那种法律特性。

因此，一项裁决的归属力（ascriptive force）并非实际上不同于其断言力（assertive force）。"归属"一词仅比"断言"有更大的信息量，因为"归属"一词揭示了所作断言的判断或评价性质。换言之，一个更高层面的认定作出了一个归属性断言（ascriptive-assertion）；它不是那种单纯报告式的直接事实断言。的确，一个

---

[120] See Horovitz (n 29) 151–2.

[121] H L A Hart, "The Ascription of Responsibility and Rights, in A G N Flew (ed), *Essays on Logic and Language* (Oxford: Blackwell, 1951) 145, 146.

[122] 关于事实认定的评价和规范性质, see Bert van Roermund, *Law, Narrative and Reality—an Essay in Intercepting Politics* (Dorchecht: Kluwer, 1997) ch 4（"将规范性后果归属给事实"）; Olivecrona (n 46) 212–215（"评价因素"）; 关于在事实与法律规范之间划出一条明确界限之相关困难的论述：Morawski (n 118)。

第一章 事实认定

归属甚至无须是一种言语行为。它遵循一项断言，这有点像归咎（blame）遵循一项指责（accusation）一样。我可以将责任归属于某人或者将某事归咎于他，但是不说出来：我可以保留在自己的心里。但是，一个未说出的断言，就像一个未说出的指责那样不可理解。[123]

同样可以说，当法院公开将一个法律特性赋予一组事实（例如，杀人的事实、具有杀人故意的事实等）时，它是在宣告这组事实具有一个特定的法律性质（它相当于谋杀）。根据这种分析，归属便再次失去了其独特的力量。如果陪审团将法律特性归属到某人的行为上，从而宣告他犯有谋杀罪，那么只要遵循了适当程序，该裁决就是有效的，该人就是一个被定罪的谋杀犯——除非该定罪被一个更高级的法院撤销或推翻。

2.5.5 裁决的表达性方面

在继续讨论以下问题之前，盘点一下前面所讨论的内容也许是有益的。我们可以质问，一项裁决是否是**有效的**（*valid*）。有效性要求满足一些条件，即宣告一项裁决之言语行为成功施行的条件。所以人们说："只有一个经适当遴选的陪审团才能宣告一个被告人'有罪！'"[124] 我们还以真相和真实性来评价一项裁决，因为，除其他事项外，它还必须（只需暗含地）断言关于潜在事实的命题。要给谋杀罪被告人定罪，除其他事项外，就是断言他造成了死者的死亡。这个断言可**真**可**假**，并且可能是**真诚**或**不真诚**地作出的。对案件事实的判定和法律特性描述，都要作出判断，该判断要接受**对**（*right*）与**错**（*wrong*）的评估。因此，我们可以对一个事实结论提出以下问题：在法庭上提交的证据是否足以证成该认定或断言，即正是这位医生拔掉了生命维持系统？我们

---

[123] Cf John R. Searle and Daniel Vanderveken, *Foundations of Illocutionary Logic* (Cambridge: CUP, 1985) 190.

[124] 桑福德·斯安斯（Sanford Schane）即将出版的著作《语言与法律》（*Language and the Law*）的序言。

也可质问，对那些事实的法律特性所做的归属。即使我们知道就是这位医生终止了他人的生命，但把他所做之事称为谋杀是否正确，这一点在一个可以想象的刑法制度中仍然不是十分清楚。

关于正确性（rightness）的问题还与另一个问题相关：该医生被以谋杀的罪名定罪，这是其**应得**（deserve）的吗？一个人是否罪有应得的问题，不同于他是否实际上被（有效）定罪的问题，后者涉及诸如有效作出裁决的适当程序问题。一项裁决对一个人来说是否应得，也与其是否应承受那个裁决的法律后果不同。一个人是否应得到该定罪是一个问题；他是否应得到他所得到的判刑是另外一个问题。问一个人是否应得到该定罪，这是什么意思？一个简要的回答是：他是否在法律上有罪。这个回答，把应得的问题简化为真实和正确的问题。但应得的问题可能包含更多内容。

如果我们采取这样一种观点，即如果且只要在法律上将该医生的行为定性为谋杀是正确的，其被定罪就是应得的；那么，"该医生被定罪是罪有应得吗？"与"他实施了被指控的犯罪吗？"便是问了同样的问题。但是，把它们解释为不同的问题是可能的。陪审团否弃权的支持者，完全可以根据法律的字面意思承认该医生犯了谋杀罪，然而却坚持这并未对他是否应当或必须被定罪提供结论性的答案。如果医生是出于对病人的尊重和怜悯而做出那样的行为，他就不应承受被宣告为罪犯所带来的羞耻。此处的关注点不是裁决的归属力；毕竟，我们已经退一步承认，该医生的作为"在技术上（technically）"构成了谋杀。按照这种解释，循着奥斯汀的思路，在陪审团否弃中不存在谎言[125]；是对谋杀定罪中另一种力量——**表达力**（expressive force）——的承认，激发了无罪开释。一项有罪裁决比宣告或断言那些事实的法律性质归

---

[125] 关于反对将陪审团否弃裁决解释为说谎的论证，see Matt Matravers, "More Than Just Illogical: Truth and Jury Nullification", in Duff, Farmer, Marshall and Tadros (n 104) ch 4.

第一章　事实认定

属具有更多含义；它还传达了否定的态度，那个归属表达了该态度。[126] 犯罪特性归属其上的行为，通常被国家认为应当在或大或小的程度上受到谴责。国家为何以这种方式看待这些行为，有许多可能的理由：这种被禁止的行为也许被认为是不道德、反社会、有害、代价高昂或反公共政策的；而且，否定性态度的力度，范围可从愤慨（如对谋杀和强奸这样的严重犯罪）到轻微责备（如随意弃置废品这样的轻罪）。

按照塞尔的观点，一个表达的符合指向是空洞的。[127] 它既不寻求让话语去符合世界，也不寻求让世界来符合话语；毋宁说，它预先假定了一项命题内容，并针对该命题内容而采取一种态度。对那位医生杀死其患者的谴责，**假定**（*presupposes*）了该医生已杀死其患者；但对其行为的谴责，不同于断言或宣告他已经做了某事。一项定罪所表达的内容，是对该行为加以批评或责备的态度。该行为同时在该裁决中被宣告和断言。尽管医生的所作所为根据制定法构成了谋杀，尽管可以宣告和断言许多内容，但是，我们可能仍不愿意谴责他的行为——即使我们作出了一项有罪判决，也可能会这样。定罪是一种实施法律的行为，它出现在刑事指控提起之后和惩罚行为发生之前，这两者也是实施法律的行为。或许可以说：正像国家因为正当的法外理由而不愿意适用某个法律一样，以及正像正当的法外因素可能导致国家行使自由裁量权而不去追诉一样，陪审团也可以基于正当的法外理由，通过拒绝根据某个法律给某人定罪，而阻止该法律实施于该人。根据这个观点，即使当法律在原则上适用于某人的案件时，这个人也可能不应得到该法律对其的实施；承认前者的人仍可坚持后者。鉴于

---

[126] 关于一项定罪的谴责方面，see Duff, *Trials and Punishment* (n 85) 108. 塔德洛斯认为："施加刑事责任，表达的是对以下事实的道德义愤：一个人没有适当考虑他人利益。" See Victor Tadros, *Criminal Responsibility* (Oxford: OUP, 2005) 85; 进一步的论述，see Ibid at 79–82.

[127] Searle 1979 (n 62) 15.

一项有罪裁决表达了一种谴责的态度[128]，我们可以问：这种谴责是否应得？鉴于这种谴责反映了一种道德上的批评，定罪要求有道德上的正当理由（moral justification）。

并非所有的裁决都表达对过去行为的道德谴责。也许有无道德责任的法律责任。例如，在对严格责任犯罪的定罪判决中，就很难读出谴责的含义。在民事案件裁决中，谴责也不是典型的情况。的确，有时候民事判决不利于被告，但法院对其怀有极大的同情。一项裁决的表达力依其命题内容而定。在一项裁决的命题内容是道德中立的情况下，我们就不能从中读出任何对否定性态度的表达——一项驱逐令并不表达对贫穷的承租人陷入困境的愤慨。在对一个人的定罪裁决中，其罪行之道德严重性越大，从该裁决中可读出的谴责性表达就越严厉：一项以强奸为罪名的定罪，就比一项以小额盗窃为罪名的定罪具有更大的谴责性。这是我们在第四章讨论证明标准时必须回归的一个要点。

不仅是裁决的内容促成了其表达力，裁决的**类型**也有关系。如塔罗斯（Tadros）所指出的："刑事定罪本身具有与众不同的传达力（communicative force）。"[129] 一个事故可同时导致刑事指控和民事诉讼。被告人可以在刑事审判中逃脱定罪，却被民事法庭认定承担责任。一般认为，对于一个人来说，遭受民事判决不像刑事定罪那么严厉，即使在刑事和民事案件背后是同一个事故。这不仅是因为定罪的后果常常比民事判决的后果更严重（有时候并非如此），而且还因为一项定罪在所述内容上，通常比一项民事判决对受其影响之人所说的更加严厉。在侵权诉讼中认定的侵害责任，与在刑事指控中认定的侵害罪之间，具有重要区别。前者的裁决是对当事人之间法律关系状态的一个宣告和断言，即一个

---

[128] 在《牛津法律词典》中，"谴责"（condemn）被明确地界定为"定罪"（convict）的同义词。

[129] Tadros（n 126）75；see also Ibid at 80；"如果以特定道德态度回应被禁止的行为是恰当的，那么'犯罪'这一标签就是恰当的；它与侵权等不同。对于'侵权'这个标签，某些反应态度是恰当的；但这些态度显然不同于与刑法相匹配的态度。"

第一章 事实认定

人拥有的合法权利遭到他人侵犯，或者一个人违反了他对另一个人所负有的法定义务。从矫正的观点看，一项民事裁决旨在通过补偿来恢复当事人之间的关系，以实现正义。但是，对一个人因其侵害行为的定罪，就不同了。可以认为，它的主旨在于向该人和公众表达国家对其行为的谴责。一项有罪裁决传达了责备或谴责；给一个人打上"罪犯"的烙印，一个本质上耻辱性的标签，就给该行为主体的生活记录留下了污点。将此与英格兰法院根据《1964年刑事诉讼法》第四节（精神病）关于一个人不适格答辩的肯定性认定比较一下。这个特殊的认定，相当于宣告和断言他"从事了被指控的行为或具有被指控的疏忽"。然而，它缺乏一项有罪裁决应具有的额外的、独特的力量，即进一步谴责他或者认定他对其行为或疏忽负责任的力量。[130]

2.6 小结

一项裁决同时在做很多事情。它宣告了有罪/无罪或担责/不担责之法律制度性事实；它断言了关于事实的命题，这些事实与所诉犯罪或责任是相关的，或者对于它们来说是要素性的；它将法律特性赋予所认定的事实；它表达一种心理状态；并且在某些情况下，它以较大或较小的力量，表达了对被告人过去行为的一种否定性态度，这种态度的范围从强烈谴责到温和责备。对于一项裁决，我们可以从许多与它所做之事相应的维度进行评价；的确，我们应当要求它在上述每一个侧面都是可辩护的。作为一个宣告，它可以被评价为有效或无效。作为一个断言，它可以被判断为真实或虚假。另外，一项裁决可以根据其将法律特性赋予案件事实是正确还是错误来进行评估。就一项裁决表达信念而言，我们要求它是真诚的。而就其表达谴责而言，我们要求这种道德批评是应得的。本节的主要目的，是要为更清晰地论述围绕着审

---

[130] *R v H* 案件（[2003] UKHL 1, [2003] 1 All ER 497）严格说来是一个逻辑决定。更广泛的批评，see A J Ashworth [2003] Crim L R 817 (case comment).

判过程的问题提供语言学资源,并且提供一个那些问题能在其中得到融贯性安置的框架。

第三节 事实认定:评议方面

3.1 引言

证据法对控制审判评议发挥着重要作用。这是本书的一个核心主题。为准备进一步展开这个主题,有必要了解审判评议的内容及其运行方式。本节 3.2 分析了评议过程并指出了其关键的方面。本节 3.3 考察了证据推理所允许的自由,以及用于控制那种自由的法律技术。

许多关于证据问题的研究都聚焦于证据排除,但没有将排除的依据与对事实推理合法性(legitimacy)的关注相关联。它们被认为在很大程度上是不相关的。例如,威格莫尔将证据的原则(principles of evidence)按其在审判中的适用,分为两个主要部分。一部分是"可采性——由法律所设计并基于诉讼经验和传统的程序性规则,以保障法院……防御错误性说服"[131];这些规则是"英美陪审团制度……所特有的人工法律规则"[132]。另一部分涉及"证明","关注竞争性说服的推理过程"[133]。关于证明的原则"代表着在证据性事实被采纳和提交给陪审团之后,对它们进

---

[131] John Henry Wigmore, *The Science of Judicial Proof—as given by Logic, Psychology, and General Experience and illustrated in Judicial Trials* (Boston: Little, Brown and Co, 1937) 3.

[132] Ibid, 5.

[133] Ibid, 3. 类似情况, see Christine L Boyle and Jesse Nyman (2005), "Finding Facts Fairly in Roberts and Zuckerman's Criminal Evidence", *International Commentary on Evidence*: Vol. 2: No. 2, Article 3, at p. 1, online: The Berkeley Electronic Press, http://www.bepress.com/ice/vol2/iss2/art3: "证据法的主题分为两部分。人们最熟悉的部分,是与程序规则(如证人能力和证人盘问)有关的诸多法律原理以及排除规则(如传闻规则)。另一部分是事实认定过程,包括对相关性和分量的确定,并涉及进行推论。"

第一章 事实认定

行处理的自然思考过程"[134];"证据已被采纳,现在的问题是:它们的效力如何?"[135]

在证据可采性和评议过程之间划出这样一条明确的界线,是具有误导性的。[136] 许多证据规则,包括可采性规则,旨在保障审判评议的合法性;它们规制对证据的评价,并约束作出事实认定的方式。置于审判评议的语境中,证据法可以得到有益的分析。本节介绍这样一种分析框架。但首先必须解释一下审判评议的含义和性质。

3.2 评议的方面

评议是一种普遍现象,它针对各种问题、在各种语境中适用。现在我们关注的是在审判中进行的、针对第一节宽泛界定的事实问题的评议。除非另有所指,本书中的"评议"是指"审判评议"(trial deliberation)。评议包含了若干个方面。评议一词可以被用于意指:①事实认定者的认知过程;②事实认定者在该认知过程中对关于争议事实主张所提出的证据和论证进行评价;③从而决定要相信什么;④这样做的目的是认定该主张是否成立。评议的这些重要方面中的每一个都将依次得到讨论,后两个方面将在同一个标题下进行讨论。

3.2.1 认知过程

"评议"一词有时用于指称审判过程中的一个能够从外部辨识的**阶段**。在提交了证据和论证且法官对陪审团作出了指示之后,

---

[134] Wigmore (n 131) 5.

[135] Ibid. 该区别被认可已久。在 18 世纪,当证据法关注的焦点是证人能力的时候,霍尔(Hale)就有过类似评论:"证人是否被允许作证是一回事;他们被传唤后是否被信赖是另一回事。"(quoted in Barbara J Shapiro, *A Culture of Fact—England*, 1550-1720 (Ithaca, NY: Cornell UP, 2003) 14).

[136] 塞耶也做出了这样的划分。按照他的观点,"证据法……排除具有逻辑证明力的东西",但它"并不规制推理能力":"Law and Logic",(1900) 14 Harvard L Rev 139, 142.

陪审团将退庭就他们的裁决进行评议。在法官审中，决定不立即给出判决的法官也是如此，在听取了双方的结审意见后，将回到自己办公室考虑裁决。为了当前的讨论目的，"评议"一词所指，并非审判的一个时间段，而是事实认定者借以对事实认定和裁决作出决定的**认知过程**。作为一个认知过程，评议是一项持续性的工作。事实认定者切不可在全部证据出示之前就在头脑中形成定见。[137] 然而，不可避免的是，他将随着审判的展开而评估证据，对事实形成暂时性信念，并不断校正这些信念。尽管最终的评议是在陪审团评议室或者有时候在法官办公室进行的，但事实认定者并非只在退庭考虑裁决时才开始思考证据。

作为认知过程的审判评议，必须与作为**团体活动**（group activity）的陪审团评议相区分。[138] 作为一种团体活动，评议像个体之间的互动行为那样，是可观察的；但作为认知过程，评议是一种"精神活动（mental activity）"。这种活动涉及对证据的评价，从而决定相信什么和认定什么。诚然，除非我们考虑到产生一致裁决要求的人际动力学，否则，我们不能完全了解陪审团作为一个团体如何达成他们的裁决。[139] 人们期望陪审团成员给出自

---

[137] 例如，《第九巡回法院模范民事陪审团指示》§1.12 如此告诫陪审团："在你们进入陪审团室对案件进行裁决之前，不要在自己头脑中设想应当作出什么裁决，进入陪审团室后你再和自己的陪审员同伴讨论证据。在此之前，请保持开放的头脑。"可检索于第九巡回法院官网：http://www.ce9.uscourts.gov/。同样，《英国刑事法庭手册》范本 55（a）告诉刑事陪审团，他们"在听审完全部证据之前，应当避免得出结论性的观点"。可检索于司法研究委员会的网页：http://www.jsboard.co.uk/criminal_law/cbb/index.htm。

[138] 关于一个团体如何得出整体信念（collective belief），see Margaret Gilbert, *On Social Fact* (London: Routledge, 1989); and Frederick F Schmitt, "The Justification of Group Beliefs", in Frederick F Schmitt (ed), *Socializing Epistemology—The Social Dimensions of Knowledge* (London: Rowman & Littlefield, 1994), ch 12.

[139] 以下文献强调了这一点：Damaška, Mirjan R, *Evidence Law Adrift* (New Haven: Yale University Press, 1997) 37–40; "Hearsay in Cinquecento Italy", in Michele Taruffo (ed), *Studi di Vittorio Denti*, vol 1 (CEDAM: Padova, 1994) 88; and "Epistemology and Legal Regulation of Proof" (2003) Law, Probability and Risk 117, 119. See also Reid Hastie, Steven Penrod and Nancy Pennington, *Inside the Jury* (Cambridge, Massachusetts: Harvard University Press, 1983) ch 6.

第一章 事实认定

己的观点，倾听他人的意见，并且必须有"讨论、论证并在（他们）誓言范围内平等交换意见"[140]。在获得正确答案方面，陪审团也许比法官审中的独任法官更加有效，其拥有每一个成员都将自己的个人经验和技能带入讨论的优势。[141]但本研究不属于团体互动心理学的范围，也不考察多人决策相对于个体评议的优越性问题。与此不同，我们的着眼点将是规范性的规则，这些规则管控着作为一个认知过程的评议，它们影响着对一项事实认定的证成。这些规范性规则应当对个人和团体评议都适用。事实认定者在裁决过程中必须遵守这些规则；在陪审团裁决的情况下，陪审团成员们讨论该从证据推出什么适当结论时，也必须遵守这些规则。[142]

3.2.2 对证据和论证的评价

把行动（action）理解为肢体行动，把心智（mind）理解为精神状态或存在，这是很自然的事情。但是，精神生活也包括行为和活动（activities），它们中的许多但并非全部都能被意识到。证据评价这种活动包含了一个由有时被称为"精神行为（mental acts）"的东西组成的复杂网络。这些精神行为发生于以下过程中：对证人可信性的评估，对证据证明力的衡量，对相互冲突的解释作出选择，从被信以为真的东西中得出推论，判断证言的叙述一致性，对每一方事实版本的整体连贯性进行评估等。这些构成评议之精神活动的行为，受到立场态度（standing attitudes）的引导。它们是本书第四章要讨论的内容。简而言之：在民事诉讼中，必须采取中立态度；而在刑事审判中，事实认定者必须采取一种

---

[140] *R v Watson & Ors* (1988) 87 Cr App R 1, 8.

[141] 关于这一点，在对陪审团服务的个人陈述中，有一些轶闻性的证据，see Trevor Grove, *The Juryman's Tale* (London: Bloomsbury, 1998).

[142] 这种评议既有公共意义（在我们例子中，体现为陪审团成员之间的讨论），也有内在意义（此处即所有陪审团成员的隐秘思考过程）；内在意义复制公共意义，或者通过与公共意义的类比而得以解释。See Stuart Hampshire, *Justice is Conflict* (Princeton, New Jersey: Princeton UP, 2000) 7 et seq.

对被告人的保护态度；后者对检控方的指控采取一种特殊的批评取向，以此彰显自己。更普遍的要求是，事实裁判者必须在所有案件中，都以审慎的态度处理其评议任务。这是本书第四、五章的中心议题。

在评价证据的过程中，事实认定者应当考虑双方律师所做的论证。这些论证包括：每一方提出的"案件理论（theory of the case）"，以及一方对另一方提出的理论和证据的攻击。评议过程中的思维活动，有些是明示的，有些是默示的；它既使用公开的推理，也使用暗示、潜意识或前意识的过程——"启发式（heuristics）""图示（schemas）""直觉（intuitions）""预感（hunches）"等。[143] 尽管评议是一种高度复杂的心理过程，但法律规则出于规制的目的，通常会区分出明确的证据推理路线（lines of evidential reasoning）。[144] 法律排除那些被认为只会引起不当推理形式的证据，通过禁止事实认定者运用这些会引起异议的推理路线来规制评议活动。这种"原子论"方法是有道理的，尽管如本书第三章3.4部分充分指出的那样，叙事在审判评议过程中发挥着必要作用。厘清"个别证据片段对故事构造的刻画和影响，或者，对起诉或辩护之个别因素的证明的刻画和影响……可能有助于决定事实认定者需要回答的各种问题，以及为回答它们而应当依赖的各种信息"[145]。正是通过阻却对一方证据的匆忙反应（有

---

[143] Eg Daniel Kahneman, Paul Slovic and Amos Tversky (eds), *Judgment under Uncertainty: Heuristics and Biases* (New York: Cambridge University Press, 1982) 129-152; Nancy Pennington and Reid Hastie, "The Story Model for Juror Decision Making", in Reid Hastie (ed), *Inside the Juror—The Psychology of Juror Decision Making* (Cambridge: CUP, 1993) 192; Marilyn MacCrimmon, "Developments in the Law of Evidence: The 1989-90 Term: The Process of Proof: Schematic Constraints" (1990) 1 Supreme Court L Rev (2d) 345.

[144] 这些规则假定了"原子论"推理，而非"整体论"推理。关于这些路径，参见第三章3.4部分。

[145] Doron Menashe and Mutal E. Shamash (2005), "The Narrative Fallacy", *International Commentary on Evidence*: vol 3: iss 1, article 3. Available at: http://www.bepress.com/ice/vol3/iss1/art3 at 28-29.

第一章 事实认定

时候是盲目或直觉性的)、对思考的过程进行剖析以及仔细将其降解为基本的步骤，人们才能发觉可能不会引起人们注意的习惯性和偏见性假设。

3.2.3 决定相信什么和认定什么

事实认定者评价证据和论证，是为了在两个层面上作出决定。在第一个层面上，问题是"相信什么（what to believe）"；在第二个层面上，问题是"认定什么（what to find）"。评议的这两个方面以及它们之间的关系，将在本书第三章详细阐述。一个大概的描述就能满足目前论述的需要。在第一个层面上，事实认定者将根据面前出示的证据来判断，到底相信什么争议性的事实主张。判断是一个有意识的、意愿的（voluntary）过程，旨在当一项命题为真时才接受这项命题。"接受（acceptance）"通常与"信念（belief）"有以下区别："接受"是意愿的，而"信念"却不是。后者是人们发现自己所处的一种内部状态，无论对此喜欢还是不喜欢。[146] 然而，判断是一种通常产生相应信念的接受。我们的信念常常来源于我们对自己相信什么而作出的判断。判断一种主张为真的人，如果他不是非理性的，也将相信它是真的。要注意，并非每一种接受都构成一个判断。通过以下方式，一个人可以接受但并不判断一个命题为真：选择或被安排根据一个命题而行为，却不相信该命题是真的。[147] 审判评议是一个为了接受而寻找可能的根据的过程，这里的接受是以判断这种具体形式（即在受到真相约束的意义上）。人们可能认为，对事实争端的判断（judgement），通常都应当作出对该争端的认定（finding）。这种观点虚构了这两个层面问题之间的直接联系；一般来说，事实认定者必

---

[146] Eg Cohen, L Jonathan, *An Essay on Belief and Acceptance* (Oxford: Clarendon Press, 1992) 117–125; and "Should a Jury Say What It Believes or What It Accepts?" (1991) 13 Cardozo L Rev 465.

[147] 莱勒在这种更宽泛的意义上使用"接受"一词。See Lehrer, "Reason and Consistency", in Keith Lehrer (ed) *Analysis and Metaphysics* (Dordrecht: D Reidel Publishing, 1975) 57–8.

须对且仅对他信以为真的东西作出肯定性认定。但是，正如我们将看到的，这是不准确的。对事实的认定，并不总是基于对案件事实之个人或主观的信念。通常，它们必须以一种超然（detached）的判断为基础。

3.3 自由与限制

审判评议既有自由又有限制。这里的自由包括赋予事实认定者大量自由裁量权。理性的观察者，可以合理地不同意事实认定者已经作出的事实认定。法律允许这种不一致。事实认定者对事实问题拥有最终发言权，特别是在陪审团审判中，只在有限范围内受制于更高级法院的干预。评议中的自由，假设了行使这种自由的意愿性（voluntary）。如果这里的评议仅仅是实践性评议（practical deliberation）的一种形式，即要在做什么的问题上给出决定，那么，行使这种自由显然是意愿。但正如这里简略提到且本书第三章将要论证的，审判评议包含着进行信念判断（doxastic judgments）。审判评议是意愿的，因为判断是意愿的，即使信念并非如此。意愿意味着选择，而选择带来责任[148]；这使对事实认定的评价超越了可靠性标准。我们并不会因为一台机器产生了错误的输出结果而责怪它，尽管我们可以把它描述为不可靠；相比之下，我们确实要求事实认定者对其选择作出的判断和认定承担责任。规制评议的证据规则，是基于这种责任之内容的规范性理念。与之相关的规范不纯粹是认识论规范，这是本书研究的一个主题。实践的和道德的考量，会发挥错综复杂、相互依赖的作用。

在行使评议自由时，其中的责任要求合理性（rationality）。确实，陪审团在工作中被赋予了很大的自由裁量权。然而，法律在授予强有力的自由裁量权的同时，并未明确许可其作出非理性

---

[148] 一般性论述，see Lorraine Code, *Epistemic Responsibility* (Hanover, Brown University Press, 1987) 51.

第一章 事实认定

的事实判断。[149] 非理性的判断是错误的，不管它们是否被发现，不管是否应当或者可以对此做什么。合理性的限制假定了敏锐和有效运用推理的能力。如果我们期望事实认定者在其被给予的自由范围内理性地进行评议，我们就必须认为其**能够**这样做。事实认定者具有认知能力，这是一个基本条件。[150] 在认知能力中有两个相关的要素。其一，事实认定者必须拥有理性思考的正常能力，能够应用普通的推理原则。就这一点而言，精神上有缺陷的人缺乏能力。其二，事实认定者必须拥有基本的生活经验，并积累了关于这个世界的普遍知识（common knowledge）。儿童不符合这一条件。正因为缺乏基本的认知能力，即在上述一个或两个方面存在不足，因此某些人（包括疯子和幼童等）被从陪审团名单中排除。这些人也许被描述为缺乏（技术意义上的）"常识（common sense)"[151]。审判评议只要在依赖"常识"——即非专家的、理性的推理和普遍知识——的范围内，它就是自由的。

在事实认定中，除限制自由裁量范围的一般理性要求之外，法律还施加了其他类型和程度的限制。许多证据规则旨在指导或

---

[149] Ronald Dworkin，"The Model of Rules I"（1967）35 Chicago Law Review 14，33 - 34："强意义上的自由裁量权不等于许可，不排斥批评。一个人做出行为的几乎任何情境……都有相关的特定理性、公正和效率标准。"

[150] 科恩对这种假定做过检验，see Cohen, L Jonathan, "Freedom of Proof", in William Twining（ed), *Facts in Law*, Archives for Philosophy of Law and Social Philosophy（Wiesbaden: Franz Steiner Verlag, 1983）Beiheft No.16, pp 1 - 21).

[151] 常识可以指一种"通常被接受为真实的心灵力量"或"信念之躯"，see Ronald E Beanblossom and Keith Lehrer（eds), Thomas Reid, *Thomas Reid's Inquiry and Essays*（Indianapolis: Hackett Publishing, 1983) xxvi. 按照普赖斯的观点，运用常识，就是将"归纳理性"应用于人们的经验集合，see H H Price, *Belief*（London: George Allen & Unwin, 1969）179. 对"常识"之哲学解释的全面列举，see Marcil-Lacoste, Louise, *Claude Buffier and Thomas Reid—Two Common-Sense Philosophers*（Kingston: McGill-Queen's University Press, 1982）74 - 75.

规制评议。[152] 它们是叠加在常识上的次级规则。[153] 在证据法和交通规则之间可进行一个大致类比——仅为类比而已。二者都对一种活动施加影响，目标都是针对假定有能力执行那种活动的人。从某种意义上说，交通规则是驾驶指令，从另一种意义上说又不是。它们并未规定把车辆从某一点移动到另一点必须要做什么，所以它们不是驾驶指令。而在其规制运用基本操作技能的行为这一意义上，它们又是驾驶指令：它们告诉驾驶员哪里不准转弯，红色交通信号灯亮时要停车，他们能够驾驶的最高时速，停留在道路哪一侧等等。同样，这样说既正确又错误：证据规则指示事实认定者如何进行事实推理。事实认定者被假定有能力去评价证据，被期望且被赋予运用那种能力的一般自由。在从前提到结论的推理过程中，他通常必须自主行为。在初级层面上，简而言之，评议过程"太难驾驭而无法遵守立法者的管控，太语境化而难以置放于绝对的法律规范网络之中"[154]。但是在次级层面上，它可以并且实际上得到控制。各种证据规则都告诉事实认定者，在评议过程中，他必须考虑什么或不许考虑什么。当需要就非普遍知晓的事实提供建议时，或者更重要的，当存在一个规范性理由以背离日常实际生活中的推理原则时，法律才介入进来。证据法规则的运行与日常语境中通行的调查方式之间的紧张关系，常常引

---

[152] 按照达马斯卡的观点，英美证据法追求"架构证据分析"。Damaška, *Evidence Law Adrift* (n 139) 8. Cf Friedman, Richard D, "Anchors and Flotsam: Is Evidence Law 'Adrift'?", (1998) 107 Yale L J 1921, 1928 – 34. 关于法律影响证据推理的不同方式，see McNamara, Philip, "The Canons of Evidence—Rules of Exclusion or Rules of Use?" (1986) 10 Adelaide L Rev 341; Ronald J Allen, "Structuring Jury Decisionmaking in Criminal Cases: A Unified Constitutional Approach to Evidentiary Devices" (1980) 94 Harvard L Rev 321; Scott Brewer, "Scientific Expert Testimony and Intellectual Due Process" (1998) 107 Yale L J 1535.

[153] 它们旨在"约束和控制，而非促进或放纵，普通的认知倾向"。Damaška, *Evidence Law Adrift* (n 139) 28. 很久以前，有人表达了本质上相同的观点。see Starkie, Thomas, *A Practical Treatise of the Law of Evidence* (London: J & W T Clarke, 2nd edn, 1833) 13.

[154] Damaška, *Evidence Law Adrift* (n 139) 20.

第一章 事实认定

人注目。[155] 尽管许多法律人并不钟情证据规则[156]，或者倾向于看到证据规则"对日常推理原则的技术性干涉"[157] 更少一些，但是，经常存在对评议活动加以规制的强有力的理由。许多证据规则，包括那些在后面各章要分析的证据规则，体现了使审判中的事实认定合法化的价值；它们绝非仅仅是技术性措施。

3.4 控制方式：劝告、规定和排除

审判评议中的自由是相对的，自由的程度在不同法系有所不

---

[155] 以下案例注意到这一点：*O'Brien v Chief Constable of South Wales Police* [2005] UKHL 6，[2005] 2 AC 534，540 - 1；*R v Kearley* [1992] 2 AC 228，236；*R v Turner* [1975] 1 QB 834，841；*John W* [1998] 2 Cr App R 289，304；cf：*R v Apicella* (1985) 82 Cr App R 295，299；*R v Chandler* [1976] 1 WLR 585，590. See also James Bradley Thayer，*A Preliminary Treatise on Evidence at the Common Law* (Boston：Little，Brown and Co，1898，Rothman reprint 1969) 1 - 2；Colin Tapper (ed)，*Cross and Tapper on Evidence* (Oxford：OUP，11th edn，2007) 1 - 2；Damaška，*Evidence Law Adrift* (n 139) 11 - 12.

[156] 边沁可能是最热衷于倡导减少这种规则的人，see William Twining，*Theories of Evidence：Bentham and Wigmore* (London：Weidenfeld & Nicholson，1985) 66 - 75；Postema，Gerald J，*Bentham and the Common Law Tradition* (Oxford：Clarendon Press，1986) 348 - 350. 但是斯坦论述了："司法事实认定应当完全由法律规制。" See Alex Stein，"The Refoundation of Evidence Law" (1996) 9 Canadian Journal of Law and Jurisprudence 279，285；"Against Free Proof" (1997) 31 Israel L Rev 573；"*Foundations of Evidence Law*" (Oxford：OUP，2005) ch 4；Menashe and Shamash (n 145) and (2007) "Pass These Sirens By：Further Thoughts on Narrative and Admissibility Rules"，*International Commentary on Evidence*：vol 5：iss 1，article 3. Available at：http：//www.bepress.com/ice/vol5/iss1/art3；Frederick Schauer，"On the Supposed Jury—Dependence of Evidence Law" (2006) 155 University of Pennsylvania L Rev 165，194 (认为，基于规则的方法具有"以下优势：存在易于适用和理解的指示器，它指向了更深层、更难以应用的主要考虑因素")。

[157] William Twining，"Freedom of Proof and the Reform of Criminal Evidence" (1997) 31 Israel L Rev 439，452. 萨蒙德把证据法视为"法律形式主义的最后避难所之一"。See John W Salmond，*Jurisprudence or the Theory of Law* (London：Stevens & Haynes，1902) 597.

同，而且经过了历史变动。[158] 最严厉的规制形式是罗马—教会法中的证明制度。在这种制度下，事实认定被认为要受规则控制，这些规则规定了证明一个案件所需目击证人的数量，并为不同种类的证据分配了具体的分量。[159] 不过这种方法并不像它有时候看起来那么机械。[160] 普通法从未采用过这种刚性的证明方式。但是，它也发展出了规制评议的规则。[161] 在普通法中，至少有三种主要的控制评议的技术。

---

[158] 大陆法系的内心确信（intime conviction）原则，有时被认为使事实认定者完全摆脱了"主体间的确定性标准"，see Damaška, *Evidence Law Adrift* (n 139) 21. 但这似乎是夸大其词，see Olof Ekelöf, "Free Evaluation of Evidence" (1964) 8 Scandinavian Studies in Law 47, at 66. 的确，芭芭拉·夏皮罗将内心确信概念视为"排除合理怀疑（之普通法教义）的合理近似临摹。" See Barbara Shapiro, *Beyond Reasonable Doubt and Probable Cause—Historical Perspectives on Anglo-American Law of Evidence* (Berkeley: U of California Press, 1991), at 247. 按照她的观点，即使根据不太苛刻的前导标准——"任何怀疑"检验——陪审团成员也无权根据轻率的怀疑而宣告无罪（Ibid, 21）。本书第三章1.3部分说明存在一个差别。在大陆法系的方式中，事实认定是由事实认定者个人或主观的信念决定的；然而，在普通法系中，它取决于一个对超然的或"无私的"信念的判断。

[159] John H Langbein, *Prosecuting Crime in the Renaissance* (Cambridge, Mass.: Harvard University Press, 1974) 238. 更全面的论述，see Lorraine Daston, *Classical Probability in the Enlightenment* (Princeton: Princeton UP, 1988) 41-43; and Arthur Engelman, *A History of Continental Civil Procedure*, translated and edited by Robert Wyness Millar (Boston 1927) 41-44. 这种制度的错综复杂，使莱布尼兹（Leibniz）作出了以下著名论断："事实上，司法程序的全部形式，只不过是适用于法律问题的一种逻辑。" G W Leibniz, *New Essays on Human Understanding*, translated and edited by Peter Remnant and Jonathan Bennett (Cambridge, Cambridge University Press, 1996) 465.

[160] 按照惠特曼的观点，中世纪大陆法系法官拥有的自由裁量权比人们通常认为的更多。See James Q Whitman, "The Origins of 'Reasonable Doubt'" (March 1, 2005). *Yale Law School. Yale Law School Faculty Scholarship Series*. Paper 1, online: The Berkeley Electronic Press, http://lsr.nellco.org/yale/fss/papers/1. 参见脚注75-79，以及相应正文。类似的观点，see *James Franklin, The Science of Conjecture—Evidence and Probability Before Pascal* (Baltimore, Maryland: John Hopkins UP, 2001) 19. 其中提出："认为'形式化'大陆法系证明制度中存在'非常详尽的分量表'或者说'严格的机械化规则'这种批评观点，应当被慎重对待。……中世纪著作没有给人留下这样的印象，即要求法官偏离普通标准，而恪守僵硬的规则。"同样的表述，see Mirjan Damaška, "*The Death of Legal Torture*", (1978) 87 Yale L J 860.

[161] 就这一点而言，达马斯卡告诫说，普通法系和大陆法系的差别不应当被夸大。See Damaška, *Evidence Law Adrift* (n 139) 19-20.

第一章 事实认定

3.4.1 劝告

第一种技术是"劝告（advice）"。在陪审团审判中，法官将在其总结中就证据问题指示陪审团。这些指示包括关于他们应当如何完成工作任务的劝告（作为"指导"而提出）。它们可以是强制性的[162]，也可以是任意性的；并且可以表达为不同的严格程度。[163] 措辞最强烈的一类劝告，是强制性的普通法补强警告（corroboration warning）。陪审团被警告：在没有补强证据的情况下，做出有罪裁决是危险的。不过，由于法律允许陪审团在没有补强证据的情况下裁决有罪，这种陪审团指示只能算作一种劝告。

给陪审团的大部分劝告，旨在促使其理性和公正地进行评议。例如，法官可能希望通过以容易理解、符合逻辑的顺序表述陪审团必须解决的问题，来帮助陪审团系统、透彻地思考一个事实问题。法官还可以警告陪审团不要立即下结论，例如陪审团也许会得到警告：不要仅仅因为他们相信该被告人对警察撒了谎，就推断他有罪。[164] 陪审团还可能被提醒对一些他们本来会忽略的事情保持警觉，例如证人之间串供的可能性。[165] 在对很久以前的事件进行审判的情况下，法官会提醒陪审团注意被告人所面临的困难，即"在提出自己的案情陈述时处于真正的劣势"；法官可以公正地告诉陪审员们："要考虑到以下事实，即记忆会随着时光流逝而消失"，"所指控的事情发生得越久，要让被告回答它就会越难。"[166]

---

[162] 一个例子就是普通法的以下惯例（它等同于一条法律规则）：法官必须给陪审团作出一个对共犯证言的补强警告。See *Davies v DPP* [1954] AC 378, 399. 但是，在英格兰和威尔士，这个职责被成文法废除了，参见《1994年刑事司法和社会治安法》第32条。

[163] "新的法庭推理规则"的趋势是，朝着更加灵活和更少拘泥形式的方向发展，see Paul Roberts and Adrian Zuckerman, *Criminal Evidence* (Oxford: OUP, 2004) 482–490.

[164] Eg *Crown Court Bench Book* (n 137) specimen direction 27.

[165] Eg *R v H* [1995] 2 AC 596, 612.

[166] Eg *Crown Court Bench Book* (n 137) specimen direction 37. See *R v Percival* (1998) Times 20 July; *Brian M* [2000] 1 Cr App R 49.

这些指示,是根据理性和公正的裁判制度中所蕴含的一般标准而作出的。

法官传达给陪审团的劝告,必须要区别于包含在特定规则或惯例中的指导性劝告。后者甚至在法官独任审判的情况下也适用——不是在"他必须口头指导或警告自己"这种意义上适用,而是以下意义上适用:在评议中他被假定知晓该规则和惯例并被期望注意其内容。有时候有进一步的要求,即要求他在其裁决理由中记录该警告,并陈述"为何尽管存在该警告,却仍然作出一个特定裁决;或者,如何因为该警告而作出了一个特定裁决"[167]。

劝告是一种弱控制形式:与命令不同,它只要求认真思考,而不是严格服从;它旨在指导而不是规制推理过程;它具有建议性或警示性,不管措辞多强烈,都不是义务性的。[168] 对于劝告所针对的事项,事实认定者拥有最终发言权。考虑一下在立法允许从被告人的沉默得出对其不利推论的情况。[169] 这个规则并不强迫事实认定者得出该推论;它仅仅告知事实认定者得出它的可能性。或者说,**如果**被告人有意保持沉默,事实认定者就获得了官方的许可,用他的沉默来反对他。另一个例子是英国《1995 年民事证据法》第 4(2)条款。[170] 它列出了法院在衡量传闻证据时可以考虑的若干因素。这个规定只是想让事实认定者意识到相关的考量因素。是否相信以及赋予传闻证据什么分量,最终由事实认定者

---

[167] *Fleming v The Queen* (1998) 197 CLR 250, 264. (澳大利亚高等法院)

[168] Eg *R v Mullins* (1848) 3 Cox Cr 526, 531, per Maule J:"法官给陪审团的指示……并不是关于陪审团必须要适用的法律的指示,而是关于事实的评论;法官按照惯例给出这种评论是非常合适的,因为法官也像双方律师一样,在有关事实的问题上努力帮助陪审团。"

[169] 例如新加坡《刑事诉讼法典》第 196(2)和 123(1)条;英国《1994 年刑事司法和社会治安法》第 34 和 35 条。

[170] 新加坡《刑事诉讼法典》第 381(3)条具有同样效果。有"迹象表明,存在着日益增强的发展证据……分量指南的趋势",see Colin Tapper, *Cross and Tapper on Evidence* (Oxford: OUP, 11th ed, 2007) 2.

第一章 事实认定

决定。当人们认为常识在某些方面对证据评价的引导不安全或不充分时,对事实推理进行劝告的需求就最为迫切。一个很好的例子是特恩布尔(*Turnbull*)指南。[17] 它是基于以下信念而作出的:辨认证据的不可靠性并不是一个常识问题。这个指南并未颠覆对证据的常识性评价;它只是要指导事实认定中自由裁量权的行使。

3.4.2 规定

控制评议的另一种方式是对它加以规定(regulating)。证据规则可以指示事实认定者在决定事实问题时所采取的态度,或者要求他运用或抑制使用某些具体的证据推理路径。与劝告不同,规定是一项命令;它是义务性和规范性的。规定与劝告的重要区别性特征在于:它排斥而不是指导自由裁量权的行使。一项劝告意在激发对该证据的思考,而一项规定则给这种思考施加了限制或结构。在陪审团审判的情况下,规定和劝告都是以陪审团指示的形式传达的。

有时候,一项规定超越了人们在日常实际生活中通常遵循的事实推理路径。在这种情况下,事实认定者必须遵循该规定,即使他本来倾向于以不同的方式推理。通常,我们只有在判定 A 是相信 B 为真的足够好的理由时,我们才从事实 A 推断事实 B。而当一个法律推定要求事实认定者从 A 推断 B 时,那么当且仅当他相信 A 是真的,他就必须接受 B 是真的,除非 B 被证明是假的。至于他是否认为,A 是相信 B 为真的足够好的理由,这并不重要。相反,当一个规则禁止从 A 推论出 B 时,事实认定者切不可从 A 到 B 进行推理,即使他本来倾向于认为 A 支持对 B 的推论。不管事实认定者认为某个证人的证言多么具有说服力,如果对犯罪的证明要求补强[172],那么若不存在补强证据的话,他就不能根据该

---

[17] *R v Turnbull* [1977] QB 224.

[172] 例如《1911 年英国伪证法》第 13 条。

证言裁决有罪。有时候，一项规定可能禁止某个推理路径，却允许另一个推理路径。[173] 例如，传闻规则允许事实认定者从一个庭外陈述证据推断"该陈述被作出过"，但不能推断"该陈述是真实的"；在审判共犯的情况下，有时候所提出的证据只能被考虑为"反对一位被告人……若针对其他被告人则不具有可采性；例如，在共同被告人不在场的情况下，由一位被告人对警察所作的陈述"[174]。这类规定的其他一些范例，现在已不再被视作法律。以前在英国，一位刑事审判中的证人[175]先前所作的与其证言不一致的陈述，可被视为有损其信誉的证据，但不能被视为关于所述事实之真相的证据[176]；当人们根据《1898年刑事证据法》1（f）（ii）和（iii）条款[177]，对被告人的不良品性进行交叉询问时，所引出的证据只能弹劾其可信性，却不能证明其犯罪。[178]

3.4.3 排除

"排除（exclusion）"是控制评议的第三种方法。它已经吸引了人们过度的关注。审判法官有时候被描述为"守门人（gatekeeper）"：他决定哪些证言、文件或其他物品（将它们简称为"信息"）被采纳为证据。一经采纳，该信息就必须在评议期间予以考虑。我们可以从多个角度看待"排除"。信息可能根据某个理

---

[173] Richard D Friedman (general ed), Leonard, David P, *The New Wigmore, A Treatise on Evidence—Selected Rules of Limited Admissibility* (Boston: Little, Brown and Co, 1996) 1: 14-1: 22, §1.6.1.

[174] *R v M (T)* [2000] 1 WLR 421, 428. Cf *R v Hayter* [2005] UKHL 6, [2005] 1 WLR 605, especially paras 82-83.

[175] 如果他是被告人，关于可采性和供述的规则就会将情况变复杂。

[176] *R v Golder, Jones and Porritt* [1960] 1 WLR 1169, 1171. 但现在请参见《2013年刑事司法法》第119（1）条。

[177] 后来被分别重新编号为：s 1 (3) (ii)；(iii)。参见《1999年青年司法和刑事证据法》(Youth Justice and Criminal Evidence Act 1999) s 67 (1)；schedule 4。

[178] Colin Tapper, *Cross and Tapper on Evidence* (London: Butterworths, 1999, 9th edn), 401-403, 410-411, 415-6. 有案例表明，根据《刑事司法法》第101条，现在的情况已有所不同。See Ian Dennis, *The Law of Evidence* (London: Sweet & Maxwell, 2007, 3rd ed) 797.

第一章 事实认定

由而被阻隔,让陪审团不知悉它们的存在,即信息被**在感知上排除**(*perceptually excluded*)。从当事人的角度看,排除相当于**证明禁止**(*prohibition of proof*)。他被阻止向事实认定者出示该信息,例如,他不能传唤或要求一位证人就它作证。"排除"的另一种意义是,**排除在评议中使用**或简称**从评议中排除**(*exclusion from deliberation*)。[179] 有时候,该信息已披露给事实认定者,但他被要求在其推理过程中不要考虑它。例如,在法官审判中,法官常常需要对证据可采性做一个预备性裁定。处在作出这种裁定的职位上,他一定会知道该证据的内容。结束预备性裁定后,如果他决定排除该证据,比如一个供述,那么该供述就不能在审判中加以证明。(如上面所提到的,在一个意义上,排除意味着证明禁止。)但是,该裁定还有进一步的后果:在该法官作出裁决的过程中,他需要忽略他已裁定排除的那个供述。他切不可允许该信息影响他的裁决。在以下情形中,陪审团处于类似境况:不可采的证据被错误地告知了陪审团,法官指示他们完全忽略该证据。[180]

当信息在最后这种意义上被排除即"从评议中排除"时,它被排除了在评议中的**所有**用法。根据在第二种控制方法中所说的,事实认定者有时候被允许以一种方式但不能以另一种方式使用证据。这被我们描述为一种法律**规定**证据推理的情况。如果将这描述为是一种从评议中排除证据的**某种**用法的情况,就可能产生混淆。我们最好不要使用"部分排除(partial exclusion)"这一表述。[181] 以下任何关于信息"被排除"或"从评议中排除"的提法

---

[179] 在这个意义上,排除并不是普通法所独有的;甚至在罗马时代,它就被明确地适用了。See Frank R Herrmann, "The Establishment of a Rule against Hearsay in Romano-Canonical Procedure"(1995)36 Virginia J of Intl L 1, 15-16.

[180] 他可以指令再审,或者为避免引起陪审团对该证据的不必要关注而决定不去评论它。See Munday, Roderick, "Irregular Disclosure of Evidence of Bad Character" [1990] Crim L R 92; and Damaška, *Evidence Law Adrift* (n 139) 18.

[181] 里德(Reid)法官划分了"完全不可采"的证据和"为特定目的部分可采"的证据。See *Ratten v R* [1972] AC 378, 380.

都意味着，完全不允许事实裁判者考虑这些信息。

与"在感知上排除"和"作为证明禁止的排除"相比，"从评议中排除"更为根本。我们将一个特定事项从事实认定者的知觉中排除，或者禁止一方将其举出作为证据，是因为我们希望防止它影响评议。"在感知上排除"和"作为证明禁止的排除"，仅仅是实现"从评议中排除"的手段。它们无疑是非常有效的手段。的确，它们是成功的保障：如果通过阻止一方当事人提供该信息而使陪审团对此无从知晓，那么该信息就肯定不会出现在他们的评议中。

3.4.4　规定和忽略证据指示的有效性

必须注意，在评议期间忽略特定信息的指示，即要求人们把已经听到或看到的东西抛在一边，不管是针对所有目的还是只在裁决某个具体问题时，都主要是在正当理由的层面上发挥作用。[182] 当批评者们争论说事实认定者不能把特定的信息从头脑中完全擦掉的时候，他们忽视了这一点[183]；因此他们认为，这种心理学技巧不仅超越了陪审团的能力，而且也是任何人无法做到的。[184] 这转而又支持了下述观点：排除规则在法官审中没有多大意义，因为法官像所有人一样，并不能从他们头脑中铲除自己听

---

[182]　在不同语境中指出这一点的文献，see Martin P Goldring, "A Note on Discovery and Justification in Science and Law", in J Roland Pennock and John W Chapman (eds), *Justification* NOMOS XXVIII (New York：NYUP, 1986).

[183]　美国最高法院杰克逊（Jackson）大法官评论说："给陪审团的指示可以消除偏见的影响，这一天真的假设……所有执业律师都知道是十足的虚构。"See *Krulewitch v United States* (1949) 336 US 440, 453. See also Damaška, *Evidence Law Adrift* (n 139) 47 et seq.

[184]　*Nash v United States* (1932) 54 F.2d 1006, 1007, per Judge Learned Hand. 一项研究发现，在不受已披露的不可采证据的影响方面，法官并不比陪审团做得更好。See Andrew J Wistrich, Chris Guthrie and Jeffrey J Rachlinski, "Can Judges Ignore Inadmissible Information? The Difficulty of Deliberately Disregarding" (2005) 153 University of Pennsylvania L Rev 1251. See also Roderick Munday, "Case Management, Similar Fact Evidence in Civil Cases, and a Divided Law of Evidence" (2006) 10 Intl J of Evidence and Proof 81.

第一章　事实认定

到却被裁定为不可采的信息。[185] 有一种相似的批评是针对规定评议的努力；期望事实认定者去完成以下"头脑体操（mental gymnastics）"[186] 是不现实的：只按所允许的目的来使用证据，或者说在决定某一问题（如可信性问题）时依靠它，而在做另一个决定（如罪责问题）时不依靠它。[187]

应当承认，这些批评还是有些道理的。即使告诉事实认定者，完全不要受那些向他们错误披露的信息影响，或者不要以某种具体方式使用特定证据，这两种情况发生的可能性在某种程度上都无法被完全排除。他的"违抗"不一定是故意的。所禁止的影响可能在潜意识里发挥作用。我们的信念状态并不仅仅受理性支配，我们并不能明确地认识到塑造我们精神生活的全部力量。虽然如此，走向另一个极端，完全否认忽略不可采信息的指示的有效性，或者否认规定使用可采证据的规则的有效性，也是错误和可笑的。这些指示和规则都是在证据推理的"元层次（meta-level）"发挥作用[188]，对批判性反思这个第二阶段产生影响。[189] 也就是，当事实认定者重新审视和详细检查，或者试图"解构（deconstruct）"

---

[185] Kenneth Culp Davis, "An Approach to Rules of Evidence in Non-Jury Cases", 50 (1964) American Bar Association J 723, 725; Damaška, *Evidence Law Adrift* (n 139) 127–8.

[186] *Nash v United States* (1932) 54 F 2d 1006, 1007; *Robinson v R* [2005] EWCA Crim 3233, [2006] 1 Cr App Rep 480, para 54.

[187] Eg Wissler, Roselle L, and Saks, Michael J, "On the Inefficacy of Limiting Instructions—When Jurors Use Prior Conviction Evidence to Decide on Guilt", (1985) 9 Law and Human Behavior 37. 据称，在陪审团审判的情况下，一项无视不可采证据的司法指示会产生"逆火效应"（backfire effect）。在这种情况下，与法官什么都没说相比，陪审团成员会对该证据给予更大的关注。See Joel D Lieberman and Jamie Arndt, "Understanding the Limits of Limiting Instructions" (2000) 6 Psychology, Public Policy and Law 677, 689.

[188] 它们是"关于推理的推理"，对此可参见：Maurice A Finocchiaro, "Reasoning About Reasoning", in Dov M Gabbay and Hans Jürgen Ohlbach (eds.), *Practical Reasoning* (Springer: Berlin, 1996) 167.

[189] 关于批判性反思的职责和意愿性质，see Kihyeon Kim, "The Deontological Conception of Epistemic Justification and Doxastic Voluntarism" (1994) 54 *Analysis* 282.

他关于案件事实的初阶信念时。[190] 他必须审查，自己现在的信念能否得到已采纳的证据的支持。他必须反问：他是否容许了任何被禁止的推理路线影响自己？如果回答是肯定的，他就必须考虑校正自己关于事实的观点。他必须确信，他能给出良好和充分的理由（即使只是以一般性的术语）去证成他的认定。他必须真诚地仔细检查他认为支持自己结论的论证，确保它们尊重和遵守了起规制作用的证据规则。对事实认定者的这些期望，既非天真，也非不切实际。一个正常人能够反省其信念，并根据对潜在正当理由的审查和再审查来形成或修改自己的判断。事实认定者被假定，像大多数人一样，具有反省能力和某种客观性。我们都可以触及自己的精神生活，而且能够对其施加一定程度的控制。如果事实认定者确实不能遵循规定评议的法律，例如当他知悉外来的信息而自己又发现不能消除这些信息的影响时，那么，该做的事情就是，让事实认定者（在法官审判的案件中就是让法官自己）脱离此案。

46　　对事实的认定不应当直接发自直觉。它们应当是审慎的结论；在此意义上，得出事实认定之前，对于暂时持有的关于事实的观点，必须要认识到其理由，并且反思这些理由的有效性和强度。这个评价过程，可能导致对原来观点的确认，也可能导致对原来观点的抛弃或修正。只有当法律要求他非理性或者违背其道德本能进行推理时，事实认定者才会经历一场自己的主观信念与所谓法律强迫他所作的事实认定之间的冲突。然而，本研究的一个主要论点就是，大多数关于证据推理的法律规则都是基于理性的理由，这些理性理由触及审判过程的特殊认识和道德性质。法官常常向陪审团小心翼翼地解释这些理由，以使他们理解潜在的原理并接受这些规则，内心赞同它们而不是仅仅感觉受其约束。人们

---

[190] "二阶信念有许多种。我们相信关于自己信念内容的事项，关于信念之间关系的事项，关于我们的信念如何被证成的事项，以及为什么我们持有特定信念的事项。" See Ward E Jones, "Explaining Our Own Beliefs: Non-Epistemic Believing and Doxastic Instability", (2002) 111 Philosophical Studies 217-249, 220.

第一章 事实认定

希望，陪审团将会把那些规则或指示内化为自己的行动。这种内化并不像它看起来那样成问题，因为潜在的原理可能会吸引着事实认定者进行反思，特别是当他意识到自己所承担任务的重要性和背景时。因此，冲突的可能性比人们预料的要小得多。冲突仍可能出现。然而，就法律之"约束"具有认识论和道德上的合理性而言，阻止某些（可能是非理性的或不公正的）事实认定者作出他们原本会根据被法律视作非理性或不公正的推理的事实认定，可能恰到好处。只有在这些相对少见的情况下，法律约束才适合被称作约束。

第四节 事实认定：视角

对于法律中的事实认定，我们可以从两个不同的角度进行观察。为方便起见，本书将它们称为外在视角和内在视角。人们通常采取的是外在视角。采用这种路径的人，也可以说是采取了一个系统工程师（system engineer）的视角。本书引入第二种路径。它要求我们采取对于审判的内在视角，即站在作为道德主体（moral agent）的事实认定者的立场上。这两种路径互相补充，每一种都不能单独揭示审判的全部复杂性。特别是，本书希望证明：证据法的许多价值从外在视角是看不到的，只能从内在视角进行观察。

4.1 外在视角：系统工程师的视角

习惯上，人们是站在审判制度之超然观察者的立场上，审视证据规则的。主要关注的问题是：审判应当受到规制，以便最好地实现其目标。在人们所认为的各种目标中，最主要的一个是在事实争端中发现真相。[19] 这个目标实现的可能性有多大，是一个

---

[19] 其他目标被认为包括："激发信任，支持独立的社会政策……以及定纷止争"。See Jack B Weinstein, "Some Difficulties in Devising Rules for Determining Truth in Judicial Trials", (1966) 66 Col Law Rev 223, 241.

可靠性或准确性的问题。一项裁决的可靠性程度,取决于产出该裁决之审判制度的准确性。从概念上说,一个审判制度的准确性,是其产出或导致正确事实认定的频率——或者采用德夫林勋爵(Lord Devlin)的术语,用"错误率(percentage of error)"来表示。[192]

对许多证据规则的分析和评价,是根据其适用后果以及它们对事实认定结果的影响作出的。所作出的论证,通常取决于关于那些后果和影响的经验主张之有效性。例如,证明一个排除规则之正当性的常见方式是,宣称陪审团很可能给这种有问题的证据赋予比其应有分量更高的分量。对该证据的采纳,最终将提高审判得出错误事实结论的可能性。这种评价方式,把裁决的正确性看作最终标准,而论证之效力则取决于陪审团是否真像所主张的那样欠缺认知能力。审判被作为一种自然化的认识论(naturalized epistemology)项目而研究,概言之,它的一个典型特征是,强调法律中的事实认定理论必须延续和依赖经验科学。[193]

用戈德曼(Goldman)的术语来说,裁判是一种"求真认识论(veritistic epistemology)"的社会实践,目的是产出弱真实信念意义上的知识(knowledge in the weak sense of true belief)。[194] 对采用这种方法的分析者来说,"一场刑事审判首先且最重要的是一个**认识装置**,一种从最初常常是(相互冲突的证据的)混乱集

---

[192] "Who is at Fault When Injustice Occurs?" in Lord Devlin *et al*, *What's Wrong with the Law*? (BBC: London, 1970) 76.

[193] Brian Leiter, "Prospects and Problems for the Social Epistemology of Evidence Law", in (2001) 29 Philosophical Topics 319; Ronald J Allen and Brian Leiter, "Naturalized Epistemology and the Law of Evidence" (2001) 87 Virginia L Rev 1491. Cf Mike Redmayne, "Rationality, Naturalism and Evidence Law", (2003) 4 Michigan State L Rev 849. 该文所引起的回应,参见:Ronald J Allen and Brian Leiter, "Naturalized Epistemology and the Law of Evidence: Reply to Redmayne", (2003) 4 Michigan State L Rev 885.

[194] Goldman (n 48) 5,第九章尤其相关。

第一章 事实认定

合中搜寻出事实真相的工具"[195]。劳丹（Laudan）认为，这是向证据法学者提出的关键问题："旨在寻求真相的"审判制度是否"被很好地设计，用以导出关于世界的真实信念"[196]。在评价证据规则时，一个基本的考虑因素是，它们指导法院得出正确结果的有效性。但这并非唯一的考虑因素。首先，从系统的观点看，将要素成本纳入分析也是至关重要的。例如，波斯纳（Posner）让我们将"审判看作一种信息生成方式，将证据法看作一种以下述方式组织信息搜集的手段：使错误成本和从事搜集行为本身的成本之总和（理想化地）最小化"[197]。其次，追求事实真相是为了实现正义，这里的正义主要被理解为：将法律正确地适用于真实的事实认定。但是，真相和正义必须与外部的价值和关注点相权衡，这些外部价值和关注点常常被表述为"公平（fairness）""合法（legitimacy）""程序权利"和"正直（integrity）"等。

4.2 内在视角：作为道德主体的事实认定者的视角

内在分析者所采用的，不是制度整体的外部观察者之立场，而是制度内在的角色扮演者之立场，即其行为受到本书所考察的证据规则规制的事实认定者之立场。传统的外在进路是结果或目标取向，而内在进路集中于事实认定者的角色所衍生出的责任，以及当事人有权对其评议的合理性和道德性所提出的要求。不是对证据规则进行功能性评估，将其视为实现具体目标的手段；而是对其进行模态评价（evaluated modally），将其视为法院与受审者之间道德承诺之理性形式的构成性特征。这种评价本质上是概

---

[195] Larry Laudan, *Truth, Error, and Criminal Law* (Cambridge: CUP, 2006) 2.

[196] Ibid, 2.

[197] Richard A Posner, "Clinical and Theoretical Approaches to the Teaching of Evidence and Trial Advocacy," (2003) 21 Quinnipiac Law Review 731, 737；关于其经济学观点，see *Frontiers of Legal Theory* (Cambridge, Massachusetts: 2001) chs 11 and 12. 成本—效益也是斯坦在其证据法分析中所强调的。See Alex Stein, *Foundations of Evidence Law* (n 156), 尤其是第五章。

念性的，并且建立在规范性论证的基础上；它并不取决于连接手段与目标的经验假设之有效性。

对一个证据规则进行内在的评估，就是要找出它的内在价值。当一个规则具有内在价值时，它就具有那种不是凭借其适用后果，而是与其适用会给裁决结果带来什么影响无关的价值。[198] 这并不意味着我们完全忽视规则适用的效果，正如罗尔斯（Rawls）所指出的："值得我们关注的所有道德理论，在判断正确性的时候都将后果纳入考虑。"[199] 这里真正的意思是：一个规则之正确性并不是由其适用所引发的后果决定的，而是内在于它所表达的价值之中。这是对传统观点的背离。传统观点倾向于被一些谨慎的考虑因素所左右，集中关注：遵循一个特定的规则是否会提高裁决的可靠性，或者说，背离该规则是否会提高事实认定错误率。

这种研究的一般论点是，有关审判评议的认识和道德关注体现在证据法中。它们与受审之人对于裁判和决定其案件所经程序的诉求有关。证据规则反映了证明活动和我们事实认定传统中的正义概念。佩雷尔曼（Perelman）认为：对事实认定的挑战提出了真理问题，而不是正义问题。[200] 但这样一种挑战，不仅提出了真理问题，还提出了正义问题。法院不仅要为了达到公正的结果而发现事实真相，而且还必须在查明事实真相的过程中实现正义。

许多研究者告诫我们，要防止这样一种趋向，即采用完全工具性的方式来解释和论述证据法的正当性。他们雄辩地论证：一些证据规则，主要是那些传统上被认为对发现真相这个主要任务有侧面限制的证据规则，是基于审判的公平性、合法性或正直性

---

[198] Michael D Bayles, *Principles of Law—A Normative Analysis* (Dordrecht: D Reidel Publishing, 1987) 29.

[199] Rawls (n 5) 26.

[200] Graham Hughes (ed), Chaim Perelman, "Justice and Reasoning", in *Law, Reason and Justice: Essays in Legal Philosophy* (New York University, 1969), reprinted in *Justice, Law and Argument—Essays on Moral and Legal Reasoning* (D Reidel Publishing Co, 1980) 77.

第一章 事实认定

所内含的价值。通常被选择用来例证这一主张的主题包括：不得自证其罪特权，对使用不当取得的证据所做的限制，沉默权，法律职业特免权。[201] 本研究希望将这种论证引入证据法的核心，即引到一些"主流"规则上——这些规则被认为是旨在增强准确性。[202] 本书将论证：即使对这些规则，也不能完全地从后果的角度证明或解释其正当性，即完全将它们作为旨在保护或促进审判中事实认定可靠性的规则。它们还体现了内在于评议之合理性和正义的价值。事实认定不能完全用认知学术语来描述，这项事业还引出了内在的伦理问题。对某些证据规则与标准的违反，包括本书考察的那些情况，导致了非正义——不管审判的结果正确与否。

---

[201] Eg T R S Allan, *Constitutional Justice—A Liberal Theory of the Rule of Law* (Oxford: Oxford University Press, 2001) 77 – 87, 112 – 119, 271 – 277; "The Concept of Fair Trial", in Elspeth Attwooll and David Goldberg (eds), *Criminal Justice, Archiv Fur Rechts-und Sozialphilosophie*, Beiheft 63 (Franz Steiner Verlag Stuttgart, 1995); "Fairness, Truth, and Silence: The Criminal Trial and the Judge's Exclusionary Discretion", in Hyman Gross and Ross Harrison (eds) (Oxford: Clarendon Press, 1992); I H Dennis, "Reconstructing the Law of Criminal Evidence", [1989] Current Legal Problems 21; "Instrumental Protection, Human Right or Functional Necessity? Reassessing the Privilege against Self-Incrimination", (1995) 54 CLJ 342, at 375 – 6; and "Rectitude Rights and Legitimacy: Reassessing and Reforming the Privilege Against Self-Incrimination in English Law", (1997) 31 Israel L Rev 24; Andrew Ashworth, "Exploring the Integrity Principle in Evidence and Procedure", in Peter Mirfield and Roger Smith (eds), *Essays for Colin Tapper* (London: LexisNexis, 2003) 107; H L Ho "Legal Professional Privilege and the Integrity of Legal Representation", (2006) 9 Legal Ethics 163. 关于法律程序非工具性分析的一般性论述，see eg Duff, *Trials and Punishment* (n 85); T R S Allan, "Procedural Fairness and the Duty of Respect", (1998) 18 OJLS 497, Gerry Maher, "Natural Justice as Fairness", in Neil MacCormick and Peter Birks (eds), *The Legal Mind—Essays for Tony Honoré* (Oxford: Clarendon Press, 1986). CfD J Galligan, *Due Process and Fair Procedures—A Study of Administrative Procedures* (Oxford: Clarendon Press, 1996) especially 78 – 82, 89 – 95, 137 – 140.

[202] 用威格莫尔的术语来说，它们是"附属性的检验和保障规则"("rules of auxiliary tests and safeguard"). See John Henry Wigmore, *A Treatise on the Anglo-American System of Evidence in Trials at Common Law*, vol 1 (3rd edn, Boston: Little, Brown & Co, 1940) 296.

结　论

本章提出了四个主题，作为我们研究审判的预备性事项。第一个主题是"事实"。事实在裁判中的角色，事实与法律和价值的关系，以及事实的分类，是第一节讨论的内容。第二和第三个主题，集中于"认定"行为。在某种意义上，一项对事实的认定是一种言语行为。正如我们在第二节看到的，它包含很多言外之力。在另一个意义上，事实认定是一个评议过程。它包含得出结论（即裁决）的推理。第三节描述了审判评议的性质，并讨论了法律用于控制该过程的各种技术。最后一节讨论了视角。人们可以从外部观察事实认定，将其作为一个规则体系或法律架构进行评价。这是占主导地位的进路。但有一个替代性方案，如果不想忽略证据法的一些重要方面，就不能忽视它。许多规则的价值和目的，包括以后各章将要考察的那些规则，只有从内在视角即通过事实认定者的眼睛来看，才能被充分理解。对这四个主题的讨论，为提出本书的实质论证设定了背景。但在此之前，下一章还有更多的基础性工作要做。

第二章

真相、正义与正当理由

导 论

　　许多人认为，审判就是要查明真相。也有很多人不同意这一点。本章第一节阐述他们所持异议的依据和动机。第二节检验"审判就是探究真相"这一主张。不过，这个主张是什么意思？为什么法院应当追求真相？首先要检验一下传统的回答。从外在立场来看，相关的标准是裁决的正确性（correctness）。在事实认定结果和真相之间，存在一种非必然性的联系，"准确性（accuracy）"和"可靠性（reliability）"等术语，指的就是这一联系。为了实现（"裁决公正"意义上的）正义，真相是必需的。第三节从内在视角提供了不同的回答。此处聚焦于评议过程，核心议题是正当理由问题（questions of justification）。* 正当理由有两个互相依赖的方面：认识方面（epistemic）和道德方面（ethical）。事实认定者必须考虑：根据证据，对于争议事实应该相信什么？他还必须关注，自己得出裁决所经由之过程的道德性（morality）。评议必须以合乎正义的方式进行，这被看作是对当事人的移情式关怀。正如我们在后文将看到的，"移情式关怀"这一道德要求影响着所需适用的认识标准。一言以蔽之：不仅为了实现正义而需要

---

　　* 本书根据上下文语境和中文表达习惯，将 justify 译为"证成"，将 justification 译为"正当理由"，将（sth be）justified 译为"证成的""被证成的"或"已证成的"，将（sb be）justified in（doing sth）译为"正当地（做某事）"或"（做某事）有正当理由"，将 justifiable 译为"可证成的"或"有正当理由的"。——译者注

真相；而且，法院必须在发现真相的**过程中**实现正义。

第一节　对真相的探究

1.1　对立的观点

审判中的一些程序体现了对真相的追求，例如：陪审团成员宣誓根据证据作出真实的裁决，证人宣誓说实话。"证明""事实""事实认定"和"对事实的证明"等词汇的使用，也从语言上表达了这种求真功能（truth-seeking function）。通常，证明一件事情就是要表明它是真实的。以前，法律人用"事实"这个词指代"争议事实（fact in issue）"[1]。现在，"事实"这个词倾向于让人想到的是，需要做什么事情才能使一项争议主张具有事实的地位：证明一件事情，就是要说服裁判者它是一个事实，即它是真实的。"事实认定"是认定事实、探究真相的活动。

根据盖尔纳（Gellner）的观点，真相是"首要的、优异的美德"；"任何事情必须首先为真，才能宣称具有其他价值"[2]。许多法律人也认为真相具有如此这般的重要性。加拿大最高法院科里法官（Cory J）宣称："任何审判，不管是刑事还是民事的，最终目标一定是寻找和查明真相。"[3] 在芬克诉合众国（*Funk v*

---

[1] Barbara J Shapiro, *A Culture of Fact—England*, 1550 - 1720 (Ithaca, NY: Cornell UP, 2003). 书中考察了法律中事实概念的历史，并报告说：起初，最早从十六世纪开始，"法律语境中的'事实'……并不是指已被证明的真相，而是指一项尚处于争议之中的指控行为"。(Ibid, 11) 而"在两个世纪过程中所发生的一项重大改变就是，……'事实'从有待以恰当的证据进行充分证明至被认为值得相信的事情，向已经进行了恰当核实的事情的转变"。(Ibid, 31).

[2] Ernest Gellner, *Legitimation of Belief* (Cambridge: Cambridge University Press, 1974) 27.

[3] *R v Nikolovski* [1996] 3 SCR 1197, 1206, per Cory J. 类似地，杜贝法官（L'Heureux-Dubé J）在其裁决中指出："法庭程序的目标是寻求真相。"(*R v Levogiannis*, [1993] 4 SCR 475, 483) 他在另一个案件中强调："再怎么强调法院确定真相的义务，都不过分。"(*R v Howard*, [1989] 1 SCR 1337 at 1360)

第二章 真相、正义与正当理由

United States)案中[4]，美国最高法院宣告："所有证据规则——如果它们想要基于理性——必须依赖的一个根基，就是它们适合于成功地发掘真相。"按照英国上议院丹尼丁（Dunedin）勋爵的说法，证据法"其实不过是一套实践规则，经验表明它最适合于引出真相"[5]。在威格莫尔名著修订版的其中一卷里有如下论述：没有"太多人……会认真地以为，证据法……不应当以探究真相而应当以其他事情为其主要目的"[6]。

"审判的基本目的是确定真相"[7]，这当然是不能否认的。然而，很多杰出的法律人仍然提出了异议。波洛克（Pollock）认为："说法院的事业就是发现真相，……这是最大的谬误。"[8] 梅因（Maine）观察到："司法证据的理论经常被误述或误解"，它"经常被描述为恰恰是它与之迥然有别的东西——即一种工具，一种致力于揭示真相的装置"[9]。按照摩根（Morgan）的说法："一场诉讼……主要不是一个揭示真相的程序。它本质上是一个有序地解决当事人之间争端的程序。"[10] 威尔伯福斯（Wilberforce）法官在加拿大航空公司和奥尔斯诉贸易大臣和阿诺尔（Air Cana-

---

[4] (1933) 290 US 371, 381. See also: *Evidence in Criminal Proceedings: Hearsay and Related Topics*, Consultation Paper No. 138, vol 1 (London: HMSO, 1995) para 1.10（"证据规则具有限定法院可接收的证据的功能，从而引出与争议事项相关的真相"）.

[5] *Thompson v R* [1918] AC 221, 226.

[6] Peter Tillers (reviser), *Wigmore on Evidence—A Treatise on the Anglo-American System of Evidence in Trials at Common Law* (Boston: Little, Brown & Co, 1983) vol 1A, 1019.

[7] *Tehan v United States ex rel Shott* (1966) 382 US 406, 416.

[8] Frederick Pollock, *Essays in the Law* (London: MacMillan & Co, 1922) 275.

[9] Henry Sumner Maine, *Village Communities in the East and West—with Other Lectures, Addresses, and Essays* (7th edn, London: John Murray, 1895) 302.

[10] Edmund M Morgan, "Suggested Remedy for Obstructions to Expert Testimony by Rules of Evidence" (1942–43) 10 University of Chicago L Rev 285, 285. See also Zechariah Chafee, Jr, Book Review of *A Treatise on the Anglo-American System of Evidence in Trials at Common Law* (2nd ed) *by John Henry Wigmore* (1924) 37 Harvard L Rev 513, 519.

da & Ors v Secretary of State for Trade & Anor)[11] 案中认为："法院的任务是实现并且以看得见的方式实现诉讼双方之间的正义，……没有更高的或者额外的责任去查明一些独立的真相。"

我们如何理解上述分歧？双方各执己见。然而，每一阵营的作者所提出的观点，只有从他们的论述角度来看才是有效的，并且必须根据催发了他们主张的那些价值和关注点来理解。本章第二、三节将详细阐述这些论点。当务之急，是将三种激进的观点清理出去。

1.2 真相与争辩

在否认审判旨在探究真相的那些人中，有的人采取了非常有争议的立场。请考虑以下陈述[12]：

> 设置陪审团并不是要让其充当真相认定者……它具有不同的职能——它旨在成为事实认定过程之（被假定的）合理性（rationality）的一个平衡器。其目的在于，当经验丰富的职业观察者（professional observer）不会对被告人有罪持合理怀疑时，给予被告人一个获得无罪开释的非理性的（irrational）二次机会。

这种将陪审团成员们一概否定为非理性的说法是不可信的，除非能够得到经验支持。毕竟，大量实例研究证据似乎勾勒出一幅不同的画面，表明陪审团成员们总体来说在非常严肃地履行着他们的事实认定职责。[13]"职业观察者"，不管该称谓被认为应当具备什么样的资格，可能并未拥有陪审团所接触的所有证据，可能并不以证据被提交给陪审团那样的方式来听审证据，并且不需

---

[11] [1983] 2 AC 394, 438. 类似的案件：*Islip Pedigree Breeding Centre v Abercromby* 1959 SLT 161, 165.

[12] Thomas Weigend, "Is the Criminal Process about Truth?: A German Perspective" (2003) 26 Harvard J of L and Public Policy 157, 167.

[13] Eg, Trevor Grove, *The Juryman's Tale* (London: Bloomsbury, 1998).

第二章 真相、正义与正当理由

要遵循审判中的法官指示。在这样的情况下,陪审团和"职业观察者"所得出的结论之差异,并不必然意味着其中之一为非理性。对认知非理性的指责,所针对的可能是一般意义上的人类推理。支持这种指责的研究,最早是由卡恩曼(Kahneman)和特韦尔斯基(Tversky)明确提出的[14];这些研究非常著名,但有些学者提出了异议。[15] 不管人们从这些研究以及所伴随的争论中能得到什么普遍的启发,这些文献都没有表明:一个法律制度的设计应当利用所谓的认知能力弱点(cognitive in-competency)。认为设置陪审团主要是给罪犯提供一个容易逃脱的方式的观点,看起来不过是一个挑衅式假定(provocative postulation)。

否定审判之目标在于查明真相的观点,有时采取了喜好争辩的语气。其写作目的或许更多的是为了挑起论争,而不是要说明问题。一个明显的例子如下[16]:

> 让每一个人都不要假装我们的司法制度是一个探究真相的制度。它绝不是如此。它是双方遵循特定规则而展开的竞赛,如果竞赛的结果恰好导致真相浮现,这纯属意外收获。

有时,我们有理由相信,某人被错判了有罪或担责。这种信息容易引发如下感觉:审判制度令我们失望。这正是上述一段文

---

[14] Daniel Kahneman, Paul Slovic and Amos Tversky (eds), *Judgment Under Uncertainty: Heuristics and Biases* (Cambridge: Cambridge University Press, 1982). 这是一个传统观点的集合,更新的观点参见: Thomas Gilovich, Dale Griffin, Daniel Kahneman, *Heuristics and Biases: The Psychology of Intuitive Judgement* (Cambridge: CUP, 2002).

[15] 最持久的批评者是科恩: L Jonathan Cohen, "On the Psychology of Prediction: Whose is the Fallacy?" (1979) 7 Cognition, 385; 这引出了一篇回应性的文章: Daniel Kahneman and Amos Tversky, "On the Interpretation of Intuitive Probability: A Reply to Jonathan Cohen" (Ibid, 409); 这篇文章又引发了反驳: L Jonathan Cohen, "Whose is the Fallacy? A Rejoinder to Daniel Kahneman and Amos Tversky" (1980) 8 *Cognition* 89; 以及进一步的批评: J Jonathan Cohen, "Can Human Irrationality be Experimentally Demonstrated" (1981) 4 The Behavioral and Brain Sciences 317.

[16] Ludovic Kennedy, *The Trial of Stephen Ward* (Bath: Chivers Press, 1991) 251.

字的作者所要阐发的。但是我们之所以会有这样的感觉，正是因为我们认为该审判制度所产生的裁决违背了其应当基于事实这一要求。我们逐渐了解了，法院宣称为真的那些主张实际上不是真实的，或者我们有理由怀疑它们的真实性。基于第二节 2.1 将讨论的那些理由，我们必须承认：在重要意义上，"律师……不是调查员；一场对抗式审判也不是一个对被告是否犯罪的调查"[17]。然而，审判评议的目的**就是**找出真相。上文引用的那种争辩式论述，表达了对于其所观察到的审判制度在认知无效方面的失望。但只有在审判具有认识功能的前提下，这种失望才是可理解的。

1.3 真相与可接近性

比上文所讨论的观点更为激进的是以下主张：不管怎样构建，审判都永远不能发现真相。以下陈述夸张地表达了这种观点：

> 既然证据顶多只是为推论提供一个基础，而该推论本质上是不确定的（与之形成对照的是演绎推理，在演绎推理中结论从前提产生出来的过程具有确定性），因此审判无法发现绝对的真相。[18]

如果我们要表达的意思是：事实认定会出现错误，这在逻辑上总是可能的；那么，对事实的认定就不可能是绝对真实的。面对哲学怀疑论者所设定的非同寻常的高标准，我们或许不得不承认：我们几乎不知道所有那些在日常生活中我们有理由声称自己知道的事情。然而，我们很熟悉的是"常识（commonsense）"或

---

[17] Susan Haack, "Confessions of an Old-Fashioned Prig", in Susan Haack, *Manifesto of a Passionate Moderate-Unfashionable Essays* (Chicago: Chicago UP, 1998) chs 1, 13. 更为关键的论点包含在文中下一句："然而，陪审团在努力搞清楚，是否被告人的罪行已经由被提交的可采证据证明至所要求的程度。"

[18] Note, "The Theoretical Foundation of the Hearsay Rules" (1980) 93 Harvard L Rev 1786, 1787, n 6.

第二章 真相、正义与正当理由

"日常（everyday）"意义上的确定性。[19] 根据传统的理论，"知识中所包含的东西，必须是一个人对其不会产生谬误的东西"，并且需要得到严格的证明（demonstrative proof）。[20] 相比之下，现代知识观念是可错论："尽管我们当然可以让自己知道各种事物，并致力于捍卫我们关于知识的主张"，但我们承认无法排除发生错误的所有可能性。[21] 在接受了（也必须接受）错误可能性之后，我们会因此承认真理的客观性。[22] 在法庭上进行严格的证明是不可能的，但这不重要。

怀疑主义也可能会采取激进的相对论转向，主张不存在客观真相，只存在从个人视角对真相的建构。[23] 这种"真实恐惧症（Veriphobia）"受到许多学识渊博的学者的激烈批评，例如高曼（Goldman）和哈克（Haack）。[24] 这里只需要做一些简要的评论。作为外部现实而存在的初始事实，是使审判目的可被理解的一个基本假设。[25] 对初始事实采取一种客观观点，并不是忽视第一章第一节1.2所讨论的事实和价值、事实和法律之间复杂的依存关系。进一步说，如果我们舍弃了客观真相的观念，我们可能也需要放弃"所有能论及'错误''失误''错判'或'错误定罪'的

---

[19] 对绝对确定性和常识的确定性的区分，see Christopher Hookway, *Scepticism* (London: Routledge, 1990) 132-3.

[20] Michael Williams, *Problems of Knowledge—A Critical Introduction to Epistemology* (Oxford: OUP, 2001) 38.

[21] Ibid, 41.

[22] Michael P Lynch, *True to Life—Why Truth Matters* (Cambridge, Massachusetts: MIT Press, 2004) 10-11, 22.

[23] 关于相对主义的众多类型的论述，see Haack, "Reflections on Relativism: From Momentous Tautology to Seductive Contradiction" in Haack (n 17) ch 9, 149-166.

[24] Alvin I Goldman, *Knowledge in a Social World* (Oxford: OUP, 1999) ch 1; Haack (n 17) ch 1. Simon Blackburn, *Truth—A Guide for the Perplexed* (London: Allen Lane, 2005). 它们采取了折中态度，认为这一争论中既存在需要舍弃的坏的论证，也存在需要借鉴的有益内容。

[25] Mirjan R Damaška, *Evidence Law Adrift* (New Haven: Yale University Press, 1997) 95, and "Truth in Adjudication" (1998) 49 Hastings L J 289, 290, 296-301.

主张"[26]。即使这是言过其实[27]，那么至少当否定了客观真相后，就会减弱我们谴责对无辜者的定罪和惩罚的能力，以及实现对被害人的正义的力量。[28]

与其名称所表达的相反，发现（客观）真相的不可能性，并不是杰罗姆·弗兰克（Jerome Frank）等"事实怀疑论者（fact-skeptics）"的论点。[29] 弗兰克并未否认审判应当以发现真相为目标；相反，他非常强调审判应当如此，而且还提出了促进该目标的改革建议。[30] 他在该主题上的著作比怀疑论（skeptical）更具有革新性；尤其是，他敏锐地摧毁了确定性和可预测性的假象，强调了其中的主观性和偶然性要素。他所反驳的是自我满足。这个"怀疑论者（sceptic）"是一位心怀伟大信仰和希望的人，正如在他的著作《事实即猜想》（这个书名具有挑衅意味）结尾处所显露的那样。他写道："对重大司法误判的辩护，只有在它们不可避免，即已经在实践中采取了各种方法来避免这种不公正的情况下，才是合法的。"不幸的是，许多不公正的案件是由"法庭查明事实的方法存在不必要的缺陷"而造成的结果。这些方法必须予以改革。他强调，我们不应当"要求完美。完美的司法是人类不可及

---

[26] William Twining, "Hot Air in the Redwoods, a Sequel to the Wind in the Willows" (1988) 86 Michigan L Rev 1523, 1544, and "Some Scepticism about Some Scepticism" in *Rethinking Evidence-Exploratory Essays* (Evanston, Illinois: Northwestern University Press, 1994) 116. 前者是对下文的回应：Kenneth W Graham, Jr, "'There'll Always be an England': The Instrumental Ideology of Evidence" (1987) 85 Michigan L Rev 1204, 1211.

[27] 正如以下文章所论述的：Nicolson, "Truth, Reason and Justice: Epistemology and Politics in Evidence Discourse" (1994) 57 MLR 726, 729 – 734.

[28] See generally Daniel A Farber, and Suzanna Sherry, *Beyond All Reason—The Radical Assault on Truth in American Law* (New York: Oxford University Press, 1997) ch 5. 关于对被害人的不公正的观点的讨论，尤其参见其中第96、116、117页。

[29] Zenon Bankowski, "The Value of Truth: Fact Scepticism Revisited" (1981) 1 LS 257, 260.

[30] 美国联邦最高法院的道格拉斯大法官赞同弗兰克的"改革精神"；带着这种精神，弗兰克主张要进行"彻底的改变，以减少我们区分无辜者与有罪者所使用的方法中的缺陷"。See foreword to Jerome Frank and Barbara Frank, *Not Guilty* (London: Panther, 1961) 7 – 8.

第二章 真相、正义与正当理由

的。但无法达到理想状态，不应当成为我们放弃追求所能够达到的最佳状态之努力的借口"[31]。对于弗兰克以及其他很多人来说，揭示真相是一个愿望，其赋予审判以方向和意义。[32]

  对法律中事实认定的分析不需要援引任何高深的真理理论。[33]采用常识性的或经典的观点就足够了。[34]当且仅当某事符合实际，即在外部世界具有客观存在性，独立于我们所说或所相信的东西，它才是真实的。[35]亚里士多德精要地表述了这种观点："所言之事非其所非，或是其所是，乃为真（to say of what is not that it is not, or of what is that it is, is true）[36]。"本书所关注的是审判评议语境中产生的认识论问题。认识论中的问题是信念和知识的问题。它们不同于关于实在和存在的、关于什么是真实的形而上学与本体论问题。[37]一个事实是真实的，这不取决于

---

[31] Jerome Frank, *Courts on Trial—Myth and Reality in American Justice* (New Jersey: Princeton U P, 1973 ed) 35–36; discussed in Twining, "Some Scepticism about Some Scepticism" (n 26) 109–112.

[32] Eg, Twining, "Hot Air in the Redwoods, a Sequel to the Wind in the Willows" (n 26) 1544; D J Galligan, *Due Process and Fair Procedures—A Study of Administrative Procedures* (Oxford: Clarendon Press, 1996) 5.

[33] Susan Haack, "Truth, Truths, 'Truth' and 'Truths' in the Law" (2003) 26 Harvard J of L & Pub Policy 17, 19: "尽管它们对于正义至关重要，但是在法律程序中所争议的事实主张通常是直白的要么真实要么虚假，并且不应当引起关于真相或客观性的特别不安。如果有的时候引发了争论，或许部分是因为混淆了什么是真实与什么是已知或证明为真实这两个问题；部分是因为陷入对抗制，而对抗制能够带给人们以下观念：对于任何问题总是会存在两面，假定我们能够真正知道真相，那是傲慢，总是存在怀疑的理由，我们所能够做的仅仅是对竞争性的'真相'给予应有的考虑……"

[34] 所谓调查就是努力发现一个问题的真实答案。为理解这一点，"不需要精确地阐述一个真理理论"：Susan Haack, "Epistemology Legalized: Or, Truth, Justice and the American Way" (2004) 49 American J of Jurisprudence 43, 45.

[35] 这就是"对真相的传统实在论解释"。See Laurence Bonjour, *The Structure of Empirical Knowledge* (Cambridge, Massachusetts: Harvard University Press, 1985) 4.

[36] 转引自：Haack (n 34) 45.

[37] A D Woozley, *Theory of Knowledge—An Introduction* (London: Hutchinson's University Library, 1949) 133–4 and John Searle, *Mind, Language and Society* (New York: Basic Books, 1998) 5.

人们是否相信它；而我们所相信的事情，未必都是真实的。

认为符合（correspondence）论在对真相的通常理解中占据核心地位，并不是主张，它是或者应当是法院据以作出事实认定的一般标准。"A 杀死了 B，这是真实的"。这一陈述完全可被理解为是一项断言："在现实中，A 确实杀死了 B。"但是，法院如何能够看到"A 确实杀死了 B"？我们几乎无法主张，将对符合的查证作为接受某事为事实的一般法定条件。研究者们已经提出了许多关于证据推理的论述。我们可以从现存的大量文献中进行提取，来建构一套适用于审判评议的论述；我们可以转向基于诸如融贯论（coherence）[38]、似真性（plausibility）[39]、"基础融贯论（foundherentism）"[40]、最佳解释推论和溯因推理（abductive reasoning）[41]等观念的理论。这些理论都与真理符合论的含义兼容。[42]

1.4 真相与真诚

审判的求真功能面临另一个方面的挑战，即以下主张：法院应当确保的，不是裁决揭示了真相，而是公众相信它揭示了真相。

---

[38] Eg D N MacCormick, "The Coherence of a Case and the Reasonableness of Doubt" (1980) 2 Liverpool L Rev 45; Dan Simon, "A Third View of the Black Box: Cognitive Coherence in Legal Decision Making" (2004) 71 University of Chicago L Rev 511.

[39] Nicholas Rescher, *Plausible Reasoning—An Introduction to the Theory and Practice of Plausibilistic Inference* (Amsterdam: Van Gorcum, 1976); Douglas Walton, *Legal Argumentation and Evidence* (Pennsylvania: Pennsylvania State University Press, 2002) chs 4 and 6.

[40] Susan Haack, *Evidence and Inquiry* (Oxford: Blackwell, 1995) ch 4.

[41] John R Josephson and Susan G Josephson, *Abductive Inference—Computation, Philosophy, Technology* (Cambridge: Cambridge University Press, 1994) ch 1 and appendix B; John R Josephson, "On the Proof Dynamics of Inference to the Best Explanation" (2001) 22 Cardozo L Rev 1621; David A Schum, "Species of Abductive Reasoning in Fact Investigation in Law" (2001) 22 Cardozo L Rev 1645.

[42] 在更一般的层面上论述这一点，参见：John Searle, *Mind, Language and Society* (New York: Basic Books, 1998) 32; Alfred Schutz, *Reflections on the Problem of Relevance* (New Haven: Yale University Press, 1970) 136.

第二章 真相、正义与正当理由

这看起来像是奈森（Nesson）在一篇文章里所论证的观点的激进潜台词，这篇文章在证据法学者中广为人知。[43] 根据奈森的观点，许多证据规则的价值在于获得和维持对肯定性裁决的公众接受（public acceptance）[44]；它们保护了实体性事实主张的真相外表，根据该事实主张被告人被宣告有罪或担责。

只有在法律得到普遍遵守的情况下，公共秩序才能得到保障。审判作为"一场公众参与其中并从中吸取行为信息的戏剧"[45]，应当给出最能够促进实现该目标的信息。它应当说教："你所做的事情是法律所禁止的；因此，你将受到惩罚"[46]；而不是说："只要你的违法行为通过法律的正当程序得以证明，我们就将对你定罪并处罚"[47]。前者鼓励人们"使（其）行为符合实体法中明确规定的行为规范"，而后者则"'号召人们不是依据什么合法而行动，而是依据他们认为什么可能被证明对己不利'而行动"[48]。

---

[43] Charles Nesson, "The Evidence or the Event? On Judicial Proof and the Acceptability of Verdicts" (1985) 98 Harvard L Rev 1357. 他在许多后续的文章中继续阐述了该主题："Reasonable Doubt and Permissive Inferences: The Value of Complexity" (1979) 92 Harvard L Rev 1187, 1195; "Agent Orange Meets the Blue Bus: Fact-finding at the Frontier of Knowledge" (1986) 66 Boston University L Rev 521, 532; "Constitutional Hearsay: Requiring Foundational Testing and Corroboration Under the Confrontation Clause" (1995) 81 Virginia L Rev 149. 奈森的论点在下文中被应用：Carl F. Carnor, "Daubert and the Acceptability of Legal Decisions" (2005) 5 J of Philosophy, Science and Law, available at www.psljournal.com/archives/all/cranor.cfm. 请将奈森的文章和德默斯的以下文章作比较：John Demers, "Gatekeeping: An Enhanced Foundational Approach to Determining the Admissibility of Scientific Evidence" (1998) 49 Hastings LJ 335. 后者给出了较为安全和传统的观点："维持法律制度可信性的最好方式是，法官要确保证据足以支持陪审团成员被允许得出的结论。"（Ibid, 335）并且后者强调了以下需求："保证法庭……给予社会对法律纠纷的准确解决，陪审团的裁决说出了真相。"（Ibid, 341）

[44] 相似的观点可见于：Henry Hart and John T McNaughton, "Some Aspects of Evidence and Inference in the Law" in Daniel Lerner (ed), *Evidence and Inference* (Illinois: The Free Press, 1958) 48, 52-53.

[45] Nesson, "The Evidence or the Event? On Judicial Proof and the Acceptability of Verdicts" (n 43) 1360.

[46] Ibid.

[47] Ibid.

[48] Ibid.

因此，裁决应当被表述为"不是对审判中所举证据的陈述，而是对发生了什么的陈述"[49]。奈森论点的要旨似乎是：一般看来，事实认定越准确和法律实施越有效，公众越会遵守法律。因此，在法律规范的适用中创造一种确定性形象，具有很大的社会利益。

以奈森关于传闻规则的讨论为例。要求证据的原始来源到庭作为证人，给不在庭审现场的民众提供了一个认为法院比他们更接近真相的理由。这转而会说服他们尊重法院的判决。[50] 但是也可能具有相反的效果。传闻证据一般被认为是具有相关性的。如果公众看到法院没有考虑相关的证据，他们可能就不太倾向于接受其裁决。根据奈森的论述，更好的观点是，传闻规则反映了"法律制度对裁决被**持续**接受（continuing acceptance）的关注"[51]。它的长期稳定性通过以下方式得到保障：防止"陪审团成员将裁决建立在庭外陈述人的陈述之上，因为陈述人可能随后撤回其陈述，从而使该裁决失去可信性。对陈述人的交叉询问，确保了陈述人不能轻易地撤回其陈述，这会减小一项裁决被削弱的风险"[52]。他认为，传闻排除规则的各种例外，可以用同样的方式来解释。例如，认为临终陈述具有内在可靠性，是值得怀疑的。对于采纳这种陈述的更好的解释是：它们"给判决的不稳定性造成的风险较小。实际上不存在陈述人随后使基于其陈述的裁决失去可信性的机会"[53]。这几乎是将掩盖错误置于揭示真相之上。

我们可以与奈森就其在论证中作出的许多假定进行商榷，就

---

[49] Ibid, 1358.
[50] Ibid, 1372 - 3.
[51] Ibid, 1373. 着重号为原文所加。
[52] Ibid.
[53] Ibid, 1374.

第二章　真相、正义与正当理由

像许多作者所做的那样。[54] 但有一个更为根本的批评意见。在认识到自己的观点过于激进之后，奈森在其结论中作了以下反思性的评论[55]：

> 是否应当在寻求真相方面有所妥协，以增强裁决的可接受性（acceptability）以及法律之实体信息（substantive message）的力度？正义的外表是否应当比实际的正义更重要？这些问题处理起来很棘手，更不用说是回答它们了……争辩说为了增强法律之实体信息的力度而可以在寻求真相方面有所妥协，就是强迫我们面对一个无法作出的选择，并给出一个在某种意义上根本无法令人满意的论证。

奈森采取了一种外在立场。他将公众对司法裁决之真实性的实际上的接受，作为促进稳定和有效治理的一个条件。这一陈述本身无疑是正确的，但它具有局限性。民众的正当期待和需求被忽视了。如果政府更关心的是表面上看来向人民说出了真相，而不是实际上如此，那么它就缺乏诚意，既不值得尊重也不值得效忠。尽管要说明真实性为何"在本质上是政府和民众之间关系的一部分"，还需做详细论证，但以下主张是毫无争议的：自由民主制度在某种程度上是基于二者之间的一种信赖关系。[56] 奈森所赞同的政策，似乎是认同甚至促进了对这种信赖的违反。

---

[54] Eg, Ronald J Allen, "Rationality, Mythology, and the 'Acceptability of Verdicts' Thesis" (1986) 66 Boston L Rev 541; Neil B Cohen, "The Costs of Acceptability: Blue Buses, Agent Orange, and Aversion to Statistical Evidence" (1986) 66 Boston L Rev 563; Roger C Park, "The Hearsay Rule and the Stability of Verdicts: A Response to Professor Nesson" (1986) 70 Minnesota L Rev 1057.

[55] Nesson, "The Evidence or the Event? On Judicial Proof and the Acceptability of Verdicts" (n 43) 1391.

[56] Bernard Williams, *Truth and Truthfulness—An Essay in Genealogy* (Princeton: Princeton UP, 2002) 210. 他提出，在政治领域中追求真相的最终目的是："摧毁某些表征，这些表征有效地将一些人置放于未被认可的、其他人的权力"位置上。(Ibid, 231). 林奇提出了一个更为简要的对自由民主中真相价值的辩护。See Lynch (n 22) ch 10.

一项裁决的"**可接受性**（*acceptability*）"和"**接受**（*acceptance*）"之间有一个关键区别，这对应于规范意义上的"**合法性**（*legitimacy*）"和韦伯社会学意义上的"**合法**（*legitimation*）"之间的区别。一项司法裁决的合法性"提供了让公众服从该判决的初步道德义务"，而合法则"提出了一个因果关系问题，即法律制度如何引发对其权威性的信念和对其法律的服从"[57]。"接受"表示一个社会事实；而"可接受性"是一个必须以充分的论证来支撑的规范性主张。[58] 奈森所分析的焦点，是公众对裁决的接受；而远比这更为重要的，是裁决真正具有可接受性。将一个无辜的人认定为有责任或有罪，本质上是不公正的。我们希望法院在探求真相的过程中是真诚的，对于受其审判的人施以正义。一个更关注于掩盖其错误的法院，便丢掉了其首要职责。

公众对司法裁决的实际接受，本身不应当被视为一个目标；然而，大量获得这种接受，会促进政府的利益。在伯明翰六人（Birmingham Six）被定罪之后，他们针对警察的侵害行为提起了一项民事诉讼。关于该行为的相同指控曾经被提起过，但在一个预先审查（voir dire）程序中被主持刑事审判的法官驳回了。在上诉法院，丹宁勋爵认定该民事诉讼应当终止。以下是影响了其裁定的一些因素[59]：

> 如果这六个人胜诉，就说明：警察犯有伪证罪；他们犯有暴力和恐吓罪；口供不是自愿的，而且它们被采纳为证据是不恰当的；定罪是错误的。这就意味着，内政大臣要么将他们赦免，要么将本案提交给上诉法院。……这是一个令人惊愕的设想，这片国土上每一个理智之人都会说："让这些诉

---

[57] Ken Kress, "Legal Indeterminacy" (1989) 77 California L Rev 283, 285.

[58] Ota Weinberger, "Legal Validity, Acceptance of Law, Legitimacy. Some Critical Comments and Constructive Proposals" (1999) 12 Ratio Juris 336, 346.

[59] *McIlkenny v Chief Constable of West Midlands Police Force* [1980] 1 QB 283, 323.

第二章 真相、正义与正当理由

讼继续进行下去是不正确的。"

不管丹宁勋爵想要表达的是什么意思,对这段文字做如下无情的解释最能例证我们的要点:"不应追求对指控之真实性的质疑,以免引发对定罪判决之正义性的怀疑。它可能会揭开一些破坏公众对刑事司法制度之信任的事实,而至关重要的是:要避免伴随着司法公信的瓦解而出现的严重不良反应。"如果顺着奈森文章的潜台词(即获得公众对裁决的接受是首要目标),就容易陷入上述思想。危险之处在于,它会让我们无视实现个案公正的需求。[60] 政治策略不是审判法院的事务。法院的首要关注点,必定是它所作出的裁决的可接受性。

若将自己置于事实认定者的位置上,我们会看到一个完全不同于上述讨论的图景。陪审团成员不是将自己看作某种公共关系操控机制的同谋者。在此承上启下之处,我仅做些简要的评论,粗略描绘出下文的论证。第四章会给出详细阐述、精确提炼和限制条件。一项肯定性的事实认定,是在断言其主张的内容。肯定地认定 p,就是断言 p。当一个人作出一项断言的时候,他请别人接受他的话,并暗含着自己可以被信赖的保证。因此他使得自己对所说之话的真实性负有责任。这种责任在法律事实认定的语境中尤为重要。事实认定者宣誓根据证据作出真实的裁决。他清楚裁决的庄严性,以及给他人带来的后果。对真实性负责,要求他在评价证据过程中尽到应有的努力和谨慎。事实认定者必须认真地说服自己,有足够的正当理由去相信一项争议事实。简而言之,如果事实认定者不能断定"一个人相信 p 是有正当理由的",在这种情况下他对 p 作出了肯定性认定,就是在说谎,至少是在传递一个虚假陈述。

---

[60] Note (n 18) 1814.

第二节 外在分析

我们已经考察了三种立场，它们要么驳斥、要么贬低发现真相是审判的目的。这三种立场都不足取。但是，在支持审判不是寻求真相这一主张方面，其他的人还有更多的论述。并且，不像刚才所批评的那些作者，这些人有更好的说辞。不过，那些持明显相反观点的人也有其理由。下文试图从第一章所提出的外在和内在视角来解析这种争论。正如我们将看到的，他们有许多各说各话的论述。

2.1 探究真相的障碍

对"查明真相是审判的首要目的"这一主张的反对，有时所针对的是对抗制特征。在这样的论述中，对寻求真相功能的否定，不像本章第一节评论的观点那样具有颠覆性。这些论述指出，对抗制审判中的事实认定者具有一种消极角色。他对"开展自己的调查"，既无责任，也无权力。[61] 搜集证据、决定向法院提交什么样的证据以及提交证据的方式，都是由当事人决定的。如果根据已提交的证据不清楚真相所在，那么搜集或让别人搜集进一步的证据以澄清疑惑，通常就超出了事实认定者的权力范围。当事人还负责形成他们各自的案件。他们控制了答辩，因此也控制了他们之间争端的范围："当事人对于他们之间的争端是什么，是拥有决定权的。"[62] "因此，诉因背后的事件，并未从所有对于实体

---

[61] R W Fox, *Justice in the Twenty-First Century* (London: Cavendish Publishing, 2000) 10. 也可参见 Frederick Pollock, *Essays in the Law* (London: MacMillan & Co, 1922) 275.

[62] Damaška, "Truth in Adjudication" (n 25) 304. 文中说到，在对抗式审判中，不能基于未被主张的点而裁决案件。例如：*Yew Wan Leong v Lai Kok Chye* [1990] 2 Malayan LJ 152（马来西亚最高法院的裁决）。

第二章　真相、正义与正当理由

法来说具有重要性的事实方面进行检验。"[63] 事实认定者只需要听审双方当事人提交的主张和证据，并回答被恰当地置于其面前的具体事实问题。法院对于"整体的事实（whole truth）"不感兴趣，因为[64]：

> 既未被规定也未被主张和证明的事实，以及未被披露的事实……在受到法官关注的意义上，都是不存在的。法官的目标仅仅是，确证在由当事人的诉讼行为所限定的范围内可以得到的相对的真相。

事实认定者可能无法听到相关的证据，因为该证据不可采[65]，或者证人由于某种原因在审判日无法到庭。[66] 关键的证据可能因为策略原因而未被提交，或者难以获得，或者"有些证人能够说出真相，但双方当事人都不愿让该证人作证"[67]。对抗双方的目标都是赢得法庭上的战斗，为此他们使用策略，而这些策略"扭曲了或抑制了真相，例如，隐藏相关的证人，不提交能够

---

[63] Damaška, "Truth in Adjudication" (n 25) 304. 与之相关的观点可见于：H L A Hart, "The Ascription of Responsibility and Rights" in A G N Flew (ed), *Essays on Logic and Language* (Oxford: Blackwell, 1951) 145, 155: "法官的功能，……在合同案件中就是裁断存在或不存在有效的合同。裁断所依据的是，实际上做出并提交给他的主张和辩护，以及出示给他的事实；而不是那些本来可能、但实际上却没有做出或提交的东西。他的功能不是要给出具有理想化正确性的对事实的法律解释。如果一方当事人，……因为接受了坏的建议或其他原因而没有做出一项主张或者提交一项答辩——若提出了该主张或答辩他本来是会胜诉的；那么，本案件的法官，基于实际上做出的主张和答辩而裁决合同有效，就是给出了正确的裁决。"

[64] Max Rheinstein, *Max Weber on Law in Economy and Society* (Cambridge, Massachusetts: Harvard University Press, 1954) 228.

[65] Weigend (n 12) 168: "排除规则限制了事实裁决者能够得到的（相关）信息的范围，并因此减少了裁决将是基于完全'真实的'事实认定的机会。"

[66] Ibid, 160: "因为该（对抗式）制度将所有的不能于审判当日作为证据提交的东西排除在法庭的视野之外，因此'真相'只是基于在此之后能够得到的相对少量的材料，有价值的信息会因一方或双方当事人不能在正确的时间以法律规定的方式提交它而被忽略。因此，对抗制（至少英美法世界中所运行的那种形式）并不会导向发现'真相'，而是导向发现人为制造的一组事实——被委婉地称为'程序性事实（procedural truth）'。"

[67] *Islip Pedigree Breeding Centre v Abercromby* 1959 SLT 161, 165；以下案例也是这种情况：*Alrich Development Pte Ltd v Jumabhoy* [1994] 3 SLR 1.

帮助对方的信息,对证人进行预备训练(培训)以影响他们在审判中的证言,以及滥用交叉询问"[68]。一方当事人可能因为某种原因而选择不反驳对方当事人提出的事实主张,这种情况的确会发生,即使他知道这一主张是虚假的。对一个主张若无争议,事实认定者就必须基于该主张为真的假定而作出裁决。[69] 在对抗制中,法官的角色与"足球比赛的裁判"并无不同;他"并不被期待要采取积极措施来保证真相和正义得以实现",而只是确保审判"公平地进行"[70]。在萨莫斯(Summers)看来,"司法程序的特征与其说是寻求实体真相,不如说是寻找绝对的赢家"[71]。

这些主张中有一些是言过其实。例如,并非所有的排除规则都明显降低了事实认定的准确性。许多规则声称以不可靠为由排除证据。当然,不可靠性并不总是唯一的排除理由。例如,通过刑讯所获得的证据不具有可采性。作为对刑讯行为的反对,这是站得住脚的;但是,不可靠性仍然是伴随该排除规则的一个理由。[72] 必须承认,并非所有排除规则都是基于对不可靠性的担忧[73],并且,基于这一担忧的排除规则有时也会抛弃实际上可靠的证据。

---

[68] John H Langbein, *The Origins of Adversary Criminal Trial* (Oxford: OUP, 2003) 1.

[69] David P Derham, "Truth and the Common Law Judicial Process" (1963) 5 Malaya L Rev 338, at pp 344 - 9; Louis Waller (ed), *Derham, Maher and Waller, An Introduction to Law* (Sydney: LBC Information Services, 7th ed, 1995) ch 10.

[70] A W Brian Simpson, general introduction to John H Langbein, *The Origins of Adversary Criminal Trial* (Oxford: OUP, 2003) v.

[71] Robert S Summers, "Formal Legal Truth and Substantive Truth in Judicial Fact-Finding—Their Justified Divergence in Some Particular Cases" (1999) 18 Law and Philosophy 497, 506.

[72] Goldman (n 24) 31. 其引用了以下历史学研究:John H Langbein, *Torture and the Law of Proof* (Chicago: Chicago University Press, 1977).

[73] Guido Calabresi, "The Exclusionary Rule" (2003) 26 Harvard J of Law and Policy 111 at 111. (注意到,法律有时排除"那些其有效性或'真实性'未受到取证方式影响或者实际上被加强的证据",因为"获取证据的方法在表面上违反了宪法或其他法律要求"。)

第二章 真相、正义与正当理由

不管是不是过于夸张，批评者们的主张汇集在一起，形成了引人注意的论述。对抗制的维护者和批评者[74]一般都采取了制度设计者的立场：他们注意到审判的结构性特征，观察到程序中的权力和责任分配，并就某些特征对揭示真相的弱化效果等问题进行争论。对抗制的许多方面明显阻碍了真相；但是，阻碍真相的程度是否正当，以及是否应当重新设计审判制度使之不那么具有对抗性，则是不同的问题。外在视角无疑具有启发意义；它表明，在制度层面，声称对抗式审判旨在发现真相，面临诸多困难。

然而，并非审判的所有重要方面都能从外在视角审视。如果我们采取事实认定者的视角，那么将浮现出一幅不同的重要画面。陪审团成员不会像当事人或利害关系人一样，采用阻碍真相的对策或策略。即使上文强调的对抗性特征表明，对抗制在追求真相方面缺乏热情，但事实认定者却致力于这种追求。[75] 当所有的证据已被提交，所有的陈述都已作出之后，事实认定者必须裁决案件。因此，他的责任就是根据证据给出一项真实的裁决。总而言之，审判评议的目标就是作出可根据证据证成的真实的事实认定。

与上述观点相反，有人可能争辩说：为了决定事实问题，事实裁判者不需要知道真相所在。在刑事案件中，如果他对被告人有罪存在合理怀疑，他就必须宣告无罪。在民事诉讼中，如果一方当事人没能履行其证明责任，事实认定者就应当作出对这一方

---

[74] 他们所写的文献庞多。以下是广为引用的一场争论：Marvin E Frankel, "The Search for Truth: An Umpireal View" (1975) 123 University of Pennsylvania L Rev1031; Monroe H Freedman, "Judge Frankel's Search for Truth", ibid, 1060; H Richard Uviller, "The Advocate, the Truth, and Judicial Hackles: A Reaction to Judge Frankel's Idea", ibid, 1067. For a book-length treatment: William T Pizzi, *Trials without Truth* (NY: NYU Press, 1999).

[75] Haack, (n 17) ch 1, 13.

当事人不利的裁决。[76] 对于一项主张的真实性存有怀疑或者未被说服，并不等于知道这项主张是虚假的。[77] 但是这些论述仅适用于否定性认定或裁决。这里简要陈述第三章第一节1.3将会采取的以下主张：只有当一个人有正当理由相信一项主张之内容的真实性时，事实认定者作出一项肯定性认定或裁决才是正当的。我们关注信念的正当理由，是因为我们关注真相。[78] 内在分析聚焦于正当理由。

2.2 程序正义的不充分性

裁决很可能被未提交到法院的证据证明是错误的。这种可能性促使威尔伯福斯勋爵在加拿大航空公司和奥尔斯诉贸易大臣（*Air Canada & Ors v Secretary of State for Trade*）[79] 案中指出：只要法院作出的事实认定是"根据可获得的证据和法律作出的，正义就将得以公平地实现"。我们可以要求法院公平地分配正义；但是，如果我们期望审判生产客观真相，那就误解了审判的目的和性质。根据这种观点，真相不是正义的必要因素。或者，用柯缪尔子爵（Viscount Kilmuir）的话来说："正义优先于真相（justice comes before truth）。"[80]

威尔伯福斯勋爵和柯缪尔子爵似乎将正义（justice）和公平的程序（fair process）等同起来了。这种对正义的解释，是那些意识到法律事实认定之易错性并担忧招致过度批评的法官，尤其

---

[76] 这一点构成了以下文献中的主张的基础：J D Heydon, (ed), *Cross on Evidence* (Sydney: Butterworths, 5th Australian edn, 1996) 239. 其中写道："坦白地说，告诉陪审团（在刑事诉讼中甚至在民事诉讼中）是由他们来决定真相何在，这是不对的。"与该观点相似，但限制在民事语境中进行讨论，see Damaška, "Truth in Adjudication" (n 25) 304.

[77] *Hickman v Peacey* [1945] AC 304, 318; Viscount Kilmuir, "Introduction, The Migration of the Common Law" (1960) 76 LQR 41, 42 - 3.

[78] Lynch (n 22) 26.

[79] [1983] 2 AC 394, 438.

[80] (1960) 76 LQR 41, 43.

第二章 真相、正义与正当理由

愿意散布的观点。德夫林勋爵（Lord Devlin）也与上述两位法官一样，散布了这样的信息[81]：

> 倘若原告得到公平的审判，并且我们看到法官是谨慎且无偏私的，那么，即使原告被错误地质疑，他也不应该觉得自己是司法不公的受害者——尽管这也许令人不快。

但是，原告（无辜却被错误定罪的被告更是如此）当然拥有愤愤不平的所有权利。[82] 审判不是一个纯粹程序正义的制度[83]；裁决的正义性，必须在一定程度上依据独立于程序的标准来判断。如果法院剥夺了一方当事人依据法律享有的实体权利，当事人就得到了不公正的对待，即使这种错误不是故意造成的[84]；通常更糟糕的是，无辜者处于被错判有罪的困境。某人已受到公平的审判，可以使我们有理由坚持以下主张：在没有理由怀疑法院的事实认定时，他应当接受对其不利的裁决。但是，一旦我们意识到实质性事实认定中的某些关键部分是错误的，我们就无权坚持对他的这种主张；这时我们不得不承认，存在一个错误的裁判。虽

---

[81] Lord Devlin, "Who is at Fault When Injustice Occurs?" in Lord Devlin et al, *What's Wrong with the Law?* (London: BBC, 1970) 71. 对相似观点的回应, see Blackburn (n 24) 30.

[82] George Schedler, "Can Retributivists Support Legal Punishment" (1980) 63 The Monist 51, 191：" 如果说，仅仅因为人类的惩罚制度中已包含了各种程序性保障，因此在该制度之下错误地受到最糟糕对待的人，仍然要承认正义已经实现；那么，这将是荒谬的。例如，努力地说服一位因其并未实施的罪行而受到监禁的人相信，上述理论言之有理。" 与之相似的论述参见：David M Paciocco, "Balancing the Rights of the Individual and Society in Matters of Truth and Proof: Part II—Evidence about Innocence" (2002) 81 Canadian Bar Review 39, 44. 文中写道："当我们知道一个错误的定罪后，我们会很正当地将之作为一个不可饶恕的惨案。对事实上的无辜者这样说并非解决之道：'尽管你事实上是无辜的，但是不洗清你的罪名仍是公平的，因为在你的审判中非常完美地适用了法律。'"

[83] 试与以下论述比较："在对抗制中，真相最终是一个程序性的概念。……既然实体的真相被认为是难以捉摸的，那么程序的公正性就成为裁决合法性的主要基础，并且任何被认为符合程序规则的结果都会变得可以接受。" Weigend (n 12) 168.

[84] 在刑事语境中阐述这一点，see R A Duff, *Trials and Punishment* (Cambridge: Cambridge University Press, 1986) 107-108; John Rawls, *A Theory of Justice* (Oxford: Oxford University Press, Revised ed, 1999) 75.

然拒绝承认这一点并不是完全冷漠无情,因为人们仍可对当事人怀有同情;然而,这种同情本质上与我们对非由人类引起的自然灾害的受害者的那种同情没有什么不同。遭受错误裁决的人是一件不正义之事的受害者;将他的困境仅仅看作是一种不幸而不予理会,便忽视了他的冤屈中所包含的基本力量。[85] 他所遭受的损害是由一系列人类能动行为(其中包括认定他有罪或担责的决定)有意造成的。只要该决定是基于实质性的不真实(material falsehood)而作出的,它就是错误的。在第三章1.4所解释的意义上,真相是衡量一项肯定性裁决是否正确的标准。可以猜测,威尔伯福斯勋爵及其追随者实际上也会同意这一点。当他们用其他方式表达,将正义和公平的程序等同的时候,是为了非常正确地强调:当一个裁决被证明是错误的时候,法院不必然受到谴责。

2.3 对真相的愿望:准确性和可靠性

许多批评对抗制的人,呼吁进行改革以消除或减弱其阻碍真相的特征。在作出这种呼吁的时候,他们是在认可而不是质疑审判的求真功能,因为他们抱怨的是审判制度在这方面没有发挥应有的效果。这些批评者一般是采取外在视角。他们的评价是结果导向的,关注的是审判制度正确获取事实的能力。既然审判是由证据规则构建的,就应根据它们对这种能力的影响来评价这些规则。据说,事实认定应当力求"准确性(accuracy)"[86]。例如,

---

[85] 尽管通常都认可非正义(injustice)和不幸(misfortune)之间的区别,但不能用"一个简单而稳定的规则"来区分它们。See Judith N Shklar, *Faces of Injustice* (New Haven: Yale UP, 1990) 2.

[86] Eg, Ronald Dworkin, "Principle, Policy, Procedure" in *A Matter of Principle* (Cambridge, Massachusetts: Harvard University Press, 1985) ch 3.

第二章 真相、正义与正当理由

摩根（Morgan）主张，法院应当努力"尽可能地接近真相"[87]。这是一个令人迷惑的陈述。如果说我们是在判断一个人的年龄或体重，那么这种陈述是说得通的。"准确性"是对接近真实情况之程度的测量。所作出的估测与真实的年龄或体重越接近，它就越逼近真相。但是，法院作出的一项肯定性事实认定，传递了一个绝对的断言（categorical assertion）。它不是一个估测，它要么为真要么为假。正如荷恩勒（Hoernlé）（在一个不同语境中）所说："如果虚假只是意味着，与客观秩序相排斥或不相容；那就正如谚语所说，'失之毫厘，差之千里'。"[88] 如果我没有杀死被害人，我就没犯谋杀罪，不管我是多么接近于杀了他。

当谈到事实认定的时候，"准确性"所指的一定是其为真相的可能性（likelihood），而非它多么接近真相。如果这是正确的，我们用"可靠性"（reliability）来代替准确性可能更好一些。不过从另一方面来看，"准确性"似乎比"可靠性"能更好地传达"目标是揭露事实真相"这一观念。当一个人受托完成某项工作时，他被夸赞为可靠，而不是准确。可靠性意味着运行的有效性。它比"准确性"这个词有更宽泛的用法。准确性尤其与真相相联系。对准确性的强调，凸显了审判的求真功能。或许这就是为什么"准确性"一词虽然明显不恰当，却常被用作一种评价标准。

一项裁决的可靠性有多大，取决于产生它的审判制度的可靠性有多大。在对后者进行评估时，将会审视一些宽泛的制度特征，这包括：对事实认定角色的制度设置（主要的问题是将该角色分配给法官还是陪审团），证据推理的形式（其受法律规则管控），

---

[87] Edmund M Morgan, "Hearsay Dangers and the Application of the Hearsay Concept" (1948) 62 Harvard L Rev 177, at 184 – 5. 相似的论述，see Jack B Weinstein, "Alternatives to Hearsay Rules" (1968) 44 FDR 375, 376（"在审判中我们所尽力为之的，是尽可能地接近真相"）and "Some Difficulties in Devising Rules for Determining Truth in Judicial Trials" (1966) 66 Columbia L Rev 223, 242（论及"接近事实"）. See also Weigend (n 12) 163：审判程序追求"最接近真相"。

[88] R F Alfred Hoernlé, "Notes on Professor J S Mackenzie's Theory of Belief, Judgment and Knowledge" (1918) 27 The Philosophical Review 513, 515.

以及审判程序（例如，可用于询问证人的方法和询问范围）。考虑了审判制度所具有的特征后，我们对该审判制度的可靠性越自信，对它产出的裁决的可靠性就越自信。从理论上说，该制度的可靠性可以用归纳法来确定，即在随机选取的案件样本中调查正确事实认定与错误事实认定的比率。按德夫林勋爵的说法，这是在考察"错误率"[89]。这种研究的结果，对一个审判制度产出正确结果的倾向作出了估计。这个估计的好坏，部分取决于所调查的案件样本量。但是，如果不能实施一套独立的调查方法，并对样本案件中事实认定的正确性进行核实，这种方法就不可行。设计出这样一套方法的现实可能性是很值得怀疑的，正如达尔门德（Diamond）所观察到的："我们没法……将裁决与某种关于真相的黄金标准做比较，因为这种可以信赖的标准并不存在。"[90]

正如下文第三节表明的，如果采取内在的分析，那么对可靠性的关注就转化为一组不同的问题。我们可以针对一个特定的裁决提问：它能否基于审判中出示的证据而被证成？更进一步的问题是，事实认定者得出其裁决的实际推理过程，如果被公开的话，可被断定为具有认识论上的完备性吗？即使事实推理的过程无法公开，站在事实认定者的立场上评价证据为该裁决提供的正当理由，仍然是非常有意义的。因此，问题不是该裁决能否被证成，而是在人们看来，该裁决能否根据证据被证成。

对于制度设计者来说，最重要的是，"所设计的审判和上诉程

---

[89] Devlin（n 81）76.

[90] Shari Seidman Diamond, "Truth, Justice, and the Jury"（2003）26 Harvard Journal of Law and Public Policy 143 at 150. Cf Goldman（n 24）291 - 292. See also Bruce D Spencer, "Estimating the Accuracy of Jury Verdicts"（2007）4 J of Empirical Legal Studies 305. 文中提供了一个对陪审团裁决的案件错误率的统计评估，评估的依据是法官同意陪审团裁决结果的概率。然而，正如索勒姆（Lawrence Solum）对斯潘塞（Spencer）所写的一篇后续文章的评论那样："中立的观察者如果没有对于（未经审判过滤的）背后事实的独立知识，就没有确定审判程序实际上是否产生了正确结果的依据。测量准确性总是需要独立和中性的事实调查程序——而该数据缺失了这个。"（这一评论来自他 2007 年 6 月 29 日的博客：http://lsolum.typepad.com/legaltheory/2007/06/spencer-on-wron.html.）

第二章 真相、正义与正当理由

序将一个未犯罪的人被定罪的机会减到最小"[91]。在这种定量意义上,审判制度的可靠性,被认为能够通过将更多资源投入司法过程而得到改进。但是,仍不能逃脱经济学上的那个老生常谈的问题:资源的稀缺性,与竞争性的需求。社会难以支付可能"最准确"的程序(那将是一种什么样的程序?),而必须退而求其次。[92] 我们对真相的追求,尽管经久不衰,但只能达到我们能够负担得起的可靠性水平。这一观点是非常合理的。然而,这会带来以下风险:查明真相可能会被看作仅仅是一个理想,它在竞争性社会利益的权衡下,理论上并非是必需的。

在一个很重要的意义上,获得真相并不仅是一个愿望,而且是事实认定中的一个正面要求。从事实认定者的角度看待这一任务,他的工作就是查清真相。按照第三章提出的条件和内容,事实认定者只有在以下情况才能正当地作出一项肯定性裁决:他断定,人们基于法庭上提供的证据,有正当理由相信支持该裁决的实质性主张是真实的。这一原则表达了一种承诺,即对真实性的追求约束着事实认定者。进而言之,真相是一项肯定性事实认定具有正确性的标准;该标准在一项认定"虚假便错误"的意义上,具有绝对性。

2.4 作为公正的正义

在外部进路中,我们渴望真相,但不是为了真相本身;而是因为,有了真相才能实现"正义"。在这个语境中,"正义"是传统意义上的概念,常被称为"作为公正的正义(justice as recti-

---

[91] *R (Mullen) v Home Secretary* [2002] EWCA Civ 1882, para 33; [2003] QB 993, 1005, per Schiemann LJ.

[92] 除了别的东西,也一定存在对调查范围的限制:*Attorney-General v Hitchcock* (1847) 1 Exch 91, 105. See also R W Fox, "Expediency and Truth-Finding in the Modern Law of Evidence" in Enid Campbell and Louis Waller (eds), *Well and Truly Tried—Essays on Evidence in Honour of Sir Richard Eggleston* (Sydney: Law Book Co, 1982) 175; Alfred Bucknill, *The Nature of Evidence* (London: Skeffington, 1953) 70, 76-77.

tude)"。这个概念与上文所讨论的程序公平意义上的正义观是大相径庭的。"法律不能说:'正面我赢,反面你输(Heads I win, tails you lose)'。"[93] 案件必须按是非曲直来决定;并且,是非曲直(如果有的话)源自事实。现代司法裁判的一个区别性特征在于,它建立在规则和事实的基础上。[94] 可以说,每一条法律规则都假定了一般性的事实,或者说它们可以按一般性事实的措辞来陈述。[95] 只有当一个规则的事实谓语或者前件被符合之后,依据该规则的主张才应当胜诉。如果对于支持该主张的必要事实存在争议,就必须予以证明。例如,假设法律规则是"先占先得",那么,为了赢得关于财产权的主张,举证方必须证明他比对方更早占有这个财产。在让一个人得到其根据实体法应得之物这个意义上,正义取决于所获得的关键事实:只有当法院正确地认定原告优先占有时,支持原告的裁决才是正义的。正如丹宁勋爵所写:审判法官的目标"首先是查明真相,并且根据法律实现正义"[96]。所谓实现正义,在这种狭义上,就是将实体法正确地适用于真实的事实认定。这是边沁的诉讼最终目的理论的基本观点,他将这种理论称为"裁决的公正(rectitude of decision)"[97]。将正义(justice)视为公正(rectitude),就把正义置于事实认定之外。佩

---

[93] *Re A (Children) (Conjoined Twins: Surgical Separation)* [2001] Fam 147, 203. 但是这种观点或许不像它看上去那么荒唐,对此参见:Neil Duxbury, *Random Justice—On Legal Lotteries and Legal Decision-Making* (Oxford: Clarendon Press, 1999) especially ch 5.

[94] Ch 1, Pt 1.1.

[95] 或者说是雷丁所谓的"类型化事实":Radin, "Ex Facto Ius: Ex Iure Factum", chapter XXVIII in Paul Sayre, *Interpretations of Modern Legal Philosophies—Essays in Honour of Roscoe Pound* (Oxford University Press: New York, 1947) 585.

[96] *Jones v National Coal Board* [1957] 2 QB 55, 63. 以及 *Harmony Shipping v Davis* [1979] 3 All E R 177, 180 – 181.

[97] 关于这一概念,see William Twining, *Theories of Evidence: Bentham and Wigmore* (London: Weidenfeld & Nicholson, 1985) 88 et seq;关于它被广泛接受为审判的首要目标的论述,see William Twining, "The Rationalist Tradition of Evidence Scholarship", in *Rethinking Evidence—Exploratory Essays* (Evanston, Illinois: Northwestern University Press, 1994).

第二章 真相、正义与正当理由

雷尔曼（Perelman）的论述也巧妙地包含了这个观点："如果受到质疑的是所主张的事实，那么我们所关注的就是真相而非正义。"[98]

2.5 真相是首要但非绝对的目标

应当注意，这里的主张是：审判的首要目标是查明真相。持有这一主张的人可能还承认甚至坚持：在追求这一目标的时候，其他价值（那些"外在于证明的"价值[99]，或者有时被称作"附属价值"[100]），以及刑事诉讼中的被告人权利[101]，也要得到尊

---

[98] Chaim Perelman, "Justice and Reasoning" in his *Law, Reason and Justice: Essays in Legal Philosophy*, edited by Graham Hughes (New York University, 1969), reprinted in *Justice, Law and Argument—Essays on Moral and Legal Reasoning* (D Reidel Publishing Co, 1980) 77.

[99] 对内在于证明的价值和外在于证明的价值的区分，源自：D J Galligan, "More Scepticism about Scepticism" (1988) 8 OJLS 249, 255. 与之相应的，是威格莫尔对"证明政策规则"和"外部政策规则"的区分：John Henry Wigmore, *A Treatise on the Anglo-American System of Evidence in Trials at Common Law*, vol 1 (Boston: Little, Brown & Co, 3rd ed, 1940) 296. 在内部价值的范畴内仍可以进行区分。例如，外在性可能与证明的支配性目标有不同程度的疏远：根据魏根特的观点，一些外在的"利益（例如，排除通过非法窃听手段获得的证据）从属于维持刑事程序公正这一最重要的关注点，而其他的一些（例如，避免揭露国家秘密）则完全是与刑事程序的目标不相关的"。Weigend (n 12) 170. 另一个例子是帕西卡所做的划分：David M Paciocco, "Balancing the Rights of the Individual and Society in Matters of Truth and Proof: Part II-Evidence about Innocence" (2002) 81 Canadian Bar Review 39 at 50. 文中区分了"从属性的证据（subordinated evidence）"（"因为竞争性的政策利益或……原则"而排除证据）和"实用性的排除（practical exclusion）"（因为"与审判行为相关的实践性的利益"而禁止证据）。用边沁的话来说，实用性的排除规则旨在"将困扰、耗费和迟延最小化"。See David M Paciocco, "Evidence About Guilt: Balancing the Rights of the Individual and Society in Matters of Truth and Proof" (2001) 80 Canadian Bar Review 431, 438.

[100] Damaška, "Truth in Adjudication" (n 25) 301.

[101] Andrew Ashworth, "Excluding Evidence as Protecting Rights" [1977] Crim LR 723; Richard C C Peck, "The Adversarial System: A Qualified Search for the Truth" (2001) 80 Canadian Bar Review 456; *Williams v Florida* (1970) 399 US 78, 113–114, per Black J.

重。[102] 例如，即使将被告人放到证人席上可能会清楚地阐明案情，也不能强迫被告人作证。有人论证说，强迫被告人说话，侵犯了其隐私权。[103] 我们对这一价值的尊重是否应当胜过对真相的尊重，是一个引发争论的问题；之所以引发争论，只是因为我们注意到："真相就像其他所有好东西一样，可能被不理智地热爱——可能被过度追求——可能成本过高。"[104] 既然该主张认为追求真相是主要目的，而非绝对或压倒一切的目的[105]，那么，这一主张就与承认对该事业施加"边际约束（side-constraints）"具有合理性的主张没有冲突。[106] 因此，威格莫尔毫不费劲地将"外部政策规则"融入一个将查明真相置于审判之中心的体系中。[107] 一

---

[102] 以下作者也谨慎地强调这一点：D J Galligan, *Due Process and Fair Procedures—A Study of Administrative Procedures* (Oxford: Clarendon Press, 1996) 7, 12, 51, 79, 81, and Galligan (n 99) 255; Goldman (n 24) 284 - 285; Damaška, "Truth in Adjudication" (n 25) 301. （"很显然，……促进真相的价值不能成为在法律程序中压倒一切的考虑因素：通常会注意到，一些社会需求和价值对提高事实认定准确性的努力起到了限制性效果。对于这些互相冲突的考虑因素，存在各种列举方式：隐私和人类尊严，决策中的稳定性需求，以及显著位于其中的成本计算。然而，对于这个列表中应当精确地包含什么，以及'附属性'的价值应当如何与对事实认定准确性的愿望相权衡，尚未达成一致意见。"）

[103] Eg D J Galligan, "The Right of Silence Reconsidered" [1988] CLP 69, 88 - 91; Robert S Gerstein, "Privacy and Self-Incrimination" (1970) 80 Ethics 87.

[104] *Pearse v Pearse* (1846) 1 De G & Sm 12, 28 (statement made in context of legal professional privilege). Weigend (n 12) 167. 文中提到了德国联邦上诉法院法官的以下意见："不惜任何代价地寻求真相，这不是德国程序法的一项原则。"

[105] Rawls (n 84) 486.

[106] Eg, Andrew Ashworth, "Concepts of Criminal Justice" (1979) Crim LR 412 （主张刑事司法的一般的正当化目标，是发现、定罪和处罚有罪者，并且认清对追求该目标的各种限制——其中包括公正的原则）。

[107] Wigmore (n 99) 296 （"外部政策"就是"限制用尽一切方法发现真相的政策的那些政策"）。

第二章 真相、正义与正当理由

般认为,一项限制是否正当,取决于对相互竞争的价值的权衡。[108]

第三节 内在分析

3.1 引言

本节采取一种内在视角,即负责评议事实认定和最终裁决的人的视角。[109] 在这种视角下,真相和正义这两种价值包含在正当理由问题中;换种说法就是,一项肯定性裁决或认定必须在认识论上和道德上可辩护(defensible)。正当理由的这两个方面将在下文介绍。事实认定的认识论,将在第三章做更全面的论述。然后,第四章至第六章将挑选出一些证据法的领域,来展示伦理要求如何与认识问题混合在一起。文中将论述,认识规范和道德规范在规制事实认定的许多法律规则中得到含蓄或明确的表达。

3.2 认识论上的正当理由

事实认定者必须对自己作出的事实认定有充足的认识论正当理由。第三章将论述,一项肯定性事实认定必须建立在对其主张

---

[108] *Elkins v US* (1960) 364 US 206, 233; Wigmore (n 99) 296; J J Spigelman, "The Truth Can Cost too much: The Principle of a Fair Trial" (2004) 78 Australian LJ 29. 关于"权衡"概念中的困难之处的讨论, see: eg Gerry Maher, "Balancing Rights and Interests in the Criminal Process" in Antony Duff and Nigel Simmonds (eds) *Philosophy and the Criminal Law*, *Archives for Philosophy of Law and Social Philosophy* Beiheft Nr. 19 (Franz Steiner Verlag Wiesbaden, 1984) 99 and John Cottingham, "Weighing Rights and Interests in the Criminal Process" in Duff and Simonds (Ibid) 109; Andrew Ashworth and Mike Redmayne, *The Criminal Process* (Oxford: Oxford University Press, 3rd ed, 2005), at pp 30 – 32, 40 – 43, 45 – 48.

[109] 同样地,将会采取一个内在的认识进路。与之形成对比的,是古德曼所采取的外在进路,他提出了对法律事实认定的以准确性为核心的分析。See Goldman (n 24) ch 9, 尤其是第 283 页。对两种进路的一般化比较, see: George Pappas, "Internalist vs. Externalist Conceptions of Epistemic Justification", *The Stanford Encyclopedia of Philosophy* (*Spring* 2005 *Edition*), Edward N. Zalta (ed.), online: The Stanford Encyclopedia of Philosophy, http://plato.stanford.edu/archives/spr2005/entries/just-ep-intext/.

内容之信念的基础上。背后的信念不存在，该事实认定就未被证成。在这一研究中，正当理由是在内在感觉（internal sense）的意义上被解释的。对一项肯定性认定之主张内容的信念，必须被内在地证成（internally justified）；换言之，事实认定旨在获得内在证成的信念。但这并不是事实认定的全部目标。从外在意义上说，真相是判断信念是否正确的标准，所以也是判断基于该信念的肯定性认定是否正确的标准。因此，事实认定旨在得到内在证成**且**真实的信念。这几乎就是在说，它旨在获得知识（knowledge）。这些关于正当理由、信念、真相和知识的观点，将在下文介绍并在下一章进一步分析。

3.2.1 内在的认识论正当理由

对于一项肯定性认定中潜在信念的内在正当理由，是从事实认定者的视角进行评价的。他在评议过程中要面对这个关键的规范性问题：在考虑了针对这个有争议的事实主张所能获得的证据之后，人们（one）能够正当地断定它的真实性吗？（注意，这里的用语是"人们"。真正的**主观**第一人称陈述"我断定并因此相信 p 是真的"，与**超然的**第一人称陈述"我断定，人们会正当地相信 p"之间，是有区别的。后一种陈述也是主观的，但只是意味着这个断定是主观的。这个重要区别将在下一章阐述。这里只作简要描述。）可以区分出三种意义上的正当理由。粗略说来，其中两种是主观意义上的，第三种是客观意义上的。在下述非常狭窄的意义上，它们都是第一人称的：能否获得正当理由，受限于认识主体（在这里即事实认定者）所能获得的证据。这不是一套固定的术语。对不同的哲学家来说，"正当理由"具有不同的含义；正如伟吉伍德（Wedgwood）所观察到的：约定的成分是不可避免的。[110] 我

---

[110] Ralph Wedgwood, "Contextualism about Justified Belief". （待刊）可以从他的网页阅读该文章：http://users.ox.ac.uk/~mert1230/papers.htm. 对五种不同意义上的认识证成的重要分析，see Jonathan Sutton, *Without Justification* (Cambridge, Massachusetts: MIT Press, 2007) 14-41.

第二章 真相、正义与正当理由

们使用的标签不过是指出特定区别的便利工具而已。也可能有人认为，使用其他的名称会更好。

当我们说事实认定者（在第一人称意义上）主观上正当地（subjectively justified in）相信一项主张的时候，我们的意思首先是指：他所拥有的证据，对于得出他所相信的主张，提供了一个足够好的理性论证。根据菲尔德曼（Feldman）的论述（但不严格），一个"足够好的理性论证"只在下述条件下成立：有正当理由相信其前提，以及相信该前提恰当地与结论连接；并且，该论证没有被事实认定者的其他背景性信念所否定。[111] 考虑到审判的社会语境，该论证还必须符合某种在足够大的相关共同体中被普遍接受的主体间性（inter-subjective）认知标准。[112] 还必须满足一个进一步的条件。可以在两个层面上设定这一条件。在较强的层面上，事实认定者必须实际上通过该论证而相信该主张，并在被要求披露正当理由时，能给出该正当理由以支持其信念。[113] 我们称此为"**强主观正当理由**（*strong-subjective justification*）"。在较弱的层面上，我们无须要求该论证必须实际上影响他的信念，而只要求：如果他的注意力被恰当地吸引到该论证上，那么他将提供或接受该论证作为其信念的正当理由。[114] 我们称此为"**弱主观正当理由**（*weak-subjective justification*）"。如果符合以下条件，事实认定者就是在第一人称意义上**客观上**正当地（*objectively*

---

[111] Richard Feldman, "Good Arguments" in Frederick F Schmitt (ed), *Socializing Epistemology—The Social Dimensions of Knowledge* (London: Rowman and Littlefield, 1994) ch 8, 176-9.

[112] 关于主体间证成的讨论，see Stewart Cohen, "Knowledge and Context" (1986) 83 J of Philosophy 574, 577 and "Knowledge, Context, and Social Standards" (1987) 73 Synthese 3, 5-7.

[113] David B Annis, "A Contextualist Theory of Epistemic Justification" (1978) 15 American Philosophical Quarterly 213, 217; Jules L Coleman, "Rational Choice and Rational Cognition" (1997) 3 Legal Theory 183, 186-7.

[114] Kent Bach, "A Rationale for Reliabilism" (1985) 68 The Monist 246, 256; Robert Hambourger, "Justified Assertion and the Relativity of Knowledge" (1987) 51 Philosophical Studies 241, 267, n 10.

justified）相信一项争议主张：基于他所能获得的证据，存在一个足够好的理性论证；该论证或许超出他的领悟，它既无须是使他实际上产生该信念的论证，也无须是他能够建构或者提供用以证成其信念的论证。[115]

事实认定者的目标应当是在强主观意义上被证成的事实认定。第二种和第三种意义上的证成都不足取。根据上文所讨论的审判的外在观点，准确性或可靠性是关键性价值，似乎最终重要的是结论的正确性。对于非理性推理的外在反对意见是，它增加了评议结果中的错误可能性。即使一个具体的裁决是非理性推理的产物，它也可能是正确的。在这种情况下，有人可能说，最终未产生什么损害。但是，应当强调的是，仍然存在某些错误之处：事实认定者未能恰当地履行其职责，即没有按他应该做的那样进行评议。通过占卜问卦[116]或者掷硬币的方式[117]认定被告人有罪是错误的；即使裁决碰巧正确，而且基于法院采纳的证据能够找到对有罪信念的理性支持，它仍然是错误的。在这些情况下，该裁决是在第三种正当理由的意义上是可证成的（justifiable）；事实认定者所忽视的证据，客观上足够有力地授权或允许其持有相信被告人有罪的信念。该信念也可能在第二种意义上是可证成的，也就是说：如果事实认定者的注意力随后被吸引到证据上，那么他可能会认识到已采纳的证据能为该裁决提供理性支持。即使该信念在第二种或第三种意义上可证成，但在正当理由的第一种意义

---

[115] 用弗思的话来说，一个信念即使没有"作为信念被证立"（事实认定者对该命题的信念未被证立，例如他潜在的推理是非理性的），但可能"作为命题被证立"（一个人相信这个命题，这是可证立的）。See Roderick Firth, "Are Epistemic Concepts Reducible to Ethical Concepts?", in Alvin I Goldman and Jaegwon Kim (eds), *Values and Morals—Essays in Honor of William Frankena*, *Charles Stevenson*, *and Richard Brandt* (Dordrecht: D Reidel, 1978) 215, 218.

[116] Cf *Young* (1995) 2 Cr App R 379.

[117] *R v Mirza* [2004] UKHL 2, [2004] 1 AC 1118, 1164.

第二章 真相、正义与正当理由

上，事实认定者持有这一信念仍是不正当的。[118] 仅仅这一点就应受到批评。事实认定中的理性（rationality）要求，不能完全等同于可靠性或准确性要求。[119]

为了在强主观意义上正当地相信 p，认识主体所持有的信念必须是因为感知到证据和结论之间联系的结果，这种联系能够构成一个对于该信念的足够好的理性论证。在审判评议的语境中，我们期待主体对其信念拥有恰当的理由。安妮斯（Annis）的以下一般性论述与这一观点相关[120]：

> 请考虑这样一种情况：与一个问题语境相关，我们期望 S 对其信念 h 持有理由。假设在询问他如何知道或者他的理由是什么时，他无法说出某些证据。我们可能无法表述出所有支持 h 的证据，但我们被要求说出某些证据。我们拥有支持 h 的证据是不够的；它还必须被我们**当作**证据使用，这将我们置于"理由、证成和能够证成人们所说的话的逻辑空间内"。

确实，在我们日常生活中，我们的事实信念通过严格的自我意识而获得的情况是相对较少的。许多信念只是我们顿悟所得，它们不是任何有意识判断的产物。反思性内省不可能揭示造成一个信念的所有因素或信念的所有证据性正当理由。但在审判的语

---

[118] Tyler Burge, "Content Preservation" (1993) 102 The Philosophical Review 457, 458-9.

[119] David Christensen, *Putting Logic in its Place—Formal Constraints on Rational Belief* (Oxford: Clarendon Press, 2004) 1. 书中写道："尽管准确性维度和理性维度可能被关联在一起，但它们显然是不同的。一个傻瓜可能非理性地持有一项信念——是侥幸猜中或者胡思乱想的结果——然而这个信念可能碰巧是准确的。与之相反，一位侦探可能在仔细、详尽地检查所有能够得到的相关证据后而持有一项信念——用典型的理性方式——但是证据可能恰好具有误导性，并且信念最终是错误的。"

[120] David B Annis, "A Contextualist Theory of Epistemic Justification" (1978) 15 American Philosophical Quarterly 213, 217; 这段文字里面所引用的文字，来自：Wilfred Sellars, *Science, Perception and Reality* (London: Routledge and Kegan Paul, 1963) 169.

境中，裁决不能直接产生于事实认定者未经反思的直觉。他必须通过评议而达成自己关于案件事实的信念。评议是一个运用推理的过程，要求主体在这个过程中检验支持自己相信争议性主张的正当理由；它包含证据分析，以及对支持和反对那个信念之论证的自觉和苛刻的评价。[121] 简言之，评议是一个证成对所考虑的认定之命题内容的信念的活动。因此，帕帕斯（Pappas）抓住了以下基本观点[122]：

>　　只有当人们**已经证成了**（has justified）对 p 的信念时，他才正当地（is justified in）相信 p。证成一个信念……是一个举出证据或理由支持这一信念的活动。
>　　所谓正当地相信 p，是指人们经由以下过程而达到的一种状态：通过一系列证据步骤进行推理，然后得出一个该信念得到证成的结论。当人们进行这种类型的推理时，他知道该推理所经历的步骤，尤其是，意识到用于支持其结论的理由。

对事实认定者来说，基于直觉而将被告人定罪，并且令人费解地声称，自己就是可以看出或者就是知道被告人有罪，这是行不通的。[123] 事实认定者必须清楚地知道支持其观点的理由，并评价这些理由。毫无疑问，他能够明确表述自己的推理并说清楚其正当理由的细节的程度，是有限的。首先，评议具有规范上的复杂性。正如第一章 1.2 部分所说，事实认定包含了评价和建构性解释，它将法律和价值判断融合在事实判断中。其次，评议具有心理学上的复杂性。内省反思（inward reflection）即使勤勉为

---

[121] 如杜威所言，"评价明显属于思维活动。需要以此种或彼种方式需求和表达理由与根据"。See Jo Ann Boydston (ed), John Dewey, *Logic：The Theory of Inquiry* (Carbondale：Southern Illinois U P, 1991) 174.

[122] George Pappas (n 109). 其中第七部分的第一段、倒数第二段，概括了一套为支持内部主义而提出的论证。此处着重号是原文所加。

[123] Larry Laudan, *Truth, Error, and Criminal Law* (Cambridge：CUP, 2006) 42-3.

第二章 真相、正义与正当理由

之,也不可能揭示造成事实认定者对案件事实所持信念的全部影响因素。有的时候,他可能无法详细地重构对于这种信念的论证。例如,加拿大最高法院觉察到[124]:

> 一个人在证人席上的某些行为,会引导陪审团成员得出结论,认为这个证人不可信。但实际情况可能是,陪审团成员无法指出证人行为的具体哪个方面是可疑的,因此也无法向自己或别人表述清楚,到底为什么这个证人不应该被信赖。不应该让陪审团成员觉得,在评价可信性的时候,不能考虑证人总体的(可能是无形的)举止效果。

然而,承认这些复杂性,不会迫使我们认为,任何严格的自我反省努力都是徒劳的。作出以下假定是合理的:事实认定者与任何具有理性能力的普通人一样,在大多数情况下并且至少使用一般性的术语,能够明确表达其信念的依据。

伯恩斯(Burns)抨击了"关于审判的公认观点"。这种观点描述了一个不作价值判断的事实查找过程,它将事实装配进被实体法预先界定的范畴之中。根据伯恩斯的论述,这种观点在审判的层面保持了"机械法学"的形式。[125] 他提出一种将审判视为一个修辞学事件的丰富而复杂的理论。然而,伯恩斯宣称:"陪审团的最终理解形式,是一个在文字上**无法表达的**对事实、规范以及行为可能性的领悟。"[126] 这时,就引发了争议。我们不应当要求和期待事实认定者尽可能明确其理由和推理吗?普里查德(Prit-

---

[124] *R v Lifchus* (1997) 150 DLR (4th) 733, 744. 弗里克也观察到这一点,但是坚持认为:"主体的信念对于主体来说必须是清晰的";他必须有能力通过主张自己能够分辨陈述者(证人)是否在撒谎,而维护自己的可信性决。Elizabeth Fricker, "Against Gullibility" in Bimal Krishna Matilal and Arindam Chakrabarti (eds), *Knowing from Words* (Dordrecht: Kluwer Academic Publishers, 1994) 150.

[125] Robert Burns, "The Distinctiveness of Trial Narrative" in Antony Duff, Lindsay Farmer, Sandra Marshall and Victor Tadros (eds), *The Trial on Trial——Truth and Due Process* vol 1 (Oxford: Hart, 2004) ch 9, 162.

[126] Ibid, 160, 169(着重号为本文所加); see also Ibid, 176.

chard)告诫我们注意潜意识偏见的危险性："陪审团成员可能会发现，……当他的'理由'被曝光的时候，即使它们完全是真的理由，也不足以证成他直觉式地形成的信念。"[127] 只有在弄清楚我们的主张时，我们才能够进行理性的讨论。如果像伯恩斯所言，审判是"民主的严酷考验"，那么，（不管是在陪审团评议室里还是在事实认定者头脑中进行的）评议的重点，就是明确表述该推理，并评价以此种或彼种方式作出裁决的根据。当然，伯恩斯并不是要颂扬模糊不清；但是，在审判评议中，陪审团明确表达的能力，以及明确性的价值，不应当被低估。明确（to be explicit）是指什么？阿德勒（Adler）论述如下[128]：

> 所谓明确，就是表述（articulate）、表示（formulate）或表达（express）出隐含的东西。明确性（explicitness）突出和澄清了主张、假定或承诺，与此同时增加了信念的可见范围，而任何特定的信念都必须与这些信念融贯一致。在表述、表示或表达的时候，我们将信念作为主张提出，而不是作为我们理解背景中的要素。模糊的想法被强迫装入明确陈述的模具。……将一个论证重构为一套有序的前提和结论，其中的前提被分解成简单的陈述和推论（或次结论），这是明确性的范例。

明确性有助于从隐晦不清的状态中排除谬误的推理、有疑问的假定、无根据的结论、不公正的偏见和其他错误与缺陷，否则这些问题在审判评议中可能不被发现。[129]

---

[127] Duncan Pritchard, *"Testimony" in Truth and Due Process* (n 125) ch 7, 120.

[128] Jonathan Adler, *Belief's Own Ethics* (Cambridge, Massachusett: MIT, 2002) 87.

[129] 劳丹做了一个类似的论证，主张陪审团成员应当识别他们怀疑的理由。Laudan (n 123) 38-44. 在更广大的视角下，正如奥特曼在其文章中告诉我们的那样，"对直觉主义的舍弃，牢牢地根植于对法治理想的追求。这一理想要求，法律裁决是推理的结果，该推理可以根据能够被表述和理解的原则而重构。" Andrew Altman, "Legal Realism, Critical Legal Studies, and Dworkin" (1986) 15 Philosophy and Public Affairs 205, 218.

第二章 真相、正义与正当理由

在内在意义上证成信念，是向自己证成。这个私密的过程对应于一个公开的过程。后者发生于一位陪审团成员面向其他陪审团成员为自己对争议事实的信念辩护之时，以及一位法官在给出其判决依据的过程中解释其事实认定之时。坦白地说，事实认定者必须证成他对其肯定性裁决之内容的信念这一主张，不会因缺乏透明度而减损：陪审团不给出理由，并不意味着他们不需要推理或持有理由。[130] 确实，无法知悉陪审团实际上如何推理的观察者，只能以客观正当理由的方式判断他们的事实认定。而且，即使事实认定者实际上所使用的推理被披露出来，并且它不是一个我们完全认同的推理，也仍然可能存在让该裁决成立的理由。不过，将我们本来准备舍弃的东西当作事实认定者应达到的标准，是错误的。评议的目的在于，得到在强主观意义上证成的信念。下文所提到的认识论正当理由，除非有其他说明，均应当在这种意义上理解。

3.2.2 作为外在的正确性标准的真相

上面所讨论的"第一人称"视角，是与外在的"第三人称"视角相对照的。后者是一种"特权的"或"理想化的"视角，因为从该立场上事实是可知的，而事实认定者可能对其并不知晓。第一人称视角关注对一项命题之信念的合理性（rationality），而第三人称视角关注该命题的真实性。[131] 只有该命题为真时，信念才是正确的。可以用下述方式描述这种区别：持有一项未证成的信念是一个认知**过错**（fault）；持有一项得到证成但是虚假的信念（主体不知其虚假），不是一个认知过错，而是一个认知**缺陷**

---

[130] Cf Weigend（n 12）166.（"陪审团甚至不需要努力去获得一个基于在审判中浮现出来的'真相'的裁决，因为陪审团不被要求给出裁决的理由，并且因此不需要针对其裁决的理性问题而回答任何人。"）

[131] Paul Helm, *Belief Policies*（Cambridge：Cambridge University Press, 1994）at 21；Bach（n 114）251.

(*defect*)。[132]

内在的认识论正当理由,是关于一个人根据他所掌握的证据而达成其信念之过程的合理性;按照这种理解,正当理由独立于信念之真假。[133] 如果判断一位证人在讲实话并因此相信他的证言,而这是根据"证人有黑头发,每个长黑发的人都绝对诚实"的坏推理作出的,这就是非理性的。即使证人实际上准确、真诚地提供了证言,这种批评也仍然成立。[134] 现在来看一个相反的例子。假定一个蓄意撒谎的人站到证人席上,断言他看到被告人实施了所争议的犯罪。事实认定者以完全理性和负责的方式评价他的证言。但该证人恰好是一个非常优秀的演员。事实认定者被骗了,但可以理解。此时存在足够好的理性论证使人相信证人的证言,该论证源于以下诸多因素:证人看起来自信且诚实,他的故事协调一致,他在交叉询问中表现良好,等等。事实认定者有理由相信该证人,即使其证言实际上是虚假的。[135] 尽管如此,在一个重要的意义上,他持有该信念是错误的。如第三章将会表明的,真相是一个信念之正确性的标准。事实认定者没有错,他对该证人的相信是合理的,并且他持有该信念是无可非议的。尽管如此,

---

[132] Jim Edwards, "Burge on Testimony and Memory" (2000) 60 Analysis 124, 128-9. 另一种表述方式是使用波洛克的术语:在后一种情况中,信念被证成了,但是未被保证(warranted)。See John L Pollock, "How to Reason Defeasibly" (1992) 57 *Artificial Intelligence* 1, 5.

[133] See Angus Ross, "Why Do We Believe What We Are Told?" (1986) 28 Ratio 69, 83-84; Catherine Z Elgin, "Word Giving, Word Taking" in Alex Byrne, Robert Stalnaker, and Ralph Wedgwood (eds) *Fact and Value—Essays on Ethics and Metaphysics for Judith Jarvis Thomson* (Cambridge, Massachusetts: The MIT Press, 2001) 106; Jules L Coleman, "Rational Choice and Rational Cognition" (1997) 3 Legal Theory 183, 183, n 2. 与之明显相似的,是莱勒对"个人的"证成和"核实的"(verific)证成之间的区分:Keith Lehrer, "Personal and Social Knowledge" (1987) 73 Synthese 87, 88-89.

[134] Duff (n 84) 115; Ronald J Allen and Gerald T G Seniuk, "Two Puzzles of Juridical Proof" (1997) 76 Canadian Bar Rev 65, 78.

[135] 正如立顿所说的,"那些依赖证言但并不完全轻信的人,必须采取实在论者对于信念和真相的区分。" See Peter Lipton, "The Epistemology of Testimony" (1998) 29 Studies in History and Philosophy of Science 1, 6-7.

第二章 真相、正义与正当理由

他的虚假的信念是有缺陷的。虽然他能证成自己对某事的**相信**（*believing*），但他的**信念**（*belief*）从第三人视角来看是未证成的。我们的第三人视角是被假定为知道第一人视角所不知道的事情——该证人在撒谎。

也可以说，事实认定的最终目的是知道（know）案件事实，这意味着至少要得到关于这些事实的被证成的且真实的信念。第三章将探讨这一观点。强主观意义上的正当理由，对于知识（knowledge）来说是必要的。但是，按照通常的分析，知识不仅是被证成的真实信念。[136] 在上面的例子中，假设被告人做了我们的恶意撒谎者说的他看到其做的事情。尽管证人以为自己在提供虚假的证言，但它其实是真实的。正如在前一个例子中一样，事实认定者有理由相信该证言，并因此有理由相信被告犯有所控之罪。这一信念是真实的。不过，他得到该正确的裁决只是幸运而已。他并不真正地**知道**被告有罪。

3.3 正义的伦理学

在审判中，真相之外的其他价值应当受到尊重；不应仅仅将它们作为附属性的考虑因素，而应将它们当作内在于事实认定之性质和目的的价值。本节提出这个一般性主题。第四、五、六章将阐述这一主题的各种具体表现，这些章节分别考察了证明标准、传闻规则和相似事实规则。审判评议要受到道德约束。第二章将评议描述为一种精神活动。在裁决事实问题时，评议活动包含诸如运用推理、得出推论、进行判断和采取某种特定的导向态度等各种事项。有人会论述说：这些恰恰是道德评价（moral evaluation）的主题。这一主张是就评议中的精神活动而言的。这一主张所针对的不是在评议之后进行的外部活动。假设陪审团已经达成一项裁决，他们返回法庭并宣布被告人犯有被指控的罪行。如

---

[136] As demonstrated by Edmund L Gettier, "Is Justified True Belief Knowledge" (1963) 23 Analysis 231.

果被告人事实上无罪，那么裁决被告人有罪的行为就是不正义的。或者以陪审团否弃权为例。有人主张，宣告被告人无罪的行为（尽管相信其有罪），在某些情况下具有道德上的可辩护性。正如将某人定罪或开释的公共行为要受到道德评价一样，实际上用于获得该结果的方法也要受到道德评价。当我们知道警察用刑讯获取供述，而起诉依赖于这样的供述时，我们就会批评他们的行为在道德上应受谴责。

与那些行为受到道德评价的明显例子不同，当谈及审判评议中的正义或道德性的时候，其含义却很不清晰。一项事实认定是推理所致，推理是一个活动。在审判评议中，推理的结果就是一个对事实的判断。正如第三章将详细阐述的，判断是一种精神行为，主体能够控制它；它是信念的前导，但信念本身是非意愿性的。为了便于讨论，我们假定法律是明确的，并且作为事实认定者，我知道当且仅当我判断和相信被告有罪时，我就必须公开宣告被告犯有该罪。我还知道，这样一种宣告将给他带来深远的不利影响。根据第四章将探讨的主题，被视作特别关怀的正义，要求我在评议他是否有罪时极为谨慎。谨慎的道德观念也解释了法律对于传闻证据的态度。若陈述的原始来源无法受到交叉询问，陈述人的可信性不得而知，那么根据表面价值而采信该陈述就是不谨慎的。这个一般性的观点将在第五章做更全面的探究。当出于对受审之人的尊重和关心时，评议中的谨慎是一种道德善行（moral virtue）。

在评议的其他方面，道德评价的范围变得更为复杂。假设律师在法庭上论证：因为被告是个坏人，是那种会做这种坏事的人，所以这件事肯定又是他干的。这种论证在道德上是错误的。我们认为，律师提出这种论证（可称为"攻击性推理"），侮辱了被告人的人格。法官在对陪审团所说的话中或在其判决理由中，若公开地运用或认同攻击性推理，也同样是（或许更是）错误的。律师和法官在审判中的公开言论要受道德约束，这是应该的；而在

第二章 真相、正义与正当理由

上述例子中，他们所说的话具有道德攻击性（morally offensive）。但是这并不直接意味着，道德约束应当以类似的方式适用于审判评议。假设我是唯一的事实裁判者。攻击性推理隐秘地发生在我的头脑中，我允许它影响自己作出关于被告人有罪的结论。我给出了一个有罪裁决。除了该攻击性推理之外的其他证据，已经足够有力地证成该定罪。我不会告诉任何人我依赖了攻击性推理。我对被告人采取了不正当的行为吗？我的评议在道德上有问题吗？第六章将给出一个肯定的回答。

从内在分析中得出的正义概念，与作为公正的正义之外在观点不同。当事人不仅有权利要求将实体法正确地适用于客观上真实的事实认定，而且有权要求理性地构造判定真相的程序。更宽泛地说，他有得到一项正义的裁决的权利，这里的正义必须被理解为：对法院进行审判的方式以及（很重要的是）评议裁决的方式施加了道德要求。事实认定必须通过某种调查方式和推理过程而达到，它们不仅要具有认识论的可靠性，而且要具有道德上的可辩护性。根据这种观点，正义不是一个静态概念；按照卡门卡（Kamenka）的说法，它[137]：

> 与其说是一种观念或理想，不如说是一种活动和传统——一种做事方式，而不是一个最终状态……作为一种思维活动，正义的活动和判断本身包含着论述和询问的道德。

罗尔斯将刑事审判作为"不完善的程序正义"的范例，即对于想要什么样的结果存在独立的标准，但是没有确保该结果实现的途径。"所要追求的结果是，当且仅当被告人实施了被指控的犯罪时，他才应当被宣告有罪。"罗尔斯将此与"纯粹的程序正义"制度作了对比。例如，在一场公平的赌博中可以发现"纯粹的程序正义"：此处"不存在关于正确结果的独立标准，而只有正确的

---

[137] Eugene Kamenka, "What is Justice?", in Eugene Kamenka and Alice Erh-Soon Tay (eds), *Justice* (London: Edward Arnold, 1979) 14.

或公平的程序；不管结果如何，只要恰当地遵循了程序，结果就同样是正确的或公平的"[138]。

尽管罗尔斯所做的区分非常重要，但审判并不完全是追求第一种正义。任何一个合法的事实认定制度，其结构中必定都包含"不完善的程序正义"和"纯粹的程序正义"要素。[139] 毫无疑问，我们希望，当且仅当被告人犯有他被控告的罪行时，他才被宣告有罪。但是，这并不是我们对审判的全部要求，罗尔斯肯定也会同意这一点。[140] 一项正义的裁决（a just verdict）的概念，不能完全孤立于正义地达成一项裁决（reaching a verdict justly）的概念。[141] 用达夫（Duff）的话说："一项司法裁决之……正义性，在一定程度上，是得出该裁决之过程的正义性问题。"[142] 我们不只是希望法院的肯定性认定是真实的；我们还要求，在刑事和民事案件中，这些认定具有正当理由。这种主张预设了一种审判观，

---

[138] Rawls (n 84) 74-75.

[139] 支持这一观点的人包括：David Resnick, "Due Process and Procedural Justice" in J Roland Pennock and John W Chapman (eds), *Due Process*, Nomos XVIII (New York University Press, 1977) 212-214; T R S Allan, *Constitutional Justice—A Liberal Theory of the Rule of Law* (Oxford: Oxford University Press, 2001) 206, 77-87; Duff (n 84) especially ch 4; Gerry Maher, "Natural Justice as Fairness" in Neil MacCormick and Peter Birks (eds), *The Legal Mind—Essays for Tony Honoré* (Oxford: Clarendon Press, 1986) 103, 112, n 24; Laurence H Tribe, "Trial by Mathematics: Precision and Ritual in the Legal Process" (1971) 84 Harvard L Rev 1329, 1381.

[140] 在一篇为公正审判的标准辩护的具有讽刺性的文章中，存在以下评论："'法院'与'揭露犯罪委员会'不同。相似地，'定罪'不仅仅是一些执掌权力的人，基于某人有罪的良好证据，运用国家权力来惩罚他的过程。" See G E M Anscombe and J Feldman, "On the Nature of Justice in a Trial" (1972) 33 Analysis 33, 35.

[141] 在关于定罪判决之道德合法性的讨论中，经常提出这一点。See, eg, Ian Dennis, *The Law of Evidence* (London: Sweet and Maxwell, 3rd ed, 2007) 49-58; Andrew L T Choo, *Abuse of Process and Judicial Stays of Criminal Proceedings* (Oxford: OUP, 1993) 13-14; Nick Taylor and David Ormerod, "Mind the Gaps: Safety, Fairness and Moral Legitimacy" [2004] Crim L R 267.

[142] R A Duff, "The Limits of Virtue Jurisprudence" in Michael Brady and Duncan Pritchard (eds), *Moral and Epistemic Virtues* (Oxford: Blackwell, 2003) 199, 205.

第二章 真相、正义与正当理由

将审判视为一个力图证成对受审之人的不利裁决的过程。很多学者都提出并论证了这种观点。[143] 如果一个事实认定是通过不正当的推理得到的，我们就不能合理地期待受审者完全认同该认定的道德权威，不论其是否真实。如果评议过程没有充分尊重被告的人格尊严或者没有充分关注其利益，就产生了不正义。[144] 这是一个规范性的而不是实证性或心理学的主张；重要的不是该人是否会接受这一认定，而是在考虑了该认定被作出的方式后，我们是否有资格说他应得之。法院必须通过其得出裁决的方式，来努力获得道德权威，凭此可以对当事人说：你们应当接受该裁决，即使或尤其是当该裁决对你们不利的时候。这不是要将正义和公平作为促进对裁决的实际接受的手段——如果这是我们的目标的话，我们只需要在表面上实现正义和公平即可。这样说会更简明也更有力：事实认定者应当正义地、公平地对待当事人；因为，他作为一个人，应当关心其人类同胞的正义和公平。[145]

盖特（Gaita）在他出色的著作中谈到了超越公平的正义（justice beyond fairness）。作为人道的正义（Justice as humanity），比对公平的关注更为基本。除非一个人的人道（humanity）被认可，否则，他对平等分配物品和机会的诉求就不可能被尊重；当一个人反对不正义的时候，他所诉求的东西要比公平更为根本。[146] 深深扎根于我们内心的，是自己的人格（personhood）被别人完全承认的诉求，也就是说，别人将我们视为同样具有七情

---

[143] Allan (n 139) 77-87; Duff (n 84) introduction and ch 4.

[144] 这种不正义反映了对尊重的需求和关心的缺乏。See J R Lucas, *On Justice* (Oxford: Clarendon Press, 1980) 7.

[145] Cf Joseph Raz, "Law by Incorporation" (2004) 10 Legal Theory 1 at 2-3.

[146] Raimond Gaita, *A Common Humanity: Thinking about Love and Truth and Justice Humanity* (London: Routledge, 2000) 81.

六欲的人。只有同理心或者比它更强烈的爱（love）[147]，才会使我们看到一个人的内在珍贵之处，也只有这样我们才能够谈论人之不可剥夺的权利和尊严。对于最可憎的恶人也应当给予无条件的尊重；他们仍然应当得到作为"我们人类同胞中一员"的待遇。[148] 根据盖特的观点，基于两个重要的理由，罪犯必须被施以正义。我们将正义施与被害人，使他们所遭受的恶行被社会承认。我们也应当将正义施与罪犯。"正义就是承认所有人类都应受到不可剥夺的尊重"，这一关注点"深深地植根于我们的刑事司法制度之中"。盖特写道：

> 即使最邪恶的罪犯也应受到无条件尊重，即使他们也属于有资格明确要求公平对待和正当程序的选民，这是对他们属于我们人类同胞的认可。我们关于授予他们正当程序的主张，表达了一种正义观，这种正义观比任何可用恰当程序或公平的观念来表述的东西更加深刻。在耶路撒冷阿道夫·艾希曼（Adolf Eichmann）的审判中坐堂听审的劳丹（Laudan）法官，反对那些希望这场审判只是摆摆样子的主张。他动容地说：审判只有一个目标，那就是实现正义。他要表达的其中一个意思就是：审判必须对艾希曼施以正义，从而保障他的利益，因为这是他作为人所拥有的权利。这是我们法律传统中最为崇高的一面。[149]

承认被告人之人道，当然不是要宽恕其罪行。这种承认也不会减弱我们勿枉勿纵地裁判其行为之道德严重性的能力。[150] 但

---

[147] 在麦克莱根的论述中，作为对一个人的绝对评价的尊重，其基础在于爱。这里的爱"不是浪漫的激情，而是博爱（agape），是理性意志的能量"。See W G Maclagan, "Respect for Persons as a Moral Principle-II" (1960) 35 Philosophy 289, 289；他在另一篇文章里检验了这一主张："Respect for Persons as a Moral Principle-I" (1960) 35 Philosophy 289 at 204 *et seq*.

[148] Gaita (n 146) xvi.

[149] Ibid, 10 - 11. and Ibid, 54.

[150] Ibid, xiii-xiv.

第二章　真相、正义与正当理由

是，它应当防止我们屈从于残忍的复仇本性。

盖特的作为人道的正义观念，与杜贝尔（Dubber）对正义感（sense of justice）的论述有强烈共鸣。在杜贝尔看来，正义感是"移情式人际角色承担的基本能力"[151]，它是"司法裁决以及陪审团评议的先决条件"。在审判的语境中，正义感是指"（事实认定者）认可别人（尤其是当事人和受害人）为平等和理性之人且据此对待他们的能力和意愿，这种认可是通过换位思考并从他人角度体验生活情境而实现的"[152]。正是通过反思和将别人概念化为一个同样的道德存在，即具有平等自主能力之人，人们才能够持有对他人的尊重，并且想要依据这种尊重来对待他。这种尊重显然并不妨碍我们惩罚他。然而，正义感所要求的是："我们不能完全将他逐出正义的王国"[153]。即使是一个精神病患者，"也不应仅仅被当作一个客体对待"[154]。

斯鲁特（Slote）同样也将正义视为（我们可以表述为）涉他情感态度的一种形式。在过去的几年里，他建构出了一套"作为移情式关怀（empathic caring）的道德"的关系理论。用他的话说，"个人的行为应当根据以下几点来评价：他们是否表达、展现或反映了对另一个人的移情式关怀动机（或者相反的动机）。"[155]一个自私者的行为，或者由私利所激发的行为，并非必然是不道德的。只有当一个行为表达、展现或反映了一种对别人漠不关心的态度时，它才是错误的。很显然，一个慈善捐赠不能以这种方式来描述。但是一个自私的人可以仅仅为名利而作出一笔很大的

---

[151] Markus Dirk Dubber, *The Sense of Justice—Empathy in Law and Punishment* (NY: NYU Press, 2006) 148.

[152] Ibid, 75.

[153] Ibid, 99.

[154] Ibid, 101.

[155] Michael Slote, *The Ethics of Care and Empathy* (London: Routledge, 2007) 94. 他关于该主题的早期著作包括：*Morals From Motive* (Oxford: OUP, 2001) ch 4 ("作为关怀的正义") and "Autonomy and Empathy" (2004) 21 Social Philosophy and Policy 293.

捐赠。[156] 因此，道德限制只是一种否定性的限制。斯鲁特所说的移情作用（empathy），不局限于我们所关怀之人实际体验到的感受。它还展延到如果我们做了某些事情或者某些事情发生了，他**将会**具有的感受。[157]

人们可能认为，关怀与尊重具有紧张关系：出于关怀而对孩子施加限制的父母，减少了孩子的自主性，在这种意义上是不尊重孩子的。人们可能还认为，关怀与正义是不一致的。正义可能要求我让一个学生挂科，但我却关心这个学生的幸福和未来。[158] 然而，移情式关怀，在斯鲁特所指的意义上，是与对自主的尊重以及特定的正义概念相兼容的；而且，它确实使后两者有意义。关怀包含了移情；真正不尊重人的情况是缺乏移情作用，即没有认识到别人的真实需要、担忧和个性。[159] 斯鲁特承认，移情式关怀的伦理学与传统自由主义进路的正义观是不一致的。[160] 相对于斯鲁特的理论，自由主义承认更大程度的不受干涉的个人权利。但是，移情式关怀伦理学"能够发展出一种完全属于自己的……言之有理的正义观点"[161]。例如，他认为，在仇恨性言论的例子中，该言论能够引起的伤害，是道德主体应当具有移情敏感性的主要问题。然而，这并不是我们想从他的讨论中吸收的最重要的东西。重要的是：移情式关怀何以成为正义的一个重要维度。

这些理论提供了关于审判的真知灼见，但只有从内在视角来看才是如此。我们必须将自己置于事实认定者的角色；就其有权处置某人的案件来说，事实认定者是一个道德主体（moral agent）。审判评议中的正义，要求事实认定者认可被告人的人道（盖特），

---

[156] *The Ethics of Care and Empathy* （n 155）32 - 33.
[157] Ibid, 15.
[158] 这个例子是阿塔纳西里斯在他对以下文章的评论中提出的：N Athanassoulis, Slote's *Morals from Motive*，（2004）Notre Dame Philosophical Reviews. Online：http：//ndpr. nd. edu/review. cfm?id=1245.
[159] *The Ethics of Care and Empathy* （n 155）ch 4.
[160] Ibid, ch 5.
[161] Ibid, 2.

第二章 真相、正义与正当理由

秉持一种正义感（杜贝尔），并以移情式关怀回应他（斯鲁特）。简言之，事实裁判者必须从被告人的立场来领会尊重和关怀的价值。只有当裁决能够根据他应合理接受的理由而被证成时，才应当作出一项不利于他的裁决。用于得出该裁决的证明标准和证据推理，必须表现出足够的尊重或关怀。正如后面几章将会更全面论证的，以下行为都是缺乏尊重和关怀的行为：对当事人提出的案情置之不理；跳跃式地得出一个不利于当事人的结论；无视从传闻证据得出不利推论的潜在不可靠性；基于当事人过去做过的令人厌恶的事而假定他再次做了那事，因为他就是那种会做这种事情的坏人。这些行为甚至（如最后一个例子那样）未能承认当事人的道德自主性（moral autonomy）。当事人可能不知道自己受到了不公正的对待，毕竟陪审团评议通常是保密的。不过这倒是无关紧要，或者这会让情况更糟——因为他客观上已遭受了道德伤害。[162] 道德心情（moral frame of mind）不会在不被发现的庇护措施中获得慰藉；正义要求完全的移情作用，这是一种"想象性重构"[163]，即**如果**当事人察觉了这些，他会有何感受？事实认定者应当注重发现真相，因为他在道德上应当尊重和关怀庭上受审之人。在这个意义上，审判并不仅仅关乎准确性；更重要的是，它还关乎确认一种普遍的人道。

结　论

外在主义者想要将结果错误的频率降低到与对资源的有效分配、对竞争性价值及权利的充分保护相协调的水平。一些选取这

---

[162] 德沃金在一个不同的关系中强调了道德损害的客观性。See Ronald Dworkin, "Principle, Policy, Procedure" in his *A Matter of Principle* (Cambridge, Massachusetts: Harvard University Press, 1985) ch 3, 80.

[163] 布鲁姆使用了这个词，并分析了这种观念。See Lawrence Blum, "Compassion" in Amélie Oksenberg Rorty, *Explaining Emotions* (Berkeley: University of California Press, 1980) ch 21, 509-513.

种进路的人，有时候将正义看作一个纯粹的程序问题；他们忽视了认定某人担责或有罪而其实际上却无辜这种情况所固有的非正义性。持另一极端观点的人，则把真相与"作为公正的正义"关联起来；这种观点对程序价值没有给予应有的认可。内在视角则提供了一种不同的解释。探究真相，就是探究关于争议性事实主张之信念的认识论正当理由。正义必须在达成裁决的过程中实现。在进行评议时，事实裁判者必须受到对事实认定将与其不利之人的移情式关怀的充分激励。

第三章

法律中的事实认定认识论

导 论

正如我们在第二章所见,"审判致力于探究真相"这一主张经常被提出,并不时受到质疑。作为一种社会制度,法律裁判制度必定有着其他或更为复杂的目的。例如,有人指出:审判追求"确保社会冲突被和平解决"[1];发挥着说服"其行为受到审查之人相信审判结论真实和正义"的交流(communicative)功能[2];并且以"激发信任、支持独立的社会政策……以及安抚争端双方"为目标。[3] 批评者进而强调了审判制度的很多特征(尤其是对抗性特征),这些特征让人们对其被设计用于发现真相的说法产生疑问;批评者争辩说:无论如何,审判制度都并非被精心设计用于产出真实的结果。尽管如此,确实存在一种愿景,即审判就是寻求真相。当我们将自己置身于事实认定者这一角色时,该愿景就变得更为清晰了。从事实认定者的角度看,审判评议的目的**就是**

---

[1] Henry M Hart Jr and John T McNaughton, "Some Aspects of Evidence and Inference in the Law" in Daniel Lerner (ed), *Evidence And Inference* (Glencoe, Illinois: Free Press, 1958) 52.

[2] R A Duff, *Trials and Punishments* (Cambridge: CUP, 1986) 116. See also Antony Duff, Lindsay Farmer, Sandra Marshall and Victor Tadras, "Introduction: Towards a Normative Theory of the Criminal Trial" in Antony Duff et al (eds), *The Trial on Trial—Truth and Due Process*, vol.1 (Oxford: Hart, 2004); T R S Allan, *Constitutional Justice—A Liberal Theory of the Rule of Law* (Oxford: OUP, 2001) 81 et seq.

[3] Jack B Weinstein, "Some Difficulties in Devising Rules for Determining Truth in Judicial Trials" (1966) 66 Columbia L Rev 223, 241.

找出真相。本章将从内在观点来考察事实认定的认识功能。我们的论证将以推论的方式展开，先是铺垫一些详尽阐述的基础知识，然后试探性地提出一些粗略的看法，随着讨论的进行再逐渐修改和精炼这些观点。这种形式的讨论无疑会耗费读者的耐心。但似乎没有更好的方式来呈现这些迥然不同的理论和观点。这里我们要将它们作为一个连贯的论证思路来对待。

第一节 认识论基础

1.1 断言

陪审团成员们必须宣誓或庄严宣布：他们"将如实地对被告进行审判并且根据证据给出真实的裁决"[4]。该职责可以被表述为一条事实认定规则，它是我们分析的起点：

R：事实认定者应该"根据证据给出真实的裁决"。

正如陪审团被要求根据证据给出真实裁决一样，对法官审中的法官也有同样的要求。R 中的"事实认定者"既指陪审团，又指作为唯一事实决定者的法官。

要求事实认定者"根据证据给出真实的裁决"，这意味着什么？一项肯定性裁决立基于一些主张，这些主张要么构成了承担证明责任一方的案情陈述，要么是对其案情陈述而言必不可少。在审判中，这些主张可能会也可能不会受到争议。通常，它们之中仅有一些是存在争议的。通过把 R 中的"裁决"替换为"对一个争议性主张的认定"，事实认定者的职责便可得到更为具体的表达：

R*：事实认定者应该根据证据**对一个争议性主张**给出真实的**认定**。

---

[4] *R v Mirza* [2004] UKHL 2，[2004] 1 AC 1118，1175；Practice Direction [2002] 1 WLR 2870，para 42.4.

第三章　法律中的事实认定认识论

第一章第二节将一项认定或裁决当作一种具有多重言外之力的言语行为而进行了分析。本章仅仅关注其断言性方面。撇开其他方面来看，认定 p，就是断言 p：

FA：在认定 p 的时候，事实认定者断言了 p。

在 FA 中，"认定"（finding）指一项肯定性认定；基于第一章中已阐述的原因，一项否定性认定通常缺乏相应的断言力。有些时候，所认定和断言的是一个非常概括性的主张，主要内容是：被告要对针对他提起的诉讼承担责任，或者被告犯有被指控的罪行。这是陪审团审判中的典型情况，陪审团给出的裁决通常是一个概括裁决。但在例外情况下，当陪审团被要求作出一个特别裁决时，它需要回答一些具体问题。[5] 在法官审中，法官们在其判决理由中阐述具体的事实认定则很常见。[6]

一般而言，一项裁决中包含的断言并不是一个关于原始事实（brute fact）的断言。"他犯了谋杀罪"和"他刺死了死者"是两个非常不同的命题。正如第一章第一节所述，第一个命题远比第二个复杂。它将事实与价值、事实与法律掺杂在一起。不过，贝勒斯（Bayles）对法律裁决的以下论述是正确的："存在着人们需要弄对的核心事实问题。"[7] 如果事实认定者把"被告刺死了死者"这一事实弄错了，那么，关于"他犯了谋杀罪"的认定也就错了。（对有罪的）一项肯定性裁决或者（对担责的）一项概括性认定，暗含了对"核心事实问题"的某些具体的认定和断言。本章所关注的正是这些认定和断言。

---

[5] 关于特别裁决可以采取的形式，参见：Mark S Brodin, "Accuracy, Efficiency, and Accountability in the Litigation Process—The Case for the Fact Verdict" (1990) 59 U of Cincinnati L Rev 15, 84. 作者主张更多地使用"事实裁决（fact verdict）"。

[6] See Douglas Payne, "Appeals on Questions of Fact" (1958) 11 CLP 185, 193; *Benmax v Austin Motor Co Ltd* [1955] AC 370, 373.

[7] Michael Bayles, "Principles for Legal Procedure" (1986) 5 Law and Philosophy 33, 40.

就目前而言，p 在 FA 中将被简单地当作一个核心事实主张。后文将阐述两种复杂情况。首先，在第二节 2.4 中我们考虑了"如何最佳地理解 p"的问题：是将其理解为一个事实命题（proposition of fact），还是一个关于该事实的证明命题（proposition of proof），又或是一个关于事实命题之真实性的概率命题（proposition of probability）？其次，正如下文第三节将要指出的，事实裁判者对审判评议采取了一种整体方法。他们并不将那些主张当作孤立的个体，而是当作关于该案件更为宏观的假设的某些部分。一个假设的似真性，是将其作为一个整体并对比竞争性假设的似真性来判断的。

1.2 知识

一项断言总是包含着一项知识主张，这逐渐被认识论学者们广泛接受。[8] 当我断言 p 时，我必然承认我知道 p，或者表现得好像我知道 p。[9] 有三个论据被用来支持这个观点。[10] 首先，用"但你不知道它"这样的异议来质疑断言是很常见的。这种异议只有在断言至少暗含了知识的条件下才有意义。第二，如果我刚买了一张彩票，对这张彩票我知道无可怀疑，那么，对我来说，断言自己不会中奖，通常就是不恰当的。对此最简单的解释是：我

---

[8] 对断言的竞争性理论（包括知识解释）的概述，参见：Matt Weiner, "Norms of Assertion" (2007) 2 Philosophy Compass 187.

[9] Eg Peter Unger, *Ignorance—A Case for Scepticism* (Oxford: Clarendon Press, 1975) ch VI; Timothy Williamson, *Knowledge and Its Limits* (Oxford: OUP, 2002) ch 11; Michael Slote, "Assertion and Belief", in Jonathan Dancy (ed), *Papers on Language and Logic—The Proceedings of the Conference on the Philosophy of Language and Logic* (Keele: Keele University Press, 1979) 177; Keith DeRose, "Assertion, Knowledge, and Context" (2002) 111 The Philosophical Rev 167; John Hawthorne, *Knowledge and Lotteries* (Oxford: OUP, 2004) 23-24; Jason Stanley, *Knowledge and Practical Interests* (Oxford: OUP, 2005) 10-11.

[10] 这些论据源于威廉姆森（Williamson）。萨顿（Sutton）对它们进行了讨论，参见：Jonathan Sutton, "Stick to What You Know" (2005) 39 Noös 359, 374-375 and *Without Justification* (Cambridge, Mass: MIT Press, 2007) at 44.

第三章 法律中的事实认定认识论

不知道自己不会中奖,无论我不会中奖的概率有多高。如果我知道自己不会中奖,我就不会买那张彩票了。第三,假设有人说,"正在下雨,但我不知道天在下雨。"[11] 情况很可能是这样,即在某个时间 t,天正在下雨,而该主体并不知道天正在下雨。所以,这句话似乎并无逻辑上的不一致。但是,一个人作出这样的陈述是非常古怪的。该陈述之所以使我们感到奇怪,最好的解释是关于断言的知识阐述。作出这样的陈述之所以古怪,是因为它包含了一个语用矛盾。[12] 在断言天在下雨时,该主体在表明自己知道天在下雨。但是,在第二个连接句中,他又否认自己具有任何这样的知识。[13]

根据威廉姆森(Williamson)的观点,仅当一个人知道 p 的时候,他才应该断言 p。这是一条关于断言的构成性规则。我们称之为 KA,即对断言的知识解释(the knowledge account of assertion):

KA:仅当一个人知道 p 的时候,他才应该断言 p。

该规则支配着断言行为的各个方面,在此意义上它是一条构成性规则。KA 并不意味着,在某人缺乏相关知识的情况下,他无法作出一项断言。威廉姆森承认(他也必须承认),断言经常是在违背 KA 的情况下作出的。KA 经常被违反并不表明它就是错误的;毕竟,很多规则都经常被打破。威廉姆森所主张的是,当一个人不知道 p 的时候,断言 P 总是错误的。KA 中的规范源自断言的特定性质,并且这里的错误不是道德错误。然而,在游戏中使诈则犯了道德错误;这之所以可能,仅因为该游戏由一些本

---

[11] G E Moore, *Commonplace Book* 1919—1953 (London: Allen & Unwin, 1962) 277. (举了一个不同的例子:"狗在狂吠,但我不知道它们在狂吠")

[12] 促成语用矛盾是因为:"不一致并非产生于你所主张的内容,而是产生于你正在主张这一事实"。参见:Kent Bach, "Speech Acts and Pragmatics" in Michael Devitt and Richard Hanley (eds), *Blackwell Guide to the Philosophy of Language* (Oxford: Blackwell, 2006) 147, 147.

[13] Unger (n 9); Williamson (n 9) 253.

身具有非道德性的规则所构成。马拉多纳（Maradona）被指控在那个有争议的世界杯进球中作弊得分，这是因为有一条禁止故意手球的规则；而该规则本身是非道德性的。类似地，KA 是一条非道德性规则，但它可能引发道德错误，例如不真诚的断言或者撒谎。[14] 经由下述前文提出的论点，KA 可被引入审判语境：

FA：在认定 p 的时候，事实认定者断言了 p。

基于 FA 和 KA，我们得出如下结论：

KF：仅当事实认定者知道 p 的时候，他才应该认定 p。

KF（对事实认定的知识解释）得到了那些把知识（knowledge）置于法律事实认定之核心地位的人们的普遍支持。例如，帕尔多（Pardo）认为："审判究其根本是一项认识论活动。我们想让陪审团成员们和法官们知道（know）。"[15] 类似地，泰德罗斯（Tadros）和泰尼（Tierney）主张："仅当被告犯有某项罪行被知道时，他才应当被定罪。"[16] 达夫（Duff）告诉我们："要将裁决视作一项关于知识的主张：在给被告定罪的时候，法院宣称知道他有罪。"[17] 在新西兰上诉法院审理的瓦尔哈拉（*R v Wanhalla*）一案中[18]，哈蒙德（Hammond）法官指出：在构思有关刑事证明标准的指示时，法官们"所关注的是清楚地解释，从法律角度来说，一个人何以'知道'某事"。

KF 可能会让许多人觉得过于严苛。对 KF 的抵触是可以理解

---

[14] Williamson (n 9) 240.

[15] Michael S Pardo, "The Field of Evidence and the Field of Knowledge" (2005) 24 Law and Philosophy 321, 321. 该主张在以下文章中被重申：Michael S Pardo, "Testimony", forthcoming in Tulane L Rev, draft available at: < http://ssrn.com/abstract=986845>.

[16] Victor Tadros and Stephen Tierney, "The Presumption of Innocence and the Human Rights Act" (2004) 67 MLR 402. 在另一篇论文中，泰德罗斯（Tadros）重申了以下主张："仅当被告犯了罪这一知识得到证实后……才准许作出有罪裁决。"参见："Rethinking the Presumption of Innocence" (2007) 1 Crim L and Philosophy 193, 209.

[17] Duff, *Trials and Punishments* (n 2) 115.

[18] [2007] 2 NZLR 573, para 141.

第三章　法律中的事实认定认识论

的，因为人们很容易高估获得知识的难度，并且有一种错误地将知识与（绝对）确定性等同的倾向。[19] 后文的讨论会涉及这些错误。不管怎样，对于断言和事实认定存在一种明显不那么严苛的解释，它依赖"证成的信念（justified belief）"而非"知识"。另一个对 KF 持保留态度的缘由是：它显然太简单化了。我们需要对 KF 的核心要素进行一番详细阐述，如此才能把审判评议及其法律规制的复杂性表现出来。

1.3　信念

为建构一种显然不那么激进却更丰富的关于断言和事实认定的解释，有两种大概的策略。第一种策略是聚焦于 KA 的内在要素。根据传统观点，只有符合以下条件时，才能说某人知道 p：(i) 他相信 p；(ii) 他相信 p 是有正当理由的；(iii) p 为真。[20] 在大多数情况下，当这三个条件都满足时，一个人便知道 p。在例外情况下，一个盖梯尔（Gettier）困境会阻碍其发生。[21] 假设一个恶意的说谎者怀有陷害被告人的故意，却稀里糊涂地给出了真实的证据。他声称，自己看到了他犯罪。但他是在撒谎。他自己不知道的是，其证言的实质部分是真实的：该被告确实犯了此罪。证人席上的这位证人是如此令人信服，以至于事实认定者逐渐相信，并有正当理由相信他的证言。尽管符合以下条件：(i) 事实认定者相信被告人有罪，(ii) 他有正当理由持有该信念（在可以理性地相信该证言这个意义上），(iii) 被告人有罪是真的；但是，大多数人不会认为事实认定者拥有关于被告人有罪的知识。

---

[19]　关于这种思考方式的常见错误，参见：Michael P Lynch, *True to Life—Why Truth Matters* (Cambridge, Massachusetts: MIT Press, 2004) especially ch 2.

[20]　威廉姆森（Williamson）不赞同对知识的标准分析。See Williamson (n 9). 在他看来，知识是一个初级概念（一个"叙实的心理状态"），它不能被用更加基础的认识要素进行分析。但是他对断言的知识解释（KA），可以独立于他对知识所采取的激进态度。

[21]　Edmund Gettier, "Is Justified True Belief Knowledge" (1963) 23 *Analysis* 121.

按照惯常的理解，理由与以下观念有关：如果 p 为真仅仅是出于偶然，我们就不知道 p。在这个例子中，证人证言为真是一个偶然事件，并且事实认定者关于被告人有罪的信念为真这一结果更多是一种侥幸。除了前述三个要求外，知识还需要具备什么条件，是颇具争议的。一位哲学家评论道："为了回应盖梯尔的诸多反例，对于知识之 JTB（justified true belief，即证成的真信念）解释的修复工程……正如人们所希望的那样，几乎成为一个衰退的研究项目。"[22] 那种对知识进行合取分析的希望已近乎偃旗息鼓；任何通过创设其必要且充分的条件来分析该概念的努力，现在都被许多人认为是徒劳的。[23] 鉴于当前的目的，对知识的某些核心方面进行描述（正如我们已经做的），就足够了。

上述知识规则可被视为包含了内在要素和外在要素；内在要素包括元素（i）信念（belief）和元素（ii）正当理由（justification），外在要素即元素（iii）真相（truth）。大体说来，信念是心灵的问题，真相是外在世界的问题。KA 的内在要素是一条规则，它告诉主体何时适合作出一项断言。从他的视角来看，KA 规制断言实践这一点，体现为下述"断言的证成信念规则（Justified Belief Rule for Assertion）"：

　　JBRA：仅当一个人（i）相信并且（ii）有正当理由相信 p 的时候，他才应该断言 p。

可能有人争辩说：JBRA 不仅是 KA 的内在要素，它**就是** **KA**。这一观点可通过将 KA 缩减为两个关于信念的基本规则而得到支持：第一，"仅当一个人相信 p，他才应该断言 p"；第二，

---

[22] Alexander Bird, "Justified Judging" (2007) 74 Philosophy and Phenomenological Research 81, 82.

[23] Peter Unger, "The Cone Model of Knowledge" (1986) 14 Philosophical Topics 125. 正如有研究指出："现在没有人会在一篇论述知识的论文中首先简单地罗列出关于'S 知道 p'的必要且充分条件，然后继续保证说，根据这些条件筛选出的就是知识。" See Antti Karjalainen and Adam Morton, "Contrastive Knowledge" (2003) 6 Philosophical Explorations 74, 76.

第三章 法律中的事实认定认识论

"仅当一个人知道 p，他才应该相信 p"[24]。萨顿（Sutton）提出了一个更加激进的观点，简而言之：证成的信念就是知识。[25] 为了提出一个不那么严苛的有关断言的解释，我们将诉诸一个争议较小的策略，即把 KA 替换为以信念为中心的断言规则。拉基（Lackey）在一篇即将发表的文章中对 KA 提出了挑战。[26] 他主张，知识并非适当的断言所必需，因为"在一些情况中，说话者在对 p 缺乏知识的条件下断言 p，并未受到批评"。他给出这样一个例子：马丁在一名黑人男性被控强奸一名白人女性的审判中担任陪审员，他才开始看透那些伴随他成长的信念的种族主义本质：

>……在听审了检控方出示的相对薄弱的证据和辩护方提供的强有力的无罪证据后，马丁能够意识到，证据显然不支持"被告犯了罪"这一结论……尽管如此，他仍无法动摇关于那个男人……有罪的感觉……经过深刻反思，马丁开始怀疑这种感觉源于他依然怀有的种族偏见。所以他得出结论：尽管他并不完全相信被告是无辜的……但他依然有义务向别人给出这种案件结论……在离开法院后，[一个朋友问马丁]是否"那个家伙做了那件事"。尽管事实上他未能相信因而也不知道被告……是无辜的，马丁依然断言："不，那个家伙没有强奸他。"

我们得悉马丁认识到"证据显然不支持'被告犯了罪'这一结论"。这必定意味着马丁知道：他并不知道被告有罪。因此，对马丁来说，告诉他的朋友"是的，那个家伙确实强奸了他"，将是错误的。这个结论和 KA 是一致的。但马丁却这样告诉他的朋友："不，那个家伙**没有**强奸他"。根据拉基的分析，这一断言违反了

---

[24] Jonathan Sutton, *Without Justification* (Cambridge, Mass：MIT Press, 2006) 44.

[25] 萨顿进行了详细论证。See Sutton (n 24).

[26] Jennifor Lackey, "Norms of Assertion" (forthcoming in *Noös*, available at her homepage：<http：//www.niu.edu/phil/~lackey/research.shtml>.

KA，因为马丁未能相信，因而也不知道他所断言的那个命题。不过，马丁作出这一断言并没有错；事实上，拉基认为他应当受到赞扬而不是批评，因为他"能够超越其种族偏见从而给出一个真实且在认识论上无瑕疵的断言"。拉基提议用下述"断言的合理相信规范（Reasonable To Believe Norm of Assertion）"来取代KA：

> RTBNA：仅当符合以下条件时，一个人才应当断言p：（i）相信p对一个人而言是合理（reasonable）的；而且，（ii）如果一个人断言了p，那么他之所以会断言p，至少部分是因为，相信p对一个人而言是合理的。

拉基文章的价值在于，在将任何以信念为中心的断言解释发展为法律事实认定理论的根据时，它提供了一些必须考虑的洞见。在描述RTBNA的法律应用前，有必要先对其作一些详细说明。

从第二个条件句着手讨论更容易一些。RTBNA的条件（ii）意在将一些断言从适格的断言中排除出去，所排除的是那些说话者断言p的合理性与其相信p的合理性完全没有关系的断言。设想在一起刑事审判中，被采纳的证据是如此强有力，以至于对一个人来说相信"被告人犯了被指控之罪"是合理的。此时RTBNA的条件（i）得到满足。我认定了（等同于断言了）他有罪。但我相信他有罪，全然基于偏见，这种偏见完全源自我对其为人的强烈厌恶，因为我了解到他在其他场合犯下了很多令人发指的罪行。我没怎么考虑审判中出示的证据，直接就得出了他犯了该罪的结论。我的断言违反了RTBNA的条件（ii），该断言是不适当的。[27]

拉基把RTBNA条件（i）中的合理性标准限定为证成的信念标准，因此，"仅当满足以下条件时S相信p才是合理的：S拥有认识依据；并且如果S要基于此而相信p，这种认识依据要足以使S正当地相信p"。所以条件（i）可以被修改为："（i）一个人

---

[27] 偏见问题将在第六章进行更详细的考察。

第三章 法律中的事实认定认识论

会有正当理由（be justified in）相信 p"。同时对条件（ii）做相应的修改，我们就得到 RTBNA 的以下修正版：

RTBNA*：仅当符合以下条件时，一个人才应当断言 p：(i) 一个人**会有正当理由相信 p**；而且，(ii) 如果一个人断言了 p，那么他之所以会断言 p，至少部分是因为，**按照条件 (i) 一个人会有正当理由相信 p**。

RTBNA* 的条件（i）可能看起来与 JBRA 近似。然而，它们至少在一个关键方面存在区别。JBRA 要求断言者本人相信 p，但 RTBNA* 的条件（i）却无此要求。后者仅要求，一个人会有正当理由相信 p（即相信 p 对一个人而言是合理的）——断言者本人无须持有对 p 的信念。换句话说，RTBNA 和 RTBNA* 认可了拉基所称的"自身无涉的断言（selfless assertions）"。按照他的说法，这种断言的一个示例就是在之前所述案件中马丁对他朋友所作的断言。[28]

我们现在转而讨论 RTBNA* 的法律应用。通过下面这个先前提出的主张，RTBNA* 得以与法律语境相关联：

FA：在认定 p 的时候，事实认定者断言了 p。

结合起来看，FA 和 RTBNA* 产生了下面这个强制性规则，我们称其为"事实认定的信念解释（the Belief Account of Fact-finding）"：

BAF：仅当符合以下条件时，事实认定者才应该认定 p：(i) 一个人会有正当理由相信 p；而且，(ii) 如果一个人认定了 p，那么他之所以会认定 p，至少部分是因为，按照条件 (i) 一个人会有正当理由相信 p。

---

[28] 但马丁是否实际上缺少相关信念，并非完全清楚。我在相关文章中针对拉基关于这个假设的分析提出了一些疑问，参见："The Epistemic Basis of Legal Fact-finding"（2007）1 *The Reasoner*, issue 2, 5; Cf Déirdre M Dwyer, "Knowledge, Truth and Justification in Legal Fact-finding"（2007）1 *The Reasoner*, issue 4, 5. Both are available at <http://www.thereasoner.org/>.

如果上述规则正确，在普通法审判中，事实认定者就被要求根据其对"一个人会有正当理由相信什么"的判断来作出事实认定。通常，这和"事实认定者本人相信什么"将是相同的。但情况并非总是如此。存在两个可能的原因，使得"自身无涉的（selfless）"信念和"自身的（personal）"信念相背离。因此我们必须允许，在认定 p 时，事实认定者可能只是对 p 作出了一个自身无涉的断言。这些原因已在第一章论述审判评议时讨论过。首先，关于一个事实争议，在决定相信什么时，法官审中的法官必须无视任何他已感知但按规定不可采的证据。而在陪审团审判中，陪审团必须把那些被错误地展示给他们的不可采的证据从其考虑因素中剔除。既然事实认定者宣誓要**根据证据**给出真实的事实认定，他就有义务考虑展示在其面前的已被采纳的证据。通常还要补充说：他必须**仅仅**考虑这些证据。[29] 尽管这么说没什么危害，但该陈述不能按字面意思来理解。如果按照字面意思来理解，它将甚至要求排除关于外在世界的一般背景性知识。[30] 没有这些知识，事实认定就成为无本之木。例如，如果不依赖关于人类心理的背景性信念，就不可能对一个犯罪动机进行归责。但是，事实裁判者依赖其预存的**全部**知识储备，是不被允许的。举一个最清晰的例子：他不能利用有关被告人的亲身知识。事实上，拥有这种亲身知识是其不适格参与该案审理的一个事由。

还有第二个使"自身无涉的"和"自身的"信念可能背离的原因。审判评议受法律规制，事实认定者被禁止对于特定类型的

---

[29] *Goold v Evans & Co* [1951] 2 TLR 1189, per Denning LJ; ("这是我们法律的一个基本原则，即法官必须根据他面前的证据来审判，而非根据其他外在信息") 美国第九巡回法院发布的《民事模范陪审团指导手册》（2007）§1.7, available under the "publications" area of the Ninth Circuit's website at <http：//www.ce9.uscourts.gov>. ("在得出裁决的过程中，你只可以考虑被接受为证据的证言和物证……任何在庭外你可能已经看到或听到的都不是证据。你只能依据在审判中被接受的证据对案件作出裁决")

[30] 可以说，这些信念发挥着证据的作用。这里证据是从广义上来理解的，即"不仅仅局限于案件——在这些案件中人们拥有指向此案件的具体论据"：G C Stine, "Skepticism and Relevant Alternatives, and Deductive Closure" (1976) 29 Philosophical Studies 249, 259. 如果这些信念算作证据，那么它们并不是"在审判中被出示"的证据。

第三章　法律中的事实认定认识论

证据应用特定的证据推理路径。这种规制的实例将在后面有关证明标准、传闻证据和相似事实证据的章节中详细考察。基于这两个原因，对 BAF 需要做一些修正。修正版如下（用加粗体标出了法律规制的影响）：

> BAF*：仅当符合以下条件时，事实认定者才应该认定 p：(i) **如果一个人只考虑被采纳的证据、无视任何他可能接触到的不可采的证据，并避免依赖任何在本案中法律可能禁止的证据推理路径**，那么，他会有正当理由**充分强烈地**相信 p；而且，(ii) 如果一个人认定了 p，那么他之所以会认定 p，至少部分是因为，按照条件 (i) 一个人会有正当理由相信 p。

这非常拗口。为方便起见，并以牺牲一点准确性为代价，我们将经常使用如下简洁表述来指代上面的内容："仅当根据 BAF* 规则一个人会有正当理由相信 p 时，事实认定者才应该认定 p"。有九个要点需要详细阐述。前几个要点较为简明。

第一，BAF* 仅适用于一项肯定性事实认定。若要宣布一项否定性裁决，例如无罪开释，事实认定者无须判断一个人是否会有正当理由相信被告人无辜；只要判断认为对其有罪存在合理怀疑就够了。

第二，BAF* 中所描述的"信念"是绝对（categorical）信念。这是一个标准的认识论概念，指的是知识所必需的心智状态。正如我们在下文 2.5 将看到的，还有一种名为"部分信念（partial belief）"的信念，这种信念是排斥知识的。

第三，信念必须足够强烈，以满足相关的证明标准；其确切含义将在第四章再予分析。

第四，对一项认定是否具有充分的正当理由，取决于审判中所举出的证据。在瓦贡·莫尔德（*Wagon Mould*）案中[31]，针对

---

[31] *Overseas Tankship (UK) Ltd v Morts Dock and Engineering Co Ltd (The Wagon Mould)* [1961] AC 388；*Overseas Tankship (UK) Ltd v The Miller Steamship Co Pty* [1967] AC 617. 我要感谢简·斯泰普尔顿（Jane Stapleton）提醒我注意这些案件的相关性。

由同一起燃油泄漏所导致的火灾事故中的损失，当事人提起了两个相独立的诉讼。一个必须裁决的问题是：能否合理地期待被告知道，燃油覆在水上的时候能够被点燃。法院在这两个案件中得出了相反的结论。尽管两个认定是矛盾的，但它们都得以证成。这是因为，对每一个认定的正当理由，都必须依据在各自审判中出示的证据来评估。正如枢密院（the Privy Council）在后一案件中所注意到的：在这两个审判中所举出的证据极其不同。[32]

第五，BAF*假定了存在有关证据可采性和证据运用的法律规则。尽管这些规则在普通法审判制度中确实存在，但人们认为它们在那些主张坚持"自由证明"原则的大陆法系制度中并不存在，或者至少不太显著。[33] 在后者的司法中，要求裁判反映事实认定者的自身信念，而非"自身无涉的信念"。这不会让人感到奇怪。法国的"内心确信（intime conviction）"概念就是一例。根据《法国刑法典》第353条，审判法官在事实认定中拥有强大的自由裁量权。该规定最为生动地强调了定罪所需信念的自身性质[34]：

> 法律并不要求法官们解释他们用以说服自己的方法；它并未指令他们遵循任何规则，要求他们从这些规则中具体地

---

[32] *Overseas Tankship（UK）Ltd v The Miller Steamship Co Pty*（n 31）640.

[33] 自由证明具有多种含义。这里使用的是威廉·特文宁（William Twining）所确认的第二种和第三种含义（它们是自由评议的两个方面），参见：William Twining, *Rethinking Evidence——Exploratory Essays*（2nd edn, Cambridge：CUP, 2006）232，n 65.

[34] 该英文译本来自法国政府网站：http://195.83.177.9/code/liste.phtml?lang=uk&c=34&r=3966. 感谢海琳·玛丽·尼科尔·德勒-根（Helene Marie Nicole Dreux-Kien）的提供。西班牙宪法法院感到有必要对"根据良心裁判"的检验标准增加一些客观性，参见：Jordi Ferrer Beltrán, "Legal Proof and Fact Finders' Beliefs"（2006）12 Legal Theory 293, 295, n 4；and see further, ibid, 300, n 12. 一些理性限制或许也内含于话语实践中，参见：Eric Landowski, "Truth and Veridiction in Law"（1989）2 Intl J for the Semiotics of Law 29, 38-39.（"所谓的'自由'评价理论……最终使法官服从于一种由信念控制的主体间性系统，而该系统本身最终要依赖社会话语的某种叙事性的和散漫的语法"）

第三章 法律中的事实认定认识论

得出证据的完整性和充足性。它要求他们扪心自问，并以他们的诚心探求：根据那些为指控被告而提出的证据和被告的辩护论证，他们理性的头脑中获得了什么印象？法律只向他们提出一个问题，这个问题划定了他们职责的全部范围：你内心确信吗？

第六，事实认定者相信 p，仅此还不能使其有资格认定 p。其信念必须是按照条件（i）具有正当理由的信念，并且如条件（ii）所要求的，之所以认定 p 必须部分是因为对 p 的信念在此意义上具有正当理由。如果一个信念是非理性的（例如通过解读茶叶这种占卜术而获得的信念就是非理性的），以不可采的证据为根据，或者通过法律所禁止的推理而得出，那么根据条件（i），这一信念便不具有正当理由。而且，即使一项认定在所要求的意义上具有正当理由，但如果该认定完全不是由这种具有正当理由的信念所驱动，那么这个认定也是错误的。例如之前所举例子中的情况：定罪完全是建立在对被告人的厌恶感之上。

第七，BAF* 允许事实认定者在对所认定内容缺乏自身信念的情况下作出一项事实认定。这样一项认定并不必然是不真诚的。需要承认的是，BAF* 在事实认定中注入了一种分离因素。但事实认定者要保证，仅对那些他相信遵循 BAF* 之人会有正当理由判断为真的事实进行认定。关于这一点，我们可以将其与以下规则进行比较：这些规则规定了何时法官能够因证据缺乏最小充分性而拒绝将案件提交陪审团，或者说规定了上诉法院何时会被授权干涉事实认定问题。[35] 这些情况往往被限定得很狭窄。例如，美国联邦最高法院认为，对有罪判决进行复审的标准是："在按照最有利于控方的方式审查证据后，**任何理性的事实裁判者是否可**

---

[35] 关于这些领域里的相关法律的概述，参见：Vern R Walker, "Epistemic and Non-epistemic Aspects of the Fact-finding Process in Law", *Journal of Philosophy, Science and Law* 5 (2005) 6–8, available at <http://www.psljournal.com/archives/all/walkerpaper.cfm>.

能会认定：对有罪的证明已排除合理怀疑"。[36] 复审法院并不审查陪审团实际上用以达至其事实结论的推理。[37] 复审中的判断标准是任何理性之人**可能会**（could have）如何认定，这与一个人在严格遵循 BAF* 的情况下**会**（would）如何认定，是完全不同的。复审法院根本不对它允许成立的认定作出保证。相反，事实裁判者要对他自己作出的认定给予保证（虽然是根据 BAF* 规则而非在简单的第一人称意义上）。

BAF* 没有免除真诚性这一要求，这完全是因为，仅当条件（ii）得以满足时，事实认定者才被允许认定 p；而仅当符合以下条件时，条件（ii）才能被满足：在认定 p 的时候，他这样做部分是**因为**，他判断并因此在较高程度上相信，按照条件（i）一个人会有正当理由相信 p。对 p 持有一种元信念（meta-level belief）而非一种自身信念的事实认定者，严格说来，其对 p 的认定并非不真诚。这样的认定当然构不成谎言，因为事实认定者在断言 p 的时候并未打算欺骗谁。不过，当事实认定者**不**相信在条件（i）所要求的意义上相信 p 具有正当理由时，他认定 p 就是错误的了。如果事实认定者在知道自己缺乏元信念的情况下作出认定，他的认定就是极不真诚的。而真诚是至关重要的。如果事实认定者认定了 p，但是不相信根据 BAF* 规则一个人会有正当理由相信 p，那么他就失实地陈述了他对于 p 之真实性的观点；或者更糟，他的认定就是一个谎言。[38] 法院根据某个失实陈述或者某个谎言来宣布一个人担责或有罪，这是不正义的。

第八，BAF* 适用于大多数但不是所有的案件。BAF* 的条件

---

[36] *Jackson v Virginia* 443 (1979) US 307, 324, second italics added.

[37] 因此，美国联邦第六巡回上诉法院认为（*Delk v Atkinson* (1981) 665 F 2d 90, 98, n 13)：

"证据本质上是否充分"这一问题当然与"裁决的实际形成有多么理性"这一问题完全没有关联。正如今天发布的标准不允许法院对有罪或是无辜作出自己主观的决断一样，它不要求对事实认定者实际展开的推理过程进行审查——如果知道的话。

[38] Cf Unger (n 9) 261-262.

第三章 法律中的事实认定认识论

(i) 指示事实认定者忽略那些他可能已经接触到的不可采的证据，并且不要使用那些法律禁止适用于审判中所举证据的推理路径。这些指示是否定性的；在这些限制性条款的约束下，事实认定者被期待去判断：基于在法庭上被恰当采纳的证据，一个人会有正当理由相信何种事实主张。在例外情况下，法律使这一信念判断变得无关紧要。它指出了事实认定者必须作出的认定。请考虑对补强的要求。假设事实认定者完全被一个证人所说服，他坚定地相信他的证言 p。没有证据哪怕是微弱地表明 p 为假。尽管事实认定者坚定地相信 p，但如果该证言需要被补强且没有证据支持该证言，那么他就被禁止对 p 作出认定。事实认定者的信念判断被无视了。在英格兰被引用最多的关于法律补强要求的例子是《1911 年伪证法》（Perjury Act 1911）第 13 条。它禁止"仅仅根据一份证明某个被主张为假的陈述之虚假性的证言"，而判一个人伪证罪；如果该证人证言是唯一可用的证据，那么无论事实认定者多么坚信该证言，他都必须作出一个无罪判决。

BAF*也会被另外一个法律机制所替代。在宪法或人权法所设定的重要限度内，法律上那些可反驳的推定的效力，事实上在所有发达的司法辖区都被认可了。这种推定的大致结构如下：如果 Y（例如，持有超过规定数量的禁止性毒品）被证明并且未被推翻，则事实认定者必须推定和认定 X（例如，非法交易的意图）。假设被缴获的毒品虽然超过了规定数量，但没有多到足以让人排除合理怀疑地认为，持有这些毒品是以非法交易而非个人使用为目的。如果 Y 被证明并且 X 没有被推翻，那么该推定就强制事实认定者认定 X，即使仅根据 Y 相信 X 是缺乏正当理由的。尽管 Y 也可以提供一个相信 X 可能或很可能为真的理由[39]，但恰

---

[39] 可以说，如果要形成一项推定 X，Y 就必须要提供这样一个理由。对于莱布尼茨而言，一项推定不仅是一种猜想："**推定**一些事不是在它得到证明之**前**接受它，这从来都不被允许，这只是在等待一项相反证据之前**暂时**接受它，而非毫无根据地接受它。" G W Leibniz，*New Essays on Human Understanding*，Peter Remnant and Jonathan Bennett (eds) (Cambridge: CUP, 1996) bk IV, ch xiv, 457 (italics original). 有关莱布尼茨推定观点的讨论，参见 Robert Merrihew Adams，*Leibniz—Determinist*，*Theist*，*Idealist* (Oxford: OUP, 1994) ch 8.

恰是在事实认定者判断 Y 自身并非是一个能使他相信 X 事实上为真的足够好的理由时，他才推定 X。此时，基于一些实践性的理由，BAF* 被推定取代了。使上面这种法律推定正当化的政策，无论正确与否，通常都以"确保定罪对于我们的利益"这类话语来表达，将重心放在试图遏止的社会顽疾的严重性上。[40]

在无须进行审判评议的场合，BAF* 完全不起作用。当基于有罪答辩而作出一项有罪判决，或者因弃权而得出一项民事判决的时候，法院对有罪或担责的宣判，并不需要解决任何事实争议问题，因此也不需要考虑到底该相信哪些争议事实。正如斯宾塞（Spencer）所言："在英国法律中……有罪答辩的效力就是促使法院定罪，无论它是否相信被告确实有罪——这极大地减损了以下原则：法院应当仅对那些它确信其罪行的人定罪。"[41]

撇开认识语境主义（epistemic contextualism）、对知识和证成之信念的利益相关解释所容许的实用主义考量因素不谈（这是第四章的主题），BAF* 本质上是一条认识规则。相比较而言，法律推定是一条实践规则；它处理的是"要做什么"的问题，而不是"要相信什么（对某人来说是合理的）"的问题。根据萨阿（Shah）和威利文（Velleman）的分析（下文将详细考察），当我相信 p 和推定 p 的时候，我都把 p 当作是真的。但是当我推定 p 的时候，我是基于实践性目的才把 p 当作真的，这和"根据信念之本质而把 p 当作真的"是不同的。乌尔曼-玛格丽特（Ullmann-

---

[40] Eg *Ong Ah Chuan v PP* [1980-1981] Singapore L Rep 48, 62（枢密院对来自新加坡的上诉的决定）："[可反驳的][法律]推定是现代立法的一个常见特征，它涉及持有和使用那些对社会构成危险的事物的情况，像使人上瘾的药物、易爆物品、武器和弹药"；*PP v Yuvaraj* [1969] 2 Malayan L J 89, 92（枢密院对来自马来西亚的上诉的决定）："构成 1961 年《腐败预防法》第 14 条 [有关法律推定] 之基础的政策，在他们的统治者看来，是清楚的……在公共服务过程中，腐败是一种很难发现的严重社会顽疾，因为那些参与其中的人会不遗余力地掩盖他们行为的痕迹。"

[41] J R Spencer, "Evidence" in Mireille Delmas-Marty and J R Spence (eds), *European Criminal Procedures* (Cambridge: CUP, 2002) ch 11, 621.

第三章 法律中的事实认定认识论

Margalit）和玛格丽特（Margalit）强调了推定的实践性[42]：

> 一项（对 p 的）推定的意义……是实践性的，不是理论性的。一个人推定 p 是为了根据它行事，在某些情形下关于该采取何种行动的决定取决于 p 是否成立。一个人意在将 p 作为一个前提而使之成为实践性考量的相关部分，并把它当作是真的一样继续行事……至于该人实际上是否相信它是真的，则无关紧要。

第九，BAF* 把得以证成的自身无涉的信念作为一项肯定性裁决或者事实认定的目的。与此相反，或许有人会主张审判评议的目标是获得真相，即当且仅当 p 为真时才认定 p。但真相并非全部目的。如果我通过抛掷硬币来决定一项裁决，命中真相的几率是 50%。假设我果真命中了真相，我认定并断言被告有罪而且被告也真的有罪。没有人会合理地认为我的断言是恰当的，因为它所依据的仅仅是一个怠惰的、不负责任的猜测。真相并非唯一重要之事。另一方面，真相确实至关重要。"证成的信念"也并非审判评议的全部目的。我们希望一项肯定性裁决或事实认定既是得到证成的，**又是正确的**。假设被告被根据证据而定罪；对于一个人来说相信这些证据是合理的，因此他会有正当理由相信被告有罪。这样就满足了 BAF* 的条件（i）。我们进一步假设条件（ii）也得到了满足。但最终结果表明：针对被告的证据是伪造的，并且他是无辜的。他被错误地定了罪。此处要讨论的重点不在于，我们不能责怪法院错误地给他定了罪。事实上，我们确实认为，当某人无罪（或者没有责任）时认定他有罪（或者担责）是错误的，无论我们认为法院形成这个裁决是多么的合理和无可指责。

以知识为基础来阐述事实认定，很容易解释为何上述有罪判决是错误的。根据 KF，仅当事实认定者知道 p 的时候，他才应该

---

[42] Edna Ullmann-Margalit and Avishai Margalit, "Holding True and Holding as True"（1992）92 Synthese 167，171.

认定 p。断言虚假之事是不被许可的，即便某人在作出断言时无可指责并且表现得很理性。[43] 在我们假设的情形中，有罪裁决违背了 KF。法院在其不知道被告有罪的情况下，认定并断言了被告有罪；之所以说法院不知道他有罪，正是因为他无罪。相比之下，BAF* 在解释为何该有罪判决本身是错误的这一问题上则显得力不从心。而我们确实在说并且想说：该有罪判决是错误的。[44] 有没有什么方法可以把真相作为一个规范标准添加到 BAF* 上，而非以采用 KF 告终？如果我们说，仅当（i）根据 BAF* 规则一个人会有正当理由相信 p，**并且**（ii）p 是真的，事实认定者才应该认定 p；实际上，这和说"仅当事实认定者**知道** p 的时候他才应该认定 p"，不是很接近吗？仍然可能通过在某种程度上将真相作为一个规范性标准嵌入 BAF*，从而抑制那个强烈的主张，即知识对于一项肯定性认定是必要的。一种可能性是拓展当且仅当一个信念为真时它才正确这个观点。[45] 不幸的是，这种论证很难建构。通过依靠萨阿和威利文提供的一个关于信念评议（doxastic deliberation）的规范理论，下文将进行建构这一论证的尝试。从他们的理论中可以获得很多东西，下文将详细讨论。我们尚不清

---

[43] Williamson（n 9）256.

[44] Glanville Williams, "A Short Rejoinder" [1980] Crim LR 103, 104, n 1: "一些律师断言，如果所有的法律规则、证据和程序都被适用了，而一个无辜之人仍然被定了罪，那就不存在审判不公。我不接受这种说法，并认为这是一种鸵鸟心态。无论何时，只要一个无辜之人被定罪，就存在着审判不公"。帕西卡持有同样的观点："当我们使用那个术语[即，错误的有罪判决]时，我们不是指那些事实上有罪但却被给予瑕疵审判的人。我们指的是那些事实上无辜之人，包括法律程序已被完美适用于他们的那些人。" 参见：David M Paciocco, "Balancing the Rights of the Individual and Society in Matters of Truth and Proof: Part II-Evidence about Innocence" (2002) 81 Canadian Bar Rev 39, 43–44.

[45] 这个观点得到一些哲学家的辩护，包括：萨阿（Shah）和威利文（Velleman），他们的文章将在后文予以讨论；Peter Railton, "Truth, Reason, and the Regulation of Belief" (1994) 5 Philosophical Issues 71, 74（"正是……信念的独特性和**本质性**，不但表明其内容为真，而且仅当特定内容确实为真时，它才认为自身是正确的"）; Ralph Wedgwood, "The Aim of Belief" (2002) 16 Philosophical Perspectives 267.（坚持认为：当且仅当被相信的命题为真时，一个信念才是正确的）

第三章 法律中的事实认定认识论

楚这一论证能否完全成功。

1.4 真相

萨阿和威利文探讨了关于信念意愿性（voluntariness）的长久争论。一种观点认为，我们无法随心所欲地相信某事。[46] 根据这种观点，信念不受我们的直接控制。我向窗外看并且看见下雨。我关于天正在下雨的信念立即伴随我的感知而出现。我不是通过任何对证据的评价而获得那个信念。我也没有决定要获得那个信念。我无法决定去相信其他，不管我多么地希望太阳出来。当然，我可以选择表现得好像我相信天没有下雨（我可以就天气情况对你撒谎），我可以选择去想象天没有下雨（通过幻想晴天），并且我能够选择做一些事来间接地[47]改变我知道自己持有的那个信念（通过对自己进行催眠从而使我相信天是晴朗的）。[48] 但我仍然不能通过简单地当场选择去相信天没有下雨，从而相信天没有下雨。[49]

尽管很显然就某种意义而言，我们不能决定去（decide to）相信某事（像上述那样），但从另一种意义来说，我们确实能够决

---

[46] eg Bernard Williams, "Deciding to Believe" in his *Problems of the Self-Philosophical Papers* 1956–72 (Cambridge: CUP, 1973) ch 9.

[47] 类似地，虽然我能够通过进行跑步运动从而间接地使我的心跳加快，但我不能以我控制肢体运动的同样方式直接控制我的心跳速率：Ullmann-Margalit and Margalit（n 42）179.

[48] 在最后一种情形中，除非我成功地欺骗了我自己，否则我还是不能相信它，并且当我真的相信它时，该信念就是（正如人们所说）一些发生在我身上的事。

[49] 仅存在极少数情况，在这些情况下，主体似乎能够选择采纳某个信念。一种情况是：一名运动员运用其意志使他自己相信他会赢得比赛，他知道拥有这个信念就会增加他获胜的概率。但这是"通常情况中的一种特殊情况，在这种情况下，信念（部分地）处于我们的控制之下，因为使它们为真或者为假的相关事实处于我们的控制之下（通过按下灯的开关，我会产生灯亮的信念）"：Neil Levy, "Doxastic Deliberation"（2007）155 Synthese 127, 137.

定（deciding that）某事是真的。[50] 我们经常疑惑是否要相信我们被告知的事或者要相信谁。当事实认定者听取在审判中被提交的证据时，这些问题不停地萦绕在他的脑海之中。推理并决定要相信什么或者相信谁，这当然是可能的。我们如何才能将似乎很明显的信念评议（doxastic deliberation）之可能性与信念的很显然的非意愿性协调一致？萨阿和威利文提供了一个令人信服的解决方法。[51]

一个信念可以不经评议而形成：回顾一下那个看见下雨并且相信天正在下雨的例子。但并非所有的信念都是以这种方式自发地、无意识地或者无目的地产生的。有些信念是经由信念评议而获得的。[52] 假设我正身处一个没有窗户的房间里，并且有人告诉我外面正在下雨。我问自己是否要**相信**他。我必须要有一个信念的概念，才能问出这样的问题。我在考虑是否要相信他所言之事

---

[50] 关于"决定相信 p"和"决定 p 为真"之间的区别，参见：Stuart Hampshire, *Thought and Action* (London: Chatto and Windus, 1982) 158；对比 Matthias Steup, "Doxastic Voluntarism and Epistemic Deontology" (2000) 15 Acta Analytica 25, 36.

[51] Nishi Shah and David J Velleman, "Doxastic Deliberation" (2005) 114 The Philosophical Rev 497. 这篇文章以萨阿的另一篇文章为基础：Nishi Shah, "How Truth Governs Belief" (2003) 112 The Philosophical Rev 447, 并在萨阿的以下文章中得到进一步展开：Nishi Shah, "A New Argument for Evidentialism" (2006) 56 The Philosophical Quarterly 481. 关于信念唯意志论的其他辩护，see Carl Ginet, "Deciding to Believe" in Matthias Steup (ed), *Knowledge, Truth, and Duty* (New York: OUP, 2001), ch 4 and Steup (n 50). （两篇论文都引用了一些有关法庭审判的例子）

[52] 作为一种非意志的或者原始的心理状态或倾向（"初始信念"）的信念和作为一种经由各种评议（deliberation）形式而产生的心理状态的信念，二者之间的区别已经被很多哲学家所谈及：D H Mellor, "Consciousness and Degrees of Belief" in D H Mellor (ed), *Prospects for Pragmatism—Essays in Memory of F P Ramsey* (Cambridge: CUP, 1980) ch 7 ("清楚"或"一阶信念"与"同意"或"有意识的信念"相对); Ronald B de Souza, *How to Give a Piece of Your Mind: or, the Logic of Belief and Assent* (1971) 25 Rev of Metaphysics 52 ("信心"或主观概率与"信念"完全相对); Daniel C Dennett, "How to Change Your Mind" in *Brainstorms: Philosophical Essays on Mind and Psychology* (Sussex: Harvester Press, 1981) ch 16 ("信念"与"观念"相对); L Jonathan Cohen, *An Essay on Belief and Acceptance* (Oxford: OUP, 1992) ch 1 ("信念"与"接受"相对).

第三章　法律中的事实认定认识论

的过程中运用了那个概念。我衡量证据并进行推理。我想不出他要向我撒谎的理由，并且我看到他手中有一把湿的雨伞。我用该事实补强其证言。我判断他在告诉我真实的情况，并且开始断定以致最终相信外面正在下雨。

真相以描述性和规范性的方式出现在信念的概念中。接受 p 就是把 p 视为或当作是真的；它包含了好像 p 为真一样行事的意向。[53] 但接受是许多认知态度所共享的一般性态度。尽管对 p 的信念包含了对 p 的接受，但当一个人假定、想象或假设 p 时，他也接受了 p。信念和其他这些对命题的认知态度有所不同，因为，至少在某种程度上，只有为真相而受规制（regulated for truth）的接受才是一个信念。在形成、改变和放弃一个信念的时候，"一个人要以那些旨在得出真相的方法对证据和推理作出反应"[54]。即便我知道证据不利于 p，我也可以假设、假定或者想象 p——比方说，为了争论或闲暇的乐趣而接受 p。但这种接受不能被说成是信念。"为真相而受规制"，这是信念概念中的一部分。仅当一个认知态度为了真相而受到规制时，它才能被适当地**描述**为一个信念。这并不是否认信念也会受到证据之外因素的影响。[55] 一个部分是因美好愿望或偏见而产生的态度，仍然可能是一个信念。

信念概念也受到真相标准的**规范性**支配。萨阿和威利文将他们的论述建立在以下观点之上：信念评议不可避免地要屈从于对事实的探究。如果我们问自己"是否要相信 p"[56]，我们的思维必

---

[53] Shah and Velleman（n 51）498.

[54] Ibid.

[55] 当信念是通过信念评议之外的途径获得时，实用主义考虑因素可能在其中产生了影响，并且它也对信念评议发挥着一种含蓄的或未被注意的影响。详细阐述参见：Shah, "A New Argument for Evidentialism"（n 51）489-490.

[56] 这和"相信某事是否对我**有利**"这一问题不同。一个非信徒可能会使自己沉浸于宗教实践以期在心理上习惯于相信上帝。尽管对救赎的渴望推动他采取措施以获得相关信仰，但这一渴望并不是相信上帝存在的一个原因。"是否相信某事"和"是否渴望相信它"是不同的。"是否要相信 p 的信念问题"不应该和"是否要获得对 p 的信念的实践问题"相混淆：Shah, "A New Argument for Evidentialism"（n 51）498. 实践推理和理论推理之间的关系将在第四章关于证明标准的部分予以进一步考察。

然且自然地会转而考虑"p 是否属实"这一问题。后一个事实问题的答案决定了前一个评议问题的答案，并且回答评议问题的唯一方法便是去回答这个事实问题。我们如何解释这一现象？最佳解释是：真相作为正确性标准内含于信念的概念中。[57] 信念评议要借助信念这一概念。决定是否相信 p，就是决定是否对 p 具有那种被认为是对 p 的信念的认知态度；正是因为信念概念受到真相标准的规范性支配，因此"是否要相信 p"必将取决于"p 是否属实"。所以，在评议该相信什么的时候，一个人已经致力于把真相作为正确性的标准来使用。真相是支配信念概念的规范性标准，这意味着，当且仅当 p 为真时，相信 p 才是正确的。同样的标准并不适用于对 p 的其他认知态度。不能仅仅因为 p 是假的，假定、假设或想象 p 就是错误的。相比之下，如果 p 是假的，那么判断并最终相信 p 就是错误的。

102　　一个人通过进行特定的推理来思考"是否要相信 p"，"该推理的目的在于，根据相信 p 所要遵循之规范，促成或抑制对 p 的信念"[58]。当信念评议最终产生一个信念时，它是通过判断（judgment）实现的。支配信念的规范也同样约束判断："判断，如同信念，当且仅当其内容为真时，才是正确的"[59]。判断 p 就是进行这样的心理活动：对 p 进行确认，且目标是仅当 p 为真时才进行确认。如果没有该目标，要接受 p 也是可能的。例如，当我们仅仅假设、假定或想象 p 时，就不存在这样的目标。我对 p 的信念就是对 p 的一种态度，在这种心理**状态**（mental *state*）中，p 被当作是真的。我对 p 的判断，就是将 p 置于我头脑中并认其为真的一种认知心理**行为**（cognitive mental *act*）。严格说来，判

---

[57] 信念和真相之间的联系不能通过仅仅指出"相信某事就是相信它是真的"这样一个观点来说明。我们也可以说希望某事就是希望它是真的，但显然我们不对愿望适用与信念相同的规范性标准：我们不说当且仅当 p 为真时希望 p 才是正确的：Shah and Velleman（n 51）497.

[58] Ibid, 502.

[59] Ibid, 503.

第三章 法律中的事实认定认识论

断正是信念评议的目的。"相信 p（believing that p）"这一心理状态或认知态度，是简单地并且非推论性地产生自"判断 p（judging that p）"这一认知心理**行为**。通过**判断**"你正在告诉我真相"，我开始**相信**"你正在告诉我真相"。这种转换是一种非常普通的现象，尽管"判断（确认一个命题的行为）如何引发信念（对该命题的持续性确认态度）"是无法言喻的。

那么我们如何理解以下主张：信念是非意愿性的，或者说我们不能凭借意愿而相信某事？这一主张捕获到一个重要洞见，即一个人不能通过武断地判断而武断地相信。如果你武断地接受 p，而非意图"仅当 p 为真时才接受它"，那么你并不是在试图判断 p，因此你也不是在评议是否要相信 p。一个在推理该相信什么的人，从概念上讲，一定具有这个意图。如果一个人对于支持或反对 p 的证据漠不关心，那么他就不是在评议"是否要相信 p"；如果他不打算仅当 p 为真时才接受 p，那么他就不是在判断 p。这不是否认一个人可以武断地接受 p，例如，通过假定或猜想 p 的方式来接受 p。然而，如果推理不是旨在正确地得到 p 的真值，那么无论该推理是其他的什么，它都不是以判断 p 为意图而展开的。话虽如此，但这不意味着我们不能对要相信什么进行推理。尽管我们不能武断地决定去相信，但信念评议依然是可能的。

萨阿和威利文区分了"是否要相信 p"的评议问题和"我是否确实相信 p"的事实问题。后一个问题能够以下面两种说法之一进行解释，即"我是否确实**已经**相信 p"或者"我**现在**是否相信 p"。前者指引我在脑海中搜寻一个关于 p 的已存信念；后者要求我以信念的自我归属为目的来决定是否要相信 p。唯有后者与当前的讨论目标相关。我确定"我现在是否确实相信 p"，是通过问自己"是否要相信 p"，或更准确地说，"是否要判断 p"来实现的，这转而潜在地导向"p 是否属实"这一问题。当我判断了 p，但却仍然不知道我相信 p 时，我就处于非理性状态。

在某些情况下，我发现我已经暂时接受了 p，例如，把它作

103

为一种猜测。(当我们讨论与概率相关的部分信念的时候,我们将回来探讨这种重要的认知状态。)当我发现这样一个业已存在的对 p 的接受,但是我不相信 p 或者还没有相信它,我可以通过决定是否将我先前的接受当作一个信念状态,从而确定我现在是否确实相信 p。我通过使我先前的接受为了真相而受到规制,并且将真相标准作为正确性标准适用于它,从而得出结论。使我业已存在的接受为了真相而受到规制的过程可能是非结论性的,并且因此我可能不愿意将这一接受提升至一种信念状态。简而言之,我可能决定不去相信,而是继续把我的这种接受归类为至多是一种猜测。当我发现一个业已存在的对 p 的信念,但我决定重新思考"p 是否属实"这一问题的时候——在一定程度上,这种做法将我作为信念的接受置于危险境地——我的评议是同样复杂的。当我这么做的时候,我把我的接受减弱至一种假设状态,并为了真相而使我的接受受到进一步检验。此处,像之前一样,问题不是"是否要相信 p"这般简单,而是把我对 p 的接受当作一种信念状态,还是当作仅仅是一种猜测或更低层次的假设状态。

事实认定者并非以一个心灵白板(a clean mental slate)的状态退庭评议案件。一个关注正在被提交的证据的事实认定者不可避免地已经对一些问题,例如准确性、可靠性和可信性,形成了初步的观点或者印象。随着审判的推进,他进行着信念评议,即便他并非有意识地向自己提出"是否要相信"该证据这一问题,即便他还没有得出(他确实也不应得出)任何确定的结论。在一份报告中,一位陪审员基于其亲身经验非常好地观察到了这一现象:"随着证据的披露,一个人获得了一个受到更多约束的判断(a more regulated judgment)。"[60] 千真万确,事实认定者在这个阶段必须"保持一个开放的头脑"。最好将此解释为一种指示,即时刻准备并且愿意重新思考和改变任何在所有证据都被披露之前

---

[60] 关于艾伦·维克斯(Alan Wykes)所作的解释:in Dulan Barber and Giles Gordon (eds), *Members of the Jury* (London: Wildwood House, 1976) 142.

第三章 法律中的事实认定认识论

可能已经形成的印象。无论他带到最后评议阶段的是何种认知态度,都必须仍然接受修正。

在最后阶段,事实认定者必须问自己:关于该案的诸多事实我相信哪一个?BAF* 要求以"自身无涉"的形式提问:不考虑那些会被法律排除的证据和推理,一个人会有正当理由相信某个主张而且该主张是真的吗?在现实的评议中,这两个问题实际上很可能会如影随形。例如,事实认定者可能会带着对证人证言业已存在的接受而退庭思考裁决,但此前的接受是以"猜测其为真"的羸弱形式存在。此时,他仅仅将证言作为一种假说接受下来;他还没有准备相信它,直至他有机会更加认真地审查全部证据(例如,审查该证言是否与他在审判中的所见所闻相冲突)。他被期望遵守禁令,忽略任何可能被展示给他的不可采的证据,并且避免使用那些已被采纳的证据可能引发的为法律所禁止的推论链条。他必须在禁令的约束下判断:一个人是否会有正当理由把他对证人证言的先前接受当作一种信念状态,或者是继续把它当作一个假说。

在上面描述的情形中,存在很大的"是否将某人的接受作为一个信念的自由空间"[61],并且会有一些实用主义的原因支持或反对把它当作信念。这些原因"主要和'利害攸关之事'相关"[62]。正如萨阿和威利文所说[63]:

> "一个人是否相信 p"的问题在这里就是一个"是否将他对 p 的接受当作信念状态"的问题,并且因此是一个"是否

---

[61] Shan and Velleman (n 51) 514.

[62] 在前书第 517 页中,两位作者进一步解释:"有时,如果一项认知为真,那么对它所进行的持续不断的积极检测的成本将会很高,然而,如果它是假的,推迟作进一步检测的成本就会较低。彼时,一个人就能基于实用性的理由将该认知当作一种信念状态。在另外一些情况中,如果相反证据曾经存在,那么找不到它所导致的成本会很高,又或者,如果它不存在,则持续不断的寻找成本就会较低。彼时,一个人就能基于实用性的理由将这一认知当作假设而非信念。"

[63] Ibid 517-518,and see also ibid endnote 39.

要相信它而不是仅仅猜测或假设它"的问题。并且，当问题是"是否要相信p"而不是"仅仅猜测或假设它的时候"——假设某人已经以某种方式接受了它——答案可能取决于信念相对于猜测的相对成本，而不是取决于p的真值。

因此，两位作者的理论是与认识语境主义、对知识和证成之信念的利益相关解释兼容的。我们将在关于证明标准的第四章再回到这些理论。

正如我们所见，萨阿和威利文主张，当且仅当一个信念为真时，它才是正确的。这个关于信念正确性的主张是如何与一项事实认定或事实断言的适当性相关联的？仅仅基于"当且仅当p为真时**相信**p才是正确的"，并不意味着：仅当p为真时**认定**或**断言**p才是正确的。为了得到后面的结论，我们还需要一个规则，其内容是：一个人应该仅仅认定或者断言其所相信之事。这就是BAF*发挥作用的地方。回顾一下：仅当根据BAF*规则一个人会有正当理由相信p时，事实认定者才应该认定p。

根据萨阿和威利文的观点，在BAF*中所提及的"信念"首先应当被理解为一项"判断"。一个人会有**正当理由**判断并因此相信p，这并不必然蕴含"'一个人相信p'是**正确的**"。当且仅当p为真时，对p的信念才是正确的。或许有人会试图论证说：在BAF*中真相被**预设**为一个独立的正确性标准，因为这一标准内含于审判评议所运用的信念概念中。然而，该论点并非那么简单。首先，BAF*中使用的信念概念是一个更为复杂的"自身无涉之信念"概念。不过这种复杂性能被容纳。"信念"概念是"自身无涉之信念"概念的一部分。如果p为假，那么我相信p就是不正确的。无论我对于p的信念具有何种正当理由，该信念都是不正确的。同样地，如果p为假，那么一个人对p的信念就是不正确的，无论这个人对于p的信念具有何种正当理由。既然仅当一个人会有正当理由相信p（根据BAF*规则，对此下文有更为详细的说明）时他才应该认定p，那么如果该信念是不正确的，该认定

第三章 法律中的事实认定认识论

也就是不正确的。我们称此为"TSC":真相是一项事实认定的正确性标准。和前文一样,这里的"认定"仅指肯定性认定。

存在其他两个与该论点相关的问题。第一,已经说过,事实裁判者并非仅仅评议"是否要相信那些有争议的主张"那么简单。他可能发现自己已经接受了某个主张,而他必须要抉择的是:是把他的接受当作一种信念状态,还是仅当作一种假说。正如萨阿和威利文所说,这一抉择受到实用因素的影响。因此,似乎抉择的正确性不能仅仅依取决于真相。这个问题很难解答。这或许是一种可行的回答:通过把一个人的接受当作一种信念状态,他最终开始相信那个争议主张。尽管实用主义的考虑因素对于决定相信一个争议主张的合理性具有影响,但是已经持有的信念的正确性却仅仅取决于真相。[64]

第二,乍一看审判评议似乎受到一些规则的限制,这些规则是基于一些认识论之外的考虑因素。然而,进一步考察可以发现,那些对证据推理所施加的"限制"多数是具有如下目的的规则:总的说来,这些规则旨在使一个人的信念在认识论上可证成(epistemically justifiable)。(在传闻规则和相似事实规则的情况下,确实如此。我们将分别在第五章和第六章讨论它们。)只有很少的例外情况不是出于认识论上的判断,例如补强规则和法律推定,而且它们仅在少数情况下适用。因此,似乎仍然可以主张:真相标准内含于BAF*所运用的信念概念中;仅当p为真时,一个人对p的信念以及随之而来的对p的认定一般才是正确的。

进一步的讨论很吸引人。能否这样说:即便对p的认定是由某项法律推定单独促成的,但如果p为假,它也是不正确的?拿我们先前的一个例子来说。假设根据一项法律推定某人被判犯有毒品交易罪,该推定为:如果在他身上发现毒品,就推定他意图出售或散发这些毒品。让我们假定,证据不足以证成关于他具有

---

[64] 这近似于韦奇伍德所提出的观点,参见:Wedgwood (n 45) 274.

上述意图的信念。结果表明，被告人事实上是无辜的。除非我们认为对他的定罪传达了一项断言，即他犯了该罪，否则很难认为该有罪判决是错误的。这里有个论点或许有用：通过区分作出一项事实认定的条件和该事实认定的言外之力，我们或许可以认为对他的有罪判决确实传达了一项关于他有罪的断言。法律推定要求事实认定者判被告人有罪，即便他不认为一个人会有正当理由相信被告人具有非法交易的意图——BAF* 被取代了。然而，该认定被传达并且被视为一项有罪断言，而非仅仅是一项被告在此被推定为有罪的宣告。如果这是对的，那么像所有的断言一样，该有罪断言受到 RTBNA* 的约束：因此，仅当（若不考虑其他要求）一个人会有正当理由相信 p 时，他才应当断言 p。如果 p 为假，对 p 的信念就是不正确的（TSC）。相应地，如果 p 为假，对 p 的断言也是不正确的。这就允许我们如此看待我们的例子：**作为**一项有罪断言的有罪认定是不正确的。

TSC 中的**正确性**（correctness）标准独立于 BAF* 所要求的**正当理由**（justification）标准。一项根据 BAF* 得以证成的认定可能仍然是不正确的或者错误的；同样，一项不正确的或者错误的认定，却可能根据 BAF* 得到证成。TSC 和 BAF* 具有不同的功能。TSC 是一条评价性标准（evaluative criterion），它以第三人的视角来评价审判评议的结果，因此一项肯定性认定的虚假性必定使得该认定是错误的。相比之下，BAF* 是作为一条管制性规则（regulative rule）而发挥作用的，它在评议过程中指引着事实认定者，从他的视角来为证成的认定设定标准。一个结合了 BAF* 和 TSC 的理论，当然比对事实认定的知识解释更为精致。但尚不清楚的是它们有多大的不同。如果 BAF* 和 TSC 被组合为相关联的要素，进而最终目的是以某种方式**通过**被证成的信念来获得真相，那么就很难说两者还存在区别了。我们或许可以这样说：审判评议的**最终**目的是**知识**；这应当理解为，产生一项既以某种方式满足 BAF* 又同时满足 TSC 的肯定性认定；然而审判评

第三章　法律中的事实认定认识论

议的**直接**目的是 BAF* 所要求的那种**被证成的信念**。

第二节　信念与概率

2.1　信念与事实认定

　　第一节为审判评议和事实认定提供了一种以信念为中心的解释。事实认定中信念的作用在一些案件中有所体现。在萨金特诉马萨诸塞州事故公司（*Sargent v Massachusetts Accident Company*）一案中[65]，马萨诸塞州最高法院坚持认为，要作出一项肯定性认定，就必须具有"对其真相的实际信念"。在澳大利亚高等法院审理的布里金肖案（*Briginshaw v Briginshaw*）中[66]，迪克逊（Dixon）法官认为："当法律要求对任何事实进行证明时，在该事实能被认定前，法庭必须对其发生或存在感受到实际的说服。"在英格兰[67]，斯卡曼（Scarman）法官在一个案件中[68]似乎采取了相似的观点，他评论道：事实"必须被证明至法院满意"；类似地，在更早的一个案件中[69]，他坚持认为："必须以证据来……满足法院的良心（conscience）。"然而，认为事实认定取决于信念

---

[65] (1940) 307 Mass 246, 250. Followed in *Smith v Rapid Transit* (1945) 317 Mass 469, 470. See also *Anderson v Chicago Brass Co* (1906) 127 Wis 273, 280. 威斯康星州最高法院认为："在这个法院，我们通过一系列决定对此作了很好的规定，即承担证明责任的一方并不因仅仅出示了优势证据而减轻了责任……为了使他能够获得一项对其有利的认定，他的证据必须不仅具有更大的说服力，而且必须使他所力争的真相让陪审团感到满意或信服。"

[66] (1938) 60 CLR 336, 361-2. 这在麦圭内斯案中被描述为"澳大利亚判例法中的优势地位"。参见：*Seltsam Pty Ltd v McGuiness* [(2000) 49 NSWLR 262, 284]. 这个案例判决提供了一系列参考案例和学术著作。除此之外，see Australian Law Reform Commission Interim Report No. 26, *Evidence*, vol 2 (Canberra: Australian Government Publishing, 1985) ch 16.

[67] 关于英格兰的立场，see Mike Redmayne, *Standards of Proof in Civil Litigation* (1999) 62 MLR 167, 177-178; Rosemary Pattenden, *The Risk of Non-Persuasion in Civil Trials: The Case Against a Floating Standard of Proof* [1988] Civil Justice Quarterly 220, 224-225.

[68] *R v Home Secretary, ex p Khawaja*, [1984] 1 AC 74, 114.

[69] *Re the Estate of Fuld, decd (No. 3)*, [1968] P 675, 686.

的观点面临着很大的抵制。例如，墨菲（Murphy）法官在澳大利亚高等法院审理的 TNT 管理有限公司诉布鲁克斯（*TNT Management Pty Ltd v Brooks*）案中[70]，明确提出了反对意见："对信念的要求和一个把盖然性权衡作为证明标准的体系不一致，并且在这一体系中无立足之地。"在这一问题上，学者们的观点出现了分歧，支持信念要求的学者们在某种程度上属于少数派。[71] 不幸的是，反对方们在主张什么以及他们基于什么理由提出反对主张，这些并不总是非常清楚。

对于以信念为中心的事实认定解释，至少存在五种可能的反对意见。第一种反对意见关注这样一个事实，即法律为事实认定者设定了作出裁决的职责。这就意味着他能够选择给出何种裁决。既然信念超出了一个人的控制，那么如果信念决定着他的裁决，他就丧失了那种选择能力。[72] 现在应该清楚了，这个论点是站不住脚的。正如我们在本章 1.4 部分所见，信念的非意愿性与选择相信什么的明显可能性是可以调和的。产生信念的判断处于我们的控制之下。

第二种反对意见认为，法律不要求裁决反映事实认定者的**自身**信念。例如，斯比萨（Sbisà）写道[73]：

---

[70] (1979) 53 Australian L J Rep 267, 271, per Murphy J. 另参见英国上诉法院的决定：in *The Brimnes* [1975] 1 QB 929, 968, 970, cf 951. 在这两个裁决中使用到的概率推理受到奥克尔顿的批判，see Mark Ockelton, *How to be Convinced*, (1980) 2 Liverpool L Rev 65, 70 – 72.

[71] 那些明确拒绝这一要求的人包括：Alan D Cullison, "Probability Analysis of Judicial Fact-Finding: A Preliminary Outline of the Subjective Approach" (1969) 1 U of Toledo L Rev 538, 569 – 576; James Brook, "Inevitable Errors: The Preponderance of the Evidence Standard in Civil Litigation" (1982) 18 Tulsa L J 79, 89 *et seq*. Contrast William Trickett, "Preponderance of Evidence, and Reasonable Doubt" (1906) 10 The Forum 75, 80; Fleming James Jr, "Burdens of Proof" (1961) 47 Virginia L Rev 51, 53 – 4.

[72] Cohen, (n 52) 121; Beltrán (n 34) 298 – 299.

[73] MarinaSbisà, "Response to P J van den Hoven" (1988) 1 *International Journal for the Semiotics of Law* 47 at 8.

第三章 法律中的事实认定认识论

重要的是以下事实：法官应当作出的裁决，一定要与审判中提供的证据和提出的主张相关，而不一定要与他/她的自身信念相关。这样，律师的辩论就能够旨在影响并实际影响法官的决定，而非（旨在）影响他/她的信念。

拉兹（Raz）附和了这种观点[74]：

> 法律以及借助法院和法庭来实施法律的整套制度，是以对一些推定（比如无罪推定）的接受为基础的，并且以接受那些根据在法院出示的证据（且忽略所有其他证据）而作出的裁决为基础。陪审员们和法官们没有被要求去相信被告人有罪还是无辜。他们只是被要求去接受或者宣告那些根据他们面前的证据来看是正确的裁决。

一种相关的反对意见认为，允许一项裁决依赖自身信念，就是赞同"一个完全主观的证明概念"[75]。对于所有这些质疑的回答都可在BAF*中找到。我们可以回顾一下：BAF*依赖于"自身无涉的信念"概念而非"自身信念"概念，并且坚持认为，一个人应当有正当理由相信相关的命题。

第三，这一点之前也提及过，可能会有人指出，审判评议受到法律的严格规制。[76]法院必须经常基于非认知性的理由作出裁决。不可否认，BAF*要受到一些限制；第一节1.3列举了一些例子，在那些例子中，BAF*被取代了或者无用武之地。但那些是例外情况。证据规则确实对审判评议施加了许多"限制"。但那些"限制"并非我们设想得那么严，它们主要是作为否定性规则发挥作用，并且它们的主要目的是指引事实认定者形成在认识论上可证成的判决。从这一意义上来说，它们具有很强的认识论特

---

[74] Joseph Raz, "Reasons: Practical and Adaptive" (July 2007), available at SSRN: http://ssrn.com/abstract=999870.

[75] Beltrán (n 34) 297.

[76] Cohen (n 52) 122-123; Beltrán (n 34) 297.

性。例如，正如后面章节将会讨论到的，那些要求禁止依赖来自传闻证据和先前不当行为证据之特定推论的规则，主要（尽管不是全部）关心的是信念的合理性。

第四种和第五种反对意见是基于一种有关概率的论点。信念要求的批评者认为，事实认定是基于概率而非基于信念。[77] 这一批评是可以理解的，因为法律中的证明标准，尤其是民事证明标准，常常是以概率语言来表述的。然而，这种关于概率的论点利用了一种混淆，即将认识论正当理由（BAF*）与作为正确性标准的真相（TSC）混淆了。仅当 p 为真时，对 p 的肯定性认定才是正确的。话虽如此，我们永远也不能完全确定 p 是真实的。因此，我们不应当要求事实认定者在肯定性地认定 p 之前，对 p 达到完全确定的程度。要肯定性地认定 p，他不需要相信 p 是真的；如果他相信 p 很可能为真，就足够了。进一步来讲，只要他有正当理由相信 p 很可能为真，那么他对 p 作出的认定便得到证成。在一起民事案件中，概率值只需超过 0.5。在一场刑事审判中，概率值要更高些，以确保一项有罪裁决的准确性；即便如此，它也不需要达到 1，在这里 1 这个数字表示必然性。[78]

进一步考察可以发现，该论点将两个完全不同的论点缠绕在一起。这种对以信念为中心的事实认定解释的反对意见，是基于两个不同的理由。根据概率论点的第一种版本，对于信念在事实认定中所发挥的作用并无争议。毕竟，"概率"和"信念"并不是

---

[77] 关于"信念"路径和"概率"路径之间区别的论述，参见：K J Carruthers, "Some observations on the Standard of Proof in Marine Insurance Cases with Special Reference to the 'Popi M' Case" (1988) 62 Australian LJ 199; D H Hodgson, "The Scales of Justice: Probability and Proof in Legal Fact-Finding" (1995) 69 Australian LJ 731; Richard M Eggleston, *Evidence, Probability and Proof* (2nd edn, London: Weidenfeld & Nicolson, 1983) 130-137.

[78] "因为在人类事务中极少可能获得完全确定性，因此理性和公共利益要求法官们和所有人，在形成关于事实真相的观念的过程中，都应该在某种意义上受到较高概率数值的约束": per Lord Mansfield, *The Douglas* case, quoted by Best J in *R v Burdett* (1820) 4 B & Ald 95, 122.

第三章　法律中的事实认定认识论

事实认定的两个相互排斥的基础。即便一个人必须根据概率作决定，他仍然必须要基于对概率的信念而作出决定。事实上，从某种角度来看，概率**就是**信念。正如我们将看到的，在各种各样的概率理论中，只有那种从信念度（degrees of belief）层面理解概率的理论才可能成为决定事实问题的法律基础。如果审判评议不是基于信念，很难想象它还能基于什么。（正如前文所述，知识是一个备选项。但是那些拒绝将信念作为事实认定基础的人也不可能接受知识这一备选项；至少，很难想象他们为何会接受。）根据第一种解释，概率论点所针对的是一项认定的命题内容。其主张如下：一项认定的内容，不是一个事实命题，而是一个概率命题。为证成一项认定，事实认定者只需要相信且有正当理由地相信相关的概率命题。我们将在第二节 2.4 对这一论点作进一步的考察与反驳。

与概率论点的第一个版本不同，第二个版本认可一项认定的命题内容是事实性的。有争议之处不在于一项认定的命题内容，而在于事实裁判者对包含在他的认定中的命题所应持有的态度。反对方们认为，对 p 的信念不应当成为认定 p 的一个条件，因为这是将证明标准设定为或者使之接近于完全的确定性。[79] 为了认定 p，事实认定者不需要绝对地相信 p；他只要在一个足够高的程度上相信 p 就可以了。[80] 后一种信念通常被称为部分信念（partial belief）。提议以贝叶斯方法来分析法律事实认定的倡导者们，

---

[79] Ralph K Winter, "The Jury and the Risk of Non-Persuasion" (1971) 5 Law and Society Rev 335, 339; Brook (n 71) 92; J P McBaine, "Burden of Proof: Degrees of Belief" (1944) 32 California L Rev 242, 250; Edmund M Morgan, *Some Problems of Proof under the Anglo-American System of Litigation* (Westport, Connecticut: Greenwood Press, 1956) 84.

[80] 一个人也许正因相反原因而反对基于信念去决定事实问题。要认定某人犯有某罪（p），仅仅在"认为 p 是大概的或可能的"这一意义上相信 p 还不够；他必须确信 p 是真的。事实上，这一反对意见背后的直觉观念正是本章所建构的事实认定之信念中心论的来源；正如我们所解释的，这个"反对意见"，非但不反对那个解释，反而实际支持着它。

将部分信念置于他们分析的中心。大致说来，仅仅持有一个对 p 的部分信念，也就是认为"可能 p"（think "probably p"）；这里的"或许"修饰的不是命题 p，而是主体对待 p 的态度。这一论点将在第二节 2.5 和 2.6 予以讨论，那里采取的立场是：事实认定一般要求绝对信念（categorical belief）。"绝对"应当在"绝对区分"的意义上来理解，比如说：一个人要么相信 p，要么不相信 p。不幸的是，这一名称可能会误导人们认为：绝对地相信 p 就是（完全地）确定 p——后者被认为是一种几乎不可能达到的认知状态，特别是在怀疑论的挑战下。事实上，正如我们将看到的，绝对信念是很普遍的，并且可以呈现为不同的强度。[81]

在明白了这两种版本的概率论点都无法成立后，我们便可以向解决一个著名的法律证明悖论迈出一步。这是第二节 2.6 的任务。现在必须先解决一个预备性问题。下一节通过考察概率的哲学基础来为随后的论证作铺垫。

2.2 概率理论

关于概率是什么以及如何测算，存在很多种理论。只有当一个理论满足了被称为概率计算的数学规则之后，它才能算作一种概率理论。[82] 不同的概率理论提供了有关这种计算的不同解释。

---

[81] Nicholas Rescher, *Dialectics—A Controversy—Oriented Approach to the Theory of Knowledge* (Albany: State University of New York Press, 1977) 91. 区分了"绝对的确定性"和"实践的或有效的确定性"。作者区分了在"逻辑无谬误性的绝对意义上"的"确定性"和作为"构成我们实际生活中的论证和推理过程的现实概念"的"确定性"；"我们必须要确定我们知道什么，但是必须依附于知识诉求的确定性不必是绝对的，在某种程度上，一般也是不现实的。这种确定性应该被解释为**在当时的环境下能合理期望的确定性**"（Ibid, 90）。

[82] 关于概率演算较为容易理解的介绍参见：Brian Skyrms, *Choice and Chance-An Introduction to Inductive Logic* (4th end, Belmont, CA: Wadsworth, 2000) ch vi.

第三章 法律中的事实认定认识论

尽管对该数学要素可以做多种多样的解释,但它本身是无可争议的。[83] 不幸的是,不存在固定的术语,并且不同作者所提出的分类方法有些差别。[84] 以吉里斯(Gillies)的分类作为讨论起点是便捷之选[85]：

1. **逻辑**（*logical*）概率论以理性信念度（degree of rational belief）来定义概率。它假定,若给定相同证据,所有理性之人将对一个假说或预测达至相同的信念度。

2. **主观**（*subjective*）概率论以一个特定个体的信念度来定义概率。这里不再假定所有理性之人面对相同证据将对一个假说或预测达至相同的信念度。观念的不同是被允许的。

3. **频率**（*frequency*）概率论将某个结果的概率定义为,在一系列相似事件中该结果出现的有限频率。

4. **倾向**（*propensity*）概率论将概率当作内在于一组可重复的条件之中的倾向性。说某个特定结果的概率是 p,就是主张那些可重复的条件有一种倾向；因此,如果这些条件被重复很多次,它们将会产生一个关于该结果的频率,这一频率接近于 p。

吉里斯把这四种理论分成两类。后两种理论一起被归入**客观**（*objective*）类别之中。频率理论和倾向理论共享一种关于概率的

---

[83] Maria Carla Galavotti, *Philosophical Introduction to Probability* (Stanford, CA: CSLI Publications, 2005) 12："事实上,概率的数学特征与附属于它的解释保持着相当的独立。"文中还提醒道："概率的数学特征能够且应该既与它的运用保持独立,又与有关于它的基础问题和哲学问题保持独立。"Ibid 54.

[84] 主要参见：Paul Humphreys, "Probability, Interpretations of" in Edward Craig (ed), *Routledge Encyclopedia of Philosophy* (London: Routledge, 1998) vol 7, 701-705; Donald Gillies, *Philosophical Theories of Probability* (London: Routledge, 2000); Skyrms (n 82) ch vii; Alan Hájek, "Interpretations of Probability", entry in *Stanford Encyclopedia of Philosophy* available at http://plato.stanford.edu/entries/probability-interpret (2003); D H Mellor, *Probability—A Philosophical Introduction* (London: Routledge, 2005); Galavotti (n 83).

[85] Gillies (n 84) 1.

客观观点；据此，概率是一种事实，是一种关于"客观物质世界"的"独立于人类"的特征。[86] 一个明显的例子是概率在放射现象中的运用。"在一年中铀的一个特定同位素衰变的概率"[87] 作为一个物理事实问题而存在，无论是否有人知道或相信它。

梅勒（Mellor）更喜欢用"物理（physical）概率"这一术语，而非"客观概率"。原因之一是，被吉里斯排除在客观类别之外的逻辑概率也是客观的。虽然在吉里斯所谓物质世界之一部分的意义上它不具有客观性，但是从具有逻辑派生价值而言，它具有客观性。如果两个人根据同样的一组证据对同一假说的逻辑概率作出不同评价，那么他们两人不可能都是正确的。与主观概率理论不同，逻辑概率不是一个个人观念的问题。

按照吉里斯提出的观点，逻辑和主观概率理论都属于**认识论**（*epistemological*）类别。主观概率也被称为个人概率。"逻辑概率"这个词没有被梅勒使用，他更喜欢称之为"认识（epistemic）概率"。根据他的观点，"认识概率"是那种用来度量证据在多大程度上支持或削弱一个有关世界的假说的概率；并且从某个方面来看，它告诉我们，一个人基于证据而相信该假说何以具有正当理由。称此概率为"逻辑概率"，是假设了在证据和假说之间存在一种逻辑关系。这个观点是非常不可信的，"现在有很多哲学家否认认识概率能度量假说和证据之间的一种确证关系，无论该关系是逻辑的或者是其他什么样的。"[88] 然而，"逻辑概率"这个词已得到公认；我们将用它和"认识概率"一起来泛指一种概率，这种概率度量着对于一个假说的理性信念度，该假说被一组证据所证成或限制。"认识论概率"这一标签将被保留，用来指称一个宽泛的类别，这一类别包含了逻辑/认识概率和主观概率。

有些哲学家认为，这些概率理论中只有一种是正确的。存在

---

[86] Ibid, 2.
[87] Ibid, 2.
[88] Mellor (n 84) 88.

第三章 法律中的事实认定认识论

唯一正确的概率概念。但是多元论者的立场所表现出的宽容性值得提倡。[89] 多元论者认可这些不同理论中每一个的效力，但是把它们划分到不同的运作范围中。认识论概率理论被认为适合于社会科学，包括有关法律审判的研究，而客观的解释被认为更适合于自然科学。[90]

2.2.1 物理概率

相比于频率理论，倾向理论更新并且不甚成熟。一种观点认为，倾向是一组可重复条件产生某类结果之频率的趋向性（即"长期倾向"）；另一种观点认为，倾向是一个特定机制在某个特定情况下产生某种结果的趋向性（即"个案倾向"）。正如哈耶克（Hájek）所说，倾向会指代完全不同的东西，这取决于一个人所采用的概念。根据第一种观点，一颗普通的骰子具有一个很强的趋向，即被掷到"3"的长期频率为1/6；此处1/6这个值所测度的不是倾向。根据第二种观点，1/6所测度的是掷到"3"的倾向；而且与第一种观点不同，这一趋向是比较弱的。[91]

频率理论有很多版本。其大概意思可以用一个我们熟知的例

---

[89] Frank Plumpton Ramsey, "Truth and Probability" in *The Foundations of Mathematics and Other Logical Essays* (London: Routledge & Kegan Paul, 1931) ch vii, 157（"大多数采用频率概率理论的统计学家和大多数拒绝用它的逻辑学家存在观念上的差异，这使得它看起来像两个不同的学派在真正讨论不同的东西，并且逻辑学家和统计学家在不同意义上使用'概率'一词"）；Rudolp Carnap, *Logical Foundations of Probability* (2nd edn, London: University of Chicago, 1962) 19（认为"'概率'一词在通常的使用中存在两种基本不同的概念"。概率1是"一个逻辑的，语义的概念"，它是指"相对于一个证据陈述而言，假说h的确证程度"，而概率2是一个事实的或经验的概念，被当作相对频率的一种形式）；Ian Hacking, *The Emergence of Probability* (Cambridge: CUP, 1975) 12（区别了两种概率："统计的"概率"与机会过程的随机规律相关"，而"认识论的"概率"旨在评估关于一些命题的理性信念度，而这些命题完全缺乏统计数据基础"）。

[90] See Gillies (n 84) 3 and ch 8 Galavotti (n 83) at 235："似乎无可争议的是，认识概率在社会科学的范围内能发挥作用，在那里，个人的观点和期望直接成为相关信息被用以支持预测、编织假说和构建模型……相反，频率解释，因为其经验性和客观性，长期以来都被认为是解释自然科学里概率概念理所当然的待选项。"See also ibid 238.

[91] Hájek (n 84)：参见3.4标题下的讨论。

子来说明：假设一个缸里装了十颗弹珠。其中有两颗是黑色的，其他八颗是白色的；它们在其他方面没有差别。我从缸里随机拿出一颗。我拿出白色弹珠的概率有多大？根据频率理论，这种情况中的概率被看作不同颜色数量之比，该比值在理论上可以通过运用同一个概率装置来进行一定数量的实验而得出（这被称为假设的"有限相对频率"）。如果重复操作一千次，并且每次取出后又把弹珠放回去，我们发现取出白色弹珠的次数与取出黑色弹珠的次数之比为8∶2，我们就能够得出结论：取出一颗白色弹珠的大概概率为0.8。这个数值以一组事件为条件，即由一千次实验构成的经验"集合"。

2.2.2 认识论概率

客观或物理概率是世界的特征，而认识论概率是关于世界的信念的特征。主观理论把概率视为一个特定个体所持有的实际信念度，逻辑或认识理论则把概率看作对一个被证据证成的假说的理性信念度。

根据逻辑或认识理论，概率与"一个人**应当**相信什么"有关。理性地相信一个假说的程度取决于已经知道了什么。根据这个理论，概率度量着一组证据证实或证伪某个假说的程度。在逻辑理论的倡导者看来，这种概率关系是（正如其名称所暗示的）逻辑性的，尽管此处显然并非演绎逻辑。并非所有的确证理论都是概率性的。有些观点认为，证据对于某个假说的确证程度是不可计量的并且不能进行概率计算。在第三节中，本书将概述一种适用于审判评议语境的非概率理论。

根据主观理论，一般说来，一个命题的概率就是一个特定的人（主体）相信该命题为真的程度。他的信念度反映在他遵循该命题而行事的意愿上，测度该意愿的一种理论上的方法就是看在打赌那个命题为真时他所能接受的最低赔率（odds）。这个计算有时是基于赌商（betting quotient）而非赔率。如果庄家提出的关于A的赔率是N∶M（从他的角度看就是M∶N），那么赌商就是

第三章 法律中的事实认定认识论

N/(M+N)。在其他条件不变的情况下，他愿意接受的赌商越高（或赔率越低），他的信念就越强。如果我们假设的打赌不被其他因素干扰，那么这就是正确的；例如，我们假定主体"能够支付赌注，想赢得这场打赌，并且对于'A 是否为真'没有其他兴趣"[92]。最重要的是，我们假定主体的信念是一致的。例如，若出现以下情况，他的信念就是不一致的：他的信念引导他，既接受我提出的关于 p 的赔率为 3∶1 的打赌（如果 p 发生他将付给我 3 美元；如果非 p 发生我将付给他 1 美元），又接受我提出的关于非 p 的赔率为 2∶1 的打赌（如果非 p 发生他将付给我 2 美元；如果 p 发生我将付给他 1 美元）。在这种情况下会形成一种对他不利的"荷兰赌（Dutch Book）"；如果把这两个打赌当作一个整体来看，那么无论是什么结果（p 还是非 p），他一定会输钱。[93] 如果结果是非 p，那么他就在第一场赌博中赢得 1 美元，但是会在第二场赌博中输掉 2 美元；而如果结果是 p，那么他在第一场赌博中就会输 3 美元，但是在第二场赌博中却只赢得 1 美元。坚持一致性条件可以确保主体的信念度符合概率计算要求。

尽管主观概率是一个有关个人观念的问题，但在贝叶斯定理中，存在一种客观的方法，它能够随着补充性证据的引入不断修改一个人的主观信念度。主观贝叶斯方法[94]以一个作为先验或初始概率的个人信念度为起点。贝叶斯定理是一个数学公式，它通过在数量上精确计算新证据对先验概率所施加的影响，从而得出后验概率或最终概率。在其最简单的形式中[95]，一个人的信念是通过将新的证据添加为"条件"（"conditionalizing"）而得以更新

---

[92] Mellor (n 84) 67.

[93] 这个例子取自：Roy Weatherford, *Philosophical Foundations of Probability Theory* (London: Routledge & Kegan Paul, 1982) 221-222.

[94] 注意，贝叶斯主义也被一部分持客观主义观点之人所信奉。Galavotti (n 83) 51 and 225.

[95] 这个限制很重要，不仅因为数学细节可以做到非常技术性，而且因为据说各种贝叶斯理论多达 46656 种；I J Good, *Good Thinking—The Foundations of Probability and Its Applications* (Minneapolis, MN: University of Minnesota Press, 1983) ch 3.

的。大致说来，这一过程就是将某个假说的先验概率乘以"似然"比（"likelihood" ratio）。似然比是一个专业术语，是指用"假设该假说为真"时的证据概率除"假设该假说为假"时的证据概率而获得的值。许多证据法学者曾试图用贝叶斯理论解释法律证明[96]，这一做法招致一些学者[97]和法官[98]的批评及抵制。一个被称为"新证据学"（"New Evidence Scholarship"）的知识领域就此形成。[99] 这个名称有点误导性，因为一些学者从17世纪就开始对法律案件进行概率分析（事实上，数学概率的先驱们是从法律证明中获得启发的[100]），对法律中的证据进行概率分析的学

---

[96] A P Dawid, "Bayes's Theorem and Weighing of Evidence by Juries" in Richard Swinburne (ed), *Bayes's Theorem* (Oxford: OUP, 2002) ch 4; and Philip Dawid, "Probability and Proof", Appendix II to Terence Anderson, David Schum and William Twining, *Analysis of Evidence* (2nd edn, Cambridge: CUP, 2005), available only online at: http://www.cambridge.org/catalogue/catalogue.asp?isbn=9780521 673167&ss=res. See also Bernard Robertson and G A Vignaux, *Interpreting Evidence—Evaluating Forensic Science in the Courtroom* (Chichester, West Sussex: Wiley, 1995).

[97] 有关这些争论的概述，see Paul Roberts and Adrian Zuckerman, *Criminal Evidence* (Oxford: OUP, 2004) at 120–132; Roger C Park and Michael J Saks, "Evidence Scholarship Reconsidered: Results of the Interdisciplinary Turn" (2006) 47 Boston College L Rev 949 at 988–995. 大量争论可在这些作品中发现：(1986) 66 Boston University L Rev, issues 3 and 4（包含了一些被提交至"证据法中概率与证明问题研讨会"的论文）；(1991) 13 Cardozo L Rev, issues 2 and 3（包含了一些被提交至"诉讼中的决策与推论"研讨会的论文）；(1997) 1 Intl J of Evidence and Proof [由罗纳德·J·艾伦（Ronald J Allen）和迈克·雷德梅因（Mike Redmayne）编辑且特别发行的"贝叶斯主义和司法证明"]。尽管比较陈旧，下述经典著述还是必须得提及：L Jonathan Cohen, *The Probable and the Provable* (Aldershot: Gregg Revivals, 1991 reprint, first published in 1977); Eggleston (n 77).

[98] Eg *R v Adams* [1996] 2 Cr App R 467, 481; *R v Doheny and Adams* [1997] 1 Cr App R 369, 375; *R v Adams* (No 2) [1998] 1 Cr App R 377, 384–5.

[99] Richard Lempert, "The New Evidence Scholarship: Analyzing the Process of Proof" (1986) 66 Boston University L Rev 439; John D Jackson, "Analysing the New Evidence Scholarship: Towards a New Conception of the Law of Evidence" (1996) 16 OJLS 309; Park and Saks (n 97) 984–997.

[100] Eg Lorraine Daston, *Classical Probability in the Enlightenment* (Princeton, NJ: Princeton U Press, 1988) 14; Hacking (n 89) ch 10.

第三章 法律中的事实认定认识论

术兴趣由来已久。[101]

2.2.3 区别与联系

我们已经知道了客观概率何以异于认识论概率。客观概率理论将概率作为外部世界的一个特征，而认识论概率理论将其当作一个信念问题。在认识论概率理论中，逻辑/认识概率与主观概率的关键区别在于：后者事关主观观念，前者则不然。下面是能够从这四种概率理论中总结出的进一步区别以及相关说明：

(i) **主观概率不同于客观概率**。假设我知道一枚硬币有一面偏重，但我不知道是哪一面。掷到正面朝上的概率是多少？据我所知，硬币正面朝上和反面朝上的几率一样，并且在一定意义上我对于两个结果的出现具有同等信念。我对硬币正面朝上的实际信念可以说成是0.5。但是它正面朝上的客观概率不是0.5，因为该硬币有一面偏重。[102]

(ii) **主观概率不同于逻辑或认识概率**。在上述例子中，我对硬币正面朝上的实际信念是0.5。但它正面朝上的逻辑或认识概率不是0.5。我知道那硬币有一面偏重，而我不知道哪一面偏重。逻辑或认识概率无法从无知（ignorance）中产生。[103] 正因为现有证据未曾告诉我p和非p的可能性各有多大，所以它们并不具有相同的逻辑或认识概率。

(iii) **逻辑或认识概率不同于客观概率**。我投掷了一枚普通的硬币，并且我清楚地看到它立了起来。相信我所清楚看到的事实对我而言是理性的。然而硬币立起来的几率或客观概率是极小的；但基于我的感官证据，它立起来的认识概率却极高。[104]

---

[101] John Tozer, "On the Measure of the Force of Testimony in Cases of Legal Evidence" (1849) 8 Transactions of the Cambridge Philosophical Society 143.

[102] Gillies (n 84) 21；一个多少有点类似的例子来自：Mellor (n 84) 12.

[103] Mellor (n 84) 12, 27–9 and 85.

[104] 该例借用自：Mellor (n 84) 11.

(iv) 逻辑或认识概率和证据相关，而主观概率和客观概率却不然。正如已经说明的，客观或物理概率作为物质世界的一个事实而存在，无论是否有人意识到它。它也和证据无关。主观概率也是一样。我对 p 的实际信念也许仅仅建立在一种无根据的直觉之上。[105] 另一方面，逻辑或认识概率本质上是有条件的：它表达的是假说和支持或削弱该假说的证据之间的关系。[106]

(v) 就其非经验性而言，逻辑或认识概率不同于客观概率。正如梅勒所说，"经验数据无法使关于（认识概率的）数值的假设更可能或更不可能，从而提供证据支持或反对（认识概率）"[107]。随着一个新证据的引入，"p 的客观概率是 x"这一命题的认识概率可能必须要被修改，确实如此。但是新证据并不是一个支持或反对关于认识概率本身的命题的证据。随着一个新的经验证据 C 被引入，"相对于证据 B，A 的认识概率是 x"这一命题继续保持不变。C 不能支持或削弱那个关于认识概率的命题，或者使其更可能或更不可能，因为那个命题所表达的仅仅是 A 和 B 之间的关系。C 的引入为一个关于认识概率的**不同的**命题（即：相对于证据 B 和 C，A 的认识概率是 y）提供了基础。由此，可以得出一个关于法律中事实认定的重要启发。如果一项肯定性事实认定所表达的全部内容是一个关于认识概率的命题，那么，在定罪之后再引入任何新发现的无罪证据，都不能证明该有罪认定是错误的。而我们**确实**认为该定罪是错误的，这表明我们不仅将事实认定当作是一个关于认识概率的命题。正如 2.4 部分将会论述的，事实认定断言了一些关于事实的命题。

尽管认识论概率完全不同于客观概率，但前者有可能以后者为基础。只要一个人关于单一事件之概率的信念依赖于一个类似事件在相关参照组中发生的概率，统计概率就能形成认识论概率。

---

[105] Ibid 65.
[106] Ibid 80 - 82.
[107] Ibid 82.

第三章　法律中的事实认定认识论

然而，即便认识论概率以统计概率为基础，它仍然是认识论的。一个认识论概率有其客观基础，并不意味着它不再是认识论的。当我知道 p 具有一个客观概率，并且除此之外我对 p 一无所知时，我对 p 的实际信念度，以及对 p 我所应该具有的理性信念度，可能刚好和 p 的客观概率共享同一个**值**。即便如此，这些概率也不是同一类型的。任何一个都可以独立于另一个而存在。我的主观概率可能是基于错误的客观概率；并且既然逻辑概率并不必然要求那些作为其前提条件的证据为真，那么下述情况就有可能，即逻辑概率以实际为假的证据（这里是指关于客观概率的证据）为其前提条件。[108] 豪森（Howson）和乌尔巴赫（Urbach）提醒我们注意："就其数值而言，一个有客观基础的概率和一个本身就属于客观概率的概率之间，存在细微差别。"[109] 更概括地讲，即便没有人意识到它，客观概率也能存在；反过来，一个信念并不必须以任何有关客观概率的知识为基础。典型的情况是，当客观概率仅构成可用证据中的一部分时，其他证据可能促使我们理性地持有一个具有某概率值的信念，该概率值完全不同于客观概率。凯恩斯（Keynes）的下述评论既有趣又恰当[110]：

> 对于一个陌生人来说，我会寄一封未贴邮票的信到邮局的概率，可以从邮政机构的统计数据中获得；对于我来说，这些数据对这个问题可能有用，但用处极小。

2.3　审判与概率

由于科学家试图探索的不确定性是"世界本身的随机性和非

---

[108] Ibid 34.

[109] Colin Howson and Peter Urbach, *Scientific Reasoning: The Bayesian Approach* (La Salle, Illinois: Open Court, 1989) 228. See also Gillies (n 84) 119–120.

[110] John Maynard Keynes, *A Treatise on Probability* (London: Macmillan, 1948) 322. Quoted by Gillies (n 84) 122, see also ibid 183 and Mellor (n 84) 85.

决定性导致的结果"[111]，所以他的工作只适合以一种概率理论来作为指导，这种理论将概率作为他正在探索的物质世界的一个特征。但我们在审判中所面临的不确定性"是我们知识的不完整性和不充分性导致的结果"[112]。自然地，我们应该被引导转向一种认识论的概率理论，以此来管控那类不确定性。概率的频率理论处理的是大量的现象和可重复事件。它无法简单地适用于单一的不可重复事件。对于这些事件，概率必须从认识论层面来理解。由于审判通常关注单一事件，**如果评议受概率指导的话**（这将会是有争议的），那么在通常情况下，我们应该采取一种认识论视角来看待所运用的概率。[113]

我们暂且假设：在审判中必须以认识论概率为基础来对事实问题作出决定。这意味着，仅当事实认定者在足够高的程度上相信一项命题性内容为真时，他才应该对此作出肯定性认定。[114] 有人或许试图在审判过程中通过赋予两种认识论解释不同的重要性，以同时采纳它们。主观理论强调主体在事实判断问题上被赋予的**权力**，而逻辑或认识理论则强调因此加诸他的**责任**。主观理论容许观点上的不同。基于同样的证据，人们对案件中的事实可以合理地存在不同观点。[115] 若概率被主观地理解，为了审判的目的，如果并且只要事实认定者在较高程度上相信一个争议命题是真的而不是假的，那么它就更可能为真而不是为假；相反地，如果并且只要他在更高程度上相信该命题为假而不是为真，那么该命题就更可能为假而不是真。与这种自由裁量权相伴而生的是责任。

---

[111] Weatherford (n 93) 249.

[112] Ibid 249.

[113] As observed by Mellor (n 84) 10-11.

[114] 波斯纳认可了这一点，see Richard A Posner, *The Problems of Jurisprudence* (Cambridge, Massachusetts: Harvard U P, 1990) 212; Vern R Walker, *Preponderance, Probability and Warranted Fact-finding* (1996) 62 Brooklyn L Rev 1075, 1102-1104; Gudmund R Iversen, *Operationalizing the Concept of Probability in Legal-Social Science Research* (1971) 5 Law and Society Rev 331, 332.

[115] Eg Henry Walters [1969] 2 A C 26, 30.

第三章 法律中的事实认定认识论

"概率"是基于证据而对某个假说的理性信念度,在这种情况下,要求根据概率作出决定的命令就是一项要求寻找证实或证伪那个假说的证据的命令。事实认定者必须理性地决定:证据在多大程度上支持存有争议的事实主张。[116] 他必须只考虑基于证据而接受争议性主张为真的理性的信念度。

上述所言并不意在表明:客观概率概念和审判过程无关。显然,并非如此。客观概率至少能够发挥两种重要且不同的作用。首先,在审判中证据经常被赋予一定客观概率。[117] 例如,专家证言中经常包含统计信息。当一个DNA科学家对某个匹配的随机发生率作证时,他所说的概率是客观的。[118] 在这种以及类似的情况下,事实认定者在评议应该相信哪些案件事实的时候,必须要考虑这些客观概率证据。[119] 然而,回到前面一节我们所提到的重要观点,尽管认识论概率可能以客观概率证据为基础,或者受其影响,但是它以此为基础或受此影响这个事实并不意味着它不是认识论的。

虽然法院可以凭借客观概率证据以获得关于争议性事实命题的认识论概率,但并非**必须**拥有这些证据。正如梅勒所说,关于

---

[116] Weatherford(n 93)130:逻辑概率理论"和人们的思维之间有一种**规制性**联系——它并不描述他们实际如何思考的方式,其所描述的是,如果他们准备正确地思考,那么应该怎样思考"。

[117] Cf s 10, Civil Evidence Act 1995 (England):为评估未来财产损失的一般赔偿额,政府保险业务核算部门提供的精算表格可作为证据采用。

[118] 这个比例以相关DNA数据库中的统计信息为基础:*Gordon*(1995)1 Cr App R 290, 295。

[119] 有时,证据被错误地使用。公开的案例包括:美国的柯林斯案(*People v Collins* [(1968) 438 P 2d 33])(David McCord, "A Primer for the Mathematically Inclined on Mathematical Evidence in Criminal Cases: *People v Collins* and Beyond"(1990)47 Washington and Lee L Rev 741);英国的萨利·克拉克(Sally Clark)丑闻(Richard Nobles and David Schiff, "Misleading Statistics Within Criminal Trials—the Sally Clark Case"(2005)2 Significance 17);荷兰的指控露西娅(Lucia de B)的案件(Ronald Meester, Marieke Collins, Richard Gill and Michiel van Lambalgen, "On the (Ab) Use of Statistics in the Legal Case Against the Nurse Lucia de B"(2006)5 Law, Probability and Risk 233)。

"男管家犯了罪"这一假说的证据,"没必要赋予[它]任何几率,例如物理概率,从而使[它的]认识概率能够与之等同"[120];一位作证说"曾看见男管家手上沾满鲜血"的证人不是在提供作为客观概率的证据(即便下述命题存在某种客观概率:从其财产和地位来看,这样一个人会讲述真相)。这个证人是以其知识在作证,这些知识非推论性地源于其感知。感知不是概率性证据(作为知识的一种直接来源,事实上它根本不是证据),尽管我们能够讨论感知错误的概率。[121]

客观概率对于一项肯定性事实认定而言也是**不充分**的。这是一个存在争议的主张并且它将在后文得到更全面的辩护。在真实案件中,不可避免地会有其他一些证据被引入案件,它们可能使得"男管家**可能**(would)犯罪的几率……不同于他**确实**(did)犯了罪的认识概率"[122]。但让我们假设一种不真实的场景,在其中只有客观概率证据可用。就其本身来说,该证据只能证成一项有关概率的认定。然而,正如下一节将讨论的,一项认定所断言的是一个事实命题,而不是一个概率命题。根据事实认定的概率性解释,这里所需要的是对某个事实命题具有足够高的信念度。在"相信 p 具有 x 的客观概率"和"对于 p,具有概率为 x 的信念度"之间存在区别。在梅勒看来[123]:

于辩护方而言,下述做法是不充分的:证明男管家是杀

---

[120] Mellor (n 84) 88.

[121] 人们常说,所有证据归根结底都是"统计性的"或"概率性的":eg Laurence Tribe, "Trial by Mathematics: Precision and Ritual in the Legal Process" (1971) 84 Harvard L Rev 1329, 1330, n 2; Richard A Posner, "An Economic Approach to the Law of Evidence" (1999) 51 Stanford L Rev 1477, 1508; Frederick Schauer, *Profiles, Probabilities and Stereotypes* (Cambridge, Mass: Harvard U P, 2003) 103; Jonathan J Koehler, *The Probity/Policy Distinction in the Statistical Evidence Debate* (1991) 66 Tulane L Rev 141, 143 and n 11; *US v Veysey* (n 197). 这是存有疑问的:see Williamson (n 9) 252. 文中在讨论以下主张,即"事实上所有经验知识都有一个概率基础"的时候,总结了"'基础'一词的因果意义和证据意义"之间的区别。

[122] Mellor (n 84) 88.

[123] Mellor (n 84) 11.

第三章 法律中的事实认定认识论

人凶手的**几率**（*chance*）很低。确实可能如此。（例如，假设他是从几百个可能是凶手的人中间随机挑选的）那是不相关的：重要的是，从庭前出示的证据来看，那个男管家**是**（*was*）凶手的概率。控方需要证明该认识概率高得足以证成一项有罪裁决，而辩方需要证明并非如此。

使用一个特定的参照组定义（可能的凶手），这种方法的正当性是很成问题的。[124] 即便我们能解决参照组问题，纯粹的统计证据本身也只能证明存在某种客观概率，即作为参照组中那类人之一的男管家**可能会**做这件事。男管家**确实**犯了该罪的客观概率或者是1（如果他犯了罪）或者是0（如果他没犯罪）。然而，对于"男管家犯了罪"这一命题还存在一种认识论概率：统计证据可能导致或证成关于"男管家犯了罪"的特定信念度。这种信念通常被称为"部分信念（partial belief）"。一个部分信念使我们可以做出下述断言：某事是可能的；唯有一个绝对信念（categorical belief）才能够使我们做出一项对事实的断言。[125] 对此更多的讨论将在2.5部分展开，在那里我们会对这两种信念类型的差异进行更为详细的考察。

除了在审判中作为证据使用外，客观概率还可以发挥进一步但在某种程度上具有争议性的作用。在特殊情况下，一个主张似乎建立在一个客观概率命题之上，而不是一个事实命题之上。例如，当一方没有被给予机会在一场比赛的最后一轮中表现他自己，并且他按照合同起诉要求获得因为"失去机会"赢得奖牌而应有

---

[124] 有关该争论的参考文献如下：Mark Colyvan, Helen M Regan and Scott Ferson, "Is it a Crime to Belong to a Reference Class?" (2001) 9 J of Political Philosophy 168; Peter Tillers, "If Wishes Were Horses: Discursive Comments on Attempts to Prevent Individuals from Being Unfairly Burdened by Their Reference Classes" (2005) 4 Law, Probability and Risk 33; Ronald J Allen and Michael S Pardo, "The Problematic Value of Mathematical Models of Evidence" (2007) 36 J of Legal Studies 107. 也请参见即将特别发表的关于参照组问题的文章：(2007) 11 Intl J of Evidence and Proof, issue 4.

[125] See V H Dudman, *Probability and Assertion* (1992) 52 Analysis 204; Williamson (n 9) 248（"概率证据仅仅使我们可以做出下述断言：某事是可能的"）。

的补偿金时,他不必去证明自己实际上本来会赢得比赛,而只需要证明存在赢得比赛的真实可能性。[126] 这类案件以及那些与此类似的案件是存在争议的。下述问题往往不甚清晰:这里采用了哪种概率解释?在何种意义上它是客观的?而且具有较大争议的是,尤其在医疗过失的情况下,法律是否应该仅仅基于对概率的证明(例如"失去治愈机会")而允许获得补偿。[127] 对那些被视为概率性或可能性命题的运用,在审前与再审阶段更为常见。例如,检控方被要求证明存在颁发搜查令的"可能根据"("probable cause")[128];要求开示一份文件的一方必须要证明该文件"有可能"支持他的案子[129];以无效的法律帮助导致了偏见为由,在上诉书中要求撤销有罪判决,必须要证明存在"合理的概率,即如果不是因为律师不专业所导致的错误,那么诉讼的结果原本可能会不同"[130]。很难想象在这些运用中怎么采用概率的客观解释;

---

[126] 经典案例是:*Chaplin v Hicks* [1911] 2 KB 786.

[127] 试举大量作品中的一部分:see Helen Reece, "Losses of Chances in the Law" (1996) 59 MLR 188; David Hamer, "'Chance would be a Fine Thing': Proof of Causation and Quantum in an Unpredictable World" (1999) 23 Melbourne University L Rev 557; Jane Stapleton, "Lords a'leaping Evidential Gaps" (2002) 10 Torts LJ 276 and "Loss of Chance of Cure from Cancer" (2005) 68 MLR 996; Chris Miller, "Loss of Chance in Personal Injury: A Review of Recent Development" (2006) 5 Law, Probability and Risk 63.

[128] *Brinegar v US* (1949) 338 US 160, 175: "在处理'合理根据(probable cause)'时,……正如其名称所示,我们处理的是概率问题。"但达到"合理根据"标准所需要的概率度被认为无法准确界定或量化;这里所需要的是一个关于有罪信念的合理理由:*Maryland v Pringle* (2003) 540 US 366, 370 – 371.

[129] Eg *Three Rivers DC v Bank of England* [2002] EWCA Civ 1182, paras 21 – 22, 30 – 33; [2003] 1 WLR 210, 221 – 2, 224 – 226. 在这个案件中,英国上诉法院认为"有可能"一词"并不必然蕴涵'比不可能更可能'。这是一个随其语境而获其含义之词。"它可能产生自法规或规章文本,在那里这个词似乎仅仅意指一个"概率的适度阈值":ibid, para 22.

[130] *Strickland v Washington* (1984) 466 US 668, 698. 美国最高法院补充道,合理概率是指"一个足以削减对结果之信心的概率"(Ibid). 这个标准被适用于一个不同的情景中,即科普兰案(*United States v Copeland* [(2005) 369 F Supp 2d 275])。魏因斯坦(Weinstein)法官认为,在该案件中存在偏见的概率为20%,这一证明足以使上诉获胜(Ibid, 287 – 288)。

第三章　法律中的事实认定认识论

似乎唯有认识论解释才是合适的。

2.4　命题内容

对于一个案件而言，仅仅依靠一个概率命题是非常少见的。大多数时候，最终待证命题是关于事实的（广义地理解）。在通常情况下，一项肯定性认定断言了一个事实命题。例如，在一起判决谋杀的案件中，除了别的内容外，有罪裁决断言了：被告人导致了受害者的死亡。"被告人是否导致了受害者的死亡"这一问题在法律上被当作一个事实问题，尽管它不是纯粹关乎事实的；一些价值判断也包含在其中。区分事实与价值的困难在第一章第一节1.2部分已被提及，并且无须赘言，因为我们要强调的是"一项对事实命题的断言"（广义地理解）和"一项对事实命题为真之概率的断言"（简称为"对概率的断言"）之间的区别。

对于一项认定，人们可以选择采取三种解读，这三种都应当被舍弃。第一，有人可能主张说：一项认定断言了一个客观概率命题。在极少数案件中，证明一些概率命题就足够了；这个可能性已得到承认。我们不能否认，在这些案件中，一项归责认定可能仅仅意味着一项关于客观概率的断言。然而，作为一个一般性命题，这个主张显然是不合理的。一个有罪裁决所断言的是：被告人导致了受害者死亡；而不是：他导致了被害者死亡在客观上是可能的。正如我们所知，这是梅勒的观点。一位陪审员在反思他所履行的陪审职务时，恰好呼应了这种观点[13]：

> 陪审团不是被要求去决定X先生是否……可能是一个窃贼。他们被要求去决定检控方是否已证明：在本案中，**存在一个窃贼并且X先生就是该负责任的那个窃贼**。

审判大多处理的是关于过去事件的争议性命题。谈论一个已

---

[13] 参见佩内洛普·华莱士（Penelope Wallace）的解释：in Dulan Barber and Giles Gordon（eds），*Members of the Jury*（London：Wildwood House，1976）131.

经发生之事件的客观概率并不是很有意义。这个值只可能是 1（如果所声称的事件确实曾发生）或者 0（如果它没有发生）；很难想象何以能存在某个中间值。[132] 既然认定 p 的客观概率为 1 等同于认定 p，那么一项肯定性认定最终所表达的就是一个事实命题。似乎只有从认识论角度来考虑一个过去事件的概率，该概率才可能具有某个中间值。一个人可以在 1 到 0 之间的取值范围内相信一些事发生了或者没有发生。

作为第二种选择，能否认为一项事实认定表达了一个认识论概率命题呢？基于这个论点，有罪认定要么是针对"事实上是被告人导致了受害者死亡"这一主张，断言了一个关于事实认定者自身信念度的命题（如果采用概率的主观解释）；要么是针对"基于庭前所举证据，被告人犯了罪"这一主张，断言了一个关于理性信念度的命题（如果采用概率的认识理论）。这两个观点都站不住脚。它们都包含了一个令人无法接受的含义：只要**在得出有罪裁决时**事实认定者持有这一相关信念（基于第一种理解），或者**在审判中**他能使用的证据合理支持着这一相关信念（基于第二种理解），那么，该项认定就永远无法被证明是错误的。一项仅仅断言了某个认识论概率命题的认定，能够应对来自任何在定罪后发现的经验证据的挑战，无论该证据多么有力地为被告人开脱。新证据并不表明在定罪时缺失了相关的主观信念；并且，重复一个先前的观点，对于在审判中提交的证据集合而言，关于有罪的认识概率是不会因为审判**之后**发现的证据的引入而增加或减少其可能性的。新证据所发挥的全部作用就是引入了一个不同的认识概率，这个概率所对应的是一组不同的证据，这组证据比此前审判中采纳的证据内容更多。

第二种观点的另一个问题是，它把被断言的命题之内容，与

---

[132] Don Fallis, "Goldman on Probabilistic Inference"（2002）109 Philosophical Studies 223, 229-230.

第三章　法律中的事实认定认识论

奥斯汀所说的言语行为的真诚条件弄混淆了。[133]正如我们在第一章第二节2.3部分所见,有许多言语行为都表达了心理状态。第二种观点把部分信念当作一项裁决所表达的心理状态。然后它错误地把这种心理状态解读为被断言的命题之内容。

对于"一项认定断言了一个事实命题"这一主张的第三种可供选择的解读认为,一项认定断言了一个关于对该事实命题之证明的命题(简称为"证明命题")。根据这种观点,认定p,就是断言:p已得到证明。但这仅仅是提出了这样一个问题,即在什么条件下事实认定者可以得出结论认为p被证明了;换言之,事实认定者在什么时候能够认定p。作为我们对该问题的回答,第一节建构出了BAF*。回到前一段的观点,我们必须仔细区分:允许作出一项认定所要求的那些条件,和被这一认定所断言的那个命题的内容。BAF*规定了允许对p作出认定的那些条件;p所包含的内容是一个不同的问题,BAF*对此未置一词。事实上,在先前的讨论中我们已经明确地将其保留以作进一步考察。

存在一些肯定性的理由,能够支持以下观点,即"一项肯定性裁决或认定,断言了事实命题"。首先,该观点与事实认定者所说的话完全一致。陪审团宣布被告人有罪(或担责);陪审团没有宣布他可能有罪(或担责)。此处使用的是一个绝对(categorical)形式的表述,它等同于一项直白的断言。第二,这个观点也与法律根据裁决行事的方式一致。由裁决所引起的法律后果通常而言就是绝对的。除了少数例外,它所采用的是一种全有或全无的方式。伴随一项有罪判决而来的惩罚,不是根据已被证明的有罪概

---

[133]　参见第一章2.3部分。

率来分配的；民事损害赔偿也很少根据已被证明的担责概率来分配。[134] 第一个和第二个理由不是结论性的，因为一个人可以选择不根据其信念来说或做某事；第一个和第二个理由的分量在于对这种分离的否定。[135] 当法院所说所为与其实际信念不一致时，它就失去了诚实性。第三，仅法院具有正当理由断言"被告人事实上犯了罪"，国家才能被允许因其罪行而惩罚被告。正如我们将看到的，作出一项关乎事实的断言，比作出一项仅仅关乎概率的断言，要承担更大的责任。[136] 如果法院没有准备好断言"被告人事实上犯了所控之罪"并为此断言承担责任，那么它就不应该基于指控而判他有罪。相同论证也适用于民事判决。尽管民事判决不被认为是惩罚性的；仅当适用法律的强制性规范时，民事判决才具有惩罚性。[137] 除非国家能够断言"被告事实上有责任"并因此使自己担保其真实性且对任何错误负责；否则，它就没有权力

---

[134] 这种"全有或全无"的方法被"全世界"所采用：Frederick Schauer, *Profiles, Probabilities and Stereotypes* (Cambridge, Massachusetts: Harvard U P, 2003) 89-90. 请比较：Hendrik Lando, "The Size of the Sanction Should Depend on the Weight of the Evidence" (2005) 1 Rev of Law and Economics 277. 文中提出了一种激进的建议，即刑事制裁要根据对被告不利的证据权重来分配。福利（Foley）声称这种分配是不切实际的。参见：Richard Foley, "The Epistemology of Belief and the Epistemology of Degrees of Belief" (1992) 29 American Philosophical Quarterly 111. 他提醒说，陪审团成员们：

"没有被赋予作出数值精确的判决的选择权。例如，他们不能判决说，被告可能有罪的程度为 0.89。原则上没有什么阻碍法律系统允许这些标准并且然后据此调整惩罚以反映陪审团对被告有罪这一判断的信念度。但事实上不存在这种法律系统并且这也缺乏好的理由。任何这种系统都会是非常不实用的。"(Ibid 123.)

[135] 这种分离暗含于一些陈述之中，比如迪普洛克（Diplock）法官的陈述："为了判断过去确实发生了什么，法院依靠对概率的衡量作出决定。任何事如果相对不可能更为可能，那么法院就把它当作是确定的。"这似乎暗示着法院可能会表现得**好像**某事是真的，即便它并不相信那是真的。See *Mallet v McMonagle* ([1970] AC 166, 176). See also *Malec v J C Hutton Pty Ltd* (1990) 169 CLR 638, 642-3；"如果某事件已经发生的概率大于其没有发生的概率，那么该事件的发生就被当作是确定的；如果它已经发生的概率小于它没有发生的概率，那么它就被当作没有发生过。"

[136] Parts 2.5.1 and 2.5.2 below.

[137] 哈特提供了一个具有说服力的案例来反驳法律制裁理论，但即便是他，似乎也对此作出了很多让步：H L A Hart, *The Concept of Law* (2nd edn, Oxford: Clarendon Series, 1994) 27-28.

第三章 法律中的事实认定认识论

判他承担责任。

2.5 两种信念概念

在本章第一节 1.3 中我们认为：要认定 p，一个人应该根据 BAF* 规则有正当理由相信 p。在第二节 2.3 中我们认为：那些认为审判中的事实问题取决于概率的人，为达此目的，必须依赖一种认识论的概率理论。根据概率论的观点，要认定 p，一个人必须在足够高的程度上相信 p；这里的信念概念不同于 BAF* 中所运用的信念概念。后一种信念通常被认为是"绝对的（categorical）"。一个人或者相信 p 或者不相信 p。更准确地说，存在三种信念立场[138]：除了相信 p 之外，一个人还可以相信 p 为假，也就是不相信 p；或者暂缓对 p 作出判断，这样就既非相信 P 也非不相信 p。[139] 另一方面，在将概率定义为一种信念**度**时，认识论理论预设了一个人能够在或大或小的程度上相信某事。这种认知态度被称为"**部分信念**"（"*partial* belief"）。

2.5.1 部分信念

当"信念"及其同源术语在日常语言中被使用时，其通常所指称的认知态度是部分信念而非绝对信念。正如我们将简要了解的，部分信念态度和怀疑态度密切相关。通常情况下，当一个人仅仅对 p 具有部分信念或者只是猜想 p 时，他就说他相信 p。当一个人发现在某些方面缺失证据时，这么说是正常的："我并不真的**知道**'情况就是如此'，但我**相信**它是这样的。"如此表达出来的这种信念是排斥知识（knowledge）的。"声称知道（know）"提供了一个保证或者类似的保障。实际上，它暗含了一个主张，即

---

[138] See James Fitzjames Stephen, *A General View of the Criminal Law of England* (London: Macmillan, 1863) 239; C J Misak, *Truth and the End of Inquiry—A peircean Account of Truth* (Oxford: Clarendon Press, 1991) 49.

[139] 暂缓判断不仅仅是既非相信也非不相信 p。如果我从未思考过 p，我就既非相信也非不相信 p。即便那些不能拥有精神状态的事物，例如一块石头，也能有那个特性，即既非相信也非不相信 p：Wedgwood (n 45) 272.

他不会错。下述说法是矛盾的(或者无价值的):"我知道但是我可以(或可能)是错的。"[140] 另一方面,一个人声称只具有"些许"信念,就是承认了(实际上是强调了),错误的现实可能性。一般来讲,说"我相信",类似于说"我认为""我假设"或"在我看来"[141]。当我们说"仅仅有些"相信 p 时,我们是在提醒我们的听众注意,我们的证据存在可察觉的不充分性——缺失或不完整性;而且在这么做时,我们否认自己知道 p。伴随着这种否认,我们不承诺或者至少是减轻了我们对 p 之真实性的保证与责任。[142]

使用副词"可能"("probably"),会产生类似的效果。比如,我们说:"可能 p。"[143] 当证据没有给我们所需的保证来对直接断言"p 为真"承担责任时,我们发表这个含蓄的免责声明来限制我们对那些可能依赖我们陈述的人所承担的责任。正如在第一节所讨论的,当一个人断言 p 时,他是在暗示知道 p;当一个人知

---

[140] J L Austin, "Other Minds" in J O Urmson and G J Warnock (eds), *Philosophical Papers* (Oxford: OUP, 3rd ed, 1979) 76, 98. 奥斯丁的观点得到卡普兰的捍卫,see Mark Kaplan, "If You Know, You Can't be Wrong" in Stephen Hetherington (ed), *Epistemology Futures* (Oxford: Clarendon Press, 2006). 雷斯彻也进行了阐述:"一项对知识的宣称给出了一个保证,即已经尽到所有恰当关注和注意义务以确保任何实际的错误概率都被消灭;它发布了一个保证,即每一个适当的防护措施都已经都采用。这正好是为什么'我知道 p,但可能弄错了'这一陈述自我矛盾的原因。宣称知道 p 的人因此作出了一个保证,这一保证有效地消除了那个限制,即'但我可能弄错了'。"参见 Rescher (n 81) 91.

[141] Cf Slote (n 9) 182-184.

[142] 当阿耶尔给出以下论述的时候,也是在此意义上使用"相信"一词:"说我知道一些事就是那样……就是……为事情(无论何事)的真相作出担保……如果我的保证没有达到通常的标准,你有权利责备我。如果我仅仅是说我相信,你就没有权利责备我,尽管如果我的信念对你来说显得不理性,你可能会看低我。"A J Ayer, *The Problem of Knowledge* (London: Macmillan & Co, 1956) 17-18.

[143] 从这个角度来看"概率",see Stephen Toulmin, *The Uses of Argument* (Cambridge: Cambridge U P, 1958) ch 2; J N Findlay, "Probability without Nonsense" (1952) 2 Philosophical Quarterly 218; Neil Cooper, "The Concept of Probability" (1966) 16 British J for the Philosophy of Science 226; John King-Farlow, "Toulmin's Analysis of Probability" (1963) 29 Theoria 12; J R Lucas, *The Concept of Probability* (Oxford: OUP, 1970) chs 1 and 2.

第三章 法律中的事实认定认识论

道 p 时，他就绝对地相信 p（说得更全面些，即相信 p 实际是真的）。在日常对话中，我们避免使用"信念"的各种绝对的或严格的用法。说一个人相信 p，常常是在否认声称知道 p；相反，它是暗示一个人持有一个关于 p 的有限度的信念状态。[144] 一个人部分地相信 p 或者在特定程度上相信 p，在此意义上，一个人即相信"可能 p"。

对 p 的部分信念，证成了"可能 p"这一断言。这和断言"p 具有特定的客观概率"是不同的。一般来说，当一个人对某件事——例如，使用克里斯滕森（Christensen）的例子，"乔可在星期五的测验中作了弊"——持有一定信念度时，认为那个人脑海里一定有一些关于参照组或倾向的命题是不现实的。[145] 在认识论的意义上，概率并不存在于所相信的命题之内容中（就像客观概率那样）[146]；相反，它是对关于一个命题的信念度的度量。"可能 p"这一陈述是如此的含糊不清，它和下面两种陈述表面上有相似性：一个关于 p 的部分信念；或者，一个关于 p 之客观概率的绝对信念。

我们真的可以只是部分地相信一些事吗？许多哲学家认为，"在 x 程度上相信 p"（或者说，"具有概率值为 x 的对 p 的部分信念"），不同于"（绝对地）相信'p 的概率是 x'"[147]。如果对一个

---

[144] Cf Sutton (n 24) 64："我表明，'我相信 p'这类形式以及类似形式（'我认可 p'，'p，我相信'，'我认为如此'，等等）的话语并不表达对于命题 p 的信念。反之，它们表达了一个信念，即 p 是可能的（比不可能更可能，或许）。"

[145] David Christensen, *Putting Logic in its Place: Formal Constraints on Rational Belief* (Oxford: Clarendon Press, 2004) 19-20.

[146] 当欧文斯给出以下论述的时候，必然考虑了后者："我们能认为 p 或多或少有可能……是就信念**内容**而言，而非其**强度**。"David Owens, *Reason Without Freedom—The Problem of Epistemic Normativity* (London: Routledge, 2000) 144, Owens.

[147] Eg Ramsey (n 89) 187-8（"频率理论的一些倡导者的如下主张难以为继：部分信念意味着对一个频率命题的完全信念"）；Helen Beebee and David Papineau, "Probability as a Guide to Life" (1997) 94 J of Philosophy 217, 218（"对硬币朝上的信念度达至 0.9 不同于（完全）相信它朝上的概率（在某种客观意义上）是 0.9"）。

命题的部分信念并不意味着对一个概率命题的绝对信念,那么它意味着什么?对于一些哲学家而言,这是难以理解的。[148] 尽管梅勒承认"信念存在程度差异"这一观点具有不确定性[149],但是他很快又补充道:"与认为信念'或有或无'的(绝对的)观点相反,我们必须要承认**质疑 A** 的明显可能性。"梅勒评论道,对 A 的怀疑存在"程度差异,这些程度似乎反映了对 A 的不同信念度"[150]。他提供了一个具有说服力的关于掷硬币的例子。假如我们知道,该硬币的两面都被铸成了正面,或者都被铸成了反面。由于不知道这个硬币是哪一种,我们对掷出正面朝上的信任度(credence)是 1/2,同样我们对掷出反面朝上的信任度亦是 1/2。[151] 这并不意味着我们相信掷出正面朝上的客观概率(或同样地,掷出反面朝上的客观概率)是 1/2(该客观概率是 1 或 0);这似乎意味着我们同等地**倾向**于相信一个结果(正面朝上)和另一个结果(反面朝上)。部分信念似乎是指向绝对信念的一种倾向,但故意达不到绝对信念。

梅勒还指出,主观信任度(subjective credence)可能仅仅出于直觉。[152] 这和他的例子一样具有说服力。因为它表明,一个部分信念就是一个**猜想**(*suspicion*)。回顾一下萨阿和威利文对"猜想"和"信念"所作的对比总结。猜想 p 就是暂时地接受 p,认为其仍可修改;就是不把 p 当作一个事实,而是当作一个有待进一步检验其真实性的假说。当我们把猜想称为信念的时候,我们可能犯了汉普希尔(Hamsphire)曾提醒我们注意的错误:我们可能把"认为 p(thinking that p)"和"相信 p(believing that p)"混淆了。前者仅仅是意识的一种材料,这在以下自我陈述中

---

[148] Eg Sutton (n 24) 12. 他采取了一种有关信念的绝对视角,认为谈论"信念度"是很难理解的。

[149] Mellor (n 84) 66.

[150] Mellor (n 84) 12. See also ibid 65 – 66.

[151] Ibid 12.

[152] Ibid 65.

第三章　法律中的事实认定认识论

得以说明："有关 p 为真的想法现在发生在我身上";后者是在较强意义上认为 p,即一个人已经准备断言 p 为真。[153] 尽管如此,"'信念有其程度差异'这一观点……得到了人们的广泛认同"[154]。否认存在部分信念这种东西的观点是迂腐的。人们确定无疑地谈论着它,看起来确有其事。我们将采取以下观点:(在较大或较小程度上)相信 p,就是(较强或较弱地)猜想 p;或者说,(或多或少地)倾向于绝对地相信 p,但是却有意地抑制自己形成该绝对信念。

2.5.2　绝对信念

绝对信念是严格意义上的信念。根据在本章第一节所讨论的有关知识的标准分析,信念是知识的一个条件。正如方才所述,这类信念不是部分信念,因为部分信念是排斥知识的。为知识所必需的那类信念是绝对的。[155] 如果一个人知道 p,他就绝对地相信 p。如果一个人并非绝对地相信 p,那么他就不知道 p。当一个人判断 p 实际上为真时,他才绝对地相信 p。并且当一个人说相信 p 时,他就表达了对这一判断的保证（commitment）。只有对 p 的绝对信念才能证成对 p 的无保留的断言（outright assertion that p）。[156] 对 p 的无保留的断言使得断言者对所断言内容的真实性作出保证。

并非每次言谈都会作出保证。当我大声对一个盲人读着报纸上文章的句子时,我并不担保报道的真实性。断言一个命题不同于仅仅读出表达了那个命题的句子;一个人可以说出某事而不用

---

[153] Stuart Hampshire, *Freedom of the Individual* (London: Chatto and Windus, 1975) 101-102.

[154] Mellor (n 84) 66.

[155] Christensen (n 145) 13:"知识通常被视为信念加上特定的其他事物……不同派别的主流认识论学者通常运用一种二元信念模型。"

[156] Jonathan E Adler, *Belief's Own Ethics* (Cambridge, Massachusetts: MIT Press, 2002) 235.

断言它。[157] 当一个人断言 p 时,他想让别人相信他所说的,并且暗含着保证,即他的话可以相信。[158] 正如皮尔斯(Peirce)很久之前所述,断言一个命题"就是使自己对该命题的真实性负责"[159]。当一个人在法庭上正式作出的一项认定中作出一项严肃的断言时,他所承担的责任是特别重大的[160];事实认定者"不仅仅想让别人信赖(他的)认定,而且他这么做时也意识到信赖将随之产生"[161]。

这里混淆产生了,因为"讽刺的是,'我相信 p'这一句式,有时恰好被用以表达(严格来讲)某人并**不相信 p**"[162]。在"我相信 p 事实上为真"这个更加明确的陈述中,信念的绝对性质得以清晰展现。对关于 p 的绝对判断作出保证的表述,包含了对 p 的真实性所负的责任,这一责任比一个人仅仅宣称"可能 p"时要负担的责任更重。

一个人可以或强或弱地绝对相信 p。一个绝对信念的强度(strength)是根据其牢固性(tenacity)来衡量的:一个人多么强

---

[157] 即便一只鹦鹉也能做到这一点:G E Moore, "Saying that P" in *Commonplace Book* 1919–1953 (London: George Allen, 1962) ch 15.

[158] Catherine Z Elgin, "Word Giving, Word Taking" in Alex Byrne, Robert Stalnaker and Ralph Wedgwood (eds), *Fact and Value—Essays on Ethics and Metaphysics for Judith Jarvis Thomson* (Cambridge, Massachusetts: The MIT Press, 2001) ch 5. 对于一种知识主张,同样的内容已得到讨论:Ayer (n 142) 13;J L Austin, "Other Minds" (1946) 20 Supplementary Proceedings of the Aristotelian Society 148, 171.

[159] Charles Hartshorne and Paul Weiss (eds), *Collected Papers of Charles Sanders Peirce* (Cambridge, Massachusetts: Harvard U P, 1934) vol 5, 384. 我很感激苏珊·哈克(Susan Haack)提供了这个引证。皮尔斯的观点得到了弗里德的回应:"作出一项断言就是保证陈述为真……一项断言可能被视为一种非常概括的承诺;它是一种承诺或保证,即该陈述为真。" Charles Fried, *Right and Wrong* (Cambridge, Massachusetts: Harvard U P, 1978) 56–7.

[160] 皮尔斯提出了一个与宣誓作证有关的类似观点:(n 159) 386.

[161] Judith Jarvis Thomson, "Liability and Individualized Evidence" (1986) 49 Law and Contemporary Problems 199, 213.

[162] Sutton (n 24) 64.

第三章 法律中的事实认定认识论

烈地绝对相信 p，就是一个说服他放弃该信念有多困难的问题。[163] 根据一种被许多人认可的观点，信念强度这一概念是不能通过遵循概率计算的数学方法来进行数字化计量的。[164] 这种观点认为：一方面，证据推理太"微妙和复杂"[165]，以至于不能通过贝叶斯分析予以形式化描述；另一方面，概率推理对人们来说太复杂而无法掌握，因为它要求在证据性命题的"指数级（exponential）"组合中分配和更新概率。[166] 关于绝对信念的强度以及一个人如何

---

[163] Owens (n 146) 144; Gilbert Harman, *Change in View* (Cambridge, Massachusetts: MIT, 1986) 22.

[164] 对凯恩斯而言，概率通常是不能以数值计量的；我们顶多能把一个概率和另一个进行比较。有时，它们甚至是不可比较的：Keynes (n 110) 27 – 28, Gillies (n 84) 33 – 35, Mellor (n 84) 16. 对于凯恩斯概率比较方法的辩护参见："Keynes After Ramsey: In Defence of *a Treatise on Probability*" (1994) 25 Studies in History and Philosophy of Science 97. 可能的情况是，凯恩斯的概率观点受到他从法律中所看到情况的影响 (Cf Jan Dejnožka, *Bertrand Russell on Modality and Logical Relevance* (Aldershot: Ashgate, 1999) ch 10：注意有关他的相关性理论的法律影响)。在他的《概率论》(*A Treatise on Probability*) 一书中，凯恩斯提到了边沁关于司法证据的著述 [Keynes (n 110) 20]，讨论了一些法律案例 (ibid 24 – 27) 并且称赞了"注重实际的那些人，律师们"，"他们比哲学家们更加巧妙地 [处理概率问题]" (ibid 24). 请比较：Atiyah, *Pragmatism and Theory in English Law* (London: Stevens & Sons, 1987) 135 – 6："在证明过程中，律师们必须大量依靠概率，但通常他们在概率理论层面表现极其差劲，他们更愿意依靠非常不可靠的直觉和普通人的常识。"

[165] Susan Haack, *Defending Science—Within Reason: Between Scientism and Cynicism* (New York: Prometheus, 2003) 75. 哈克已经在很多场合表达了"对数学概率理论的认识论用处的保留态度"。参见以下文章中所引相关文献："On Logic in the Law: 'Something, but not All'" (2007) 20 Ratio Juris 1, 16, n 62.

[166] Harman (n 163) ch 3; Robert Nozick, *The Nature of Rationality* (Princeton, NJ: Princeton UP, 1993) 96 ("为每一个并且是每一个符合语法的陈述以及相关陈述的组合分配概率的任务是让人难以承受的"); Stewart Cohen, "Knowledge, Assertion, and Practical Reasoning" (2004) 14 Philosophical Issues 482, 487 ("关于'知识'的讨论可以被视为一种简化推理的探索。如果我们拥有更大的能力来存储和计算证据概率，我们便可以仅仅依靠概率来进行我们全部的推理。但是鉴于我们实际的能力，我们依靠一个粗糙的并且是已存的、不精确的知识概念，并且允许根据如下经验法则：当你知道 p，你就能把 p 用作推理")。以下文献在法律证明的语境中提出了同样的观点：Craig R Callen, "Notes on a Grand Illusion: Some Limits on the Use of Bayesian Theory in Evidence Law" (1982) 57 Indiana Law Journal 1 at 10 – 15. Ralph Wedgwood, "Contextualism about Justified Belief", forthcoming, available at http://users.ox.ac.uk/~mertl230/papers.htm. 认为："我们拥有 [绝对] 信念的部分原因是，用部分信念进行推理比运用纯粹的完全信念的推理更加复杂" (ibid n 4)。

才会持有这种信念,第三节将做出更为详细的阐述。

2.5.3 例证

举例来说明前述内容。假设我将从一个缸中随机抽取一颗弹珠。我知道那个缸里装有八颗白色弹珠和两颗黑色弹珠。我相信:

[1] 我将取出白色弹珠的概率是 0.8。

[1] 是一个绝对概率命题。[167] (为讨论之便,我们假定抛开了所有概念上的难题,而且把 [1] 当作是毫无争议的。) 我绝对地相信 [1]。我对 [1] 的绝对信念是基于我对其他命题的绝对信念,包括如下命题:缸里装有十颗弹珠,其中八颗是白色的,两颗是黑色的,并且每一颗被取出的概率是相同的。尽管不太精确,但我仍然可以说:

[2] 有可能 (likely) 我将取出的弹珠是白色的。或者

[3] 我将取出的弹珠很可能 (probably) 是白色的。

像 [1] 一样,[2] 和 [3] 也是概率命题。既然我知道并且因此相信它们中每一个都是真的,那我就能真诚地作出如下陈述:

[4] "**我相信**我将取出白色弹珠的概率是 0.8";

[5] "**我相信**有可能我将取出的弹珠是白色的";或者

[6] "**我相信**我将取出的弹珠很可能是白色的。"

在 [4] 至 [6] 中,"相信"一词是在严格的或绝对的意义上被使用的:说"我相信",我是在说出我对相关命题之真实性的绝对判断。被说出的这种信念对于知识而言是必需的。在每一种情况中,我不妨用"我知道"来代替"我相信",并且对我而言这样

---

[167] Richard I Aaron, "Feeling Sure" (1956) 30 Supplementary Proceedings of Aristotelian Society 1, 11 ("类似'或许是 p'的每一个陈述都是一个第二顺序的陈述,这种陈述就其本身而言是绝对的"); Robert Hambourger, "Justified Assertion and the Relativity of Knowledge" (1987) 51 Philosophical Studies 241, 243: "说 p 是可能的,就是在直接断言并且确认一个有关概率的主张。"

第三章 法律中的事实认定认识论

说可能更为清楚。与下面的例子不同，我不是在使用"我相信"这句话来修饰我的信念状态。

鉴于我此前的信念集合、我的知识以及我对事情状态的理解，我并不绝对相信：

[7]"我将取出的弹珠是白色的。"

注意，[7]不是一个概率命题，而是一个关于未来事实的命题。如果我在同样严格或绝对的意义上使用"信念"一词，如同它在[4]至[6]中那样，我现在将不得不说：

[8]"我**并未相信**（*do not believe*）我将取出的弹珠是白色的。"

[8]并不等同于如下陈述："我**不相信**（*disbelieve*）我将取出的弹珠是白色的"。对一个命题的无信念（non-belief）（在"拒绝绝对接受"这一否定性意义上），不同于对这个命题的不相信（disbelief）（在"完全拒绝"这一意义上）。就[8]中所使用的"相信"而言，我既非相信也非不相信"我将取出的弹珠是白色的"这个命题。但一般而言，当一个人正处于思考之中时，他会说：

[9]"**我相信**我将取出的弹珠是白色的。"

重要的是，在[9]中，"相信"一词拥有一种全新的含义。在这里，我不是将一个信念归属于或归因于我自己；毋宁说，我是在限定与所讨论命题相关的信念状态。[168] 当"我相信"这一短语被作为插入语使用时，这一限定更加突出：

[9a]"我将取出的弹珠，**我相信**，是白色的。"

这仅仅是改变了句子结构；[9]和[9a]的内容没有改变。在日常对话中，我们倾向于以[9]或[9a]的方式而非以[8]

---

[168] Slote (n 9) 182.

的方式来表达。然而，在［4］至［6］中，"相信"是在绝对意义上被使用的，而在［9］和［9a］中，它是在部分意义上被使用的。［9］和［9a］中的命题也可以用以下陈述来表达："我猜想（suspect）我将取出的弹珠是白色的。"但是在［4］至［6］中，我不仅仅是猜想相关命题的真实性；我知道并且因此绝对地相信它们是真的。如果［9］中的"相信"被赋予与［8］中的"相信"相同的意义，［9］就会明显和［8］相矛盾。因为［9］要和［8］相协调，所以［9］中所使用的"相信"必须和［8］中出现的同一词汇具有不同含义。"相信"一词的用法之变化，反映了两种性质不同的认知态度。

2.5.4 区别和联系

本节试图解释部分信念和绝对信念之间的区别和联系。[169] 使它们区别开的因素与评议的彻底性（thoroughness）没有关系。两者都可以匆忙形成，或者经仔细评议之后形成。使它们区别开的因素也和"相信一个命题的强度"无关。尽管它们分别适用不同的强度概念，但是绝对信念和部分信念都可以在强度上有所变化。大体说来，并且试探性地讲，一个人对 p 的部分信念的强度

---

[169] 这里被称为"绝对信念"的一般概念（该术语也被其他一些作者使用，eg Daniel Hunter, "On the Relation Between Categorical and Probabilistic Belief" (1996) 30 NOöS 75, 75), 也被叫做其他名称：例如，"最高信念（flat-out belief）"（Michael E Bratman, *Intention, Plans, and Practical Reason* (Cambridge, Massachusetts: Harvard UP, 1987) 36-37),"全有或全无信念（all-or-nothing belief）"（Harman (n 163) 22),"武断的信念（dogmatic belief）"（Radu J Bogdan, *Belief—Form, Content and Function* (Oxford: OUP, 1986) 15), 和 "完满信念（full belief）"（Adler (n 156) especially chs 9 and 10)。"绝对的"和"部分的"信念之间的区别一般也适用于其他几组对立的术语之间：例如，"简单信念"与"信念程度"（"belief tout-court" versus "degrees of belief"）（Brian Weatherson, "Can We Do Without Pragmatic Encroachment?" (2005) 19 Epistemology 418, 420),"信念程度"与"完全信念"（"degrees of belief" versus "belief simpliciter"）（Foley (n 133))；"简单直接的信念"与"仅仅部分的信念"（"simple outright belief" versus "mere partial belief"）（Wedgwood (n 166))；"二元的信念"与"等级的信念"（"binary belief" versus "graded belief"）（Christensen (n 145))；"完满信念"与"部分信念"（"full belief" versus "partial belief"）（Adler (n 156) especially chs 9 and 10)。

第三章 法律中的事实认定认识论

涉及的是他有多强烈地（strongly）猜想"p 实际为真"，而一个人对 p 的绝对信念的强度涉及的是他持有"p 实际为真"这一观点的牢固性（degree of tenacity）。给我们平添困惑的是，这两种强度概念都可以而且都已经被描述为一种对于 p 的信心度。

使两种信念概念相区别的前两个特征，我们已经提到过。正如德·索萨（de Souza）所指出的，如果信念可以从行动理论或者认识论的视角来看[170]，一个人可能会说绝对信念是知识指向的，而部分信念是行动指向的。我们已经说过，绝对信念是为知识所必需的心理状态，而部分信念是一种排斥知识的心理状态。部分信念的价值在于实践推理，它是行动的一个非常重要的向导。我们常常愿意并且别无选择地要承担适当的风险，从而在不知道 p（即不绝对地相信 p）的情况下以之为基础来行动。借用金·法罗（King-Farlow）的话来讲，相信"可能 p（probably p）"，就是"在适当的条件下，将根据 p 来行动视为是有价值的"，"如果承认某种主观效用条件的话"[171]。

第二，仅当一个人绝对相信 p 时，绝对地断言 p 才是适当的。当一个人仅仅是相信"可能 p"时，绝对地断言 p 就是不适当的。当一个人对 p 仅仅持有一个部分信念（同样地，仅仅猜想 p）时，恰当的做法是只断言"可能 p"。正如怀特（White）所指出的，断言"可能，p"，不是在以有保证的或者合格的方式断言 p；它是一种有保证的或者合格的替代断言 p 的方式。[172]

第三，当一个人相信"可能 p"时（即相信 p 至某种程度，该程度可以用一个概率值来计量，记为 x），他也就相信"可能非 p"（即相信非 p 至某种程度，记为概率值（1 - x））。他仅仅部分

---

[170] De Souza（n 52）55.
[171] King-Farlow（n 143）23.
[172] Alan R. White, *Modal Thinking* (Oxford: Blackwell, 1975) 69.

地相信 p，因为他同时将他的信任分配给了 p 和非 p。[173] 这种分配特点解释了为何这种类型的信念被称为"部分信念"。在绝对相信 p 的情况下，不存在类似的模棱两可：在这种情况下，一个人相信事实上就是 p。[174] 主体确认其所相信的命题，而（在不同的强烈程度上）拒绝所有与它不一致的竞争性命题。相信事实上是 p，就是判断：在所有相关备选命题中，只有 p 才是真的。绝对信念的这种性质和结构将在下文第三节做进一步解释。

对于一个人而言，同时绝对地相信 p 和绝对地相信非 p 是不理性的，因为他会立刻使自己对两种相互矛盾的信念状态作出保证。然而，有时搁置或抑制绝对信念（通过搁置或抑制绝对判断），既不相信 p 也不相信非 p，这是非常理性的；持有一个部分信念就是进入这种不可知论的（agnostic）状态[175]，就是对这些命题中的任何一个都不作出保证。搁置信念（或者更准确地说，搁置判断）的概念适用于绝对信念，而不适用于部分信念。用认识论概率来测算的这种信念，其强度可以在 0 到 1 的区间内取任

---

[173] Wedgwood（n 166）："对我而言，在对一个命题的**简单直接的信念**和对那个命题的**仅仅是部分的信念**之间存在一个基本的区别。一个部分信念是一种心理状态，在这种状态下，一个人'为防止损失而两面下注'，他把肯定性的信任分配给考虑之中的命题和其他矛盾命题；另一方面，一个简单直接的信念是一种心理状态，在这种状态下，一个人简单地相信某个命题，而不会实质性地把自己的信任同时分配给这个命题和与此完全矛盾的命题。这个区别不能用这样一个事实来简单解释，即比起那些我仅仅拥有部分信念的命题，我对那些我拥有简单直接信念的命题更加有信心。尽管我对'1+1=2'比对'杜尚别是塔吉克斯坦的首都'更加有信心，但我不是真的对'杜尚别是塔吉克斯坦的首都'仅具有部分信念。我简单地相信它。不可否认，假设我的关于塔吉克斯坦的首都的信念不正确时，我会遭受严重损失，那么我可能会因此退回到仅仅具有一个部分信念；但是除了在那种特殊情况下，我拥有一个简单直接的信念，即杜尚别是塔吉克斯坦的首都。"

[174] 正如马弗洛德所主张的：这"不等同于：相信[p]有一定几率是真的，它可能是真的，它具有特定概率是真的，或者其他类似说法。"George I Mavrodes, "Belief, Proportionality, and Probability" in Michael Bradie and Kenneth Sayre (eds), *Reason And Decision* (Ohio: Bowling Green State University, 1981) 58, 59.

[175] Susan Haack 称此为"不能言说的不可知论"，与"普通的不可知论"相对照，在后一情况下，一个人未能对证据展开调查研究："'The Ethics of Belief' Reconsidered" in Lewis Hahn (ed), *The Philosophy Of R M* (Chicago: Open Court, 1997) ch 5, 135.

第三章 法律中的事实认定认识论

何一个值。可以说，当某人完全保持中立时，他并不缺少一个由概率构成的信念；更准确地说，他持有一个部分信念，其准确概率值为 0.5。[176] 当一个人确定了没有证据支持 p 而且也没有证据支持非 p 时，这种对信任度的主观分配就可能会发生。但是在这种情况下，一个人即不具有正当理由绝对地相信 p，也不具有正当理由绝对地相信非 p。[177] 一个搁置绝对信念的人（并且因此既非相信也非不相信 p），不是持有一个概率值为 0 的信念：一个给 p 分配了 0 概率值的人，不能被认为对 p 没有信念；相反，他不相信 p，并且他的这种不相信程度极其高。[178]

第四个使得两种信念区别开来的特征实际上恰好是第三个特征的另一维度。在本节开头部分我们就已经提及，部分信念和绝对信念都可以存在强度差异，并且不是这种强度上的差异使它们有所区别。它们的关系不能用某种概率阈值来解释。首先一个绝对信念并不是一个恰好超过了某个特定概率阈值（x）的部分信念；以下说法是错误的：当某人对 p 的信任度大于 x 时，他就绝对地相信 p。任何赋给 x 的值似乎都是武断的。[179] 第二，阈值观点导致了以下情形：如果一个人对演绎推论之各独立前提的信任度都大于 x，那么他就必然绝对地相信每一个前提；但是若各个前提

---

[176] De Souza（n 52）54 - 55（"对于贝叶斯理论来说，只要我相信 p（至程度 d），我就也相信－p（至程度 1 - d）。但对于非贝叶斯理论来说，仅当我不相信－p 时，我通常才相信 p。进一步来讲，对贝叶斯理论来说，不存在所谓的信念搁置，而对于非贝叶斯理论来说，这构成了既非相信 p 也非相信－p 的状态"）；Hunter（n 169）87（"一个主观概率为 0.5 的命题不是一个信念的临界状态，而是一个无信念的清晰状态"）。

[177] Susan Haack, *Defending Science—Within Reason: Between Scientism and Cynicism*（New York: Prometheus, 2003）75："p 的概率和非 p 的概率加起来必须为 1，但是如果两边的证据都不充分，那么一个主张及其对立面，都得不到任何程度的保证。"

[178] Risto Hilpinen, "Some Epistemological Interpretations of Modal Logic" in G H von Wright（ed）, *Logic and Philosophy*（The Hague: Martinus Nijhoff, 1980）19, 20.

[179] Robert Stalnaker, *Inquiry*（Cambridge, Massachusetts: MIT Press, 1984）at 91; Foley（n 133）112.

的概率之积小于 x，那么他并非绝对地相信最后的结论。[180] 第三，即便当我们知道 p 的概率非常之高，我们也可能抑制对 p 的绝对信念（或者更准确地说，我们不对 p 作出判断）。在这种情况下，不是任何没有超过相关概率阈值的可感知的不足阻碍了我们形成一个绝对信念。尽管我自己相信，并且我理性地相信：我的这张彩票属于上百万张彩票之一，它中奖非常地不可能；但我不是绝对地相信，并且也不会有正当理由绝对地相信：我事实上不会中奖。[181] 现在假设阈值观点是正确的。我们难以想象任何寻常事实命题的概率会高于"我的彩票不中奖"这个概率（即 1 - 1/1 000 000）。对于阈值的任何理性设定，都会低于不中奖的概率阈值。我们因此一定会说：我绝对地相信我的彩票不会中奖。在这种情况下，我们也一定会说：我绝对相信其他的每一张彩票也不会中奖，因为每一张彩票不中奖的概率都超过了那个阈值。但是这和我对于"有一张彩票最终会中奖"的绝对信念是相矛盾的。[182]

使两类信念相区别的特征在于一个人所采取的信念立场类型。再次提醒注意第三节将建构的这个理论：对 p 的绝对信念来自对"实际上是 p"的判断；当一个人认为 p "完全可能（perfectly possible）"，且拒绝所有与 p 相竞争的相关假说时（力度会有差异），才会形成这一判断。对 p 的接受也就从作为一种假说的接受提升至作为一种绝对信念的接受。

对 p 仅具有部分信念之人，相信或许是 p，并不绝对地对 p 作出判断。但是抑制对 p 的完全接受不意味着直接拒绝 p。一个相信"可能 p"的人，认为证据不足以证成对"p 实际为真"的接

---

[180] 这假设各项前提是独立的。这个结论是让人无法接受的，因为一个接受了它的人必定"或者具有不被他的证据所支持的信任，或者具有不合逻辑的信任"：Weatherson（n 169）421.

[181] Dana K Nelkin, "The Lottery Paradox, Knowledge, and Rationality"（2000）109 The Philosophical Review 373.

[182] 很多人持有这个观点：eg Mark Kaplan, *Decision Theory as Philosophy* (Cambridge: CUP, 1996) 95.

第三章 法律中的事实认定认识论

受——或许就此而论，同样适用于对"p 实际为假"的接受。当他将副词"可能"放在 p 前时，他是在提醒他的听众注意这些。[183] 但对他而言，证据确实证成了对 p 的试探性接受，使其作为实际评议的一个可能基础。这种接受是试探性的，因为他将它作为一个有一定基础的假说，使它可以受到进一步的测试和修改。然而，无论它的基础有多么坚实，假说依然不是事实。

从一种信念转换到另一种信念是可能的。我 **简单地**（*tout court*）相信"我在出门时已经锁上了门"。我并非部分地相信"我锁上了门"和部分地相信"我没有锁门"。如果你问我是否已经锁了门，我的回答无非是"是的，我锁了"。我不会含糊其词地说"我或许锁了"。但是假设你质疑我的断言，并因此质疑我的绝对信念。你提醒我，说我曾忘记过锁门。我认为你说得有道理，并且开始怀疑我到底是否锁了门。根据萨阿和威利文的描述，此时的情形就是：我把业已存在的对一个命题的接受，从一种信念状态降到一种猜想或假说状态。用当前的术语来表达就是：对于"我已经锁了门"的信念，已经从一个绝对信念转换成为仅仅一个部分信念。这种转换也能轻易地按照相反方向进行。比如，基于进一步的反思或对新证据的收集，怀疑被消除了。如果我打电话让我的邻居检查一下我的门，他经过检查后告诉我"门锁上了"，那么我的部分信念又转变为绝对信念。

尽管我们能够从一种状态转换为另一种状态，但这两种信念是相互排斥的：一个人不能同时既绝对地相信 p，又部分地相信 p。如果一个人相信"事实上是 p"，那么他就不相信"或许是 p"，反之亦然。如果一个人只相信"或许是 p"，那么他不会同时相信"p 事实上为真"。回到有关彩票的例子上来。假设有一张彩票，就我所知，这张彩票没什么特别之处。我只是持有被发行的许多彩票中的一张，我有正当理由相信：最有可能的情况是"我不会

---

[183] J O Urmson, "Parenthetical Verbs" (1952) 61 Mind 480, 485, 495; Toulmin (n 143) 89-90.

中奖"。但是无论希望多么渺茫，我没有相信，也没有正当理由相信：我最终不会中奖。[184] 如果我具有那种绝对信念，我一开始就不会买那张彩票，开奖之前也不会继续持有它。正如后文所述，阻止我绝对相信"我不会中奖"的因素是：我不能排除我中奖的概率。无论多么小，中奖的统计性概率仍然是明显和真实的。

2.6 证明悖论

完成前面的基础工作，就向解决一个著名的法律证明悖论迈出了第一步。这个悖论是在民事诉讼的语境中提出的。但是用于解决该悖论的推理也应当适用于，并且更有力地适用于刑事审判。很可能，即便该论证在民事案件中被认为缺乏说服力，它仍可以在刑事证明中被接受。

在民事审判中，公认的观点为：证明标准是"达到盖然性权衡"，或者更准确地说，"超出盖然性权衡"或"形成概率优势"。这被认为意味着：如果并且只要一个命题的概率被证明超过了0.5，那么它就得到了证明。[185] 这种对民事证明标准的概率性解释，产生了一个困惑。人们可以设想：在一些情形中，根据证据，"p 为真"的概率超过了 0.5；而与此同时，证据却明显无法证成一项对于 p 的肯定性认定。这一悖论存在很多版本。为了叙述之便，它们中的两个版本被全文转引于下。第一个是逃票者场景（the gatecrasher scenario），由科恩（Cohen）提出[186]：

基本背景：有 499 个人为看一场竞技表演支付了入场费，

---

[184] Dudman (n 125) 205; George I Mavrodes, "Intellectual Morality in Clifford and James" in Gerald D McCarthy (ed), *The Ethics of Belief Debate* (American Academy of Religion, 1986) 205, 210 (运用了那个从一堆卡片中随机抽出一张的例子).

[185] 例如，西蒙（Simon）法官认为："立足于盖然性权衡的证明概念……可被重新表述如下：对下述情况之几率的证明义务（至少要达到 51 比 49），即，这样那样的事情已经发生或即将如此。" *Davies v Taylor* [1974] AC 207, 219.

[186] Cohen (n 97) 75, see also 270 – 271.

第三章 法律中的事实认定认识论

而现场有 1 000 人在座，**A** 是其中之一。假设没有发行入场券，并且没有证人证言能表明：**A** 是支付了入场费进入，还是翻越了栅栏闯入。因此基于已采纳的证据，根据任何合理的数学概率标准，他没有付费的概率为 0.501。该数学理论显然表明：在这样的情况下，竞技表演的组织者有权利诉请 **A** 支付入场费，因为盖然性权衡标准……倾向于支持他们。但是，当"他事实上支付了入场费"这一命题存在一个被认可的高达 0.499 的数学概率时，**A** 竟然输掉了案子，这似乎是明显不公正的……某些地方出错了。但是错在哪儿？

托马森（Thomson）提出了另一个悖论版本，即出租车场景 (the cab scenario)[187]：

> 史密斯女士深夜开车回家。一辆出租车朝她驶来，该车失控从路的一边穿行到另一边。她不得不转向以避开它；……在那场车祸中，她撞断了两条腿。史密斯女士因此起诉红色出租车公司……镇上只有两家出租车公司，红色出租车公司（它所有的车都是红色的）和绿色出租车公司（它所有的车都是绿色的）。镇上的出租车，十分之六是由红色出租车公司运营的。［史密斯女士没有看到撞她的出租车的颜色。］如果我们相信史密斯女士的叙述，而且知道该案中没有发现进一步的事实，那么我们会认为有 0.6 的可能性，她的事故是由红色出租车公司运营的车辆导致的……史密斯女士赢得她对红色出租车公司的诉讼是正当的吗？侵权之诉中的证明标准是"可能性超过不可能性"，它可以合理地被解释为：只要求原告证明，被告（过错地）导致了损害的概率超过了 0.5。但根据史密斯女士提供的证据而裁决红色出租车公司担

136

---

[187] Thomson (n 161) 199 - 200. 这个版本大致基于史密斯案（Smith *v Rapid Transit Inc*（1945）317 Mass 469），并且在海尔什科维茨案（*Herskovits v Group Health Cooperative*［（1983）664 P 2d 474，490］）中得到讨论；*Hotson v East Berkshire H A*［1987］1 AC 750，789.

责,大多数人听闻后会觉得很不服。为什么呢?这就是问题。

所有的评论者都很快将"A 是逃票者"和"红色出租车导致了车祸"的统计或数学概率当作是没有争议的。这里似乎采用了一种对概率的客观解释,将其作为模态几率(modal chance)或抽象可能性的计量方法。[188] 在一系列可能的情形中,某个结果(我们随机挑选的那个人是逃票者或者导致那场车祸的那辆车是红色的)的概率,是出现那个结果的可能情形(逃票者的数量或者在路上行驶的红色出租车的数量)与所有可能情形的总数(剧场中观众总数或者在路上行驶的出租车总数)之比。[189]

每一个场景中,在关键问题上只具有客观概率证据,这似乎是在假定:认识论概率一定和相关的客观概率共享相同的数值。[190] 所以,关于这两个命题,即在第一个场景中 A 是逃票者和在第二个场景中一辆红色出租车导致了那场车祸,它们的认识论概率都超过了 0.5。但是大多数人的直觉是,判决不应该对被告不利。[191] 根据波斯纳(Posner)的观点,让原告胜诉是"一个几乎没有法律专业人士会接受的结论"[192];奈森(Nesson)和布里梅耶(Brilmayer)分别指出,法官甚至不会允许这类案件被交付

---

[188] Mellor (n 84) 22-23, 44.

[189] 尽管概率的经典概念已经招致了很多批评,但是它依然"是普通人的行事理念":Weatherford (n 93) 74.

[190] 这个假设受到了凯耶的质疑:David Kaye "Paradoxes, Gedanken Experiments and the Burden of Proof: A Response to Dr Cohen's Reply" [1981] Arizona State Law Journal 635, 637. 如果考虑到原告不能提供其他非统计性证据,那么认识论概率可能要低于客观概率。这并不能"表明证据本来不会支持原告的主张"。但这种挑战能够通过对两个场景增添一个补充事实而得以应对,这个事实便是:没有其他证据能被发现。

[191] 但有一小部分人提出了反对该直觉的主张:eg Daniel Shaviro, "Statistical Probability Evidence and the Appearance of Justice" (1989) 103 Harvard L Rev 530. 这受到卡伦的批判:Craig R Callen "Adjudication and the Appearance of Statistical Evidence" (1991) 65 Tulane L Rev 457.

[192] Posner (n 121) 1509.

第三章 法律中的事实认定认识论

陪审团审判[193];斯坦(Stein)认为:"这种责任认定……严格说来是违反直觉的";在逃票者场景中,"任何一位法官最终都会基于一项直接驳回动议从而支持 A"[194]。

从外在视角来看,似乎很明显的是:法律应该允许原告基于一个简单的功利计算而索赔。毕竟,在逃票者场景中,"从长远来看,否决索赔将会增加不必要的错误数量。使每个观众都对擅自闯入剧场负责,将会导致 501 个正确裁决和 499 个错误裁决。否决被告有责,将会仅导致 499 个正确裁决,却会导致 501 个错误裁决"[195]。但是波斯纳指出,除了允许提起一千次审判之外,还有一个替代方案就是不允许任何这些案件被交付审判。选择前一个方案,将仅仅产出一小部分附随的正确裁决。从这一小部分附随的正确裁决中所获取的社会效益,可能不会超过实施一千次审判所花费的社会成本。[196]

从系统工程师的外在视角来看,还存在其他一些论证。一些作者试图从这个角度来解释或者证成为何应否决索赔,即把反对意见聚焦于在这两个场景中作出支持原告判决的经济或社会效益。他们提出了一些考虑因素,比如:确保审判系统的整体准确性,从长远来看使错误最少化,为当事各方履行预期行为提供动机,有效地分配资源,以及提高裁决的可接受性。他们的论证示例如下:

● 原告所提供的证据匮乏,对此可能的解释是:他没有对事实进行充分的调查。法院不应该把资源浪费在一个疏于充分调查以获得更好证据的当事人身上。对案件的撤销会释

---

[193] Nesson (n 201) 1379; Lea Brilmayer, "Second-Order Evidence and Bayesian Logic" (1986) 66 Boston University L Rev 673, 675.

[194] Alex Stein, *Foundations of Evidence Law* (Oxford: OUP, 2005) 77 and 78 respectively.

[195] Brilmayer (n 193) 676.

[196] Posner (n 121) 1510.

放正确的信息,鼓励在案件准备方面课尽勤勉之责。[197]

● "当可能获得个别化证据 (individualized evidence),即那些能够使我们更好地评估概率——这些概率可以仅仅从背景性统计数据中得出——的证据,原告应当提交该证据。从长远看,遵循这条法律规则会产生更少的错误裁决。"[198]

● 如果法律允许史密斯女士胜诉,普遍后果就是那个拥有更多行驶在街道上的出租车的公司将总是要为那些无法解释的事故负责。这使得两家出租车公司都没有动机谨慎行事。这个结果"无效率亦不公正"[199]。

● "尽管或许是被告导致了原告的损害,但事实认定者不能得出结论认为,公众会将它接受为对已发生之事的陈述……关键是……公众只会将事实认定者所作的陈述视为一个基于证据的赌博……因为司法系统致力于形成一个对已发生事件的可接受的解释……原告的证据是不充分的,尽管它

---

[197] Ibid 1509;及其以司法官员身份所作的论述:*US v Veysey*, No. 01 - 4208, 2003 U. S. App. LEXIS 12934, at * 14 (7th Cir, 26 June 2003) and *Howard v Wal-Mart Stores Inc* (1980) 160 F 3d 358, 360. 赖特批判了这个主张,因为它没有解释"为什么是原告,而不是被告,被要求对不能提供其他类型的证据承担责任"。Richard W Wright, "Causation, Responsibility, Risk, Probability, Naked Statistics, and Proof: Pruning the Bramble Bush by Clarifying the Concepts" (1988) 73 Iowa L Rev 1001, 1055.

[198] David Kaye, "The Laws of Probability and the Law of the Land" (1979) 47 University of Chicago L Rev 34, 40. 大量的批判参见:Brilmayer (n 193) 677 - 8.

[199] Tribe (n 121) 1350. 类似地,see Suzanne Scotchmer, "Rules of Evidence and Statistical Reasoning in Court" in Peter Newman (ed), *The New Palgrave Dictionary of Economics and the Law*, vol 3 (London: Macmillan Reference, 1998) 389, 391 - 2 and Posner (n 121) 1510. 波斯纳关于这个主张的看法受到了质疑:Richard Lempert, "The Economic Analysis of Evidence Law: Common Sense on Stilts" (2001) 87 Virginia L Rev 1619, 1671 - 2 (批判波斯纳,将其主张说成是"荒谬之极", ibid 1671); Ronald J Allen and Brian Leiter, "Naturalized Epistemology and the Law of Evidence" (2001) 87 Virginia L Rev 1491, 1526 (指责波斯纳是"毫无根据的理论化", ibid 1521). 从其本身的措辞来考量波斯纳的主张,对红色出租车公司来说太容易扭转和绿色出租车公司的局面了,即通过将足够的出租车撤出服务从而使得街道上行驶的绿色出租车的数量超过红色出租车。参见波斯纳的回应:Richard A Posner, "Comment on Lempert on Posner" (2001) 87 Virginia L Rev 1713, 1713, n 7.

第三章 法律中的事实认定认识论

正确的概率很高。"[200]

脚注中所引文献表明，这些论证是有争议的，并且已经引起了令人信服的批评。我们没有必要在这些争论中表明立场，因为当前的目标是去说明和辨析一种完全不同于争论各方所采取的有关法律事实认定问题的视角。本文所倡导的解决该悖论的方法，"避而不谈"（"talks past"）上述争论。

第二组作家们指向的，是在这两个场景中使被告承担责任的道德问题。例如以下论述：

- "正义理念或许能解释为什么许多人认为仅仅统计性证据不足以证成对［红色出租车］公司课以责任的裁决……在正义问题上，人们一般不从统计的角度思考。他们不是把正义视为一种从长远来看追求最大化的现象，而是一个需要在每个案件中都被实现的理想。如果一个［出租车］公司被处罚了，那应当是因为它的司机做了什么，而不是因为它比它的竞争对手拥有更多［出租车］在道路上行驶。仅仅依据统计数据，这似乎让人感觉［出租车］公司是因为它的支配地位而受到处罚。"[201]

- "如果制度的首要目标是在多数情况下发现真相，那么付费观众的比例将构成一个与法院职责有关的证据性事实。即便被告本人事实上不是一个逃票者，他或许也应该在这场针对他的诉讼中败诉，这是为了维持整个制度成功发现真相的随机概率。"但是法院的职责是"在特定情形中的个体对抗者之间分配正义"，而不是力图"执行他们自己的随机性

---

[200] Nesson (n 201) 1379.
[201] Lempert (n 199) 1669.

规范。"[202]

● "不实施侵权或违约行为的审慎生活之人,不应仅仅因为陷入一个碰巧大多数人是侵权者或违约者的环境,而被该制度的证明程序置于危险境地。否则,在这种情况下,法院就不是在特定情形中的个体对抗者之间分配正义,而是在执行他们自己的随机性规范了。"[203]

● "在竞技表演场景中,一个对被告不利的决定……类似于集体惩罚,因为该判决仅仅依赖被告的群体成员身份——在这个群体中大多数成员没有付费。作为一条归责原则,集体惩罚的特点在于它假设了:让整个社会群体为其个别成员的侵越行为负责是正当的。我们的道德和法律价值强烈抵制这条原则,因为它不承认个人有权仅因自己的行为而获得判决。"[204]

● "当我们推论认为被告做出了像剧场中大多数人一样的行为时……,我们把他当作从人群中随机选出的某个人,他被假定已经从事了那个模态行为(modal behavior)。当我们推断是被告导致了事故,因为他导致了之前的大多数事故或者拥有大多数出租车,我们认为他目前的不当行为可以从过去推出,或者事故率可以从占有率中推出。在许多场合中,当缺乏其他信息时,以上内容或许是所能作出的合理推论。但是它们被认为和法律的承诺不一致。法律承诺将被告当作

---

[202] L Jonathan Cohen, "On Analyzing the Standards of Forensic Evidence: A Reply to Schoeman" (1987) 54 Philosophy of Science 92, 94. 请比较:Alf Ross, "The Value of Blood Tests as Evidence in Paternity Cases" (1957) 71 Harvard L Rev 466, 482-483. 他的主张(血液检测的结论应该被当成是非亲子关系的结论性证据)正是从科恩所描述的"首要目标"出发的。

[203] Cohen (n 202) 94.

[204] A A S Zuckerman, "Law, Fact or Justice" (1986) 66 Boston University L Rev 487, 499.

第三章 法律中的事实认定认识论

一个自主的个体,在每一时刻都能自由决定和选择他的行为。"[205]

存在一个更为基本且与道德无关的层面,从这个层面看,在任一场景中认定被告担责都是错误的。请再次考虑以下类比:某个游戏规则,其本身与道德无关,却可以使违反这些规则的作弊行为成为不道德的错误;类似地,仅仅因为一项断言受到与道德无关的规则(它们规定了何时能恰当地作出一项断言)的约束,违反这些规则的撒谎行为就可能是不道德的。人们可能会真挚地承认:在这两个场景中认定被告担责,存在一些道德性的反对意见。但是,我们必须凭借非道德性的事实认定之构成性规则来审视这些反对意见。上述所谓的道德错误预设了那个规则,但是并不构成对那个规则的违反。对那个规则的违反是一个更加基本的错误。

将下述规则作为事实认定构成性规则的理由早已阐明:仅当根据 BAF* 规则一个人会有正当理由相信 p 时,事实认定者才应该认定 p。我们讨论认为,BAF* 中的信念是那类绝对信念。在这两个场景中,概率性证据不能证成对 p(A 是一个逃票者,或者那辆撞到史密斯女士车辆的出租车是红色的)的绝对信念——这在直觉上是显而易见的,但是在第三节我们将作更多讨论来解释为何如此。概率性证据可以证成对"p 的客观概率超过 0.5"这一命题的绝对信念,或者它可以证成具有相同概率值的对 p 的部分信念(如果认识论概率是以客观概率为基础的话);但是两者都不足以使对 p 的认定具有适当性。如果一个人仅仅部分地相信 p,或者如果一个人绝对地相信存在一个关于 p 的客观概率,恰当的做法是仅仅断言"可能 p(probably p)"或者"p 可能(it is probable that p)"。但是认定 p 就是断言 p,这是一个事实命题而

---

[205] David T Wasserman, "The Morality of Statistical Proof and the Risk of Mistaken Liability" (1991) 13 Cardozo L Rev 935, 943.

不是概率命题。如果一个人没有正当理由绝对地相信 p，那么断言 p 就是不恰当的。

让我们转而假设：有 900 个人没有付费观看竞技表演，只有 100 个人付了费。正如我们所想的那样，A 是一个逃票者的客观概率现在是 0.9。这一信息导致 X（X 没有其他证据）在相当高的程度上相信 A 没有付费入场。如果赔率足够好，对 X 而言接受如下打赌是理性的：A 没有买票。[206] 基于对风险的估算，X 接受了打赌。他边把钱扔到桌上边喊："我说 A 是一个逃票者！"X 相信他所说的可能是真的，这从他的行为中能推断出来。但是他不知道并且因此也不相信这个命题事实上为真。所有意识到正在进行打赌的人都不会理智地认为 X 是在断言 "A 是一个逃票者"（"说"和"断言"是不同的[207]），也不会要 X 对此命题的真实性负责。仅仅统计信息无法证成这一断言，因为它无法证成为知识所需的那类信念。[208] 一个仅仅拥有这些统计性证据的法院，不会比 X 的处境好到哪里。它缺少正当理由去认定"被告没有付钱入场"，因为它缺少正当理由去断言该命题；它之所以缺少正当理由作出该断言，是因为它缺少正当理由去绝对地相信"被告是一个逃票者"[209]。

为了避免对这一论证作过分解读，有必要提个醒。请记住：在一场诉讼中需要成功地证明哪些最终命题，取决于实体法。如

---

[206] 这假定存在一种可用方法，能够令人信服地查明它是否为真：Cf L Jonathan Cohen, "Subjective Probability and the Paradox of the Gatecrasher" [1981] Arizona State LJ 627, 630; Kaye (n 190) 642.

[207] Unger (n 9) 267; Williamson (n 9) 249.

[208] Slote (n 9) 178-9; Williamson (n 9) 246; Dudman (n 125).

[209] 单单统计性证据不能证成一项肯定性事实认定，这在一些案件中已得到认可（eg *Byers v Nicholls* (1987) 4 New Zealand Family L Rep 545, 551-2："即便一个很高的数学概率也无法转换为一种法庭上的确定性"），并且得到赖特的辩护（（n 197）1049-1067; Cf *S v McC*; *W v W* [1972] AC 24, 41-2）。然而，在英国的一个案件裁决认为，仅仅 DNA 证据就足以证明有罪。参见：*Adams* （[1996] 2 Cr App R 467, 469-470）. 这似乎与另一个案件给出的典型指示不一致。参见：*Doheny and Adams* （[1997] 1 Cr App R 369, 375）. 后者毫无疑问地要求：需有其他证据来证明"将被告从由 DNA 证据所限定的范围中挑选出来"的正当性。Cf *Adams No 2* [1998] 1 Cr App R 377, 384-5（有罪判决显然缺乏像这样的其他证据）.

第三章 法律中的事实认定认识论

前所述，有时仅需要证明一个概率命题（例如"机会的丧失"）；许多审前措施（例如一个暂时性的限制令）仅仅要求对某个主张持有部分信念，即对于该主张在审判中可能会获胜的信念。[210] 实体法也可能只要求证明特定的统计性事实就够了，例如当以"市场份额"为基础分担责任时，正如我们在辛德尔诉雅培公司案（*Sindell v Abbott Laboratories*）中所见。[211] 在这个案件中我们所看到的，并不是对一条新的证据性原则的确立。卡伦（Callen）的如下分析显然是正确的[212]：

> 辛德尔案的裁决依靠统计信息来调整说服责任。它意识到，在一些必定缺乏信息的情况下，需要在裁决标准方面具有更多的灵活性。**然而，这样做是为了解决某个特定问题而调整实体规则**。我们不能从辛德尔案那里得出如下结论，即法院应当认为任何给定的证据片段都足以支持一项裁决。

为解决该悖论而提出的方法要想具有完全的说服力，就必须克服一个严肃的反对意见。我们假设另一种情形，将产生 0.9 概率值的统计性证据替换掉。现在有一个证人作证说：就在表演开始前，他看见甲偷偷翻越剧场的围栏。另一个证人作证说：甲曾告诉他自己没有票。这些就是那种可以证成对"甲没有支付入场费"的绝对信念的证据：它们是否确实能够证成该信念将取决于一些问题，比如证人的可信性、他们证言的证明力大小；如果这些都被认可，那么它们就支持该信念[213]，并且更广泛地来看，正如我们将解释的，它们能证成对那些基于证据而形成的替代性假

---

[210] *Cream Holdings Ltd v Banerjee* [2004] UKHL 44, [2005] 1 AC 253, para 22.

[211] (1980) 607 P 2d 924.

[212] Callen（n 191）491–492.

[213] 我们常常不能把前面两个因素分开，舒姆对此作出了说明，参见：David A Schum, "Comment" (1986) 66 Boston University L Rev 817, 820, and "Probability and the Processes of Discovery, Proof, and Choice" (1986) 66 Boston University L Rev 825, 856.

说的排除。就证人而言，其说谎的概率或者无心犯错的概率也可能高于 0.1。法院准备基于言词证据而非仅基于统计信息作出不利于甲的判决。当在某种意义上该言词证据比统计性证据更不可靠时，这种做法是正当的吗？[214]

事实认定不像在就真相打赌；它不是根据概率而行动。[215] 打赌说"被告没有付费入场"，不是在断言"他没有付费入场"。另一方面，认定被告逃票了，一般来说，就是断言他逃票了。尽管统计数据可以证成"被告有可能是逃票入场"这一信念（一个部分信念），但是没有证成"他事实上是逃票入场"这一信念（一个绝对信念）。对于一项承担责任的认定而言，后者是必需的。

当基于单一的统计数据认定一个人担责时，存在一种特殊的令人反感之处。仅仅这些信息不能证成"他事实上有责任"这一信念。当然，如果我们基于言词证据而认为一个人有责任，并且我们相信他事实上有责任，我们仍然可能犯错。[216] 但是在第一种情形中，我们看到了证据层面的某种不充分性，并且我们有意地使被告面临不正义的风险：我们以牺牲他的利益为代价对事实进行打赌。[217] 在第二种情形中，我们感到足够安全，可以消除不正义的风险，因为从证据中能得出的唯一合理结论是"被告没有买票"——如果我们在这个判决中犯错，那么这个错误就是那类没

---

[214] Frederick Schauer, *Profiles, Probabilities and Stereotypes* (Cambridge, Mass: Harvard U P, 2003) 93 – 96; Alan M Dershowitz, *Reasonable Doubts: The Criminal Justice System and the OJ Simpson Case* (NY: Touchstone, 1997) 40; Ferdinand Schoeman, "Statistical vs. Direct Evidence" (1987) 21 Noös 179; Steven C Salop, "Evaluating Uncertain Evidence with Sir Thomas Bayes: A Note for Teachers" (1987) 1 J of Economic Perspectives 155; Shaviro (n 191) 539 – 542.

[215] Posner (n 114) 215.

[216] 根据萨顿的观点，第一个可被描述为"知道不知道"的情况：我们知道我们不知道那个人有责（尽管我们可能有正当理由相信：他或许有责）。第二个可被描述为"不知道不知道"的情况：我们认为我们知道被告有责，并且如果我们对此判断错误，我们不知道自己不知道他有责。Sutton (n 24) 7 – 14.

[217] Mary Dant, "Gambling on the Truth: The Use of Purely Statistical Evidence as a Basis for Civil Liability" (1988) 22 Columbia J of L and Social Problems 31, 42 – 47.

有任何人和任何审判系统可以完全避免的错误。[218]

罗斯（Ross）曾经主张，血液检测应当被当作关于无亲子关系的结论性的或者法律上无可辩驳的证明。因为，总体来说，司法系统有这个规则比没有这个规则会更少犯错。[219] 认为事实认定者从或者应当从系统性视角来决定裁决，即通过运用旨在获得从长远来看最大比例的正确结果的推理进行裁决，同时犯了描述性错误和规范性错误。事实认定者的职责是并且理应是在他眼前的当下案件中实现正义。沃尔德伦（Waldron）在另一篇文章中表达了与此十分相关的一般性观点："对于个体的后果是非常重要的……从其性质来看，以集合方式看待正当理由（aggregate justifications）是无法令人满意的，因为这样把对个体产生的后果当作附随的副产品，而非问题的本质。"[220]

第三节　审判评议的结构

3.1　沙克尔的绝对信念模式

本节对绝对信念进行了试探性的分析，这是前述理论中的核心概念。我们将对这种信念的结构作一个初步的描绘，试着回答这样一个问题：一个人是如何判断 p（事实上）是否为真的？既

---

[218] Tribe (n 121) 1372 - 3, 1374 - 5. 在另一个案件中，上诉法院法官席曼（Schiemann）将此描述为"人类生活中无可避免的事实"。*R (Mullen) v Home Secretary* （[2002] EWCA Civ 1882, para 33；[2003] QB 993, 1005).

[219] Ross (n 202) 482 - 483. 瓦塞尔斯特罗姆对罗丝的文章进行了讨论：Richard A Wasserstrom, *The Judicial Decision—Toward a Theory of Legal Justification* (Stanford, California: Stanford U P, 1961) 164 - 5.

[220] Jeremy Waldron, "Does Law Promise Justice" (2001) 17 Georgia State University L Rev 759, 779.

然绝对信念不以完全的确定性为必要条件[221]，那么需要进一步回答的问题是：绝对信念之强度所测量的是什么？当一个人基于对 p 的判断开始相信 p 时，他对 p 的信心程度反映了什么？通过考察一系列不同但又相关的理论，我们可以发现答案的相关线索。尽管这些理论不能完全被采纳，但是它们以各自的方式说明了绝对信念及其强度的突出特征；对于这些特征中的某一些，这些理论的解释力量汇合在一起。

普莱斯（Price）强调了"相信 p"的两个方面。[222] 一个是"偏向（preference）"；另一个是"信心（confidence）"。把他的观点和上述已经讨论过的萨阿和威利文的观点结合起来，我们可以将这两方面表述如下：

（i）相信 p（或者更准确地讲，判断 p），首先，是选择 p 而不选择其他命题；也就是为了"接受"的目的（这种接受受到真相的规制），拒绝或者驳回那些与 p 相竞争的命题。

（ii）相信 p（或者更准确地讲，判断 p），除了（i）之外，还意味着对 p 具有充分的信心。

第一个方面（即偏向）源于信念的独断（dogmatic）性质。如果 q 是非 p 的一种情况，那么判断 p 和 q 都符合事实，就是非理性的。如果一个人相信事实上是 q，他就不能同时相信事实上是 p。当一个人没有找到偏向 p 而非 q 的好理由时，他就尚未相信事实上是 p。但是，"相信 p"不仅是相对于竞争性命题而言更加偏向 p，还存在一个深层的要素——这是第一个方面，即上述（i）——未能表达出来的。判断 p，首先是为了受到真相规制的接

---

[221] Adler（n 156），特别是第 10 章。正如他所说："一个人有资格获得一个完满信念，而不对那个信念具备无条件的信心"（Ibid 250）；"完满信念和信心上的差异是相协调的（与怀疑相对应的是减弱的信心）"（Ibid 254）. 反对把绝对信念视为确定性的主张也被以下文献提了出来：Christensen（n 145）21–22；Mark Kaplan（n 182）91–93.

[222] H H Price, *Belief* (London: George Allen & Unwin, 1969).

第三章　法律中的事实认定认识论

受，而把 p 从多个相互竞争的命题中单列出来；然后，用一个稍后将予以解释的词来讲，如果 p 不是"完全可能（perfectly possible）"，那么它就不能作为受到真相规制的接受对象。假设事实认定者找到了 p，p 对某个事件提供了一个怪异的解释；与此同时某个竞争性假说 q 更加的荒唐。对比这两者，p 不像 q 那么的不合理。因为它这点价值，他更偏向 p 而非 q。但是他必须同时拒绝两者，因为它们都不够合理。他认为真相必定存在于别处，尽管他不知道在哪。[223]

我们不是抽象地思考"是否要绝对地相信 p 为真"。在 p 和非 p 之间的选择，是一个在 p 和一些具体地表明非 p 的命题或假说之间的选择。[224] 我们总是在比照着 p 的竞争性命题来评估 p，无论它们是否在我们头脑中清晰呈现。假设我离开了一年并且错过了一整个赛季的足球比赛。我从一个朋友那听说 o 队赢得了联赛冠军。我相信我的消息源并且相信 o 队是冠军。此时我是在选择一个命题，即 o 队赢了（表示为 p_o），而非选择另一个命题，即它没有赢（表示为非 p_o）。这种说法在一定意义上是真实的。但是，我选择 p_o，不过是因为相对于"其他队赢得奖杯"这一命题，我更偏向 p_o；我选择了 p_o，而不是命题 p_q，p_r，p_s 等（即球队 q，r，s 等成为最终的胜利者）。[225] 当我们思考非 p 时，我们是在头脑中把那些相反命题（p_q，p_r，p_s 等）当作一个整体。类似地，在审判中，若事实认定者相信某个特定事件以某种特定方式发生了，是因为他更愿意为了受到真相规制的接受而选择该解释，而不是所有与之竞争的相反命题或假说。

我们能够从沙克尔（Shackle）所建构的理论中提炼出一个启

---

[223] 经典例证是：The "Popi M" [1983] 2 Lloyd's Rep 235；关于该案例，see Carruthers (n 77).

[224] Richard Swinburne, *Faith and Reason* (Oxford: OUP, 1981) 7: "'对某事的信念（belief-that）'和可选事项有关；并且当这点没有被意识到，或者当可选事项并非清楚明确时，一个表达了某种信念的人可能没有进行清楚的言说。"

[225] Ibid 4-6.

发性模型,它有助于我们理解信念判断(doxastic judgment)的这两个方面。这个理论涉及在不确定条件下的决策形成过程,并且被试图运用于经济领域。我们将注意力集中在它的某些层面,这些层面能够被用以建构一个一般性框架,而这个框架涉及绝对信念之获取过程(该过程展示了这种信念何以存在强度之别)。借用另一个作者的话来说,沙克尔提供的方法论是"非计算性的(non-computational)"[226];"基本上是定性分析和比较研究,而不是定量分析和数学研究"[227];并且反映了"一个比概率计算更加基本的……分析层面"[228]。沙克尔的理论围绕着"可能性(possibility)"的概念而非"概率(probability)"的概念展开;可能性可以用"潜在意外感(potential surprise)"来度量。他的理论是一组明确的推理之非概率性解释中的一个;采取非概率性解释的其他理论还包括"似真推理"[229]"溯因推理"[230],还可能包括"最佳解释推论"[231]。

不像数学上的"概率",沙克尔的"可能性"概念是"非度量性的";"可能性"的分配不受"算术运算规则的支配"[232]。说到

---

[226] Nicholas Rescher, *Plausible Reasoning—An Introduction to the Theory and Practice of Plausibilistic Inference* (Amsterdam: Van Gorcum, 1976) 59.

[227] Ibid 38; see also Ibid 17.

[228] Ibid 59.

[229] 雷斯彻强调了似真推理的非概率性,Rescher (n 226) especially ch 4 and at 59; 沃尔顿也作出了强调, see Douglas Walton, *Legal Argumentation and Evidence* (Pennsylvania: Pennsylvania State University Press, 2002) especially 108 – 114.

[230] Eg John R Josephson and Susan G Josephson, *Abductive Inference—Computation, Philosophy, Technology* (Cambridge: Cambridge University Press, 1994) 26 – 27 and appendix B (对如下看法提出疑问: 数学概率在设证推理的分析中能发挥重要作用).

[231] 例如哈曼在以下文献中创造了这个术语: Gilbert Harman, "The Inference to the Best Explanation" (1965) 74 The Philosophical Review 88. 他拒绝把概率推理作为合理改变观念的基础,"因为这种推理涉及一种组合爆炸": Harman (n 163) 10, and, more fully, Ibid ch 3. Cf Peter Lipton, *Inference to the Best Explanation* (2nd ed, London: Routledge, 2004) ch 7. 他相信最佳解释推论和贝叶斯概率理论是相协调的。

[232] 正如汉布林以沙克尔的工作为基础进行扩展时所说明的: C L Hamblin, "The Modal 'Probably'" (1959) 68 Mind 234, 234.

第三章　法律中的事实认定认识论

"(不)可能性",沙克尔并不意指"逻辑的(不)可能性"。对他来说,"可能"意味着"直觉上或主观上可能,即在某特定时刻某特定个体所作的判断中可能"[233];当一个人作出一个可能性判断时,他是在作出"一个关于他自己的思维和想法的陈述,而不是——除非间接地——关于客观和外在世界的陈述"[234]。可能性的程度[235]可以从完全可能到不可能;它可以用"潜在意外感"(即"如果假设的事情**确实**发生了,我们**应当**感受到的意外感"[236])的程度来表达,并且它是不相信(disbelief)的程度的逆向尺度。[237] "可能性"和"潜在意外感"预设了我们有能力形成关于什么**能**(can)发生——不同于什么**会**(will)发生——的判断。[238]

假设一个人的知识和理解保持不变。如果他认为,某件假定之事的发生不会使他感到哪怕最轻微的意外,那我们可以说,对他而言,那件事是完全可能的。[239]

一个假说的完全可能性(perfect possibility)是指,对于"它

---

[233] G L S Shackle, *Decision, Order and Time in Human Affairs* (2nd edn, Cambridge: CUP, 1969) 54. 存在很多种可能性,并且沙克尔所想的与吉布斯所谓的"自然的可能性"是相类似的:Benjamin Gibbs, *Real Possibility* (1970) American Philosophical Quarterly 340, 340-343 (1970).

[234] Shackle (n 233) 67.

[235] 可以说,讲"似真性"比讲"可能性"更加准确(正如汉布林那样:Hamblin (n 232))。怀特在区别概率和可能性的基础上指出:严格说来不可能存在程度不同的可能性,有些事要么可能要么不可能。White (n 172) 60.

[236] 与"潜在的"意外感相比,实际的意外感是"一种由实际发生之事而非想象之事所引起的感觉":Shackle (n 233) 68.

[237] 信念和意外感之间的联系也得到普莱斯的认可:Price (n 222) 275-278. 他写道:"如果当某个命题 p 为假时,一个人**感到**意外,这差不多是我们能拥有的最强证据,它表明:直到那时,他确实曾在一段时间内相信那个命题;他感到意外的程度差不多就是关于他的信念度我们所能拥有的最强证据。" Ibid 276.

[238] Shackle (n 233) 67.

[239] Ibid 67.

成为现实或者属实"这一结果，缺乏任何可识别的实际阻碍。[240] 正如另外一位作者所指出的：对我来说某事是完全可能的，如果我意识到的任何"是……或已经是现实的事，都不和那件事的现实性相矛盾"[241]。伦德（Runde）写得更直白一些："当且仅当 H 的真实性和行动者的知识库相一致时，某个假说 H 才是完全可能的。"[242] 背景信念和想象力在可能性判断中发挥了必不可少的作用。[243] 被判断为完全可能，就是给潜在意外感赋值为零。"潜在意外感的程度为零，表示不相信的程度为零"[244]：当一个假说的可能性被判断为"完全"时，不相信它的程度就是零。[245]

反之，如果一个人感觉某个命题确实错了，我们可以认为他是在判断它不可能。"一些到目前为止被判断为不可能的事情发生了，会导致一个人具有某种程度的意外感，这就是他能感受到的最多的东西。"[246] 被判断为不可能的事是完全不被相信的，并且被分配以最大限度的意外感。在这两个极端之间，存在各种可能性和潜在意外感的相应程度，可以被界定为"轻微的""适中的""相当大的"等等。[247]

---

[240] 这个假说"在〔我们的〕想法中，完全畅通无阻，全然不受任何威胁干扰"：G L S Shackle, "The Bounds of Unknowledge" in Stephen F Frowen (ed), *Business, Time and Thought—Selected Papers of G L S Shackle* (London: Macmillan Press, 1988) 60, 86; see also 63, 64, 66.

[241] Gibbs (n 233) 340（"自然的可能性"的定义）.

[242] Jochen Runde, "Shackle on Probability" in Peter E Earl and Stephen F Frowen (eds), *Economics as an Art of Thought—Essays in Memory of G L S Shackle* (London: Routledge, 2000) 225.

[243] Moacir does Anjos Jr and Victoria Chick, "Liquidity and Potential Surprise" in Peter E Earl and Stephen F Frowen (eds), *Economics as an Art of Thought—Essays in Honour of G L S Shackle* (London: Routledge, 2000) 242, 251："被视为可能之事要以主体所记住的经验为条件，并且要以那些影响其想象的因素为条件。"

[244] Shackle (n 233) 74.

[245] Shackle (n 240) 63.

[246] Shackle (n 233) 68.

[247] Ibid 112. 这并非是讲，该区间能以比例的方式来调整：G L S Shackle, "Decision" (1986) 13 J of Economic Studies 58, 60.

第三章 法律中的事实认定认识论

沙克尔提供了下面这个例子[248]：

> 给我看一个帽盒，向我保证它里面装有某种帽子。我知道没有理由能说明，里面的帽子不会是一个圆顶硬礼帽；但我同样知道没有什么能表明，它不会是一顶草帽，又或者它不是一顶柔软的毡帽。零度的潜在意外感立刻被分配给对立且相互排斥的不可计数的假说中的每一个。

这个例子和"从缸里取弹珠"的例子（第二节 2.5.3 部分的例子）存在一个关键性区别。在沙克尔的例子中，我们完全不具有任何与盒中帽子种类相关的信息；而在我们前面的例子中，我们知道缸里的弹珠或是白色或是黑色，并且白色弹珠与黑色弹珠之比是八比二。在沙克尔的例子中，那顶帽子完全可能是圆顶硬礼帽，也完全可能是草帽、毡帽或者其他种类的帽子；如果最终发现是这些帽子中的任何一种，我们一点也不会感到意外。沙克尔用"潜在意外感"所指的，是与我们的预期**相反**的意外。这和我们遇到**新奇**或者**没有预见**之事所感到的意外是不同的。[249] 当发现盒中帽子是我们没有想到的那类帽子时，我们所感到的意外是第二种，不是第一种。

不知道沙克尔是否会从这两个例子中得出关于可能性的相同结论。[250] 更好的观点是：这两个例子实质上是不同的。在取弹珠

---

[248] Shackle（n 233）69-70.

[249] G L S Shackle, *Imagination and the Nature of Choice*（Edinburgh：Edinburgh U P, 1979）88.

[250] 根据伦德对其观点的下述解释，沙克尔会得出相同的结论："将掷一枚硬币和掷一个骰子进行比较。根据沙克尔的定义，结果为正面朝上和结果为最高点数都是完全可能的，尽管它们各自的概率不同。"Runde（n 242）226. 福特存在和沙克尔的观念不同的解释："对那些持有如下主张的批评者而言，分配程度为零的潜在意外感给这两个假设的结果，这在逻辑上是可能的，尽管他们承认其中一个比另一个更可能发生，沙克尔的回应是干脆和清楚的。认为一个结果比另一个结果更可能，必定表明另一个结果的发生存在着一定障碍。因此，后者一定比前者被分配了更高程度的潜在意外感。"J L Ford, *Choice, Expectation and Uncertainty—An Appraisal of G L S Shackle's Theory*（Oxford：Martin Robertson, 1983）72.

的例子中，如果我最终取出的是白色弹珠，我所感受到的意外感会比"最终取出黑色弹珠"少很多。因此，我分配更大的可能性给取出白色弹珠的情况而不是给取出黑色弹珠的情况。我没有作如下判断，即"我将取出的弹珠为白色"是完全可能的。我知道缸里同时装有白色和黑色的弹珠，并且我的知识和我对世界的理解（这其中包括客观几率），使我认为缸里的那两颗黑色弹珠是我取出白色弹珠的潜在阻碍。我所知悉的任何事情，都不能使我排除这种潜在可能性。因而我避免绝对地作出如下判断：我将取出的弹珠事实上会是白色的。判断"取出的弹珠会是白色"具有完全可能性，是"和事情的本质以及它们存在的特定状态不一致或者不协调的"[251]。

要判断并最终绝对地相信 p 事实上为真，仅仅"判断 p 具有完全可能性"是不足够的。当两个相竞争的假设都完全可能时，一个理性之人是不会相信其中的任何一个事实上为真的。在帽子的例子中，我们不会相信盒子里事实上装有一个圆顶硬礼帽；在我们认为完全可能它装有一个圆顶硬礼帽的同时，我们也认为它完全可能装有一些其他种类的帽子。我们不会相信，p 和 q 事实上都是真的（这里 q 是 p 的一个反例）。要相信 p，我们不仅必须要认为 p 是完全可能的，我们还必须要认为它的反例中没有一个是完全可能的。在这种情况下，一个人有多强烈地相信 p，将主要取决于 p 的可能性与其最强反例的可能性比较。

逃票者和出租车场景与从缸里取出弹珠的例子很像。假设我们知道观众中付费之人和未付费之人的数量构成，也知道在相关时间段行驶在街道上的红色与绿色出租车的数量构成，那么我们并不认为下述情况完全可能：A 是一个逃票者，或者导致车祸的出租车是红色的。正是基于相同原因，我们并不判断下述情况完全可能：我将取出的弹珠是白色的（或者是黑色的）。尽管证据能

---

[251] Shackle (n 233) 74, and also Ibid 87–88.

第三章　法律中的事实认定认识论

证成"A 免费观看了演出的可能性大于不可能性"这个信念，但是它无法证成对"事实就是 A 免费观看了演出"的信念。不可否认，A 更加可能是一个逃票者，但他是或者不是逃票者都不会让我们觉得完全可能。毕竟，A 是随机从人群中挑选出来的，他可能是那 499 个已经付了入场费的观众中的一个。凭着我们对世界的知识和理解，我们辨识出了阻碍"他是一个擅自闯入者"这个命题为真的现实可能性。出租车场景也可以作类似分析。我们知道那晚任何一辆在镇上行驶的出租车都有可能引发了那个事故，并且我们知道那晚在镇上有些绿色出租车运营——我们对这些事实的意识阻止我们将完全可能性分配给"一辆红色出租车导致了车祸"这一假说，因为绿色出租车导致了车祸的可能性是现实存在的。这不是在否认统计性证据的相关性。沙克尔完全承认"统计频率是得出判决（基于潜在意外感）所依据的材料之一"[252]。从统计学的观点来看，相信红色出租车导致事故的可能性大于绿色出租车，这是理性的；尽管如此，它们都不是完全可能的。

沙克尔强调不能将"完全确定性（perfect certainty）"与"完全可能性（perfect possibility）"等同。[253] 他将"可能性"与"概率"区分开来，同时明确地指出，有关客观概率的信息可能会影响某人对可能性的判断。[254] 与概率不同，可能性是一个非分配性的（non-distributional）不确定性变量。当把可能性用作一个不确定性变量时，我们就既不受限于一份有关替代性假说的完整清单，也不以某种方式分配总和必须为 1 的值。完全可能性绝不等同于值为 1 的概率。唯有以一种"纯粹武断和人为的"方式，可能性才会和概率彼此对应起来。[255] 说那顶帽子完全可能是圆顶硬礼帽，不是说它确定是圆顶硬礼帽。我们一点也不确定它是圆顶硬

---

[252] Ibid 72；see also *Re J S*（*Declaration of Paternity*）（1981）2 Fam L Rep 146，151.

[253] Shackle（n 233）70 – 71.

[254] Ibid 72，113. Cf Runde（n 242）221 – 2 and n 8.

[255] Shackle（n 233）113.

礼帽，因为我们认为它也完全可能是其他类型的帽子。那些我们也可以判断为完全可能的选项是无限的，并且当其他选项进入我们的思考范围时，我们也不需要修改对可能性的判断。与此不同的是，概率分析预设了那些对立假说的有限清单，并且要求赋予它们的概率值总和为1。其结果就是，每个假说必须要有一个小于1的概率值，同时每增加一个对立假说，至少有一个假说的概率值要变低。[256]

当我们绝对地相信 p 时，我们的信念强度就被我们所分配给那些最可能的竞争性假说的可能性程度限定了。只要我们分配一些（即便不是完全的）可能性给 p 的一个或多个矛盾命题，我们就不能确定 p，尽管我们相信 p 是完全可能的。一个人对 p 的信念度可以"借助于他所分配给具有最弱（潜在）意外感的竞争性假说的潜在意外感"[257]而得到描述。拿一个先前的例子来说，如果我相信 o 队赢得了联赛冠军，这个想法带给我程度为零的潜在意外感，并且一个大于零的意外感将被分配给相反的想法，即它没有赢得比赛。后者是被作为一个集合来看待的，这个集合包含了许多具体的矛盾假说，比如 q、r、s 等队赢得了比赛。通过判断一些事实，比如我对这些队伍目前实力的评估，我将赋予这些假说不同程度的潜在意外感，并且其中被赋值最低的假说"将代表作为整体的矛盾假说，表达其自身的潜在意外感"[258]。赋予作为整体的矛盾假说的潜在意外感越强，对于"o 队赢得了比赛"的信念就越强。[259] 这样，绝对信念也可以在强度上存在差异；一个人可以在更大或更小的强烈程度上相信某个命题事实上为真。

---

[256] Shackle (n 247) 59, and Shackle (n 240) 65-66. 另参见 Rescher (n 226) 15-16, 31 (在"似真性"和"概率"之间得出类似区别).

[257] Shackle (n 233) 71.

[258] Ibid 73.

[259] 当波斯纳法官在一个案件中给出以下陈述时，他所想到的就是这种关系："一个解释的似真性取决于其可替代性解释的似真性。"Spitz v Commissioner [(1992) 954 F 2d 1382, 1384 (7th Circuit)]. 关于相对似真性理论，参见下文。

第三章　法律中的事实认定认识论

关于沙克尔对信念强度的分析，有三个特征需要强调。第一，正如其他人已经指出的，信念强度不是一个关于感觉的强烈程度的问题。正如拉姆齐（Ramsey）所说，"我们最坚定地持有的那些信念，在实践中常常并不伴有任何感觉；没有人会强烈地感觉到被其视为理所当然的事情。"[260] 沙克尔不该受到如下批判，即将信念强度和任何实际感觉的强烈程度等同起来。重要的是注意到，他使用了"潜在"意外感这一概念。我绝对地相信并且理所当然地认为，我正坐着的扶手椅是一把扶手椅。对于这个命题的真实性，我并没有体验到任何感觉，无论强烈与否。但是**如果**这把椅子竟然是一只经过伪装的巨型乌龟，那么我**将**极其意外。

第二，其他一些学者已经指出，绝对信念的强度和它的"牢固性（tenacity）"有关：使某个主体改变其想法的困难越大，他的信念就越强。[261] 这个强度概念和沙克尔的分析是兼容的。一个人有多么坚定地绝对相信 p，取决于他认为替代性假说有多么接近于完全可能。对于一个替代性假说的真实性或现实性的可识别的阻碍越弱，就越容易通过新证据和论证来克服阻碍，从而最终说服一个人相信：竞争性假说是完全可能的。当一个人被说服后，他就会放弃对 p 的绝对信念，因为在他眼中，p 不再是唯一完全可能的假说了。因此牢固性的概念也许可以被认为和信心的概念相关：一个人对 p 所拥有的信心越大，他对 p 所持有的绝对信念就越牢固。

第三，沙克尔的理论不是规范性的。他的意图不是"设计一个决策规则，如果适当使用这个规则，将会产生'最佳的'决定"[262]。他的理论大部分是描述性的；尽管如此，正如所有关于人类推理的描述性理论一样，它包含了一些理想化成分，并且因

---

[260] Ramsey (n 89) 169.
[261] Owens (n 146) 144; Harman (n 163) 22.
[262] Frank H Stephen, "Decision Making Under Uncertainty: In Defence of Shackle" (1986) 13 J of Economic Studies 45, 45.

此具有一个规范性要素。[263] 当将其运用于审判评议时，他的理论将帮助我们理解一个理性的事实认定者据以对有关案件事实给予绝对信念的方法；这种方法既可以用作证成那些信念的框架，也可以用作理解信念何以在程度上有别的框架。

总结和盘点一下我们前面的论述：本节的讨论跟进了一个论点，即仅当一个人根据BAF*规则会有正当理由相信p时，事实认定者才应该认定p。此处所需的是那种绝对信念。我们粗略地描绘了一个模式，该模式表明了（仅此而已）一种一般性的方法；一个人凭此方法获致绝对的信念，而且该方法试图解释绝对信念之强度的内涵。沙克尔的理论通过聚焦于人们一般是如何开始绝对地相信p，从而间接地解释审判中的肯定性事实认定是如何作出的。他的绝对信念模式（以下简称"SMCB"）以下述原则为基础：(i) 当一个人判断p是完全可能的，并且它的矛盾命题都不是完全可能的，他才绝对地相信p；(ii) 一个人关于p的信念强度，反过来反映了他所认为的那些矛盾命题中的最强命题的可能性程度。

SMCB补充了BAF*，因为它提供了一个关于后者中的信念要素的理论。我们将这两个理论作为一个整体，称为SMCB-BAF*。在下面几节中，我们将在SMCB-BAF*和其他理论之间提取一些共同点，这些共同点将强化支持SMCB-BAF*。更加重要的是，那些相似的理论将提供一些重要的视角，帮助我们理解BAF*和SMCB。

3.2 相关的替代性理论

SMCB类似于知识的相关替代性理论（relative alternatives

---

[263] Harman（n 163）7（"推理的规范性理论和描述性理论是密切相关的。对于一件事来说，……除非考虑到人们实际上如何推理，否则很难构想出那些令人信服的规范性原则，而前者就属于一种描述性理论的范畴。另一方面，似乎任何描述性理论都必定包含着特定数量的理想化成分，并且理想化成分在某种意义上总是规范性的"）。

第三章 法律中的事实认定认识论

theory of knowledge，以下简称为"RATK"）。这不会让人感到奇怪，因为绝对信念是知识的要素之一。RATK 不是**一个**理论，而是一个理论群；不同支持者提出了不同的对知识的宽泛、一般性分析版本。理解 RATK 以及由它所引发的难题，有助于我们对 SMCB 和 BAF* 进行一些重要的调整。

位于 RATK 核心的基本观念，被其主要支持者如此表述：德雷特斯科（Dretske）认为，知识是"一种证据性陈述，其中（已知的）相关替代性假说都得以排除"[264]；路易斯（Lewis）对知识的定义是，"S 知道 p，（当且仅当）S 的证据排除非 p 的所有可能性时——除了那些我们恰当忽略的可能性"[265]；在古德曼（Goldman）看来，"仅当一个人能够把蕴含'p 为真'的实际事态与一个相关的蕴含'p 为假'的可能事态相区别或辨别时……他才知道 p。如果存在一个相关的蕴含'p 为假'的可能事态，并且他无法将它与实际事态区别开来，那么他就不知道 p。"[266] RATK 和 SMCB 之间的相似性是十分清楚的：要知道或绝对相信 p，一个人必须能够排除 p 的替代性假说。RATK 面临三个困难——这些困难也是 SMCB 必须要处理的。

首先，哪些可以算作替代性的或竞争性的假说？一种答案是：当且仅当它们不能同时为真时，q 才是 p 的一个替代性或竞争性假说。如果被告人在关键时间段正在家中和家人一起看电视，他就不可能是那个在纵火事故现场放火的人。但是一个命题有可能会削弱另一个，而它们不是相互排斥的。例如，关于被告人没有犯罪动机的命题，和关于他犯了罪的命题是不矛盾的。然而，被告人缺乏动机，可以算作一个反对相信他有罪的不充分的理由。

152

---

[264] Fred Dretske, "The Pragmatic Dimension of Knowledge" (1981) 40 Philosophical Studies 363, 367.

[265] David Lewis, "Elusive Knowledge" (1996) 74 Australasian Journal of Philosophy 549, 554.

[266] Alvin I Goldman, "Discrimination and Perceptual Knowledge" (1976) 73 Journal of Philosophy 771, 774.

一个关于替代性或竞争性假说的有用概念，必须要复杂得足以处理这些情况。关键是要理解，我们可以在多个层次上表达一个假说和认为这个假说相关。只有当一个假说被看作是一个叙事（narrative），即一系列复杂的命题，而不是一个单一事实命题时，这种理解才有可能。两个竞争性的假说也会有很多共同点。这一观点将在下文继续探讨。

第二个困难在于定义相关性。并非每个逻辑上的或理论上的可能性都能形成一个替代性假说；否则，而且如果认识论上的演绎封闭性固守己见的话，关于外在世界的知识就没有可能得到辩护。我不知道我不是一个（没有手的）瓮中之脑；其中似乎包含了：我不知道我有一双手。仅当我能够排除"我是一个瓮中之脑"这一替代性假说的可能性时，我才能知道我有一双手。哲学上的怀疑论者指出，我不能排除该替代性假说，因为我所具有的所有经验与"我是一个瓮中之脑"是一致的。如果坚持认为，在日常生活语境中，"我是一个瓮中之脑"这一替代性假说是不相关的；那么，关于我有双手的知识就能够得到辩护。这个替代性假说太富于幻想，是一个不真实的可能性，它过于遥远而不用担心。要知道 p，一个人不必排除 p 的所有可能的替代性假说；一个人只要排除那些相关的替代性假说即可。这就立刻引起一个问题：如何将那些过于猜测性的替代性假说与那些值得我们注意的假说区分开？哲学家发现，"以一个精确的标准来描述相关与不相关的替代性假说之间的区别非常困难"[267]。

路易斯提出了一些规则来确定相关性。其中之一是"现实性规则"："现实存在的可能性从来不能被恰当地忽略掉；现实总是一个相关的替代性假说。"[268] 另一个是"相似性规则"："假设一种可能性与另一种可能性非常相似。如果其中一个不能被恰当地

---

[267] Stewart Cohen, "Skepticism, Relevance, and Relativity" in Brian P McLaughlin (ed), *Dretske and His Critics* (Oxford: Blackwell, 1991) 32.
[268] Lewis (n 265) 554.

第三章 法律中的事实认定认识论

忽略,那么另外一个也不能。"[269] 他以此来解释,为何在彩票的例子中,我们不知道(或者,我们也可以说[270],为何我们不绝对地相信)持有那张彩票的人没有中奖:"对于每一张彩票而言,都存在中奖的可能性。这些可能性彼此间非常相似;所以,要么每一张都能被恰当地忽略,要么任何一张都不能被忽略。但是它们之中有一张不能被恰当地忽略:实际会中奖的那一张彩票。"[271] 这一论证同样适用于逃票者和出租车场景:A没有支付入场费的可能性与他支付了入场费的可能性非常相似;同时,红色出租车引发事故的可能性与绿色出租车引发事故的可能性非常相似。我们不能忽略一种可能性而不忽略另外一种,而且我们不能都忽略,因为其中之一实际存在。在彩票的例子中,以及在那两个假设场景中,都存在不能被忽略的相关替代性假说。

决定一个替代性假说相关性的难题,在司法事实认定的过程中不断出现。在刑事审判中,除非符合以下条件,否则一个辩护将不会被提交给陪审团,也将完全不被考虑:存在一些"证据,如果这些证据被相信,并且假定采取了对其最有利的观点,它们可能被理性的陪审团采纳以支持辩方"[272]。这一原则确保了时间不会被浪费在那些完全投机的辩方的单纯假设上。相似地,并非每一个关于事实的假说都值得考虑。以下是关于一个店内盗窃案件陪审团评议的有趣一手资料,其中一个陪审员使另一个陪审员(即这段文字的作者)陷入了绝望[273]:

> 在陪审团评议室中,有一个人对"合理怀疑"概念的反应,似乎这个概念是对其智慧的挑战。他坚持认为,它意味

---

[269] Ibid, 556.
[270] 根据 Nelkin (n 181).
[271] Lewis (n 265) 557.
[272] G Williams, "The Logic of 'Exceptions'" [1988] CLJ 261, 265, relied upon by Lord Hope in *R v Lambert* [2002] 2 AC 545, para 84.
[273] Alan Wykes in Dulan Barber and Giles Gordon (eds), *Members of the Jury* (London: Wildwood House, 1976) 76.

着我们要看是否我们能够想出事件的所有可能的替代性解释，而且他想到了——有人把衣服"栽赃"放在这个女孩的包中。有人向他指出，即便被告都没有提出这种解释。他说，那没关系，或许他们没有想到它。如果你能建构出另一种解释，**就必定**存在合理怀疑；毕竟，这种解释实际上并非不可能，不是吗？又有人向他指出，尽管这种解释实际上并非不可能，但该解释不是基于某项证据。他认为是谁实施了"栽赃"行为，商店里的侦探吗？"我们所不知道的某个人或某些人，"这个古怪的人自豪地说。他的观点无法被撼动。他现在似乎把自己看作是夏洛克·福尔摩斯，而不是陪审团成员。

这位陪审员未能抑制其想象力而且只关注那些基于证据的假说，这使得他成为电影《十二怒汉》中那个八号英雄陪审员的拙劣模仿者。正如法院在关于刑事证明标准问题上一直强调的，仅仅提出一个与有罪不一致的想象性假说，并无法确立一个合理的怀疑。如果那些替代可能性是"古怪和不真实的"[274]，"幻想的"[275]，"仅仅是（一些）猜测"[276]，或者"虚幻的"[277]，则不值得注意它们。尽管陪审团有权去考虑一个替代性事实假说，即便它在审判中未被律师提及[278]，但是，法律并不允许陪审团进行荒唐的猜测。英国上议院裁决的曼奇尼案（Mancini v DPP）提供了这样一个例子："在该案件中，没有任何能支持挑衅论点的证据被提交至法庭"；上议院强调，在这种情况下，"陪审团不是去推测其为挑衅事件，此处没有指向挑衅的证据并且不能从证据中合

---

[274] *Green v The Queen* (1971) 126 CLR 28, 33 (Australian High Court).

[275] *PP v Selvakumar Pillai s/o Suppiah Pillai* [2004] 4 SLR 280, para 51 (Singapore High Court).

[276] *Peacock v The King* (1911) 13 CLR 619, 661 (Australian High Court).

[277] *Tang Kin Seng v PP* [1997] 1 SLR 46, paras 95-6 (Singapore High Court).

[278] *Mancini v DPP* [1942] AC 1, 7.

第三章　法律中的事实认定认识论

理地推断出挑衅事件"[279]。谭（Tan）[280] 在如下表述中抓住了这一观点，新加坡上诉法院也在卓良豪案（*Took Leng How v PP*）中认可了该表述[281]：当一个怀疑"还不能通过案件中的有关证据得到具体阐释时，它就仍然是一个未经检验的假说并且可能被舍弃"。

RATK 的第三个困难在于"排除（elimination）"这个概念。要知道 p，一个人必须能够排除或消除 p 的所有相关替代性假说。根据 SMCB，要获得对于 p 的绝对信念，一个人必须判断 p 完全可能并且那些竞争性假说不是完全可能。我并不绝对地相信"A 是一个逃票者"或者"导致那场车祸的出租车是红色的"，因为我判断这两个假说都达不到完全可能。而且，我之所以得出这样的判断，还因为我不能消除替代性假说，即 A 支付了入场费或者那辆肇事出租车是绿色的。为接受一个表明有罪或担责的事实假说，证据必须要为挑选出该假说的行为提供正当理由；并且要为排除所有相关的反对有罪或担责的竞争性假说提供正当理由。或许正是这一观念支撑着我们经常听到的下述异议，即认为统计性证据不（充分地）"具体"或"特别"[282]。异议者可能的想法是：足以确保一项肯定性裁决的证据，必须以刚刚所描述的那种方式具体地指向有罪或担责。在上述两个场景中，可用的证据没有提供能够发挥该效用的那种必要的推理或解释。正如后文将讨论的，这里所需要的是一种因果型的推理或解释。

一个竞争性假说必须怎样缺乏似真性或可能性，才能被排除？正如第四章将说明的，这里不存在固定的或绝对的标准，很大程度上取决于利害关系为何。在一起严重的刑事案件中，只要一个

---

[279] Ibid 12.

[280] Tan Yock Lin, *Criminal Procedure*, vol 2 (Singapore: LexisNexis, 2005) ch xvii, para 2952.

[281] [2006] SGCA 3; [2006] 2 SLR 70, para 29.

[282] Eg *United States v Shonubi* (1993) 998 F 2d 84, 86, 89; *United States v Shonubi* (1997) 103 F 3d 1085, 1089-1093（两者都是美国第二巡回上诉法院的决定）; Brilmayer (n 193) 675; Cohen (n 97) 271; Glanville Williams, "The Mathematics of Proof" [1979] Crim LR 297, 305; Stein (n 194) ch 3.

155 有罪的替代性假说"不仅仅是一种幻想的可能性",就不能被安全地排除[283];如果一个替代性假说要在一般的民事诉讼中获胜,它的似真性必须更高。

3.3 相对似真性理论

艾伦(Allen)在一系列著名的文章中,提出了一种关于法律中事实认定的"相对似真性理论(relative plausibility theory)"[284]。他的理论已经对美国法产生了影响,被波斯纳法官在第七巡回上诉法院的一系列案件中引用过。[285] 艾伦在一篇他和莱特(Leiter)合写的文章中对自己的观点总结如下[286]:

> 相对似真性理论的批判性意义在于,它认为法律中的事实认定涉及对在审判中各方提供的多种解释进行似真性比较后得出一个决定,而非对一些离散的要素是否具有某个具体概率作出决定。在民事案件中,事实认定者要识别对于相关

---

[283] *Nadasan Chandra Secharan v PP* [1997] 1 Singapore L Rep 723, para 89 (Singapore High Court).

[284] Including Ronald J Allen, "The Nature of Juridical Proof" (1991) 13 Cardozo L Rev 373, "A Reconceptualization of Civil Trials" (1986) 66 Boston University L Rev 401, and "Factual Ambiguity and a Theory of Evidence" (1994) 88 Northwestern University L Rev 604.

[285] *Spitz v Commissioner* (1992) 954 F 2d 1382, 1384 – 5; *United States v Beard* (2004) 354 F 3d 691, 692 – 3; *Anderson v Griffin* (2005) 397 F 3d 515, 521.

[286] Allen and Leiter (n 199) 1527 – 8. See also Ronald J Allen, "A Reconceptualization of Civil Trials" (n 284) 436 ("刑事审判的目的不是在双方的故事版本中作出选择。而是去决定:争议事件的唯一合理解释是不是'被告犯有被指控的罪行'……政府[被要求]不仅仅证明自己的案件主张,而且[也]要驳回那些对于指向无罪的相关事项的任何合理解释");Ronald J Allen, "The Nature of Juridical Proof" (n 284) 413("国家必须证伪每个具有无罪指向的故事版本。如果,在听审了所有证据之后,一个陪审团成员得出结论认为,存在具有无罪指向的一种似真情况,那么那个陪审团成员应当投无罪票")。其他一些人也采取了类似立场:参见, eg, Larry Laudan, *Truth, Error, and Criminal Law* (Cambridge: CUP, 2006) at 82 – 83. 就假说的比较而言,对法律证明的解释存在另一种不同理论:Lennart Aqvist, "Towards a Logical Theory of Legal Evidence: Semantic Analysis of the Bolding-Ekelöf Degrees of Evidential Strength" in Antonio A. Martino (ed), *Expert Systems in Law* (Amsterdam: North-Holland, 1992) 67.

第三章　法律中的事实认定认识论

事件的最似真的解释；而在刑事案件中，检控方必须提供一个有罪的似真解释，并且证明不存在无罪的似真解释。

相对似真性理论和 SMCB-BAF* 在有一点上是契合的，即审判评议涉及对竞争性假说的相对似真性或可能性的评估。但它们还是有所不同：除了理论前提和它们所使用的推理上的不同，实质内容也有所不同。例如，艾伦提倡对民事和刑事审判适用不同的方法。一般来说[287]，民事法庭必须根据由双方提出的用以支持他们各自案件主张的故事版本的相对似真性来作出决定，而刑事法庭不仅仅要认定检控方说法的似真性，而且必须要能够拒绝所有其他的无罪解释，将它们视为不具有似真性。相比之下，SMCB-BAF* 提供了一套统一的审判理论。民事案件并非取决于如下相对性判断：双方提供的假说中哪个更似真？如果双方假说都不够似真，即便一方比另一方更加不似真，也必须要做出不利于承担证明责任一方的判决。[288] 对于民事和刑事审判而言，评议的结构是相同的；差异在于评议结构中运用的"证明标准"，第四章将此解释为态度性差异。根据前文简要提及的语境主义方法，当民事审判比刑事审判牵涉的利益更轻微时（并不总是如此），证明的达成于前者而言要比后者更容易：在民事案件中通过证据和论证排除竞争性假说，会比在刑事案件中耗费更少的努力。[289]

若抛开上述差别，那么两种理论共享着关于法律证明的一个

---

[287] 撇开南斯所指出的相对似真性理论中那些重要的模棱两可不谈。参见：Dale A Nance, "Naturalized Epistemology and the Critique of Evidence Theory" (2001) 87 Virginia Law Review 1551 at 1575–1588.

[288] See earlier discussion, at n 223. Cf Allen and Leiter (n 199) 1531. 这一立场的基础是这样一个观点，即仅当法院能够断言"原告事实上有权获得其法律诉求"时，民事责任才应被科处。Cf Ronald J Allen, "Constitutional Adjudication, the Demands of Knowledge, and Epistemological Modesty" (1993) Northwestern University Law Review 436, 454: "宪法性诉讼不是一个决定某些假设为真为假的问题；这是一个对比较相关解释作出决定的问题。立法的构造不在于是否一方应当胜诉或败诉，而在于是否一方而不是另一方应当胜诉。"

[289] 第四章为一个不同的证明标准辩护，并且反对在刑事和民事案件证明标准之间作绝对区分。

基本观念，即建构和比较竞争性假说之可能性（或似真性）；而且它们都结束于这样一个问题：一个人是否有正当理由相信（或确认）竞争性假说中的某一个是真实的（或最似真的）解释？这绝不是一种新的方法。其基本理念可以在有关证据的古老的论著和权威判例中找到；这些权威判例超出了普通法司法辖区的范围，甚至来源于国际法院。下文引用了来自这些渊源的一些例子，用以说明它们宽泛地支持了这两种理论所共享的法律证明观念。我们不要局限于细节上的差异，因为这些差异并没有减损它们在核心观念上所具有的共性。

在英国，"证明要求排除所有合理的替代性假说"这一观念可以追溯到很久以前，我们可以在十九世纪有关证据的论著中找到其身影。[290] 对该观点的最佳陈述，载于威尔斯（Wills）有关间接证据的经典论著中[291]：

> 为了证成有罪推论，定罪的事实必须与被控者无罪相矛盾，而且使除了有罪假说之外的任何其他合理的假说都无法得到解释。

威尔斯进一步解释道[292]：

> 每一种其他的合理猜想（基于该猜想，事实可以被解释得与无罪假说相一致）……必须被严格审视并被成功排除；仅当没有其他任何猜想能合理解释案件的所有情况时，有罪定论才能被合法采纳。

威尔斯引用了据说是首席法官麦克唐纳（MacDonald）男爵

---

[290] Eg John Pitt Taylor, *A Treatise on the Law of Evidence as Administered in England and Wales* (7th edn, London: Maxwell, 1878) vol 1, 84: "陪审团必须决定，不是这些事实是否与狱犯有罪的结论相一致，而是它们是否与其他理性结论相矛盾；因为唯有基于这个最后的假说，他们才能够安全地给被告定罪。"

[291] William Wills, *An Essay on the Principles of Circumstantial Evidence*, Alfred Wills (ed), (6th edn, London: Butterworth, 1912) 311.

[292] Ibid 312.

第三章 法律中的事实认定认识论

在帕奇案（R v Patch）[293]中所作的陈述作为权威论据，即"陪审团必须被说服，直至认为没有合理方式能解释除了'嫌犯有罪'这一结论之外的其他情况"。在霍奇案（Hodge）中，奥尔德森（Alderson）法官对陪审团作出了如下指示：在能够基于间接证据认定嫌犯有罪之前，他们必须要相信"不仅那些间接证据与'他已经犯下了那个罪行'相一致，并且他们也要相信，除了'嫌犯就是有罪之人'这一结论，事实与任何其他理性的结论都是相矛盾的"[294]。这被称为"霍奇案规则"，它被认为规定了如下"法律要求：……禁止得出任何对被控者不利的推论，除非该推论为唯一合理的推论"[295]。一本重要的现代英国证据法著作将此规则描述为"传统的"且"广为接受的"[296]。

在民事案件方面，一种类似的方法被运用于斯威尼案（Sweeney v Coote）中。[297]原告请求获得一个禁令，以阻止被告与他人合谋在其业务和雇佣中损害原告。这一诉请因缺少足够的证明而败诉了。根据洛雷本（Loreburn）法官的说法，法院不会"依据一些猜想"而作出一项有关合谋的肯定性认定。指控"必须得到清楚地证明。像其他结论一样，它能够从那些得到证明的事实中推论出来；但问题的关键不是你能否得出特定的推论，而是这些事实是否会公正地允许从中得出其他的推论"[298]。

---

[293] Ibid 313-4 (Surrey Spring Assizes, 1805).

[294] (1838) 2 Lew CC 227, 228. Similarly, R v Onufrejczyk [1955] 1 QB 388, 394.

[295] Tang Kwok Wah, Dixon v Hong Kong Special Administrative Region [2002] HKCU 40, para 61. Ibid, para 25, 其中认为：霍奇案中的规则"规定了检控方必须证明其案件的程度标准"，没有"规定陪审团必须如何被指示以使他们理解怎样使用这个标准"（see also Ibid, para 61）。在英国（McGreevy v Director of Public Prosecutions (1973) 57 Cr App R 424）、香港（Tang Kwok Wah, Dixon v Hong Kong Special Administrative Region [2002] HKCU 40）、特立尼达和多巴哥（Daniel and others v Trinidad and Tobago [2007] UKPC 39, para 43）都不存在这样的强制性要求。

[296] Roberts and Zuckerman (n 97) 366 and 367 respectively.

[297] [1907] AC 221.

[298] Ibid at 222.

在加拿大，威尔斯表述的检测方法在桑基案（*Sankey v R*）中被采纳。[299] 在这个案件中，上诉法院法官麦克唐纳（MacDonald）强调：证据不需要排除所有反对有罪认定的可能假说。否则，基于间接证据的有罪判决在每一个案件中都不可能作出，因为在每一个案件中"都可能有许多其他假说被构想出来……这些假说与'嫌犯无罪'相一致"。法院仅会考虑那些合理的假说。[300] 正如我们已经看到的，一个全然是猜想的并且缺乏证据支持的无罪辩护假说，在法律上被当成是不相关的，其对有罪判决构不成任何阻碍。

威尔斯表达的观点在印度也得到了遵循。[301] 其法律委员会对《印度证据法》中包含的证明规则总结如下[302]：

> 在民事案件中，通常存在两种事实版本。法院根据被提交上来的证据选择它认为更可能的版本，也就是说，它将接受一个谨慎之人会猜测为真且据以行动的版本。如果不存在被告的答辩版本，那么法院可以将该事实纳入考虑，以得出下述结论：原告的事实版本属实。在一些可能情形下，法院可以拒绝两种版本，将它们都当作是虚假的。
>
> 但在刑事案件中，无论是否存在一个辩护版本，法院都必须被说服至认为一个合理的替代性版本是**不可能的**。因为，如果它是可能的，一个谨慎之人将不会根据"检控方版本属实"这一猜想而行动。他将会根据"替代性版本属实"这一猜想而行动。

---

[299] [1927] 4 DLR 245，247-8（British Columbia Court of Appeal）。这个决定被加拿大最高法院推翻，但不是针对这个观点：Ibid 267.

[300] Ibid 246.

[301] Eg *State of Rajasthan v Kheraj Ram* [2003] 3 LRI 692（decision of the Indian Supreme Court）.

[302] Law Commission of India, 185th Report on Review of the Indian Evidence Act, 1872, March 2003, 24, available at http://www.lawcommissionofindia.nic.in/reports.htm.（加重字体为原文所有）

第三章 法律中的事实认定认识论

在美国,格林列夫(Greenleaf)在很久之前对同样的一般性原则进行了阐述:"在民事案件中,如果总的来看证据赞同并支持被举证证明的假说,这就足够了;但是在刑事案件中,必须要排除当事人有罪的假说之外的所有其他假说。"[303] 在做了更详细的阐述后,他认为间接证据的证明力取决于[304]:

> 它是否能充分地排除除了正在考虑的假说之外的所有其他假说。因此,持有近期被盗的商品、在时间和地点上很接近、被告人不能证明自己如何得到它们,这些加在一起,就似乎自然地(尽管不是必然地)排除了除有罪假说之外的所有其他假说。但是在另一时间和地点对相同商品的持有,就不能允许得出这样的结论,因为这给"它们是在交易过程中被合法购买的"这一假说留下了余地。

这个观点在美国仍然有效;《美国法律百科全书》完全一致地重复了该观点[305]:

> 排除合理怀疑的证明是这样一种证明:它排除了在那个它试图支持的假说以外的所有合理假说,它完全和被控者有罪的结论相符,而和其他任何理性的结论相矛盾。

新加坡和马来西亚的法律也大致如此。在桑尼·昂(Sunny

---

[303] Simon Greenleaf, *A Treatise on the Law of Evidence*, vol 1 (5th edn, Boston: Little & Brown, 1850) 19.

[304] Ibid 16.

[305] *Corpus Juris Secundum*, vol 23, *Criminal Law*, §1502 (available on Westlaw; database updated June 2007).这条规则得到很多案件的支持。它被认为是"基本的"(*Powers v Commonwealth* (1970) 211 Va. 386 at 388)、"不证自明的"(*State v Sivri* (1994) 231 Conn. 115, 131)、"精心设定的"(*Wooden v Commonwealth* (1915) 117 Va. 930, 935)。关于近期的州权威判例,see *Molina v Commonwealth* (2006) 47 Va. App. 338, 369。关于联邦的权威判例,see *Tinsley v US* (1930) 43 F 2d 890, 897 – 898(第八巡回上诉法院);以及以下文献所引用的判例:Allen and Leiter (n 199) 1532 – 1534, and Ronald J Allen and Michael S Pardo, "The Problematic Value of Mathematical Models of Evidence" (2007) 36 J of Legal Studies 107, 136, n 39.

Ang v PP）这一指导性案例中[306]，马来西亚联邦法院认为，审判法官给陪审团的以下指示是"完全充分的"：

> 我必须要提醒你们注意：这个案件中的问题是，依据间接证据，是否所有证据的综合效力能引导你们得出"正是被控者犯了该罪"这一不可抗拒的结论。或者是否存在一些合理的可能解释，例如——"它是一个事故吗？"……[间接证据结合起来能否]引导你们得出"被控者犯了该罪"这一不可抗拒的推论和结论？或者对于那些事实是否还存在其他一些合理的可能解释？

上述所谓的"桑尼·昂检测"（也被称为"唯一合理推论检测"[307]），被新加坡上诉法院在另一个案件中以下属评论的方式采纳了[308]：

> 在桑尼·昂一案中提出的检测标准［是］：在间接证据能确保一项针对被告人的有罪判决前，它必须毫无疑问且不可阻挡地引导事实认定者得出且仅得出一个结论：被告人有罪。换句话说，将间接证据作为一个整体来考虑，必须引导事实认定者得出不可阻挡的推论和结论，即被告人犯了罪。在这样的案件中，如果审理者的脑海里还存在任何其他对于争议事件的合理可能解释，那么检控方就没有证明其案件主张排除了合理怀疑。

---

[306] *Sunny Ang v PP*，[1966] 2 Malayan LJ 195，198.

[307] *PP v Chee Cheong Hin Constance* [2006] SGHC 9；[2006] 2 Singapre L Rep 24，para 84.

[308] *PP v Oh Laye Koh*，[1994] 2 Singapore L Rep 385，391. 这一检测也被新加坡上诉法院运用案件中，参见：*Nadasan Chandra Secharan v PP*（n 283），paras 84 - 86（Ibid, para 85："我们当前的问题仅仅是：收集的证据是否使得一个人不可阻挡地并且毫无疑问地得出一个结论并且仅仅得出这个结论，即上诉人故意导致受害者的死亡？或者对于'上诉人是谋杀犯'这一事实是否存在一些其他合理可能的解释"). 还被新加坡高等法院用于下述案件中：*PP v Selvakumar Pillai s/o Suppiah Pillai* [2004] 4 Singapore L Rep 280，paras 50 - 52.

第三章　法律中的事实认定认识论

"唯一合理推论"检测也规定在香港的法律中。在被作为权威先例的关平邦（*Kwan Ping Bong v R*）案件中[309]，迪普洛克（Diplock）法官认为：有罪推论"必须要令人信服——即该推论是一个（而且是唯一一个）没有任何理性之人不会从已被证明的直接事实中得出的推论"。

澳大利亚也适用相同的方法。澳大利亚高等法院曾用以下这些稍微不同的表述描述了证成一项有罪裁判之间接证据所需要的基本相同的品质：（i）"有罪不应仅仅是一个理性的推论，还应当是能从间接证据中得出的唯一理性推论"[310]；（ii）"间接证据必须与除了'被告人有罪'这一假说之外的任何其他理性假说相矛盾"[311]；（iii）"有罪推论[必须是]能够从间接证据中理性地得出的唯一推论"[312]；（iv）必须不存在"除了有罪之外的能与间接证据合理兼容的其他解释"[313]；（v）有罪结论必须是"使得[陪审团]能从间接证据中得出的唯一理性推论"[314]；（vi）"证据性事实必须无法承载其他理性解释"[315]；（vii）必须不存在"其他与无罪相一致的推论，该推论根据证据具有合理性"[316]。

枢密院听审了一个针对东非上诉法院在沙姆帕尔·辛格案

---

[309] [1979] Hong Kong L Rep 1, 5. 这个案件在香港多次被引用；最近的一个例子是：*Hong Kong Special Administrative Region v Sung Pak Lun* [2006] HKCU 1491 (Hong Kong Court of Appeal). 迪普洛克法官所创设的这一原则的正确性，在以下裁判文书的第 5 段和第 61 段中，被认为是"毫无疑问正确的"并且是"不存在争议的"：*Tang Kwok Wah*, *Dixon v Hong Kong Special Administrative Region* (n 295).

[310] *Shepherd v The Queen* (1990) 170 CLR 573, 578.

[311] *Peacock v The King* (1911) 13 CLR 619, 634. 在高等法院随后审理的一些案件中，这个原则得到频繁认可：eg *Knight v The Queen* (1992) 175 CLR 495, 509-510; *Barca v The Queen* (1975) 133 CLR 82, 104.

[312] *Plomp v The Queen* (1963) 110 CLR 234 at 252.

[313] Ibid, 243; followed by the Singapore High Court in *PP v Chee Cheong Hin Constance* (n 307) para 84.

[314] *Plomp v The Queen* (n 312) 252, cited in *Barca v R* (1975) 133 CLR 82, 104 and *Cutter v R* (1997) 143 ALR 498, 502.

[315] *Martin v Osborne* (1936) 55 CLR 367, 375, cited in *Cutter v R* (1997) 143 ALR 498, 510.

[316] *Shepherd v R* (n 310) 579, cited in *Cutter v R* (n 315) 512.

（R v Sharmpal Singh）中裁决的上诉案件，其下述评论采纳了类似立场[317]：

> 法院不仅要审理所提出的辩护，还必须证明检控方所举之证据仅与谋杀相一致……结合本案的其他间接证据，医学证明无法精确说明所用力度的大小……这使得过失杀人和意外事故都成为需要考虑的替代可能性。

同样的方法也被前南斯拉夫国际刑事法院采纳。在塞佛·哈利洛维奇案（Prosecutor v Sefer Halilovic）中，审判庭认为[318]：

> ［有罪］必须被证明至排除了合理怀疑……它必须是可以得到的**唯一**合理结论。如果还存在另一个也能合理向证据开放的结论，并且这一结论与［被告人无罪］相一致［正如与有罪相一致那样］，那么被告人必须被无罪释放。

正如上面这个长长的清单所显示的，关于事实认定的比较和排除方法，有很多法律权威依据。它们都具有 SMCB—BAF* 和相对似真性理论的特征。

3.4　审判评议的叙事模型

前面阐述的 BAF* 表明，事实认定涉及对单个事实命题之真

---

[317] [1962] AC 188 at 195. 依据这段，新加坡高等法院在一个案件中认定，检控方未能证明被告犯了谋杀罪，因为"所提交的证据并非仅仅与谋杀相一致"。参见：PP v Ow Ah Cheng（[1992] 1 Singapore L Rep 797, 805）。

[318] Judgment dated 16 November 2005 (available at http://www.un.org/icty/cases-e/index-e.htm) at para 15, quoting from the *Celibici* Appeal Judgment, para 458.

第三章 法律中的事实认定认识论

实性的分别判断。这并没有准确描述审判评议的心理学现实。[319] 在实践中,"证据不是被当作分散的片段而评价的,而是被放在更大的认知结构中,通常被放在叙事、故事或者整体陈述的形式中进行评价"[320]。正如苏特(Souter)法官所说,证据"具有超越任何线性推理模式的效力,并且随着它的片段被组合在一起,一个叙事就具有了动力"[321]。事实认定者所采取的方法,一般而言或者主要说来是"整体性的"而不是"原子论的"[322]。确实,诉讼律师呈现他们的案件主张时,表现得就好像事实裁判者确实是以这种方式进行推理一样。所有关于辩护的教科书都强调"为了参与审判而具有一个案件理论"[323] 的实践必要性;并且教导说,要达到说服陪审团的目的,必须通过讲述一个关于发生了什么(最好还包括为何发生)的连贯故事。

整体论方法得到了心理学家相关发现的支持。他们表明,陪审员决策是通过利用审判中出示的证据从而建构一些故事或叙事

---

[319] Ronald J Allen, "The Narrative Fallacy, the Relative Plausibility Theory, and a Theory of the Trial", *International Commentary on Evidence*: vol. 3 (2005): iss. 1, article 5, available at: http://www.bepress.com/ice/vol3/iss1/art5. At pg 1: "司法证明大体上涉及有关事件的完整解释的序贯估计,而不是对离散要素之基数的决定。" Martin Kusch, *Knowledge by Agreement—The Programme of Communitarian Epistemology* (Oxford: Clarendon Press, 2002) 81: 提醒我们"要警惕……用贝叶斯定理进行证言评估的方法",因为"可信性和似真性(关于证据和证人)并不是那类用离散量来进行最佳考虑的事情";引用了英国上诉法院在亚当斯案(*R v Adams* ([1996] 2 Cr App R 467, 481))中的裁决。

[320] Dan Simon, "A Third View of the Black Box: Cognitive Coherence in Legal Decision Making" (2004) 71 University of Chicago L Rev 511, 560.

[321] *Old Chief v US* (1997) 519 US 172, 187.

[322] 有关这两种不同方法的讨论,see M A Hareira, "An Early Holistic Conception of Judicial Fact-Finding" [1986] The Juridical Review 79; Mirjan Damaška, "Atomistic and Holistic Evaluation of Evidence: A Comparative View" in David S Clark (ed), *Comparative and Private International Law—Essays in Honor of John Henry Merryman on his Seventieth Birthday* (Berlin: Duncker & Humblot, 1990) 91.

[323] Andrew Palmer, *Proof and the Preparation of Trials* (Pyrmont NSW: Lawbook, 2003) 43. 类似地,帕尔多认为,"审讯诉辩的学术理论包含故事模型"。参见: Michael S Pardo, "Juridical Proof, Evidence, and Pragmatic Meaning: Toward Evidentiary Holism" (2000) Northwestern University L Rev 399, 404.

来进行的。[324] 这些故事是由中心情节（central action）发展而来的，而中心情节可从刑事指控或答辩中获得。中心情节发挥着基本框架的作用，通过把从外围事件得出的推论加入这个框架中，其内容得以丰富，由此建立起一张复杂的关系网。它之所以复杂不仅是因为支撑性网络的错综复杂，还因为如此建立起来的联系之多样性使然，其中包括了因果联系、有关动机的联系和有关意图的联系。根据事实认定者关于世界的一般性背景信念（包括他关于什么才算是一个好故事的观点），审判中出示的证据得以解释。通常情况下，与证据资料大体契合的不止有一种解释。事实认定者必须判断：这些故事中是否有一个能脱颖而出，从而化解解释上的难题，并且足以被当作真实的解释而接受下来。这种选择是在所适用的法律选项框架（例如，可以认定被告人犯了谋杀罪，或者某个较轻的罪行）中作出的，并且这一抉择是通过把故事的特征转换为每个法律选项的属性来实现的；要做到这一点，事实认定者必须对下述问题具备一定理解：如何才能在事实上满足犯罪的基本构成要件。

我们可以从有关叙事的文献中总结出许多有用的观点。其中一种已经得到承认：似真性判断不是针对被视为个别和孤立的事实命题而做出的。这当然不是说事实认定者始终不必询问某个特定事实命题是否为真；而是在主张：任何特定事实命题的真实性必须被放在一个更大的假说、故事或叙事性解释的语境中评估。[325] 因此，为了 BAF* 的目的，p 将采取不同的形式（一个具体的命题、故事的某个片段、作为整体的故事、故事的某个次要情

---

[324] 在这个领域已经形成的学术成果包括：W Lance Bennett and Martha S Feldman, *Reconstructing Reality in the Courtroom——Justice and Judgment in American Culture* (New Brunswick：Rutgers University Press，1981)；Nancy Pennington and Reid Hastie, "Evidence Evaluation in Complex Decision Making" (1986) 51 Journal of Personality and Social Psychology 242；Nancy Pennington and Reid Hastie, "A Cognitive Theory of Juror Decision Making：The Story Model" (1991) 13 Cardozo L Rev 519.

[325] Pardo (n 323) 401；"整体论……并不排除对原子式分析的需要；相反，它表明任何这类分析都依赖于整体论，并在其中运行。"

第三章　法律中的事实认定认识论

节等等），这取决于正在进行的批判性评价的层次和视角；而且在审判评议的过程中，不同层次和视角之间将存在大量的"往复"。

假说也是在不同层次和从不同角度表述的。存在一个主要的故事脉络，还存在许多次要的故事情节。[326] 在较高的层次上，一个假说是另一个假说的替代项，不必然要求它们完全不同；事实上，很难想象它们会完全不同。正如艾伦和耶赫尔（Jehl）所言："当事各方所讲述的故事常常会高度相似，而只在一些重要的事实层面会有所不同。"[327] 事实争议往往是"局部性的"，局限于一小部分事实问题甚至仅是某个事实问题上。在那些竞争性问题上，审判过程的展开将会引出能支持各个真相版本的较低层次的竞争性假说。在最低层次上，针对争议性问题，仅当两个假说不可能同时为真时，一个假说才是另一个的替代项。

叙事理论提供的第二个洞见是，我们必须细化对 BAF* 语境中"正当理由"的理解。仅当根据 BAF* 规则一个人会有**正当理由**相信 p 时，事实认定者才应该认定 p。正当理由在最高层次上引入了法律的实体性要素，即一项基于正当理由对"被告犯了谋杀罪"进行认定的判决，要求对谋杀的法律内涵具备一定理解，并且对那项判决的评估必须部分地根据该理解的正确性来评价。这里，事实和价值、事实和法律，被紧密地编织在一起。然而，在最低层次上，认定针对的是"原始"事实；例如，被告在他妻子的可可饮料里放进了老鼠药。最低层次认定的正当理由基本上是认识论性质的；BAF* 在该层次上的适用复杂性最小，而且也主要致力于该层次。

理解审判评议之整体论特性的第三个收获也和"正当理由"这一概念有关；它给我们提供了资源，以对一个假说的似真性进

---

[326] Bernard S Jackson, *Law, Fact and Narrative Coherence* (Liverpool: Deborah Charles, 1988) 85: "在审判中，我们所拥有的并不仅仅是一个单一的故事，而是一系列故事。每个独立证人的作证行为本身就是一个故事。"

[327] Ronald J Allen and Sarah A Jehl, "Burdens of Persuasion in Civil Cases: Algorithms v. Explanations" (2003) 4 Michigan State L Rev 893, 937.

行具有广泛基础的评估。根据 SMCB，当一个人判断某个假说是完全可能的，而且它的矛盾假说都不是完全可能的，他就绝对地相信该假说。该假说必须具有"唯一"性[328]，这是在上一节的许多法律引证中被充分强调的观点。回顾一下，当我们说一个假说 p 完全可能而与其矛盾的假说不是完全可能时，我们意指的是，就案情而言，我们判断：(i) p 是如此地可能，以至于当结果表明其为真时，我们一点也不会感觉意外；(ii) 如果结果竟然是任何某个相关的替代性假说为真，我们就会在某种程度上感到意外。正如前文所论述的，所有相关的替代性假说一定要足够地缺乏可能性，以至于根据案件情况，我们感觉可以足够安全地排除它们。"认定 p"的性质和后果决定了相关替代性假说必须在多大程度上缺乏可能性，才能保证排除它们是足够安全的。我们假设"可能性"和"似真性"是可以互换的概念，并且下文讨论到的"似真性"标准也适用于"可能性"。

　　似真性评估关乎许多因素。在不依靠审判中出示的证据的情况下，也可以进行似真性评估。在一个故事中发现的任何内在矛盾[329]都将是致命的，会使得这个故事不似真，除非该矛盾能够在一定程度上得到解释或者被认为不重要。当假说的某个本质要素无法轻易地和我们关于"人类行为或世界运行方式"的一般性知识相协调时，该假说即便不存在内部矛盾，也仍然会被认为本质上是不可信的或难以相信的。[330] 一个假说的似真性也能够依据证据来进行判断。如果在某个关键层面，假说与已被采纳的证据的某部分（包括其所暗示的内容）或者与来自证据的某个已被接受的推论相矛盾或不一致，这个假说就是不似真的或并非完全似真。上议院在麦克格里维案（*McGreevy v Director of Public prosecu-*

---

[328] Compare Pennington and Hastie (n 324) 528.
[329] 将此与那种把矛盾故事版本作为替代性假说的策略进行对比（"我的当事人当时不在那里；并且如果他在的话，他也没有做这事"）。有关这一策略的明智之处，see Palmer (n 323) 51-2.
[330] Ibid 50.

第三章 法律中的事实认定认识论

tions)[331]中也表明了这一点。上议院认为:"如果[陪审团]接受的某项事实与有罪不一致或可能如此,他们就[不能]说他们已经对有罪排除了合理怀疑。"这一段所讨论的所有因素,标示出了对完全似真性的非常具体的阻碍。

一个假说的似真性可以根据一组相对模糊的进一步的标准来判断。第一,一个故事所能解释的证据范围(也可以说"覆盖"的程度)越大,它就越具有似真性。[332]它所不能解释的证据越多,就越不能令人信服。第二,一个故事的"完整性"有助于提升其似真性。一个故事具有越多缺口,它就越缺少说服力。[333]这就是为何犯罪动机是与事实相关的,即便它"不是有罪的一个前提"[334]。能够说明动机可以增强故事的完整性,并因此增强故事的似真性;但不能提供动机并不是认定被告人有罪的障碍。[335]第三个似真性标准是融贯性。[336]一个故事的融贯性不仅仅要求一致性,即各组成部分没有矛盾这一较弱的层面;它要求更多的品质,即各独立要素能很好地整合在一起,以产生一个流畅且令人信服

---

[331] (n 295) 436. 枢密院也说明了一个类似观点;根据诺曼德(Normand)法官的看法:"在从相incides间接证据得出被告有罪的推论之前,确保不存在其他能够削弱或推翻该推论的情况是必要的。" *Teper v R* ([1952] AC 480, 498).

[332] Pennington and Hastie (n 324) 527–8.

[333] *Old Chief v US* (n 321) 189, per Justice Souter:"那些听到一个被抽象的空白所打断的故事的人们,可能会对缺失的章节表示困惑,并且被要求依赖故事的真实性而作出决定的陪审团成员们能感到自己被要求负责探寻比已听闻之事更多的可被言说的事。"该论述将两个相互关联的问题交织在一起:故事(对已发生之事的说明)中的空白和证据(被提交用以支持特定解释)中的空白。后者将在下文讨论。

[334] *Nadasan Chandra Secharan v PP* (n 283) para 81 (Singapore Court of Appeal).

[335] 正如新加坡高等法院在一个案件中判决被告有罪时所认为的:"法律承认,一宗谋杀案的原因常常如此安全地隐藏在被告的头脑中,以至于很难了解。这就是这样一个案件。" *Public Prosecutor v Chee Cheong Hin Constance* (n 307) para 112.

[336] 关于其中一些文献,see Neil MacCormick, "The Coherence of a Case and the Reasonableness of Doubt" (1980) 2 Liverpool L R 45, *Legal Reasoning and Legal Theory* (Oxford: Clarendon Press, 1978) 90–93, "Notes on Narrativity and the Normative Syllogism" [1991] 4 Int J for the Semiotics of Law 163, 167–8; Bernard S Jackson, *Law, Fact and Narrative Coherence* (Liverpool: Deborah Charles, 1988) 58–60; Simon (n 320).

的对于相关事件的叙事。

第四，一个假说的似真性随着它从证据中获得的肯定性支持程度的增加而增强。关于对一个假说的证据支持（evidential support），必须采取整体论的视角。正如澳大利亚高等法院在谢泼德案（*Shepherd v The Queen*）中所指出的[337]："大量证据的证明力可以累积起来，这使得分别考虑每一个证据的概率程度没有意义。"正如下述 3.5 部分所讨论的，证据支持至少包含了五个方面。

3.5 证据支持的概念

证据在何种程度上支持一个假说，第一取决于证据有多可靠（credible）：例如，这个证人是在讲真话吗？如果证据被认为是可靠的，接下来的第二个因素就是它所提供的据以相信该假说的原因或理由的充分性（sufficiency）：假设证人所说是真的，它是如何支持该假说的？困难在于，上述问题都不能抽象地回答。"这个证人是否在讲真话"，往往取决于"其他证人是否在讲真话"；一个已被采纳的证据所提供的某个原因或理由，有多么强地支持相信一个假说的某个方面，取决于它和其他已被采纳的证据（这些证据支持着该假说的这个或其他方面）所提供的原因或理由是否能很好地解释性地整合在一起。[338]

第三，证据多么强地支持一个假说，取决于这一假说的重要特征在何种程度上锚定（anchor）于证据。尽管当从一组证据中建构一个故事时，对背景信念的依赖是不可避免的，而且通常这组证据是"碎片化的、不完整的、模糊不清的和不一致的"[339]，但是一个假说在任何关键方面都不能仅仅立基于一个猜想或假定

---

[337] (1990) 170 CLR 573 at 580.

[338] 苏珊·哈克有关解决拼图游戏困境的类比是恰当的：Susan Haack, *Evidence and Inquiry* (Oxford: Blackwell, 1993) ch 4.

[339] Simon (n 320) 549.

第三章 法律中的事实认定认识论

之上。正如特文宁（Twining）所提醒的：存在一种危险，即一个叙事可能"被用来'偷偷引入'不相关的或者不适当的因素，以遮蔽论证中的空缺或弱点，或者分散对它们的注意力"[340]。

第四，证据支持是"证据全面性（comprehensiveness of evidence）"的一个因素。[341] 沿着凯恩斯（Keynes）关于"证据分量（weight of evidence）"概念的思路，这具有一定意义。[342] 在凯恩斯的意义上，"分量"一般被解释为：可以对其作出概率评估的证据之总量。但是，伦德（Runde）认为，更准确的是将其描述为"相关知识与相关无知之间的权衡，或者等同于，某个概率所基于的信息之完整度"[343]。认识论概率与分量之间没有关联；随着更多的证据被引入，证据分量将增加，而认识论概率却可能上升、

---

[340] William Twining, *Rethinking Evidence—Exploratory Essays* (2nd edn, Cambridge: CUP, 2006) 319. 以下文章讨论了该危险所引起的规范性问题：Doron Menashe and Mutal E. Shamash, "The Narrative Fallacy" *International Commentary on Evidence*: vol. 3 (2005), iss. 1, article 3, available at: http://www.bepress.com/ice/vol3/iss1/art3.

[341] 关于证据的思考似乎涉及一个更高层次的关于证据的信念，并且存在争议的是，证据的完整性是否能被作为一个因素置入概率计算中。See L Jonathan Cohen, "*The Role of Evidential Weight in Criminal Proof*" (1986) 66 Boston University L Rev 635; David Kaye, "*Do We Need a Calculus of Weight to Understand Proof Beyond a Reasonable Doubt?*" (1986) 66 Boston University L Rev 657; Brilmayer (n 193); Nils-Eric Sahlin, "On Higher Order Beliefs" in Jacques-Paul Dubucs (ed), *Philosophy of Probability* (Dordrecht: Kluwer Academic Publishers, 1993) ch 2, 13. 似乎凯恩斯在说出"权重"一词时，他所想到的是所获证据的完整性；例如，这反映在他的下述陈述中："新证据有时将减少一个论点的概率，但它却将总是增加它的'权重'"：(n 110) 71; Jochen Runde, "Keynesian Uncertainty and the Weight of Arguments" (1990) 6 Economics and Philosophy 275; Barbara Davidson and Robert Pargetter, "Guilt Beyond Reasonable Doubt" (1987) 65 Australasian J of Philosophy 182（把"证据权重"和概率评估的"弹性"相联系）。

[342] 戴维森和帕戈特主张，要证成有罪裁判，证据必须具有充分的分量（凯恩斯意义上）：Davidson and Pargetter (n 341). 这个论点得到了一些作者的回应：Nancy J Dunham and Robert L Birmingham, "On Legal Proof" (1989) 67 Australasian J of Philosophy 479, and Stephen Cohen and Michael Bersten, "Probability out of Court: Notes on 'Guilt Beyond Reasonable Doubt'" (1990) 68 Australian J of Philosophy 229. 证据的"分量"在斯坦的理论中扮演了一个重要角色，他用这个概念来解释证明悖论：Stein (n 194) 80-91.

[343] Runde (n 242) 231; and more fully, Runde (n 341).

下降或保持不变。[344]

　　事实上，在任何形式的事实调查活动中，都会遇到证据不完整的问题；它出现在各种调查者面前，从考古学家到历史学家再到侦探。尽管对抗制审判中的事实裁判者也不例外，但与其他人不同，严格说来，至少就下述层面而言，他不是一个调查者：他不去寻找证据；证据是被提供给他的。在审判中被提交的那些证据不可避免地存在缺口。在评估一个假说的似真性时，事实裁判者需要把缺口的程度作为一个因素纳入考量。[345]

167　　在形成我们的信念时，我们必须也确实会把我们无知（ignorance）的程度考虑进来。在审判评议过程中运用的推理是可废止的或者具有"非单调的（non-monotonic）"性质，"即它能够被新输入的具有颠覆已有推论效用的前提所废除"[346]。这就产生了一个非常重要的启示：如果事实裁判者意识到，被提出以支持某个假说的可得证据极其不完整，太多相关的证据没有出现在他的视野中，对于争议中的事件"有极大的可能存在一个更好的解释"[347]，那么他就不会有正当理由相信该假说是真的。[348] 在逃票

---

[344] Adler（n 156）251.

[345] 有学者注意到：在起诉标准上，陪审团被要求考虑"证据的缺失"问题，因此提醒陪审团去考虑检控方提出的证据的"分量"或"薄弱性"。参见：Jack B Weinstein and Ian Dewsbury, "Comment on the Meaning of 'Proof Beyond a Reasonable Doubt'"（2006）5 Law, Probability and Risk 167, 169. 这被认为是为了回应以下文章所表达的关注：James Franklin, "Case Comment——*United States v Copeland*, 369 F. Supp. 2d 275（EDNY 2005）: Quantification of the 'Proof Beyond Reasonable Doubt' Standard"（2006）5 Law, Probability and Risk 159, 161–163（证明有罪概率很高的证据，也可能缺乏凯恩斯意义上的"分量"）。

[346] Walton（n 229）110.

[347] Josephson and Josephson（n 230）15.

[348] *Old Chief v US*（n 321）189. 哲学家们对"证据的全面性"这个概念进行了考察，他们考察了在推理过程中对于无知的自我意识的相关性；例如，哈曼认为，"推理常常基本包括对一个命题的含蓄接受，即不存在未被掌握的证据，而这类特定的证据与推理的结论相违背"。（Gilbert Harman, "Reasoning and Evidence One Does not Possess"（1980）5 Midwest Studies in Philosophy 163, 165.）他提出了一个推理原则，该原则"建议一个人不要接受一个结论，除非他具有正当理由地接受了下述命题，即不存在潜在的可获得的与结论相反的证据"（Ibid 166）。

第三章 法律中的事实认定认识论

者和出租车场景中,我们假定所提出的证据全部由统计信息构成;无论根据何种标准,这些证据都是非常不完整的。

我们目前的考虑似乎并不纯粹是认识论性质的;它似乎存在一个道德维度。我们将此与侦探的工作做一个类比。[349] 在一个侦探完成了一番调查后,证据表明 Y 是罪犯。但是该侦探还有其他能够追寻的线索,并且他意识到:它们或许会告诉他更多案件情况,由此形成其他的并且更多的关于谁做了这事、他是如何做和为何做这事的似真假设。如果侦探轻率地结案且忽略了那些线索,决定相信"Y 事实上就是罪犯",那么这个侦探就表现得很不负责任。即便从他搜集到的证据来看这是最可能的假说,在这种情况下,他"相信 Y 有罪"也是错误的。这种错误似乎同时是认识论上的和道德上的。[350]

可以说,上面这名侦探应当对案件进行深入挖掘,从而为他的结论准备一个更加安全的证据基础。在目前情况下,他相信 Y 是罪犯并不足够的充分以使其免于认识论上的可废止性。侦探意识到了下述风险:存在着更多信息,这些信息中的知识可能反驳或者削弱其结论的正当性。[351] 如果他出于草率或者懒惰而放任该风险,那么他就应该受到责备。更进一步讲,他基于该信念而做出的行为在道德上是可责备的。他通过控诉 Y 犯了罪而损害了 Y;

---

[349] 斯温伯恩和安妮斯使用的一个类似例子,see Swinburne (n 224) 50 and David B Annis, "A Contextualist Theory of Epistemic Justification" (1978) 15 American Philosophical Quarterly 213, 218.

[350] 有关认识评价和伦理评价之间的关系,see Haack (n 175).

[351] 简而言之,如果信息表明该结论是错误的,那么该信息就证伪一个结论,并且,如果它表明某个导向结论的推论压根就没有得到证据保障,那么它就削弱这一结论。在第一种情况下,受到攻击的是结论,而在第二种情况下,则是前提和结论之间的联系:John L Pollock, "Epistemology and Probability" (1983) 55 Synthese 231, 233; *Contemporary Theories of Knowledge* (Totowa, New Jersey: Rowman & Littlefield, 1986) 38-39; "Defeasible Reasoning" (1987) 11 Cognitive Science 481, 485; "The Building of Oscar" (1988) 2 Philosophical Perspectives 315, 319; "A Theory of Defeasible Reasoning" (1991) 6 Intl J Of Intelligent Systems 33, 34; "How to Reason Defeasibly" (1992) 57 Artificial Intelligence 1, 2-3.

并且在这么做之前,他没有努力做进一步的、更为周详的调查,他对于 Y 及其利益表现出一种不负责任的冷漠。[352]

在逃票者和出租车场景中,事实认定者处于一个与侦探类似的位置上,尽管并不完全一样。至少存在一个重要的区别:侦探承担了开展实际调查的任务,但是处于对抗制结构中的事实认定者既无权力也无责任去追查证据。然而,我们所关注的一般性原则同等地适用于这两种评议活动:支持一个假说的证据需要足够周详,以证成对该假说的信念。在侦探这个例子中所讨论的很多内容也适用于逃票者和出租车场景。因为存在许多重要问题尚待探索,因此决定相信"A 没有付费观看表演"或者"红色出租车导致了车祸",便是"跳跃式地得出结论"[353]。不仅该信念在认识论上不可靠,而且如果事实认定者是出于懒惰和粗心大意而持有该信念,其应该受到责备。进一步讲,在评议活动中没有充分尽到努力和谨慎,说明对于被告缺乏应有的尊重和关怀。这里认识因素和伦理因素复杂地交缠在一起,很难将它们清楚地分开。

证据支持存在第五个方面。在事实认定者有正当理由接受一个假说实际为真之前,证据必须支持该假说,而该假说要能够对争议事件提供一种因果性或解释性说明。要想对于某个事件拥有知识和对于它的发生持有绝对信念,似乎必须对该事件有某种因

---

[352] Cf *Ribemont v France*, Application no. 15175/89(欧洲人权法院于 1995 年 2 月 10 日的判决):在一个新闻发布会上,政府官员和高级警官指出,那位申请人是一宗谋杀罪的教唆者。至于他的释放,申请人成功地主张,政府侵犯了他根据欧洲人权条约条款 6(2)所享有的被推定无罪的权利。

[353] 正如萨赫林在讨论一个非常相似的例子时所言,"一个人在某种程度上担心其所不知道的事。关键的证据片段或者信息可能缺失,并且因此没有被在法庭上出示。" Sahlin(n 341)19. 他主张:"认识的可靠程度并没有反映在我们关于一个假说是如何可能或不可能的评论中。"(Ibid 18)为作出裁决,事实认定者必须不仅仅以对真相概率的评估为指导,假设他具有这些知识,他还必须同时通过思考其知识的完整性和准确性来反思那项评估的可靠性(Ibid 15)。

第三章 法律中的事实认定认识论

果性解释。[354] 正如内尔金（Nelkin）所指出的，如果一个人要理性地持有某个信念，"他必须要能够在他的信念和信念对象之间假定一个因果性或更加宽泛的解释性关联"[355]。类似地，汤姆森（Thomson）也认为，要证成对 p 的信念，我们"相信 p 为真的理由必须要保证，或者**担保**，p 是真的"[356]。（至于我们对有这样的理由具备多大信心，则是另外一个和信念强度有关的问题）他举了这样一个例子：假设波特（Bert）买了 5 张彩票，并且总共有 100 张彩票卖出。我们进一步假设，我们知道彩票没有被非法操纵。根据证据，波特没有中奖的客观概率是 0.95；所以我们会相信他很可能会输。但我们没有正当理由相信他事实上会输。[357] 根据汤姆森的观点，这是因为我们"相信波特不会中奖的理由无论如何不能担保波特不会中奖"[358]。

这个观点与沙克尔对完全可能性的要求很好地契合了：证据没有提供给我们理由，认为"波特不会中奖"是完全可能的。根据我们所拥有的证据，并且基于我们对情境的理解，包括对于"那 100 张彩票中的每一张都代表一个中奖机会"的信念，具有常识的人都会承认："波特所持有的 5 张彩票中的 1 张会中奖"这一假说具有一定可能性（无论这种可能性多么渺小）。因此，我们对于该情境的理解阻碍着我们相信"波特不会中奖是完全可能的"。仅仅基于我们有关客观概率的知识而持有该信念是不理性的。这个知识并不能帮助我们理解：为何他不会中奖？如果他确实没有

---

[354] "基本观点是，当一个人的信念以正确的方式和事实因果性地联系在一起时，他就具有知识……当且仅当事实 p 以恰当的方式和 S 关于 p 的信念因果性地联系在一起时，S 才知道 p"：Earl Conee and Richard Feldman, "Evidentialism" in their *Evidentialism—Essays in Epistemology* (Oxford: Clarendon Press, 2004) 280. 对比索伦森提出的关于裁决的因果关系理论：Roy Sorensen, "Future Law: Prepunishment and the Causal Theory of Verdicts" (2006) 40 Noös 166.

[355] Nelkin (n 181) 399.

[356] Thomson (n 161) 208.

[357] This example is given in Ibid 207–208.

[358] Ibid 208.

中奖，那么为何他没有中奖？[359] 概率既不是没有中奖的原因，也不是对没有中奖这一结果的解释。假设他中奖了；当我们听到这个消息时，我们将仍然相信该事件在客观上可能性很小：这就是那些发生了的小概率事件中的一件。所以我们可以说，波特不会中奖的概率没有为我们提供一个相信"他不会中奖"的理由——该信念是向真相敞开的。[360] 正如前文所述，这是信念概念的一部分，即对信念的接受必须受到真相的规制。基于大体上相同的原因，无论是在逃票者场景中，还是在出租车场景中，仅仅统计概率无法证成相关的信念。仅仅是属于某个参照组，既不构成被断言之行为（逃票）或者事件（交通事故）的原因，也无法构成对它们的解释。[361]

什么时候证据才能证成一个绝对的信念？请思考汤姆森提出的相反例子，这里稍微作了修改[362]：假设我们看见售票员撕毁并且扔掉了波特的票根，这几张票将不会出现在彩池里。按照我们的理解，获奖彩票将从彩池中抽取出来。现在，我们所拥有的证据能给我们提供一个理由，促使我们相信"波特实际上不会中奖"。随着票根被撕毁，波特就完全没有机会中奖了。这里呈现出一些因果联系，而在此前的例子中却没有：在事件发生之后，我们可以说票根被撕毁导致波特不会中奖；但是我们却不能理智地说，他买了5张彩票的事实，导致了不会中奖。

无论是在汤姆森还是在沙克尔的解释中，绝对信念都不表示绝对确定，这点再怎么强调也不为过。我们能在不同强度上持有这样的信念。请思考一下修改后的逃票者场景：有一位证人作证说"看见A翻越了剧场栅栏"；另外一位证人作证说"A曾经承

---

[359] Judith Jarvis Thomson, "Remarks on Causation and Liability" (1984) 13 Philosophy and Public Affairs 101, 130, 132.

[360] Nelkin (n 181) 396-401.

[361] 范伯格对歧视性立法和司法问题作出了相同评论：Joel Feinberg, *Harm to Others* (Oxford: OUP, 1984) 201.

[362] Thomson (n 161) 208.

第三章　法律中的事实认定认识论

认自己是一个逃票者"。这类证据可以（但不必然）证成"A 实际上没有支付入场费"这一信念；一个具有因果关系的故事能够从这类证据中建构出来。这个故事可能被接受为真实的情况，对该故事的信心可大可小。根据证据，"A 没有支付入场费"是完全可能的。他是一个逃票者，这是对其行为最好的解释，而且"当一个人开始知道一个非概率性的结论时，重要的是对解释的需要，它超过了对概率的需要"[363]。假设他已经进入剧场，并且假设他选择了奇怪的方式进入剧场，如果他真的是一个擅入者，我们一点也不感觉意外。我们认为实际就是这样，这不存在任何障碍；证据也不和假说相矛盾或不一致。但仍然存在一种可能，即"他不是一个擅入者"。或许他已经买了一张票，但想省去进入剧场大门要走的那段很长的距离，而爬越剧场的栅栏是一条方便的捷径。又或者，作证说"A 自认"的那个证人听错了 A 告诉他的情况，或者怀有陷害 A 的企图。但是那个证人并没有听觉上的困难，他临近 A 坐着，并且他们彼此都是陌生人。我们的背景经验和知识，包括有关人性和正常社会行为的知识，引导我们判断认为，其他替代性假说具有较低可能性；它们都不是完全可能的，并且如果它们中有任何一个是真的，我们会感到非常意外。随着我们分配给最强竞争性假说的可能性程度的变化，我们关于"被告事实上在该演出中逃了票"的信念强度呈相反变化；这些竞争性假说包括：他仅仅是太懒而不想从大门进入，或者他被陷害了。只要我们觉得不能将所有竞争性假说视作不可能而排除，我们就不能绝对地确定该信念。就此而言，一个人可以相信一个假说事实上是真的，即便他并不是绝对地确定它是真的。

---

[363] Gilbert Harman, "Knowledge, Inference and Explanation" (1968) 5 American Philosophical Quarterly 164, 167. 丹特认为，审判中的证据推理应该通过得出最佳解释的推论来进行，并且当证据是纯粹统计数据时，这样的推理是难以形成的。参见：Dant（n 217）54 - 8.

结 论

审判——更具体地说是审判评议——在寻求真相。它凭借得到证成的对案件事实的信念来寻求真相。这是直接和一般目的。既然真相是一项肯定性裁决或认定的正确性标准,人们可以说,最终目的就是获得知识。本章阐述了一项肯定性认定的构成性规则。根据这些规则,仅当按照 BAF* 一个人会有正当理由相信 p 时,事实认定者才应该认定 p。这里的信念概念,是指绝对信念,它和部分信念的概念不同。事实认定者对事实的判断取决于他关于案件的绝对事实信念,这要在一个包含比较和排除假说的框架内进行。本文对此框架进行了概述,以替代对事实认定的概率分析。对案件的处理不是基于概率评估;尽管这否定了概率评估的决定性地位,但仍然可以承认它在司法事实认定中发挥的其他作用。

第四章

证明标准

导 论

对证明标准的分析与评价，通常是从外在视角展开的。第一节将指出这种路径的三个主要特征。每个特征都存在问题。第二节将会表明，这些问题可以通过采取内在视角而得以解决。从内在视角我们可以发现，证明标准存在两个面向。一方面，它指的是作出肯定性事实认定时必须秉持的谨慎（caution）。证据必须能够证成一个足够强的绝对信念（即相信所争议的主张为真）。此处所谓的"足够强"，是一个与下述变量相关的因变量：所指控内容的严重性（seriousness），以及接受其为真时后果的严重性。根据这种对证明标准的可变性解释，证明标准与特定事实认定的重要性（gravity）和后果密切相关。谨慎性要求有其道德基础；究其根本，它是出于对事实认定于其不利之人的关心和尊重。另一方面，证明标准关乎在审判评议中对谨慎的分配。在这个方面，民事证明标准和刑事控方所需达到的证明标准属于不同种类：前者指示事实认定者要不偏不倚，而后者要求（当他评议被告人之罪行时）他对被告人采取一种保护性态度；前者建立在平等原则的基础上，而后者根植于当国家试图使公民遭受损害时所要承担的责任要求。

第一节 外在分析

1.1 特征

在分析证明标准时，传统的思路采取了外在路径。这种路径具有三个明显的特征。尽管并非所有法律人士都会同意或者完全同意本书所描述的每一个特征,但是这些描述应当是被他们所熟知的,会被认为与通行理解相去不远。第一,外在路径重点关注的是:当事实认定者审查并权衡证据之后,他对于一个争议主张(或者,更宽泛地讲,事实命题"p")为真的信念度或信心度。我们称此为证据评价的"最终状态"(end-state)。根据这种路径,证明标准无关乎达至该最终状态的过程。

第二,外在路径把证明标准视为裁决的阈值。如果事实认定者对"p为真"的信念度(或者,更技术性地讲,p的主观概率)超过特定的水平,他就必须接受该信念;否则,他必须拒绝该信念。作为裁决阈值,证明标准发挥着缺省功能和管控功能。前者并不经常发挥作用,而后者则支配着所有的事实认定活动。就其缺省功能而言[1],证明标准规定着:在"例外情况"下,某个事实问题应该如何处理。这里的"例外情况"是指:当一个尽职尽责努力对其所面对之问题作出决定的法官不得不宣称"我实在不知道"时[2];或者,如达尼丁子爵(Viscount Dunedin)所说,当事实裁判者对该事项无法得出任何"确定性结论"时。[3] 尽管如此,任何面对这种困难的法院仍然被期望及时且清楚明白地给出裁决。法律要求法院作出对承担证明责任一方不利的认定,因

---

[1] Steve Wexler, "Burden of Proof, Writ Large" (1999) 33 U of British Columbia L Rev 75, 75 - 76; Barbara D Underwood, "The Thumb on the Scales of Justice: Burdens of Persuasion in Criminal Cases" (1977) 86 Yale LJ 1299, 1300 - 1301; Richard H Gaskins, *Burdens of Proof in Modern Discourse* (New Haven: Yale U P, 1992) 3 - 4, 29.

[2] *Morris v London Iron Co* [1988] QB 493, 504, per May LJ. 关于这种案件决策之法(仅作为最后手段使用)的特殊性质,上诉法院在下述两案中进行了强调:*Cooper v FloorCleaningMachines Ltd and Another*, Times Law Reports, 24 October 2003 以及 *Stephens & Anor v Cannon & Anor* [2005] EWCA Civ 222, Times Law Report, 2 May 2005.

[3] *Robbins v National Trust Co* [1927] AC 515, 520. Followed in *Dingwell v J Wharton (Shipping) Ltd* [1961] 2 Lloyd's Rep 213, 216.

第四章 证明标准

为他未能将其案件主张证明至所要求的标准。[4] 作为一条缺省规则，证明标准被称为"平局决胜机制"（tie-breaker）[5]。

就其管控功能而言，证明 p 的标准指的是：事实认定者为了认定 p 而必须相信 p（在部分信念的意义上）的最低程度。这是一个可以量化为概率值的标准。事实认定者完成证据评价后，他必须比照这一标准来测度他对 p 的信心。在大多数案件中，从以下意义上来说，事实认定者是能够得出一个"确定性结论"的：对于是否已经超过了相关标准所设定的阈值，他是清楚的。当然，说"一个标准被满足是清楚的"，并非是说"该标准不再适用"：其所表达的意思恰恰相反。作为一条管控规则，证明标准并不局限于边缘性的或者疑难的案件中。所有的事实认定都受到证明标准的管控。

第二个特征还有更深层的方面。根据普遍的理解，证明标准是固定的而且是被预先确定的：某个证明标准适用于相关种类之下的所有案件，每一类案件中的裁决阈值不会因个案的具体情况而变化。一般来说，（1）民事案件必须根据"盖然性权衡"（balance of probability）作出决定；（2）在刑事案件中，犯罪必须被证明至"排除合理怀疑"。我们分别将它们称为"民事证明标准"和"刑事证明标准"[6]。在大多数普通法辖区，仅仅存在这两种证明标准。[7]（在例外情况下，比如在美国，存在第三种中间标准，即"证据清楚且令人信服"[8]。但我们将忽略这种标准，因

---

[4] Eg *Hickman v Peacey* [1945] AC 304, 318.

[5] *US v Gigante* (1994) 39 F 3d 42, 47.

[6] 后者是一个便利用语。它具有些许误导性：该刑事证明标准并非适用于刑事审判的唯一标准；当被指控者承担证明责任时，正如他在某些问题上间或所为，彼处的标准通常被认为与民事证明标准类似：*R v Swaysland* [1987] BTLC 299, 307-8; *Carr-Briant* [1943] KB 607, 612; *PP v Yuvaraj* [1970] AC 913, 921.

[7] 在下述辖区，不存在其他（中间）标准：例如，英格兰（*Re H* (*minors*) [1996] AC 563, 587; *R* (*N*) *v Mental Health Review Tribunal* [2005] EWCA Civ 1605, [2006] QB 468, 497）；澳大利亚（*Briginshaw v Briginshaw* (1938) 60 CLR 336, 361）；苏格兰（*Mullan v Anderson* [1993] SLT 835, 842, 846 and 851）。

[8] Eg *US v Fatico* (1978) 458 F Supp 388, 404-5.

为它没有改变当前分析的实质内容。）民事和刑事证明标准的不同之处在于：与前一标准相比，后一标准要求将证明建立在更高的概率值上。[9]

外在路径的第三个特征是一个方法论假设，该假设潜藏于对"法律应该在何种水平上设定概率阈值"这一问题的传统评价背后。根据外在路径，这个规范性问题本质上是一个社会政策问题，证明标准被视为实现所期望的目标之手段。（第三个特征不同于前文所述第二个特征的后一个方面。既反对固定化的证明标准又采取工具主义的观点是可能的；例如，人们可以主张：如果证明标准被允许适当地因案而易，那么其工具性功能便最为显著。）[10]

通行的观点论述如下：我们既想给罪犯定罪，也期望避免给无辜者定罪。提高刑事证明标准，尽管会使给无辜者定罪（有时称为肯定性错误或错误类型Ⅰ）的概率降低，但是会使宣判罪犯无罪（有时称为否定性错误或错误类型Ⅱ）的概率增高；相反，降低刑事证明标准将促进惩罚罪犯的目的，但不利于对无辜者的保护。我们应力争在这两个一般性目标之间作出最佳的权衡。[11]"最佳的证明标准……应当对错判有罪的社会成本……以及错判无罪的社会成本进行权衡"[12]，进而应当在错误成本和设置程序以减少错误率的成本之间进行衡量。[13]我们可以在哈伦（Harlan）法官对温希普案（Re Winship）的如下评论中发现这种观点在司

---

[9] Re H (minors) (n 7) 587; Miller v Minister of Pensions [1947] 2 All ER 372, 374.

[10] Eg Erik Lillquist, "Recasting Reasonable Doubt: Decision Theory and The Virtues of Variability" (2002) 36 University of California Davis L Rev 85. 文中提出了决策理论的一个预期效用模型（an expected utility model）。该模型要求证明标准根据"在特定案件中准确裁决与不准确裁决的成本收益"而变化。(ibid 194)

[11] Cf Alan Wertheimer, "Punishing the Innocent-Unintentionally" (1977) 20 Inquiry 45.

[12] Thomas J Miceli, "Optimal Prosecution of Defendants Whose Guilt Is Uncertain" (1990) 6 J of Law, Economics, and Organization 189, 196.

[13] See eg Alex Stein, Foundations of Evidence Law (Oxford: OUP, 2005) 14; see also the literature cited ibid in n 28 and ch 5.

第四章　证明标准

法中的示例[14]：

> 证明标准影响着这两种错误结果的相对频率［即 (i) 认定无辜者有罪或者认定实际上本不应被认定担责的被告负有责任的错误，以及 (ii) 释放一个有罪之人或者认定实际上本应被认定担责的被告不负有责任的错误］。例如，如果刑事审判的证明标准是优势证据而不是排除合理怀疑，那么导致有罪之人逍遥法外的事实错误风险将会更小，但导致给无辜者定罪的事实错误风险将会更大。因为证明标准影响着这两类错误结果的相对频率，在一个理性的世界里，选择适用于特定类型诉讼的标准，反映着对每种错误结果的相对社会负效应的评估。

在穆勒案（*R v Muller*）中[15]，为了维护"法律与秩序"需要以更高的比率给罪犯定罪，这一考虑促使法官波洛克（Pollock）告诫陪审员们不要对支持定罪所必需的证据过于苛求：他们应当根据某种确定性程度进行定罪，即他们在自己的生活中据以执行重要的实际事务的那种确定性程度。"作更多要求将在事实上阻碍对犯罪的控制，而控制犯罪正是刑事法院所要实现的目标。"另一方面，如果法律系统过于追求定罪（甚至给无辜者定罪），它的合法性——或者说审判制度的"公信力"——将会被削弱。[16] 提高裁决阈值会增加判决真正有罪之人无罪的风险，而降低它则会增加判决实际无辜之人有罪的风险。每种做法都有其自身的成本，因此我们必须决定：如何在这两者之间作出最佳权衡。法律应该"把概率值设定在一定的水平上，这样既确保对大多数罪犯定罪，同时也将给无辜之人定罪的风险保持在可接受的较低

---

[14] (1970) 397 US 358, 371. See also *R v Pahuja* (1988) 49 SASR 191, 204, per Cox J: 法律应该"把概率值设定在一定的水平上，这样既确保对大多数罪犯定罪，同时也将给无辜之人定罪的风险保持在可接受的较低程度上。"

[15] (1865) 4 F & F 383, note (a).

[16] *Re Winship* (n 14) 364.

程度上"[17]。我们应当在下述两种利益之间进行平衡,即有效控制犯罪的利益与确保法律系统之公信力的利益。[18]

按照这个思路,证明标准被视作一个政策性工具。正如社会政策必须对不断变化的条件和环境作出回应一般,证明标准同样应当随时势而变。因此,有人指出:"由于犯罪控制方面的社会利益会发生变化,所以社会对'何为错判有罪与错判无罪之间的适当平衡'的评估可能会改变"[19];有些人甚至走得更远,他们建议:当犯罪率高时,我们应当降低检控方的证明标准;而当犯罪率低时,便提高它。[20] 因此有人指出,确认有罪的容易程度在历史进程中处于波动状态。它是"一个随时间和地点而变化的程度问题",即法律能在多大程度上宽宥地对待被告人。[21] 艾伦的研究指出:"直到19世纪才得到充分发展"的无罪推定原则(正如我们将看到的,刑事证明标准与此相关联)"是非常先进的"[22]。他注意到[23]:

在我们有记录的所有四百年前的刑事审判中,所预设的

---

[17] *R v Pahuja* (1988) 49 SASR 191, 204. Similarly: *US v Fatico* (n 8) 411.

[18] Henry L Chambers Jr, "Reasonable Certainty and Reasonable Doubt" (1998) 81 Marquette L R 655, 656 – 7, 700; Jon O Newman, "Beyond 'Reasonable Doubt'" (1993) 68 New York UL Rev 979, 981; Ernest van den Haag in Reiman and van den Haag, "On the Common Saying that it is Better that Ten Guilty Persons Escape than that One Innocent Suffer: *Pro and Con*" (1990) 7 Social Philosophy and Policy 226, 245.

[19] Note, (1993) 106 Harv L Rev 1093, 1095.

[20] 关于这种建议,可参见: Ernest van den Haag in Reiman and van den Haag (n 18) 241.

[21] James Fitzjames Stephen, *A History of the Criminal Law of England* (London: Macmillan & Co, 1883) vol 1, 354.

[22] Carleton Kemp Allen, "The Presumption of Innocence" in his *Legal Duties and Other Essays in Jurisprudence* (Oxford: Clarendon Press, 1931) 273. 艾伦是否正确,这一点存有疑问。在"至迟创作于公元1290年的《正义镜鉴》(*Mirror of Justices*)"中,人们能够找到有关下述原则的记录,即"在存疑案件中,人们应该去挽救而非去遣责": Lloyd E Moore, *The Jury: Tool of Kings-Palladium of Liberty* (Cincinnati: W H Anderson, 1974) 26.

[23] Allen (n 22) 271.

第四章　证明标准

审判规则是极其不利于被告的。在整个刑事诉讼制度中，无罪推定原则不仅不存在，而且与该制度相冲突。如何以及为何我们变得如此强烈地坚持这个相反观点……？

他指出，答案包含在"社会组织已经发生的深刻变化中"，而不是在道德规范中。[24] 一个尚未发展出有效社会控制体制并且缺乏治安和刑事调查机构的社会，很可能会期望以更多的国家干预来果断地遏制违法与混乱现象。"只有当社会已从恐惧中解放出来——只有当它能够依靠（主要是）组织化的保护性力量——它才敢赋予犯罪嫌疑人疑罪从无或从宽之利益"[25]；"只有当一个人被侦查和裁决有罪的概率具有合理性和一贯性时，我们才可以允许仁慈的怀疑胜过对安全的考虑"[26]。他提醒我们："司法的质量"（the quality of justice）不应"被未加反省的陈词滥调所扭曲"；无罪推定原则的正确位置介于"让人振奋的怜悯冲动与不太让人喜欢的自我保护需求之间"[27]。

将证明标准当作政策性工具最明显的例子表现在对其运行的经济分析中。关于民事证明标准，一个典型论点是：它"应当被设定在能够确保对侵权行为进行最佳遏制的水准上（换句话说，它既不应当弱于遏制，从而增加了事故数量；也不应当过度遏制，从而增加了采取安全措施的成本以及鼓励潜在受害者疏于注意）"[28]。在刑事证明的语境中，波斯纳指出：有罪证明的高标准对公诉人发挥着激励作用，鼓励他们仅仅将那些"明显有罪"之

---

[24] Ibid 271-272.
[25] Ibid 272.
[26] Ibid 287.
[27] Ibid 294.
[28] Mike Redmayne, "Standards of Proof in Civil Litigation" (1999) 62 MLR 167, 172, n 19. 在提供最大化激励以避免过失责任方面，盖然性权衡标准被认为颇有效率：Dominique Demougin and Claude Fluet, "Preponderance of Evidence" (2006) 50 European Economic Review 963 and "Deterrence versus Judicial Error: A Comparative View of Standards of Proof" (2005) 161 J of Institutional and Theoretical Economics 193.

人交付审判，如此便降低了刑事司法系统产生冤假错案的整体风险。[29] 当"犯罪率增长的速度快于控诉资源"时，如果"社会想在给无辜者定罪的概率和判有罪者无罪的概率之间仍然维持平衡"，那么减少"被告人的程序性利益"（可能包括降低刑事证明标准）便是一个可行的选择。[30]

1.2 批评

上文所指出的传统分析模式的每一个特征都遇到了困难。请回忆一下，第一个特征是聚焦于证据评价的最终状态。证明标准设定了必要且充分的信念度或信心度，即如果事实认定者要认定p，那么他必须通过评价证据而对"p为真"这一事件具有该信念度或信心度。这忽略了该信念状态是如何产生的。正如加拿大最高法院关于"告知陪审员在'肯定'（sure）或'确定'（certain）罪行时定罪"这一指示所说的[31]：

> 单独来讲，它是不充分的，并且具有潜在误导性。"确定"（being certain）是一个陪审员可能得出的结论，但它并未指出为了得出这种结论陪审员应当采取的推理路径。

法院应当关注信念的合理性，而不是仅仅关注它的强度。正如劳丹所言，重要的不仅仅是陪审员们的心灵状态；更重要的是，他们如何达至那种状态。劳丹认为："信念的坚定性（firmness），即一个人对它的确信程度，无助于解决'信念是否合乎理性或者是否建立在证据之上'这一问题"[32]；而"坚持如下主张甚为关

---

[29] Richard A Posner, "An Economic Approach to the Law of Evidence" (1999) 51 Stanford L Rev 1477, 1506.

[30] Ibid 1506. Cf Tone Ognedal, "Should the Standard of Proof be Lowered to Reduce Crime?", (2005) 25 Intl Rev of Law and Economics 45. 其中警示道：对于严重和轻微犯罪的相对发生率而言，降低刑事证明标准以提高定罪率可能会产生效益悖反。

[31] *R v Lifchus* (1997) 150 DLR (4th) 733, 745.

[32] Larry Laudan, "Is Reasonable Doubt Reasonable?" (2003) 9 Legal Theory 295, 304.

第四章　证明标准

键,即导致定罪的有罪信念必须具有良好的理性基础"[33]。假设事实认定者真诚地确信"被告有罪",但他的确定感来自查阅占卜板。[34] 如果他基于此给被告定罪,他难道没有错误地适用证明标准吗?这是否表明了,事实认定的正当理由不是完全取决于评议的最终状态?而且必定取决于导致该最终状态的推理之合理性?

可能会有人试图回应这一批评,为证明标准之最终状态解释辩护。他们强调:证明标准所要求的信念度对于适当定罪而言是一个必要条件,但不是一个充分条件。严格说来,人们可以认为,占卜板的使用者已经正确地适用了证明标准,因为他肯定被告有罪。他所违反的是另一个理性规范,该规范处于审判评议的背景之中。事实认定者应该以一种理性的方式作出裁决,这是内含于每一场审判的不言而喻的要求。但这种论点的问题在于:我们想强调"理性是一个**法律**要求";而难以理解的是,我们为何非得在概念上把这个要求从证明标准的法律概念中分离出来,我们也不清楚这样做一定会有何获益。如果证明标准被理解为包含了理性要求,那么本章所提出的论点就会胜出,因为这种理解可以被解读为包含了一个谨慎标准。在裁决事实争议时持有适当的谨慎,这是理性的。既然证明标准包含了理性要求,它也就要求在事实认定中秉持适当的谨慎。

上文所述的外在分析的第二个特征是,它把证明标准视为一个裁决阈值。这一观点存在许多问题。首先来考虑民事证明标准。传统观点认为,"盖然性权衡意味着似然性超过其反面,或者说可

---

[33] Ibid 305. 陪审团成员是否需要指出并阐明其怀疑的理由,这是另外一个争论话题: Laudan, ibid, at 306 - 310, contrast Steve Sheppard, "The Metamorphoses of Reasonable Doubt: How Changes in the Burden of Proof Have Weakened the Presumption of Innocence" (2003) 78 Notre Dame L Rev 1165, 1213 - 4.

[34] Cf *Young* (1995) 2 Cr App R 379.

能性超过不可能性"[35]。如果这种通行解释是正确的，那么它似乎表明任何超过 0.5 的概率值都将满足民事证明标准："必须朝被告一侧打破盖然性权衡，除此之外不要求更多。"[36] 正如在第三章中所见，这种解释导致了无法接受的结论。第三章提出了一个支持对事实认定之信念解释的论点；根据该论点，仅当依据 BAF*规则一个人会有正当理由相信 p 时，事实认定者才应该认定 p。布里金肖案（*Briginshaw v Briginshaw*）[37] 在这一点上具有启发意义。在该案中，原告提出了一个以通奸为由的离婚诉请。审判法官以下述理由将其驳回[38]：

> 我不知道该相信什么。我已经感到非常混乱……我已我所能去决定，但是申请人必须使我确信"他的故事是真实的"。我认为我应当这么讲：如果这是一个民事案件，我很可能会认为，概率是有利于申请人的。但是我确实无法排除合理怀疑地确信：申请人提出的证据应当被接受。

在向澳大利亚高等法院提起的上诉中，裁决认为本案所适用的证明标准应当是民事证明标准。然而该上诉仍被驳回了。根据初审法官对证据的审查观点，民事证明标准没有被满足。事实认定者相信该主张为真的可能性超过不可能性，这是不够的；他必须相信该主张实际上是真实的。通过将初审法官所说的话作为一个整体来解读，狄克逊法官得出结论认为：初审法官"并未形成一个实际信念，即相信通奸行为发生了。尽管他觉得他可能认为证据所揭示的概率更加支持该结论，而非反对它"[39]。这没有达到民事证明标准，因为[40]：

---

[35] *R v Swaysland* [1987] BTLC 299, 308. Also: *Re H* (*Minors*) (n 7) 586; The "*Popi M*" [1985] 2 All ER 712, 718.

[36] *R v Swaysland* (n 35) 306.

[37] (1938) 60 CLR 336.

[38] Ibid 337.

[39] Ibid 359–360.

[40] Ibid 361; see also 349, 350–1, 353–4.

第四章 证明标准

当法律要求证明任何事实时,法庭必须对该事实的发生或存在感到一种实际的说服力,才能认定该事实。不能仅仅通过对概率的机械性比较,脱离了关于真实性的任何信念,来认定事实。

对刑事证明标准的传统理解也是存在问题的。"排除合理怀疑"根本不可能被定义,这是一个普遍看法。[41] 审判法官不断地被告诫:对此不要向陪审团说太多。[42] 有些时候,法官被建议彻底避免使用该短语。[43] 之所以难以定义,是因为对被定义者有误解。传统上,刑事证明标准被认为是一个预先设定的裁决阈值,它同等地适用于所有的刑事审判。鉴于它的这种运行方式,我们必须要知道基准为何以及它如何被适用:阈值是被一刀切地设定为85%、95%或者99%的概率吗?[44] 而且,何为85%、95%或

---

[41] Ching (1976) 63 Cr App R 7, 11. 显然,陪审团成员们发觉该短语令人费解: R Matthews, Lynn Hancock and Daniel Briggs, *Jurors' Perceptions, Understanding, Confidence and Satisfaction in the Jury System: a Study in Six Courts*, Research Development and Statistics Directorate of UK Home Office Online Report 05/04 (2004) at 38, available at: http://www.homeoffice.gov.uk/rds/pdfs2/rdsolr0504.pdf.

[42] Eg *Henry Walters* [1969] 2 AC 26, 30; *Ching* (n 41) 10; *R v Hepworth & Fearnley* [1955] 2 QB 600, 603. 许多作者都反对给"排除合理怀疑"下定义: Frank Bates, "Describing the Indescribable-Evaluating the Standard of Proof in Criminal Cases" (1989) 13 Crim LJ 330; Note, "Reasonable Doubt: An Argument Against Definition" (1995) 108 Harvard L Rev 1955.

[43] 取而代之,他们被建议去告诉陪审团:要给一个人定罪,陪审团必须感到"确定"或"完全(或全面或彻底)满意": *R v Kritz* [1950] 1 KB 82, 89; *Summers* (1952) 36 Cr App R 14, 15; *R v Hepworth and Fearnley* [1955] 2 QB 600, 603-4; *Re J S (Declaration of Paternity)* (1981) 2 FLR 146, 151. 但是排除合理怀疑这一"历史悠久的公式"得到了斯卡曼大法官(Lord Scarman)的支持: in *Ferguson v The Queen* [1979] 1 All ER 877, 882.

[44] 当被询问时,法官们和非专业人士们针对这个问题作出了截然不同的回答: Stephen E Fienberg, "*The Evolving Role of Statistical Assessments as Evidence in the Courts*" (New York: Springer-Verlag, 1989) 201-4; Joseph L Gastwirth, *Statistical Reasoning in Law and Public Policy: Tort Law, Evidence and Health* (Boston: Academic Press, 1988) 700-2; Lillquist (n 10) 111-117.

者99%的确信?[45] 当那些支持阈值观点的人被要求量化法律阈值时，他们通常的反应是假定一个数值，然后在他们接下来的分析中为图省事而假设它是正确的。[46] 关于"阈值应该是什么"这一问题，通过借助适当的假设来进行一些效用计算，或许有可能构想出一种理论性答案[47]；并且存在这种可能，即该标准（如果粗略地定义）是可操作的，只要一个人能够对自我心理状态进行内省，从而形成关于其信心度的模糊感觉。但是对于"最低信心度的数值最好该如何设定"无法达成共识；即便仅仅设定为一个大致概率范围，也是如此。在一些调查中，受访者被要求给出一个数值。他们的答案范围非常宽泛。[48] 更重要的是，法律中没有规定概率阈值。而且对于将证明标准进行概率量化的任何尝试，都

---

[45] 劳丹质疑了这些问题的可理解性。Larry Laudan, *Truth, Error, and Criminal Law* (Cambridge: CUP, 2006) 77-78.

[46] Eg Schauer and Zeckhauser, (1996) 25 J of Legal Studies 27, 33-34; *Brown v Bowen* (1988) 847 F2d 342, 345-6; *Branion v Gramly* (1988) 855 F 2d 1256, 1263, n 5.

[47] Eg David Hamer, "Probabilistic Standards of Proof, Their Complements and the Errors that are Expected to Flow from Them" (2004) 1 University of New England LJ 71.

[48] 在对英国公众、治安法官以及刑事司法专业人士所进行的调查结果中，这得到了体现：Michael Zander, "The Criminal Standard of Proof: How Sure is Sure?" (2000) 150 NLJ 1517. 亦可参见更早时候所开展的一项调查：John Warwick Montgomery, "The Criminal Standard of Proof" (1998) 148 NLJ 6837. 在对下述类似调查的回应中，也发现了一些重要变量：在新西兰开展的调查 (Warren Young, Neil Cameron and Yvette Tinsley, *Juries in Criminal Trials-Part Two-A Summary of the Research Findings*, in New Zealand Law Commission Preliminary Paper 37, vol 2 (Wellington, 1999) para 7.16); 在美国开展的调查 (Rita James Simon and Linda Mahan, "Quantifying the Burdens of Proof-A View from the Bench, the Jury, and the Classroom" (1971) 5 Law and Society Rev 319; C M A McCauliff, "Burdens of Proof: Degrees of Belief, Quanta of Evidence, or Constitutional Guarantees?" (1982) 35 Vanderbilt Law Review 1293; Harry D Saunders, "Quantifying Reasonable Doubt: A Proposed Solution to an Equal Protection Problem" (December 7, 2005) Bepress Legal Series, Working Paper 881, available at http://law.bepress.com/expresso/eps/881/; *US v Fatico* (n 8) 409-411; *US v Hall* (1988) 854 F 2d 1036, 1044; *Vargas v Keane* (1996) 86 F 3d 1273 (see judgment of Judge Weinstein)).

第四章 证明标准

存在着强烈的司法敌意。[49] 在卡夫基茨案（*R v Cavkic*）中[50]，新西兰上诉法院认为：在对与合理怀疑之概率值相关的问题作出回答时，法官应当告诉陪审团"不要通过百分比计算来处理他们的任务"。该法院在另一个案件中强调：没有"明智的法官会试图提出一个数值，以此说明什么构成了排除合理怀疑"[51]。正如上一章所提出的主张，对事实问题的决定以绝对信念为基础。绝对信念不能被认为仅仅是超越了一定概率值的部分信念。常见的批评是，我们为概率阈值所选择的任何数值似乎都是武断的，并且阈值观点的贯彻引起了一系列问题，比如合取难题。[52] 不足为奇的是，我们发现类似的批评不断地在有关法律证明的讨论中被提出。[53]

有些人认为，就证明所需要的信念强度而言，赋予它一个数值是不可能的。[54] 史蒂芬（Stephen）说，试图量化"合理"的怀疑，就好比"试图去计量非数字化的东西，以及去测量非空间性的东西"[55]："我们不能这么说，除非有六磅或者八码的证据对

---

[49] 参见下文所引的权威判例：Peter Tiller and Jonathan Gottfried "*United States v Copeland*, 369 F. Supp. 2d 275（EDNY 2005）: A Collateral Attact on the Legal Maxim that Proof Beyond A Reasonable Doubt is Unquantifiable?"（2006）5 Law, Probability and Risk 135, 135-7.

[50] （2005）12 VR 136, para 229.

[51] *R v Wanhalla* [2007] 2 NZLR 573, para 42.

[52] 参见第三章 2.5.4 的讨论。

[53] 关于武断性或主观性的问题，see Laudan（n 45）77-78；关于合取问题，see L Jonathan Cohen, *The Probable and the Provable*（Aldershot: Gregg Revivals, 1991 reprint, first published in 1977）ch 5, and Ronald J Allen and Sarah A Jehl, "Burdens of Persuasion in Civil Cases: Algorithms v. Explanations"（2003）Michigan State L Rev 893.

[54] *Briginshaw v Briginshaw*（n 7）343; Alfred Wills（ed）, *William Wills, An Essay on the Principles of Circumstantial Evidence*（5th edn, London: Butterworth & Co, 1902）9.

[55] James Fitzjames Stephen, *A General View of the Criminal Law of England*（London: Macmillan & Co, 1863）, 262.

其不利,否则任何人都不能被定罪。"[56] 因此他得出了一个关于刑事证明标准的完全主观性的解释。他指出：真正的原则是"完全根据证据对那些听审之人的想法所实际产生的影响来估算证据价值"[57]。所以,"定罪所必需的证据量,就是会使十二个陪审员处于确定状态的证据量,不管该量大小如何"[58]。正如一个批判者所指出的,这显然意味着,陪审团从来都不会错![59]

确定阈值是一个假问题；我们无法解决这个问题,而必须忽略它。尽管我们可以与史蒂芬进行争辩,但是他对如下观点的蔑视大致是正确的：证据必须在分量上达到某个数量尺度,划定该尺度是证明标准的任务。帕克认为,刑事证明标准表达了一种"裁判心境"(adjudicative mood)[60]。更准确地说,它指的是一种态度。第二节将会论述：证明标准应当被解释为一种对事实认定者的关于态度的指示,他在评议裁决时必须采取该态度。在某个方面,证明标准关乎事实认定者在作出认定时必须秉持的谨慎。可以作一个粗略的类比：如果你要求我开车快一些,那么我问你"开多快?",这是可以理解的；你以一个量化的答案回复我,作为你想要的速度的一种粗略指示,也是可以理解的。但是如果你要求我谨慎地驾驶,那么我问"多谨慎?",而且期望你给我一个量化的答案（即便只是估算）,就是毫无意义的。对一个 F1 赛车手所要求的谨慎,与对载着一车儿童的驾驶员所要求的谨慎,存在很大区别。适当谨慎的要求,是取决于语境的。

传统分析模式的第三个特征是将证明标准作为实现某些社会

---

[56] James Fitzjames Stephen, "The Characteristics of English Criminal Law" (1857) Cambridge Essays 1, 27.

[57] Ibid.

[58] Ibid 28. Similarly, *Green v R* (1972) 126 CLR 28, 32-33："合理怀疑是特定的陪审团在相应情况下所抱有的一种怀疑。陪审团成员们自己根据情况设定合理的标准。"

[59] Wills (n 54), 266.

[60] Herbert L Packer, *The Limits of the Criminal Sanction* (Stanford：Stanford U P, 1968) 137.

第四章 证明标准

目标的手段来进行评价。阈值应当被设定得多高,是一个政策问题;这涉及竞争性社会利益的权衡、错误的经济成本最小化、总体效用最大化,等等。这种路径有忽视错误裁决之内在不正义性的危险。在 18 世纪晚期的英格兰,"对犯罪是一个日益加剧的问题并且未曾得到充分严厉之控诉的普遍感受"[61],促使卡莱尔的副主教佩利(Paley)责备陪审团"过度谨慎或软弱胆怯"[62]。他主张[63]:

> 市民生活的安全……主要凭仗对惩罚的恐惧而得到保护。个体[被错误定罪]之不幸不能与该目标分庭抗礼……当某些裁判规则必须予以适用……以便管控那些对公众造成侵扰的犯罪时;审判法院不应当因为对危险的**任何**疑虑,或者因为仅仅是存在混淆无辜与有罪的可能性,而对这些规则的适用感到踌躇。他们反而应该认为,那个因错误判决而身陷囹圄的人,可以被看作是为了他的国家而献身。

这一观点激起了广泛批评。贝斯特(Best)称其"非人道"[64]。威尔斯(Wills)谴责其为一种"令人憎恶的教义"[65]。

---

[61] Barbara Shapiro, *Beyond Reasonable Doubt and Probable Cause-Historical Perspectives on Anglo-American Law of Evidence* (Berkeley: U of California Press, 1991) 220.

[62] William Paley, *The Principles of Moral and Political Philosophy* (Dublin: Exshaw et al, 1785) 318.

[63] Ibid 321-322. 法国曾有一个与西莫恩·德尼·泊松相似的倡导者。他在写于 1837 年的作品中主张:陪审团裁决不应当"依据被告实际上是有罪还是无辜,而应当依据定罪或宣判无罪何者能更好地服务于公共安全",并且"司法成功的真正标准在于社会总体的安全,而非在于个案中错误定罪的危险"。Lorraine Daston, *Classical Probability in the Enlightenment* (Princeton NJ: Princeton U P, 1988) 362 and 304 respectively.

[64] W M Best, *A Treatise on Presumptions of Law and Fact with the Theory and Rules of Presumptive or Circumstantial Proof in Criminal Cases* (London: Hodges and Smith, 1844) 291. 另一位批判者是怀特案(*R v White*)的汇编者,参见:*R v White* (1865) 4 F & F 383, note (a).

[65] Wills (n 54), 268.

罗米利（Romilly）也提出了严厉的批评。[66] 为何佩利的评论会让这么多人感到惊骇，这很容易理解。他对错误定罪的不正义性不屑一顾，甚至似乎否认了这种不正义。这一点在他所作的与军事的荒谬类比中显而易见。正如贝斯特所评论的[67]：

> 那个……为保卫他的祖国［而死］的士兵……舍生取义，他身后留下为人敬仰的美名……然而，那个［被错误定罪的无辜者］甚至不曾享有令人悲怆的怜悯安慰，而是看到自己被打上了公开耻辱的烙印。

与被定罪的无辜者不同，牺牲的士兵不是某种不正义的受害者。墨菲提出了一个重要的区分：尽管一个人为了一种崇高的事业而牺牲自己是令人钦佩的，但是我选择让他为了别人之利益而牺牲，就完全是另外一回事了。[68] 正如威尔斯在回应佩利时所说："正义从不要求牺牲任何一个受害者。"[69] 给无辜之人定罪，即使是无意的，也不管假定的社会利益为何，本质上就是不公正的。任何忽视了这个道德事实的论点，都有严重的问题。

尽管如此，佩利的论点中也有一些不容忽视的真理成分。每一个法律制度，无论多么正当，几乎必然会产生一些错误的有罪

---

[66] Samuel Romilly, *Observations on the Criminal Law of England as it Relates to Capital Punishments, and on the Mode in which it is Administered* (London: T Cadell & W Davies, 1810) 72–76.

[67] Best (n 64) 292. Cf Mirko Bagaric and Kumar Amarasekara, "The Errors of Retributivism" (2000) 24 Melbourne U L Rev 124, 141–3. 他们主张，给一个我们知道其并未犯罪之人定罪并不比战时作出的某些艰难决定更可怕，比如要求士兵为保卫他们的祖国而战死疆场。

[68] Jeffrie G Murphy, "The Killing of the Innocent" in his *Retribution, Justice, and Therapy-Essays in the Philosophy of Law* (Dordrecht: D Reidel, 1979) 18.

[69] Wills (n 54) 268.

第四章 证明标准

裁决。[70] 我们希望这样的错误是极为罕见的情况。但是我们不能假装它们从未发生。由于人类的不完美性,我们无法将它们从任何实际的审判系统中彻底排除。如果给无辜者定罪是不公正的,那么支持一种我们知道其将导致(即便是在例外情况下)冤假错案的制度,不也是不公正的吗?这个问题错误地假定了,我们应当将下述两个对象放置在同一个道德层面上:对特定个体的评议框架,以及对被错误地相信有罪之人的无意的惩罚——后者仅仅是制度性瑕疵的非故意结果。[71] 请考虑下述类比:政府建设一条高速公路并非意在引发死亡结果,尽管它在建设之前就知道,从统计学角度来看必定会有一些致命的交通事故发生在这条路上。[72] 类似地,当我们创建了一套刑事司法系统时,我们并不是故意规划去惩罚无辜者,尽管我们知道必定会有一些冤假错案发生。在这两种情况下,我们都不能真正地说:我们选择"牺牲了"特定少数人的生命、利益或权利,以此作为获得社会整体的更大福利的手段。正如达夫(Duff)正确表达的:当冤假错案发生时,"**尽管**我们有意地、努力地去避免它,它还是发生了"[73]。

毫无疑问,我们应当采取有力措施避免错误定罪的发生。鉴于对有限资源的竞争性需求,我们能够作出的努力存在一定限度。德沃金(Dworkin)和其他一些人曾主张:尽管一个无辜的人有权利要求不被定罪,但他没有权利要求适用最可能准确的事实认

---

[70] 席曼(Schiemann)法官在一个案件中将此描述为"人类生活中一种无可避免的事实"。*R*(*Mullen*)*v Home Secretary* [2002] EWCA Civ 1882, para 33; [2003] QB 993, 1005. See also Glanville Williams, *The Proof of Guilt* (London: Stevens & Sons, 3rd edn, 1963) 190; Michael Philips, "The Inevitability of Punishing the Innocent" (1985) 48 Philosophical Studies 389; Alan Wertheimer (n 11). 在理论上,避免给无辜者定罪可以通过不给任何人定罪的方式来实现。但这显然是不切实际的。

[71] Michael S Moore, "Justifying Retributivism" (1993) 27 Israel L Rev 15, 20.

[72] 这个例子是以墨菲提供的例子为基础。参见:Murphy (n68) 13。韦特海默提供的关于安全带的例子也很有用。参见:Wertheimer (n 11) 52-4。

[73] R A Duff, *Trials and Punishment* (Cambridge: CUP, 1986) 159.

定制度，而不管该制度的成本有多高。[74] 核心论点仍然是：审判制度从不应当以给无辜者定罪为**目标**。在第三章所论述的一般性原则的要求中，我们能够找到对该论点的具体表述：事实认定者不应该认定被告人有罪，除非他判断一个人根据 BAF* 规则会有正当理由相信他有罪。这一原则表达了一种内在承诺，即不会将"正义"作为"功利"祭坛前的牺牲品。

第二节　内在分析

2.1　导言

如果我们对证明标准这一概念的理解得不到根本性修正，那么传统话语所面临的困难便无法被克服。第二节通过进行一种内在形式的分析，来实现这一修正。该分析与我们所指出的外在路径的每一个特征都不同：此处，我们将设想一种内在的（而非外在的）视角；集中关注证据评议的过程（而非最终状态）；将证明标准解释为一种关于评议态度的指示（而非作为一种裁决阈值）；并且视其为一种对认识论原则的表达，这些原则根植于将正义视为移情式关怀与尊重（而非实现社会政策的工具）的观点。

下文的论述将回到我们在第三章论证的这个一般性原则：仅当根据 BAF* 规则一个人会有正当理由相信 p 时，事实认定者才应该认定 p。信念必须充分强烈，这是 BAF* 的一个条件。也即是说，事实认定者必须拥有对于 p 的充分的信心。所需要的信心水平取决于，对于正在审理的案件而言，他所必须秉持的谨慎。事

---

[74] 在德沃金看来，一个人无论如何都享有下述两种相互关联的权利："程序性权利，此处的程序要在下述意义上具有正当性，即对（错误定罪的）道德损害给予适当的重视。这里的道德损害是程序所面临的风险；以及一种与前者相关联的权利，即对该损害进行一致性评价的权利。所谓一致性评价，就是在提供给他们的程序中，以及在（其他案件中）提供给其他人的程序中，对该损害的评价要保持一致"：Ronald Dworkin, "Principle, Policy, Procedure" in his *A Matter of Principle* (Harvard UP, 1985) ch 3, 93. See also Wertheimer (n 11).

第四章 证明标准

实认定者必须谨慎行事，这种谨慎要与受其认定影响的当事人被指控的内容和利害关系的严重性相称。该主张背后的前提假设是：法院必须以适当的尊重和关心来对待当事人。

本节将提出两个主张。第一，"证明标准"应当被解释为"谨慎标准"（standard of caution）[75]。审判评议语境中的谨慎是一种命题态度（propositional attitude），即一种批判性思维框架，该框架对于争议之中的指控之真实性产生不同程度的说服阻力。阻力程度应当随着一个人对指控的严重性以及判定它为真的后果之严重性的意识而提高。随着证明标准（即谨慎标准）的提高，事实认定者要证成他对 p 的认定，就必须对 p 具有更强的信心。在此意义上，证明标准是一个可变的标准。

第二，本节将论述，评议态度（deliberative attitude）必须随着手头案件所呈现的争议类型而变化。必须正确地分配谨慎。正是在这一点上，我们可以发现民事与刑事证明标准属于不同的类型。民事证明标准要求，事实认定者在对一方当事人的主张（p）之真实性与对方当事人的主张（q）之真实性作出决定时——p 和 q 是不一致的或相矛盾的——要保持同等无偏私。其基本理念是：他必须同等地对待双方当事人。相对于 q，他不得更加倾向于（或更加愿意或乐意）去接受 p，因为那样就会更有利地对待主张 p 的一方（相比于主张 q 的一方）；反之亦然。在通常情况下，BAF* 均衡地适用于双方当事人。

相比之下，刑事证明标准指示事实认定者在评议时采取一种"保护性态度"。一般而言，若 p 是一个支持有罪裁决的主张，仅当根据 BAF* 规则他判断一个人会有正当理由相信 p 时，他才应该认定 p。另一方面，BAF* 不适用于任何支持"无罪"裁决的替

---

[75] Cf James Fitzjames Stephen, *A General View of the Criminal Law of England* (2nd edn, London: Macmillan, 1890) 183. 当涉及刑事证明标准时，他写道："我认为，它的真正含义以及它的实际功用是：它是一种被着重强调的谨慎，防止匆忙得出对刑事被告不利的结论。"以下案例也赞成该观点：*Briginshaw v Briginshaw*（n 7）352.

代性假设（q）。只要事实认定者**猜测** q 可能是真的，以致对有罪假说产生了合理怀疑，那么他就必须宣判被告无罪。这种不均衡的对待方式，根植于这样一种价值判断：相较于宣告有罪者无罪，给无辜者定罪是一种更大的错误。

2.2 谨慎标准

2.2.1 语境与谨慎

"证明标准"（作为"谨慎标准"来理解）的可变性源于谨慎的语境依赖性（the context-dependency）。扩展该观点的一个有益起点是艾伦所作的一段论述。他发现"很难知道何种实质性含义被赋予了"下述陈述，即"在民事案件中，盖然性占优便是充分的，但在刑事案件中，刑事被告人的罪行必须被证明至排除一切合理怀疑"[76]。他说道[77]：

> 就我的理解而言，如果法官在一起损害赔偿诉讼中指示陪审团"你们不必像在审理刑事案件时那样仔细地得出你们的结论"，这将使法律界和公众感到相当震惊；……就我所知，没有任何公权力机关会支持这一主张，即当财产（而非生命或自由）处于危险境地时，他们的职责更轻一些。

艾伦并未解释他所指的"仔细（carefulness）"对于陪审团来说是什么意思。或许他想的是陪审团对证据的关注以及他们审查证据时付出的努力，这种努力可以根据诸如全面、勤勉等标准来判断。在审判过程中，事实认定者是否足够细心且一丝不苟地推敲证据，对任何相信或不相信证人的可能理由保持警惕，认真负责地尝试"将事情拼合在一起"？或者，他是否"因为思想上的懒惰、麻木、急于将事情解决，而放弃或不适当地减少搜寻、查

---

[76] Carleton Kemp Allen, "The Presumption of Innocence", in his *Legal Duties And Other Essays in Jurisprudence* (Oxford: Clarendon Press, 1931) 253, 287.
[77] Ibid 288.

第四章 证明标准

究……的行为"[78]?

可以说,"证明标准"与刚刚所解释的仔细标准无关。即便我们接受关于证明标准的传统观点,即将其当作决定事实问题的概率阈值,对艾伦进行反驳也是可能的。思考一下对学生论文进行评分的问题:证明标准有点像区分及格与不及格的分界线。考官应该怎样仔细地批阅一篇论文,并不取决于所设定的及格百分点。如果"证明标准"意味着"谨慎标准",正如本书所主张的那样,那么对艾伦进行反驳也是可能的。"仔细"(在艾伦所引出的狭义上)与"谨慎"在不同层面发挥作用。事实认定者必须仔细地调查证据,以寻找相信或者不相信 p 的可能理由。但是他所找到的理由是否足够好地为"充分强烈地相信 p"提供正当依据(根据 BAF* 的要求),取决于这些理由所必须满足的认识标准,以及它们所必须支持的信念强度;何者堪称"足够好"的理由?这要视他在具体条件下肯定性地认定 p 时必须秉持的谨慎程度而定。

即便撇开谨慎和仔细之间的这种区别,并且我们假设它们是相同概念,艾伦的论点中仍然存在模糊之处。行事不谨慎总是错误的。但什么构成谨慎的行为?这取决于行动的具体情况。我们不能脱离语境而依据单一因素或通用标准来判断是否谨慎。相比于一个以每小时四十公里的速度驾车行驶在狭窄而拥挤的道路上的人,一个以每小时九十公里的速度驾车行驶在开阔且畅通的高速公路路段上的人并未表现得更不谨慎;速度本身不是决定性的。人们应当时刻保持谨慎驾驶。但是什么构成谨慎驾驶,要视具体情况而定。

188

我们应当同意艾伦的下述观点,即无论是民事审判还是刑事审判,事实裁判者都应该始终谨慎行事。但是这并不意味着谨慎性的要求必须保持不变,而置语境差异于不顾。事实认定所涉及的利害关系越大,支持性证据就必须越强,说服他作出该认定也

---

[78] John Dewey, *How We Think-A Restatement of the Relation of Reflective Thinking to the Educative Process* (Boston: D C Heath, 1933) 16.

就必定更加困难；相反地，利害关系越小，所要满足的标准就越低。在两类案件中运用不同的标准，并不就此意味着：事实认定者在一类案件中比在另一类案件中行事更不谨慎。这与下述说法一样是错误的，即无论何时两个人以不同速度驾驶，开得快的司机**必定**不如开得慢的司机行事谨慎。在某种意义上，当两个人都秉持与他们各自所处语境相适应的谨慎时，任何一人都不比另一人更行事谨慎。但是这么说仍然是正确的，即当一个人的行为存在更高的致害风险时，为避免做出该行为所产生的损害，他就必须秉持更高的谨慎。

2.2.2　语境与信心

事实认定中的谨慎，要求仅当事实认定者判断根据 BAF* 规则一个人会有正当理由相信 p 的时候，他才能肯定性地认定 p。对 p 的信心度（degree of confidence）不应当与对 p 的感觉或感情强烈度（intensity of feeling or emotion）相混淆。[79] 一个人可能对他完全确信之事一点都不感到激动。正如前面所解释的，一个人相信 p 的程度，就是他坚持"p 为真"这一观点的牢固性；这指的是：要改变他对该观点的想法或者令他撤回对该观点的信奉，会有多么困难。史蒂芬很好地阐述了这种观点："信念度是一种坚定（stability）度，而非强烈（intensity）度"；"与较弱的信念相比，较强的信念要稳固得多，而且更不容易被放弃"[80]。

证成一项肯定性事实认定所必要的信念强度是具有语境依赖性的；更具体地讲，它必须与下述情况相称，即该认定对一方当事人所表达的内容的严重性，以及该认定对该当事人所产生的后果的严重性。对当事人的尊重及对其福祉的关心，是我们期望事

---

[79]　Cf John Henry Wigmore, *A Treatise on the Anglo-American System of Evidence in Trials at Common Law*, vol 9 (3rd edn, Boston: Little, Brown & Co, 1940) 325（"人类信念的强度"）.

[80]　James Fitzjames Stephen, *A General View of the Criminal Law of England* (London: Macmillan & Co, 1863) 245.

第四章 证明标准

实认定者展现的美德。至关重要的是，这些美德**在认识论中**发挥着作用。对于可变的证明标准而言，认识因素和道德因素并非势不两立，而是交织形成了一种联合状态。下文将展开论述这些主张。

2.2.3 理论和实践推理概述

很有必要在一开始就澄清与当前的论述不相关之事。它与采取系统工程师的外在视角无关，也与对法律制度之组织设计的评价无关。例如，在一些发达的司法辖区，存在多种法院和法庭。给这些不同层级的法院和法庭及其分支机构分配不同类型的案件，有无可置疑的实践理由。提高资源分配效率以及降低纠纷解决成本，是将较小的纠纷分流到"小额诉讼法庭"（small claim tribunals）的实践理由。当前的论述与审判制度的结构或者（更一般地讲）法律程序的结构都无关。不可否认的是，这些问题都受到实践因素的影响。[81] 既判力原则以及对"就事实问题进行上诉"的限制都是明显的例子。也需要考虑到，资源上的限制会影响法院所允许提交的证据范围。法官有责任将审判过程从那些不可能产生任何结果或重要结果的调查路径中转移出来。因为司法资源是有限的，所以必须强调成本—收益。证明力是一个程度问题，它可以逐渐地变弱直至消失。并非每一个被视为在法律上不相关的事实命题都完全缺乏证明力[82]：有时，这种命题仅仅具有极小

---

[81] 正如塔珀正确评论的那样，"经济限制决定了刑事程序和证据的许多方面，从证据提交的顺序，到运用禁止反言和其他手段来阻止对那些曾经得到裁决的事项再次提起诉讼。类似的考虑因素主导了那些与可能被上诉的事项相关的规则，以及那些处理在上诉中新证据之采纳问题的程序。" Colin Tapper, "Trends and Techniques in the Law of Evidence" in Birks (ed), Pressing Problems in the Law, vol 1, Criminal Justice and Human Rights (1995), 13 at 33.

[82] "询问下述问题是无意义的，并且这么说也是不可能的：证据是否被拒绝了……因为它整个就是不相关的，或者仅仅因为它具有极小的相关性"：Colin Tapper (ed), *Cross and Tapper on Evidence* (Oxford: OUP, 11th edn, 2007) 74.

的证明价值而不值得去调查（考虑到这么做的成本）。[83] 缺乏（充分的）证明力本身一般是无害的，仅此并不构成排除的理由。然而，允许对一个缺乏证明力或证明力不充分的命题进行举证，便是在浪费司法资源。[84] 我们对效益的关注提供了排除的正当理由。[85] 罗尔夫（Rolfe）在希区柯克案（*Attorney-General v Hitchcock*）中作出了如下评论，该评论被频繁引用[86]：

> 如果我们能活上千年，而不是六七十年，并且每个案件都足够重要，那么下述做法或许是可能的，并且也许是适当的……即为了确定所作陈述之真实性而展开所有可能的调查。

当前的论述与指引和形塑审判程序的实践性因素无关；它关乎实践（或实用）因素对审判评议的影响。实践因素对**调查合理性**（rationality of inquiry）的影响，相比于对**信念合理性**（rationality of belief）的影响，更加直接和显著；前者集中于证据开示、举证、质证等外部活动，后者则与（基于已采纳的证据）

---

[83] Peter Tillers (reviser), John Henry Wigmore, *Wigmore on Evidence-A Treatise on the Anglo-American System of Evidence in Trials at Common Law*, vol 1A (Boston: Little, Brown & Co, 1983) 973, note to § 28.

[84] 在许多司法辖区，法院拥有以浪费时间为由而排除证据的一般自由裁量权：eg s403 of the United States' Federal Rules of Evidence and s 135 (c) Australian Evidence Act 1995.

[85] 根据边沁的观点，排除不相关证据是恰当的，并非因为排除它不会产生任何成本，而是因为我们从而避免了那些原本会因它而产生的烦扰、费用以及拖延。(Jeremy Bentham, *Rationale of Judicial Evidence* in John Bowring (ed), *The Works of Jeremy Bentham*, vol 7 (Edinburgh: W. Tait, 1843) Book IX, Part I, Ch 1, 343) 正如特文宁所言，在边沁看来，"排除不相关的……证据是具有正当理由的，而非一种严格要求"。(William Twining, *Theories of Evidence: Bentham and Wigmore* (London: Weidenfeld & Nicholson, 1985) 68, n 7) See also Geoffrey R Stone, "The Rules of Evidence and the Rules of Public Debate" [1993] The U of Chicago Legal Forum 127, 129: "排除不具备实质性或相关性证据的主要原因是：出示这类证据纯属浪费时间。如果证据对于争议事项不起任何证明作用，为什么还要在法庭上花费时间去听审它？因为司法的时间和资源是有限的，听审那些不起证明作用的证据成本过高。因此，我们抛弃这类证据。"

[86] (1847) 1 Exch 91, 105.

第四章　证明标准

信念的获取、修正或放弃相关。[87] 审判审议基本上是一个理论性的（或者认识论性质的）活动，如果不从评议者的角度来考虑，对其所展开的分析便不会富有成效。作一个粗略的区分：实践推理是关于"要做什么"的推理，而理论推理是关于"要相信什么"的推理。驾驶员在决定"选择更安全的路线还是选择风景更优美的路线"时所运用的推理，基本上是实践推理——他必须在不同的利益之间或不同的愿望之间进行选择。他在决定两条线路中哪一条更安全或更优美时所运用的推理，大体上是理论推理——他在寻求有关该问题的真相。[88]

2.2.4　事实认定中的正义与正当理由

对于事实认定来说，存在两种可能的正当理由。一种是实践性的，另一种是认识论性质的。关于实践性正当理由，我们可以说，它把"认定p"当作一种可以独立于"p之真相"来进行评价的活动；而关于认识论性质的正当理由，我们可以说，它将"认定p"视为因相信"p为真"而对p的接受。[89] 关于它们相互联结的复杂问题，我们留待后文讨论。理解两者间的区别，或许有助于解决以下争论，即"在法庭上决定事实问题"与"在法庭外决定事实问题"是否应当采取相同的方法。一方面，我们拥有迪普洛克（Diplock）这样的法官。他认为：对"有罪与否"作出决定的任务并不艰深，无非是"[事实认定者]将他们在日常生活中

---

[87] John David Owens, "Does Belief Have an Aim?" (2003) 115 Philosophical Studies 283, 288.

[88] 这些例子都是以吉尔伯特·哈曼所给出的那些例子为基础："Practical Aspects of Theoretical Reasoning" in Alfred R Mele and Piers Rawling (eds), *The Oxford Handbook of Rationality* (Oxford: OUP, 2004) ch 3, 45.

[89] M Jamie Ferreira, *Scepticism and Reasonable Doubt-The British Naturalist Tradition in Wilkins, Hume, Reid, and Newman* (Oxford: OUP, 1986) 21, 53-54, 72, 183-186; Brian Carr, "Knowledge and Its Risks" (1982) 82 Proceedings of the Aristotelian Society (New Series) 115, 123-4.

处理重要问题时的常识运用到在审判中所提交的证据上"[90]。类似地，财税法院首席大法官波洛克（Pollock）曾经告诉陪审团："如果你们将得出的结论达到了这样一种确定性程度，即你们在自己所关切的严肃且重要的事情上会据以作出行动的确定性程度，那么这就是法律所要求的，并且它也将为你们所得出的有罪裁决提供正当理由。"[91] 另一方面，我们拥有像里夫朱斯案（*R v Lifchus*）那样的案例。[92] 在该案中加拿大最高法院认为："排除合理怀疑"不是一个"普通的"（ordinary）概念，而且在适用它的时候等同于人们在作出实践性决定（即便是那些在人们生活中极其重要的决定）时所使用的那种推理，也是不恰当的。金斯伯格（Ginsburg）法官在美国最高法院审理的维克托诉内布拉斯加州（*Victor v Nebraska*）一案中采取了类似的立场。[93]

我们可以这样理解第二阵营中的法官们：他们坚持认为（而且这样坚持是正确的），实践理性并不以其支配人们在法庭外作出行为选择的相同方式，支配法律中的事实认定。新西兰上诉法院也拒绝了这种"近似类比"（domestic analogy），其认为：这些行为选择通常"受到推测、希望、偏见以及情绪等因素的影响"[94]。在我们的日常生活中，我们经常（我们也必须）在不确定的情况下冒着适当的风险而行事。[95] 例如，一个人可能选择进行具有生命危险的手术（这当然可以算作一件"严肃且重要的"事情），即

---

[90] *Henry Walters* [1969] 2 AC 26, 30. Also: *Ferguson v The Queen* [1979] 1 All ER 877, 881. Cf *Gray* (1973) 58 Cr App R 177, 183; *R v Hepworth and Fearnley* [1955] 2 QB 600, 603.

[91] *Reg v Manning and Wife* (1849), quoted in Wills (n 54) 269. 法官在穆勒案中重复了他的观点：*R v Muller* (1865) 4 F & F 383, n (a). Cf *Brown v R* (1913) 17 CLR 570, 596.

[92] (1997) 150 DLR (4th) 733, 741-2.

[93] (1994) 511 US 1, 23 et seq.

[94] *R v Adams*, CA 70/05, 5 September 2005; see also *R v Wanhalla* [2007] 2 NZLR 573, paras 56, 131-134 and 166.

[95] *Victor v Nebraska* (n 93) 24. Similarly, *Brown v R* (1913) 17 CLR 570, 585, 586, 594-5.

第四章 证明标准

使他不相信手术确实会成功。如果他知道，倘若他拒绝手术则更可能濒临死亡，那么他的选择便是理性的。

审判中的裁决是否应当通过这样一种类似的方法展开？即对于不同的行为选项，对比潜在的收益，而评估其风险和权衡可能的成本？这与功利主义的批评者们提出的问题类似。[96] 借用麦克洛斯基（McCloskey）的例子（已稍作修改）[97]：一位法官正在主审一场涉及种族争端的刑事案件。他知道被告人是无辜的；他也知道，如果无罪释放被告人，很可能会导致执行私刑的暴动，这将使很多人死亡。被告人被无罪释放的结果，远比他被裁定有罪并受到惩罚的结果更加糟糕；许多无辜生命陨落的负效应，超过了一个人被错误监禁的负效应。（假设不存在裁决受到质疑这种间接的成本风险，例如冤案东窗事发而且削弱了公众对司法制度的信心这种风险。）[98] 如果法官宣告被告人有罪，那么总体结果具有更高收益。但是完全按照这种推论而作出有罪裁定的法官，在伦理上和认识论上的考虑不够周全。

首先，就伦理方面而言：一个人必须非常铁石心肠地仅仅考虑功利问题。在关于信念与合理怀疑的讨论中，史蒂芬（Stephen）说："在任何特定情况下，信念明智与否，都是一个关乎利益平衡的问题。"[99] 但是以相同方式对有罪裁决明智与否作出判断，几乎总是野蛮的。被告人对正义的诉求，即使不是决定性的，也有着独立和基本的相关性。对功利主义的普遍质疑是：它没有

---

[96] H J McCloskey,"A Note on Utilitarian Punishment"（1963）72 Mind 599; J J CSmart and Bernard Williams, *Utilitarianism-For and Against*（Cambridge：CUP, 1973）98.

[97] H J McCloskey,"An Examination of Restricted Utilitarianism"（1957）66The Philosophical Rev 466, 468 - 9.

[98] 斯普里格强调了这种潜在成本的相关性：T L S Sprigge,"A Utilitarian Reply to Dr McCloskey"（1965）8 Inquiry 264, 275 - 280.

[99] James Fitzjames Stephen, *A History of the Criminal Law of England*（London：Macmillan & Co, 1883）260.

在道德上认识到对无辜者定罪和惩罚所具有的内在不正义性。[100] 纯粹基于功利主义的成本分析而决定被告人的命运,就是否认他具有作为一个人的尊严;就是把他当作"在谋求其他人福祉时的一个手段"[101]。

另一方面,道德绝对主义同样令人难以接受。不可否认,在某些情况下存在这样的可能性,即实施一个非正义的行为在道德上是可容许的,甚至是强制性的。[102] 我们可以想象那些使给无辜者定罪并加以惩罚的做法具备正确性的极端情形。然而,具有人情味的人会带着极度的痛苦和遗憾迈出这悲剧性的一步。在此之后,他将会产生深深的罪恶感。在那些并未遇到任何困境并且只要存在"利益平衡"(再次引用史蒂芬的话)便准备惩罚无辜者的法官身上,有一种令人恐惧的道德麻木。[103] 如果在我们和我们所伤害之人之间"存在任何能算作共同人性感(a sense of common humanity)的东西",那么我们就必须承认自己所犯的错误。[104]

---

[100] Eg C L Ten, *Crime, Guilt and Punishment* (Clarendon: Oxford, 1987) at 32 - 36. 安斯科姆认为与下述这类人争论是毫无意义的,他们事先就愿意考虑那个合法地杀害无辜者的选项;在她看来,那类人纯粹是心地败坏:G E M Anscombe, "Modern Moral Philosophy" (1958) 33 Philosophy 1, 17, n1.

[101] Murphy (n 68) 18.

[102] 关于接受这种观点的报应主义者,see H J McCloskey, "Utilitarian and Retributive Punishment" (1967) 64 The J of Philosophy 91, 102.

[103] 一个坚定的功利主义者可能会干脆勉为其难并坚持认为,如果,整体而言,给无辜者定罪较之将其释放能够产生更少痛苦,那么这在道德上便是正确的。参见《哲学辞典》这本书中有趣的条目:Daniel Dennett (ed), *The Philosophical Lexicon*, available at: <http://www.blackwellpublishing.com/lexicon/#O>:

智高一筹(outsmart),v. 接受某人之对手的归谬论证所得出的结论。"他们本以为自己赢了我,但我实际比他们智高一筹。我对如下观点表示赞同,即绞死一个无辜之人有时候**是**公正的。"

这个词条是以斯马特(J J C Smart)命名的,参考了他的论证,参见:Smart amd Williams (n 96) 69 - 73. 为斯马特说句公道话,他对所涉及的不公非常敏感,并且不高兴也不情愿地接受了那个结果。更加令人不安的讨论参见:Mirko Bagaric and Kumar Amarasekara, "The Errors of Retributivism" (2000) 24 Melbourne U L Rev 124, 141 - 143.

[104] Raimond Gaita, *A Common Humanity-Thinking about Truth, Love and Justice* (London: Routledge, 2000) 51.

第四章　证明标准

为了在道德层面上进行充分的评议,一个人必须要与陷害无辜者的严重不正义作斗争,仅当迫于无法抗拒的原因时才能如此行事,并且永远不能仅仅基于功利占优的理由而陷害无辜者。针对功利主义可能会容许的不正义,应当存在更强有力的抵制。[105]

接下来,考虑认识层面。尽管裁决必定具有实践效果,但审判评议却并非一种实践推理。事实认定者的工作并非是对下述问题作出决定:综合考虑所有情况,给被告人定罪是否**正确**($right$)?他的工作是对"被告人有罪是否**真实**($true$)"作出决定;毕竟,陪审团宣誓要根据证据给出真实的裁决。审判评议基本上是一种理论推理,尽管(正如我们将看到的)实用性因素染指其中。从某个方面看,裁决是断言性的;对裁决的评议是一种认识实践,因为它涉及那种对"真相何在"作出判断的心理行为。此外,认定被告人有罪就是断言他有罪;按照此前我们所论述的原则(BAF*),仅当根据 BAF* 规则一个人会有正当理由相信他有罪时,事实认定者才能具备正当理由认定他有罪。若不满足这点,事实认定者必须作出无罪裁决。通常情况下,给我们知道其实属无辜的被告人定罪,或者在我们判定一个人根据 BAF* 不会有正当理由相信其有罪的情形下给被告人定罪,就是在撒谎。[106] 当针对被告人的错误定罪系蓄意为之时,他的尊严便受到了特别

---

[105] See Saul Smilanksy, "Utilitarianism and the 'Punishment' of the Innocent: The General Problem" (1990) 50 Analysis 256; McCloskey (n 102) 102-3 (其所产生的好处必须"足以胜过司法职责的严格要求"); Igor Primoratz, *Justifying Legal Punishment* (New Jersey: Humanities Press, 1989) at 61.

[106] 该观点涉及的是作为一项有罪断言的定罪,而非关乎惩罚之含义;因此,它不同于奎因顿所提出的论点,奎因顿将你知晓的无辜者所蒙受的痛苦或损害称之为"惩罚",这是一种谎言。参见:A M Quinton, "On Punishment" (1954) 14 Analysis 133, 137. Cf Matt Matravers, "'More than Just Illogical': Truth and Jury Nullification", in Antony Duff *et al* (eds), *Truth and Due Process* (Oxford: Hart, 2004) ch 4 (指出,陪审团否决权并不必然包含着谎言).

的侮辱。[107]

过失性的错误定罪不会造成这种对尊严的侮辱,但是过失定罪的受害者也遭受了不正义。不管是故意的还是过失的错误定罪,都构成了对被告人的不正义,这是因为它在下述问题上是错误的:被告人犯了罪,并因此受到了官方谴责。如果不考虑一些特殊情况(比如未经审判或根据行政性命令而拘留,但严格说来这不是惩罚[108]),一个人不能因为一个他未被宣判有罪的罪行而受到国家的合法惩罚。定罪的实践性目的是授权进行惩罚。给一个无辜之人定罪,就是为针对他的不公正惩罚打开绿灯。惩罚无辜之人是不公正的,因此故意引致这种惩罚也是不公正的。在此意义上,给无辜者定罪是(更确切地讲)一种手段上的不公正。

但是这种定罪不仅仅是手段上不公正。德沃金认为,每一个错误裁决都存在内在的道德成本。那个被裁判犯有他不曾犯下的罪行的人遭受了一种"道德伤害";被认定因为过失驾驶而侵权,但"事实上当时他并没开车"的人,也是如此。[109] 这种伤害是一个客观概念,它的产生纯粹源于错误认定有罪或担责所造成的不正义,无论受害者是否知道或在乎这种不正义。道德伤害附属于该人所遭受的"基本伤害"(bare harm),后者是指裁决的结果,比如,被强制赔偿损失或失去自由。然而,我们应当避免过度抽象。施克莱(Shklar)将我们的愤懑不平描述为一种固有的情感,它是原始的和普遍的:"正常人都能辨别自己何时受到冒犯"[110]。有罪裁决传达了道德谴责。它"远远不只是施加惩罚之前的规范

---

[107] Ronald Dworkin, "Principle, Policy, Procedure" in his *A Matter of Principle* (Harvard UP, 1985) ch 3: "在故意且虚假主张某人犯有某罪的情形下,存在着一种特殊的不公。抛开其他方面不谈,那就是一个谎言"(ibid 79);"该故意行为包含了一个谎言并因此包含了对此人尊严的特殊的侮辱"(ibid 84)。

[108] 关于历史上的一些例子:Markus Dirk Dubber, "The Criminal Trial and the Legitimation of Punishment" in Antony Duff et al (n 106) ch 5, 88-92.

[109] Dworkin (n 107) 92.

[110] Judith N Shklar, *The Faces of Injustice* (New Haven: Yale UP, 1990) 90.

第四章 证明标准

性步骤；其本身也是一种社会耻辱的记录"[111]。当被告人因不曾做过之事受到公开谴责时，他便遭受了一种冒犯。这是真实的，即便这种谴责是过失为之；而如果该谴责本身是一个故意的谎言，那么这种羞辱尤其刻骨铭心。

这种"**判决**的不正义"，如费恩伯格（Feinberg）所说[112]，"正在于贬损性主张的虚假性"，在于没有"真实地……裁判那些与我们的尊严息息相关之事"[113]。这种冤屈独立于错误**惩罚**的不正义性。即便被告人"获得缓刑并且不再被施以惩处"，他因被错误裁判而导致的冤屈仍持续存在。[114] 我们可以提出两个独立的观点。第一，在不存在任何（不正义的）有罪裁决的情况下，有可能存在不正义的惩罚。比如，一个全能的君主运用国家机器去惩罚某个人，并非因为任何违反刑法的行为，而是仅仅因为他引起了君主的不悦。[115] 第二，在不存在任何（不正义的）惩罚的情况下，有可能存在不正义的有罪裁决。这至少在理论上是可能的，并且真实案件也可能非常接近这种情况。例如，一个人被定了罪，却因特殊的从宽情节而被免除了刑罚[116]；或者，他被判了刑，但随后因官方宽宥而得以赦免。然而，即便被告人免于刑罚，他也肯定会因其官方记录被一个他从未犯下的罪行玷污而感觉冤枉。有些时候，正是错误定罪的内在不正义，驱使受害者的亲属（甚至在他去世之后）为还其清白而斗争；正是因为拒绝接受这种特别的不正义，才促使一些受害者拒绝申请宽大处理，因为那样便

---

[111] Peter Brett, *An Inquiry Into Criminal Guilt* (London: Sweet & Maxwell, 1963) 36.

[112] Joel Feinberg, "Noncomparative Justice" (1974) 83 The Philosophical Rev 297, 302. 文中将此称为"判决的不正义"。

[113] Ibid 325. See also Duff (n 73) 108–109.

[114] Feinberg (n 112) 302.

[115] H J McCloskey, "The Complexity of the Concepts of Punishment" (1962) 37 Philosophy 307, 319–320.

[116] A P Simester and W J Brookbanks, *Principles of Criminal Law* (2nd edn, Wellington: Brookers, 2002) 4：注意，有时"违法者被免除惩罚而无须为其不法行为承担刑罚"。

暗示承认有罪。错误认定给一个人带来的耻辱愈大,他就愈有资格对其遭受的不正义感到激愤。与错误地谴责一个人走路不遵守交通规则相比,错误地谴责一个人虐待儿童具有更大的不正义。

根据德沃金的观点,和刑事被告人一样,民事诉讼的当事人也"有权利要求程序,对该程序可能引发的道德伤害,正当地分配重要性"[117]。他强调,这种权利是"将特定的重要性附加给道德伤害风险的权利;而非对一种特定的、可独立描述的、裁决的整体准确性水平的权利"[118]。但是我们到底该如何将充分的重要性附加给道德伤害风险呢?从外在观察者的视角来看,我们附加给错误裁决之不正义的重要性程度,可以表示为我们愿意为提高审判程序的准确性而支付的成本。正如贝勒斯正确指出的,德沃金的道德成本路径"仍然是一种工具主义者的路径,法律程序仅仅是获得恰当结果的一种方法"[119]。此处所谓"恰当",包括了对道德伤害的避免。

但从事实认定者的视角来看,避免不正义的重要性能够被赋予一种内在解释。事实认定者所认为的避免不正义的重要性程度,体现为他在评议事实和作出裁决的过程中所秉持的谨慎程度。事实认定中的"正义",要求他在其评议过程中以适当的尊重和关心去对待被告人。[120] 如果事实认定者的谨慎程度与下述两点的严重性不相称,那么作出对被告人不利的认定,便是事实认定者的道德失败:(1)针对被告人的指控的严重性;(2)事实认定者认定

---

[117] Dworkin (n 107) 93.

[118] Ibid 95–96.

[119] Michael Bayles, "Principles for Legal Procedure" (1986) 5 Law and Philosophy 33, 48. 作者在其《程序性正义——对个体的分配》中进行了重述(但并非一字不差),参见: *Procedural Justice-Allocating to Individuals* (Dordrecht: Kluwer, 1990) 125.

[120] 有关该对待方式的一个例子,但针对的是民事案件中的一方当事人: *Bater v Bater* [1951] P 35, 36.

第四章　证明标准

了该指控后，对被告人产生的影响的**严重性**。[121] 在一个针对精神健康复审法庭的案件（R（N）v Mental Health Review Tribunal）中[122]，英国上诉法院非常明确地指出，在适用民事证明标准时，必须同时考虑这两种因素。原则上，它们在刑事案件中也应当是相关的。

指控的严重性对于法官和陪审团来说是同样明显的。但指控被认定后的结果的严重性，对与法官和陪审团来说可能有差别。如果陪审团成员们作出了一项肯定性裁决，他们并不会确切地知道接下来会产生何种法律制裁。尽管他们可能从法官的指示或者律师的呈词中得知一些结果，但不存在告知他们相应结果的一般性要求。然而，陪审团应该对可能会发生的结果之严重性具备了一般性的了解：对小额盗窃的惩罚会很轻微，而对性犯罪的认定将带来长时间的监禁，此类认知不需要具备专业知识。格罗夫（Grove）回忆了他在一起绑架案中担任陪审员的亲身经历，他讲道[123]：

> 陪审团成员们应关注他们的裁决，而非去考虑刑罚。**但是他们当然会考虑刑罚，如果他们不考虑，那么他们就几乎缺乏人性**……我很好奇，如果我们所审判的是一个谋杀案而且可适用死刑，那么我们所有人将会是何种感觉。

2.2.5　审判评议中的理论和实践推理

请考虑下面这对形成鲜明对比的例子。你正在考虑雇佣一个人来照顾你的孩子。你注意到，你所考虑的候选人以前曾涉嫌猥

---

[121] 所不同的是谨慎程度，而非真相。Contrast Robert S Summers, "Formal Legal Truth and Substantive Truth in Judicial Fact-Finding-Their Justified Divergence in Some Particular Cases" (1999) 18 Law and Philosophy 497, 506："真相随着证明标准而变，而证明标准随着利害关系而变"。

[122] R（N）v Mental Health Review Tribunal（n 7）497–500.

[123] Cf Trevor Grove, *The Juryman's Tale* (London: Bloomsbury, 1998) 150.（加重之处为本书所加）

亵未成年人。警察未发现充足的证据，未曾在法院控告他。你仍然要雇佣这个人吗？这是一个关于"你应当做什么"的实践性问题。那个指控是真的吗？这是一个关于"你应当相信什么"的理论性问题。即便你无法决定相信什么，你仍然能够知道要做什么。摆在你面前的证据不足以提供正当理由去相信他曾确实猥亵过儿童。但是你有权以安全为重，保护你的孩子远离可能的伤害风险。你可以行使你选择受雇人的权利而不雇佣他。假如你是一个不得不决定（在被指控的先前事件中）"他是否确实猥亵了儿童"的陪审员，你会对他负有义务。但在这里你不对雇佣候选人负有同样的义务。陪审团不会仅仅基于怀疑而宣告他有罪。裁决被告人犯有某罪，并非一个风险管理性质的实践问题。[124] 在某种程度上，这是去**断言**他犯了该罪。不仅如此，这还是**谴责**他的行为，表达对其行为方式的强烈的道德指责。[125] 认定他有罪，也就是以施加刑罚为目的而**宣告**他有罪。如果他被错误定罪，他便在多个方面遭受不正义。如果他是无辜的，他就不应该因被指控的行为而受到谴责，他不应该受到法院的责备，也不应该受到惩罚。

尽管审判评议并不完全是一项风险管理事务，但它必然具有实践性因素。理论推理和实践推理均得到运用。在下述意义上，

---

[124] 这并非是说，法律与法律活动从不具有风险管理职能。根据法律进行预防性拘留，比如新加坡国内安全法令（Cap 143, 1985 Rev Ed, 该法最近被援引用来抵制可疑的激进极端分子："Self-radicalised Law Grad, 4 JI Militants Held", *The Straits Times*, June 9, 2007）被意图作为一项先发制人的措施，用以避免预期伤害的风险。但是问题的关键恰恰在于，这种拘留未经审判授权。还存在着其他更加隐蔽的法律风险管理形式。一个例子就是英国所引入的《反社会行为法令》这一机制，它受到学者的批判，参见：A P Simester and Andrew von Hirsch, "Regulating Offensive Conduct through Two-Step Prohibitions" in Andrew von Hirsch and A P Simester, *Incivilities: Regulating Offensive Behaviour* (Oxford: Hart, 2006) ch 7. 另一个例子是将一些活动进行犯罪化处理，这些活动本身并没有错，但它们表明一些错误可能已经发生了：Frederick Schauer and Richard Zeckhauser, "Regulation by Generalization" (2007) 1 Regulation and Governance 68.

[125] Duff (n 73) 108. Brett (n 111) 36："对于一起犯罪的有罪判决……意味着因道德错误而进行谴责"；并且，相应地，ibid 205："首要原则［是］，如果我们要给被告定罪，那么我们就必须能够基于他的所作所为而归责于他。"

第四章 证明标准

评议是实践性的,即其目的在于决定**要做什么**:我们应当**宣告**被告有罪或者担责吗?我们知道,我们对有罪或担责的认定将很可能导致法律制裁被施加在他身上。在下述意义上,评议是理论性的,即它所处理的是**要相信什么**的问题,并因此涉及该对案件事实作出何种**断言**这一问题。例如,事实认定者必须考虑,证人是否可信,以及存有争议的指控是否真实。审判评议的实践层面依赖于其理论层面,因为,一般而言,事实认定者必须基于他对案件事实的信念而决定要宣告何种裁决。

反过来,实践层面也会影响理论层面:为判断并因此相信争议事实命题,需要特定分量的正当理由;实践层面通过影响所需的正当理由之分量,进而对理论层面起作用。这种观点涉及实践利益对认识论合理信念之形成所发挥的作用。它与由实践所激发、在认知论上非理性的信念没有关系。一个人可以拥有实用性的理由去相信某事。如果一位母亲自欺欺人并无视证据地相信她的儿子没有犯罪,从而使自己从巨大的痛苦情绪中解脱,那么这对她来讲或许是具有实用理性的。综合考虑所有事情,那样她或许会更好过一些。尽管如此,考虑到相反证据的权重,相信她的儿子无辜对她来说在认识论上是非理性的。[126] 相信她的儿子无辜将带来急需的慰藉,但这不是相信她的儿子无辜的认知理由;这不是一个使该信念更有可能为真的因素。[127]

回到前文所说的司法观点分歧。迪普洛克法官或者波洛克法

---

[126] 实践理性与认识论理性之间的冲突在理查德·福利的著作中得到说明,参见:Richard Foley, *The Theory of Epistemic Rationality* (Cambridge, Mass: Harvard U P, 1987) at 211. (Cambridge, Mass: Harvard U P, 1987) at 211.

[127] Gilbert Harman, *Reasoning, Meaning and Mind* (Oxford: Clarendon Press, 1999) 102. 有关理论推理与实践推理之间关系的进一步讨论,参见前述作者的以下著作:"Practical Aspects of Theoretical Reasoning" in Alfred R Mele and Piers Rawling (eds), *The Oxford Handbook of Rationality* (OUP, 2004) ch 3, 45-56, and "Internal Critique: A Logic is Not a Theory of Reasoning and A Theory of Reasoning is Not a Logic" in Dov M Gabbay and Hans Jurgen Ohlbach (eds), Studies in Logic and Practical Reasoning, vol 1 (Amsterdam: Elsevier Science, 2002) 171.

官不可能真的在宣称：法院不需要相信它所作出的肯定性认定。当他们指出事实认定涉及一种人们通常很熟悉的风险估算时，他们或许在暗示这样一个事实：我们在日常事务中不断地得出推论、形成有关事实的判断并且宣称自己知道；要做这些事情，我们不用去寻求逻辑确证，但要使证据达到一定的说服力度，该说服力度要与利害攸关之事以及我们调查的目的相适应——这些仅仅是常识。[128] 同样的道理通常也适用于审判评议。在审判中，基于"p 为真"而肯定性地认定 p 的裁决，要求对证据的充分性进行评估；为了使该认定得到证成，该评估必须对这么做的意义和结果具备敏感性。重要的是，对该意义和结果的获知，必须通过对受该认定影响之人的移情作用来实现。要求去设想一个人会如何决定一件对自己极为重要之事的指示，是对下述内容的提示，即对于将受其影响之人而言，该裁决的重要性如何。有关一个事实主张的证据在逻辑上总是非决定性的，因此它并未蕴涵该主张的真实性。无论证据看起来多么有说服力，也无论我们多么坚信证据所支持的主张之真实性，在每一个案件中我们都不得不承认，我们的信念可能是错误的。但并非每一种在逻辑上具有可能性的错误都应当成为一项肯定性事实认定的阻碍。[129] 在给定了所涉事宜之后，我们不得不决定：某种可能性是否应当被当作是真实的，或者因不值得考虑而应当被驳回，即并未对一项关于知识的主张构成真正的阻碍。正如卡尔（Carr）所说[130]：

> 我们**不得不**对一些事情作出决定——关于这些事情的证

---

[128] 正是出于这种认识，在十七世纪，"常识"哲学家开始提出"道德确定性"和"排除合理怀疑之证明"的概念：Shapiro (n 61) especially 28; Ronald E Beanblossom and Keith Lehrer (eds), *Thomas Reid's Inquiry and Essays* (Indianapolis: Hackett Publishing, 1983) 252-3, 270.

[129] 正如法院喜欢说的，法律仅仅处理"真正的怀疑"(*Brown v R* (1913) 17 CLR 570, 596)，而非"假想的或无价值的怀疑"(*R v Lifchus* (n 31) 744-5)。相关的进一步讨论，参见第三章 3.2 部分。

[130] Carr (n 89) 120.

第四章 证明标准

据不管怎样在逻辑上都是非决定性的。为形成足够牢固的信念，我们的标准**能够容许的**非决定性程度，必须取决于我们获得那些牢固信念所负担的风险种类。

这些直觉性的观点最近得到了哲学家们的认真关注。有必要花一点篇幅来展开他们的论述。

2.2.6 怀疑主义

认识语境主义（epistemic contextualism）是被怀疑主义的挑战所激发的。极端的怀疑主义会援引一些假设情景，其中一个著名的例子是：假设可以使一个大脑在一个瓮中存活。通过电化学刺激，该瓮中之脑完全与正常人一样体验着外在的世界。如果我所拥有的关于外在世界的所有可感知的证据，与我仅仅是一个瓮中之脑的事实可协调一致，那么我如何知道我不是一个瓮中之脑呢？看起来我无法排除这种可能性。而如果我不能排除这种可能性，那么我就不是真正地知道"我不是一个瓮中之脑"。如果我是一个没有躯体的瓮中之脑，我便没有双手。如果我不知道"我不是一个瓮中之脑"，那么似乎我也不知道我有一双手。正如我不能排除"我仅仅是一个瓮中之脑"的可能性，我也不能排除我的双手并非真正存在的可能性。如果这种极端的怀疑主义是正确的，那么我们几乎什么都不知道，甚至连我有一双手这样的寻常事实都不知道。但是，我的确知道我有双手，而且我也确实知道除此之外的许多其他事情。

在下述意义上，这种版本的怀疑主义是"整体性的"（global）：我们全部的信念都被认为是存在问题的，因为我们所拥有的或能够拥有的关于"我们不是瓮中之脑"的全部证据，有可能与"我们是瓮中之脑"相兼容。假设采取一种有限的怀疑主义，即只有某个特定的信念被认为存在问题。[13] 这种温和怀疑主义的主张

---

[13] David Annis，"A Contextualist Theory of Epistemic Justification"（1978）15 American Philosophical Quarterly 213，214.

是：你碰巧拥有的支持该特定信念的证据，无法排除它为假的可能性。（激进怀疑论者走得更远，即主张：基于**任何证据**，都无法排除你的信念为假的可能性。[132]）下面是温和怀疑主义假说的一个著名例子。[133] 你在动物园里，站在一个围场前，它上面的标牌表明展出的动物是一匹斑马。你看见那个动物站在远处，看起来非常像一匹斑马：它的大小和斑马一样，身上有黑色和白色的斑纹等等。你声称知道那个动物是一匹斑马。对此表示如下（用 p 表示"你看到的动物是一匹斑马"这一命题）：

(1) Kp

你也知道，如果展出的动物是一匹斑马，那么它便不会是其他种类的动物，比如骡子。知道"它是一匹斑马"（p）蕴涵着知道"它不是一匹骡子"。因此（用 q 表示"展出的动物不是一匹骡子"这一命题）：

(2) K（p→q）

既然你知道那个动物是一匹斑马，根据所谓的封闭原则（principle of closure）[134]，从（1）和（2）可推知，你知道那个动物不是一匹骡子。表示为：

(3) [Kp & K（p→q）]→Kq

但是怀疑论者问道：你怎么知道那个动物事实上不是一匹画上了黑色和白色斑纹的骡子，而且这匹骡子在其他方面也被很好地伪装了，以至于任何处于你所在位置的人都会认为它是一匹斑马？即便情况非常不可能如此，你也不能完全排除这种可能性。

---

[132] Stewart Cohen, "How to be a Fallibilist"（1988）2 Philosophical Perspectives: Epistemology 91, 111.

[133] 这个例子是德雷斯克提出的：Fred I Dretske, "Epistemic Operators",（1970）67 J of Philosophy 1007, 1015–1016.

[134] 据此，在已知蕴涵的情况下，知识是封闭的：如果你知道 p，并且你也知道 p 蕴涵 q，那么你便知道 q。

第四章 证明标准

你无法绝对确定那个动物实际上不是一匹骡子；就你所知道的全部情况而言，那可能是真的。在怀疑主义的压力之下，你被迫承认，你不是真正地**知道**那个动物不是一匹骡子；进而你退却到更弱的立场，即你只是拥有好的理由去**相信**那个动物**不可能**是一匹骡子。表示为：

(4) $\neg Kq$

但是仅当我知道那个动物不是一匹骡子的时候，我才知道它是一匹斑马。既然我不知道它不是一匹骡子，根据**否定后件律**（*modus tollens*），从（2）和（4）可推知，我根本不知道它是一匹斑马。表示为：

(2) $K(p \to q)$

(4) $\neg Kq$

因此 (5) $\neg Kp$

最终，我们否定了一项普通的知识；（5）中的结论与（1）相矛盾。怀疑论者否认（1），否认我们知道那个动物是一匹斑马。但是，如果怀疑论者是正确的，那么我们便不能真正地声称知道我们通常声称知道的许多事情；而且在我们日常生活的许多场合中，当我们声称知道时，我们的说法都是错误的。一些哲学家通过否定封闭原则（3），从而看到了出路。[135] 但是这种方式得到了较少的关注，可以忽略掉。[136] 认识语境主义提供了一条不同的出路。

---

[135] 开创性的讨论包括：Dretske（n 133），and Robert Nozick, *Philosophical Explanations* (Oxford: Clarendon, 1981) 204–211. 这种试图绕开怀疑主义的相关讨论，see Duncan Pritchard, "Two Forms of Epistemological Contextualism" (2002) 64 *Grazer Philosophische Sudien* 97, 100–104.

[136] 例如，费尔德曼说："否定封闭原则是"近年来认识论领域流行的观点中最不合情理的观点之一"。Richard Feldman, "Skeptical Problems, Contextualist Solutions" (2001) 103 Philosophical Studies 61, 64.

2.2.7 认识语境主义[137]

语境主义提供了对该问题的诊断。在关于怀疑主义的哲学讨论语境中，所使用的是一个极高的认识标准。似乎要求绝对的确定性。根据这个标准，你不能声称知道"那个动物是一匹斑马"，除非证据蕴涵了你对"这是一匹斑马"之信念的真实性。当你与怀疑论者讨论时，否定（1）是正确的。但在日常语境中，认识标准要低得多。S关于p的认识态度不必像怀疑论者所要求的那么强。你可以声称知道"那个动物是一匹斑马"，即便你的证据不能排除所有可以想象到的错误可能性。对于认识强度，存在不同的解释。根据其中一种对认识强度的概念解释，概言之，当替代性假说（例如关于那个动物是伪装后的骡子的假说）太富于幻想，而不具有相关性或者现实可能性时，你的证据就是足够有力的。在日常交谈的语境中，断言（1）（即你知道那个动物是一匹斑马）是正确的。

认识语境主义的基础是语义性质的。[138]"S知道p"这一句子表达了何种命题（换言之，这个句子是什么意思，或者它的"语义内容"为何），取决于使用这个句子的语境。假设问题是：在一个特定时间（t）和一个特定空间（w），S是否知道一个特定的事实命题（S是否知道p）。对于处在时间t和空间w中的S，可能一个人（A）会说"S知道p"，而另一个人（B）会说"S不知道

---

[137] 有关认识论的语境主义（其中的问题）的介绍，see Keith DeRose, "Contextualism: An Explanation and Defense" in John Greco and Ernest Sosa (eds), *The Blackwell Guide to Epistemology* (Oxford: Blackwell, 1999) ch 8; Michael Brady and Duncan Pritchard, "Epistemological Contextualism: Problems and Prospect" (2005) 55 The Philosophical Quarterly 161; Earl Conee 和 Stewart Cohen 之间的争论，in "Is Knowledge Contextual" in Matthias Steup and Ernest Sosa (eds), *Contemporary Debates in Epistemology* (Oxford: Blackwell, 2005) ch 2.

[138] 一些批判者主张，有关知识属性的语境限定是沟通性的，而非语义性的：语境影响着何时可以适当地**说**"S知道p"，而并未影响"S知道p"是否**真实**：Keith Lehrer, "Sensitivity, Indiscernibility and Knowledge" (2000) 10 Philosophical Issues 33, 33-34.

第四章 证明标准

p"。语境主义允许下述两者都是正确的，即 A 主张"S 知道 p"，而 B 否认"S 知道 p"。出现这种情况是因为，在不同语句中使用的"知道"一词（以及类似的词）可能具有不同的语义内容；由于它们被说出的情境不同，因此它们表达了不同的命题。

根据认识语境主义，"知道"是指代性的（indexical）。使用该动词的句子的意思，易受它的使用语境的影响。[139] 关于指代性词汇的一个没有争议的例子是"我"这个词。A 可以说："我累了"。B 可以说："我不累"。很明显，这两个陈述都可能是真实的，因为"我"在每个句子中有不同的指示对象。当 A 使用这个句子时，"我"意指"A"；而在 B 的使用语境中，它意指"B"。类似地，在我们的例子中，A 说"S 知道 p"，B 说"S 不知道 p"。这两个陈述都可能是真实的，因为在每个陈述中"知道"可能具有不同的语义内容。当被 A 使用时，"知道"意味着"根据在 A 的语境中适用的认识标准而知道"；当被 B 使用时，"知道"意味着"根据在 B 的语境中适用的认识标准而知道"。

这便假定了，"知道"是可以分级的。人们经常用形容词"高"来作类比。[140] 使用"高"这个词的句子表达了什么命题，取决于它的言谈语境。以下两种情况都可能是真实的，即使 A 和 B 在同一时刻所指的是同一个人：在关于约翰成为赛马骑师之潜力的谈话语境中，A 说"约翰长得高"；而在关于约翰成为职业篮球运动员之潜力的讨论语境中，B 说"约翰长得不高"。根据在一个描述语境中适用的标准，约翰长得高，但是根据在另一个描述语境中适用的更严格的标准，约翰并不高——对于赛马骑师而言，约翰是高的，但对于职业篮球运动员而言，约翰并不高。类似地，

---

[139] 这受到一些人的质疑：Wayne A Davis, "Are Knowledge Claims Indexical?" (2004) 61 Erkenntnis 257 – 281; Brian Weatherson, "Questioning Contextualism" in Stephen Hetherington（ed）, Aspects of Knowing-Epistemological Essays（Amsterdam: Elsevier, 2006）ch 9.

[140] Contrast Jason Stanley, "On the Linguistic Basis for Contextualism"（2004）119 Philosophical Studies 119, 123 – 130.

"S知道p"这个句子的意思,具有语境敏感性。谓语"知道"一词的可分级性质,允许在不同的言谈语境中,同一个使用了"知道"的句子可以表达S和p之间认识关系的不同强度。在一个特定语境中,仅当S关于p的认识状态足够好地满足了在该语境中适用的知识标准时,S才算是知道p。正如在上面的例子中,语境之差异允许一个人说"约翰长得高"而另一人(在同一时刻针对同一个人)说"约翰长得不高",知识归属之语境差异也可以使下述情况都是真实的:A主张"S知道p",而B否认"S知道p"——即使A和B都是在时间t和空间w指S。

如果A知道"S知道p",那么A便知道p。假设"p为真"对A而言没什么利害关系(即,"S知道p"对A而言没什么利害关系,同样地,这作为有关p的知识来源对A而言也没什么利害关系),那么根据S所拥有的证据,A可以合理地接受"S知道p"。如果"p是否为真"对另外一个人B而言有重要的利害关系(即,S是否知道p,以及这作为有关p的知识来源,对B而言有重要利害关系),那么基于S所拥有的证据,B可以合理地否认"S知道p"。在评议"是否要进行知识归属"的语境中,根据第三人(A或B)当前的或显著的实践特征,知识归属的认识标准——根据该认识标准,第三人(A或B)能够真正地将知识归于主体(S)——也存在差异。考虑到第三人在评议"是否要将有关p的知识归于S"时所处的语境,认识标准越高,则该第三人要能够声称"S知道p",S所拥有的证据就必须越强,或者更宽泛地讲,S关于p的认识状态就必须越强。因此,保持S的情况不变,对于利害关系较小的知识归属者而言,声称"S知道p"也许是真的;而对于另一个利害关系较大的知识归属者而言,声称"S不知道p"或许也是真的。声称"S知道"的语境所涉及的利害关系越大,证据所必须满足的认识标准就越高。在有关怀疑主义的哲学讨论中,使用了一个极高的认识标准。在那种设定之下,声称"我不知道'我不是一个瓮中之脑'"是真实的。在日常语境

第四章 证明标准

中，认识标准要低得多且更容易被满足。在哲学课堂之外，声称"我知道'我有双手'"当然是真实的——的确，质疑我对该事实的知识几乎是不可理解的。科恩将语境主义形容为同时带来了"好消息和坏消息"的理论："好消息是，我们拥有许多知识……坏消息是，知识……并非是［其］被赞许的那样。"[141]

借助科恩所给出的一个著名例子，或许有助于使讨论具体化。科恩用这个例子说明认识语境主义直观上的吸引力。尽管这个例子利用了一种高标准情况与一种低标准情况之间的清晰对比，但这并非在表明，仅仅存在两种可能的标准（一种是高的，另一种是低的）。正因为可能存在多种语境差异，以及在利害关系的严重性方面存在多种变化，因此认识标准也存在多种等级。

机场案例[142]：玛丽和约翰在洛杉矶机场，正考虑搭乘一趟飞往纽约的特定航班。他们想知道该航班是否经停芝加哥。他们无意中听到一个人问一位叫史密斯的乘客：他知不知道该航班是否经停芝加哥。史密斯看了一下他从旅行社得到的航班行程表，然后回答："是的，我知道——它的确在芝加哥停留。"［对史密斯而言，这是否真实无关紧要。］原来，玛丽和约翰有一个非常重要的商业合同必须在芝加哥机场签订。玛丽说："那张行程表有多可靠？它可能存在印刷错误。他们有可能在最后时刻改变了原定计划。"玛丽和约翰一致认为，史密斯并非真正**知道**该飞机将在芝加哥停留。他们决定与航空公司核对。

这个例子的要点在于：一项知识归属的真值（truth value），取决于在归属语境中适用的"知识标准"。将"知识标准"概念化

---

[141] Stewart Cohen, "Contextualism Defended" in Matthias Steup and Ernest Sosa (eds), *Contemporary Debates in Epistemology* (Oxford: Blackwell, 2005) 56, 61-2.

[142] Stewart Cohen, "Contextualism, Skepticism, and the Structure of Reasons" (1999) 13 Philosophical Perspectives 57 at 58. （括弧内的内容是本书所加）

存在不同路径。按照科恩所提出的内在论分析,该标准存在于认识的正当理由之中[143]:要在一个特定语境中知道 p,一个人所拥有的相信 p 的证据或理由,对于该语境而言,必须足够强或足够好。[144]

韦奇伍德(Wedgwood)提出了一个更全面的关于"证成的信念"的语境主义解释。[145] 他指出,存在两个实际上不同的认识目标,要在具体情况中对它们进行权衡。这两个目标是:(i)如果 p 为真,则持有对 p 的彻底信念(outright belief);(ii)如果 p 为假,则不持有对 p 的彻底信念。("彻底信念"是第三章所谓"绝对信念"的另一种叫法。)对于一个理性的行为者而言,如果他认为(ii)比(i)的重要性高出得越多,那么为了彻底相信 p,他就需要越强的正当理由;当正当理由不够强时,他将或者暂时搁置对 p 作出判定(既不彻底相信 p,也不彻底不相信 p),或者仅对 p 持有部分的信念度。从严格的认识论视角来看,他所选择使用的关于"证成的信念"的任何标准,都具有同等的合理性。

---

[143] "证成是一个可以在不同程度上得到满足的术语,并且能够得到**全面地**满足……为了得到**全面**证成,一个信念必须得到怎样的证成,这取决于语境。并且既然**全面**证成是知识的一个组成部分,那么知识的归属将同样是具有语境敏感性的":Stewart Cohen, "Contextualism Defended: Comments on Richard Feldman's Skeptical Problems, Contextualist Solutions" (2001) 87 Philosophical Studies 87 at 88. 科恩在这个领域的主要作品包括:Cohen (n 132) and (n 142). 一个更简明的版本,参见他的文章:"Contextualism and Skepticism" (2000) 10 Philosophical Issues: Skepticism 94.

[144] 根据科恩的解释,证据或理由的标准取决于语境,比如,对于知识归属者而言,所涉及的利害关系,错误可能的显著性。非常粗略地讲,仅当存在足够好的理由能够证成其信念,即在语境 C 中不存在 p 的相关替代选择,一个人才在语境 C 中知道 p。参见:Stewart Cohen, (n 132) especially at 101-3 ("相关性"的解释);以及他的文章:"Skepticism, Relevance, and Relativity" in Brian P McLaughlin (ed), *Dretske and His Critics* (Oxford: Blackwell, 1991) ch 2; and "Contextualist Solutions to Epistemological Problems: Scepticism, Gettier, and the Lottery" (1998) Australasian J of Philosophy 289. 关于认识状态的强度存在一些其他解释,例如,德罗斯提供了一种外在主义的版本,参见:Keith DeRose, "Solving the Skeptical Problem" (1995) 104 The Philosophical Review 1 and "Knowledge, Assertion and Lotteries" (1996) Australasian Journal of Philosophy 568.

[145] Ralph Wedgwood, "Contextualism about Justified Belief", forthcoming, draft available from his webpage: http://users.ox.ac.uk/~mert1230/papers.htm.

第四章 证明标准

在韦奇伍德看来，实践因素并非"证成的信念"的含义要素，而是一种语境要素，该语境决定了"S有正当理由相信p"这种形式的句子表达了何种命题。"S有多大的正当理由相信p"对应于多个不同程度的命题，这样一个句子可以表达这些命题中的任何一个。所表达的是这些命题中的哪一个，取决于说话者在说出那个句子时意图传达的那个命题。在说出那个句子时，说话者也许关注的是可能相信p的某个人的实践情况。这个人可以是说话者本人，或者S，或者其他人。将该人称作X。说话者想要表达的是一个关于"S有多大的正当理由相信p"的命题，从而使该命题中的信念能引导一个理性的主体（处于X的情况）形成并修改他对p的信念。对在X的情况中涉及的实践因素（例如，需要、目的和价值）的正确理解，决定了"证成的信念"之正确标准。当且仅当S对p的信念满足了这个特定标准时，"S有正当理由相信p"才是真的。

现在对机场案例作一些修改。假设玛丽这样说："史密斯没有正当理由相信航班将在芝加哥停留。"在说出这个语句时，她心中所想的是她和丈夫共同的实践情况，而非史密斯的实践情况。玛丽对史密斯的兴趣是将其作为一个关于"航班是否将在芝加哥停留"的可能的消息提供者（或知识的证言来源）。玛丽在她的陈述中想要传达的是一个关于"史密斯有多少正当理由相信'航班将在芝加哥经停'"的命题，从而使该命题中的信念能够引导一个**处于该夫妇情况中**的理性主体形成并修改他对那个命题的信念。对玛丽和她的丈夫而言，"史密斯是正确的"非常重要；对他们来说，这利害攸关。基对他们所处之实践情况的正确理解，要求对"证成的信念"采取一个高标准。考虑到史密斯所获得的证据较为薄弱，相信他关于在芝加哥经停的证言（将其作为一种知识来源）的正当理由低于该标准。在这种情况下，玛丽的以下陈述是正确的："史密斯没有正当理由相信航班将在芝加哥停留。"

2.2.8 对知识和证成信念的利益相关解释

在杰森·斯坦利（Jason Stanley）[146]和约翰·霍桑（John Hawthorne）[147]等一些哲学家看来，实践利益（practical interests）在一个人对知识的持有方面发挥着作用。正如霍桑所说，一个人所处的"实践环境"对其所知之事具有重要影响。[148]但是他们不同意下述主张，即知识归属之真值具有语境敏感性。重要的不是知识归属者的实践利益，而是主体的实践利益，或那些对他而言显著的利益；它们影响着他的认识状态，在此意义上，它们是重要的。因此，在机场案例中，史密斯是否知道"航班将在芝加哥降停"，部分取决于史密斯对该经停具有何种实践利益。由于我们假设经停对他不存在利益影响，因此这里的认识标准就较低。如果他的证据足够好地满足了这个低标准，"史密斯知道飞机将在芝加哥降落"便是真实的。那么为什么以下主张看似是反直觉的？即当该经停对玛丽存在重大利益影响时，玛丽作如下陈述是错误的：根据史密斯所拥有的证据，史密斯并不知道这事。霍桑认为，这是因为人类在心理上"倾向于将自己对知识的缺乏转嫁到他人身上"[149]。斯坦利更偏向于另一种解释策略：它看似违反直觉，

---

[146] Jason Stanley, *Knowledge and Practical Interests*, （Oxford：OUP，2005）ch 5.

[147] 霍桑为"敏感性温和的不变主义"辩护，有时被称为"主体敏感的不变主义"。参见：John Hawthorne, *Knowledge and Lotteries* (Oxford：Clarendon，2004) ch 4. 语境主义者的激烈回应参见：Stewart Cohen, "Knowledge, Speaker and Subject" (2005) 55 The Philosophical Quarterly 199 and "Knowledge, Assertion, and Practical Reasoning" (2004) 14 Philosophical Issues：Epistemology 482；Keith DeRose, "The Ordinary Language Basis for Contextualism, and the New Invariantism" (2005) 55 The Philosophical Quarterly 172 and "The Problem with Subject-Sensitive Invariantism" (2004) 68 Philosophy and Phenomenological Research 346.

[148] Hawthorne (n 147) 176.

[149] Ibid 163. 他提出了另外一种论证（ibid 159-160）：如果玛丽要断言"史密斯知道飞机将在芝加哥降停"，这就意味着她知道"飞机将停在那儿"。根据霍桑的利益相关理论，既然她不知道飞机将停在那儿，她便不能断言"史密斯知道这件事"。斯坦利（n 146）99批判了该论点，因为它无法解释为什么玛丽**能够**断言"史密斯**不**知道该事实"。

第四章 证明标准

仅仅是因为我们本能地意识到,玛丽真正关心的是,如果史密斯处在玛丽的实践情况下他是否知道芝加哥经停之事,而该问题的答案是"不"[150]。

范特尔(Fantl)和麦格拉斯(McGrath)对认识的正当理由提出了一个类似论点。[151] 一个人是否有正当理由相信某个命题,取决于他是否拥有足够好的证据从而知道该命题;他的证据是否足够好地证成他的信念,取决于他在该命题的真实性问题上有多大利害关涉。[152] 在机场案例中,假设玛丽和史密斯拥有关于航班将在芝加哥停留的相同证据(即只有史密斯的旅行社提供的行程表),范特尔和麦格拉斯会认可以下可能性:史密斯有正当理由相信经停将发生(因为他对此不存在利害关涉),而玛丽却没有(因为她的利害关涉要大得多)。[153] 一个人是否有正当理由相信某个

---

[150] Stanley(n 146)101-103.

[151] Jeremy Fantl and Matthew McGrath,"Evidence, Pragmatics, and Justification"(2002)The Philosophical Review 67.

[152] 其他一些人类似地指出,对 p 的理性信念容易受到利害关系(就 p 而言,主体所具有的利害关系)的影响:eg, Robert Nozick, *The Nature of Rationality*(Princeton, NJ: Princeton UP, 1993)96-98;Christopher Hookway, *Scepticism*(London: Routledge, 1990)139:"在我们能称一个假说具有正当理由之前,我们所要求的支持该假说的证据总量,可以反映一种支持度。而一旦具有这种支持度,当我们按照该假说行事时,我们就能够感觉到自己在负责任地行事。这或许能够解释我们的'证成之信念'这一概念所内含的一些相对性,当我们的行为无法达到其目的便会导致更大的灾难时,我们就需要更多的证据,进而才能将信念视为得到证成之信念;当无所作为所裹挟的风险越大时,我们就越愿意根据有限的证据而行为。"

[153] 用技术性术语来讲,他们(n 151)主张下述这个"认识证成的实用性必要条件":PC:"仅当对于 S 而言理性做法更偏向于似乎是 p 时,S 相信该 p 才具有正当理由",这里"对于 S 而言理性做法更偏向于似乎是 p"意指:对于任何事态 A 和 B,在假定 p 的情况下,S 的理性做法是更偏向于 A 而非 B,当且仅当 S 实际的理性做法是更偏向于 A 而非 B。在我们的例子中,对于事态 A(在不去寻找关于"在芝加哥经停"的进一步证据的情况下搭乘飞机)和事态 B(直到一个人获得这类进一步证据才搭乘飞机),假定 p(比如,更偏向于他按照 A 行事且 p 为真时的事态,而非他按照 B 行事且 p 为真时的事态),当且仅当 S 实际的理性做法是更偏向于 A 而非 B(假设没什么太大利害关系,事实上在不去费劲寻找进一步证据的情况下搭乘飞机是理性的),那么 S 的理性做法是更偏向于 A 而非 B。然而,如果存在很大利害关系,比如对于玛丽而言,更偏向于 A 而非 B 实际是非理性的,那么 S 相信 p 便不具备正当理由。

命题，不可能仅仅是证据的问题。[154] 情况并非必然是这样：如果两个人拥有关于 p 的相同证据，那么当且仅当一个人具有正当理由相信 p 时，另一个人也如此。因此，"证据主义"是错误的。对于主体而言，谈论 p 的实践语境在决定何种证据足够强地证成主体对 p 的信念时，有必然的影响。

费泽森（Weatherson）对范特尔和麦格拉斯的理论做了重大修改。[155] 具有实践敏感性的是我们的信念，或"简单（tout court）信念"；而非我们的信心状态，或"信念度"。在机场案例中，尽管在该事情上其中一人比另一人有更多利益关涉，但如果史密斯和玛丽拥有相同证据，那么他们都有正当理由对"航班将在芝加哥降落"这个命题拥有相同的信心程度。然而，考虑到史密斯的利害关涉比玛丽的小得多，前者或许有正当理由相信该命题，而后者没有。根据这种观点，认识主体的实践利益，不会影响到：他对正当持有的命题的信心程度（这是个认识论问题）[156]；但会影响到：考虑到他的实践语境，必须达到何种信心程度才会

---

[154] 对比下文所提出的证据主义辩护：Earl Conee and Richard Feldman, "Evidentialism" in *Evidentialism-Essays in Epistemology* (Oxford: Clarendon Press, 2004), 296：要知道 p，一个人对于 p 的信念必须满足证成的条件，他们认为"这类似于在刑事案件中定罪的法律标准，即排除合理怀疑之证明"。除此之外，一个人要相信 p，还必须具有"强有力的理由"。两位作者坦率地承认，他们的解释"留下了许多关于证据强度的问题未予回答"；特别是它"对于'那些原因必须具备何种强度'这一问题完全留有空白"。很难想象，认识证成的强度要求如何能够在摆脱语境限制的情况下抽象地回答，正是在该语境中有关 p 的知识存有争议。正如欧文斯所评论的："仅当我拥有支持 p 的充分证据，进而为对 p 的信念提供正当理由时，一个合理信念才会形成。而证据性考量自身何以决定我何时拥有了充分证据？"他主张（ibid, at 27）："何时何地我会形成对于'p 是否为真'的观点，将取决于我对下述几个问题的理解，即该问题有多重要，对于该事情拥有某个特定信念会产生什么结果，以及在得出结论之前我应当将我有限的认知资源中的多少用于这个问题。" David Owens, *Reason Without Freedom-The Problem of Epistemic Normativity* (London: Routledge, 2000) 25.

[155] Brian Weatherson, "Can We Do Without Pragmatic Encroachment?" (2005) 19 Philosophical Perspectives 417, 434 – 436.

[156] 科内和费尔德曼作出了类似评论：(n 154) 103 - 4. 他们反对认识语境主义。对于他们而言，实践因素对如下问题并无助益，即一个人是否拥有足够好的正当理由拥有知识；但是实践因素对于其进行知识归属的意愿有助益。

使其有资格作为对该命题的信念（这是个心灵哲学问题）。因此费泽森同意范特尔和麦格拉斯的观点，即证据主义是错误的；但是基于不同的理由。在下述意义上，证据主义是错误的：如果两个主体对 p 拥有相同的信心程度，不必然意味着，当且仅当一个人简单地相信 p 时，另一个人也应当如此。

2.2.9 认识论的伦理学

在前两节中概述的理论有一个共同点：它们都强调实践利益或利害关涉的相关性。然而，它们在以下两个方面有所区别：谁的利益或利害关涉是相关的？以及，这些利益或利害关涉何以相关？在语境主义者看来，当一个人（知识归属者）说"某人（主体）知道 p"时，其所言是否为真，不仅仅与"该主体拥有何种支持或反对 p 的证据"相关，而且还取决于证据之外的因素，特别是该知识对于知识归属者而言所具有的实践重要性。在韦吉伍德看来，实践利益影响着"某人有正当理由相信 p"这一陈述的真值。在此处，可能会相信 p 的那个人的实践利益才是重要的。陈述者在作出陈述时所关注的正是该人的利益。在利益相关解释的拥护者看来，主体是否知道 p，或主体是否具有正当理由相信 p，取决于该主体自身的实践利益。费泽森主张，利害关涉决定了，主体必须对 p 达到多高的信心程度，才能使他对 p 的信心状态等同于对 p 的简单信念。

尽管存在上述差别，在知识或证成信念的自我归属情况下（此时，一个人所在意的是自己的实践情况），这些理论通常会得出相同的结论。[157] 在这种情况下，我既是知识归属者，又是主体；问题不是"其他人有正当理由相信 p 吗？"，而是"我有正当理由相信 p 吗？"认识语境主义和利益相关解释都同意：在这种情况下，随着我在 p 的真实性问题上所具有的利害关涉的变化，认

---

[157] 如上文所述，例如：Keith DeRose, "The Problem with Subject-Sensitive Invariantism" (2004) 68 Philosophy and Phenomenological Research 346，347.

识的标准也会发生相应的变化。或者，用费泽森的话来说：只有当一个人有正当理由对 p 达到充分强的信心程度时，他才正当地相信 p；而是否充分强，取决于该人的实践情况。

上一章论述了以下事实认定规则：

> BAF*：仅当符合以下条件时，事实认定者才应该认定 p：(i) 如果一个人只考虑被采纳的证据、无视任何他可能接触到的不可采的证据，并避免依赖任何在本案中法律可能禁止的证据推理路径，那么，他会**有正当理由充分强烈地**相信 p；而且，(ii) 如果一个人认定了 p，那么他之所以会认定 p，至少部分是因为，按照条件（i）一个人会有正当理由相信 p。

正如我们刚刚看到的，不同的学者在他们各自关于知识或证成信念的解释中，给实践利益分配了不同的角色。对实践利益在 BAF* 中的影响的最直接解释是，利害关涉越大，为认定 p 所需的绝对信念就越强。绝对信念之强度内涵，在第三章中已经讨论过。另一个解释策略是，在设定为绝对相信 p 所需的正当理由时，考虑利害关涉的相关性。这可以通过强调下述观点来实现，即利害关涉越大，借助证据来排除相关替代性假设就越严格。[158] 就我们的论述目的而言，实践利益是影响认识证成的标准还是影响所需的信念强度，这无关紧要。它可能对两者都产生影响。我们将在接下来的段落中论述地宽泛一些，使用"认识标准"一词，作为一个对所有这些可能的解读保持中立的术语。从所有这些解读中我们可以得出一个重要启示：实践利益会影响事实认定中的谨慎

---

[158] 根据更为流行的有关知识的相关替代性理论的语境主义解释，语境决定了相关替代性理论的范围。上述观点采用了费尔德曼在下述段落中阐述的第二种语境主义路径："根据相关替代性理论，当且仅当一个人能够排除一个命题的所有相关替代项，他才知道该命题是真的。由于一个命题的所有相关替代项能够随着语境而变化，所能正确声称一个人知道之事也随着语境而变化。根据短语'排除'来批判语境敏感性也是可能的。情况可能是这样：在一个语境中足以排除一个替代项的因素，在另一个语境中并不能算作是充分的。"（Richard Feldman, "Skeptical Problems, Contextualist Solutions" (2001) 103 Philosophical Studies 61, 65.）

第四章　证明标准

标准。

但还有一个不能轻易回避的问题。回想一下刚才提出的论点：在自我归属的情况中（即我正在将关于 p 的知识或证成的信念归属于我自身），所适用的标准随着 p 的真实性之于我的利害关涉的变化而变化。即便这个论点是正确的，它并未让我们走得足够远。它充其量证明了：在认定 p（例如，被告人有罪）时，事实认定者必须考虑**他自己**在关于 p 之真实性问题上的实践利益。但是事实认定者在关于 p 之真实性问题上存在任何自身的实践利益吗？明显具有重大利害关涉的，是被告人。另一个将认识语境主义和利益相关解释运用于审判评议的问题是：它们倾向于关注谨慎所具有的利益。在机场案例的语境中，核心要素是自我利益：如果航班不经停芝加哥，玛丽会损失严重。而与这个案例相反，在正确认定案件事实问题上，事实认定者具有何种谨慎性利益，却不太明显。正如许多学者指出的，我们有时的确会把所适用的标准与其他人的实践情况挂钩。我们审视过的所有理论都不阻止事实裁判者将他正在审理的案件中的当事人的利益作为自己的利益。[159] 但是为什么他应当关心那些人？

回答是：这是正义所需。仅当我们采取那种将事实认定者作为道德主体的视角，并且认为这种动机和情感态度是一个有德行的事实裁判者所具有的特征，这一点才能被理解。**自利的**事实认定者可能在获得真相方面具有一些实践利益：意识到自己将一个无辜者送进了监狱，这对于一名陪审员而言很可能是痛苦的；对于被指派审理案件的法官的职业生涯和名誉来说，错误也无益处。但对**有德行**的事实裁判者形成激励的，是准确弄清事实的伦理利益。一个裁决会产生实践意义和后果。例如，它会授权或可能导

---

[159] 关于当前观点，参见：Keith DeRose,"The Problem with Subject-Sensitive Invariantism"（2004）68 Philosophy and Phenomenological Research 346, 349；"对于一个说者语境而言，选择契合于主体语境的认识标准，这在语境主义中不存在任何阻碍，即便被讨论的主体并非说者言谈中的当事人。"

致对被告科以并正式执行具有国家强制力的制裁。[160] 而且，法院被请求认定的指控，通常会极大地贬低它所指向之人。有观点认为，行动的正义性取决于它是否展现或反映了一种移情式关怀的动机。[161] 以私人关系为背景，我们很容易就能理解这个观点所包含的内容。假设有人告诉你："你的朋友在一些场合表现得很糟糕。"如果该指控与你对你朋友性格的密切了解相悖，你便具有一个**认识上**的理由不相信（或者，至少无法相信）该指控。除此之外，你的忠诚感可能要求你相信你的朋友并且支持他。有人可能会认为，友谊规范（the norms of friendship）为你提供了怀疑该指控（或者，甚至判断它错误）的**伦理上**的理由。[162] 但是，这些伦理上的理由不可能是决定性的，而且不损害认识理性。如果友谊预先束缚着你，使你**从不**认为那些有关你朋友的坏事情是真的，无论证据整体上多么有力，那么你就被你的忠诚蒙蔽了。尽管伦理规范可能与认识规范相冲突[163]，但两者并非总是有正面冲突。伦理因素可能会渗透进（而非反对）一个人的认识判断。你与那个名誉遭到贬低之人的友谊，可以被认为构成了语境的一个特征，而该语境设定了你的认识标准；相较于对一个完全陌生之人所作的不利指控，要说服你相信对你的朋友所作的不利指控是真的，应当需要更强有力的证据和推论。但是，既然你偏离了客观无私

---

[160] Stephen（n 56）26："一场英国刑事审判或许会被认为是对如下问题的讨论，我们应当同意检控方关于囚犯可以受到惩罚的要求吗？"

[161] 正义与移情式关怀之间的关联：Michael Slote, *The Ethics of Care and Empathy*（London：Routledge，2007）chs 1 and 4，"Autonomy and Empathy"（2004）21 Social Philosophy and Policy 293，and，"The Justice of Caring"（1998）15 Social Philosophy and Policy 171；Scott D Gelfand，"The Ethics of Care and（Capital）Punishment"（2004）Law and Philosophy 593；Susan Moller Okin，"Reason and Feeling in Thinking About Justice"（1989）99 Ethics 229.

[162] Damian Cox and Michael Levine，"Believing Badly"（2004）33 Philosophical Papers 209，222，223.

[163] 科内和费尔德曼阐释了这种冲突的可能性，参见：Conee and Feldman（n 154）2，101-2，112. 凯勒甚至认为，有些时候友谊要求在认识上不负责任：Simon Keller，"Friendship and Belief"（2004）33 Philosophical Papers 329.

第四章 证明标准

的认识标准,而适用了一个受到偏私影响的标准,这难道不是你在认识论上非理性或不负责任的表现吗?[164]

我们可以将上述论证翻转过来。概言之,不是说:当对那些关于朋友的令人厌恶的陈述之真实性作出判断时,存在独特的道德理由让我们在认识论上有所偏私;而是说:恰恰相反,在这方面,我们应当(更)像对待朋友一样对待陌生人。唯有尊重那个将我们和其他所有人联系在一起的共同的人性(common humanity),我们才能够迈出这一步。敏锐的移情感应当使我们看到,陌生人所遭受的由虚假指控带来的伤害和我们亲近之人所遭受的这种伤害,是同样真实。这个概括使得我们可以建构一种具有情感特征的有关正义的关系理论。正义就是从他人的立场出发关怀他,并建立一种对其情感、需要和利益体察入微的关系。在私人道德领域,当我对你作出的行为,并非以对你情感和福祉的充分关怀为动机时,我对你就是不公正的。在公共领域,当某个机构以一种毫不尊重或漠不关心的方式对待一个公民时,它就是在不公正地对待他。在一场审判中,事实认定者知道他的认定将产生不利影响。正义要求他带着移情式关怀去履行其职责。他需要从将被他所作认定伤害的人的角度去看事情,并且理解他的准确认定对于那个人的重要性。关怀他意味着知道关于他的案件真相。[165] 事实认定者必须意识到,如果他轻视某人的请求,或者草率地接受一份使某人蒙羞的指控,那么这个人将感受到屈辱。一份裁决之于他的利害关系越大,给出裁决所需要的信念或正当理由就越强。对一个人缺乏尊重和关怀,表现为在作出对他不利的认定时缺乏谨慎;表现为,在考虑了他可能遭受的由该认定引发的损害之程度后,证据无法充分地满足所应适用的认识标准。

---

[164] 对于该观点,see Keller(n 163);Sarah Stroud,"Epistemic Partiality in Friendship"(2006)116 Ethics 498.

[165] 参见:Linda Zagzebski,"Epistemic Value and the Primacy of What We Care About"(2004)33 Philosophical Papers 353.(认为"认知的价值只能从我们所关心的事物中产生。正是'关心'引起了认识上负责任的要求":ibid 376-7)

如果一个人意识到伴随其认识判断而来的行动将损害其他人，那么他便对这些人负有如下义务：确保他的信念满足所应达到的认识标准。损害的程度越高，他必须适用的认识标准就越高。对于一个科学家来说，与证成"一种新发明的老鼠药是有效的"这个信念（或者说证明这个内容）相比，为证成"一种实验性的婴儿疫苗是安全的"，他需要依赖更多的证据。[166] 类似的考量也适用于审判评议。在审判中，事实认定者不能像他在日常生活中（在日常生活场景中，他的信念和断言具有较小的利害关涉）所做的那样，轻易地得出关于事实的结论。正如奥斯汀曾经评论的那样："帽子留在门厅里，在许多情况下可作为主人在家的证据。但是只有在非常松懈的情况下，这才能被提交到法庭上作为证据。"[167] 实际上，存在一系列**渐变的**认识标准；而非只有一个高标准和一个低标准，前者用于法庭内，后者用于法庭外。正义要求审判中的认识标准随着具体案件严重性的变化而变化。指控越严重或利害关涉越大，在评议时所须秉持的谨慎就越高。这是作为移情式关怀之正义，对下述两者之间关系的要求：法官及其权力所指向的当事人。在一些人看来，上文所论述的正义观所要求的关怀态度，是一个基本的道德德行（moral virtue），并且其本质上是善的（good）。在其他一些人看来，移情关怀所培育出的关

---

[166] Annis (n 131) 215（"下述两种情况的结果重要性（价值或效用）是问题语境的一个组成部分：当 h 为假时接受它，或者，当 h 为真时拒绝它。假设问题是：某个特定药物是否将有助于治疗人类身上的一种疾病，而不会产生有害结果。较之'该药物是否会有助于治疗动物身上的疾病'这一问题而言，在这种情况下，我们的要求更高"）；Richard Rudner, "The Scientist *Qua* Scientist Makes Value Judgments" (1953) 20 Philosophy of Science 1, 2："既然没有科学假设能得到完全的证实，在接受一个假设时，科学家必须作出如下决定，即证据是充分强有力地或概率是**充分**高地为接受该假设提供了正当理由。很显然，我们关于证据和'足够强有力'是多么强有力这一问题的决定，在典型的伦理意义上，将会是有关下述错误之**后果**的一个函数，即错误地接受或拒绝该假设。"Ibid, 3："一个人愿意为错误地接受或拒绝一个假设承担多大的风险，将取决于他认为犯下该错误的结果在典型的伦理意义上有多么严重。"

[167] J L Austin, "Other Minds" in J O Urmson and G J Warnock (eds), J L Austin, *Philosophical Papers* (3rd ed, Oxford: OUP, 1979) 76, 108.

第四章 证明标准

系（relationship）才是有价值的。[168] 从这两种观点中的任何一个，所要得出的启示都是：做一个有德行的事实裁判者之意义和重要性。有德行的法官理解其职责的道德分量；他不是以满不在乎的轻蔑态度作出不利于一个人的裁决，而是对他给这个人所带来的损害保持敏感，并且尊重这个人的尊严。[169] 作为关怀的正义，也与审判的一个重要目标相关。法院旨在以某种方式形成认定，这种方式将赋予法院提出如下道德主张的权力，即所认定之事以及随之而来的所有结果都应当被接受。如果法院以草率的方式作出认定，那么它便无权提出该主张。当结论是在显然不够谨慎的情况下得出时，这一点很明显。

正确认定 p 的利害关涉越大，认定 p 时必须秉持的谨慎就越高；必须秉持的谨慎越高，则必须适用的认识标准就越高。强调以更高的谨慎做出实践，就是强调适用更高的证明标准。如果以恰当的谨慎标准来衡量，针对当事人所作的不利认定是基于明显不充分的证据，那么当事人就有权认为，法院没有充分地重视他，也没有足够地关心他的利益。他遭受了不公。根据卢卡斯（Lucas）的观点，这种不公应被理解为"一种冒犯，系对遭受不公之人的价值贬损"[170]。不公正的审判未能实现下述审判目标：作为

---

[168] 斯鲁特与诺丁斯之间的争论，参见：Michael Slote, "Caring Versus the Philosophers" (1999) Yearbook of the Philosophy of Education <http://www.ed.uiuc.edu/EPS/PES-Yearbook/1999/slote.asp> (29 August 2005); Nel Noddings, "Two Concepts of Caring" (1999) Yearbook of the Philosophy of Education <http://www.ed.uiuc.edu/EPS/PES-Yearbook/1999/noddings.asp> (29 August 2005).

[169] 惠特曼在其关于刑事证明标准的历史研究中表达了一个相关信息。他评论道，"我们忘记了裁判行为在道德上有多可怕。""唯有以一种谦逊、本分、对我们自己的道德立场感到恐惧与焦虑的精神"，有罪裁决才能被作出。"极力教导陪审团成员们，使其知道他们的决定是一个关乎同胞命运的'道德决定'，归根结底，这是忠实于'合理怀疑'之原初精神的唯一有意义的方式。" James Q. Whitman, "The Origins of 'Reasonable Doubt'" (March 1, 2005). *Yale Law School. Yale Law School Faculty Scholarship Series*. Paper 1. http://lsr.nellco.org/yale/fss/papers/1, Part IX, Conclusion. 发表在其即将出版的著作中：*The Origins of Reasonable Doubt: Theological Roots of the Criminal Trial* (Yale U P).

[170] J R Lucas, *On Justice* (Oxford: Clarendon Press, 1980) 7.

一项事业，审判旨在确保自身能够具备道德权威，从而要求其裁决应当被接受。尽管"道德确定性"这个术语已经很陈旧，但是它作为对法律证明标准的一种表达是非常恰当的。如果将这个术语的要旨缩减为仅仅是"绝对的或逻辑的确定性并非定罪所需"这个通俗观念，那么这个术语便失去了其敏锐性。[171] 根据一种对该术语的更富有洞见的（但不是历史维度的[172]）解读，它规定了在一项定罪裁决中不可或缺的道德性正当理由；法院必须通过适用认识标准从而对被告表现出适当的关心，并且与被告在所认定事项上的利害关涉相对应，该认识标准要足够高。

此处的正义概念是内在于审判评议的。它表达了这样一层意蕴，即伦理学在认识论中产生了影响。[173] 举一个反例：陪审员们被认为不顾真相地行事，无罪释放了被告人，因为他们发现他被指控所依据的法律令人非常厌恶，所以他们拒绝执行它。一些人认为，这种行为在道德上和政治上是正当的。[174] 但是这一观点所使用的论证，往往建立在与认识论考量无关的因素之上。与此不

---

[171] "将一种概率说成是'道德的'或'实践的'确定性的最初意思……是指它足够强有力，可以按其行事，无须因为理论上的错误可能性而规避风险"：Robert Merrihew Adams, *Leibniz-Determinist, Theist, Idealist* (New York: OUP, 1994) 198. 富兰克林认为，"道德确定性"一词大约是在1400年首先被珍·格尔森使用，参考了亚里士多德在《尼各马可伦理学》中所表达的原则，即一个人应当仅仅要求为问题之本性所允许的精确度。James Franklin, *The Science of Conjecture-Evidence and Probability Before Pascal* (Baltimore, Maryland: John Hopkins UP, 2001) 69.

[172] 劳丹指出，在启蒙运动期间，洛克和威尔金斯"将这种确定性称为'道德的'，并非因为它与伦理和道德有什么关系，而是将其同传统中与严格证明相关的'数学的'确定性相比照"。Larry Laudan, "Is Reasonable Doubt Reasonable?" (2003) 9 Legal Theory 295, 297.

[173] 伦理准则在认识论中的这种定位不同于与"信念的伦理性"有关的一般性争论，后者源于克利福德（W K Clifford）和詹姆斯（William James），see the collection of essays in Gerald D McCarthy (ed), *The Ethics of Belief Debate* (American Academy of Religion, 1986). 苏珊·哈克分析了伦理评价和认识评价之间的区别和联系：Susan Haack, "'The Ethics of Belief' Reconsidered" in Lewis Hahn (ed), *The Philosophy of R M Chisholm* (La Salle: Open Court, 1997) ch 5.

[174] Eg Paul Butler, "Racially Based Jury Nullification: Black Power in the Criminal Justice System" (1995) 105 Yale L J 677. Cf Auld (2001), 173-176.

第四章 证明标准

同，本章所提出的主张（实际上也是整本书所提出的主张）是：事实认定的正义性要求，它在认识论上和道德上都得以证成。这两个因素不是相互冲突；它们是相互促进、相互交织，从而构成正当理由的共同脉络。

2.2.10 可变的证明标准

到目前为止，我们的讨论一直集中于哲学层面。现在我们将它引向法律题材。公认的观点是：存在两种证明标准，它们的区别在于，"与对民事主张的证明相比，对有罪主张的证明必须达到更高的概率"[175]。如果——正如已经指出的——证明标准必须与事实指控的严重性以及接受它为真时的后果严重性相一致，那么仅当刑事定罪在本质上必定比一项民事责任认定更为严重时，这一公认的观点才是融贯的。

在典型情况下，民事责任不像刑事定罪那样具有耻辱性。刑事定罪因被告人的行为而谴责他，但民事判决旨在补偿损失。[176] 民事责任并不意味着应受谴责。经济学家喜欢把损害赔偿视为一种对价或者"为获准做某事而需支付的金钱"[177]。在一些民事（"疑难"）案件中，我们认为将受事实认定不利影响的被告，是值得同情的而不是应予责备的。下述说法也是真的，即相比于民事裁决，刑事定罪通常会带来更严重的后果；被监禁比支付赔偿金更加糟糕（假设监禁时长和赔偿数额的差距不大）。

然而，要证成刑事和民事证明标准之间的**绝对**区别，就必须证明，**每一个**刑事案件都比**任何**一个民事案件更严重。这一点很

---

[175] *Miller v Minister of Pensions* (n 9) 374；*Bater v Bater* (n120) 37；*Hornal v Neuberger Products Ltd* [1957] 1 QB 247, 258，*Davis v Davis* [1950] P 125, 127-8.

[176] 关于有罪裁决中的责备要素，参见：Andrew von Hirsch, *Censure and Sanctions* (Oxford: Clarendon, 1993). 关于一份有罪裁决与一份民事裁决在表达功能上的区别，参见第一章 2.5.5 部分。

[177] Robert Cooter, "Prices and Sanctions" (1984) 84 Columbia Law Rev 1523, 1523.

难接受。首先，民事认定贬损被告人的程度，可能会与刑事裁决相仿[178]；确实，有时民事裁决会更糟：被认定因故意杀人而承担非法侵权之民事责任[179]，远比被认定犯有轻微的商店行窃罪要严重得多。在民事诉讼中，通常的情况是，所作出的指控针对的是被告或多或少应受指责的行为。例子非常多，如：不道德的行为，剥削，强迫，胁迫，欺诈，不诚实，歧视性做法，非法交易，"熟视无睹"，疏忽，等等。

其次，民事审判可能同样具有刑事指控的表达功能。当民事诉讼是以被告犯下的所控罪行为基础时，便显然如此。[180] 在马伦诉安德森案（Mullan v Anderson）中[181]，被告被指控谋杀，被害者的妻儿针对被告提起了民事损害赔偿之诉。法官指出，虽然该诉讼不具有"刑事后果"，但它对于"［正在］寻求证实被告杀害了死者的原告"来说具有"刑事内涵"。同样明显的情况是，惩戒性或者惩罚性损害赔偿裁决。这种损害赔偿意味着惩罚，表明了法院对被告行为的反对。[182] 从这里传达出的谴责，与科以刑事罚金所传达出的谴责，没有太大不同。甚至在一般的私法诉讼中（既没有被指控的犯罪，也没有所主张的惩罚性赔偿），我们也不难发现，法官可能会谴责当事人的不良行为。

再次，民事认定的后果也许会超过有罪认定的后果：严重侵权案件的判决金额，超过了对轻微犯罪的罚金。这是一个客观事实。从主观上看，在受审判之人的眼中，一场民事审判的利害关

---

[178] 有人指出，民事裁决并不必然比刑事裁决具备更少的"道德力量"：Anonymous, "Some Rules of Evidence-Reasonable Doubt in Civil and Criminal Cases" (1876) 10 American Law Review 642, 648 – 9.

[179] Eg *Halford v Brookes*, The Times, 3 October 1991, [1992] PIQR P175; *Mullan v Anderson* (n 7).

[180] 关于"民事指控"与在这类案件中对保障措施的需要：Jane Stapleton, "Civil Prosecutions-Part 1: Double Jeopardy and Abuse of Process" (1999) 7 Torts LJ 244 and "Civil Prosecutions-Part 2: Civil Claims for Killing and Rape" (2000) 8 Torts LJ 15.

[181] (n 179) 839, 847.

[182] *Rookes v Barnard* [1964] AC 1129, 1228; *W v W* [1999] 2 NZLR 1, 3.

第四章 证明标准

涉也可能高于一场刑事审判。在霍纳尔诉纽伯格生产有限责任公司案（*Hornal v Neuberger Products Ltd*）中，上诉法院法官莫里斯（Morris）评论道[183]：

> 有些刑事案件可能涉及自由；有些则不涉及。有些民事案件中的争点可能涉及声誉问题，其重要性可能超过人身自由问题。无论男人，还是女人，名誉是"最贴近他们灵魂的宝石"。

基于上述种种原因，人们很难证成如下观点：民事案件和刑事案件中的谨慎标准存在绝对的差异。应当在同一个宽泛的原则下，确定这两种语境中的标准。[184] 案件情况存在多少种实质性差异，相应地就应该存在多少种"证明标准"；或者，更确切地说，应当仅存在一个标准：一个可变的标准。正如斯托厄尔（Stowell）法官在洛夫德恩案（*Loveden v Loveden*）[185] 中所说，"在这个问题上所能设定的唯一的一般性规则是：所处情形必须能够引导理性与公正之人谨慎地行使自由裁量权从而得出结论。"[186] 这里所提出的论点得到了一些法官的支持，这些法官明确承认："很

---

[183] (n 175) 266.

[184] G H L Fridman, "Standards of Proof" (1955) 30 Can Bar Rev 665, 670.

[185] (1810) 2 Hagg Con 1, 3. "人们会毫不犹豫地宣布，根据证据，一个人欠另一个人一百英镑，他们当然不会基于此而绞死他"：Wills (n 54) 267, n (n); cf 269 – 272.

[186] 在一些民法法系辖区，似乎法律证明标准就是我们这里所指出的那种浮动的标准。塔洛夫告诉我们："在法国、意大利和西班牙，根本没有固定的证明标准，因为对证明的评价被留给法官去自由裁量。"Michele Taruffo, "Rethinking the Standards of Proof" (2003) 51 American J of Comparative Law 659 at 669. 另外一位作者声称："在欧陆法中，证明标准不存在民事与刑事之分。在这两个领域里，要求这样一种高的概率值，即该概率值表明，根据日常生活经验本身，这是有可能的，进而怀疑得到排除，并且该概率接近于确信。" Heinrich Nagel, "Evidence", entry in *Encyclopaedia Britannica* under the heading "Burden of Proof", retrieved on 12 October, 2005 from *Encyclopaedia Britannica Premium Service* < http：//www.britannica.com/eb/article-9109441>.

难理解为什么会以及为什么能存在两个标准"[187]；该论点也与一些法官所作的评论相一致，如："在两种标准之间所进行的选择无关紧要。它基本上是一个文字问题。"[188]

用以表达刑事标准的语言具有开放式结构。"排除合理怀疑的证明"这一短语所确立的标准，取决于"合理"的含义是什么，并且唯有参照语境去决定何为合理才是理性的。作为对怀疑主义的一种智识回应，"排除合理怀疑的证明"这一概念起源于17世纪；该回应以下述亚里士多德的箴言为基础，即对证明之要求必须与主题相契合。[189] 既然刑事案件在指控的严重性和刑罚范围上都存在差异，那么便不存在对所有刑事案件适用一个统一的谨慎标准的基础。在实证研究进行了仔细审视后，一位作者得出结论说：事实上，陪审员们并未全盘适用一个固定标准，而是根据案件而改变他们为定罪所需要的证明量级。[190] 如上所述，这种灵活性有其道德理由：当法院认定被告犯有谋杀罪，但在证据性正当理由层面却未能达到促进定罪之所需，此时法院就未能对被告施以充分的关怀。法官们经常承认，证据的严格程度必须与罪行的严重性相称。[191] 例如，霍尔罗伊德（Holroyd）法官在霍布森案（*Re Hobson*）中指出[192]："罪行越大，为满足定罪之目的所需要

---

[187] *R v Hepworth and Fearnley* [1955] 2 QB 600, 603. 在一个案件中（*R v Murtagh and Kennedy*），希博利（Hilberry）法官在听审论证的过程中说道，他看不出民事和刑事案件中的举证责任之间的区别："如果一件事被证明了，那它就被证明了"：The Times, 24 May 1955, quoted in Ockelton, (1980) 2 Liverpool L Rev 65, 67.

[188] *R v Home Secretary, Ex p Khawaja* [1984] 1 AC 74, 112. 相同观点参见：*Bater v Bater* (n120) 36（"更多是文字问题"）；*B v Chief Constable of Avon and Somerset Constabulary* [2001] 1 WLR 340, 354（"区别在很大程度上是虚假的"）；Bucknill (1953), 59.

[189] *Nicomachean Ethics* 1.3; Waldman, (1959) 20 Journal of the History of Ideas 299, 306–307; Ferreira (1986), 34, see also 19, 22, 198.

[190] Lillquist (n 10) 111–117.

[191] *Bater v Bater* (n120) 37; *R v Hampshire County Council, Ex parte Ellerton* [1985] 1 WLR 749, 758. 威尔斯讨论了许多旧的判例：Wills (n 54) 269–271.

[192] (1823) 1 Lewin 261, 261.

第四章　证明标准

的证明就越强。

鉴于"合理"这一术语具有宽泛的结构，那么为何所谓的刑事标准不应当同样适用于民事案件？这一点并非不证自明。[193] 在民事审判中，仅当事实认定者对基础性事实的真实性感到满意时，他才具有正当理由给出肯定性裁决。但是"如果法院不得不对此感到满意，它怎么能同时存有一个合理怀疑呢？"[194] 勒恩德·汉德（Learned Hand）法官曾指出："证据应当使理性之人感到满意，与证据应当使理性之人排除合理怀疑地感到满意，这两者之间并不存在真正的区别。"[195] 巴克尼尔（Bucknill）法官在贝特案（Bater v Bater）中持有相似观点："要感到满意并且同时存有合理怀疑，这于我而言似乎是一个不可能的心理状态。"[196] 实际上，在同一个案件中，上诉法院法官丹宁（Denning）承认："'合理怀疑'这一短语在民事案件中也适用……与在刑事案件中一样。"[197]

在听审由个人针对国家所提起的侵犯公约权利之诉时，欧洲人权法院（"欧洲法院"）经常性地适用排除合理怀疑的证明标准。[198] 鉴于这类案件中申请者在取证问题上所面临的困难，曾数次有人向欧洲法院提出：此标准高得不合理。[199] 根据一项提议，该标准应当从95%的概率或者更高降到大约75%的概率，95%的

---

[193] 克莱蒙特和舍温声称，并且有些担忧：在大陆法系国家，民事纠纷是根据一个类似于刑事证明标准的标准来裁判的：Kevin M Clermont and Emily Sherwin, "A Comparative View of Standards of Proof" (2002) The American J of Comparative Law 243, see also Kevin M Clermont, "Standards of Proof in Japan and the United States" (2004) 37 Cornell Int'l L J 263. 但是该主张的准确性受到塔洛夫的质疑：Michele Taruffo, "Rethinking the Standards of Proof" (2003) 51 The American J of Comparative Law 659.

[194] *R v Home Secretary, Ex p Khawaja* (n 188) 113.

[195] *US v Feinberg* (1944) 140 F 2d 592, 594.

[196] (n 120) 36.

[197] Ibid 37.

[198] Eg *Ireland v United Kingdom* (1978) 2 EHRR 25, para 161; *Adali v Turkey*, Application no. 38187/97, 31 March 2005, paras 216, 219.

[199] Eg *Nachova v Bulgaria*, Application nos. 43577/98 and 43579/98, 6 July 2005, decision of the Grand Chamber, para 140.

概率被认为是排除合理怀疑之证明的阈值。[200] 这些论点因在两个方面存在误解而被拒绝。第一，它们对欧洲法院所必须处理的案件性质存在理解错误："它的任务是根据国际法对国家责任进行裁决，而不是根据刑法对是否有罪进行裁决。"[201] 因此，"它所使用的'排除合理怀疑'不应当与根据国内法所理解的刑事证明标准相混淆"[202]。第二，这些论点没有正确地理解欧洲法院对"排除合理怀疑之证明"的使用意义。在斯特拉斯堡的法学理论中，该标准不是固定的，它受语境影响。正如在纳乔瓦和奥尔斯诉保加利亚案（*Nachova & Ors v Bulgaria*）判决的第一部分中所指出的："考虑到处于危险之中的实体权利的性质以及涉及的证据性困难，容许灵活性一直是欧洲法院的惯例。"[203] 当该案被提交至大法庭（the Grand Chamber）时，大法庭坚定地重申了这一观点[204]：

> 在欧洲法院的审判中，不存在对证据可采性的程序障碍或者事先确定的评估公式。它可以采纳那些（在它看来）被对所有证据的自由评价所支持的结论。……为得出某个特定结论所需的说服力以及（与此相关）对证明责任的分配，在本质上与如下要素联系在一起：事实的具体情况、所提指控之性质以及所危及的公约权利。欧洲法院也关注裁决缔约国违反基本权利的严重性。

218　民事标准同样可以做语境主义解释，而且也已经被这么解释

---

[200] Ibid paras 153，514.

[201] Ibid para 166. See also *Adali v Turkey*，Application no. 38187/97，31 March 2005，para 216："公约规定，国家的责任……不得与任何特定个体的刑事责任相混淆。"

[202] *Napier v Scottish Ministers*，2005 SLT 379，para 17. 苏格兰最高民事法院评论道，"就其语境而言，'排除合理怀疑'这一公式，在欧洲法院的运用与在苏格兰刑事审判中的运用，具有完全不同的意义"。Ibid at para 19.

[203] Applications nos. 43577/89 and 43579/98，para 166（26 February 2004）. Judgment of the First Section.

[204] （n 199）para 147.

第四章 证明标准

过。尽管通常而言,"盖然性权衡"的证明标准统一适用于所有民事案件,但法院已经承认,在这一标准内部存在多个变种。关于这一点,有大量的司法裁判意见。法官们作出了以下表述:

● "诉求越严重,所要求的证明标准就越高"[205];

● "民事标准是一个灵活的标准,可以根据所要证明之事的严重性和证明那些事实的后果来更严或更宽地适用"[206];

● "谨慎和负责的法庭所要求的证明标准,自然会根据问题的严重性或重要性而变化"[207];

● "'被诉称的主张的严重性'和'源于特定认定的结果的严重性',是必定会影响对下述问题之回答的因素,即事项是否已得到证明"[208];

● 法院会要求"与利害关涉相适应的高概率程度"[209],也要"与争议的性质和严重性成比例"[210],还要"与场合相称"[211];

● 一项"性质严重的诉求……要求一个相应的关于证据

---

[205] *Yogambikai Nagarajah v Indian Overseas Bank* [1997] 1 SLR 258, 269(新加坡上诉法院)。该案被新加坡高等法院引用于下述案件:*Vita Health Laboratories Pte Ltd v Pang Seng Meng* [2004] 4 SLR 162, 174;用以支持这样一个原则:"指控越严重,索赔者所要承担的证明责任就越高。"在另一个案件中,新加坡上诉法院再次认为,"结果越严重,证明要求应当越严格"。*Tang Yoke Kheng v Lek Benedict*([20005] 3 SLR 263, 271)。

[206] *B v Chief Constable of Avon and Somerset Constabulary* [2001] 1 WLR 340, 353-4.

[207] *Briginshaw v Briginshaw* (n 7) 343-4. Also *Serio v Serio* (1983) 4 FLR 756, 763; *The "Zinovia"* [1984] 2 Lloyd's Rep 271, 272.

[208] *Briginshaw v Briginshaw* (n 7) 361-2. Also: *Helton v Allen* (1940) 63 CLR 691, 701, 712.

[209] *R v Home Secretary, Ex p Khawaja* (n 188) 113, see also ibid 124.

[210] Ibid, 97. Similarly, *Hornal v Neuberger Products Ltd* (n 175) 258; *Blyth v Blyth* [1966] AC 643, 669; *R v Hampshire County Council, Ex parte Ellerton* (n 191) 757, 759; *Lawrence v Chester Chronicle & Associated Newspapers Ltd*, The Times 8 February 1986 (judgment of May LJ).

[211] *Bater v Bater* (n 120) 37.

的满足程度"[212];

● "争议事项的性质和严重性,必然决定了对该事项之真实性达至合理满足的方式"[213]。

这些表述似乎都支持采取一个可变的证明标准。然而,有一种历史悠久且仍在流行的观点认为,它们并非如此。根据这种观点,它们可以与这样一个立场调和,即证明标准在盖然性权衡这一点上保持固定。灵活性被认为仅仅存在于对该标准的**适用**之中。[214] 对证据的判断必须依赖一个人对世界的背景性理解(background understanding);如果没有业已存在的信念,事实认定者便不可能对证据作出处理。对他来说,有些事情本来就比其他事情更可能。如果他相信欺诈比粗心大意更少见,那么相比于说服他相信"有关过失的指控是真的",根据盖然性权衡来说服他相信"有关欺诈的指控是真的",需要耗费更多努力。第一种情况中的证明标准并不比第二种情况中的证明标准更低:在每一种情况下,要接受该指控,事实认定者都需相信"它更可能是真的";用概率术语来表述,即基准仍是 0.5。

该论点曾以多种不同形式被提出。一位 19 世纪的作者指出,对异常行为的指控"需要通过证明来克服和消除极大的先在**不可能性**",而对普通事件之发生的指控却伴以真相的"先在可能性"[215]。用贝叶斯术语来表达,证据是否足以使 P 的概率超过

---

[212] *R v Home Secretary, Ex p Khawaja* (n 188) 105. Also *Re M*(*A Minor*) [1994] 1 FLR 59, 67. 类似地,在加拿大最高法院审理的一个案件中,卡特赖特(Cartwright)法官认为:民事证明标准的满足"必须依赖于总体情况……该总体情况包括了结果的严重性,判决正是基于此而作出"。*Smith v Smith*([1952] SCR 312, 331-2)。

[213] *Wright v Wright* (1948) 77 CLR 191, 210.

[214] *R*(*N*) *v Mental Health Review Tribunal* (n 7) 497-498.

[215] *R v White* (1865) 4 F & F 383, n (a). Similarly: *Cross and Tapper* (n 82) 171; David Hamer, "The Civil Standard of Proof Uncertainty: Probability, Belief and Justice" (1994) 16 Sydney L R 506, 512-3. Zelman Cowen and P B Carter, *Essays on the Law of Evidence* (Oxford: OUP, 1956) 252-3, 254.

第四章 证明标准

0.5，取决于 P 的"先验概率"[216]。在托马斯·贝茨和索恩诉温德姆有限责任公司案（*Thomas Bates & Son v Wyndham's Ltd*）中[217]，上诉法院法官巴克利（Buckley）主张："在任何案件中，都应适用盖然性权衡标准，但是该平衡在某些案件中可能比在其他案件中更容易被打破。"在霍恩诺诉纽伯格产品有限责任公司案（*Hornal v Neuberger Products Ltd*）中，上诉法院法官莫里斯（Morris）表达了相同观点。[218] 他说："关于严重性的因素，正是整体环境的一部分，而该环境是在确定盖然性权衡之程度时必须要权衡的。"在另一个案件中，尼科尔斯（Nicholls）法官明确否认："当所争议的是严重指控时，所需要的证明标准就更高。这仅仅意味着，当进行概率权衡，并基于此对'某事件是否发生了'作出决定时，该事件本身所固有的发生概率或未发生概率才是一个需要纳入考量的问题。"[219] 上诉法院法官斯莱德（Slade）同样坚持认为："'灵活的证明标准'这一概念……**并非**意味着，它所指涉的证明是，（比如）在一些案件中证明所基于的盖然性权衡为51%～49%，而在另外一些案件中为75%～25%……［它］仅仅是指，就任何给定案件而言，在思考以盖然性权衡为基础的民事证明标准是否得到满足时，指控的相对严重性是一个相关因素（有时还是一个相关性非常高的因素）。"[220] 在香港的一个案件中，霍夫曼（Hoffman）法官对这一点说得非常清楚："法院不是在寻

---

[216] Bernard Robertson, "Criminal Allegations in Civil Cases"（1991）107 LQR 194, 195; Hamer (n 215) 512.

[217] [1981] 1 All ER 1077, 1085. Also: *In re Dellow's Will Trusts* [1964] 1 WLR 451, 454-5; *Re Cleaver（deceased）*[1981] 2 All ER 1018, 1024.

[218] (n 175) 266.

[219] *Re H（Minors）*, [1996] AC 563, 586.

[220] *R v Hampshire County Council, Ex parte Ellerton*, (n 191) 759. 在同一案件中，上诉法院法官梅（May）采纳了一个不同观点（ibid 758）。但是他显然在下述案件中改变了想法：*Lawrence v Chester Chronicle & Associated Newspapers Ltd*, *The Times* 8 February 1986. See also *Neat Holdings Pty Ltd v Karajan Holdings Pty Ltd and Others* (1992) 110 ALR 449, 450; *R（N）v Mental Health Review Tribunal*（n 7）498.

找一个更高的概率值。其意思仅仅是,当存有争议的行为就其本性而言更不可能时,要根据盖然性权衡来说服法院,所需要的证据就得更加令人信服。"[221]

在以下这点上,上述法官们的观点是正确的:事实认定者关于世界的业已存在的信念以及背景性理解,将影响他对证据充分性和 p 之真实性的判断。但是,支持采取一个灵活的证明标准的论据是:支撑一项认定的证据性正当理由之标准,必须随着该认定(对于其所影响的当事人而言)的重要性和后果而变化。一些批评者指出,一个行为的道德严重性与其发生的频率之间的关系,是不能被预设的。这需要经验数据的支持,但是尚缺乏经验数据。[222] 与上一段提及的法官所表达的观点相反,其他一些法官认为:为证明所需的概率值,随着个案的不同而发生波动。[223] 它不固定在 0.5 上。在贝特诉贝特案(Bater v Bater)中,丹宁法官明确持该观点[224]:

> 在民事诉讼中,案子可基于优势概率而得以证明,但是在该标准之内可能存在多种**概率值**。概率值取决于案件主题。相比于考虑是否构成过失而言,当考虑一项欺诈指控时,民事法庭自然会对自己要求一个**更高的概率值……在一些案件中,51%就足够了,而在另一些案件中不然。**

在赫瓦贾案(R v Home Secretary, Ex p Khawaja)中,很多法官用类似措辞发表了看法。例如,斯卡曼(Scarman)法官说:"民事证明标准的灵活性足以确保法院会要求与利害关涉相适

---

[221] *Aktieselskabet Dansk Skibsfinansiering v Brothers and Ors*,[2001] 2 BCLC 324, 329.
[222] Redmayne (n 28) 184-5; Robertson (n 216) 195.
[223] 有关这两种方法的讨论:Redmayne (n 28) 176-7.
[224] [1951] P 35, 37. Emphasis added. See also: *Blyth v Blyth* [1966] AC 643, 669 ("概率值取决于主题"); *R v Hampshire County Council, Ex parte Ellerton* (n 191) 757 (民事证明标准中的"**概率值**").

第四章 证明标准

应的**盖然性高度**。"[225] 在奥克斯案（*R v Oakes*）中，加拿大最高法院持有类似观点："在民事证明标准的宽泛范畴内，存在着**不同的盖然性程度**，它们取决于案件的性质。"[226] 虽然使用概率语言未必完全说得清，但是与另外一方持有的观点相反，上面这些陈述表明证明标准不是统一的，并且不是固定在某个特定水平上；用丹宁法官的话来说就是："不存在绝对的标准"[227]。

2.2.11 对可变标准的反对

为什么司法之中会存在上述矛盾态度？关于证明标准之可变解释，是哪一点在吸引着一些法官？与此同时，致使其他人反对该观点的又是什么？我们从讨论可能的反对理由入手。对该解释的第一个反对理由，可以被简要地处理。有人可能会担心，语境主义解释会容许对待不太严重的案件时缺乏关心。正如我们在 2.2.1 部分所看到的那样，这种担心是毫无根据的。根据对"关心"（care）概念的狭义理解——这种理解与处理和评价证据时的勤勉（diligence）有关——"关心"的概念不同于"谨慎"（caution）的概念。语境主义解释并没有质疑（无论是描述性地还是规范性地）上诉法院法官莫里斯在霍恩诺诉纽伯格产品有限责任公司案中的以下陈述："与那些具有严重性的问题相比，任何法院或者陪审团都不会对缺乏严重性的问题给予更少的关心。"[228]

第二，支持采取预先确定且固定的证明标准的观点，有时是受到这样一种反对意见的推动，即反对在证明标准与（显然是）认识论之外的因素之间建立外部关联。因此伦珀特（Lempert）写道[229]：

---

[225] （n 188）113（emphasis added）; also, ibid 97 and *Slattery v Mance* [1962] Lloyd's Rep 60, 63.

[226] [1986] 1 SCR 103, 137. Emphasis added.

[227] *Bater v Bater* (n120) 37.

[228] (n 175) 266.

[229] Richard O Lempert, "The Economic Analysis of Evidence Law: Common Sense on Stilts" (2001) 87 Virginia L Rev 1619, 1664.

> 我们并不……调整证明责任以追求正确定罪的社会利益。例如，当政府对高度曝光的案子提起公诉时，我们不降低它的证明责任，即使与对有普通犯罪行为的不知名人士的有罪裁决相比，在这些案子中有罪裁决可能实质上有更大的威慑效果。

这是一个恰当且有根据的看法。将证明标准仅仅用作获取某些更大社会利益的手段，这是令人厌恶的。定罪可能性不应取决于外在环境，它与被告因所控之罪的可责性无关。假设因为犯罪率上升并且控制犯罪的社会利益变得越发紧迫，我们降低了证明标准。[230] 这就使得定罪的盖然性飘忽不定；"与在不同情况下接受审判的、具有同等可责性的被告相比，对碰巧在错误定罪之相对成本高的时期接受审判的被告，依据一个较低的标准作出裁判"，是不公平的。[231] 但是，这些都不是本章所提出的理论所提倡的；相反，本章的理论正是为反对工具主义分析而设。语境性的证明标准与在事实认定内部发挥作用的、互补性的认识和道德因素相关联。

第三，在19世纪早期，麦考利（Macaulay）指出：有时，当陪审团并非完全满意于认定被告犯有一项严重罪行时，将仅仅给他定一个较轻的罪行。[232] 他正确地批判了这种做法。无论审理的是"轻"罪还是"重"罪，事实认定者都应当同等地关心正义之实现。无论被告被指控的犯罪有多轻，如果对其有罪缺乏绝对信念，那么对他定罪便是不公正的。正如我们在第三章所强调的，必须拥有那种能够证成绝对信念的证据；如果没有，检方的指控

---

[230] Reiman and van den Haag（n 18）241.

[231] Michael L Davis, "The Value of Truth and the Optimal Standard of Proof in Legal Disputes"（1994）10 J of Law, Economics, and Organization 343, 351.

[232] Thomas Babington Macaulay, *The Critical and Historical Essays Contributed to the Edinburgh Review by Lord Macaulay*, vol 1（10th edn, London: Longman, 1860）143.

第四章 证明标准

必然要落空——本章所做的论述绝不维护这样的指控。[233] 但是为绝对信念提供证成的标准,应当随情况而变。唯有这一点才是合理的,而且标准设多高也是个无法回避的问题。事实认定者在评议裁决时,必须具有适当的谨慎;这种适当的谨慎,是通过要求采取适合于语境的认识证成标准并考虑所涉及的利害关系来实现的。

对语境主义方法的第四个可能的反对理由是,它制造了不确定性。[234] 证明标准与说服责任联系在一起:它是承担证明责任的一方力求达到的目标。有人可能会主张,这个目标应当是明确固定的且事先被知晓的[235];由此产生的确定性有助于当事人准备审判,也有助于他们评估是否存在一个值得追求的、足够好的案件。但是我们很难看出在下述准则中存在着何种确定性,即证明应建立在"盖然性权衡"的基础之上。毕竟,与该准则所表明的相反,下面这一点是非常明显的:是否满足这项检验标准并不取决于"有关概率的简单机械比较"[236]。预测事实认定者将怎样判断证据,这绝非易事,而且当事人也不会事先知道什么样的证据将最终出现在审判中。[237] 最关键的是,一旦人们接受了以下观点(甚至连一些主张证明标准固定化的人都接受了这一观点),即盖然性权衡在一些案件中比在另一些案件中更容易被打破,那么所设想的那种确定性就几乎不存在了。

第五个反对理由是:如果人们应被同等对待,那么任何提起民事诉请之人都应当使对该诉请之裁判基于同等适用于其他所有人之诉请的证明标准而展开;类似地,在刑事法院遭受指控的所

---

[233] 以下文献坚持了类似的观点:Carr (n 89) 120.

[234] *Re H* (*Minors*) (n 7) 587; *R v Hampshire County Council*, *Ex parte Ellerton* (n 191) 761; *Mullan v Anderson* (n 7) 842. See also Cowen and Carter (n 215) 252.

[235] Rosemary Pattenden, "The Risk of Non-Persuasion in Civil Trials: The Case Against a Floating Standard of Proof" [1988] Civil Justice Quarterly 220, 230-231.

[236] *Briginshaw v Briginshaw* (n 7) 361.

[237] Redmayne (n 28) 181-182.

有人的罪行，都应当以相同的标准来确定。[238] 该观点把"证明标准"当成了一个概率阈值，并且将"平等的对待"与"被当作平等主体而对待"混淆了。被当作平等主体而对待，并不等同于同等的利益分配或者责任分担；它意味着被以同等的尊重与关心而对待。[239] 在司法事实认定中，第二种意义的平等并不要求——实际上，它反对——在所有案件中都使用事先确定的和不灵活的主观概率阈值。根据我们所论述的作为"谨慎标准"的"证明标准"解释，从技术上讲只存在一个标准：在每一场审判中，必须秉持特定程度的谨慎；这种谨慎要与受审之人所涉及的利害关系相称，这是通过采用一个程度适当的证据性正当理由标准来实现的。证据性正当理由的语境化，本身就表明了平等；如果当事人的案件都被以适合于这些案件的谨慎程度对待，那么他们便得到了平等的尊重和关心。

最后，认为"刑事标准应当不同于民事标准"的观点，可以溯源至下述深入人心的观念，即在试图决定民事和刑事案件中的事实问题时，存在且应当存在实质性差异。证明标准的概念包含了两个层面。就其是关于事实认定中所秉持的谨慎程度而言，适用于民事和刑事案件的标准没有**种类**上的差异。但是，此概念有一个更深层次的方面：它事关对谨慎的分配，这是下一节的话题。在第二个层面上，我们会发现关于评议态度存在种类上（而不是程度上）的差异。

2.3 对谨慎的分配

2.3.1 态度差异

在戴维斯诉戴维斯案（*Davis v Davis*）[240] 中，我们可以找到

---

[238] McCauliff，(n 48) 1334 – 5. Cf Redmayne (n 28) 183 – 4.

[239] Ronald Dworkin, *Taking Rights Seriously* (London: Duckworth, 1977) 227.

[240] [1950] P 125.

第四章 证明标准

关于这种差异的线索。在对该案的审判中,法官要求:作为离婚诉请之基础的虐待指控,"必须像在刑事法庭上证明一起犯罪那样,在相同的严格程度上得到证明"[241]。上诉法院认为,这是走错了方向。上诉法院法官丹宁强调:"刑事案件和民事案件所要求的证明标准之间存在非常大的差异"[242];"刑事标准是对刑事案件中被指控之人的适当保护措施;若将此适用于离婚案件,可能就意味着不公正地剥夺了受到伤害的当事方所应享有的救济"[243]。

这段话强调了刑事案件所要求的评议态度(deliberative attitude),与适用于民事语境的评议态度之间的关键性差异。通过指示事实认定者以一种对错误有罪认定之风险给予极大重视的方式进行评议,刑事证明标准"防护"被告被错误定罪:事实上,与接受一个削弱有罪结论的主张相比,事实认定者在接受一个支持有罪的指控时应该更加谨慎。与之不同的是,在民事审判中,事实认定者被期望以同等的尊重和关心去对待双方当事人;实质上这正是丹宁法官的观点,他强调有必要兼顾考虑一方当事人的利益及其对手的利益。进行对有罪的评议时,对谨慎的权衡应当有利于被告人;但是在民事审判评议中,通常要求法院在接受有利于任何一方当事人的指控时保持同等的谨慎。这种差别与对谨慎的**分配**(distribution)有关,而非与谨慎的**程度**(degree)有关。正是在对谨慎的分配方面,我们可以发现如下主张的有效性:存在两种不同的证明标准,即刑事标准和民事标准。

2.3.2 中立性态度

民事诉讼涉及在私人交易方面人与人之间的纠纷。在对这些纠纷的裁决中,法律承诺平等地对待他们。"盖然性权衡"的证明

---

[241] Ibid 127–8.
[242] Ibid 128.
[243] Ibid 129.

标准正是对这种承诺的表达。[244] 它指示事实认定者要保持中立：在他评议裁决时，他必须对每一方当事人的尊严和利益给予同等考虑。[245] 不管哪一方是受害者，错误的事实认定通常都会带来同等的道德伤害。[246] 出于对每一方当事人同等的尊重与关心，法院必须同样重视双方提出的事实版本。[247] 因此，作为一般性规则，事实认定者在认定 p 与接受 q 时（p 是原告或索赔者提出的支持其案件的假设，q 是对方为支持其辩解而提出的相反假设），必须秉持同等的谨慎程度。

这意味着，必须以相同的认识标准适用于这两个假设。借用第三章所建构的框架，可对这种要求作如下解释：首先，仅当法院判断一个假设完全（perfectly）可能或可信时，它才应当接受该假设；如果双方所提出的假设都是完全可能或可信的，那么两者都不应当被接受。如果只有一个假设是完全可能或可信的，仅当所有相关的替代性假设都如此的缺乏可能性或者可信性，以至于可以足够安全地排除它们时，它才会被接受。换句话说，一个

---

[244] 许多作者都指出了民事证明标准与平等对待当事人之间的联系：David Kaye, "The Error of Equal Error Rates" (2002) 1 Law, Probability and Risk 3, 6-7; James Brook, "Inevitable Errors: The Preponderance of the Evidence Standard in Civil Litigation" (1982) 18 Tulsa Law Journal 79, 85-86; Hamer (n 215) 509, 513; Redmayne (n 28) 171-172.

[245] 关于平均主义准则，即一个关于人类利益之平等考量的原则：Stanley I Benn, "Egalitarianism and the Equal Consideration of Interests" in J Roland Pennock and John W Chapman (eds), Nomos IX: Equality (New York, Atherton Press, 1967) 61.

[246] Ronald Dworkin, "Principle, Policy, Procedure" in his A Matter of Principle (Cambridge, Massachusetts: Harvard UP, 1985) ch 3, 89 (但也要注意，这并非总是真的); Thomas C Grey, "Procedural Fairness and Substantive Rights" in J Roland Pennock and John W Chapman (eds), Due Process, Nomos, XVII, (New York: NY U Press, 1977) 182, 185 ("无论哪种方式，就一个错误而言，都不存在更大的公正。因此，程序公正要求依据优势证据来认定事实。").

[247] 民事证明标准传达了平等的价值，这一点在司法上得到了认可，比如，美国最高法院在一个案件中就承认，"优势证据标准允许双方当事人'以一种大致平等的方式分担错误风险'。（引自 Addington v Texas (1979) 441 US 418, 423.）任何其他的标准都表达了对一方利益的偏爱。" Herman & MacLean v Huddleston (1983) 459 US 375, 390.

第四章 证明标准

人对"被接受的假设为真"必须拥有充分的信心;而信心的充分性需多大,取决于所涉的利害关系。在判断一个有争议的假设时,无论该假设支持哪一方,法院必须采取相同的方法并运用相同的认识标准。

除了被以上述方法平等对待的权利,当事人还有获得"适当的谨慎程度"的权利。假设事实认定者通过掷硬币来对真相问题作出决定;他是草率的,并且不在乎他弄对还是弄错了事实。他的行为并不违背当事人的平等对待权,因为他没有偏袒任何一方。然而,由于没有为作出正确裁决而投入理性的努力,他侵犯了当事人要求受到适度谨慎对待的权利。当事人的主张必须得到平等的**以及**适当的考虑。

当事实认定者发现双方当事人的案件事实主张同样可能或可信时,内含于民事证明标准的中立性指示,并未告诉他应当怎样裁决和必须怎样裁决。他需要关于如何打破这种僵局的进一步指示。正如我们已经指出的,证明标准有一个缺省维度,即指示事实认定者在这种情况下作出不利于承担证明责任一方的认定。布兰丹(Brandon)法官指出:"没有法官愿意依据证明责任裁决案件,如果他能合法地避免这样做的话。"[248]对于不愿意作出"缺省"裁决,有两种解释。第一,事实认定者是在承认他查明真相任务的失败。第二,中立原则似乎遭到了损害:在法院不知道相信什么或者该相信谁时,如果它仍然接受一方提交的事实版本,它的行为将是不中立的。然而,我们不应采取将民事证明标准之缺省功能视为一种实用性"解脱"(let out)的观点,即认为它的适用涉嫌为实践之需而牺牲了原则。如果一方当事人希望法院把责任强加给另一方,唯一"正确"的做法是,他必须证明能为这种强加提供正当理由的必要事实。基于这样一种观点,更好的理解是,缺省原则本身就是一条正义原则。

---

[248] The "Popi M", [1985] 2 All ER 712, 718. See also: Brian MacKenna, "Discretion", (1974) 9 The Irish Jurist (NS) 1, 10.

此处所谓的"正确"具有道德意蕴。其基本观点是，我们不往也不应当往最坏的方面去看待我们所关心之人。相反，在对我们社群中的其他人作出判断时，我们应当是善意的；而且仅当存在正当理由时，我们才能认为他们是坏的。沿着这一思路，南斯（Nance）做出了论证，引述如下。他用道义论的措辞论述道[249]：

> 我们要尊重他人之职责蕴涵了这样一种职责，即推定他们遵从了重要的社会义务……推定某人违反了他的义务，就是未能给予该人与其社群成员之**身份**相关的尊严——该社群为一些规范所调整，这些规范是否被违反即所争议之事。这样也没有承认该人合理地信守着社群之福祉（那些规范正是为该社群之福祉而设）；因为对社群福祉的合理信守，大体上蕴涵了对社群之道德义务的遵从。

这赋予了一则著名的证据格言以价值与意义。它具有多种表述方式，例如："谁主张谁举证"，"主张肯定性命题的当事人必须证明它"，"当事人对否定性命题无须举证"[250]。若作为分配证明责任的一个实用指南，这个格言是无用的，因为"任何命题都可以被改写，使其从肯定形式变为否定形式，或者相反"[251]。然而，若将其解释为是以下宽泛道德原则的一个法律实例，就有了意义："直到提出充分证据表明情况相反，否则一个人应当推定任何特定之人是遵从重要社会义务而行事的"[252]。根据这一原则，即使在民事案件中也应适用某种"无罪推定"[253]。威尔斯（Wills）与南斯持有相同观点。威尔斯认为，将证明责任施加给"主张存在

---

[249] Dale A Nance, "Civility and the Burden of Proof" (1994) 17 Harvard J of Law and Public Policy 647, 653.

[250] 在新加坡证据法（Cap 97, 1997 rev ed）第 103（1）节中，该格言有其制定法上的表达："欲使法院依赖其所断言存在之事实进而作出与法律权利或责任相关之判决的任何人，必须证明那些事实的存在。"

[251] Nance（n 249）663.

[252] Ibid 648.

[253] Ibid 689.

第四章 证明标准

'能推出法律责任之事实'的一方当事人",是基于"明显的正义原则";具体而言,"如果不能证明一个人实施了某些行为,这些行为在法律上会导致其丧失某些社会权利,那么任何人都不能被公正地剥夺这些权利。法律……将每个人都视为在法律上是清白的,直到相反的情况被证明。"[254]

2.3.3 保护性态度

与民事裁判之目的不同,"在刑事案件中,法院不是在调整双方之间的权利"[255]。在刑事审判中,法院要求控诉方负责,他要使事实认定者对被告人有罪感到满意。审查控诉方证据的主要目的,以及对此事实认定者的主要作用,是为了保护被告人免受错误定罪。当对控诉方的案件主张之真实性作出决定时,必须采取**保护性态度**。[256] 有时也这样讲:事实认定者应当偏向于被告。[257] 如果该说法仅仅意指区别对待,那么这样的说法是无害的。但是"偏向"具有贬义,因为它通常意味着不合理的区别对待。对被告人有利的"偏向"意味着,要么"过度地"轻视不利于他的证据,要么"太"愿意接受支持他无罪的论点。副词"过度地"和"太"表明了一种对适当评议标准的偏离。但是如果我们接受(我们也应当接受)以下这点:相比于辩方的抗辩,事实裁判者应当更倾向于拒绝检方的指控;那么,指责事实认定者因此倾向于"太"忽视后者或"过度地"接受前者,便是错误的。所以,我们不应当说他是"有偏向的",因为这样意味着行为不当;然而据我们判

---

[254] Alfred Wills (ed), William Wills, *An Essay on the Principles of Circumstantial Evidence* (Alfred Wills, ed) (6th edn, London: Butterworth, 1912) 304-5.

[255] *Hurst v Evans* (1916) 1 KB 352, 357, per Lush J.

[256] Cf Chambers (n 18) especially 673:将刑事证明标准与事实认定者以一种"怀疑性思维模式"处理控诉方之主张的职责相联系。

[257] 因此,安德伍德隐喻性地指出,事实认定者必须把拇指放在正义天平的被告方:Barbara D Underwood, "The Thumb on the Scales of Justice: Burdens of Persuasion in Criminal Cases" (1977) 86 Yale LJ 1299, 1299, 1306-7. 保护性态度与无罪推定有关,并且据说在无罪推定中存在着作为内在要素的偏见:Edna Ullman-Margalit, "On presumption" (1983) 80 Journal of Philosophy 143, 146.

断，他并无行为不当。

保护性态度所要求的是，事实认定者对控诉方的指控采取一种慎重的怀疑主义姿态。相比于拒绝接受一个能削弱有罪裁决的事实假说 q，他应当更倾向于不判定一个支持有罪裁决的事实假说 p 为真。仅当他相信，根据 BAF* 规则，一个人会有正当理由相信 p 时，他才应该接受 p。BAF* 规则要求对 p 的信念需足够强。如果本章的论点是正确的，所需的对 p 的置信度将随着所涉及的利害关系而变化。而另一方面，要接受 q，他完全不需要判定一个人会有正当理由相信 q；他只要**怀疑** q 可能是真的，即判定对 p 抱以合理怀疑有充分的合理性，这就足够了。因此，当审理取决于被告所提供的证词以及检控方所提供的主要证人证言时，告知陪审团应当在两者之间作出选择，是一种误导。这是因为陪审团"不必相信被告所说的是真相，然后才能裁决无罪"[258]；如果他们"存有合理怀疑"，或者"根据［他们］所接受的［其他］证据，［他们］没有排除合理怀疑地确信他有罪"，他们就必须裁决被告无罪，即便他们不相信他的证言。[259] 刑事法庭的首要任务是保护被告免受错误定罪。在对有罪存疑的情况下，裁定无罪不仅与这种保护作用相一致，而且是其理所当然的组成部分之一。事实认定者在刑事审判中所需的评议态度，明显是非对称性的。

这种不对称是基于这样一个信念（通常以数值比的形式表示），即给无辜者定罪的风险要比宣告有罪者无罪的风险更糟糕（n 倍）。[260] 我们称此为"道德判断（moral judgment）"。在下述意义上，刑事证明标准与无罪推定有着"密切联系"[261]，即两者

---

[258] *R v E* (1996) 89 Australian Crim Rep 325, 330.

[259] *R v W (D)* [1991] 1 SCR 742, 758.

[260] Reiman and van den Haag (n 18) 227. 沃洛克广泛记录了这个比例及其来源的大量排列，参见：Alexander Volokh, "n Guilty Men" (1997) 146 U of Pennsylvania L Rev 173.

[261] *R v Lifchus* (n 31) 743. 在另一个案件中，美国最高法院认为，排除合理怀疑之证明标准"为无罪推定提供了具体的内容"：*Re Winship* (n 14) 363.

第四章 证明标准

均以该道德判断为基础。[262] 这一点是无可争议的。但是，该道德判断本身是否合理则另当别论，这里仅需稍作说明。能否清晰地阐述支持它的论据，是不太清楚的。格雷（Grey）解释道："虽然惩罚犯罪作为一个公共政策问题（或者甚至作为一个抽象的公正问题）是重要的，但是惩罚无辜者是巨大的和具体的不公"[263]。然而，作为证成上述道德判断的理由，它是很模糊的，而且它所引发的问题比它试图回答的问题还要多。或者我们可以尝试从德沃金的下述主张中找到一些正当理由：如果被告是无辜的，他享有一个被宣告无罪的权利；但是如果他有罪，国家没有一个裁定他有罪的对应的权利。[264] 然而，正如哈里斯所说，"在刑法语境下，这种权利的不对称性是德沃金从未解释过的"[265]。该道德判断的有效性是雷曼（Reiman）和范·登·哈格（van den Haag）之间争论的主题之一。[266] 它使人想起汉普希尔（Hampshire）的评论："在道德和政治哲学中，一个人在寻找充分的前提，以从该前提中推断出结论；而由于人们的情感和同情，该结论早已被独立地接受了。"[267] 即使我们不能充分地阐明上述道德判断的"充分前提"或者对此达成一致，对它的"情感和同情"却是深刻而广泛的。这一点无可置疑。

---

[262] 我们的当代理解是正确的。但是惠特曼（n 169）提出的一个历史性观点，即刑事证明标准的"不是被发明用于保护被告的"。它源于对陪审员们灵魂之安全的保障，如果他们应当选择裁定被告有罪的话。"按照其原初形式，它与维护法治毫无关系……，并且丝毫不像我们所想象的与自由价值之间的关系。"

[263] Grey（n 246）185.

[264] Ronald Dworkin, "Hard Cases" in his *Taking Rights Seriously* (London: Duckworth, 1977) 100.

[265] J W Harris, *Legal Philosophies* (2nd edn, London: Butterworths, 1997) 201.

[266] (n 18). 哈尔沃森对该争论发表了看法，参见：Vidar Halvorsen, "Is it Better that Ten Guilty Persons Go Free Than that One Innocent Person be Convicted?" (2004) 23 Criminal Justice Ethics 3.

[267] Stuart Hampshire, *Justice is Conflict* (Princeton: Princeton UP, 2000) xiii.

结 论

如果我们坚持采用外在视角，那么证明标准的充分重要性便无法被理解。以传统方式看待证明标准，存在着严重问题。本章论述了一种不同的解释，这种解释聚焦于审判评议的伦理学和认识论方面。该观点涵括了审判的内在要素，强调了一项肯定性事实认定的断言性、宣告性和表达性。认定 p，就是断言 p。为使该断言得到证成，法院必须判定，一个人有正当理由充分强烈地相信 p 为真（根据 BAF* 规则）。这意味着，必须有足够有力的证据支持该信念。事实认定也具有宣告效力。作为一种官方声明，肯定性裁决为施加法律制裁铺平了道路。事实认定者知道他的决定会给当事人带来特定后果。此外，对一方当事人行为的道德非议，也通常表现在法院所作出的认定中。因此，事实认定者在进行评议时，必须铭记三个最重要的价值：真相、尊重和关心。他必须对将受其决定影响之人施以正义。正义要求诚实（integrity）：所以仅当他相信一个人会有正当理由相信 p（根据 BAF* 规则）的时候，他才应当断言 p。正义也要求人道（humanity）：所以他所作出的任何不利于一方当事人的决定，必须是以适当之谨慎作出的，这种谨慎反映了对该当事人应有的尊重，以及对其利益的适当关心。秉持适当的谨慎程度正是证明标准所涉之事。作为一种"谨慎标准"来理解，证明标准应当因案而异。

对谨慎的分配提出了另外一个问题。与两种分配方式相对应的是两种态度。首先是"中立性态度"。在民事案件中，事实认定者必须平等地对待双方当事人；因此，在特定问题上，他应当同等地倾向于接受其中任何一方提出的主张。在刑事审判中，事实认定者必须对被告人采取一种"保护性态度"：在对他作出不利认定时，要比作出有利认定时秉持更多的谨慎。这种不对称以下述价值判断为基础：给无辜者定罪的错误比宣告有罪者无辜的错误更大。因此，民事和刑事证明标准之间的差异，反映了事实裁判者在评议时所必须采取之态度种类上的根本性区别。

第五章

传闻证据

导 论

前面两章讨论了审判评议的一般情形。第三章宽泛地研究了事实认定者如何着手判断事实问题。它描述了完成事实判断任务的方法框架，并且分析了规制事实认定的一般规则。第四章论述了必须用正确的态度认定事实。特别注意的是，应该达到足够程度的谨慎，并且正确地分配谨慎：在民事诉讼中，必须不偏不倚地进行事实认定；在刑事诉讼中，进行事实认定应当采取保护被告的态度。我们关注的焦点，现在将从前文论述的一般性问题，转到证据推理的具体形式上。法律对某些类型的证据予以特殊对待。本章考察传闻证据，下一章将讨论"相似事实"证据。

人们通常采取外在视角来考察传闻规则。被认为具有核心意义的，是该规则能对审判制度得出正确判决所产生的影响。这种分析所关注的是，该规则所依据的经验假设，与作为一种调查模式的审判之有效性这两者之间的因果关系。第一节将会讨论这种分析路径的不足之处。只有当我们抛开系统工程师的立场，从内在视角来分析该规则，才能看出：是事实认定之合法性所固有的原则在发挥作用。第二节试图论证这一主张，将对传闻规则给出两种相关的解释。第一种解释源于认识论的逻辑，第二种解释则源于认识论的实践。正如在第三章中所讨论的，法院在认定 p 的时候（除了其他要素之外），就是要断言 p；而只有当一个人可以根据 BAF* 规则正当地相信 p 时，才能正当地断言 p。首先，传闻证据规则源于对以下过程的认识论证成要求：基于所报告的关于 p 的陈述（或者更确切地说，一个"证言"），而形成对 p 的信念。其次，传闻规则表达了这样一种忧虑：根据一个人的言辞或行为证据而推论出 p，其认识论证成具有可废止性（defeasibility）。这一忧虑源于无法对这个人进行当庭询问。对认识论证成和确保其不可废止的要求，是影响着作为道德主体之事实认定者的考虑因素：在做出对一个人不利的事实认定过程中，必须坚持这样的谨慎，以充分体现对他应有的尊重和关怀。传闻证据规则充分体现了以下要求：审判评议应当满足理性（rationality）和正义（justice）这两个相辅相成的要求。

第一节 外在分析

有关传闻规则的争论通常集中于其适用所带来的后果，特别是对法庭发现事实真相之能力的影响。人们认为该规则能够防止事实认定错误。有两个理由经常被用来支持这一论点：首先，鉴于陪审团评估传闻证据的能力不足，该规则是必要的；其次，该规则是为提高正确裁决可能性而设计的某些审判程序的附带后果。[1] 这两个理由所依据的假设，一经质疑就会露出破绽。

---

[1] 南斯提供了一个别具新意的观点，参见：Dale A Nance, "The Best Evidence Principle" (1988) Iowa Law Review 227。他认为，传闻排除规则激励律师提供"认识论上最佳的、合理可得的证据"。(ibid, 272). 也请参见：Dale A Nance, "Understanding Responses to Hearsay: An Extension of the Comparative Analysis (1992) Minnesota L Rev 459, and Michael L Seigel, "Rationalizing Hearsay: A Proposal for a Best Evidence Hearsay Rule" (1992) 72 Boston University L Rev 893. 但是考虑到传闻规则有如此多的例外，传闻规则所能够提供的激励程度备受质疑。正如莱特观察到的，尽管"从表面来看，传闻规则是一个排除规则，但是事实上它是一个采纳规则"。参见：Brian Leiter, "Prospects and Problems for the Social Epistemology of Evidence Law" (2001) 29 Philosophical Topics 319, 322. 此外，即使没有排除规则，激励的效果也可以在理论上实现，因为法官明确指出："基于政策，他们将会更多地考虑直接证据。"参见：Walter Sinnott-Armstrong, "Which Evidence? A Response to Schauer" (2006) 155 University of Pennsylvania L Rev 129, 131.

第五章 传闻证据

1.1 陪审团能力不足

根据塞耶这样一位伟大权威人士的观点，普通法证据制度是"陪审团制度的产物……，即由普通的、未经训练的公民〔担任〕事实裁判者"[2]。人们认为，这一观点尤其能够解释为什么我们拥有传闻规则。[3] 例如，在贝德福德郡案件（R v Bedfordshire）中，坎培尔（Canpbell）大法官评论道："传闻证据应该被排除，因为陪审团可能经常被它误导。"[4] 陪审员在证据的评估方面未经训练。采纳传闻证据会导致，陪审团赋予传闻证据多于应然的分量。[5] 排除传闻不是因为该证据在逻辑上是不相关的，而是因为它可能对陪审团产生不当影响。[6] 认识论中的家长式作风在作怪："法院显然认为，不能指望陪审员会充分地不相信传闻证言。因此，法官们以自己的智慧取代了陪审员的智慧。"[7] 既然传闻证据规则反映了法官对陪审团认知能力的不信任，那么，随着陪审员所在的人群受教育程度越来越高[8]，以及事实认定的过程有时由法官这一专家来承担[9]，该规则就没有存在的必要性或存在

---

[2] James Bradley Thayer, *A Preliminary Treatise on Evidence at the Common Law* (Boston: Little, Brown and Co, 1898) 509.

[3] James Bradley Thayer, "Bedingfield's Case-Declarations as a Part of the Res Gestae" in his *Legal Essays* (Boston: Boston Book Company, 1908) 207, 265; R W Baker, *The Hearsay Rule* (London: Isaac Pitman & Sons, 1950) 7.

[4] (1855) 4 El & Bl 535, 541.

[5] Alfred Wills, *An Essay on the Principles of Circumstantial Evidence*, edited by William Wills (5th edn, London: Butterworth & Co, 1902) 266; Baker (n 3) 21.

[6] *Berkeley Peerage* case (1811) 4 Camp 401, 415.

[7] Alvin I Goldman, "Epistemic Paternalism: Communication Control in Law and Society" (1991) 88 The Journal of Philosophy 113, 119.

[8] H A Hammelmann, "Hearsay Evidence, A Comparison" (1951) 67 LQR 67, 68.

[9] *Berkeley Peerage* case (n 6) 415; Kenneth Culp Davis, "An Approach to Rules of Evidence in Non-Jury Cases" 50 (1964) American Bar Association J 723, 725 and "Hearsay in Nonjury Cases" (1970) 83 Harv L Rev 1362, 1365-6; Leo Levin and Harold K Cohen, "The Exclusionary Rules in Nonjury Criminal Cases" (1971) 119 U of Pennsylvania L Rev 905, 928-9.

的必要性不大了。

　　这种解释的历史合理性受到了质疑。[10] 但是传闻规则的起源并不是本文所关注的对象。证成该规则与解释它如何形成是两码事[11]，我们所感兴趣的是论点的证成效力。传闻证据规则并不只是适用于陪审团审判，这一事实似乎严重削弱了该论点的力度。[12] 可能会有人试图辩解，认为法律规则超越其历史合理性的限制是一种混乱却相当普遍的现象。[13] 但是将某一种情况辩解为异常现象，就是承认该论点并不能完全证成传闻规则。然而，不能将证成的力量与证成的范围相混淆。一个人可以同意某个论点的效力，吸收其优点，即便与此同时否认它适用于当前的案例。因此，有人可以指出存在没有陪审团的审判这一事实，将此作为审判不应该被传闻规则约束的一个理由[14]；这一立场的预设前提是：对陪审团能力不足的担忧确实是我们排除传闻证据的动因。

　　陪审团能力不足的论点是一种外在分析，它按以下方式展开。它将传闻规则设想和评价为一种实现目的的手段。该论点的中心部分是一个经验性主张，即大多数陪审员无法正确地衡量传闻证据。围绕这一假设，产生了一套复杂的计算。重点在于，以传闻

---

[10] Edmund M Morgan, "The Jury and the Exclusionary Rules of Evidence" (1936) 4 U Chicago L R 247, especially 252 – 256; Frank R Herrmann, "The Establishment of a Rule Against Hearsay in Romano-Canonical Procedure" (1995) 36 Virginia Journal of International Law 1; T P Gallanis, "The Rise of Modern Evidence Law" (1999) 84 Iowa L Rev 495, 503, 551. Cf Baker (n 3) 9 – 10.

[11] Mirjan R Damaška, *Evidence Law Adrift* (New Haven: Yale UP, 1997) 3.

[12] John MacArthur Maguire, *Evidence-Common Sense and Common Law* (Chicago: The Foundation Press, 1947) 15.

[13] Generally: *DPP v Shannon* [1975] AC 717, 765; O W Holmes, *The Common Law* (London: Macmillan, 1911) 5.

[14] *Wright v Tatham* (1837) 7 Ad & E 313, 389, per Baron Parke（一个同时裁决法律问题和事实问题的法庭，可能会允许一些较大的弹性，并且在考量这些证据上比陪审团受到更加可靠地信任）; Kenneth Culp Davis, "Hearsay in Nonjury Cases" (1970) 83 Harv L Rev 1362; Law Reform Committee, Thirteenth Report, *Hearsay Evidence in Civil Proceedings*, Cmnd 2964 (1966) 4, 6.

第五章 传闻证据

规则规制审判，对法庭在事实认定过程中得出真相之可能性所产生的因果影响。我们必须权衡有和没有该规则的潜在后果。因为根据该论点，尽管传闻证据具有相关性，却依然被排除，这种排除可能让事实认定者无法接触到有证明价值的信息。只有当一个更大的收益能补偿这一点时，这种负面效果才能被容忍：采纳传闻证据的危害必须大于发现真相的收益。[15] 从长远来看有传闻规则的审判制度比没有该规则的审判制度更可靠的条件是：设有传闻规则的审判制度在其裁决中获知真相的可能性，大于没有传闻规则的审判制度。

在这种分析的核心之处我们发现了"陪审员通常没有能力评价传闻证据"这一经验假设，该假设也是存在问题的。它当然应受质疑。实证研究遇到了方法论障碍，因而获得的结果不具有说服力。[16] 一些学者将这一假设视为对普通民众智力的贬损，认为这可以追溯到"过去几个世纪英国中上流社会的法官对来自底层

---

[15] Law Reform Committee, Thirteenth Report (n 14) 4; Edmund M Morgan, "Hearsay Dangers and the Application of the Hearsay Concept" (1948) 62 Harvard L Rev 177, 185.

[16] Eg, Richard F Rakos and Stephan Landsman, "Researching the Hearsay Rule: Emerging Findings, General Issues, and Future Directions" (1992) 76 Minnesota L Rev 655; Margaret Bull Kovera, Roger Park and Steven D Penrod, "Jurors' Perceptions of Eyewitness and Hearsay Evidence" (1992) 76 Minnesota LR 703; Peter Miene, Roger Park 和 Eugene Borgida, "Juror Decision Making and the Evaluation of Hearsay Evidence" (1992) 76 Minn L Rev 683. According Roger Park, "Visions of Applying the Scientific Method to the Hearsay Rule" (2003) Michigan State Law Review 1149, 167: "很难从实证文献中得出有关传闻证据影响的广泛且一般的推论。"See also Roger C Park and Michael J Saks, "Evidence Scholarship Reconsidered: Results of the Interdisciplinary Turn" (2006) 47 Boston College Law Review 949. 文中对于有关传闻证据及其局限性的实证研究进行了全面的调查。作者指出：一些研究揭示了，"相较于第一手证人证言，陪审员是非常有能力不信任传闻证言的"；然而在其他研究中，"陪审员像相信第一手证言一样相信传闻。相较于第一手证人证言，对于传闻证言，什么是正确的或者理想的反应，这并不总是很清楚。"(ibid, 975)

阶级的陪审员展现出的精英式蔑视"[17]；它折射了18世纪的阶级傲慢，这在当今社会显然不合时宜。[18] 不可否认，上述解释涉及某些势利态度因素[19]，它将陪审员能力不足的论点设想成最坏的情况。但该论点能对法律人理解传闻证据规则的方式产生如此长时间的影响，肯定存在一些优点。为什么我们要怀疑陪审员评估传闻证据的能力？毕竟，外行人士在日常生活中难道不是有处理传闻证据的丰富经验吗？[20]

对上述质疑的一种回应是，在审判中处理传闻的方式应与日常事务中处理传闻的方式不一样。作出传闻陈述的情景存在重大差异，而且存在这样一种风险，即在法律语境中陪审员对传闻的态度会比平时更友好。[21] 在我们许多的日常事务中，我们会轻信自己被告知的内容，而且我们往往还有这样做的正当理由。然而，对事实认定者来说，在审判评议过程中，如果关于争议事实存在相互冲突的证据，还以与上述相同的方式处理，则是不负责任之举。事实认定者在认定一项指控时，对诉讼争议方有秉持谨慎的义务——后者会因一项指控的认定而利益受损。这种谨慎性要求事实认定者在认定一项指控为真时，有肯定的且充分有力的理由。

---

[17] Andrew L-T Choo, *Hearsay and Confrontation in Criminal Trials* (Oxford: Clarendon Press, 1996) 34 – 5, citing S Landsman and R F Rakos, "Research Essay: A Preliminary Empirical Enquiry Concering the Prohibition of Hearsay Evidence in American Courts" (1991) 15 Law and Psychology Rev 65, 70.

[18] Paul S Milich, "Hearsay Antinomies: The Case for Abolishing the Rule and Starting Over" (1992) 71 Oregon L Rev 723, 772.

[19] 一位英国上议院的高级法官德夫林写道：陪审团成员比训练有素的法官能更好地评估一个外行证人的可信度，因为陪审团成员在听证人作证时，将证人视为与他们同样无知的人，而法官"将这些对于普通人来说简单的事情视作困难的，可能无法足够地体谅蠢人的行为"！Patrick Devlin, *Trial by Jury* (London: Methuen, 1966) 140.

[20] *R v Gilfoyle* [1996] 3 All ER 883, 902; George F James, "The Role of Hearsay in a Rational Scheme of Evidence" (1940) 34 Illinois L Rev 788, 794; Lewis Edmunds, "On the Rejection of Hearsay" (1889) 5 LQR 265, 268, 273.

[21] Roger Park, "A Subject Matter Approach to Hearsay Reform" (1987) 86 Michigan L Rev 51, 60 – 61; Thomas Starkie, *A Practical Treatise of the Law of Evidence*, (London: J & W T Clarke, 2nd edn, 1833) 15 – 16.

第五章 传闻证据

传闻证据不能提供足够的必要保证。为了正当地相信一个陈述（该陈述的真实性存在争议），事实裁判者必须拥有关于陈述者可信性的积极证据。在陈述者不出庭作证的情况下，法庭通常没有关于其可信性的证据，因此缺乏信赖他的陈述的理由。这种解释从特殊的审判认知语境中找到了传闻证据规则存在的理由。在这种情况下，确保所相信的内容为真是一个异常沉重的责任，因此，对传闻证据必须采取特别严谨的态度。在第二节，我们将讨论此种论点。这种解释能够缓解精英主义指控所带来的刺痛。法律要求对待传闻的方式要区别于在法庭之外对它的接受。如果法官确实比陪审员更善于处理传闻，这不是因为法官天生比外行人更加聪明；而是因为在这两类人中，法官由于他的职业和专业训练原因，能够更好地理解遵守法律的要求，或者会感到更强的义务[22]去这样做。[23]

1.2 程序保障：宣誓和交叉询问

第二种传统的论点集中在提出和质疑法庭证言的程序上——我们称之为"作证程序（testimonial procedure）"。一般情况下，证人必须出庭并在法庭上公开确认自己的身份，在庄严的条件下作证，宣誓（或郑重声明）所言属实，回答抛给他的所有适当问题，并知晓如果作伪证将被提起公诉。这些因素都有助于引导证人认真地、真诚地作证。证人越是谨慎和真诚，证言的准确性就越高。传唤一个人到证人席作证的另一个优势在于，他在证人席上的神态可展现出他的可信程度。更重要的是，以证人身份出庭，他可以在法庭上接受交叉询问。这让反方有机会：（1）揭露证人

---

[22] 即使不考虑其他因素，也因为他的职业前景和职业声誉会受到威胁。

[23] *Wright v Tatham* (1838) 7 Ad & E 313, 375（陪审团"不习惯考虑有关法律意见就此问题会施加的限制和约束"）；Jennifer Mnookin, "Bifurcation and the Law of Evidence" (2006) 155 University of Pennsylvania L Rev 135, 144-5; Richard D Friedman, "Anchors and Flotsam: Is Evidence Law 'Adrift'?" (1998) 107 Yale L J 1921, 1943.

的谎言；（2）消除他用语中的含糊不清问题；（3）检验他对证言所说内容的记忆力；（4）质疑他对争议事件的认知准确度。[24] 用威格莫尔（Wigmore）戏剧性的话语来说，交叉询问是"迄今所发明的用于查明真相的最伟大的法律引擎"[25]。

在使用传闻证据的情况下，原始陈述者缺席审判。如果我们允许他的"证言"被提交，即通过某个委托人，经别人之口说出，那么，我们就失去了上述为寻求真相、防范谎言而设的机制。这两个益处本来可以通过传唤他作证而获得。[26] 这种论点的合理性，取决于传闻规则和审判结果存在关联这一经验假设的正确性。对于该规则采取了一个工具主义的视角：该规则被视作一个确保获得实际正确裁决的手段。

在这种关联中，特别强调了作证程序的两个特征。[27] 他们未经宣誓，且没有机会接受交叉询问。许多评论者认为，第二个特征远比第一个更具有说服力[28]：经常被提及的一个观点是，誓言不能成为决定性因素，因为在一个诉讼中经宣誓作出的证言如果在另一个诉讼中使用，仍然被认为是传闻。[29] 目前人们普遍认为，传闻规则具有正当性的主要理由是，传闻陈述由于不能被交

---

[24] 学者们围绕这四个"证言弱点"构建了传闻理论：Laurence H Tribe, "Triangulating Hearsay" (1974) 87 Harvard L Rev 957; Michael H Graham, "'Stickperson Hearsay': A Simplified Approach to Understanding the Rule Against Hearsay" [1982] University of Illinois L Rev 887.

[25] John Henry Wigmore, *A Treatise on the Anglo-American System of Evidence in Trials at Common Law*, vol 5 (3rd edn, Boston: Little, Brown & Co, 1940) 29. Similarly: A F Ravenshear, "Testimony and Authority" (1899) 8 Mind (New Series) 63, 76. ("用于拆穿伪证的最有力的武器")

[26] *Teper v R* [1952] AC 480, 486.

[27] 关于该规则基本原理的全面讨论：Wigmore (n 25) §1362-1364; Choo (n 17) chs 1 and 2; Baker (n 3) chs 2 and 4; Edmund M Morgan, *Some Problems of Proof Under the Anglo-American System of Litigation* (Westport, Connecticut: Greenwood Press, 1956) 106-140 and Morgan (n 15) 179-185.

[28] 例如，威格莫尔写道：誓言"仅仅是一种通常伴随交叉询问的次要特征，并且交叉询问才是该规则所要求的必要和真正的检验标准"。Wigmore (n 25) 7.

[29] *R v Hawkins* (1996) 111 CCC (3d) 129, 153; Choo (n 17), 29-31; Ian Dennis, *The Law of Evidence* (3rd edn, London: Sweet & Maxwell, 2007) 663.

第五章 传闻证据

叉询问检验,因而无法揭示其真正的证明力。[30]

在此有必要指出两个谬误,不是因为它们难以察觉——相反,它们显而易见——而是因为它们会帮助我们避免断章取义。首先,人们常说传闻证据是不可靠的,因为它不会受到交叉询问。这种说法往好里说,也是具有误导性的。交叉询问只是一种选择,我们不会仅因为一方当事人选择不对某证人进行交叉询问,而排除该证人证言。反对传闻证据的理由在于,它使得交叉询问原始陈述者的**机会**丧失。其次,这个机会的丧失不能仅仅被理解为丧失了寻求真相的**工具**。如果这是其全部意义的话,就可能无法解释传闻证据为什么需要被排除。仅仅因为事实认定者评价传闻证据的能力弱于评价接受了交叉询问的证据的能力,就排除该传闻证据,这种做法几乎是说不通的——这好比饥饿的人拒绝食物的理由是食物的营养不良。[31] 美国《联邦证据规则》咨询委员会曾经说过:"当在非最佳证据和无证据之间作出选择时,只有完全愚蠢之人才会要求采取全盘排除证据的策略。"[32] 需要用一个反对采纳传闻证据的积极理由,来证成排除传闻证据的正当性。继续举前述例子:如果食物是有害健康的,而不仅仅是营养不良的,那么拒绝它,甚至对于一个即将饿死的人来说,都是一个积极理由。

从内在视角分析传闻证据规则,可以找到反对采纳传闻证据的积极理由。从这一视角来看,积极反对理由包含两个相关的方面。首先,包含但不限于交叉询问的作证程序,旨在**提供**有关证人可信性的证据。在使用传闻证据的情况下,原始陈述者没有被传唤到证人席。因此,无法对他适用作证程序,以提供有关其可

---

[30] *Anderson v US* (1974) 417 US 211, 220; Wigmore (n 25) 1, 3, 7, 9, 202; Morgan (n 15); Morgan (n 27) 106-140; and Edmund M Morgan, *Basic Problems of Evidence*, vol 2 (Philadelphia: American Law Institute, in collaboration with American Bar Association, 1957) ch 9, especially 211-221; and, John MacArthur Maguire, *Evidence-Common Sense and Common Law* (Chicago: The Foundation Press, 1947) 15, 17-18.

[31] Park and Saks (n 16) 976-7. 此处假设当庭证言是不可得的。

[32] 对《联邦证据规则》第 VII 条的咨询委员会注解。

信性的证据。在适用传闻证据规则最典型的情形中，这类证据也无法从别的途径获得。如果没有关于他可信性的积极证据，那么，事实认定者相信他的陈述就缺乏认识论上的正当理由。其次，即使存在这样的证据，缺乏交叉询问原始陈述者的机会，可能仍是一个尚未解决的问题。根据他的言行进行的推论是否具有可废止性，这个重要的问题可能仍无法回答。第二节将会展开上述论证。

1.3 可靠性

我们刚刚考察了两种支持传闻规则的传统观点。他们有一个共同点：都将传闻规则视为确保审判制度"可靠性（reliability）"的一种手段。在这些观点中，"可靠性"指的是审判制度产生事实上准确的裁判的倾向性。基于此种理解，"可靠性"是一个经验问题；它是根据被正确裁决的争议与被错误裁决的争议之间的比例来判定的。但问题是，人们怎样知道一个裁判或认定**事实上**正确或错误呢？[33] 当然，在个别案例中，我们可以通过此种或彼种方式肯定裁决是正确还是错误。例如，谋杀案审判结束之后，所谓的被害人再现人世，我们就可以肯定被告人是被错判了。[34] 但是这种明确知道裁判准确与否的案件并不常见。[35] 要想设计一个能够完全确定地验证裁判运行之正确性的制度，而且不陷入方法论

---

[33] Neil MacCormick, *Legal Reasoning and Legal theory* (Oxford: Clarendon Press, 1978) 87: "如果我们认为我们找到了一些重构关于过去事态之当下真相的**无可置疑的**可靠方法，我们只能**确定我们已经犯了**错误；并且有的时候那些对法律方法最没有信心的人，似乎对他们自己有着不同寻常的信心。"

[34] 这发生在一个中世纪的事件中，彼得神父讲述了这个事件以显示酷刑的不可靠：John W Baldwin, "The Intellectual Preparation for the Canon of 1215 Against Ordeals"(1961) 36 *Speculum* 613, 629. 但是这样的事件也在当代发生过：eg James Morton, "No Body of Evidence" The Times (London), 3rd June 2003.

[35] 但是斯泰恩法官（Lord Steyn）在一个案件中表达了极大的乐观主义态度："有时候，令人信服的新证据，比如 DNA 样本、法医鉴定结果、指纹、被发现持有凶器的第三方的随后供认等等，可能导致定罪被撤销。这种情况下，可以排除合理怀疑地证明被告是无辜的。"参见：R (Mullen) v Home Secretary [2004] UKHL 18 at para 55, [2005] 1 AC 1, 47. 高曼也是如此乐观，参见：Alvin I Goldman, *Knowledge in a Social World* (Oxford: OUP, 1999) 291-2.

第五章 传闻证据

上的循环，似乎是不可能的事；而这正是需要确认的事情，即在事实上审判制度的整体可靠程度。[36]

除了从外部分析可靠性（将其作为审判制度的一种倾向性），还可以换一种视角，从身处审判制度内部的主体之视角来看待它。后一路径（内在视角）的关注点在于他必须满足的规范性要求，这是事实认定事务的内在要求。从外在分析来看，可靠性取决于经验事实：它涉及研究事实裁判者的心理，并且关键在于让他接触传闻证据是否将增加当前或未来出现错误结果的可能性。根据内在观点，传闻证据的可靠性是关于依赖传闻的恰当性，以及使用它作为推论基础的可证成性。内在观点提出了以下问题，即这样的证据能否为相信所陈述的"二手"信息提供正当理由；重点在于，一个负责任且理性的人，基于他现有的知识库和对世界的认识，会如何评价这一证据。排除传闻证据与其说是因为它不可靠（指的是：采纳传闻很可能会误导事实认定者），不如说是因为它的可靠性对于他是未知的（指的是：信息是缺乏的，或者证据存在有待发掘的部分；必须获知这些部分，才能证成"所述为真"的主张）。[37]

第二节　内在分析

外部视角下的可靠性概念不能给事实裁判者提供任何直接的帮助。为了对其直接有用，必须从规范层面重新考察"可靠性"，从而使关注点转移到需要满足什么条件才能证成对证据的接受和使用上。前面的讨论已经简要地提及了与确立传闻规则之正当理由有关的两个问题。第一，陈述之原始来源（S）不出庭，往往使

---

[36] Eleanor Swift, "A Foundation Approach to Hearsay" (1987) 75 California L Rev 1339, 1350, 1351-2; cf Goldman (n 35) 291-292.

[37] 莫顿作了类似的区分：Mary Morton, "The Hearsay Rule and Epistemological Suicide" (1986) 74 Georgetown LJ 1301, 1307, 1310.

其缺乏所需要的证据来证成从"S说过某事"这一事实推论出"S所说为真"（p）。为了证成对S陈述的信赖，需要充分的关于他的可信性（针对p）的信息。然而这些信息是缺失的，这正是我们反对传闻的第一个理由所讨论的。第二，即使我们有一些这样的信息，在法庭上也无法质询S。这可能会使我们力图从其言行所作推论的正当理由过于脆弱而被废止。如果存在上述两个问题中的任一个，我们就不能充分地确信所作的推论为真，以及我们所要求的确信程度反映出我们对推论与其不利之人的尊重和关怀。解释传闻规则的这两个脉络，本文分别称作"证言论点（testimonial argument）"和"可废止性论点（defeasibility argument）"。

2.1 证言论点

2.1.1 证言

我们第一个解释脉络的核心概念是"证言（testimony）"。在法庭上提供证言（"法律证言"）是广泛的社会实践中的一个特例。[38] 我们始终是通过讲述和询问——或者使用更严肃的表达，是通过提供和接受证言——来传达和获取知识的。[39] 本文将在广泛的意义上使用"证言"这个一般性术语，包括法律证言和在审判程序外提供的证言。为避免混淆，有必要指出：当且仅当下文中所指的是普通的和非法律意义上的证言时，无论该术语以什么形式出现，将标上星号，如：证言*、作证*等。

本部分简要概述证言交流（testimonial communication）的典

---

〔38〕 对审判语境中的证言的讨论，参见：Duncan Pritchard, "Testimony" in Antony Duff, Lindsay Farmer, Sandra Marshall and Victor Tadros (eds), *The Trial on Trial-Truth and Due Process* (Oxford: Hart, 2004) ch 6; Michael S Pardo, "Testimony", forthcoming in Tulane Law Review, draft available at: <http://ssrn.com/abstract=986845>.

〔39〕 最早关注和分析这一实践的文献包括：L A Selby-Bigge & P H Nidditch (eds), David Hume, *Enquiries Concerning Human Understanding And Concerning The Principles Of Morals* (3rd edn, Oxford: Clarendon Press, 1975) (1777) 111-2.

第五章 传闻证据

型情况。[40] 我们的关注点将仅限于普通的"外行（lay）"证言。由于本章不涉及意见证据，关于专家证言的哲学问题将不予讨论。我们可以从提供和接收证言这两方面来考察证言。[41] 首先来考虑前者，即作证的行为。[42] 我们称行为人为"证人"。作证就是为了交流事实信息，接收方被期待基于证人的言词而接受该信息为真。此处必定存在一个特定的交流意图。（正如我们将看到的，这一点与"暗示性主张（implied assertions）"尤为相关。）如果一个人通过其言词或行为使别人相信了 p，仅仅因为这一点，我们还不能说他就 p 作证了。假设 H 告诉 S，附近有警察正在就最近发生的一起犯罪找人问话，S 听后匆匆离去。即使 H 对 S 的举止倍感怀疑，S 也没有通过他的行动就他曾参与犯罪作证*。S 并未有意将那样的信息传递给 H。为了满足"就 p 作证*"，仅有"S 有意通过他的言词或行动使得 H 相信 p"，还是不够；还必须满足：S 有意使得 H 意识到，这是 S 想让他相信的，并基于此来形成上述信念。例如，我偶然地让你注意到我喜欢某个东西，是为了让你明白它很适合作为我的生日礼物（p）。我通过这一举动，有意地使你相信了 p；但我不能被说成"就 p 作证*"了，因为我并非有意让你明白我真正打算要做的事情。不可或缺的交流意图中的

---

[40] 所谓的典范是指，所概述的情况符合任何关于证言交流的描述所设定的资格。存在许多种证言模型，此处所概述的模型，无疑会被一些人认为某些方面过于狭窄：eg David Owens, "Testimony and Assertions" (2006) 130 Philosophical Studies 105 and Jennifer Lackey, "The Nature of Testimony" (2006) 87 Pacific Philosophical Quarterly 177.

[41] 为了全面地分析，必须从两方面来考察证言，参见：Ravenshear, (n 25) 70 et seq, Catherine Z Elgin, "Word Giving, Word Taking" in Alex Byrne, Robert Stalnaker, and Ralph Wedgwood (eds), *Fact and Value-Essays on Ethics and Metaphysics for Judith Jarvis Thomson* (Cambridge, Massachusetts: The MIT Press, 2001) ch 5.

[42] C A J Coady, *Testimony-A Philosophical Study* (Oxford: Clarendon Press, 1992) ch 2; Peter J Graham, "What is Testimony?" (1997) 47 The Philosophical Quarterly 227; D H Mellor, "Telling the Truth" in D H Mellor (ed), *Ways of Communicating* (Cambridge: CUP, 1990) 81.

核心或标准要素，可以表述如下[43]：为了满足"S就p向H作证"，(1) S必须有意让H明白，S相信p并且S有意让H相信p；(2) S还必须有意让H根据(1)而相信p。

这并不意味着证言必须是明确的。证言也可以是含蓄的，至少可通过两种方式：间接的方式，或暗示性指向的方式。前一种方式的例子是：我们就某种隐晦的语言达成了共识，所以当我告诉你p时，我是在意指q，并且在就它**间接地**作证*。至于第二种方式：假设我告诉我的室友我饿了，他回答说"餐桌上有一些三明治"。该陈述**暗示**我可以随意享用这些食物。这样的邀请是很清楚的，虽然他没有明确地说我可以吃三明治，而且他所说的话在字面上也没有包含该邀请。

我们现在转向证言的接收方。一个人（H）听到了S的言语。[44] H相信S证言的典型情况如下：首先，H必须了解S在做一个言语行为——该行为可称作"断言p""证明p"或"讲述关于p的真相（或事实）"；进一步地，H必须理解S所说与所指的对象。[45] 有一种观点认为，严格来说，H必须认识到S的话语意图是让他相信p，而且是基于这一认识而相信p。[46] 当H相信S

---

[43] 这是对格赖斯的"语意（meaning）"概念的改编，参见：H P Grice, "Utterer's Meaning and Intentions"（1969）78 The Philosophical Rev 147, 151. 他对这个概念的最初分析参见："Meaning"（1957）66 The Philosophical Rev 377. 其他受到格赖斯启发的关于证言的分析，参见：Richard Moran, "Getting Told and Being Believed" in Jennifer Lackey and Ernest Sosa（eds）, *The Epistemology of Testimony* (Oxford: OUP, 2006) ch 12; Edward S Hinchman, "Telling as Inviting to Trust"（2005）70 Philosophy and Phenomenological Research 562. 在美国《联邦证据规则》801（a）和（c）条款中包含的"主张意图"要求，可以按目前分析的方式解读。

[44] S不必对H陈述。H可能无意中听到S对其他人的证言并且相信了。参见：Michael Welbourne, "Testimony, Knowledge and Belief" in Bimal Krishna Matilal and Arindam Chakrabarti（eds）, *Knowing From Words*（Dordrecht: Kluwer Academic Publishers, 1994）297, 302 - 3.

[45] Elizabeth Fricker, "The Epistemology of Testimony"（1987）61 Supplementary Proceedings of the Aristotelian Society 57, 69 *et seq*; Michael Welbourne, "The Community of Knowledge"（1981）31 Philosophical Quarterly 302, 308 - 311.

[46] 这反映了作证所必须的交流意图要素：同上。但是请比较：Jennifer Lackey, "The Nature of Testimony"（2006）87 Pacific Philosophical Quarterly 177.

第五章 传闻证据

的证言时，他是相信 S 在说实话。这一信念有两个方面。首先，H 相信，S 所说的正是 S 信以为真的。其次，H 相信，他听到 S 所说的（p）是真实的。[47] 要让 H 相信 S 的证言，他必须在这两种意义上都相信，而且以这种方式将两者连接在一起。相信 S 关于 p 的证言，就是**借由** S 的证言来相信 p：也就是说，基于 S 断言了某事，而接受 S 所断言者为真。[48]

因为听到 S 的证言而相信 p，与相信 S 关于 p 的证言是不同的。**借由**（through）证言而获得信念（即在判断某人值得信赖后，相信他所告诉我们的），与**从**（from）一个作证行为中获得信念，是存在差异的。例如，我注意到了 S 说话时的鼻音，从而相信他感冒了[49]；我从 S 说话的方式（比如他声音中的焦虑），推断出他焦躁不安[50]；如果 S 指着长颈鹿而称它为大象，会让我相信他不知道什么是大象。在这三种情况下，我是**从**证言*中获得了我的信念，而不是**借由**证言*获得信念。[51] 我不是通过相信 S 的证言*，从而相信他感冒、焦躁不安或者不认识大象。我没有基于 S 证言*的**内容**形成我的信念；而是从他的作证**行为**中推断出信念。[52] 这并不意味着，在任何情况下，当我由于感知到别人关于 p 的证言而相信 p 时，必定是经由他的证言而相信了 p。如果一个人装死，而当我去探他的脉时，他却喊出"我还活着"，那么

---

[47] James F Ross, "Testimonial Evidence" in Keith Lehrer (ed), *Analysis and Metaphysics* (Dordretch: R Reidel, 1975) 35, 40.

[48] Cf Michael Welbourne, "The Transmission of Knowledge" (1979) 29 The Philosophical Quarterly 1, 5：:"让我相信你，就是让我假设我从你那里学到（或知道）了 p。"

[49] 这个例子来自: Robert Audi, "Testimony, Credulity, and Veracity" in Lackey and Sosa (n 43) ch 1, 26–7.

[50] *Ratten v R* [1972] AC 378.

[51] Robert Audi, "The Place of Testimony in the Fabric of Knowledge and Justification" (1997). 34 *American Philosophical Quarterly* 405, 410, nn 13, 14; Sanford C Goldberg, "Testimonially Based Knowledge from False Testimony" (2001) 51 *The Philosophical Quarterly* 512, 512.

[52] Jennifer Lackey, "Knowing from Testimony" (2006) 1 Philosophy Compass 432, 433.

我会接受他确实还活着这一事实。此时我们所处的是这样一种情形：S就p作证*，我一听到它就接受了p。但我接受p，不是经由相信他的证言*（虽然我不得不承认我同意他所说的[53]）；毋宁说，是因为我接受这样一个事实，即他说话这件事本身就证明他活着。

综上所述：（1）一个人要想给出证言，他必须在陈述时具有特定的交流意图，该意图包含上文所描述的要素；（2）一个人要想将接收的言词**作为证言**，他必须以特定方式回应之，即他必须借由相信S关于p的证言来接受p，这一定不同于仅仅从感知S的作证行为而推断出p——在第一种情形中，我们可以说此人信赖或接收了S的陈述"作为证言（testimonially）"，而在第二种情形中我们不能这么说。

2.1.2 传闻规则的适用

当律师说"只有言词被作为'证言'而信赖时，才会产生传闻的问题"，这一术语就可以从上文所描述的意义来理解。[54] 这一说法源于威尔伯福斯（Wilberforce）大法官在拉滕案（*Ratten v*

---

[53] G E M Anscombe, "What is it to Believe Someone?" in C F Delaney (ed), *Rationality and Religious Belief* (Notre Dame: University of Notre Dame Press, 1979) 141, 144 - 145; cf Welbourne (n 48) 4, 5.

[54] 在美国，"证言"概念最近被用来界定宪法第六修正案所保护的对质权范围。最高法院认为，该条款"禁止采纳一个没有出席庭审的证人的证言性陈述，除非他无法作证，并且被告先前有交叉询问的机会"。参见：*Crawford v Washington* (2004) 541 US 36, 53 - 4. 进一步的讨论参见：H L Ho, "Confrontation and Hearsay: a Critique of Crawford" (2004) Intl J of Evidence and Proof 147. 最高法院在这个案件中和在另一个案件中（*Davis v Washington* (2006) 126 S Ct. 2266）拒绝给出"证言性陈述"的一般定义。可以确定的是，适用于对质权目的的"证言"概念中渗透了特殊的宪法关切，并且不同于"证言"的普通概念。以最高法院在戴维斯案（*Davis v Washington* (ibid, 2273)）中的判决为例："如果一个陈述是在警方审讯过程中作出的，且当时的情形客观地表明其主要目的……是帮助警察应对一场正在进行的危机，那么该陈述是非证言性的。"而普通的"证言"概念，并不排斥一个人在一场正在发生的危机中讲出实情。关于证言的哲学讨论能像阐明一般的传闻规则那样来启迪该领域的宪法规范，这是非常值得怀疑的。Cf Michael S Pardo, "Testimony", forthcoming in Tulane Law Review, draft available at: <http://ssrn.com/abstract=986845>.

第五章 传闻证据

R）中的判决意见。[55] 在此案中，有争议的证据是一名女性从一栋房子里拨出的电话；本案所指控的事实是，被告人在这个房子里谋杀了一名女子。拨打电话的人曾用痛苦的声音请求电话接线员报警。这个证据按照两种方式被认为是相关的。首先，它与被告人所主张的事实相矛盾。被告人声称，在相关的时间段内，除了他自己没有别人从房子里打出电话。其次，该证据表明，拨打电话的女性处于一种恐惧状态，从而削弱了被告人以下主张的可信性，即射出致命一击的枪是意外走火。在请求报警时，该女子并没有向接线员作证* 说"我正在打电话"或"我感到害怕"。接线员自己可以听出这些内容，无须被别人告知该女子正在打电话。接线员还可以从这名女性的声音中分辨出她感到害怕；这种信念的正当理由是**从**听她说话中获得的，而不是**借由**相信她所说的内容获得的。法院认为这样的证据不是传闻。因为，再次援引威尔伯福斯大法官的话："只有言词被作为'证言'而信赖时（例如为了证明该言词所叙述的某个事实），才会产生传闻的问题。"[56]

传闻证据规则在本质上是一个禁止以某种方式使用传闻证据或从传闻证据做出某种推论的规则。[57] 很重要的一点是，要区分传闻规则的含义和执行该规则的技术。当某个传闻证据不能提供任何一个合法的用途时，我们通过排除该传闻证据，来执行禁止推论的禁令。当它具有某种合法用途时，该证据被采纳了；有时，没有任何合法用途的传闻证据被无意地采纳了：在这两种情况下，执行禁令的方式不是排除，而是规制对该证据的评议，即要求事

---

[55] *Ratten v R*（n 50）387，per Lord Wilberforce；see also John Henry Wigmore, *Evidence in Trials at Common Law*, vol 5, James H Chadbourn revision（Boston: Little, Brown and Co, 1974）3, § 1362: "传闻规则……拒绝未经任何方式的交叉询问就以证言的形式提出主张。"

[56] （n 50）387.

[57] 正如麦克纳马拉（McNamara）所说，它是一个"关于使用的规则"，而非"关于排除的规则"：Philip McNamara, "The Canons of Evidence—Rules of Exclusion or Rules of Use?"（1986）10 Adelaide L Rev 341.

实认定者避免以被禁止的方式对该证据进行推论。[58] 将传闻规则描述成排除传闻证据的规则，将会把该规则本身与执行该规则的技术混同起来。

244 关于普通法传闻规则所禁止的推论形式，最常被援引的是英国枢密院在苏布拉马尼亚姆案（*Subramaniam v PP*）中的表述[59]：

> 如果一项证据是由一个没有被亲身传唤为证人的人向证人作出的陈述，当**该证据的目的是要证明陈述的内容为真时**……该证据是传闻并且是不可采的。当该证据被提交的目的不是证明陈述的内容之真实性，而是证明做出了陈述这一事实时，该证据不是传闻且是可采的。

这种普通法中的定义，也体现在《美国联邦证据规则》中。规则802要求排除传闻证据；规则801（c）对传闻证据做了如下界定：

> 传闻是一个陈述，它非经由陈述者在审判或听证中作证时给出，且**被作为证据提交，以证明所主张事项之真实性**。

反对传闻的理由，不是针对该证据本身存在什么缺陷，而是针对举证的一方（即"举证方"）打算用它做什么。他不被允许去说服事实认定者将庭外陈述作为证言而信赖之；法律禁止事实认定者以那样的方式信赖该陈述。当符合以下条件时，关于某人（记作S，代表"陈述者"或"信息来源"）断言了某事（记作p，

---

[58] Mirjan Damaška, "Hearsay in Cinquecento Italy" in Michele Taruffo (ed), *Studi di Vittorio Denti*, vol 1 (CEDAM: Padova, 1994) 59, 87; McNamara (n 57), 351, 352; *R v Glasby* (2000) 115 Australian Crim Rep 465, 479, 481.

[59] [1956] 1 WLR 965, 970. 粗体字为本书所加。新加坡采用了一个接近于该普通法定义的表述方式，参见：*Soon Peck Wah v Woon Che Chye* [1998] 1 Singapore L Rep 234, 244; Jeffrey Pinsler, *Evidence, Advocacy and the Litigation Process*（《证据、辩护与诉讼过程》）(Singapore: LexisNexis, 2003) 72. 然而，这与英格兰和威尔士的《2003年刑事审判法》s115条款中的定义有显著差别，参见：Dennis (n 29) 699 - 705.

第五章　传闻证据

代表"主张")的证据(记作 E)是不可采纳的：

(1) E 是由 S 之外的其他人(记作 W)在审判中提供的书面证据或法庭证言；

(2) 举证方希望事实认定者基于 E 而接受"S 曾就 p 作证*"，进一步借由相信 S 的证言*来接受 p 为真(整个推论链条可称为"传闻推论")；

(3) 不存在其他法律允许的且举证方希望事实认定者适用于 E 的推理路径。

如果一个证据被提交的目的，不是为了使事实认定者做出传闻推论(上述条件(2))，那么这个证据就不会根据传闻规则被排除。它被提交不是出于该目的；在这种情况下，"S 说过 p"这一事实本身就是实质性的或相关的。典型的例子是胁迫情形下的威胁言辞。被告人声称，她之所以犯罪是因为第三方曾威胁要伤害她，如果她拒绝服从他的命令的话。[60] 这种证明威胁言辞的证据是可采的。尽管它是"由一个没有被亲身传唤为证人的人向证人作出的陈述"证据，它仍然是可采的。关于威胁的证据被提出来，不是要证明它所主张之命题的真实性。只有当意图从证据做出传闻推论时，传闻规则才会被有效适用。受到威胁这件事本身就是相关的，因为它为恐惧提供了合理的根据；它的重要性不在于是否有实施威胁的真正意图，或者是否事实上已经实施了威胁。

举证方是否正力图使用传闻推论，这往往是不清楚的。一个存有疑问的典型案例是赖斯案(*R v Rice*)。[61] 为了证明赖斯曾经坐过某个特定的航班，控方试图引入以下证据：从该航班乘客们那里收集来的使用过的机票上，有一张印有赖斯的名字。这张机票被认为不是传闻证据而被采纳了。有人可能会认为，机票上包含了一个证言*。假设我把我名字的首字母缩写印在某个个人财产上，例如戒指。我的目的可能是要告诉发现它的人，它是属于

---

[60] *Subramaniam v PP* (n 59).

[61] [1963] 1 QB 857.

我的。[62] 因此与之类似，有人会说：在机票上印上名字的人，想要告诉有关航空公司和机场员工，这张票属于赖斯。但是，这是一个错误的类比。戒指不会仅仅因为我把姓名首字母印在其上而成为我的；相比之下，仅仅因为机票上面有赖斯的名字，就可以说这张机票是他的。把他的名字打印在机票上，构成了（constitutive of）使该机票属于他；而不是在报告"机票已经被发放给他"这个事实。关于构成性文件（constitutive document），一个更为清晰的例子是合同。在缔约一方对另一方提起的诉讼中，没有人会考虑将合同作为传闻证据而排除。该文件不是记录了"双方曾签订了合同"这一事实；该文件**就是**他们的合同。

当机票发行人发行机票时，他意图作出什么断言，这并不相关；相关的事实是：机票上载有赖斯的名字。这个事实是如何相关的？基于一系列前提，我们可以推论出赖斯在航班上：这张使用过的机票是从该航班上的一名乘客那收集的；这张机票上面写有赖斯的名字；通常情况下，只有名字出现在机票上的人才被允许登机。[63] 这种论证是否有效，取决于国内航空旅行管理方面的某些事实。无论如何，没必要考虑得这么复杂。假设在航程结束时，一份写有赖斯名字的合同文件被发现遗留在飞机上，它无疑会被视为是相关的和可采的。相同的分析可以直接适用于那张机票。

2.1.3 亲身知识要求

反对传闻推论的一个认识论理由在于，由于 S 缺席审判，事实认定者缺乏正当理由相信他关于 p 的证言*。请注意，这种直接的反对，针对的是对 S 证言*的信赖，而不是对 W 法庭证言的信

---

[62] 比较米利奇关于这个例子的讨论：Paul S Milich, "Hearsay Antinomies: The Case for Abolishing the Rule and Starting Over" (1992) 71 Oregon L Rev 723, 730 - 732.

[63] 无可否认，该推论的强度被另一个事实削弱了，即该机票包含着另一个名字（Moore）；同时也被被告人的以下主张削弱了，即其他人（Hoather）使用了预定给那个人的座位。参见：(n 61) 871.

第五章 传闻证据

赖。(回想一下,W是出庭证人。)不存在信赖W关于p的法庭证言的问题,因为我们假定了,W没有亲身地感知p。根据"亲身知识(personal knowledge)"规则,W只被允许就其具有亲身知识的内容作证。法律视W不知道p,因为W没有亲身地感知p。因此W不能合法地就p作证。

假设W听到S说,他看到被告人实施了所指控的犯罪。正如刚才所说的,庭审中的证人只被允许就其曾直接感知因而知道为真的事情作证。[64] W没有看到犯罪的实施过程,因此不能作证说被告人做了那件事。为什么只有当W知道p时,法院才允许他就p作证呢?首先从作证者的角度来考虑这个问题。一个人在主张p的同时否认知道p,这是荒谬的。[65] 如果W在同一时间告诉法庭:"被告人做了这件事,但我对此并不知情",那么他的证言没有任何意义。如果W承认他不知道被告人犯了罪,他就不应该主张那是一个事实。

从事实认定者(也就是那个被请求接收证言的人)的角度来看,亲身知识规则也具有正当性。正如第三章所述,审判评议的直接目的在于获得证成的信念,最终获得知识。证言作为知识的潜在来源被引入法庭。除非W知道p,否则即使p是真实的,事实认定者也不能借由相信W关于p的证言而获得关于p的知

---

[64] Wigmore (n 25) 9 and John Henry Wigmore, *A Treatise on the Anglo-American System of Evidence in Trials at Common Law*, vol 2 (3rd edn, Boston: Little, Brown & Co, 1940) 762–768; Kenneth S Broun et al (eds), *McCormick On Evidence*, vol 1 (6th edn, St Paul, Minn: West Publishing, 2006) 47–51; *Johnson v People's Cab Co* (1956) 386 Pa 513, 515. 这个普通法中的要求,也被制定法所吸收:eg s 62, Evidence Act of Singapore (Cap 97, 1997 rev edn); Rule 602, Federal Rules of Evidence of the United States.

[65] Eg Robert Hambourger, "Justified Assertion and the Relativity of Knowledge" (1987) 51 Philosophical Studies 241, 251–2. See further Ch 3, Pt 1.2.

识。[66] 再次使用在第二章3.2.2部分最先提到的那个例子：假设一个恶意的骗子无意中提供了正确的证据，而且因为他提供证据的方式，事实认定者相信了他，并且这一信念得到了证成。即使事实认定者有理由相信被告人有罪，并且他的信念是正确的，我们也不能说他**知道**被告人有罪。究其原因，是因为：如果p仅仅是碰巧为真，那么我们就不知道p。[67] 在我们的例子中，证人的证言碰巧是真实的；更侥幸的是，事实认定者关于被告人有罪的信念是正确的。[68] 如果W不知道p，那么他关于p的证言就不是有关p的知识的一个来源，甚至不是一个潜在来源。因此我们可以说，亲身知识要求在逻辑上源自以下事实，即审判最终是一种寻求知识的活动。

假设，当被要求澄清时，W说明了："S告诉我说被告人做了那件事。但我没有亲眼所见，所以我不知道被告人做了那件事。"在作证时，说者邀请听者基于他所说的话而接受他所说的为真。[69] W正在邀请法庭通过他的言词来了解S所说的。但他也忧虑：法庭不会认为他能对被告人做了那件事这一主张的真实性负责；他认为他不能正当地宣称知道被告人做了那件事。尽管W认为能够就S说了什么作证，但W不认为自己适合就被告人实施了犯罪作证，即提供**他自己的**证言。既然他没有就那一事实作证，就不存在借由相信他的证言而认定被告人有罪的问题。

亲身知识要求和传闻证据规则，虽然在概念上互为独立，但

---

[66] 这是主流的观点，参见：eg Dummett, Michael, "Testimony and Memory" in Bimal Krishna Matilal and Arindam Chakrabarti (eds), *Knowing From Words* (Dordrecht: Kluwer Academic Publishers, 1994) 251, 264. 有一些哲学家对此予以反驳，最近的质疑来自：Sanford Goldberg, "Testimonial Knowledge through Unsafe Testimony" (2005) 65 Analysis 302.

[67] Bernard Williams, *Descartes-The Project of Pure Enquiry* (London: Penguin, 1978, reprinted 1990) 44-45.

[68] Audi (n 51) 409.

[69] Elgin (n 41), 98.

第五章 传闻证据

是在操作上彼此联系。[70] 当 W 在庭上作证说，S 告诉他被告人犯下了其正接受审判的那个罪行（即"S 就 p 作证*"）时，W 不是在就 p 作证：他没有向我们保证 p 是真实的。W 只是就 S 的证言*——即 S 告诉了他 p 这个事——作证；所以 W 具有亲身感知的是**这件事**，而非 p。W 直接地知道 S 告诉了他 p。因此，W 关于"S 告诉了他 p"的法庭证言，满足了亲身知识要求。[71] 但是，W 的法庭证言是不相关的，并且可以仅仅基于不相关这一理由而被排除，除非：事实认定者被允许基于相信 W 关于"S 曾就 p 作证*"的证言，而相信 S 的证言*和接受 p 为真。如果允许事实认定者这样做，那么 W 的证据将是间接相关的。但是传闻证据规则不允许他这样做。[72] 该规则禁止接收和使用 W 关于 S 证言的法庭证言*，作为证明 p 的证据。因此，W 的法庭证言在审判中没有用处；S 曾就 p 作证*，这本身是一个在法律上不相关的事实。[73]

为什么传闻证据规则禁止事实认定者借由相信 S 关于 p 的证言*而认定 p 成立？其中一个理由在于下述一般性的认识论原则：为了正当地相信 S 关于 p 的证言*，人们必须有正当理由相信，就 p 而言，S 是值得信赖的。下文将为这一原则辩护。

2.1.4 相信证言的正当理由

我们的讨论现在回到一般性的原则上。为了能够正当地相信 S 的证言，H 必须有正当理由相信：不仅仅是 S 在诚实地讲话，而且事实正如 S 所述的那样。后者不仅取决于 S 的诚实性，还取

---

[70] Baker (n 3) 16-17; *McCormick on Evidence* (n 64) vol 1, 48 and vol 2, 131. 在历史上，后者可能源于前者：Thayer (n 2) 518-9.

[71] 参见咨询委员会对美国《联邦证据规则》602 的注解。

[72] Thayer (n 3) 270-271; Colin Tapper (ed), *Cross and Tapper on Evidence* (Oxford: OUP, 11th edn, 2007) 591.

[73] 如果我们另外有一些依据认为 S 说出了真相，那么它是相关的，但是不能这样假设。做这样的假设是荒谬的，因为它回避了 p 是否属实的问题：Clifton B Perry, "Hearsay, Nonassertive Conduct and *Petitio Principii*" (1991) Intl J of Applied Philosophy 45.

决于他对于 p 的认知"能力"。理论上，如果 S 对 p 有充分的认知能力，则：若 S 诚实地主张 p，p 即为真。[74] S 的认知能力取决于很多因素，包括他记忆和表述 p 的准确性，他在获取和传递关于 p 的知识的过程中不受偏见或无意识的影响，他知悉 p 的机会或手段，以及他与 p 有关的能力和技巧。[75] 总之，S 的诚实性和能力构成了他的可信赖性（trustworthiness）或可信性（credibility）。这两个术语是可以互换的，但是为了保持一致性，下文仅使用第一个术语。当 H 相信 S 的证言时，H 是将 S 的言词作为相信 p（或者比以前更强烈地相信 p）的根据。H 要想捍卫他对于 p 的信念，仅仅援引 S 如是说这一事实，是不够的[76]：当这种信念是借由 S 的证言而获得的时候，H 需要补充说明 S 在这个话题上是值得信赖的。[77]

2.1.5 批判性裁判的职责

只有当事实裁判者有**积极的理由**（*positive reason*）相信就 p 而言 S 是值得信赖的，他才能正当地相信 S 关于 p 的证言。正如我们将看到的，这一要求源自审判语境的特殊性质，也包含在评议职责之中。当由于 S 未出庭作证，而没有证据表明他的可信赖性时，事实裁判者就没有正当理由借由 S 关于 p 的证言*而相信 p。裁判者不能**假定** S 是值得信赖的。

这种"推论主义者的观点（inferentialist view）"——普里查德（Pritchard）[78] 这样指称——并非是不言自明的。事实上，与

---

[74] Following Elizabeth Fricker, "Against Gullibility" in Bimal Krishna Matilal and Arindam Chakrabarti (eds), *Knowing From Words* (Dordrecht: Kluwer Academic Publishers, 1994) 125, 147.

[75] 所列事项借鉴自：Ravenshear (n 25) 70-74.

[76] Jonathan Barnes, "Socrates and The Jury: Paradoxes in Plato's Distinction Between Knowledge and True Belief (II)" (1980) 54 Supplementary Proceedings of the Aristotelian Society 193, 199, 200.

[77] 但是我们通常不会明确地说明后者：D M Armstrong, *Belief, Truth and Knowledge* (Cambridge: Cambridge University Press, 1973) 81.

[78] Pritchard (n 38) 101-102.

第五章 传闻证据

之相反的"默认观点（default view）"[79]——无火不起烟——直观地看来很有吸引力。当 S 告诉我们 p 时，在没有理由怀疑的情况下，我们假定 S 知道 p 是很自然的。认为证言具有一些初步的似真性，是完全合理的。[80]我们的出发点是错误的。S 告诉我们 p 这件事本身就构成了相信 p 的一个理由（即使是一个初步的理由）。只有为了证成对 S 证言的不信任（而非信任）时，才需要积极的理由。[81]这一观点吸引了一些法律人。例如，贝克（Baker）在他对传闻证据规则的批判中提醒我们："在实际的日常生活事务中，我们会依据第三人的陈述做出行为，而无丝毫犹豫或怀疑。"[82]

这是一个错误的类比。第一，我们依据别人的言词做出行为，不必然意味着我们相信他们的证言；毕竟，我们可能别无选择而只能接受他们所说的，或者我们可能认为依据该言词行动是谨慎之举或不值得对之检查核实。[83]采取行动就意味着承担风险，因为我们经常处于不确定状态之中。然而，接受证言作为实践行动的指南，不同于相信该证言为真而接受它。[84]在审判中，事实认定者的最终目的是获得知识，得出一个既满足证成的信念标准（包含在 BAF* 中）又满足真相标准（由 TSC 规定）[85]的肯定性裁决；他的任务不仅仅是风险管理，至少在任何直接或粗糙的意

---

[79] Ibid.

[80] As argued by George F James, "The Role of Hearsay in a Rational Scheme of Evidence" (1940) 34 Illinois L Rev 788, 792.

[81] J L Austin, "Other Minds" (1946) 20 Supplementary Proceedings of the Aristotelian Society 148, 154.

[82] Baker (n 3) 14.

[83] Jonathan E Adler, "Testimony, Trust, Knowing" (1994) 91 J of Philosophy 264, 274.

[84] 因此，以下观点与我们的论点无关："大多数重大的行动，包括军事、政治、商业等各个种类，每天都是基于传闻证据而发生。"参见：Ernest Jerome Hopkins (ed)，Bierce Ambrose，*The Enlarged Devil's Dictionary* (London: Penguin, 2001) 176.

[85] 参见第三章第一节中为 BAF* 和 TSC 的辩护。

义上不是这样。

第二，即使我们真的经常相信我们被告知的内容，这是否是因为我们经常**假定**（*assume*）或者大多数时候我们**判断**（*judge*）他们是值得信赖的，仍然是一个悬而未决的问题。如果在日常语境中，"判断证言*"这一概念看起来很牵强，这可能只是因为，正如一些学者所说的，我们不会意识到在我们头脑中（可能是瞬间地或自动地）发生的许多过程，并且我们在接受证言*方面比我们所意识到的要更敏锐。[86]

第三，将日常事务与审判程序相类比是错误的。我们有时会觉得，在一定程度上，出于社会[87]和道德[88]压力，不得不相信邻居告诉我们的信息。在一些哲学家看来，证言不仅仅是一种信念的交流；它的一个基本特征是，提出了对真相的保证和希望得到信任的请求。如果我们拒绝相信某人的话，我们就轻视了此人。[89]然而，非常清楚的是，事实认定者在相信法庭上展示的证言时，不会受到这种约束。

第四，与上述约束不同，如果事实认定者假定他接收的证据为真，则是不负责任之举。或许人们多数情况下在说实话，并且证言通常是准确的。即便如此，也不会让我们走得太远。事实上，弗里克（Fricker）认为，仅凭这一点不能证成——甚至对于平常生活中的证言也是如此——以下假设：一个作证者在他作证的主题上是值得信赖的，因此对他证言的信念是真实的。[90]许多人不

---

[86] Peter Lipton, "The Epistemology of Testimony" (1998) 29 Studies in History and Philosophy of Science 1, 25; Mellor (n 42) 92; Adler (n 83) 274-5; Frederick Schmitt, "Justification, Sociality and Autonomy" (1987) 73 Synthese 43, 64.

[87] H H Price, *Belief* (London: George Allen & Unwin, 1969) 114; Lorraine Code, *Epistemic Responsibility* (Hanover, Brown University Press, 1987) 172; Welbourne (n 45) 303.

[88] Price (n 87) 114-115.

[89] Moran (n 43); Hinchman (n 43).

[90] (n 45) 76. 相似地，参见：Leslie Stephen and Frederick Pollock (eds), Clifford, William Kingdon, "The Ethics of Belief" in his *Lectures and Essays*, vol 2 (London: Macmillan, 1879) 177, 189.

第五章 传闻证据

同意这一点,即不加批判地接受证言为真总是容易上当受骗。[91] 但是,即使是这些人也会承认,在某些情况下事实认定者假定作证者可信是极度不负责任的。[92] 正如麦克道尔(McDowell)所说[93]:

> 一个足以被认为已从他人言语获得认知立场的人,需要认识到何以能够从他人那里获得知识,并对这一认识中所包含的相关考量因素作出理性回应。这就要求他根据他人所言而形成信念的过程,理性地受制于对(除其他因素之外)当接受别人所言时会让自己承担的风险之理解。

事实认定者必须认真对待的考量因素中,首要的一个是以下事实:他对在审判中提出的实质性指控的认定,将不止在一个方面,对指控所针对的一方当事人产生不利。审判评议中的正义要求,对于当指控为假时肯定性裁决所造成的损害类型,应保持普遍的敏感。只有在尽到恰当程度的谨慎之后——该程度体现了对受影响之人的足够尊重和对其利益的足够关心——才能作出一个损害性的裁决。因此,对被提交以支持指控的证言采取充分的批判性态度,是一种道德义务。这种批判性态度在认识论上也是理性的。指控存有争议,证言受到质疑,或者存在其他不一致的证据,这些理应引起怀疑。此外,证人的某些特征,包括他与其他涉案人的关系,可能会凸显以下可能性,即他的证言是偏见的、错误的、夸张的、骗人的或不准确的;事实认定者往往会在攻击证人可信性的交叉询问中深刻地认识到这些风险中的一个或多

---

[91] Eg Christopher J Insole, "Seeing Off the Local Threat to Irreducible Knowledge by Testimony" (2000) 50 The Philosophical Quarterly 44, especially 51.

[92] Eg Tyler Burge, "Content Preservation" (1993) 102 The Philosophical Review 457, 468, 484; Dummett (n 66) 261.

[93] John McDowell, "Knowledge by Hearsay" in his Meaning, Knowledge and Reality (Cambridge, Massachusetts: Harvard UP, 1998) 414, 434 - 5.

251 个。[94] 在审判的语境中，事实认定者单纯地相信证言，不仅在认识论上不牢靠，在道德上也是不负责任的。

反对上述观点的人可能会说，事实认定者采取默认观点是有道理的，因为证人是经宣誓作证。证人害怕因伪证罪受惩罚，是我们假定证人会说真话的一个理由。[95] 但是，正如普里查德所指出的，证人因伪证罪面临受到制裁的威胁，是相信证人会诚实说话的一个理由。[96] 在强调宣誓时，法律采取了推论主义者的立场，即没有证人可以被简单地推定在讲真话。

要相信证言，需要积极的理由，该要求隐含在证言作为**证据**（*evidence*）的法律地位之中——人们借由证据而获得关于该证据内容的信念[97]；换言之，它隐含在事实认定者的评议职责之中。与弗里克一样，许多人认为，在我们许多日常事务中，证言有着不一样的认知作用。通常，我们推定作证者是可信的：比如，我询问时间的时候，你告诉我时间；我相信你所说的，无须评议。[98] 当推定"就 p 而言 S 是值得信赖的，因此 p 是真的"，S 的证言发挥着一个简单的知识传输工具的作用，而不是知识的潜在来源或依据的作用。[99] 我们基于信任或信念而采纳 S 的言词；我

---

〔94〕 正如奎因顿注意到的，证据通过某些机制而呈现在事实认定者面前，这些机制"明确地假设了""证人说谎、被简单地误导或用反常方式使用言词的可能性"：Anthony Quinton, "Authority and Autonomy" in Knowledge in his *Thoughts and Thinkers* (London: Duckworth, 1982) ch 8, 67.

〔95〕 该假设由吉尔伯特提出。在过去的时代中，誓言一般比现代具有更重大的意义："由于誓言中包含了制裁和敬畏，证人的证言会自然地获得信任，除非出现'更强'的相反可能性。"(Capel Lofft (ed), Lord Chief Baron Gilbert, *The Law of Evidence*, vol 1 (Dublin: Byrne, Moore, Jones and Rice, 1795) 287.)

〔96〕 Pritchard (n 38) 119.

〔97〕 正如我们所见，对证言证据的这种使用方式，不同于从（而非借由）该证据获得信念的情形。

〔98〕 Eg, David Christensen and Hilary Kornblith, "Testimony, Memory and the Limits of the *A Priori*" (1997) 86 Philosophical Studies 1, 6–7.

〔99〕 Dummett (n 66) 264.

第五章　传闻证据

们直接根据他的权威而声称知道 p。[100] 与之不同的是，当我们在相信 S 的证言之前，要积极地确信 S 的可信赖性时，我们是把他的证言视作关于 p 的假定证据[101]；我们接受 S 的证言，但并非不加区分地接受，而是只有当它通过了我们的批判性评价、可以证成信念时才接受。这就是事实认定者在审判中接收证言的应然方式。[102] 只有当他拥有证据，且就 p 而言 S 的可信性得到充分满足时，他才有理由基于 S 的言词而相信 p——并且只有在这种情况下，他才能正当地接受 S 的证言作为相信 p 的根据。请注意，该信念并非完全基于 S 的证言；也基于关于 S 的证据和信念。[103] 在得到关于 p 的证成信念之前，需要有批判性反思，并作出推论。事实审判者必须有足够的理由支持从 S 的证言做出的每一步推论。该推论包括两步：S 相信 p，进而 p 是真的；第一步推论取决于 S 断言 p 的诚实性，第二步推论取决于 S 关于 p 的认知能力。[104]

2.1.6　作证程序的意义

以下是我们所确立的一般原则：除非事实认定者拥有关于作证者之可信赖性（就 p 而言）的积极证据，否则事实审判者不能正当地相信关于 p 的证言。作证程序（testimonial procedure）的设立，正是为了创造这样的证据。作证程序具有三方面的价值。

---

[100]　关于这一思路的解释参见：Dummett (n 66)；Zeno Vendler, "Telling the Facts" in Peter A French, Theodore E Uehling, Jr, Howard K Wettstein (eds), *Contemporary Perspectives in the Philosophy of Language* (Minneapolis: University of Minnesota Press, 1979) 220, 227; John Hardwig, "Epistemic Dependence" (1985) 82 The Journal of Philosophy 335, particularly 344 - 9.

[101]　参见：Coady (n 42) 42 *et seq*；参比：Graham, (n 42). 后者注意到了这两种考虑证言的方式之间的区别，231 - 232. 另参见：Anscombe (n 53) 151; Welbourne (n 48) 8 - 9 and (n 45) 311 - 312; Burge (n 92) 484; Edward Craig, *Knowledge and the State of Nature* (Oxford: Clarendon Press, 1990) 40, 43 - 4.

[102]　正如奥迪所观察到的。参见：Audi (n 51) 406. 需要重申一下，目前我们关注的是关于事实的证言，而非专家的意见。显然，当涉及科学或意见证据时，事实认定者的批判性裁判职责要复杂得多。该主题不在本章讨论范围内。

[103]　Robert Audi, "Testimony, Credulity, and Veracity" in Lackey and Sosa (n) ch 1, 26.

[104]　即推论是间接的并通过 S 的信念得出。参见：Mellor (n 42), 89.

首先，出庭作证的行为本身就有证据价值。证人通过该行为，庄严地承诺了他证言的真实性。要提供法庭证言，一个人必须出现在法庭上，公开自己的身份，宣誓，郑重声明所言为真，并将自己暴露于可能因伪证罪而遭受惩罚的风险中。一个人以这种方式、在这种条件下出场并担保 p 的真实性，必定可算作是一种证明他关于 p 的信念真实而强烈的证据。

其次，从行为学的角度来看，作证行为也具有重要意义。评估一个人的可信性，通常是运用"大众心理学"来完成的——这在很多方面取决于一些个人化的因素，难以穷尽列举。神态举止通常被视作关于可信性的证据；人们认为，关于一个人可信性的许多相关迹象，只有通过面对面的接触才能察觉。[105] 事实认定者依赖各种指示因素，包括"风格、副语言提示和非语言行为，从而形成关于证人可信性的决定"[106]。如果事实认定者与陈述者没有进行感官接触，例如由其他人提交关于该陈述的证据，那么所有这些指示因素就不复存在了。然而，不能夸大神态举止证据的重要性；它们的实际价值是有争议的。此外，神态举止证据对审判评议实际上有多少影响，也绝对不能被夸大。与证人在证人席上举手投足之言行方式相比，他所说的内容可能是更好的指示因

---

[105] *Creamer v Bivert* (1908) 214 Mo. 473; 113 S. W. 1118, 1120 - 1121; *National Labor Relations Board v Dinion Coil Co.* (1952) 201 F. 2d 484, 487 - 490; *Clarke v Edinburgh Tramways Co* 1919 SC (HL) 35, 36 - 7; *Powell v Streatham* [1935] AC 243, 256; Jerome Frank, *Courts on Trial-Myth and Reality in American Justice* (New Jersey: Princeton U P, 1973 ed) 21.

[106] William O'Barr, *Linguistic Evidence-Language, Power, and Strategy in the Courtroom* (San Diego: Academic Press, 1982) 42. 这一节由约翰·M·康利 (John M. Conley) 所写。

第五章 传闻证据

素,也会对我们评估其可信性产生更大的影响。[107]

传唤证人出庭作证的第三个价值在于,我们可以从他那里获得信息。在直接询问中,证人作证的事项不仅包括与争议事实直接相关的或具有实质意义的主张(p),还包括相关的情境和背景事实。这就使得对具体主张 p 的似真性判断,能够对照证人整体陈述的连贯性并且结合其他案中证据进行。[108] 交叉询问往往会对直接询问中所述故事的弱点提出挑战。对这些挑战的有效回应将增强接受 p 的正当理由;相反,无法回应这些挑战可能破坏或削弱上述正当理由。[109]

当我们衡量一个人的可信赖性时,我们不只是判断他的身体能力和技巧,比如他的感知能力、沟通准确性和对问题形成正确判断的能力;我们也致力于将他的行为合理化(rationalization)。这个过程包括解读他的思维活动。我们将某种心理状态归属给他,依据这种心理状态来解释他的证言;一个可能的信念、动机、意图或欲望被归属给他,以解释他的作证行为。[110] 如果关于为何 S 言说 p 的最融贯的解释是,他相信 p 且 p 是真的,这时我们就可以借由 S 关于 p 的证言而推论出 p。[111] 可用的背景信息越多,我们就越能够得出这样的"最佳解释推论(inference to the best ex-

---

[107] Brian MacKenna,"Discretion"(1974)9 The Irish Jurist(NS)1,10;Olin Guy Wellborn III,"Demeanor"(1991)76 Cornell L Rev 1075. 即使当庭证言没有加强对可信性的判断,也不能就此断定它没有"整体上的积极价值"。例如,出庭作证的要求"可能很好地阻却不诚实的证人":ibid, at 1092. 请与以下文献的观点做比较:James P Timony,"Demeanour Credibility"(2000)49 Catholic University L Rev 903. 后者主张"使用神态举止……作为判断证人可信性的一个因素"(ibid, 906);并且"尽管存在潜在的问题……,神态举止证据仍然是判断证人可信性的最好指引之一"(ibid, 920)。

[108] 第三章 3.4 部分讨论了证据评价的整体性质。

[109] 无论证人能够多么充分地"协调他的故事与他所知晓的事情,一个详尽的交叉询问不可能不暴露出一些与该证人不知道但他人知晓的事项之间的矛盾"。Ravenshear (n 25) 76.

[110] Jack Lyons,"Testimony, Induction and Folk Psychology"(1997)75 Australasian J of Philosophy 163,170–176.

[111] Lipton (n 86) 27–29;Adler (n 83) 274–5.

planation)"。就此而言，有很多东西都是相关的。有必要知道这些事项：S是否与当事人有关系以及这种关系的重要性，他是否会因案件的审理结果而获益或受损，他是如何卷入案件之中的，当他声称观察到 p 时所处的境地，关于他的性情和品格的信息，等等。此外，以下几点也很重要：看他能否在不受诱导性问题引导的情况下讲述一个"连贯的"故事，观察他讲述故事的方式、他的行为以及对质疑所作回应之说服力。这就是为什么传唤 S 到法院亲自讲述他的故事、让他提供背景信息和让他接受交叉询问是如此的重要。如果 S 不以证人身份出庭，事实认定者可能根本就无法掌握足够多的信息，以证成或捍卫对其可信赖性的接受[112]；因而，也无法借由 S 的证言获得关于 p 的知识。[113]

（补充一些题外话：假设 S 以证人身份出庭作证，事实认定者可以通过评判他在法庭上的表现，绝对地相信他的证言或不相信他的证言。但是这个信念不必然是绝对的。若关于 S 之可信赖性的证据模棱两可，事实认定者可能不会绝对地相信 S 的证言，而仅仅在一定程度上相信它。在这种情况下，在何种程度上他能正当地相信 S 的证言，取决于能够得到的关于 S 可信赖性的证据之强度。）

2.1.7 对证言论点的评价

可能会有人问：如果证言论点表明，存在合理的理由反对不加批判且无根据地得出传闻推论，难道不应该任何一个理性的审判制度都规定传闻规则吗？那么，为什么在欧洲大陆的司法制度中没有这样的规则呢？事实上，许多普通法系国家已经开始或正

---

[112] Cf *Blastland* [1986] AC 41, 54, per Lord Bridge：传闻证据被排除，是因为"存在巨大的困难……来评估对于一个陈述——该陈述由一个事实认定者未曾看到或听到的人作出，且未经交叉询问检验其可靠性——需赋予多大的分量（如果应当赋予的话）"。

[113] 这种知识被称为"推论式（discursive）"知识。关于作为推论式知识之条件的证成和可辩护性，参见：Keith Lehrer, "Testimony and Trustworthiness" in Lackey and Sosa (n 43) ch 7.

第五章 传闻证据

在考虑着手通过立法放松该规则的限制作用。[114] 这种来自立法部门的冲击，难道不是说明普通法系的法律人也失去了对该规则的信仰吗？既然我们一般认为国际战争罪法庭对合法性问题特别感兴趣，为什么这些法庭没有感觉到制定传闻规则的必要？即使证言论点没有完全扭曲传闻的意义，它是不是夸大了该规则的意义？

正如前面所强调的，我们必须小心地区分传闻规则的含义和执行该规则的排除性方式。一旦我们牢记这种区别，大陆法系国家允许自由采纳和使用传闻证据的观点，就可被视作一个过于简单化的说法。实际上，许多作者已经证明，传闻规则起源于欧洲大陆，这远远早于它出现于普通法系之时。[115] 事实是，在大陆法系的制度中，传闻规则很少[116]以证据排除规则的形式出现；它通常被纳入与合法使用传闻证据有关的宽泛原则中，有时更具体地体现在规定何时与何种程度上传闻证据可用于支持事实认定的规则之中。[117] 这种偏好是可以理解的：排除证据不是一个合适的选择，理由是大陆辖区中法官与事实认定者这两个角色并不泾渭分明，因而很难将传闻证据屏蔽在事实认定者之外；相比之下，规制证据使用的技术是非常合适的选择。因为，首先，法官有权追

---

[114] 对于刑事审判中这一趋势的调查，参见：The Law Reform Commission of Hong Kong Consultation Paper，*Hearsay in Criminal Proceedings*，November 2005，in http：//www.hkreform.gov.hk，ch 5.

[115] Herrmann (n 10)；Damaška (n 58)，and (1992) 76 Minnesota L Rev 425；Hammelmann (n 8) 68-69.

[116] 但排除规则并非没有先例：Ulla Jacobsson，"Hearsay Testimony in Sweden" (1973) 17 Scandinavian Studies in Law 129，144-146.

[117] 例如，当有关事实第一手知识的证人是可用的，法庭将传唤他们而不是信赖传闻证据；并且，在某些事项上，传闻证据必须得到印证：Damaška (n 58) 70, and "Of Hearsay and Its Analogues" (1992) 76 Minnesota L Rev 425，439-441；Heinrich Reiter，"Hearsay Evidence and Criminal Procedure in Germany and Australia" (1984) 10 Monash L Rev 51，55；Jacobsson (n 116) 130；J R Spencer，"Orality and the Evidence of Absent Witnesses" [1994] Crim L R 628，641，642，n 68 and "Evidence" in Mireille Delmas-Marty and J R Spence (eds)，*European Criminal Procedures* (Cambridge：CUP，2002) ch 11，619 ("根据德国判例法，传闻证据本身通常不足以为有罪判决提供根据；它必须得到其他更加可靠的证据类型的印证。")

查传闻陈述的来源并调查该来源的可信度;其次,法官需要提供详细的裁判理由,这一要求使得上级法院能够检查他对传闻的评价和使用是否适当。[118] 在法律事实认定的语境中,对传闻的信赖需要认识论上的正当理由,这一关注点显然不是普通法系所特有的。虽然各国处理这种关注点的方式不尽相同,但大多数审判制度,不论是大陆法系还是普通法传统,都在某种程度和某种形式上遵循着一些基本的准则。正如达马斯卡所言:虽然选手们及其使用的工具不一样,但从规范性层面来看,他们的得分几近相同。[119]

很大程度上基于相同的原因,放松传闻规则的严厉程度或废止该规则的发展趋势,也不会削弱我们的论点。这种趋势源于人们对排除传闻证据这种技术的不满。有一种观点认为,这种技术过于生硬,即使事实认定者已经能够判断未出庭陈述人就(据称是其做出的)陈述而言具有可信赖性,该证据也经常被排除。反对排除技术的趋势,不能表明对使用传闻证据的忧虑减少了,这种排除技术仅仅是对这一忧虑的一种回应方式而已。例如,没有哪个律师会认为,美国《1995年民事证据法》对传闻规则的废止,能让事实认定者从所有对基于传闻的推论的约束中解放出来。该法案第4(1)条要求:法院在评估传闻证据的分量时,"**应当顾及任何一种能够从中合理地得出关于证据可靠与否的推论之情形**"。卡特(Carter)如此评论该规定:"没有什么比它更宽泛、更温和或更不容置疑。"[120] 遗憾的是,在如此宽泛地表述一个原

---

[118] Damaška (n 58) 85 and (n 117) 427-8; Jeremy A Blumenthal, "Shedding Some Light on Calls For Hearsay Reform: Civil Law Hearsay Rules In Historical And Modern Perspective" (2001) 13 Pace International L Rev 93, 113-5. 但是斯盆塞表明:"法国的法官尽管一定会列出他认为得到证明的事实,但是他没有职责解释他是如何评估事实认定所依据的证据的。" Spencer, "Evidence" (n 117) 623-4.

[119] Damaška (n 58), 84.

[120] P B Carter, "The Hearsay Rule: Retreat or Rationalisation" in Charles Sampford and C A Bois (eds), *Sir Zelman Cowen-A Life in the Law* (St Leonards, New South Wales: Prospect Media, 1997) 29, 36.

第五章 传闻证据

则时，该规定未能精准地指出传闻证据存在的确切问题。然而，第4（1）条规定的总的原则中，暗含了关于信赖传闻推论的条件：只有当对 p 的推论在认识论上是可证成的，该推论才是"合理的"；而除非事实认定者拥有一些可据以正当地评估 S 就 p 而言的可信赖性的根据，否则事实认定者对 p 的推论在认识论上就是不可证成的。

在刑事诉讼中，普通法系的成文法也已放松了传闻规则。在英格兰和威尔士，《2003 年刑事审判法案》第 114（1）（d）条赋予了法庭采纳传闻的自由裁量权，如果"法庭认为采纳它符合司法利益"的话。同样地，南非《1988 年证据法修正案》第 3（4）条赋予法庭"为了司法利益"而采纳传闻证据的自由裁量权。根据这些法规，自由裁量权的行使必须考虑到原始来源的可靠性或证据的证明价值。[12] 除非法庭对庭外陈述人的可信赖性达到满意程度，否则很难明白法庭何以对可靠性和证明价值形成肯定性结论。因此，被废止的仅仅是传闻法律规则的僵硬性而已。

还有一个事实是，国际法院或法庭以及由国际社会参与而成立的许多国家法院（例如国际刑事法院、伊拉克特别法庭、塞拉利昂特别法庭、前南斯拉夫国际刑事法庭和卢旺达问题国际刑事法庭），通常不把排除传闻证据作为一项规则。这是否表明传闻规则仅是普通法的一个怪癖，却不为程序公正的国际性标准所认可？即使它对于确保审判的合法性特别重要，也并非不可替代？答案是否定的，理由有以下四点。首先，质疑上述机构的一些规则受到了政治动机的影响，并非是出于愤世嫉俗；对"胜利者的正义（victor's justice）"和"作秀式审判（show trials）"的强烈抗议，是人们再熟悉不过的事了。为追求政治私利，展现获得定罪裁决

---

[12] 《2003 年刑事审判法案》第 114（2）（e）条；《1988 年证据法修正案》第 3（1）（c）（iv）条。

的坚定决心，控方可能会被允许自由地依赖传闻证据。[122] 其次，在一些国际审判中，自由地采纳和使用传闻证据的做法一直受到激烈的批评[123]，其中最著名的是纽伦堡和东京法庭的一些做法。将这些特别法庭的做法推广到普通的法院，是极为不合理的。

  第一和第二点理由对这些特殊的司法机构使用传闻证据是持怀疑态度的，第三和第四点理由指出他们对这些证据持松懈态度的可能原因，而这些因素并不适用于国内法院。第三点是：由于政治灾难而专门设立的法院和法庭，面临这类案件所特有的问题，他们必须予以处理。"大规模侵犯人权和国际人道主义法的案例，如种族灭绝、战争罪和危害人类罪，带来非同一般的……逻辑方面的挑战。"[124] 这是由于这些犯罪所涉及的受害人、证人和事件的数量众多。沃尔德（Wald）基于个人的审判经验，说道："通常需要提交关于造成敌对冲突的事件的证据，来为导致了所诉战争罪的具体事件铺垫基础。"此外，鉴于战争罪被定义的方式，可能要求证据证明："国际武装冲突的存在，被指控的违法行为和武装冲突之间的关系，一场针对平民的系统或广泛的运动的发生……，或毁灭宗教、民族或种族群体的意图。"[125]

  在典型的国内审判中，证明是针对"一个独立的事件"；而国

---

  [122] 参见围绕着伊拉克特别法庭审判萨达姆·侯赛因的争议：Gregory S McNeal, "Unfortunate Legacies: Hearsay, Ex Parte Affidavits and Anonymous Witnesses at the IHT" (2006) 4 International Commentary on Evidence, article 5, available at: http://www.bepress.com/ice/vol4/iss1/art5.

  [123] See Virginia Morris and Michael Scharf, *The International Criminal Tribunal for Rwanda* (Irvington-on-Hudson, NY: Transnational, 1998) vol 1, 13 – 14; 迈克尔·沙夫（Michael Scharf）向美国众议院军事委员提交的书面陈述（2006年7月26日）：http://armedservices.house.gov/comdocs/schedules/07 – 26 – 06ScharfTestimony.pdf, 3 – 4.

  [124] 美国和平研究所的特别报道："Building the Iraqi Special Tribunal-Lessons from Experiences in International Criminal Justice", June 2004, available at: http://www.usip.org/pubs/specialreports/sr122.pdf, 1.

  [125] Patricia M Wald, "To 'Establish Incredible Events by Credible Evidence': The Use of Affidavit Testimony in Yugoslavia War Crimes Tribunal Proceedings" (2001) 42 Harvard Journal of International Law 535, 536.

第五章 传闻证据

际特别法庭的工作,更像是"记录民族或种族冲突的一段经历或……一个时代"[126]。这些法庭还承担着比普通法院要广泛得多的社会功能。除其他功能外,他们被期待有助于"恢复和维护和平"[127],帮助"确立历史事实",使得"社会面对过去"[128]。为了如此广泛的目的而进行大范围的调查,忽略所有非经亲身证言传达的信息,既不明智也不可行。[129] 还必须指出的是,某些国际法庭缺乏强制力。这使得取证相当困难。以下事实增加了这一困难:反人道罪是大范围实施的,导致民众流离失所,其中的受害者往往不敢出面作证或已逃离、消失。[130] "在这种情况下,适用严格的证据可采性规则将使[这些法庭的]任务极大地复杂化。"[131] 因此,可以说,需要完成的工作之独特性质,再加上开展工作的特殊条件,为这些特别机构依赖传闻证据提供了理由。[132]

第四,大多数国际法庭仅仅是拒绝了普通法证据排除规则的僵硬性。他们其实已经接受了上述证言论点的精神。虽然传闻证据并不总是被排除,但也不是始终被采纳。它是否可采,取决于

---

[126] Ibid, 536-7.

[127] Almiro Rodrigues and Cécile Tournaye, "Hearsay Evidence" in Richard May et al (eds), *Essays on ICTY Procedure and Evidence in Honour of Gabrielle Kirk McDonald* (The Hague: Kluwer, 2001), ch 23, 296-7.

[128] Dominic McGoldrick, "War Crimes Trial Before International Tribunals: Legality and Legitimacy" in R A Melikan (ed), *Domestic and International Trials 1700-2000 - The Trial in History*, vol II (Manchester: Manchester University Press, 2003) ch 6, 109.

[129] 例如,那样会减缓诉讼程序的进展,这在政治上是不可接受的。最初的《前南斯拉夫国际刑事法庭程序与证据规则》第 90(A)条(即传闻规则)规定:"原则上,证人应该被直接听审。"此规则随后被废除,因为法庭被施加了加快程序的压力:Megan A Fairlie, "Due Process Erosion: The Diminution of Live Testimony at the ICTY" (2003) 34 California Western Intl LJ 47.

[130] Rodrigues and Tournaye (n 127) 296.

[131] Ibid。

[132] 当设置了恰当的保障措施后,更是如此。关于保障措施的例子,请参阅当前版本《前南斯拉夫国际刑事法庭程序与证据规则》第 92 条:http://www.un.org/icty/legaldoc-e/basic/rpe/IT032Rev39e.pdf。

它的相关性和证明价值。在塔迪奇案（*Prosecutor v Tadić*）中[133]，前南斯拉夫国际刑事法庭的审判庭认为，在评估传闻的证明价值时，法庭必须审查"证据的真实性、自愿性和可信性"；审查方式是检视"证据产生的情形以及陈述的内容"。在一个案件中，上诉庭认为某传闻证据"如此地缺乏可靠性标识"，所以它被认为是不能提供证明的，并被裁定不可采。[134] 即使传闻证据被采纳，"［它］被赋予的分量或证明价值通常会小于业经宣誓和交叉询问的证人证言"[135]。上述内容共同表明了，法庭清晰地认识到，在依赖传闻证据时应谨慎为之。由于上面列举的这四个原因，将国际刑事程序中传闻排除规则的缺失，作为在国内刑事诉讼中允许自由使用传闻证据的一个论据，是愚蠢之举。

2.1.8 裁判的职责

然而，传闻证据规则有着比证言论点更丰富的内涵。证言论点为禁止传闻推论提供的正当理由仅在于：由于S缺席庭审，事实审判者缺乏正当理由将他的陈述作为证言而信赖。但是，认为但凡S不出庭作证，就没有证据证明他的可信赖性的观点，并非总是正确的；而且很明确的是，在普通法中，即使存在证明可信赖性的证据，传闻规则仍然适用——实际上，这就是传闻规则引发批评的主要原因。证言论点能对抗这种批评吗？一种回答是：即使有人可以对S的可信赖性作证，事实认定者采纳p仍然缺乏

---

[133] 关于对辩方提出的传闻动议的裁定，Case No. IT-94-I-T，5 Aug 1996（decision of Trial Chamber）. 这个裁决得到了塔迪奇案上诉庭的支持：关于对控方就证据可采性问题上诉的裁定，Case No. IT-95-14/1 - AR73，16 February 1999（decision of Appeals Chamber），para 15. 这个裁决后来被多次引用过：eg，*Prosecutor v Martić*，Case No IT-95-11-T，第一审判庭的判决，12 June 2007 at para 24；*Prosecutor v Martić*，Case No IT-95-11-T，关于采用规制证据采纳标准的指导方针的决定，19 January 2006，Trial Chamber I，para 8.

[134] *Prosecutor v Kordic*，关于对就一个已故证人的陈述提起上诉的裁定，21 July 2000（decision of Appeals Chamber）（Case No IT-95-14/2）para 24.

[135] *Prosecutor v Aleksovski*，关于对控方就证据可采性问题上诉的裁定，Case No. IT-95-14/1-AR73，16 February 1999（decision of Appeals Chamber）para 15.

第五章 传闻证据

正当理由。因为他将不得不听从那人对 S 之可信赖性的评估，而这样做的时候，他违反了就争议问题做出（批判性的和亲历性的）裁判的职责。

假设 p 对于正在受审的案件而言是一个实质性的主张。如果 W 出庭作证说："我知道 p，因为 S 告诉我他看到了 p 的发生。我们是多年的好友；他是一个完全诚实的人。我可以通过他的神态来判断他所说的是实话。我对此绝对有信心。"W 在对 p 作证：通过主张拥有知识，他亲自保证 p 的真实性。他这样做不是因为他有断言 p 的直接理由，而是因为他相信自己在此案中有足够的理由相信 S。W 对 p 的信念，源于 W 对 S 的信念。W 的证言违反了"亲身知识"规则（即要求证人只对其曾直接感知的内容作证）吗？我们可以从别人的陈述中获取知识，这无疑是一个常识。如果一名警察告诉我警察局就在拐角处，毋庸置疑，我可以通过他的证言，主张自己知道警察局在哪里。当然，这些信息也可能是错误的。但如果永不出错是知识的前提，且知识不能够由证言传达，我们就很难知道我们认为自己知道的那些东西：甚至没有人可以声称知道自己的父母是谁，或者自己出生的日期。[136]

在我们的例子中，常识允许 W 有资格说他知道 p，如果他有正当理由认定 S 在此事上是值得信赖的话。即便如此，在法律上，作为一般性规则，W 需要掌握的知识应当通过直接感知获得，而不是通过他人的陈述获得。表面看来，这似乎很奇怪。为什么对事实认定者来说，证言可作为知识的合法来源（或至少是为信念提供正当理由的合法来源），而对于 W 来说却不能这样？将审判视作探究真相活动的理念，假定了事实认定者可以根据"二手"

---

[136] A D Woozley, *Theory of Knowledge-An Introduction* (London: Hutchinson's University Library, 1949) 184–5. Nicholas Rescher, *Dialectics-A Controversy-Oriented Approach to the Theory of Knowledge* (Albany: State University of New York Press, 1977) 90："我们的确必须对自己知道的事情感到确定，但是附在知识主张上的这种'确定性'，不需要达到原则上无法实现的绝对程度。它必须在以下意义上来理解，**在当下条件中可以合理期待的那种确定性。**"

信息获得真相；否认 W 也能通过二手信息获得知识，存在前后逻辑不一致之嫌。

如果 W 被允许就别人的陈述作证，当证言到达事实认定者时，它将是"三手"信息。根据一般的原则，这是否使得 W 的证言丧失了作为事实认定者知识之潜在来源（或至少是他对案件事实之信念的正当理由）的资格？很难理解为什么理应如此。以下情况当然是成立的：说者通过另一人的证言获得关于 p 的知识，然后通过说者告知我们 p，我们可以知道 p（或至少正当地相信 p）。例如，一个学生可以从他老师那里知道曾发生过第一次世界大战，即使这位老师只是从其他权威人士那知道这件事。[137] 为什么在审判中应该有所不同呢？

有观点认为，审判应该是不同的，因为我们的事实认定方法是基于一个独特的智识传统，该传统有时被称作"认知个人主义（epistemic individualism）"[138]。事实认定者被期待，在断言 S 的可信赖性时，能够坚称其认知自主性。对 S 可信赖性的判断，必须由法官做出；听从 W 的判断是无效的。我们期望事实认定者能够证成和捍卫他认定事实主张为真的信念。他"应该独立地知道它；他必须是权威；他必须已经发现或者确定它"[139]。"只有当知识主体以某种方式亲自核实证人的可信性"[140]，这类知识才能经由证言获得。如罗斯（Ross）所述，这种智识传统所反对的是：

> 这样的观念，即别人的判断（这些判断包含在他们所说的话中），本身又包含了某种关于某个人的判断的主张。这样一个主张，只能通过听者自己对证据——该证据支持将说者作为在争议事项上的可靠权威——的评估而产生。听者对别

---

[137] Anscombe (n 53) 146 – 7.

[138] Angus Ross, "Why Do We Believe What We Are Told?" (1986) 28 Ratio 69, 70.

[139] J L Mackie, "The Possibility of Innate Knowledge" (1970) 70 Proceedings of the Aristotelian Society 245, 254.

[140] Ibid, 254.

第五章 传闻证据

人的意见采取任何其他的态度,都会涉及放弃认知自主性,和放弃他对信念为真的自身责任。[141]

非常令人怀疑的是:一个人总是确实、能够或应当遵循这一原则,尤其是在日常事务中。[142] 例如,罗斯认为,当涉及"目的仅仅是传输信息的日常交流"时,这一原则是站不住脚的。[143] 不过,他认为:该原则确实反映了我们对待特殊语境中的证言——"例如证人在法庭上给出的证言"——的态度。[144] 在审判中,事实认定者相信证人的意愿,必须是"基于对证据的评估——这些证据支持将证人认作真实的和可靠的"[145]。

认知个人主义的理念是我们事实认定制度的基础。这体现在许多方面。给陪审团成员的标准指示就体现了这一观点。

> 判断证据并决定本案的所有相关事实,一向是你的责任。当你开始考虑判决,你,仅仅是你本人,必须做到这些……
>
> 本案的事实是你的责任……当涉及本案的事实,只有你的判断有效。[146]
>
> 确定事实,有争议的事实,……是你的工作。在每一个、所有的陪审团案件中,确定有争议的事实是陪审团唯一的且专属的功能、职责……非常重大的责任。[147]
>
> 法律规定你们陪审团成员——而且仅仅是你们——……是关于事实的唯一且专属的法官,是关于每个证人所言为真或为假的唯一且专属的法官,也是关于被告人有罪或无罪的

---

[141] Ross(n 138)70.

[142] Frederick Schmitt,"On the Road to Social Epistemic Interdependence"(1988)2 Social Epistemology 297.

[143] Ross(n 138)80.

[144] Ibid,71.

[145] Ibid.

[146] Judicial Studies Board,Criminal Bench Book,specimen direction 1,available at: http://www.jsboard.co.uk/criminal_law/cbb/index.htm.

[147] Massachusetts Jury Instructions,Civil,1.14(b)(1999)(Available on lexis).

唯一且最终的法官。[148]

意见证据规则是体现认知个人主义的另一个例子。非专家证人被禁止在作证中基于他们的观察进行推论；他们被告知要忠于"事实"，而不是试图"篡夺"事实认定者的角色。应该由后者来决定从这些事实中得出什么推论。这种论点认为，非专家证人提供意见不仅是毫无意义的，也是危险的：它可能诱使事实认定者逃避本应由其承担的认知职责，或分散其从事该职责的精力。[149]

在本节开头设定的情形中，W 正寻求通过他的证言将 S 主张的关于被告人实施犯罪的知识传输给事实认定者。只有当 S 作为推论链条的第一环，确实对那一事实拥有知识，并且只有当事实认定者有理由相信 S 有那样的认识，事实认定者才能通过 W 的知识传输而获得知识。除非他有理由相信 S 在该主张上是值得信赖的，否则，他相信该主张就没有正当理由。W 认为 S 是值得信赖的，这对于事实认定者来说是不够的：他必须亲自判断 S 是值得信赖的，不能将 W 的判断作为他自己的判断。为什么不能这样呢？

在评价和解释证据时，理性的人们可能合理地持有不同意见。审判的主要目的是终局性地裁决事实争端。要得到终局性裁决，就必须有人对真相何在拥有最终发言权。根据政治安排，这个人就是事实认定者；除非并且直至上诉成功，他的裁决必须被接受。但是，各方有义务要接受的是**他的**决定。事实认定者的角色是裁

---

[148] Charges to the Jury and Requests to Charge in a Criminal Case in New York (Available on Westlaw; Database updated August 2003) § 4.56 ("Jury as Triers of Facts").

[149] 正如金斯米尔·摩尔（Kingsmill Moore）法官在爱尔兰最高法院的一个判例中所说："如果法庭被证人的意见所左右，在这个意义上就是放弃了它的特权与独立判断的职责……至少在理论上，一个非专家证人意见的表达一定是没有用的或危险的。"：*Attorney General (Ruddy) v Kenny* (1960) 94 Irish Law Times Reports 185, 191. 这个论证能在多大程度上使人信服，是存在争议的：eg *Christopher James Stockwell* (1993) 97 Cr App R 260, 265-6 (Court of Appeal, England); *Sherrard v Jacob* [1965] Northern Ireland Law Reports 151, 156, 170 (Court of Appeal, Northern Ireland); *Graat v The Queen* (1982) 144 Dominion Law Reports (3d) 268, 281-2 (Supreme Court of Canada).

第五章 传闻证据

判纠纷。所谓裁判，根据其定义，是做出批判性的和亲历性的判断。事实认定者必须（亲自地）评价 S 是否值得信赖；只有他的判断，而非 W 或其他任何人的判断，是有效的。对于事实认定者而言，遵从 W 对 S 可信赖性的评估，是一种失职行为：他没有完成他被任命要做的事。发生这种情况时，该审判不仅是有问题的；从根本意义上讲，审判不曾发生：它没有给当事人提供合法审判所必需的核心要素，即由经授权和被委托从事裁判的裁判者来审查和权衡证据。传闻规则阻止将 W 的证言用作证明 p 的证据，因为事实认定者无法（批判性和亲历性地）判断 S 在关于 p 问题上是否值得信赖。[150]

虽然这种论点非常强有力，但它仅对传闻规则的核心内容有解释力。的确，如果事实认定者简单地遵从 W 对 S 可信赖性的评估，那么事实认定者就没有履行其坚称认知自主性的职责。但并不意味着，事实认定者对 W 评估的每一次接受，都违反了（批判性的和亲历性的）裁判职责。有时候，可能存在证据，基于这些证据事实认定者能决定 W 关于 S 可信赖性的观点本身是否值得信赖。若 W 愿意就 S 的可信性宣誓作证，除了该意愿具有证据意义外，W 还可以在作证中解释他为什么相信 S 在说真话。在这种情况下，事实认定者没有被要求盲目地遵从 W 的评估；相反，只有当他亲历地和批判地判断 W 给出的理由足以支持那个评估时，他才会接受它。另外，关于 S 可信赖度的证据，可能不是以另一人的评估的形式呈现。它可能采取关于 S 作出陈述时的情形的直接证据的形式；下文将讨论的迈尔斯案（*Myers v DPP*）[151] 是一个典型例子。传闻规则的适用范围，甚至延伸到上面描述的情形。因此，认知论点并不能完全地解释传闻规则。也许，我们应该将它接受为一个规范性的原则？

---

[150] Cf Mortimer R Kadish and Michael Davis, "Defending the Hearsay Rule" (1989) 8 Law and Philosophy 333, 348-350.

[151] [1965] AC 1001.

2.1.9 作为规范性原则的证言论点

把它作为一个规范性原则，就是要主张：应当改革传闻规则，仅仅排除那些因缺乏认识论正当理由而无法依赖的传闻证据。[152] 在一定程度上，对该原则的遵循已体现在传闻规则的许多例外之中。[153] 这些例外情形的创设显然是基于以下信念（无论其正确与否）：S 提供证言*时的环境，为相信该证言提供了证成。[154] 有些人认为，使传闻法律规则合理化的一种合乎逻辑的方法是，根据已经隐含在那些例外情形中的认识论原则来制定该规则。[155] 因此，该论点就是：如果且只要存在能让事实认定者评估 S 关于 p 的可信赖性的证据，则传闻证据通常应该是可采的。[156] 然而，即使作为一个规范性原则，认识论上的证成仍是不充分的。在 S 缺席庭审的情况下，即使法院拥有一些证据，这些证据可能提供使

---

[152] 英国的法官似乎已经悄悄地走向了这个方向：Andrew Ashworth and Rosemary Pattenden, "Reliability, Hearsay Evidence and the English Criminal Trial" (1986) 102 LQR 292; D J Birch, "Hearsay-logic and Hearsay-fiddles: *Blastland* Revisited" in Peter Smith (ed), *Essays in Honour of J C Smith* (London: Sweet & Maxwell, 1987) 24.

[153] 但并非在所有的例外中都有体现：Spencer, "Orality and the Evidence of Absent Witnesses" (n 117) 633.

[154] Morton (n 37) 1309; Coady (n 42), 206-7. 认为创造出传闻例外的想法现在可能过时了的观点，仍然有影响力：Roger C Park, "The Hearsay Rule and the Stability of Verdicts: A Response to Professor Nesson" (1986) 70 Minnesota L Rev 1057, 1069.

[155] Morgan *et al*, *The Law of Evidence-Some Proposals for Its Reform* (New Haven: Yale UP, 1927) 39; James Allan, "The Working and Rationale of the Hearsay Rule and the Implications of Modern Psychological Knowledge" (1991) 44 CLP 217, 221-222. 在以下司法辖区，"对可信性的环境保障（或盖然性）"的存在，被接受为不适用传闻规则的一个普遍理由：美国（Wigmore (n 25) 202-3, 204-5; Rule 807 (previously Rules 803 (24) and 804 (5)) of the Federal Rules of Evidence, and see note to Rule 803 by the Advisory Committee on Rules）；加拿大（*R v Khan* (1990) 59 CCC (3d) 92; *R v Smith* (1992) 75 CCC (3d) 257; *R v B* (KG) (1993) 79 CCC (3d) 257)。在澳大利亚，《1995 年证据法》（1995 年第二号英联邦法案）第 65（2）条规定了在刑事程序中当 S 不能出庭时的传闻规则之例外；这些例外似乎也是基于可能存在理由将 S 的陈述视为可信。

[156] 关于这种思路的提议，参见：Eleanor Swift, "A Foundation Approach to Hearsay" (1987) 75 California L Rev 1339.

第五章 传闻证据

法院相信其证言*值得信赖的理由,这仍然是不充分的。我们需要考虑:假若 S 出庭作证,他给出的证据是否可能产生任何会废止这些理由的论证?这种考虑再次关涉正义。

2.2 可废止性论点

有人认为:传闻规则"包含着一个重要的正义原则"[157]。下文将尝试论述,该正义原则在本质上与传闻证据规则的认识论基础有关联,而对该原则的任何阐述如果未能说明这种联系就是没有前景的。

有时,传闻规则被批评的一个原因是,它排除了可能有利于确定真相的证据,因而阻碍了真相的发现。这种批评尤其针对排除"暗示性传闻(implied hearsay)"证据的做法,因为在此情形下该规则与发现真相之间的张力似乎最大。因此我们可以认为:如果传闻规则完全是可捍卫的,一定是因为某种价值或原则超过了我们发现事实真相的利益。于是,我们很自然地会想到,"内置"于传闻规则中的正义原则——无论这一原则的内涵可能是什么——是一种与揭开真相之利益相抗衡的力量,它关注的是道德问题而不是任何认识论方面的考量。例如,我们可能会援引作为公平的正义(justice as fairness)理念,将传闻规则解释为(哪怕只是部分地),是为了维护对抗式审判环境中的公平竞技。[158]

2.2.1 公平论点

如何构建这样一种论证?它具有说服力吗?本小节将解决第一个问题;第二个问题留待下一节。可以这样论证:将 S 的陈述

---

[157] *R v Kearley* [1992] 2 AC 228, 259.

[158] 一个通常的观点是,传闻规则与对抗式审判制度有关,或更具体一点讲,与这一制度中的公平理念有关。Eg, Morgan(n 15)181-185;Swift,(n 156)1369-1375;Stephan Landsman, "The Rise of the Contentious Spirit:Adversary Procedure in Eighteenth Century England"(1990)75 Cornell L Rev 497, 564-572;Damaška(n 11), 80;Ho, "A Theory of Hearsay"(1999)19 OJLS 403;Alex Stein, *Foundations of Evidence Law*(Oxford:OUP, 2005)228-231.

作为证言信赖,其可证成性问题只是传闻的一个方面;另一个方面是,在对抗式审判中允许一方当事人将 S 作为"证明来源"而不用传唤 S 到证人席,是一种典型的不公平。这种不公平源于不平等地对待当事人,或者更具体地说,源于对不利后果风险的不均等分配;允许一方使用传闻证据,在某种意义上给予了他不正当的优势。南非最高法院在一个案件(*S v Ndlovu & Anor*)[159]中表达了对上述论点的倾向性态度,具体如下:

> 传闻证据不仅……不会受到适用于一手证言的可靠性审查……而且对它的采纳使得反对其证明效力的一方,遭受了程序上的不公平,即不能够有效地对从中可能得出的推论提出质疑。

这一节将对这段文字中所暗含的论点予以展开,并在下一节中对其进行批判。英美传统审判遵循的是所谓的当事人举证原则(party-representation)。[160] 概括而言,当事人有责任提供支持各自主张的证据;法院将不会亲自调查、收集证据[161],不会"指示诉讼当事人他应当提供什么证据"[162],也不会依赖关于没有任何一方当事人正式举出证据证明的有关事项的亲身知识。[163]

---

[159] (1993) (2) SACR 69 (A) at pg 10, para [13], available at http://www.supremecourtofappeal.gov.za/judgments/sca_judg/sca_2002/32701.pdf.

[160] Robert W Millar, "The Formative Principles of Civil Procedure-I" (1923) 18 Illinois L Rev 1, 16 – 18. 这个原则是对抗式审判所特有的:J A Jolowicz, *On Civil Procedure* (Cambridge: Cambridge U P, 2000) 221, 217, 218; Landsman (n 158) 501 ("对抗性正义的要素之一……是当事人对证据——这些证据决定了对案件的裁决——的提交和质量负责"); Richard Eggleston, "What is Wrong with the Adversary System?" (1975) 49 Australian LJ 428, 429; G L Certoma, "The Accusatory System v The Inquisitorial System: Procedural Truth v Fact?" (1982) 56 Australian LJ 288, 288 – 9.

[161] *Jones v National Coal Board* [1957] 2 QB 55, 63 – 4; Frederick Pollock, *The Expansion of the Common Law* (London: Stevens and Sons Ltd, 1904) 33 – 34; John Henry Wigmore, *A Treatise on the Anglo-American System of Evidence in Trials at Common Law*, vol 9 (3rd edn, Boston: Little, Brown & Co, 1940) 266.

[162] *Tay Bok Choon v Tahansan Sdn Bhd* [1987] 1 Malayan LJ 433, 436 (PC).

[163] *Goold v Evans & Co* [1951] TLR 1189.

第五章 传闻证据

当一方（"举证方"）在其案件中主张事实 p，而另一方（"反对方"）质疑该主张的真实性时，事实裁决者就必须决定是否接受 p。如果他接受 p，他的裁决有利于举证方而不利于反对方；反之，如果他不接受 p，他的裁决有利于反对方而不利于举证方。在我们前面提到的作证程序框架内，不利裁决的风险在双方之间保持了微妙的平衡。对传闻证据的使用，破坏了两项旨在保护反对方的程序性原则，因此以不利于反对方的方式，不公平地扭曲了风险分配。

事实认定者的裁决必须基于"由举证方证明 p"的原则。该一点体现在"谁主张谁举证"的证据格言中。要举证成功，首先，举证方必须提供证据以支持关于 p 的信念。[164] 如果他不能做到这一点，反对方将得到对自己有利的裁决——也就是说，事实认定者**必须**作出否定 p 的裁决。除非举证方提供了一些证据，否则反对方完全不会承担任何认定 p 的不利风险；反对方在这一点上"无须答辩"。

举证方提供支持 p 的证据的一般方法是，传唤证人（S）来证明 p。要做到这一点，他必须让 S 进入证人席并在那里陈述 p。可能由于种种原因，S 不愿意出庭作证。并且当他被带到证人席时（无论是自愿地还是被强制地），可能由于种种原因而无法"产生证明（come up to proof）"。这些原因包括：例如，他的言行举止可能显示他不值得信任；他可能因为某种原因而拒绝断言 p[165]；他可能会由于面临伪证罪惩罚或出庭作证重复庭外陈述所带来的额外责任而放弃作证；他可能在作证中表现出犹豫或含糊其词以至于使得证言毫无价值。这是传闻规则赖以存在的第一个程序性原则：若举证方希望将 S 用作证明来源（source of proof），他必

---

[164] 证据指的是"如果被相信了、未遭到反对且不存在无法解释之处，即可被接受……作为证明"的东西。*Jayasena v R*［1970］AC 618，624.

[165] 正如布莱克斯通所说，"证人可能时常会私下对那些他不好意思在一个公开且庄严的法庭上作证的内容作证"。William Blackstone, *Commentaries on the Laws of England*, vol 3 (London: Dawsons of Pall Mall, 1966) ch 23, 373.

须将 S 带至法庭，且面临未能使 S 产生证明的风险。

当举证方成功地从 S 引出了支持 p 的证据后，该证据的证明价值问题就出现了。事实认定者可能会认定 p，这取决于他对 S 证言的评估；反对方面临了事实认定者认定 p 的风险。只有当举证方消除了他的证据不能产生证明的风险后，不利裁决（即认定 p）的风险才转移到反对方身上；这时存在所谓的策略性证明责任转移。为了避免这种不利裁决，反对方希望说服事实认定者不接受 p。为此，法律赋予他一些权利，其中一项是他有权交叉询问 S 以削弱其证据。根据这一论点，这项权利是支撑传闻证据规则的第二个程序性原则的基础。摩根（Morgan）认为："[反对方] 有以下权利，即审判者不应被 [反对方] 没有机会对之交叉询问的证言所影响。"[166]

在传闻证据规则力图阻止的情形中，举证方不传唤 S 作为证人，而是传唤 W 来作证 S 曾主张 p。法律不认可 W 是关于 p 的直接证明来源：正如前文所说，W 不被允许证明 p，因为他缺乏有关它的亲身知识。传闻规则禁止举证方的以下做法：将 S 用作证明来源，却不将 S 带至证人席。如果我们允许举证方用此种方式建构证明，并允许事实认定者从 W 的证言中推论 p 是真实的，我们就是在允许举证方完全规避 S 不同意作证或不能产生证明的风险。这会改变对抗式审判所具有的风险分配方式，使之不利于反对方。

使反对方处于不利境地的，还有第二重原因。他必须在极其不利的条件下努力抵御事实认定者接受 p 的风险。通常，一方当事人主要有两种手段来质疑和削弱对方所举出的证据。首先，他有权通过交叉询问来攻击证据的来源 S，阻却事实认定者相信 S 关于 p 的证言。其次，他有权举出自己的证据来证明 p 是假的。如果我们允许举证方将 S 作为证明来源却不传唤 S 作证，就会剥

---

[166] Edmund M Morgan, "The Hearsay Rule" (1937) 12 Washington L Rev 1, 4.

第五章 传闻证据

夺反对方捍卫其主张的第一种手段。反对方收集和提交自己的证据来反对 p 越困难，他被剥夺交叉询问 S 的机会所带来的不利影响就越严重。

基于上述双重原因，作证程序所隐含的风险分配被扭曲了。最终，审判未完全成为其最初被设想的样子，即对抗式程序条件下的竞争。S 可能无法产生证明的风险越高，交叉询问机会作为一种阻却手段就越重要，反对方对其在捍卫或推进自己主张上所处的不公平劣势的抱怨就越强烈。[167] 由于我们认识到了这种抱怨的合法性，所以事实裁决者被禁止信赖传闻推论。[168]

2.2.2 对公平论点的批评

上面阐述的论点存在一些问题。该论点所依据的两个程序性原则都经不住仔细的推敲。第一个原则要求，想要使用 S 作为证据来源的举证方，应当传唤 S 作为证人且承担 S 无法产生证明的风险。该原则并非源自当事人举证原则：提出 p 的举证方有责任找到并出示支持 p 的证据，并非是普通法系审判制度的这一特征所要求的。由一方出示证据来支持其对事实的主张，尽管人们可以接受这是对抗式审判的核心特征，但是，哪些东西有资格作为"证据"，则是另外一个问题。举证方有责任出示支持其事实性主张的证据，并不意味着他出示的证据不能采取传闻的形式。因此，

---

[167] Cf Morgan（n 15）184（传闻规则"为反对方而不是裁决者提供保障"）；Kenneth W Graham Jr, "The Right of Confrontation and the Hearsay Rule: Sir Walter Raleigh Loses Another One" (1972) 8 Criminal Law Bulletin 99, 132 - 133（交叉询问的权利是公平的象征）；Jack B Weinstein, "Some Difficulties in Devising Rules for Determining Truth in Judicial Trials" (1966) 66 Columbia L Rev 223, 245（注意到诉讼当事人能够质疑那些掌控对己不利证人之人的精神价值）. 在一个案件中，英国枢密院评论道："对抗形式"是"为了确保有公平的机会"让每一方当事人提出其主张。Randall v R [2002] UKPC 19; [2002] 1 WLR 2237, 2241.

[168] 这个认识隐含在法律委员会的观点之中，即根据传闻证据的内容来自由裁量是否采纳传闻证据，应该基于司法之利益，就此而言法庭必须考虑在何种程度上被告可以驳斥传闻陈述和针对他的不公平风险：Law Commission, Report 245, Hearsay in Criminal Proceedings: Hearsay and Related Topics (n 168) paras 8.141 - 8.142. See s 114 (2) (h) (i) Criminal Justice Act 2003.

这一论点存在一个漏洞。最终，第一个程序性原则仅仅是描述了传闻规则的效果；它假定了它被期待去解释的内容。

同样，基于第二个程序性原则所作的推理中也存在漏洞。毫无疑问，在一个对抗性的审判制度中，一方（反对方）有权交叉询问另一方（举证方）传唤的证人。但是，这本身并不能告诉我们，为什么举证方不被允许传唤某人（W）提供另一人（S）所作的庭外陈述的证据。反对方将有机会就 W 所陈述的内容行使他的交叉询问权。他的确将无法交叉询问 S。但是，他所抱怨的不是"他交叉询问 S 的权利受到了侵犯"；而是"举证方应该传唤 S 作证，这样他（反对方）就会**获得**交叉询问 S 的权利"。这就引出了一个公平论点试图回答却没能回答的问题：为什么举证方应该传唤 S 出庭作证？在刑事审判中，被告人可能确实拥有坚持要求传唤 S 作为证人的合法权利，这样他才能在法庭上"对质"或询问 S。在许多宪法和人权文件中[169]，这种权利被确立为公正审判的一项基本标准，并且该权利的部分基础可能存在于某种公平论点版本中。[170] 但是，这种权利能够独立于传闻规则而存在，并且不应该被视作传闻规则。

2.2.3 可废止性论点

公平论点不能为传闻证据规则提供充分的解释。它缺少一个将对抗式证明之动态性质与评议过程联系起来的关键步骤——这个步骤会在传闻规则内含的正义原则与事实认定的认识论之间缔造一种联系。

正义（justice）和真相（truth）不是相互分离、竞争的目标，而是相互协调、共存的目标。事实认定者必须努力查清事实，这

---

[169] 例如，美国《宪法》第六修正案，《欧洲人权公约》第 6（3）（d）条，《公民权利与政治权利国际公约》第 14（3）（e）条。

[170] Eg *Kostovski v The Netherlands* (1990) 12 EHRR 434, paras 42 and 44; *Windisch v Austria* (1991) 13 EHRR 281 at para 28; *Birutis and Others v Lithuania*, 28 March 2002, Applications no. 47698/99 and 48115/99, para 29.

第五章 传闻证据

是其职责的应有之义。正如第一章第二部分所阐释的，认定 p 就是要断言 p，并且一个主要的关注点是，当事实认定者认定 p 时，p 应当是真实的。有时候，p 是一个会给诉讼当事人或被告人蒙上阴影的主张。认定 p 可能涉及公开地归责于他，因为他做出了一个应受责备的行为。如果 p 是假的，他就遭受了不正义。认定 p 还意味着宣告 p。这个宣告会给各当事人带来实际的后果。它可能会导致惩罚或经济损失。当错误地做出一项不利于被告的认定时，被告就因此遭受了各种不应得的损害，包括直接的和非直接的损害。作为移情式关怀的正义，要求在审判评议的过程中保持谨慎。事实裁决者必须确保他对一个人做出的认定不会对他造成不应得的损害。这种义务是基于被告人享有的被给予适当尊重和关怀的权利，传闻规则可以被视作体现了这种义务。[171] 根据目前的论点，道德考量位于事实认定的认识论**之内**：正义必须在追求真相的**过程中**得以实现。

到目前为止，我们的讨论集中在认识论的逻辑上。我们对证明采取了一种静态的观点，重点在于何种论证结构，能够支持对经由证言获得"知识"或者至少是"证成的信念"的主张。一个论证可以被理解为是"一组抽象化考量的句子或命题"[172]。按照这种理解，一个论证是否完好，从弱意义上，可根据从前提（以演绎形式或其他形式）推出结论的程度来判断；而从强意义上，还要通过考察前提是否正确来进行判断。[173] 前文所述的一个观点是，在审判的语境中，以下推理是无效的：

---

[171] 此处所主张的传闻规则之道德基础，并不是基于某种宽泛的对信赖流言蜚语或谣言的道德异议。科迪视谣言或者流言蜚语为证言的病态表现，即"陈述与信赖陈述的正常情形的扭曲或病态表现"：C A J Coady, "Pathologies of Testimony" in Lackey and Sosa（n 43）ch 11, 253. cf Paul Roberts and Adrian Zuckerman, *Criminal Evidence* (Oxford: OUP, 2004) 668.

[172] Alvin I Goldman, "Argumentation and Social Epistemology" (1994) 91 The Journal of Philosophy 27 at 27.

[173] Ibid.

S 就 p 作证*。

因此，p 是真的。

上述结论无法从前提中产生。所以为了使论证有效，必须补充第二个前提[174]：

S 就 p 作证*。

在事项 p 上 S 是值得信赖的。

因此，p 是真的。

如果要让这个论证不仅是有效的（valid），而且是完善的（sound），那么"在事项 p 上 S 是值得信赖的"这个主张必须是真实的。证言论点的要义是，当举证方不传唤 S 作证，却转而寻求依赖 W 关于 S 证言*的法庭证言时，则会缺乏接受第二个前提为真的正当理由。

在传闻证据规则理论的第二条主线中，我们必须超越认识论的**逻辑**，而进入认识论的**实践**。这就需要将重点从**论证**（argument）的有效性和完善性，转向**论辩**（argumentation）的动态过程。这里所谓的"论辩"，即高曼（Goldman）所谓的"人际或社会意义上的'论证'"[175]。与我们的目的相关的，是那种被称为"争辩（disputation）"的论辩性话语。它"包含两个或两个以上的说者之间的论辩性交流，该交流是针对一个局外的听众……说者的主要目的是说服听众，而不是他们彼此间说服"[176]。对抗式审判完全符合这一描述；在通常情况下，双方向一个中立的第三方即事实裁判者做出论辩。举证方被期待提供支持其指控的证据

---

[174] 还有其他可以变化或扩充的论证步骤方式。例如，可以构造一个"溯因"推理：

S 报告了 p。

"S 感知到 p"最佳地解释了为什么"S 在报告 p"。

"p 是实际情况"最佳地解释了为什么"S 感知到 p"。

因此，p 很可能是真的。

[175] Goldman（n 172）27.

[176] Ibid, 31.

第五章 传闻证据

和合理的论证；而反对方会尝试要么通过指出指控是虚假的来反驳对方的论证，要么通过指出证据无法支持对方的指控而达到削弱对方论证的目的。[177] 支持事实主张的论证，会遭遇对这些主张的质疑与反论证；而后者也可能反过来面临举证方的质疑，如此循环往复。

传闻规则没有准许反对方拥有完全的参与论辩机会。正如前面所提到的，他不能交叉询问传闻陈述的原始陈述者（S），这剥夺了他对举证方的案件提出挑战的一个重要机会，因为举证方将其案件建立在该陈述之上。尽管反对方可以正当地对此表达不满，但是正如前面所讨论的，他被剥夺了"公平竞技"的机会，不能充分地解释这种抱怨的合法有效性。

我们必须从将事实认定者作为道德主体的角度出发，在公正对待（just treatment）的理念中寻找解释。剥夺了反对方交叉询问 S 的机会，同时也在一定程度上剥夺了事实认定者捍卫其事实认定之正当理由的手段。当事人参与争辩，反映了事实认定者进行评议的方式。在理性的评议中，可废止推理（defeasible reasoning）发挥着重要作用。在下述意义上，推理是可废止的[178]：我们可能会发现自己最初接受了某个信念，随后却不得不撤回它，或者后来在推理的过程中重新接受了该信念。我们可能基于我们所知道的和我们认为支持结论的论据，而有理由坚持一个特定的信念。但是，我们可能会失去支持这一信念的正当理由，比如，当

---

[177] 关于反驳（rebutting）和削弱（undercutting）论证之区别的更多论述，参见波洛克（John L Pollock）的以下著作："Epistemology and Probability"（1983）55 Synthese 231，233；*Contemporary Theories Of Knowledge*（Totowa, New Jersey: Rowman & Littlefield, 1986）38 - 39；"Defeasible Reasoning"（1987）11 Cognitive Science 481, 485（1987）；"A Theory of Defeasible Reasoning"，（1991）6 Int'l J Of Intelligent Systems 33, 34；"How to Reason Defeasibly"（1992）57 Artificial Intelligence 1, 2 - 3.

[178] 关于可废止性推理，参见脚注 177 所引用的文献和以下文献：John L Pollock, "Procedural Epistemology", Terrell Ward Bynum and James H Moor（eds），*The Digital Phoenix-How Computers are Changing Philosophy*（Oxford: Blackwell, 1998）17 and "The Building of Oscar"（1988）2 Philosophical Perspectives 315.

我们获得了驳倒我们原有论据的新信息的时候。[179] 而新的信息可能又反过来被驳倒，从而使得我们重新接受原有的信念。如此往复。

这可能发生在对抗式审判中，对此不难理解。在直接询问中，证人可能给出了很好的理由让事实认定者相信他的证言；随后，这些理由被交叉询问中引出的内容废止了；但如果他的证言在再次询问中被充分地"修复"，则会重新出现持有该信念的正当理由。

对抗式审判中的双方当事人在其中展开论证的那个争辩框架，反映了事实认定者进行推理的方式。正反观点的公开交锋，反映和体现着思维的过程；在这个过程中，事实认定者首先对所争议的问题形成一个初步信念，考虑它能从证据中获得的支持，探究这种支持是否会被废止，并寻找应对质疑的可能回应。[180] 双方当事人在法庭上基于他们提交的证据提出主张和质疑，并认为事实认定者在评议时应将这些考虑进去。双方当事人在举证和论辩过程中遇到的阻碍越多，事实认定者在评议中要处理的内容就越少。

交叉询问作为一种调查模式，对审判具有内在的意义。在评议结束时得出的事实认定，应该能够经得住审判过程中出现的所有内容的挑战。要想认定 p，关于 p（为真）的断言必须是可辩护的；并且其可辩护的程度随着它所经受的挑战之范围和严厉性而增加。交叉询问是允许进行这种挑战的主要调查环节。

在使用传闻的情形中，反对方不能交叉询问原始陈述者，这削弱了接受举证方要求法庭从证据中得出的推论之正当性。如果看起来该推论在交叉询问中越容易被驳倒，则接受该推论就越站不住脚。正如第三章所论述的，认定 p，包含着断言 p；而只有当根据 BAF* 规则，一个人会正当地相信 p 时，他才有正当理由认

---

[179] 波洛克（Pollock）称此为"共时的可废止性（synchronic defeasibility）"：eg "Procedural Epistemology" (n 178) 30.

[180] 雷斯彻在一般语境中阐述了这一点：Rescher (n 136). 尤其参见第三章。

第五章 传闻证据

定 p。如果真相是检验一个肯定性认定的正确性标准，我们就可以说：审判评议的最终目的是获得知识。一般而言，一个人要想知道 p，就必须能正当地确信 p。[181] 在什么情况下一项关于知识的主张会得到证成呢？雷斯彻（Rescher）认为[182]：

> 一项关于知识的主张，可扩展为一个保证，即已尽到应有的仔细和谨慎来确保排除了任何错误的现实可能性；它提供了一份保证，即已采取了所有适当的保障措施。

这一基本理念是为我们所熟悉的，我们在第三章第三部分讨论知识的相关替代性理论、沙克尔的绝对信念模式和事实认定的相对似真性理论时提出过。针对使用传闻证据的一般反对理由是，如果不交叉询问 S，就不能排除有关 p 的推论中存在"错误的现实可能性"。通常来说，更安全的做法是从 S 本人那听到关于 p 的推论，而不是将 W 关于 S 所说内容之证言作为得出关于 p 的推论的基础。有些信息可能只有通过询问 S 才会获得，这些信息可以推翻从 W 的证言中得出的推论。反对方有权利在合理程度上免遭损害。正如前面所说，如果一项不利于他的事实认定是错误的，他将遭受不公。法庭在评议裁决时应该严肃为之，公正地对待他的个人尊严。[183] 认为他值得尊重和关心，就是要充分确保每一个支持其担责或有罪的推论都是正确的。如果存在这样的现实可能性，即对 S 的询问很可能会推翻或削弱从 W 的证言中推论出 p 的基础，那么不检验 S 并且不让反对方有机会交叉询问 S 就得出针对反对方的推论，是不公正的；在这种情况下得出推论，表明我

---

[181] A J Ayer, *The Problem of Knowledge* (London: Macmillan & Co, 1956) 28–34.

[182] Rescher (n 136) 91.

[183] 正如卢卡斯所说："不公正意味着缺乏尊重，表明缺乏关心。因此，不公正不是简单地基于不受欢迎的结果，而且是冷漠和不利态度的表达；要恰当地理解它，我们必须将它解释为一种侮辱，贬低了遭受不公之人的价值。" J R Lucas, *On Justice* (Oxford: Clarendon Press, 1980) 7.

们对他及其福祉漠不关心，他对我们毫不重要。[184] 交叉询问 S 使推论的正当性被废止的可能性越大，拒绝使用 W 的证言作为推论基础的理由就越充分。允许使用传闻推论的决定，要求我们必须作出判断，其中包含了价值选择；答案不能从单纯的概念分析中得出。

这并不是说，道德关怀贯穿于所有传闻法律规则之中。例如，当被告人试图提交传闻证据时，很难适用公正对待的论点。我们不能声称：在这种情况下得出传闻推论，表明了对起诉方缺乏尊重和关心。但这不必然意味着，像一些学者所认为的那样，传闻规则因此不应该（严格地）适用于辩方。[185] 我们当前的论述不排除，在这种情况下传闻规则的适用能以其他方式得以解释，例如基于社会政策或利益方面的理由。

2.2.4 对可废止性论点的限制

可废止性论点的适用，存在一些限制。首先，如果反对方错误地引发或导致 S 无法出庭作证，那么使用不利于反对方的 W 的证言，并非是不公正的。[186] 美国《联邦证据规则》第 804（b）(6) 条认可了这一观点。该条款规定了这样一个传闻规则的例外，即证据所反对的那个人"参与或默许了不当行为，该行为意图且

---

[184] 当然，如果反对方被给予了交叉询问 S 的机会，却选择了放弃，这样的批评就不存在了。

[185] Eg Stein (n 158) 193（根据他的理论，"传闻规则以有偏向的方式起作用，对控方施加限制而不是被告"）and ibid, 195（"被告……有权在他或她的辩护中提出任何证据——传闻与非传闻——只要证据是可得的最佳证据"）；Katherine Goldwasser, "Vindicating the Right to Trial by Jury and the Requirement of Proof Beyond a Reasonable Doubt: A Critique of the Conventional Wisdom About Excluding Defense Evidence" (1998) 86 Georgetown LJ 621. 相反的论点参见：Larry Laudan, *Truth, Error, and Criminal Law* (Cambridge: CUP, 2006) 128-136. 在加拿大，法律允许"被告在某些情况下提交传闻证据，而控方在这些情况下不可以"；"法官询问辩护证据不必像对待控方证据那样，要求严格的可靠性"：David M Paciocco, "Balancing the Rights of the Individual and Society in Matters of Truth and Proof: Part II-Evidence about Innocence" (2002) 81 Canadian Bar Rev 39, 49.

[186] Richard D Friedman, "Confrontation and the Definition of Chutzpa" (1997) 31 Israel L R 506.

第五章 传闻证据

实际上导致了陈述人无法作为证人出庭"。另一个例子来自适用于英格兰和威尔士的《2003年刑事司法法》第116（2）(e) 条。一般地说，根据该规定，除其他条件外，如果原始陈述人由于恐惧而未在诉讼中提供口头证言，那么，经法庭准许可采纳传闻证据。只有当法庭认为"出于司法利益"应采纳该陈述时，才会予以准许。[187] 这一规定是根据法律委员会的建议制定的。该委员会认为[188]，一个需要考虑的因素是：是否被告人或其代理人涉及制造了恐惧。如果存在这样的参与行为，"就可能采纳该陈述。相反，如果证人的恐惧与被告人没有关联，那么采纳被告方没有机会对之交叉询问的陈述可能是不公平的"[189]。

其次，可废止性论点假设了 S 没有在法庭上提供证据。然而，即使他在法庭上提供了证据，关于传闻的问题也可能产生，这难道不是与该论点相悖吗？这个问题是由于传闻证据规则在普通法司法体系中的宽泛适用造成的。从严格意义上讲，该规则禁止证人以他人的先前主张作为证明该主张为真的证据。而在更宽泛的意义上，它禁止一个出庭证人将**他本人**在先前场合所说的内容，作为证据提出。[190] 该规则在严格意义上主要源于对 S 没有接受法庭询问而产生的忧虑。这种忧虑并不能说是导致该规则被更加宽泛地适用的原因，因为陈述者在这种情况下是可以被交叉询问的。[191] 但是，另一方面，有时人们会认为，问题的关键是要有**同步进行的**（contemporaneous）交叉询问机会；而正是由于这个机会的缺乏，证人才试图就先前曾说过什么作证。因此，明尼苏达

---

[187] Criminal Justice Act 2003, s 116 (4).

[188] 第245号法律委员会报告：(n 168) paras 8.48 – 8.70。也参见所附的法律草案第5 (6) ～ (8) 条。

[189] Ibid para 8.60.

[190] *Cross and Tapper on Evidence* (n 72) 58, 588；法律改革委员会第13号报告，(n 14) 3。美国《联邦证据规则》801 (1) (d) 修改了该普通法观点。

[191] John Henry Wigmore, *A Treatise On The Anglo-American System Of Evidence In Trials At Common Law* vol 3A, James H Chadbourn revision (Boston：Little, Brown and Co, 1970) 996, § 1018.

州最高法院在一个案件中（State v Nathan Saporen）认为[192]：

  交叉询问的主要优点不是它能在未来某个时间给予反对方剖析不利证言的权利。其主要优点是它能即时地适用检验程序。打铁需趁热。由于证人有机会重新考虑并受到他人意见的影响——这些人的利益可能并且往往是维持谎言而非真相——因而，虚假证言容易变得更强硬，并且不向真相低头。

  谎言的风险并非为一个人的先前陈述这种证据所独有；理论上，所有的证言，无论是什么内容，都存在谎言风险。在上述段落中，似乎存在以下假设：测试 S 关于其主张之可信赖性的最佳时间，是他主张 p 之时或之后的短暂时间。但是同样的论点可以延伸适用于直接（非传闻）证言：类似地，比如说，测试一个目击者对事故的观察的最佳时机，应该是他看到事故发生的当场或旋即；随着时间的推移，他也将"有机会重新考虑并受到他人意见的影响"。这当然不是一个排除他证言的理由。如果传闻证据规则"更宽泛"的适用是完全合理的（这是值得怀疑的[193]），其正当理由一定在别处，可能是出于防止过度"扩大调查范围"的现实必要性。[194]

  再次，如果可废止性论点是正确的，并且缺乏交叉询问 S 的机会引发了有关正义的问题，那么对这个问题的判断至关重要，并不是对传闻概念的一个明确定义，而是对所关涉的利益的敏感性。一般而言，对 p 的认定越是不利于反对方，或者对他的归责越重，则根据 W 的证言推断 p 时就要尽到越多的谨慎。必须考虑到引发不正义的风险。这个风险取决于，通过询问 S 将会废止关于争议性推论之现有正当理由的可能性。关于这一点的一个生动案例是备受批评的迈尔斯案（Myers v DPP）。[195] 上诉人被认定

---

[192] (1939) 285 NW 898, 901.
[193] Eg, *McCormick on Evidence* (n 64) vol 2, 148-150.
[194] *State v Nathan Saporen* (n 192) 901.
[195] [1965] AC 1001.

第五章 传闻证据

与另一个人共同实施了几起盗窃汽车的罪行。他所实施的行为是：偷汽车，同时购买残损的汽车，然后改造每辆被盗的汽车，使被盗汽车与残损汽车的标识一致。他进行的改造包括对每组汽车的号牌、包含底盘的金属板、发动机编号的互换。最后以重新设定的标识销售偷来的汽车。但这种假冒企图没有完全得逞。每辆被盗的汽车都有一个独特的和无法抹掉的汽缸体编号。控方试图证明该编号的差异以支持他们的主张，即上诉人销售的汽车是盗窃所得，而不是如他声称的是被改造的旧汽车。为此，控方传唤了汽车制造商的一名员工雷格（Legg）来提供证据。他负责生产记录。他在作证程序中描述了，每一辆汽车组件的号码是由工人记录在一张卡片上，当汽车进入流水线时，这张卡片始终伴随着它。[196] 但是无法指出是哪一个工人制作了相关的卡片条目。除了雷格的证言，控方还力图提交有关记录的书面证据。[197]

上议院的多数意见认为，这里的书面证据是传闻。雷德（Reid）大法官认为，每一个记录都是一个制作了该记录的身份不明之人的主张，他记录了他从车上看到的号码[198]；提交该记录证据的目的是要证明，该卡片上的数字实际上就是当汽车被制作时留在其上的号码。[199] 这当然是对的；控方正在力图将每个记录作为证言而信赖。提交 E（记录）旨在证明：S（身份不明的工人）曾就 p（"这些数字是相关车辆上的编号"）作证*。事实认定者被请求相信 S 关于 p 的证言。

但事实认定者并没有仅仅因为身份不明的人曾这样说，而被要求推断汽车的生产编号正是如此。记录是由工人制作的，这是没有争议的；他们的职责是制作准确的条目，并且他们是无利害关系的一方。此外，还有具备资格的人提供的关于工人编制记录

---

[196] Ibid, 1004.
[197] Ibid, 1035.
[198] Ibid, 1022.
[199] Ibid, 1019.

所使用的系统的证据。在这种情况下，尽管 S 缺席，但仍然存在充分的证据，据此事实认定者可以评估 S 关于 p 的可信赖性。此外，没有理由认为，传唤 S 作证和交叉询问他，可能会废止关于推论的现有正当理由。在这种情况下，坚持找 S 核实才能相信他所记录的内容，似乎是"多余的，近乎神经质的"[200]。正如皮尔斯（Pearce）大法官在他的异议裁决中令人信服地说道[201]：

> 如果[相关的工人]被找到，让他就三年前制作的数百个重复且常规的条目记录宣誓作证并接受交叉询问，将不会取得任何优势。他可以说他确信数字是正确的；但所有人都已经知道这一点了。如果他假装在寻找关于这个问题的任何记忆，那他就是不诚实的；但是，即使他是不诚实的，也没有办法来回顾他在三年前某日的工作中是否正确地复制了某个数字。他如何回答交叉询问中的常规问题"你是否可能搞错了？"也不重要：大家都知道他可能犯了一个错误。

2.2.5 暗示性传闻

可废止性论点在解释传闻证据规则方面构成了对证言论点的补充。在普通法系，传闻规则所排除的不仅是关于"明示性主张（express assertions）"的证据，还包括关于"暗示性主张（implied assertions）"的证据。这只能由可废止性论点来解释；通常证言论点不能告诉我们为什么要排除关于暗示性主张的证据。关于暗示性传闻，一个典型的例子是由巴伦·帕克（Baron Parke）大法官在赖特诉泰瑟姆案（*Wright v Tatham*）中提供的。[202] 在

---

[200]　C A J Coady, "Pathologies of Testimony" in Jennifer Lackey and Ernest Sosa, *The Epistemology of Testimony* (Oxford: OUP, 2006) 261. cf Rescher（n 136）91："有效的确定性的证据基础不必达到'所有能想得到的证据'，而只是'一切合理要求的证据'。它假定了一个可以达到的阶段，至此即使可能会积累进一步的证据，但没有相反迹象表明这个理论上可行的前景在实际上可能。没有理由认为，进一步累积证据可能会富有成效；也没有理由相信，额外的证据可能改变现有局面。"

[201]　(n 195) 1036.

[202]　(1837) 7 Ad & E 313, 388.

第五章 传闻证据

该案中以下证据被提交以证明船舶的适航性：船长彻底检查了船舶后，与他的家人一起乘船启航。法官裁定，这个证据必须作为传闻被排除。

船长没有**告诉**任何人该船舶是可靠的。要想使船长的行为构成证言*，船长必须在做出行为时带有以下目的：（1）让某人明白，船长相信并有意让他也相信该船舶是适航的；（2）让某人根据（1）而相信船舶适航。[203] 从船长的行动中不能合理地解读出这样的意图。还有很多的背景因素不得不被假定。或许船长正在向他的船员展示其行为；他想要提振船员的信心，并且其行为带有以下意图：使他们从他的行动中看出"该船是可靠的"这个主张，而且他们在这个问题上相信他。但这是我们所假想的；通常，行为不会（并且不意味着）说话。[204] 如果巴伦·帕克大法官头脑中所考虑的是这种不寻常的情形，他应在该假设中补充更多的信息。

根据对本案的通常理解，船长的行为中没有包含一个要求他人产生信念的证言*。既然船长没有给出言词，所以信赖其言词的正当理由问题不会出现。将这种情形称为暗示性主张，是非常具有误导性的；这种情形中不存在任何明示的或暗示的主张。[205] 我们顶多可以说，船长的信念显示或隐含在他的行为之中。可以说，我们每一次在认定非断言性行为中包含的"暗示性主张"时，都是在寻找某种（表面看来）理性的正当理由，据此推出所谓被"断言"的主张。（引号是对语言误用的一个提醒[206]）只有当我们

---

[203] Grice（n 43）151.

[204] Mellor（n 42），94.

[205] Stephen Guest："The Scope of the Hearsay Rule"（1985）101 LQR 385，398；"Hearsay Revisited"［1988］41 CLP 33，41；"Implied Assertions Under the English Rule Against Hearsay" in W E Butler（ed），*Justice and Comparative Law*（Dordretch：Martinus Nijhoff，1987）77，81.

[206] 英格兰与威尔士的法律委员会指出了对"暗示性主张"一词的误用：Report 245，*Hearsay in Criminal Proceedings：Hearsay and Related Topics*（n 168）para 2.4.

有理由相信，在 p 和 S 的行为之间存在一种潜在的合理联系，我们才认为"主张"p 可能为 S 的行为所"隐含"。在巴伦·帕克提供的案例中，事实认定者没有被要求相信船长的任何证言*，而是要判断他的非证言行为的意义。认为他的行为"暗含了对 p 的断言"，实际上是承认：有初步的根据，可从他的行为中推断出他相信 p。

虽然船长没有通过他的行为就船舶的结构安全作证*，他的非断言行为确实提供了一些可初步相信该船舶可靠的正当理由。现在并不是这样一种情况，即：提交了"S 就 p 作证*"的证据，然后事实认定者被请求通过该证据而相信 S，进而因为这个原因接受 p 为真。相反，事实认定者被请求从证据 q 中，通过中间步骤 r，得出推论 p。在没有证据表明相反情形时，事实认定者从船长的行为（q）中推断，船长认为船舶是适航的（r），这是合理的。这依赖于一个背景性的信念，即任何理智之人都不会有意地拿自己和家人的生命来冒险。事实认定者可以从船长的信念（r）进一步推断出该信念是真的：即船舶是适航的（p）。有合理理由假设，船长在此方面是称职的；考虑到他的职业和职级，他被期待掌握了判断船舶是否状况良好的专业知识，并且如果我们相信证人所言，即船长已经彻底地检查了船舶，那么他能够将专业知识应用到船舶上。因此，现有证据能够提供一个依据，据此事实认定者可结合其背景知识而判断船舶是适航的。总之，**根据现有的证据**，推论在认识论上是可证成的。（我们稍后将看到加粗字体的意义。）

巴伦·帕克法官对这个问题的看法已引起广泛的批评。即使那些批评是恰当的，追问是什么原因促使法官持有那样的观点，仍然是有意义的。尽管在这个例子中，举证方没有将船长的行为作为证言使用，但他仍然力图使用一个推论链条，该链条也出现在将行为作为证言使用的论证中；在这两种情况下，事实认定者都被请求接受 p，理由是 S 相信 p 并且在关于 p 的事项上 S 是正确

第五章 传闻证据

的。虽然可能存在接受这种论点的初步理由，但是当传闻是"暗示性"的时候，正当理由所面临的被废止的风险比明示的传闻更大：与"他的信念 p 仅仅是我们从对其行为的解读中得出的一个推论"这种情况相比，在"他此前曾明确地主张 p"的情况下，我们对"S 相信 p"的确信程度更高。在前一种情况下，存在更大的误解风险。有一种观点认为，"暗示性主张"包含的虚假风险很小。[207] 但是我们主要的忧虑是缺乏交叉询问的机会，而交叉询问的主要价值在于"检验准确性而非诚实性"[208]。

巴伦·帕克意识到，从船长的行为推断该船很可能是可靠的，这在认识论上得到了初步的证成。他承认，这种"推论无疑存在于日常的生活事务之中"；但他坚持认为，"它不能被运用在司法调查中"[209]。困扰他的是这种可能性：在法庭上询问船长，可能会显示事实并非如此。正如我们在第三章 3.5 部分所论述的，一组证据给一个假设所提供的支持度，（除其他因素外）反映了这组证据的分量。一个推论在认识论上的稳定性，不仅取决于我们已有的证据，而且取决于我们知道我们未掌握的证据；它取决于该推论被检验的程度，即已成功经受的挑战之严格性。关键问题在于：如果船长被传唤，他可能提供的证据有多大可能性会废止我们现有的关于从其行为中得出推论的正当理由？例如，他作证说他认为该船不是完全适航的，这是不是一个现实的可能性？会不会有一个紧急情况迫使他冒险启航？交叉询问是否会暴露出他在船舶检查中的不称职或者致命疏漏？巴伦·帕克的批评者们一定会认为，这些或诸如此类的可能性是异想天开而无须担心。情况是否可能是这样的：巴伦·帕克比他的批评者们更加谨慎，他在未经询问船长的情况下，不准备排除那些替代性的假说？根据这

---

[207] Eg, Notes of Advisory Committee, Note to Rule 801 (a) of the US Federal Rules of Evidence; David Ormerod, "Reform of Implied Assertions" (1996) 60 Journal of Criminal Law 201, 204 – 205.

[208] Allan (n 155) 231. Also: Morgan (n 166) 4.

[209] (1837) 7 Ad & E 313, 387.

个分析，他们的分歧并不是概念上的分歧。

上议院在基尔雷案（R v Kearley）中肯定了赖特诉泰瑟姆案的观点，即普通法传闻规则也适用于"暗示性主张"[210]。在基尔雷案中，被告人因为毒品交易而接受审判。根据曾搜查他房子的警察的证言，他们在被告房子里的几个小时内（那时被告不在家），有17个人（到访或通过电话）呼叫被告，要求见被告并且索要毒品。对于控方的指控而言，这是个关键证据。[211] 我们可以将这个案例与一个假设的场景对比。假设某人（S）说："如果你想要苯丙胺，去找Y。"S暗示性地告诉听者，Y在销售毒品。他的证言意图是明显的。我们没有理由觉得这个暗示性主张与S作出的关于Y是苯丙胺毒品贩子的明确陈述不同。这二者之中，如果一个被认定为传闻，那么另一个也应如此。在这种逻辑的引领下，上议院的多数派在基尔雷案[212]中认为，传闻规则也延伸适用于"暗示性主张"。

为便于讨论，我们省去基尔雷案中的具体细节，将其压缩为以下必要形式：S造访了一座房子，并遇见了W。S请求见到Y并索要毒品。在这笔交易中，S可能会也可能不会向W作证*说Y是一个毒品贩子。如果当S与W交谈时，他认为W是Y的室友并知道Y在做什么，那么S就没有就Y是一个毒品贩子作证。相反地，如果S提出Y是一个毒品贩子这一事实作为想要见到Y的理由，那么S就已对此事作证*。关于此案的报道没有完整地

---

[210] [1992] 2 AC 228；一场研讨会的主题，有关论文发表在 (1995) 16 Mississippi College L Rev 1-213.

[211] 在被告的房屋内发现了毒品，但是根据判决书，它们是"相对少量的"（(n 210) 259-260）；并且"不足以达到那样的数量，以引起一个不容反驳的推断，即[他]是一个贩毒者，而不是占有毒品以满足个人消费"(ibid, 236)。除非控方可以使用那些关于造访者的证据，否则他们的主张显然太弱，无法确保定罪。

[212] (n 210) 255 and 264.

第五章 传闻证据

披露S被认为作出此请求时的对话背景。[213] 上诉法院[214]和上议院[215]的一些法官认为，S的请求并不等同于对事实的主张或陈述，或者用我们的术语来说，S没有向W作证*说Y在做毒品交易。然而，上议院的多数派法官认为，其中包含了暗示性主张[216]；所以他们认为，无论如何，传闻规则是适用的，即使S没有打算宣称Y在进行毒品交易[217]——我们足以从S的言语中，或者更准确地说是从S对Y是毒品贩子的信念中，"推断"出该主张。[218] 如果这一观点是正确的，那么前面提到的威尔伯福斯法官的观点一定需得到满足，即"只有将言词'作为证言'而使用时才产生传闻的问题"。考虑到传闻证据规则的宽泛适用，我们不能仅仅关注用于支持对S证言*之信念的论点的合理性。

上议院的多数派意见认为，此证据是传闻，因此即使它具有证明力，也不能被采纳以证明被告是毒贩。[219] 许多类似的事件汇集起来，为接受以下主张提供了初步的理性根据：每一个造访者都认为，并且正确地认为，被告是一名毒贩。多数派的裁决受到一些人的严厉批评。[220] 格雷菲斯（Griffiths）法官也在该案中提出了尖锐的批评；他在异议裁决中说："我相信，大多数的外行人如果被告知，刑事证据法禁止他们考虑我们在上诉中争论的证据，他们会说'那么法律就是个屁'。"[221]

---

[213] 法庭通常也不会分析这个问题：Kirgis, Paul F, "Meaning, Intention, and the Hearsay Rule" (2001) 43 William and Mary Law Review 275, 309.

[214] (1991) 93 Cr App R 222, 225.

[215] (n 210) 238 (Lord Griffiths, minority judge), 254 (Lord Ackner, majority judge).

[216] Ibid, 243 (Lord Bridge). cf Rosemary Pattenden, "Conceptual Versus Pragmatic Approaches to Hearsay" (1993) 56 MLR 138, 140.

[217] (n 210) 249-250.

[218] Ibid, 277.

[219] 少数派法官特别强调了这一点：ibid, 236, 287.

[220] Eg Tapper, "Hearsay and Implied Assertions" (1992) 108 LQR 524; J R Spencer, "Hearsay, Relevance and Implied Assertions" (1993) 52 CLJ 40, and "Orality and the Evidence of Absent Witnesses" (n 117) 633-4.

[221] (n 210) 236-7.

即便我们在结论上与上议院多数派法官有不同意见,对多数派法官立场背后的普遍思维进行重构,也会有助于我们开展有意义的讨论。我们需要穿透概念的分析,抵达实质性的忧虑,即那些被认为牵涉其中的价值。尽管这些考虑因素不是被提出来支持排除裁定的法律理由,但很可能是多数派法官形成上述结论的动因:虽然存在初步的正当理由支持得出不利于被告的推论,但是该理由的可废止性应引起正当的关切。关于造访者身份的信息没有被披露;此外,警察是否认识或了解他们,以及这种认识或了解的程度是多少,也尚不清楚。他们所作的陈述,显然仅仅是简短的询问。出人意料的是,我们没有被告知,控方未传唤17个造访者中任何一人作为证人的原因。格雷菲斯法官笼统地论述道:"说服一名吸毒者指证他的供应商,这出奇地困难";这可能是由于"害怕暴力性的身体报复"[222]。但他明确地否认知道控方在审判中不让造访者出庭的原因。如果他们没有出庭作证,真的是由于害怕被告(或其同伙)报复,那么如前所述,原则上来说,以控方主张的方式来使用不利于被告的证据,并非是不公正的。然而,在基尔雷案中,没有提出主张说明确实存在这种情况。

法院对以下事项一无所知:所谓的造访者是谁,他们的背景以及与被告的关系,是什么使得他们认为(如果他们确实这么认为的话)被告能向他们供应毒品,等等。在多数派法官看来,眼见不一定为实,更多的信息只能通过询问那些造访者才会知道——这种风险并非凭空幻想。因为那些造访者没有被传唤为证人,目前的证据不足以构成有罪推论的主要依据。多数派法官可能认为,在这种情况下,一个足够关心保障被告人不被错误定罪的法庭,将不允许作出不利于被告的推论。一个人所说的话正被用来给另一个人定罪,那么,对该人的询问不"仅仅是一个如果

---

[222] Ibid, 236.

第五章 传闻证据

可能才需要采用的检验手段"[223];未能坚持对该人进行询问,本身就有失于正义——这种情况就是在拒绝给予一个人其应有的尊重和关心。

少数派法官意识到了替代性解释的可能性。例如,格雷菲斯法官也承认,这可能是"一个错误的信念,甚至是一个刻意诬陷上诉人"的案件。但是,他很快补充道:"只有在极少数的实际情况下,才无法得出多个不同的推论;是由陪审团来决定他们认为可以可靠地得出哪个推论。"[224] 格雷菲斯法官认为,请陪审团作出上述推论(即被告是毒品贩子)是足够安全的;考虑到相似的造访者的数量,其他替代性假设的猜测性成分过多,以至于不会引发忧虑。[225] 在少数派法官看来,多数派法官在保护被告免受错误定罪上表现得过于谨慎,而且没有意识到我们给真正有罪者定罪的利益之所在。另一方面,在多数派法官看来,少数派法官是不够谨慎的。因此,阿克纳(Ackner)法官,作为多数派中的一员,提醒他的法官同事们:"你们这些法官都知道,近期的一些上诉案件遗憾地表明,目前这种担忧[针对警察伪造证据的可能性]是完全合理的,而非不必要的病态。"[226] 没有当庭询问造访者,就无法确保这种担忧是毫无必要的。

我们不能通过纯粹的概念分析来判断哪一方是正确的。应当考虑的是实质性的担忧。技术性分歧只是空洞的表象,其背后是关于正义的论辩。在许多司法辖区,对于"暗示性传闻"问题的

---

[223] Glanville Williams, *The Proof of Guilt* (London: Stevens & Sons, 3rd ed, 1963) 199.

[224] (n 210) 238.

[225] Lord Griffiths, ibid, 242:"如果只有一两个人到犯罪嫌疑人的处所请求购买毒品,这些造访者的证明分量是很小的;他们可能是错误地,甚至恶意地做出行为。但是随着造访者数量的增加,错误或恶意的可能性逐渐减弱直到任何有头脑的人都会相信,除了被告是毒贩以外的任何推论都可以被安全地否决。"

[226] Ibid, 258. 表达了相同忧虑的文献:John Jackson, "Discussion: Character Evidence: United Kingdom Perspectives" (1995) 16 Mississippi C L R 185, 186 – 187. 芒迪也指出了该风险,但是他立刻补充道,这"不是多数派排除证据的理由":Roderick Munday, *Evidence* (4th edn, Oxford: OUP, 2007) 392.

立法回应是：重新定义传闻规则，使其只适用于一种情形，即**有意地**通过一个陈述来断言一个事实[227]；或者将关键术语"陈述"重新定义为一个**有意的**断言。[228] 这也许能做到概念的明晰：正如前文所述，将船长的行为解释为一个断言（或证言*），是令人困惑和混乱的。同样的批评意见也可指向在基尔雷案中任何试图从造访者的言语中解读出相关断言的做法。无论这两个案例所处的情形可能多么极端，以及无论我们对此的观点多么明确，它们确实引发了一个普遍的关于正义的问题。这个问题不能仅仅通过重新定义来解决。将"暗示性主张"排除在传闻证据规则适用范围之外，可能具有灵活性的优点；然而，这一做法可能存在使我们对传闻保持谨慎的敏感性被钝化的风险，在比基尔雷案和上述船长案例更接近临界线的情形中更是如此。

结　论

在传统观点看来，传闻证据之所以被排除是为了保证裁决的准确性。这种排除主要建立在对事实的两种通常假设之上：第一，陪审团评价传闻证据的能力不足；第二，一个人的陈述未经交叉询问是靠不住的。这种外部分析的模式没能抓住传闻规则的价值，该价值内在于审判评议的概念中——审判评议旨在寻求证成的信念，最终获得知识。传闻证据在两个层面上表现出认识论上的问题，其一是论证的逻辑层面，其二是论证的动态层面。第一个问题是证言的可信赖性问题。只有当事实裁判者拥有肯定性的证据，能使他亲历性地和批判性地判断 S 对于 p 的陈述值得信赖时，事实裁判者才能正当地相信 S 关于 p 的陈述。但是，当举证者没有

---

[227] 参见《1995年澳大利亚证据法》第59（1）和60条。
[228] 参见《美国联邦证据规则》第801（a）条和《2003年刑事审判法》第115（3）条。

第五章 传闻证据

传唤 S 作为证人，而是寻求传唤 W 来就 S 所说的话作证时，事实裁判者可能就无法作出上述判断。第二个问题附加在第一个问题上。即使举证者提交的证据为从 S 的言词中推论出 p 提供了初步的认识论证成，但是 S 未接受法庭询问这一点，可能会产生对该证成被废止的合理担忧。

需要有肯定性的认识论证成，并确保其不会被废止，这是受到了道德层面考量的驱动。使用传闻推论会引发正义问题，虽然这一点有时也被承认[229]，但是其背后的利益关涉并没有得到明确地阐述，它们也没有被从本文所采用的角度探讨过。我们可以将证据法中的正义解释为关怀（care）和谨慎（caution），并富有意义的将其理解成事实认定者的认知（cognitive）和情感（affective）态度。法院希望知道一项主张的真实性，因为它关心在它接受该主张后利益会受损的那方当事人。法院在接受该主张时所持有的谨慎程度，反映出他对那方当事人的尊重和关心程度。潜藏于传闻规则背后的是这样一种信念，即正义必须在探究真相的过程中得以实现。

审判可以被视作一个获得道德权威的过程，目的是使案件当事人接受法院的裁判。将法院的裁决建立在一个传闻推论之上，会削弱对道德权威的主张。因为在这种情况下，所做的推论是草率的，未经判断或不存在认识论上的证成；或者，缺乏对该推论

---

[229] *R v Kearley* (n 210) 259（传闻规则"铭刻着重要的正义原则"）. See also A A S Zuckerman, *The Principles of Criminal Evidence* (Oxford: Clarendon Press, 1989) 221："立法机关如果这样做将会更好，作为一般原则，如果控方希望提交传闻证据，他必须说服法庭，该传闻具有非常大的证明分量，以至于剥夺交叉询问的机会不会导致对被告的不公正。至于由被告提交的传闻证据，总的原则应该是，如果排除传闻会破坏司法公正之利益，那么它就会被采纳。"目前在一些关于传闻的法规中，"司法公正之利益"被用作可采性标准：eg, sections 114 (1) (d) and 116 (4) Criminal Justice Act 2003 (England and Wales) and s 3 (1) (c) Law of Evidence Amendment Act 45 of 1988 (South Africa; discussed in D T Zeffertt, A. P. Paizes, A St Q Skeen, *The South African Law of Evidence* (Durban: LexisNexis Butterworths, 2003) 365 *et seq*).

之不可废止性的充分保障。禁止使用传闻推论的基本原理,不是因为我们重公平甚于真相[230];而是因为,在某些情况下,得出那样的推论既是不正义的,又是在认识论上无法证成的。事实认定必须同时满足正义和认识论证成的要求。

---

[230] Cf Spencer, "Hearsay, Relevance and Implied Assertions" (n 220) 42.

第六章　相似事实证据

第六章

相似事实证据

导 论

本章冒险进入证据法中一个具有很强道德维度的领域。它比前两章所讨论的主题中的道德维度更强。第二章 3.3 部分所讨论的那种意义上的正义，将会最为显著地出现在本章的讨论中。这种意义上的正义，要求完全认可对于我们人类同伴的人道主义（humanity）。在本章和在前几章一样，我们不会发现真相和正义之间的对立关系：毋宁说，这两种价值共同地保障了法律中事实认定的正当性。本章第一节讨论了刑事案件中的相似事实证据规则，第二节则研究民事案件中的对应内容。文中将会比较这两种路径，并且会解释为什么在民事领域中对该规则的适用不是那么严格。

第一节　刑事案件[1]

1.1　概述

控方可能想要在其主诉部分提交关于被告的犯罪前科或他在别的场合中有损信誉之行为的证据，而不是关于他本次站在法庭上被控之行为的证据。在普通法系中，这样的证据可采性受到"相似事实规则"（similar facts rule）的约束。为方便起见，我们

---

[1] 该部分是本书作者一篇文章的修改版，see "Justice in the Pursuit of Truth: A Moral Defense of the Similar Facts Rule", (2006) 35 Common L World Rev 51.

将该规则所涵盖的证据称为"先前不当行为证据"（evidence of previous misconduct）、"不良品性证据"（evidence of bad character）或"倾向性证据"（propensity evidence）。但这些名称仅仅是为了方便使用，它们不是技术性术语。

根据英国上议院在 P 案（DPP v P）[2] 中规定的现代普通法检验标准，这类证据只在下述情况中具有可采性："该证据在证明被告人实施了某罪上的**证明力**，足以使得采纳该证据是**正当的**，即使披露被告人过去所犯其他罪行可能引起**偏见**。"[3] 许多其他的普通法系国家（但不是全部[4]）也采取了同样的方法，包括加拿大[5]、新西兰[6]、新加坡[7]和马来西亚[8]。在这个检验标准

---

[2] *DPP v P* [1991] 2 AC 447.

[3] Ibid，460.（字体加重为本书所加）

[4] 旧的"分类方法"是在梅金案（*Makin v AG for New South Wales* [1894] AC 57）中被提出的，根据这种方法，可采性取决于：证据的提出必须是为了某个已被允许的目的。这种分类方法也反映在美国《联邦证据规则》第 404（b）条中。然而，根据第 404（b）条，如果所提交的证据违反了规则 403 要求的"证据的证明力明显超过其可能导致的不公正的偏见的危险"，其就不具有可采性。所以仍需要进行权衡。实际上，后一个规则"减少了特定行为证据可采性的障碍"，see Ronald J Allen, Richard B Kuhns, Eleanor Swift and David S Schwartz, *Evidence-Text*，*Problems*，*and Cases* (NY：Aspen，2006) 241) 241. 在澳大利亚，可采性的门槛似乎非常高：证据必须具备"特别的证明价值或证明力量，以至于如果该证据被采纳，它必须不会提出任何除了被告人犯有所控之罪外的其他合理解释"（*Pfennig v The Queen* (1995) 182 CLR 461，481，Australian High Court）.

[5] *R v Handy* (2002) 213 DLR (4th) 385，405，加拿大最高法院："检控方的责任在于，满足审判法官作出一个权衡的可能性，即在某个具体案件中，涉及某个具体问题的证据之证明价值，超过了它导致的潜在偏见，从而证成了该证据的可接受性。"

[6] *R v Holtz* [2003] 1 NZLR 667，para 35，新西兰上诉法院："如果被提交的关于过去行为的证据，其证明价值超过了推论被告犯有所控之罪时可能带来的过度权重，或超过了不恰当使用该证据会导致的对被告人的不合理偏见时，该证据就是可采的。"

[7] *Tan Meng Jee v PP* [1996] 2 Singapore LR 422，433，新加坡上诉法院：采用普通法中的方法来权衡"证据的证明价值和证据导致的偏见影响"。

[8] *Azahan Bin Mohd Aminallah v Public Prosecutor* [2005] 5 Malayan LJ 334，345，马来西亚上诉法院："法院决定是否采用相似事实证据时，必须通过权衡这些证据的证明价值来进行平衡……只有当相似事实证据的证明价值超过了它所导致的偏见影响时，法院才能证成采纳这类证据的合法性。"

第六章　相似事实证据

中，该证据的证明力必须强于它所产生的偏见。尽管该检验标准的焦点是传统的那些需要权衡的对立因素，但不应该忽视的是，"正义"提供了这种权衡的支点。

在英格兰和威尔士，根据《2003年刑事审判法》[9]，普通法中的相似事实证据规则已经被废止。但是本书的讨论仍然与英格兰和威尔士相关。这不仅仅是因为，要想理解该法令所造成的变化就必须了解普通法的立场[10]；更为重要的是因为，该法令和普通法指向了同一个问题，本章将涉及此问题的本质属性和其规范性解答。

在《2003年刑事审判法》中，有很多途径可以使得不良品性证据[11]可采。在这些途径当中，"核心的途径是，第101（1）（d）条款被设定用以替代相似事实证据规则的主要部分"[12]。第101（1）（d）条规定："当被告的不良品性证据，与辩方和控方之间的某个重要争议事项**相关**时"[13]，可以采纳它。尤其是，当问题是"被告是否具有实施他被指控的那一类犯罪的倾向"时[14]，该证据是相关的。然而，相关性不能完全决定可采性。根据第101（3）条，如果证据被呈交法庭，对它的采纳"将会对法庭程序的

---

[9] 以下简称为：CJA 2003, s 99 (1). 不良品性证据条款的生效源自：CJA 2003 (Commencement No. 6 and Transitional Provisions) Order 2004 (SI 2004 No. 3033).

[10] 罗伯茨和祖克曼指出了这一点：Paul Roberts and Adrian Zuckerman, *Criminal Evidence* (Oxford: OUP, 2004) 517.

[11] 关于"不良品性"的定义，参见：CJA 2003, ss 98, 112 (1).

[12] Colin Tapper, "The Criminal Justice Act 2003 – (3) Evidence of Bad Character" [2004] Crim LR 533, 546.

[13] CJA 2003, s 101 (1) (d).

[14] "如果他不具有这样的倾向性，他就更不可能实施被指控的罪行"：CJA 2003, S 103 (1) (a). 塔珀认为，这种对普通法中证明障碍的降低，使检察官更容易举出相似事实证据：Tapper (n 12) 543, 547; see also Colin Tapper (ed), *Cross and Tapper on Evidence* (11th edn, Oxford: OUP, 2007) 434–5. 芒迪指出了这个条款的其他问题：Roderick Munday, "Bad Character Rules and Riddles: 'Explanatory Notes' and True Meaning of s 103 (1) of the Criminal Justice Act 2003" [2004] Crim LR 533, 338–9.

公正性产生不利影响，法庭就不应该采纳"，该证据**必须**被排除。该条款仅适用于被告排除申请的情况。但根据墨菲（Murphy）的观点，"如果具体情况足以令人信服，法官可以主动知会被告方提出该申请"[15]。其中，上面"必须"一词具有重要意义，它表明法庭有义务——而不仅是自由裁量权——本着公正性的要求去排除证据[16]；也就是说，第 101（3）条规定了"一个不可采规则"[17]，而不仅仅是一个是否排除的自由裁量权。第 103（3）条补充了第 101（3）条，进一步限制采纳先前不当行为证据。[18] 它限制了第 103（2）条[19]的适用，不允许用于被告人正在被指控的罪行相似或同类的先前定罪证据，来证明被告人的倾向性——如果这样做是"**不正义**"的话。[20]

因此，不管是在普通法中还是在成文法中，证明价值都不是最终的标准。在这两种规范中，先前不当行为证据都会明确地由于与正义和公平考量有关的道德原因而被排除。原则上，根据《2003 年刑事审判法》决定采纳不良品性证据是否正义或公平时，同普通法一样，应当考虑的一个必要因素是该证据会导致的偏见

---

[15] Peter Murphy, *Murphy on Evidence* (9th edn, OUP: Oxford, 2005) 173; cf *R v Highton & Ors* [2005] EWCA Crim 1985, para 23.

[16] See *R v Somanathan*, reported in *R v Weir* [2005] EWCA Crim 2866; [2006] 2 All ER 570, para 46; *R v Hanson & Ors* [2005] EWCA Crim 824, 169 JP 250, para 10; Murphy (n 15) 171, 172.

[17] Hodge M Malek *et al* (eds), *Phipson on Evidence* (16th edn, Sweet & Maxwell: London, 2005) para 19-35.

[18] In *R v Hanson & Ors* (n 16) para 10, 罗斯（Rose）把第 101（3）条和第 103（3）条的关系描述为：紧密关联且需要做类似的考量。

[19] 详细规定参见：CJA 2003, ss 103（4），（5）。

[20] "如果定罪距今的时间过长，或者有其他原因"，就可以考虑视作不正义：CJA 2003, s 103（3）。

第六章 相似事实证据

影响。[21] 墨菲尔德（Mirfield）在《菲普森论证据》（*Phipson on Evidence*）一书中指出，第101（3）条"包容了P案中的排除规则"[22]；类似地，罗伯特（Roberts）和祖克曼（Zuckerman）也表明，第101（3）条的影响，"可能是很好地将P案先例放到了成文法的位置上了"[23]。不会，斯宾塞（Spencer）认为，相较于之前的法律，在适用《2003年刑事审判法》之后，法官更愿意采纳不良品性证据。[24] 诚然，在韦尔案（*R v Weir*）中，上诉法院宣布："之前用以衡量证据证明价值和其导致偏见影响的一步式检验方法（one-stage test）已经被淘汰了。"[25] 但这是法庭在以下语境中所说的：法庭明确假定，不存在适用第101（2）条中基于不公正理由而排除证据的条件。在近期对《2003年刑事审判法》施行后的案件的一项调查中，两位学者发现了运用P先例中的方法的痕迹，并且观察到："存在着"某种处于旧原则和新原则之间的折中方法，但尚未被定义"[26]。除非上议院彻底解决了该问题，否则成文法在该领域的适用很可能一直不确定。本章将主要关注被英联邦的许多地区所接受的普通法方法。

---

[21] See *R v Benguit* [2005] EWCA Crim 1953 at paras 27–32. 在决定采纳该证据是否公正的时候，法庭"必须特别注重证据涉及的事项与构成被控对象的事项之间的时间跨度"：CJA 2003，s 101（4）. 芒迪恰当地指出，这个条款"并不阻止法庭考虑其他问题"，考虑其他问题"同样是重要的"，比如考虑先前不当行为所导致的偏见：Roderick Munday，*Evidence*（OUP：Oxford，2005）286. Similarly，Murphy（n 15）173–4.

[22] *Phipson on Evidence*（n 17）paras 19–35. 墨菲尔德进一步指出："对于不良品性规则这个法律分支而言唯一确实有重要意义的变化是，鉴于根据普通法检控方必须展示证据的证明价值超过了其导致的偏见影响，第101（3）条要求辩护方必须展示证据导致的偏见影响超过了其证明价值。"然而，第101（3）条并不分配举证责任。它仅仅要求，当辩方提出排除申请时，法院要对正义问题做出裁定；它没有规定谁有在该问题上承担说服责任。而且，如果偏见是一种规范性的而不是事实性的调查这一说法是正确的，那么谈论举证责任就会发生错位。

[23] Roberts and Zuckerman（n 10）517.

[24] J R Spencer，*Evidence of Bad Character*（Oxford：Hart，2006）64–66.

[25] *R v Weir*（n 16）para 36.

[26] Adrian Waterman and Tina Dempster，"Bad Character：Feeling Our Way One Year On"[2006] Crim LR 614，625.

1.2 外在分析

我们只有通过对反对控方使用倾向性证据的异议进行内在分析，才能阐释相似事实证据规则的道德基础。从外在视角解释或证成这种证据排除规则的传统做法，都存在某些不足。本小节探讨的正是这种传统视角。下文将首先列举这些传统视角中支持排除的主要理由，然后继续说明：(1) 这些理由建立在有争议的、概念模糊的或者难以证实的经验性前提上；(2) 无论是哪种情况，这些理由都需要被进一步阐释。

1.2.1 外部证成解释

按照外在视角的方法，关键的问题是：该规则对于最终得到正确事实认定的可能性，有什么样的影响？对规则进行评估所依据的，是审判系统得出结果的正确率。需要提出一些关于下述问题的经验性主张：采纳先前不当行为证据会导致什么结果？该规则会如何影响可靠性？

这种可察觉的紧张关系对可靠性的影响是复杂的。先前不当行为证据通常被认为是具有证明价值的。阻止事实认定者采纳该证据，可能会导致确实有罪者被无罪开释。如果对被告的先前定罪与其当前站在法庭上被指控之罪是同一种类，大多数人将认为它们之间具有相关性。他们会认为，对于当前被指控的罪行来说，有这种定罪记录的人相比于没有这种记录的人，更可能是有罪者。认为相似事实证据具有相关性，意味着承认其对于在询问中查明事实是有些用处的。如果我们对真相感兴趣，那么就应该采纳该证据。当然，这并不意味着相似事实证据就是决定性的；而仅仅意味着它应该在整体的评估中被考虑在内。

但是也要意识到，相似事实证据具有潜在的偏见性。这意味

第六章 相似事实证据

着此类证据具有导致事实认定者难以作出正确事实推论的危险。[27] 当此类证据所产生的偏见影响超过其证明价值时，采纳该证据更可能妨碍而不是帮助发现真相。在这种情况下，合理的做法是排除该证据，因为这是最有利于得到理想结果的方法。[28] 这一判断是基于对事实认定者内心如何回应此类证据所作出的预测。人们经常会援引两个主要因素[29]，以说明采纳此类证据更可能阻碍而不是促进对真相的追求。

第一，存在使事实认定者高估先前不当行为证据之意义的危险性。[30] 对该类证据的常识性评价，即使出于善意，仍可能是不准确的。我们称此为**认知错误风险**（*risk of cognitive error*）。该风险源于无知（ignorance）。无知和非理性（irrationality）是不同的。那些相信"鲸鱼是鱼的人，并不必然是非理性的；他们可能仅仅是孤陋寡闻"[31]。那些强调存在认知错误风险的人，理所当

---

[27] 因此，伦伯特把"导致偏见的证据"视为"任何会影响陪审团的裁决、但在逻辑上没有关涉有罪与否事项的证据"：Richard O Lempert, "Modeling Relevance" (1977) 75 Michigan L R 1021, 1036；斯科奇姆把"导致偏见的证据"界定为"使陪审团在没有改变有罪/无罪之后验概率的情况下更愿意进行定罪的证据"：Suzanne Scotchmer, "Rules of Evidence and Statistical Reasoning in Court" in Peter Newman (ed), The New Palgrave Dictionary of Economics and the Law, vol 3 (Macmillan: London, 1998) 390.

[28] Geoffrey R Stone, "The Rules of Evidence and the Rules of Public Debate" [1993] U of Chicago Legal Forum 127, 141 - 2).

[29] 这两个因素的划分，与以下划分基本是对应的："推理性偏见"和"道德性偏见"（see *eg*. Law Commission, *Evidence in Criminal Proceedings: Previous Misconduct of a Defendant* (Consultation Paper No. 141, 1996) para. 9. 92; and Law Commission, *Evidence of Bad Character in Criminal Proceedings* (Law Com No 273, Cm 5257, 2001) para 7. 23; Andrew Palmer, "The Scope of the Similar Fact Rule" (1994) 16 Adelaide L Rev 161）；"推论错误偏见"和"无效偏见"(Roger C Park, "Character at the Crossroads" (1998) 49 Hastings LJ 717, 720; David P Leonard, "In Defense of the Character Evidence Prohibition: Foundations of the Rule Against Trial by Character" (1998) 73 Indiana LJ 1161, 1184)；"倾向性偏见"和"坏人偏见"(*Phipson on Evidence* (n 17) paras [19 - 46] - [19 - 47]).

[30] *R v Boardman* [1975] AC 421, 456; *R v Isleworth Crown Court ex parte Marland* (1998) 162 JP 251, 255 and 258; Roberts and Zuckerman (n 10) 505 - 6.

[31] D H Mellor, *Probability-A Philosophical Introduction* (London: Routledge, 2005) 73.

然地会指向以下说法：外行人士易于高估重新犯罪的概率；对犯罪专业化（即罪犯有再犯相同种类罪行的倾向）的认知，并没有完全被实证数据所支持[32]；人们倾向于从关于过去行为的证据中，得出超过证据本身所能准许的更强的推论[33]；尤其是，人们过于重视品性，夸大它们的一致性，并且未能充分考虑环境因素。[34] 我们被告知，被告人的犯罪记录证据不像大多数人所认为的那样准确，也不像它在犯罪统计数据的外表下看起来那么有说明意义。[35] 这种统计可能产生误导，尤其是对于那些不甚了解刑事司法系统运作的人。例如，一个有先前犯罪记录的人被调查和指控的可能性，不能真实地反映他有罪的客观可能性。这是因为警察会从犯罪档案中寻找线索，所以很值得理解的是，他们的调查对曾经犯罪的人会有"偏颇"，尤其是对那些有与所调查事项同类犯罪记录的人。[36] 另一点值得注意的是，有犯罪记录且被指控的人有各种各样的诱因去认罪；而那些没有被这些诱因所吸引，坚决要求接受审判的人，会比他们的犯罪过往乍看起来所表明的，更可能无辜。[37]

第二，有人认为，关于被告人不良品性的证据，可能会影响

---

[32] Eg Julian V Roberts and Loretta J Stalans, *Public Opinion, Crime, and Criminal Justice* (Oxford: Westview, 1997) 30–32, 191–193.

[33] Donald A Dripps, "Relevant but Prejudicial Exculpatory Evidence: Rationality versus Jury Trial and the Right to Put on a Defense" (1996) 69 Southern California L Rev 1389, 1401. 易于高估品性证据之证明价值的倾向，被称为这种证据的"晕轮效应"，门德斯更喜欢称之为"魔鬼之角效应"。根据这种理论，人们容易犯过于简化的错误，将某个突出的好/坏品质当作评价他人的根据：Miguel Angel Méndez, "California's New Law on Character Evidence: Evidence Code Section 352 and the Impact of Recent Psychological Studies" (1984) 31 U California, Los Angeles L Rev 1003, 1047.

[34] *B R S v The Queen* (1997) 191 CLR 275 at 322.

[35] John Jackson and Martin Wasik, "Character Evidence and Criminal Procedure" in David Hayton (ed), *Law's Future-British Legal Development in the 21st Century* (Oxford: Hart, 2000) 352–354.

[36] Law Commission Consultation Paper 141 (n 29) paras 7.8 and 7.23.

[37] Richard O Lempert and Stephen A Saltzburg, *A Modern Approach to Evidence* (2nd edn, Minnesota: West Publishing, 1982) 216–217.

第六章 相似事实证据

到事实认定者，使其不当地敌对被告人。我们称此为**情绪风险**（*risk of emotivism*）。[38] 与认知错误不同，情绪包含了非理性因素。对该风险的担忧在于，事实认定者因为这类证据而对被告人产生了反感，从而认为他无论如何都应该得到惩罚，不管他是否实施了所控之罪。[39] 因此，事实认定者可能会对被告人作出有罪判断，即使其并不确信被告人实施了当前的犯罪；或者，事实认定者会否决被告人因合理怀疑而获得的疑点利益，而他本来是有权利享有该利益的。[40] 后一种情况发生于以下情景中：事实认定者草率地说服自己被告人有罪[41]；对被告人的偏见使事实认定者无法客观和冷静地评价证据[42]；事实认定者不能充分重视那些可能证明被告人清白的事实。[43] 对这些行为的心理学解释表明，对被告人不良品性的知晓，倾向于降低事实认定者对错误定罪带来悔感的预期。[44]

1.2.2 对外部证成的批判

根据外部证成解释，不管是认知错误还是情绪，本质上都是应予反对的，因为它们可能导致事实裁判者作出错误的裁判。第一个正当理由（防范认知错误风险的必要性）是基于一些经验性的主张，但这些主张本身尚处在社会科学家和心理学家的争论之

---

[38] John Henry Wigmore, *A Treatise on the Anglo-American System of Evidence in Trials* at Common Law, vol 1, (3rd edn, Boston: Little, Brown & Co, 1940) 454 – 6, para 57. 更一般地，在许多情境中，情绪可以左右陪审团的裁判：Reid Hastie, "Emotions in Jurors' Decisions" (2001) 66 Brooklyn L Rev 991.

[39] *Thompson v The King* [1918] AC 221, 233.

[40] *Noor Mohamed v The King* [1949] AC 182, 193; Roberts and Zuckerman (n 10) 506 – 7.

[41] "法官对被告越憎恨，越容易发现被告与所诉的损害之间的因果联系"：Felix S Cohen, "Field Theory and Judicial Logic" (1950) 59 Yale L J 238, 242.

[42] James Landon, "Character Evidence: Getting to the Root of the Problem Through Comparison" (1997) 24 Am J of Crim L 581, 590 – 591.

[43] Alfred Bucknill, *The Nature of Evidence* (London: Skeffington, 1953) 33 – 34.

[44] See Lempert (n 27) 1034 – 6; Lempert and Saltzburg (n 37) 162 – 165.

中。一些学者对关于陪审团有可能高估不良品性证据之证明价值的主张提出了质疑。[45] 例如，戴维斯（Davies）曾论述："当前的心理学文献强烈地支持这种常识性直觉，即根据人们的品性可以预测他们的行为"[46]；而且，"心理学文献并没有指出，品性证据会不当地引起偏见"。[47]

一个得到许多人赞同的观点是："无论是统计结果还是逻辑，都未表明实施过同种类犯罪的被告比那些没有此类犯罪记录的人，再犯的可能性更大。"[48] 即使如此，一定要注意，相似事实规则要求排除证据的传统正当理由，不是因为该类证据不具有相关性，而是因为事实认定者易于给予这类证据过重的分量。[49] 要理解"事实认定者会被**不当地**（unduly）影响"这一观点的含义是很困难的；因为，正如吉普斯（Dripps）所说，该观点"依赖于对理

---

[45] Mirko Bagaric and Kumar Amarasekara, "The Prejudice Against Similar Fact Evidence"（2001）5 E & P 71, 81："成见或偏见性的情感影响陪审团裁判的危险，看起来被高估了。"

[46] Susan Marlene Davies, "Evidence of Character to Prove Conduct: A Reassessment of Relevancy"（1991）27 Crim L Bulletin 504, 506.

[47] Ibid, 533. See also Park（n 29）730；关于相似事实证据（"特定行为证据"）是否应该被用来证明有罪这一问题，他注意到："社会心理学文献和人格心理学文献并没有强有力的指出一个结论。"法律委员会在咨询性文件（Consultation Paper 141（n 29）para 6.11）中力劝，要谨慎小心地依赖心理学研究："心理学家一般并不对人类行为的起因或个性的概念制定一个单一的、最终的解释，所以需要谨慎对待他们的研究成果。"英国和美国出现的各种研究还注意到："对一个罪犯犯罪记录的披露会不会导致偏见这一问题，并没有一致的解答（ibid at para 7.6）。"但在他们的报告中，他们倾向于选择由于过分谨慎而犯错：Report No 273（n 29）para 6.41. 关于这个领域的心理学研究结论和争论性文章概述，see Mike Redmayne, "The Relevance of Bad Character"（2002）61 CLJ 684, 687–690.

[48] Lord Justice Auld, *A Review of the Criminal Courts of England and Wales*（2001）566.

[49] *DPP v Kilbourne* [1973] AC 729, 757；*R v Boardman*（n 30）456；*R v Isleworth Crown Court ex parte Marland*（n 30）255. 请比较（认为相似事实证据是不相关的）：*Thompson v R* [1918] AC 221, 232；*Miller* [1952] 2 All ER 667, 668H；James Fitzjames Stephen, *A General View of the Criminal Law of England*（London: Macmillan, 1863）309–310.

第六章 相似事实证据

性的背景性判断，而理性又难以从经验上去证实或者证伪"[50]。因此我们不能仅仅根据数据资料就得出结论认为，对被告人犯罪记录的披露会增加事实认定者倾向于高估过去定罪证据之价值的可能性。这一论断意味着该类证据具有一个客观"正确的"权重。但是究竟在何种情况下，以及我们如何去分辨（撇开极端情形），事实认定者对该类证据给予了"过多的"权重？[51] 如果一个证据属于先前定罪证据，有人会认为，对它的客观证明价值的粗略感知，可以源于相关的犯罪统计和再犯数据；但这种解释和对这些资料的使用都充满了困难。[52] 因此，第一条证成思路只是猜测性的——如果不是概念不清的话。

现在让我们假定：外行人士确实会倾向于认定，过去的犯罪行为与先前不当行为具有超出它们实际应有的权重的归罪意义。如上所述，第一种证成路径把认知错误归因于无知：在评议中，事实认定者所使用的信念和推理是虚假的或无效的，而事实认定者对此并不知晓。但是，如果此处的问题在于无知，而且我们认

---

[50] Dripps（n 33）1401. 一些学者认为，那些试图表明人们有进行荒谬推理倾向的研究，实际上不能说明什么；研究人员对资料的解释有误，或在分析时作出了可疑的假定：eg Nicholas Rescher, *Rationality-A Philosophical Inquiry into the Nature and the Rationale of Reason* (Oxford: Clarendon, 1988) 194-6.

[51] 对于那些呼吁经验检验的人，克罗斯正确地质问道："但是对于披露犯罪记录是否会增加错判无辜之危险这一关键性问题来说，这些人是不是更加明智呢？"：Rupert Cross, "Clause 3 of the Draft Criminal Evidence Bill, Research and Codification" [1973] Crim LR 400, 403.

[52] See Mike Redmayne, "The Law Commission's Character Convictions" (2002) 6 Intl J of Evidence and Proof 71 and "The Relevance of Bad Character" (2002) 61 CLJ 684. 基于一项对罪犯统计数据和累犯统计数据的抽样调查，作者论述到：法律委员会报告（No 273（n 29））为了支持其主张（即相似事实证据会对事实认定者带来不当的偏见影响）而援引的那些研究结论，实际上并没有支持其主张。而是，这些研究结论表明了相反的主张，即主体对该类证据赋予了过轻的而不是过重的权重。（这些研究结论参见：Sally Lloyd-Bostock, "The Effects on Juries of Hearing about the Defendant's Previous Criminal Record: A Simulation Study" [2000] Crim LR 734 and "The Effects on Magistrates of Knowing of a Defendant's Criminal Record", summarised in the said Report (n 29) 241-9.）但是，正如作者自己也承认的那样，解释他所使用的统计资料存在很多困难："The Relevance of Bad Character" (2002) 61 CLJ 684, 700-713.

为不良品性证据是有证明意义的且因此在一定程度上能显露真相，那么，最恰当的解决途径不应该是指导事实认定者评价该类证据吗?[53] 为什么我们的法律不能像对待其他同样具有认知错误风险的证据一样，来对待相似事实证据?[54] 例如，（目击证人的）辨认证据会被采纳，但其并不像人们普遍认为的那样可靠。然而，法律却允许采纳该证据，因为它能提供"建议"（advice）。事实认定者会被告知，该证言有一些不可靠的因素；而且事实认定者会被提醒，在相信该证言时务必谨慎。

相比之下，法律却通过"排除"（exclusion）和"规定"（regulation）的技术来控制不良品性证据。如果提交证据的目的违反了相似事实证据规则，那么该证据会被完全排除于评议之外。如果举证的目的不违反该规则，但该证据仍然可能引出一个违反该规则的推论，那么该证据会被采纳，但同时其用途会受到规定；陪审团将会被提醒，不要使用所谓的"禁止推论链条"（forbidden chain of reasoning）[55]。与"排除"或"规定"相比，"建议"（advice）是一种较弱的控制评议的方式。在我们的论述语境中，法律为何更愿意选择使用"排除"或者"规定"，是可以理解的。

---

[53] 其他学者也提出了这一问题：A A S Zuckerman, *The Principles of Criminal Evidence* (Oxford: Clarendon, 1989) 231-2, and Bagaric and Amarasekara (n 45) 81-2.

[54] 正如桑吉里科所指出的，"对以下问题，我们需要做出（但至今尚未做出）一个全面的论证：根据品性判断行为易引发的错误，完全不同于，而且实质上更差于那些我们现在交给陪审团解决的事项可能出现的错误"：Chris William Sanchirico, "Character Evidence and the Object of Trial" (2001) 101 Columbia L Rev 1227, 1246.

[55] *R v Boardman* (n 30) 453; *B R S v The Queen* (n 34) 294-5, 302-3, 326-7, 329-330; *R v Carrington* [1990] Crim LR 330; *cf R v Rance and R v Herron* (1975) 62 Cr App R 118, 122; R v Roy [1992] Crim LR 185; Philip McNamara, "Dissimilar Judgments on Similar Facts" (1984) 58 Aust L J 74 (Part I) at 77-78 (Part I) and (1984) 58 Aust L J 143 (Part II) at 154; Rajiv Nair, "Weighing Similar Fact and Avoiding Prejudice" (1996) 112 LQR 262; Roberts and Zuckerman (n 10) 532, 534. 关于小心地给出陪审团指示的必要性，在《2003年刑事审判法》之后的一些判例中被强调：eg. *R v Hanson & Ors* (n 16) para 18; *R v Edwards and Ors* [2005] EWCA Crim 1813, para 3; 进一步的讨论，see J R Spencer, *Evidence of Bad Character* (Oxford: Hart, 2006) 116-7 and 147-150.

第六章 相似事实证据

选择二者之一，就是基于潜在的反对理由而站在一个绝对的立场上。这种绝对的立场，是一个恰当回应方式，因为此时关涉道德原则。为了理解相似事实证据规则，我们就必须探究它的道德基础。下一节将完成这一任务。

第二个正当理由（保护被告人免遭情绪风险的必要性）也是不充分的。在判定该风险的实际存在及其程度时，我们必须预测事实裁判者面对该证据时的反应可能是怎样的。稍后我们将讨论到，这种观点对于相似事实证据规则在法官审中的适用意义不大。要揭开第二种正当理由的规范性根源，就需要对它进行深入分析。我们被告知，向事实认定者披露不良品性证据的风险在于，可能会使得事实认定者在对被告人是否实施了当前所控罪名没有充足信念时作出有罪裁决，或者使得事实认定者过于草率地得出该信念（例如在评价证据时受到偏见影响）。但是该类证据到底能引发事实认定者产生何种会诱导其行为的情绪？一般来说，就是类似于"花豹永远不能改变它的斑点"那样的信念。用新西兰法律委员会的话来说，"所要担忧的是，陪审团可能顺着'江山易改，本性难移'的观念，作出毫无根据且具有危险性的假定"[56]。我们在道德直觉上会反对该假定里包含的偏见，这种反对体现在以下谚语中：不要"给他一个坏名，然后将他绞死"（give a dog a bad name and hang him）[57]。即使只有法官参与审判，这些潜在的道德担忧也会存在。必须从作为道德主体的事实认定者的立场，清晰地阐述这些道德担忧。在最后的分析中我们将看到，不是心理弱点，而是那些我们信奉的潜藏于审判程序之后的特定道德价值，为相似事实证据规则提供了内涵和意义。

---

[56] The New Zealand Law Commission, *Evidence-Reform of the Law*, Report 55, Vol 1 (1999) 48.

[57] *George Ballantine & Son v Dixon & Son* [1974] 1 WLR 1125, 1132.

1.3 内在分析

1.3.1 对证据推理的道德约束

内在分析方法的关注点在于评议的过程，而非事实认定的结果。它主要从认定构成定罪之事实的道德意义的角度进行论述，从而寻找证据规则的正当理由。这种正当理由依赖一些先验性的原则，而不是取决于一些经验性主张的有效性。外在分析的重心是不良品性证据有引起事实认定者特定心理反应的可能性；与之不同，内在分析关注的是从这些证据做出推理时的规范性界限。系统工程师的视角主要关注相似事实证据规则何以促进庭审认定的可靠性。但该规则有其道德基础，要想完全地理解它，我们必须采取事实认定者的视角，即该规则所约束之人的视角；我们必须重视将被告人定罪的表达性功能及其严重性，审慎思考关于他有罪之信念的认识论正当理由，以及用以支持该信念的推理过程是否符合正义。

很长时间以来，正统的学说是：相似事实证据规则严格禁止事实裁判者以特定的方式推论，从而得出有罪的结论。严格的"禁止推论链条"观点已不再流行，但正如我们将会看到的，将这种观点解释得与反对它的意见不相矛盾，是可能的。在梅金案（*Makin v Attorney-General for New South Wales*）[58]中，法院裁定：不可以从"被告人曾犯有目前的起诉书涵盖范围之外的罪行［或有损信誉的行为］"这一事实，推断出被告人"可能出于他的罪行［或有损信誉的行为］或品性而实施了他正在被审判的罪行"。美国《联邦证据规则》第404（b）条规定了大致类似的内容；它规定：除了例外情形，"关于其他犯罪、错误或行为的证据，不可为了证明行为与品性的一致性，而被采纳用来证明一个

---

[58] [1894] AC 57, 65 (words within square brackets added).

第六章 相似事实证据

人的品性"[59]。根据桑基(Sankey)法官在麦克斯韦案(Maxwell v DPP)中的观点,通过被禁止的推论链条得出一个有罪裁判,违反了"我们刑事法律之中最根深蒂固和需要谨慎维护的原则之一"[60]。我们首先要做的就是阐明该规则所依赖的那些原则。

我们必须在"为什么需要证明事实"这一语境中检验该规则。当控方在审判中力图证明事实时,他们是为了说明被告人对于特定指控是有罪的。一旦认定被告人曾实施了被指控的犯罪,就是对其作出了有罪裁判,就是在谴责和归咎于他——不是一般性地因为他是什么人,而是具体性地因为那个构成了犯罪的行为。考虑到有罪裁判所涉及的道德意义,刑事责任的归属必须服从某些道德约束条件。按照传统的理解,相似事实证据规则体现了其中两个道德约束条件。尽管不可能免受质疑(在这样一个争议性的领域可以预见),但它们可以作为我们的出发点,因为我们对它们已经足够熟悉,且它们已经充分占据了正统观念。

概言之,第一个道德约束是:如果一个人丧失了反思性自我控制(reflective self-control)的能力——例如,尽管他实施了某个行为,但他能真诚地[61]提出异议说,"我对此无能为力"——法院不应当认定该人要为他的行为负责任,因为这样是不公平的。[62] 在做出被指控的罪行时,行为主体必须对他的行为具有正常的理解能力和控制能力,才应对该罪行负道德责任。"反思性自我控制的能力"包含两种理性能力:一种是理解和适用道德理由

---

[59] 但参见《联邦证据规则》,规则 413 和 414 允许在性侵犯和儿童性侵害案件中分别采纳类似犯罪证据。但同时它们也受到了批判,see Aviva Orenstein, "Deviance, Due Process, the False Promise of Federal Rule of Evidence 403"(2005)90 Cornell L Rev 1487 for compromising trial fairness.

[60] [1935] AC 309, 317.

[61] 这个要素强调了需证明该异议之真实性。参见:Herbert Fingarette, "Addiction and Criminal Responsibilities"(1975)84 Yale L J 413, 426-444.

[62] 哈特认为,刑法背后的"一个基本道德原则是,如果一个人无法选择,那么他不应当因其所做而受到非难":H. L. A. Hart, *Punishment and Responsibility-Essays in the Philosophy of Law*(rev edn, London: Clarendon, 1970)174. See also ibid, 39-40.

的能力，另一种是根据这些理由控制自己行为的能力。[63]

华莱士（Wallace）认为，判定一个人负道德责任，先要认定该人负有我们所接受的道德义务；当我们判定他对一个行为负道德责任时，我们必须相信他已经作出了违反这些义务的行为。然而，如果一些人没有能力去符合我们的道德期望，认为他要对这些义务负责就是不公平的[64]：" 如果一个人丧失了理解和遵循支撑某个要求之理由的一般性能力，那么对他提出该要求就是不合理的——这会潜在地使他们受到道德制裁的伤害。"[65]

第二个道德约束源自刑事司法中的一个稳固的原则：被告人只在控方起诉的犯罪事实与责任范围内接受审判；判断他是什么样的人和过着什么样的生活，不是审判之务。"被告人必须因他做了什么事而非他是什么人而接受审判。"[66] 正像格罗斯（Gross）阐述的[67]：

> 刑事司法要求我们确定一个人的行为的罪责，而不是这个人的罪责……有时候，所作出的判决是关于一个人是谁，而不是关于一个人曾做了什么事。有的情况下，是基于他过去做了什么事而得出一个关于他的结论；在另外的情况下，是基于他所作的某个特定行为——该行为被假定代表了他的某种倾向——而得出关于他的结论。……在确定刑事责任的时候，刑法的关注点限定在被指称构成犯罪的那个特定行为的罪责上，上述其他事项则完全被排除在考量之外。

---

[63] R Jay Wallace, *Responsibility and the Moral Sentiments* (Massachusetts: Harvard UP, 1994) 7.

[64] 对该观点的详细阐述参见：ibid, 157 et seq.

[65] Ibid, 161.

[66] US v Meyers (1977) 550 F2d 1036, 1044 (5th Cir.). 其中还将这个原则描述为"无罪推定原则的附随物"。以下判例，将这个原则称为"美国法律体系的基石"：US v Foskey (1980) 636 F2d 517, 523 (D.C. Cir.).

[67] Hyman Gross, *A Theory Of Criminal Justice* (New York: OUP, 1979) 76–7; and see also ibid, 9.

第六章　相似事实证据

在菲尔普斯案[68]（*Phillips v The Queen*）中，澳大利亚高等法院引用了同一个原则，作为排除先前不当行为证据的一般性原因：

> 刑事审判……通常是高度个别化地关注特定的违法行为。正因如此，刑事审判不是一场针对被告人的犯罪行为品性或倾向的审判。

相似事实证据规则禁止使用违反了上述两个道德约束条件中任何之一的推理，作为支持有罪裁判的根据。在这两个约束条件中，第二个更容易被违反。现在我们假定：法庭需要裁决，针对一项特定的犯罪指控，被告人是否有罪。目前存在关于被告人先前从事过该类犯罪活动的证据。我们可以沿着以下路径，从他的不良品性中做出推论：

> 被告人可能是有罪的；因为他的过往显示了，他是可能实施这种犯罪的**那种人**（*sort of person*）。

这种通常的推理形式，可能会使用两个关于我们认为被告人所属的"那种人"的概括中的一个。我们可能认为：

> G1：他是那种（在某些特定条件下）**不能自已而实施**（*cannot help doing*）这种犯罪行为的人。

或者：

> G2：他是那种（在某些特定条件下）**倾向于实施**（*tends to commit*）这种犯罪行为的人。

这两个概括（G1 和 G2）又都是建立在两种被告人"之为人"的观念上。在某些条件下（比如存在相关的时机或足够强大的诱因），被告人不能自已而实施了这种犯罪行为（G1），这一概括可

---

[68] (2006) 224 ALR 216，236. Similarly，United States v Hodges (1985) 770 F 2d 1475，1479；United States v Mothershed (1988) 859 F 2d 585，589.

以用两项他的道德人格特征之一来解释。第一个特征是，被告人丧失了批判性的道德反思能力。在每一个个案中，他被本能性的或一阶的（first-order）欲望所控制而实施了那种行为。他不能作出更高阶（higher-order）的评价，无法反思他的行为之对错，因此也不会想要改变。[69] 第二个特征是，他缺乏自我控制的能力。他不能根据自己的批判性判断来引导自己的生活。尽管他明白他所实施的行为是错误的，并且在更高阶的层面上他不想再做这样的行为，但在某些情况下，他又缺少自制的能力。他的行为尽管是有意的（intentional），却是不自愿的（involuntary）。所以在每一个个案中，他确实是不能自已地做出了违背自己最佳判断的行为。[70]

上述两种关于被告人的观念，可能会基于经验或逻辑的理由而受到质疑：通常，相似不当行为的先前事件并不能充分说明，被告人缺乏能力做出其被指控的行为之外的其他行为。理论上，随着先前事件数量的增加，会到达一个点，使得上述两种观念变得可信。但是还存在另一种独立的质疑，一个道德性的质疑，使我们不能基于上述任一观念让被告人对其被指控的犯罪担责。一个有罪裁判，不仅断言了构成所诉罪名的事实，而且（至少在典型的刑事案件中，至少是暗示性地）还因该事实而谴责了被告人。根据第一个道德约束，当一个人没有反思性自我控制能力时，他不应该因其行为而受到责难。在第一条推理路径（G1）中，被告人正是被视为这样一种人；他被认为，要么丧失了理解和运用道德理由的能力，要么丧失了根据这些理由控制自己行为的能力。

此处使用的"品性"概念，本身并无伦理性的内涵。它与非

---

[69] See Harry G Frankfurt, "Freedom of the Will and the Concept of a Person" (1971) 68 J of Philosophy 5. 文中论述了一些人缺乏"二阶意志"（second-order volitions）的情况。

[70] 换言之，他在实施某种特定犯罪行为时，可以被认为丧失了"意志能力"（ability to will）；see Bernard Gert and Timothy Duggan, "Free Will as the Ability to Will" (1979) 13 Noös 197.

第六章 相似事实证据

道德性的实体所具有的特征类似。比如，说糖是可溶解的，就是说糖在置于水中时会溶解（"不得不溶解"）。让糖为它的这种"行为"倾向负责，是很荒谬的。[71] 如果我们接受了对刑事责任归属的第一个道德约束，那么要想确保公正性，我们就不能将"不能自已"的论据用作有罪裁判的理由：如果被告人的品性确实说明其不能自已地实施了犯罪，那么他不应该为其行为承担道德责任，因此也不应该被认定有罪。使用 G1，就偷偷地违反了这个约束，因为它在证据推理的掩饰下，从被告人的一个品性中作出了一个有罪的推论——而原则上，该品性本来应当将他排除在责任之外。[72]

G1 中的个人特征是非常极端的，事实认定者也很少会这样适用，因此违反第一个道德约束的情形发生的可能性很小。但存在一个更成问题的和更令人担忧的方式，可以用被告人的犯罪过往来指控他。我们下文的关注点将集中在这种方式上。人们可能如此推论：因为他是那种（在某些特定条件下）**倾向于实施**这种犯罪行为的人，所以他可能是犯了该罪的**那种人**（G2）。此处，我们没有认为他丧失了反思性自我控制能力。但我们相信，他对这种能力的运用是有异常的，或者达不到我们的期待。他可能是一个邪恶的人，不认为他用那种方式作出行为有错误；或者他可能是一个道德上的懦夫，他明白实施这种犯罪是错误的，但又太容

---

[71] Example taken from Gilbert Ryle, *The Concept of Mind* (London: Hutchinson's University Library, 1949) 123.

[72] 这并不表示，如果"被告人缺乏反思性自我控制能力"是一个法律问题的话，事实认定者不能认定该事实。事实认定者不被允许去做的是，从被告人的犯罪记录或有损信誉的行为记录中推断出一个事实，且把这个推断作为证明被告有罪的根据——此时他的缺乏能力问题将不会在庭审中作为一个争议问题被提出。

易屈从于错误。他的自我控制意志或能力是虚弱的。[73] 在这两种情况中,事实认定者可能推论:当容易引起某种行为的条件出现时,他很可能会再次实施曾做过的行为。对于这种推论的实质和形式,我们还需仔细研究。

1.3.2 先前不当行为证据的使用和滥用

显然,不能仅仅因为被告人过去实施了这类犯罪,就推断出他很可能对当前犯罪指控负有罪责。一些人认为品性对于控制人类行为非常重要,但另一些人认为情势(situation)才是决定性的。这两种观点之间存在很多争论。多丽丝(Doris)告诫说,没有必要使这个争论走向两极分化;无论品性还是情势都有很大的影响力,无法否认的是,两者共同作用于一个人的行为。[74] 给某人归属了一个倾向,并不**必然要求**其行为与该倾向相符。[75] 例如,一个人有做出 X 行为的倾向,并不意味着他"频繁地,或在每个场合中,都会做 X 这类行为";做什么行为很大程度上取决于"即时呈现的情势"[76]。

---

[73] 行为表现违反了他的最佳判断,并不意味着该行为是非自愿性的。假设我们用"普通的日常标准"(ordinary everyday criteria)来评判,我们可以说,他本来能够避免做已经做了的行为:David Pears, Motivated Irrationality (Oxford: Clarendon, 1984) 229. 正如皮尔斯指出的 (ibid 232), "因轻度上瘾而妥协,并不是被强迫的情况"。G2 的第二个概念(道德上的懦夫)不同于 G1 的第二个概念(行为者丧失了自我控制能力);在前者中,他是"意志薄弱的"人;在后者中,他是"缺乏意志"的人。关于这种概念差异的论述,参见:Thomas E Hill, Jr, "Weakness of Will and Character" (1986) 14 Philosophical Topics 93.

[74] John M. Doris, *Lack of Character-Personality and Moral Behavior* (Cambridge: CUP, 2002) 25 – 6. See also John A Johnson, "Persons in Situations: Distinguishing New Wine from Old Wine in New Bottles" (1999) 13 Eur J of Personality 443, 444 – 5.

[75] "把某种倾向归于某人,从来不能杜绝以下现象,即在一些场合中,他可能从事的行为或已经完成的行为,在某种程度上违背了他的通常状态或倾向……这是典型的人类品性……它容许判断失误,并且有时候在某种程度上,人类的行为并不与他们的品性相一致。" Stuart Hampshire, "Dispositions" (1953) 14 Analysis 5, 7.

[76] Joel J Kupperman, Character (Oxford: OUP, 1991) 59.

第六章 相似事实证据

有两种方式可以解释品性和情势在影响行为时所扮演的角色。[77] 在目前的语境中，这两种方式可以转化为两种对被告人的不良品性概念化以及从中做出推论的方法。首先，被告人的不良品性可以被看作他的行为的直接[78]成因。这种观点把人视为"受其所处环境中的事件被动影响的客体"[79]。尽管他们被视为有能力对自己的行为作出选择，但这些选择会被认为受控于行为者固定的心理属性。这种关于人类品性的机械性观念（例如 G1 中假定的道德人格特征），不能充分容纳道德主体性。根据一种对人类行为的决定论解释，一个人受品性（不管多恶劣）影响作出的行为，几乎难以作为归责的依据，这就像响尾蛇咬人是出于本能一样。[80] 考虑到刑事责任归责所具有的道德意义，只有一种动机性的品性概念，才能为使用品性解释犯罪行为提供正当理由。

这种人类品性的决定论观念，会鼓励我们将基于人们行为趋向的预测模式，适用于人们的行为。例如，我们可能会把被告人先前的盗窃定罪，看作被告人有偷盗癖好的证据。依赖关于再次犯罪的统计数据，被告人被置于参照组人群中，而该人群被假设受到了相同倾向性的强迫。然后，根据纯粹的统计学或"精算学

---

[77] 大量的相关文献包括：William P. Alston, "Traits, Consistency and Conceptual Alternatives for Personality Theory" (1975) 5 J of the Theory of Social Behaviour 17; Richard B. Brandt, "Traits of Character: A Conceptual Analysis" (1970) 7 American Philosophical Quarterly 23; Walter Mischel and Yuichi Shoda, "A Cognitive-Affective System Theory of Personality: Reconceptualizing Situations, Dispositions, Dynamics, and Invariance in Personality Structure" (1995) 102 Psychological Rev 246; Yuichi Shoda and Walter Mischel, "Reconciling Contextualism with the Core Assumptions of Personality Psychology" (2000) 14 Eur J of Personality 407; Jerome C. Wakefield, "Levels of Explanation in Personality Theory" in David M Buss and Nancy Cantor (eds), *Personality Psychology-Recent Trends and Emerging Directions* (New York: Springer, 1989) ch 25.

[78] James R Averill, "The Dis-Position of Psychological Dispositions" (1973) 6 J of Experimental Research in Personality 275, 278–9.

[79] R Harré and P F Secord, *The Explanation of Social Behaviour* (New York: Rowman and Littlefield, 1972) 30.

[80] Example given by Thomas Nagel, *The View From Nowhere* (New York: OUP, 1986) 121.

理由"（actuarial grounds）[81]，前科定罪被赋予一定的分量，作为被告人犯有当前所控之罪的证据。按照这种分析，被告人的前科定罪本身（不考虑其他在当前案件中出示的证据）就具有一定的证明价值；或者，更准确地说，他的前科定罪增加了其他收集到的证据的指控力度。但这种分析假定了被告人符合统计学概括，是参照组中的普通成员；换句话说，就是假定他保留着偷盗的倾向，并且就像那些典型的（或刻板印象中的）盗窃犯一样，容易屈从于再犯此类行为的诱惑。范伯格（Feinberg）如此描述潜在的不公正（不过是在与本文不同的立法歧视语境中）：

> 偏见（prejudice）是一种不公正，它从字面意思来看意味着"预判"（pre-judging）；它将某种特性归属给某个人，也相应地归属给他的行为——对此缺乏任何直接证据表明此人具有这种特性；而只有非常间接的证据表明，其他一些与此人共享某些相似性的人，具有这种特性……[82]

> 统计组类属和具体行为类型之间的关联……并不将该行为因果性地关联至统计组所有成员身上具备的因素。一个特定的人属于从统计学上来看具有危险性的一个组，能够为怀疑他可能具有一种与危险相关的特性提供理由，但该统计组的从属关系本身，不是这种特性。[83]

必须注意的是，范伯格的主张不是说类属关系总是不相关的，而是说需要提供更多的信息才能使其具有证明力。为什么是这样？还需要提供什么？下面关于合法使用不良品性证据的讨论，会给我们启发。

---

[81] David M. Buss and Kenneth H. Craik, "The Act Frequency Approach to Personality" (1983) 90 Psychological Rev 105, 107.

[82] Joel Feinberg, *Harm to Others* (Oxford: OUP, 1984) at 199.

[83] Ibid 201. See also Mark Colyvan, Helen M Regan and Scott Ferson, "Is it a Crime to Belong to a Reference Class?" (2001) 9 J of Political Philosophy 168, 172. 其中注意到，"一个人从属于某个参照组……很难证明关于他自身行为的内容"。关于参照组问题的更多文献，参见第三章脚注[124]。

第六章　相似事实证据

尽管统计学推理确实在司法事实认定中占有一席之地，但法院不应该直接以刚才描述的方式以其为基础作出裁判。这样做会引起道德异议。法院要尊重被告人，就一定不能对他自我修正的能力，或者说逆着其不良品格而行事的能力不屑一顾。这正是"禁止推论链条"这一禁止性规定的要点。它禁止法院简单直接地从被告人有损信誉的生活史中，推断其可能有罪（不管是多么轻微）。被告人的过往本身，不应该被直接拿来用于指控他，假定他很可能仍然是罪恶的人或道德懦夫。这违反了我们上述两个道德限制中的第二个。正如卡多佐法官（Cardozo）所言[84]：

> 如果某一……倾向可以作为被告人有罪的标记之一，长久以来被认为对于保护无辜者具有根本重要性的一条刑事证据规则，就会立即被宣布废止……当一名被告人站在陪审团面前，一名囚犯站在法庭上，他在真正意义上重新开始生活。

自主性（autonomy）的一个方面，是有能力参与理性的"自我再创造过程"（process of self-re-creation）[85]；作为有自主性的人，我们"总是保有退一步的可能性，能够判断我们现在之所处和未来之所欲"[86]——就像卡多佐所说的"重新开始生活"那样。汉普希尔（Hampshire）指出："人们毋庸置疑地拥有自由意识（sense of freedom）……以及反思的能力和自我修正的思考能力"；当我们把某人看作一个能思考的人的时候，我们就排除了对其行为的决定论解释。[87] 只要一个人是自由的，他就有能力通过

---

[84] *People v Zackowitz* (1930) 172 NE 466, 468。认为"针对被告人作出被禁止的假定，在本质上是对他不公正的"这一内部论点，不同于认为"这样做会挫败他改过自新的动机"这一结果主义的论点。结果主义的论点参见：eg R v Handy (n 5) 401.

[85] Joel Feinberg, "Autonomy" in John Christman (ed), The Inner Citadel-Essays on Individual Autonomy (Oxford: OUP, 1989) 34.

[86] Gerald Dworkin, "Autonomy and Behaviour Control" (1976) 6 Hastings Center Report 23, 25.

[87] Stuart Hampshire, *Freedom of the Individual* (London: Chatto&Windus, 1975) at 142（分号之后的句子是对原文句子的意思概括）; see also at 105, 112.

自我认知,"从他所处的情势和……他的品性中抽离,重新审视以做出不同的应对"[88]。

对被告人作为一个人而非一个物的地位而言,自由是至关重要的;但是"他的过错构成他的定数这种毁灭性的观点"[89],否定了自由。当我们对道德救赎的可能性不屑一顾时,或者不愿意相信人们可能会从过错中吸取教训或是培养道德意志来抵御先前曾陷入的那种诱惑时,我们未能把一个人完全当作人来尊重。当被告人的先前不良记录**自身**被视为确信其有罪的理由(即使是非决定性的),或者**独立地**对该结论的得出提供了**一些**分量(不管多轻微)时,被告人的人格就在对应的程度上,受到了贬损。萨特(Sartre)很好地描述了这种贬损的总体影响[90]:

> 在诸如"他就是一个鸡奸者"这样的话中,谁若没有看到里面所包含的对他人的伤害和给我的心理安慰,谁就是一笔勾销了令人不安的自由,并从此以把他人的所有行为都解释为严格遵循其本质的结果作为目标。

按这种方式去思考一个人,是对他的存在的讽刺;它削平了他的品格,拒绝承认他思维的复杂性,进而否定了他的人性(humanity)。[91] 使用体现这种侮辱性的证据推理,本身就是应受质疑的,即使不考虑它可能导致的不良后果。如果一个裁决是通过一个对被告人不公正的推理——即没有将他视作一个自主性的道德主体,而他有权利被如此假定——而作出的,那么法庭不能主

---

[88] See also Gerald A Cohen, "Beliefs and Roles" (1967) 67 Proceedings of the Aristotelian Society (New Series) 17, 17.

[89] Jean-Paul Sartre, Being and Nothingness: A Phenomenological Essay on Ontology, translated by Hazel E Barnes (London: Methuen, 1957) 64.

[90] Ibid, 64.

[91] E M Forster, Aspects of the Novel (London: Edward Arnold, 1949) 65 and 68.

第六章 相似事实证据

张自己具有道德权威,来要求被告人接受其裁决。[92]

可以说,相似事实证据规则和刑事审判的目的之间,还存在一种内在关联。正如一些很有说服力的论述指出的,审判与道德批判的过程相类似;它"力图说服行为受审之人相信,所得出的结论之真实性和正义性"[93]。这假定了,该人可能接受这种说服。如果在审判一个人的罪行时,表面上试图引出他的道德悔悟,与此同时暗地里却对他的道德自新能力视而不见,就会存在不一致因素,或者是不连贯的感觉。如果对人有能力进行道德自新不抱期望,那么审判就会失去其作为道德对话——即旨在使犯罪者理解其行为的错误性——的意义了。

但是关于不良品性证据的使用,也存在一种合法的方式,可替代上述受质疑的方式。正是因为存在这种替代方式,我们可以调和传统的观点与当前流行的观点。传统的观点认为,该规则规定了一个严格的"禁止推论链条"之禁令;而流行的观点[94]认为,如果证据的证明力足够强,那么这种推理是可允许的。这种替代性观点采取了内在视角,将品性概念化为一组个人性的、相对持久的动机性或认知目的性结构,该结构包含了一些较为稳定但并非不可修改的、高阶的欲望(desires)、需求(needs)、动机(motives)、渴望(wants)、厌恶(aversions)、信念(beliefs)等内心状态。此处,我们采取行为受审查之人的视角。"从那些能够有意识地控制自己行为的行为者或行动者的角度来看,欲望、情

---

[92] R A Duff, *Trials and Punishment* (Cambridge:CUP,1986) 131. 这种内在性的正义要求,不同于那种外部性的关注,例如:担心失去公众对司法制度的信任(Law Commission Report 273 (n 29) para 6.52),担心引起被告人的怨恨(ibid, para 6.46)。

[93] Duff (n 92) 116. 其他一些人也持有该观点:eg T R S Allan, *Constitutional Justice-A Liberal Theory of the Rule of Law* (Oxford:OUP,2001) 81 et seq.

[94] 参见克罗斯(Cross)法官的意见:*R v Boardman* (n 30) 456-7. 此观点在兰德尔案中也已被明确采纳:*R v Randall* [2003] UKHL 69 at para 26,[2004] 1 All ER 467. 在刑事案件中,现在有对倾向性推理的明确规定:CJA 2003, ss. 101 (1) (d) and 103 (1) (a)。

绪或激情等，不是像盲目的机械推动那样与行为发生关联，而是行动者在决定如何行为时会发生影响的因素。"[95] 人不仅仅是只能被动地受到环境之力影响的客体。相反，正是由于人有反思性自我控制的能力，我们才认为人们需要为自己有意图的行为负责。[96] 我们现在使用的品性概念，允许将一个人的倾向性作为关键，来解释控方所提出的证据，以此说明被告人为何实施了被指控的罪行。重要的是，如果这些证据中没有什么需要解释的，该倾向性就没有发挥作用的余地。同时，这种解释必须是针对导致所调查的具体行为发生的原因，包括信念和欲望。[97]

既然对于一个成年人来说，他的内在动机结构，即基本信念和观念体系是相对稳定的，因此有理由认为，他会按照一个相对稳定的模式去体验需求和好恶，而这些因素为他的行为提供了动因（不管是好的还是坏的）。[98] 根据这种解释，人类行为是自愿性的，是"通过判断、感觉和行为而……对其所处情境"的反应。[99] 一个人在具体条件下会做出什么行为，取决于"一系列动机因素，包括他的欲望、对世界的信念、最终的目标和价值等"[100]。如果这些动机因素足够完整和持久，就能代表一个人的品性。

然而，品性不足以决定行为。从一个人的品性推断其具体行为，至少存在四种不确定性。第一，品性可能会发生变化，它反

---

[95] Harré and Secord (n 78) 37.

[96] See Nagel (n 80) 120 – 121; Michele Moody-Adams, "On the Old Saw That Character Is Destiny" in Owen Flanagan and Amélie Oksenberg Rorty (eds), *Identity, Character, and Morality-Essays in Moral Psychology* (Massachusetts: MIT Press, 1990) ch 5.

[97] 品格特性间接地解释人类的行为: see Brandt (n 77) 31; Wakefield (n 77) 338; Robert R McCrae and Paul T Costa, Jr, "Trait Explanations in Personality Psychology" 9 (1995) Eur J of Personality 231, 247, 248。

[98] Cf Zuckerman (n 53) 227; Kupperman (n 76) 15.

[99] Rachana Kamtekar, "Situationism and Virtue Ethics on the Content of Our Character" (2004) 114 Ethics 458, 477.

[100] Ibid, 460.

第六章 相似事实证据

映了信念、目标、动机系统中的更为根本的转变；因此，当一个人最终明白其行为真正的严重性时，他可能洗心革面，重新做人，忏悔他的罪行。第二，即使没有发生上述整体性改变，一个人也可能偶尔会作出与其品性相悖的行为。[101] 第三，行为者的动机构成需要被详细阐述，才能产生较强的解释力。[102] 例如，某种实施强奸行为的倾向，可能具体指的是：一种强行性侵妓女的潜在欲望，以及认为"这种人"理应被如此对待的扭曲观念。如果是这样的话，假如被告人不认为受害者是妓女，那么该倾向性就在很大程度上失去了证明价值。[103]

第四，某种品性倾向是否会在一个具体的场合被激活，取决于许多其他的变量，这包括本人的其他（与之相反的）品性。正如韦伯（Webber）指出的，一个具体的情境中可能包含许多会诱发不同倾向性的特征，然而行为者并不能同时根据所有的倾向性而采取行动。行为者对其所处情境作出的反应，并不是任何单一倾向性的直接结果，而是许多品性倾向经过复杂的相互作用所导致的结果。[104] 回到我们上面的例子：假设这个人，除了具有上述品性之外，还天生谨慎，非常担心被逮捕。当一个能够强奸妓女的机会摆在他眼前时，被抓捕的风险也非常高。那么面对这个环境刺激，他作出的反应将取决于相互矛盾的倾向中较为强势的那一个。如果被告人知道受害者是一个妓女，但是冒着极大的风险

---

[101] Moody-Adams（n 96）.

[102] 这一点依赖于将品格倾向作为虚拟条件分析的这种"普遍接受"的形式。根据这种观点："说 P 是勇敢的，意味着，除了其他条件之外，如果 P 陷入了一个具有危险性的环境中，此时需要采取行动而不是不作为或消极应对，那么 P 具有作出行为的倾向。" See Owen Flanagan, *Varieties of Moral Personality-Ethics and Psychological Realism* (Massachusetts: Harvard UP, 1991) 279. 关于这种倾向性理论，see Ryle (n 71) ch v, and Brandt (n 77).

[103] 这个可能是汉迪案中关于"情势—具体倾向"讨论的要点之所在：*R v Handy* (n 5) especially 413-5. 雷德梅因批评了这个案件：Mike Redmayne, "Similar Facts, Familiar Obfuscation" (2002) 6 Intl J of Evidence and Proof 243.

[104] Jonathan Webber, "Virtue, Character and Situation" (2006) 3 J of Moral Philosophy 193.

实施了强奸行为；那么被告人的品性，若理解为多种内心状态之间的复杂作用，不能给我们提供任何明确的指导——除非我们能明白他是如何解决内心状态间的冲突的。

概言之：被告人品性倾向的证明价值，取决于是否存在一些证据；不仅包括能证明该品性存在和其确切内容的证据，还包括能证明在个案情形中存在某些条件的证据——这些条件能够激发行为者的一阶（first-order）欲望，使其以被指控的方式做出行为。[105] 同时，该证明价值还取决于，是否存在其他可能被具体个案情形激发的相关品性，以及这些品性之间的相互影响。证据必须具有充足的相关细节，而且动机解释必须向品性的多维性开放，这些要求表明了，我们该如何解读关于"相似事实证据必须具有足够高的证明价值"的法律规定。[106] 正如上诉法院在考伊案（R v Cowie）[107] 中所认为的，"要解决关于相似事实证据之可采性的争议，必须考虑具体案件的情形。这是一个情境化的问题。"

在禁止使用相似事实证据的立法模式中，先前不当行为**本身**会增加有罪的可能性。如前所述，在统计学意义上，使用对被告人所属的那一类人的经验概括，也许确实会这样。而按照我们现

---

[105] Cf R v Handy（n 5）398；R v Shearing（2002）214 DLR（4th）215, 232. （加拿大最高法院认为，相似事实证据的说服力取决于一个"双重推论"：第一，被告人在特定情况下，会以某种具体的方式实施某个具体犯罪；第二，他的品性或倾向引起进一步的推断，即他继续以被指控的方式对被害人实施了犯罪。）

[106] 一个相同方向的论证，参见：A E Acorn,"Similar Fact Evidence and the Principle of Inductive Reasoning：Makin Sense"（1991）11 OJLS 63, 91. 文中认为："评价相似事实证据的相关性程度的恰当方式是，将它所表明的确切概括形式单独拎出来，然后评价这种概括的归纳理据之强弱。"作者将整体论点表述为："可采性不仅仅取决于这种概括是否足够具体，而且取决于，支持这种概括的证据是否能提供归纳理据，以说明可以将此概括作为主要的前提，进而得出有罪推论（ibid, 74）。"斯坦从一个不同的角度提出的新理论，与上述论点有些许相似之处，但他主要是为排除品性证据提供正当理由：see Alex Stein, Foundations of Evidence Law（Oxford：OUP, 2005）183-186.（关键性的论述参见第184页，认为"这类证据不会受被告人的最大个别化检验"）

[107] [2003] EWCA Crim 3522, para 26. See also R v Barney [2005] EWCA Crim 1385.

第六章 相似事实证据

在的观点，相似事实证据通过提供对所指控的行为的**解释**——这些行为是基于犯罪的具体情境以及激励主体的多种理由——而仅仅是**间接地**支持有罪推论。为了更好地说明，我们以著名的鲍尔案（R v Ball）[108] 为例。在这个案件中，一对兄妹被指控乱伦——这种行为在那时刚刚被宣布为犯罪。洛伯恩（Loreburn）法官认为，证据表明了：

> 有充分的机会实施该犯罪；而且存在一些情形，它们至少是能够很明显地使人想到乱伦行为的存在。并且这两个人生活在一起，共用同一间卧室和同一张床。

当警察查访他们家时，妹妹穿着睡衣打开了房门，而后警察和她一起上楼，发现哥哥正边系裤子边从卧室出来。[109] 一般来说，如果一个男人和一个女人像本案被告人那样在一起生活，推断他们之间存在性关系是合情合理的。但在该案中做出这种推论的绊脚石在于，这两个被告人是兄妹。通常我们会立刻排除一对兄妹之间有性吸引的可能性。然而有证据显示，这对兄妹有乱伦史；庭审中的一个争议问题就是该乱伦史的可采性。这个证据的价值在于，说明这对兄妹（尽管他们是兄妹）之间存在着性吸引。[110] 该证据有助于解释他们所处的情境，尤其是他们对于生活

---

[108] [1911] AC 47. 尽管此案经常被引用来支持相反的观点，但实际上在这个案件中，所强调的是："禁止推论链条"这一禁令，过于严苛了：ibid, 64 - 65 (argument), 71 (per Lord Loreburn LC).

[109] Ibid, 50.

[110] 正如所洛伯恩法官所说，"他们之间存有性欲"是去证明"他们之间在事实上或在被指控的那段时间内存有非法关系"的一个要素：ibid, 71. 除非这个"情欲"能被证明，否则存在能实施被指控的不当行为之机会，就是无关紧要的了：cf Ross v Ross [1930] AC 1, 21.

和睡眠的安排。[111]

对该证据的阐释，取决于我们对他们彼此之间欲望以及该欲望之强度和持久性的理解；同时也取决于以下信念：他们彼此之间的感觉如此强烈，以至于压制了起抑制作用的相反倾向，即他们必须遵守现有的反对乱伦关系的社会规范和法律规范。这种阐释为他们的乱伦行为提供了一个解释，而这在一定程度上取决于被告人被认为所属的"那类人"的内部属性；在当前的语境下，人格属性指的是"倾向性的概念，这包含了动机、需求、信念和欲望，它们会根据个体的价值、能力以及情境中的机会，来激发、指导和选择行为"[112]。

我们不能把兄妹的先前性行为**本身**直接作为判断是否有罪的一个要素。恰恰相反，如果没有其他更多证据的话，它毫无意义。它的作用在于，作为证明他们之间曾经肯定存在强烈性吸引的证据，是使得控方提出的其他证据有意义的关键。这对兄妹之过往的证明价值，取决于以下信念：他们所体验到的那种性吸引是相对持久的。统计学证据可能会表明这一信念的合理性，也可能会表明它不合理；而且统计学推理在这种关联中的潜在用途已被普遍认可。然而，无论这个信念多么得合理，基于公正对待这对兄妹的考虑，我们不能忽视他们改变彼此关系的能力，或抵制原有冲动的能力（即使他们曾屈服于这种冲动）。因此，关于他们不名誉过往的证据，应当仅仅被允许用于，为控方提交的其他指控证据提供一个目的性解释（purposive interpretation）。笼统来说，

---

[111] 这种方法类似于历史学家所采用的解释人类行为的方法：Herbert Burhenn, "Historical Evidence and the Explanation of Actions"（1976）10 Southern Humanities Rev 65, 68. 文中论述道："如果历史学家能够说明一个行为的合理性，那么通常他便不会再尝试寻找关于这个行为的一些其他解释。他将依靠内容去说明，这个行为不是莫名其妙的……主要是在那些某个行为无法被理解的情形中，历史学家才会想到进一步去寻找更多的信息。"

[112] Jack Block, "Critique of the Act Frequency Approach to Personality"（1989）56 J of Personality and Social Psychology 234, 238.

第六章　相似事实证据

相似事实证据应该仅发挥"补强性的（corroborative）"功能。[113]

1.3.3　对平衡检验的重新解读

如果像上文所述，相似事实证据规则涉及向被告人分配正义或公平，我们应该怎样理解对可采性的检验呢？由 P 案（*DPP v P*）[114]确立的普通法检验标准，在许多司法辖区都适用，这种检验标准要求权衡相似事实证据的证明价值和其产生偏见的影响。按照传统观点，人们认为这种竞争性考量源于以下普遍问题，即不良品性证据可能会潜在地妨碍对事实的客观发现，但与此同时它又通常具有证明力，并且可能有助于发现真相。这些考量所追求的是同一个目标：正确的裁决。打个比方，它们就像在进行一场拔河比赛，尽管它们拉向相反的方向，但其力量是在同一（认知的）层面上起作用。概括而言，如果法院预测，采纳该证据更可能有利于发现真相而不是起妨碍作用，那么就应该采纳该证据；如果这种权衡倾向于得出相反结论，就应该排除该证据。排除证据是一项审慎适用的措施，它起因于对事实认定者能够"逻辑地""理性地""客观地"评价相似事实证据的不信任。就这一点来说，受过训练的法官经常被认为比外行陪审员更值得信赖。

这种对平衡检验的传统分析遇到了许多难题，并且忽略了一些至关重要的基本原则。许多评论者已经指出，这些需要考量的因素缺少一个通用的度量方法，因此实际上法院被要求权衡的是

---

[113] 请与以下建议作比较：相似事实规则"是作为一种补强规则而发挥作用，它确保被告人不会仅仅根据倾向性推论被定罪，定罪时还必须有其他证据的支持"。see Mike Redmayne, "Drugs, Money and Relevance：R v. Yalman and R v. Guney" (1999) 3 Intl J of Evidence and Proof 128, 134. 文中论述了证据必须与一个具体的事项相关这一要求。

[114] [1991] 2 AC 447, 460. 法律委员会推荐了实质上相同的检验标准，但认为在如何应用该标准上，需要"结构化的指导方针"：Report 273 (n 29) Part XI, especially paras. 11.42 - 11.45.

一些不可通约的因素。[115] 而且，相似事实证据导致偏见的风险——在"产生过度影响"这个意义上——并不会因为或者当证据有较高的证明价值时就不复存在。这两个因素并没有抓住相关变量之间的逻辑关系。说某个证据能潜在地引起偏见，就是承认事实认定者会给予该证据超出其客观上所具有的分量的风险，**无论我们认为该证据客观上具有多少分量**。[116]

此外，根据对相似事实证据规则的心理学解释，在法官审中适用平衡检验存在概念上的矛盾。首先，在适用的时候，法官必须预测其心理意志是否能防止自己受到证据的不适当影响。如果回答是否定的（但让法官心甘情愿去承认这个等同于不胜任职务的弱点是很困难的），他就必须排除该证据。然而由于同样的原因（承认缺乏这种心理意志），根据目前的解释，既然法官已经接触过相似事实证据，这种排除将毫无意义可言。令人惊讶的是，在法官审中，只有在危害发生之后，才能启动预防性的措施。其次，如果法官决定排除证据，他必须不让该证据影响他对裁判的评议。假如我们相信法官会遵从法律，并且能够完全忽视该证据。[117] 但难道我们不应该持有同样的信心，去相信法官有控制自己心理过程的能力，从而使得我们不必排除该类证据吗？正如枢密院在一个案件中所认为的[118]：

> 如果信任法官能够不去考虑已经被认定为不可采的证据，

---

[115] A A S Zuckerman, "Similar Fact Evidence-The Unobservable Rule" [1987] 103 LQR 187, 196; Colin Tapper, "Trends and Techniques in the Law of Evidence" in Peter Birks (ed), *Criminal Justice and Human Rights* (OUP: Oxford, 1995) 29; Pfennig v R (n 4) 528. Cf Roberts and Zuckerman (n 10) 526 – 7.

[116] Nair (n 55) 263.

[117] 批评者认为，信任法官和相信他们在这一点上具有超越陪审团的优越性，会在很大程度上发生错位。See also Roderick Munday, "Case Management, Similar Fact Evidence in Civil Cases, and a Divided Law of Evidence" (2006) 10 Intl J of Evidence and Proof 81; Andrew J Wistrich, Chris Guthrie and Jeffrey J Rachlinski, "Can Judges Ignore Inadmissible Information? The Difficulty of Deliberately Disregarding" (2005) 153 U of Pennsylvania L Rev 1251.

[118] *Attorney-General of Hong Kong v Siu Yak-Shing* [1989] 1 WLR 236, 241.

第六章 相似事实证据

那么他当然也能被信任，在他认定该证据可采之后，只考虑该证据的证明力，而不受该证据引起的偏见所影响。

关于平衡检验的传统观点，把真相和公平对立起来了。采纳不良品性证据，对被告人的不公平之处在于，会潜在地对他施加偏见。然而，如果该证据对于查清犯罪事实有更大的益处，那么引发这种不公平就情有可原。这种思维方式削减了被告人获得公正审判的权利，因为它意味着：当在确保被告人定罪方面有足够大的利益时，就可以给予被告人一个不怎么公正的审判。[119]

正如先前所提到的，在普通法和《2003年刑事审判法》所确立的新制度中，排除不良品性证据的理由是正义和公平。如果我们将平衡检验视为（也应当视为）对正义的实践，其适用体现了对受审者的尊重，那么对平衡检验的批评意见就不存在了。与"平衡"这个术语所造成的印象相反，真相和公平之间不是对立关系；它们不是天平的两边，不会因迁就一边而牺牲另一边。

平衡检验不是预测事实认定者考虑证据时可能的反应。国家在将一个人定罪时，需要做出推理；排除先前不当行为证据的重点在于，表达了法律对这种推理之道德合法性的关注。它表达了一个承诺——该承诺建立在对被告人之道德自主性的尊重的基础上——即不能用被告人不名誉的过往来指控他，除非是，这些过往能够为现有的证明被告人犯有所控之罪的证据提供连贯性。只有符合以下条件时，相似事实证据才能发挥上述作用：存在足够充分的证据，不仅能够证明所主张的品性倾向之内容；而且能够证明，在当前案件中存在某些条件，综合考量被告人的这个倾向以及其他相反的品性倾向之后，这些条件会激发被告人实施所控之罪。证据需要多强和多有力，才能满足可采性检验标准，是一个程度问题。[120] 指望用一个公式化的方案去解决这个（甚至任何

---

[119] Contrast Pfennig v R (n 4) 528–9.

[120] *DPP v P* (n 2) 461；*R v H* [1995] 2 AC 596, 621；*Makin v Attorney-General for New South Wales* (n 4) 65.

其他的）道德难题，是幼稚的想法。但无法削弱所论述的以下观点：**直接**用被告人的过去来指控他，假定被告人将重犯自己之前的错误，是对被告人人格尊严的侮辱。在这种情况下，排除该证据意义重大——即便是在法官审判的案件中。[121] 它表明：在发现真相的过程中，同时把被告人作为人而施以正义，是非常重要的。[122]

1.3.4　信念的道德性

当公开使用所禁止的假定，以支持或作为基础来确认被告人犯了所控罪行时，我们不难理解，此时被告人必然能感受到，而且也是可以正当地感受到的愤慨。在缺少相似事实证据规则的情况下，你可以想象到，律师在询问证人时和作庭审陈述时，法官在指示陪审团时或自行撰写裁判意见时，都会利用这种假定。这些行为的不正义性体现在对被告人的公开定性上，这种定性从本质上诋毁了他作为一个自由个体所享有的人格尊严。如果法律允许或认可使用这种品格定性来指控被告人，就等于是接受了这种不正义。

法律禁止这种攻击性的品格定性，从而维护了正义。所禁止的不仅是公开断言对被告人的那种令人反感的信念（即"江山易

---

[121] 斯科菲尔德法官认为，这个排除规则的价值即使在没有陪审团参与的审判中也存在：Mr Justice Schofield, "Should Juries Know of a Defendant's Convictions?" (1992) 142 NLJ 1499。

[122] 斯劳和奈特利论述道，"这一规则源于公正和理性，并且以文明社会的准则为基础"：M C Slough and J William Knightly, "Other Vices, Other Crimes" (1956) 41 Iowa L Rev 325, 349, 350. 已经被广泛接受的是，法律同样应该关注如何保护性受害者的尊严。许多司法辖区，已经设立了关于性受害者性史的证据之可采性的限制。例如，根据《加拿大刑事法典》第 276（2）条，只有在以下情形中，这种证据才具有可采性："它具有显著的证明价值，且该证明价值不会被可能导致司法产生偏见的危险超过。"（该条款的合宪性得到了最高法院的支持：R v Darrach (2000) 191 DLR (4th) 539）这一检验实际上与当代普通法中对相似事实证据可采性的检验是相同的。在美国，高尔文在一篇很有影响的文章中提出，应当在对待被告人的"其他犯罪、错误或行为"和对待受害者的性史之间保持均衡：Harriett R Galvin, "Shielding Rape Victims in the State and Federal Courts: A Proposal for the Second Decade" (1986) 70 Minnesota L Rev 763。

第六章 相似事实证据

改，本性难移"），以及基于"他一定会再犯"这种想法而做出推论的外部表现。法律还阻止那种被禁止的假定进入评议程序。上一段所描述的各种外部行为要受到道德批评，这不意味着，审判评议也同样地向道德评价开放。对侮辱的思考，本身就是不道德的吗？仅仅在一个人的头脑中不公正地评判别人，这在道德上是不正当的吗？毕竟，陪审团不会公开他们的推理过程。在做出一般性裁判时，陪审团只是公开宣布被告人是否有罪。在法官的审判中，法官也可能隐瞒对被告人作出有罪裁判的真正原因。尽管如此，当事实认定者（无论是法官还是陪审团）基于禁止性假定作出有罪推论，而不对被告人的先前不当行为之证明价值作具体语境化、细致入微式分析时，就已经对被告人犯下了一个道德错误。即使他没有告诉任何人他是如何得出裁判的，错误也已经铸成。为何会如此？

以下所述仅仅是可能的回答。我们可以在不同层面上解释这个错误。在第一个层面上，道德评价的对象是对罪行的公开宣告。既然宣告是一种行为，那么它显然应受到道德的约束。在一个关于正义的道德理论中，如果有罪宣告是从一个有道德错误的动机来源——在我们所讨论的情形中，即不尊重被告人个人身份的态度和不关心其利益的冷漠（体现为对相关真相的冷漠）——产生的，那么这个宣告也是不道德的。[123] 在更深的层面上，道德评价的对象是对信念的持有。在这个层面上，又有三种可能的思路。第一，有人会认为，持有一项会衍生禁止性推论的关于被告人的信念，在道德上是错误的。之所以错误，是因为这种信念会导致偏见，而且会提高以下风险，即尽管证据并不能证成一项有罪裁

---

[123] 这种道德观点属于加西亚（Garcia）所谓的"感染性的"（infection）（或"以输入为中心的"（input-centered）、回顾型的（backward-looking））错误模式；与之相对的是更加常见的结果主义的、以结果为导向的模式。根据这种模式，"一个行为之所以是错误的，是因为输入它的那些因素在道德上无价值，而不是因为它所输出的因素在道德上无价值"。See J L A Garcia, "The Heart of Racism" (1996) 27 J of Social Philosophy 5, 11.

决,事实认定者还是会不公正地作出有罪裁判。根据这种观点,持有这种信念,从工具主义的角度来看是错误的。第二,有人会进一步主张,事实认定者对被告人持有偏见性信念,本质上就是错误的;这种信念本身或者它独立地,构成了一种道德上有问题的或者不充分的对待被告人的方式。正如布鲁姆(Blum)所述[124]:

> 信念是我们对其他人的尊重形式中的典型部分。我可以通过认为某个人非常坏,而不尊敬他或不公正地对待他。……对别人的尊重,即对他们人格和整体个性的认可,是与关于他们的某些信念不兼容的。所以,错误的信念,即使没有对别人造成伤害,也可能是坏的。

第三,有人可能会把禁止性推论看作是形成关于被告人有罪信念的一种不道德的路径。假设有两个不同的事实认定者,X 和 Y。X 了解到被告人的犯罪前科,继而对他的经历所呈现出来的人物形象感到厌恶。X 假定"他是那类会做这种事的人",从而推断他犯有当前被指控的罪行。与此相反,Y 以开放的思维和冷静的心态,仔细分析了证据。Y 也得出了有罪裁判,但仅仅是因为"除此之外无法得出其他合理的推论"[125]。X 和 Y 都相信被告人有罪,然而,他们对信念的**持有**存在一个明显的道德差别。X **相信**被告人有罪在道德上是错误的,即使被告人有罪这一**信念**是真实的。持有一个受到恶意和预断驱动的信念,仅仅因为这个原因,就是错误的。正如考克斯(Cox)和莱文(Levine)所说,"获取信念的过程不道德,会直接导致相信的不道德"[126]。在这个例子中,推理受到了恶意的驱动。不过,按照前述第二种观点,包含

---

[124] Lawrence Blum, "Stereotypes and Stereotyping: A Moral Analysis" (2004) 33 Philosophical Papers 251, 262 - 3.

[125] 此处的引用和案例,see Damian Cox and Michael Levine "Believing Badly" (2004) 33 Philosophical Papers 209, 225.

[126] Ibid, 226.

第六章 相似事实证据

在所禁止的假定中的不尊重，本身就具有侵犯性，即使它没有受到恶意的驱动。[127] 被告人的愤怒感，并不会因为得知了事实认定者对其刻板印象式的信念（例如"他就是一个鸡奸者"）不是受到恶意驱动，而是由于懒惰、不关心或者无知造成的，而消解。

对于这三种观点来说，非常重要的一点是，事实认定者至少在某种程度上要对其所持有的信念有所掌控。如果信念是非自愿性的，就很难因为他持有这些信念而去批评他。这一点可能会遇到各种反驳。首要的一点是：信念是非自愿的；这一观点在第三章1.4部分提出过。但正如我们所见，首先，这一观点与决定相信什么的能力是兼容的。其次，它同时也与第一章3.4.4部分中强调的对自身想法作元层次批判性反思的可能性兼容。一些研究为此提供了支撑，这些研究表明："人们能够识别他们自己想法中的刻板关系，能够决定自己是否认同它们——也就是说，是否把它们接纳为个人信念。"[128]

我们还可以增加第三点回应，即某些信念有其动机来源，而且我们至少在某种程度上可掌控自己的动机状态。再考虑一下前面的例子。事实认定者相信被告人是"那类人"，并且基于"他再次做了那事"这个假定，得出他有罪的结论。当我们说，对一个信念的持有（以及对假定的适用）是出于对被告人的恶意或不尊重时，我们不是指，这种恶意或不尊重会一直伴随着该信念。这样说也是不准确的：该信念被**与**恶意或不尊重**一起**持有——仿佛在某种意义上，发展该信念是为了服务于恶意或不尊重一样。确切地说，这里所批评的是，对该信念的持有，**源自**恶意或不尊重。是恶意或不尊重，产生了这种信念（然后信念导致了结论的得出）。我们需要对持有某些信念的意志根源负道德责任。

---

[127] 这是琼斯提出的许多重要观点之一：Ward E Jones, "Indignation, Immodesty, and Immoral Believing", draft paper. 我十分感谢作者允许我保留一份稿件副本。

[128] Blum（n 124）269. 其中援引了一些迪瓦恩（Patricia G Devine）的文章；迪瓦恩的代表性文章参见：Patricia G Devine, "Stereotypes and Prejudice: Their Automatic and Controlled Components"（1989）56 J of Personality and Social Psychology 5.

1.3.5 职权主义制度和国际刑事审判

如果相似事实证据规则就像我们所描述的那样，是作为刑事司法的一个基本特征而存在，那为什么它只存在于普通法系中呢？虽然在民法法系地区不存在相似事实证据排除规则，但并不意味着这些地方的法官对该规则所表达的正义观不以为然。在大陆法系，关于这个领域的讨论集中于先前定罪事实，"没有被刑事定罪的不当行为，一般不会被单独分析"[129]。不存在品性证据或倾向证据排除规则。对此，达马斯卡（Damaška）提出许多结构性因素来进行解释。其中一个原因是，定罪和量刑是在同一个阶段内做出的，并且在"法官退庭评议和裁决前，必须提交所有与量刑目的有关的证据"[130]。另外，在对待品性证据时，大陆法系的审判是典型的一元化模式。法官既要决定事实问题，又要决定法律问题，后者包含了证据的可采性问题。在这种情况下，适用排除规则就过于刻意了。针对"不加批判地接受品性证据"这一风险的防范措施，转而采取了以下形式："法官负有义务撰写推理意见，以论证他们的事实认定有坚实的证据基础，以及理性推论的牢固支撑。"[131]

尽管在职权主义制度中不存在这种排除规则，但仍存在对使用先前不当行为证据之正当性的密切关注。根据达马斯卡的论述，"在大陆法系中，一般认为，仅仅因为一个人有犯罪记录就推测他更可能实施了当前被指控的犯罪，这是不适当的。"[132] 在德国和意大利等国家，所适用的观点是："前科定罪与对刑事责任的认定之间没有任何关系。"[133] 达马斯卡引用了德国案例中的意见："类似的不当行为，只能用于补强那些直接证明某人犯了当前所控之

---

[129] Mirjan Damaška, "Propensity Evidence in Continental Legal Systems" (1994) Chicago-Kent L Rev 55, 57–8.

[130] Ibid, 56.

[131] Ibid, 66.

[132] Ibid, 58.

[133] Ibid, 58. 然而，达马斯卡怀疑这些陈述可能无法按字面意思理解。

第六章 相似事实证据

罪的证据。"[134] 而且"在缺乏……背景信息……的情况下，对被告人的先前指控只能提供一种'单纯怀疑'（mere suspicion），而不能为定罪提供充分的支持"[135]。斯宾塞（Spencer）在与德国、比利时、法国、意大利和荷兰的法律人士的交谈中，得到了相同的观点："大陆法系的法律人士似乎认为，在他们必须解释何种证据使他们确信有罪的范围内，把被告人有犯罪记录这一事实作为促使他们去定罪的原因之一，是不恰当的；但前科罪行与被告人当前被指控的犯罪非常类似时除外。"[136] 仅仅由于被告人的先前不良记录而做出有罪假定，这会造成不正义；对于这一点，普通法系和民法法系并不存在实质上的差别。这两种法律传统中的道德情感，并不像人们想象的那么不同。

国际法律程序进一步证明了，相似事实证据规则所表达的正义标准具有普遍性。国际刑事审判的结构，体现了"民法法系和普通法系特征的独特混合"[137]。它没有采取严格的证据排除规则模式。在这个意义上，它类似于民法法系传统的"自由证据制度——不管是对于可采性还是证据评价"[138]。卢旺达国际刑事法庭（以下简称卢旺达法庭）的《程序和证据规则》与前南斯拉夫国际刑事法庭的对应规则非常类似，而且国际刑事法院的规则也与这两个法庭的规则存在广泛的相似之处。由于我们将引用卢旺达法庭的判例，因此我们将集中讨论在该法庭适用的法律和规则。根据卢旺达法庭《程序和证据规则》第 89（c）条，"法庭可以采

---

[134] Ibid，62.

[135] Ibid，63.

[136] J R Spencer，"Evidence" in Mireille Delmas-Marty and J R Spencer (eds)，*European Criminal Procedures* (Cambridge：CUP，2002) ch 11，at 616.

[137] *Prosecutor v Tadić*，Decision of the Trial Chamber on the Defence Motion on Hearsay，Case No. IT-94-I-T，(1996) 1 Judicial Rep of the Intl Crim Tribunal for the Former Yugoslavia 106，para 14.

[138] Almiro Rodrigues and Cécile Tournaye，"Hearsay Evidence" in Richard May et al (eds)，*Essays on ICTY Procedure and Evidence in Honour of Gabrielle Kirk McDonald* (The Hague：Kluwer，2001) ch 23，296.

纳任何相关的证据,只要它认为该证据有证明价值"。这个条款看起来包含了大陆法系的自由采纳原则。但是,这个条款使用了"可以"(may)一词表示准许,而非使用"必须"(must)、"应当"(shall)等强制性术语。卢旺达法庭将第 89(c)条解读为,这个条款本身授予了法庭不采纳证据的权力,即使该证据具有相关性和证明力。如果对某个证据的采纳,会破坏审判的公正性——卢旺达法庭规约第 19 条要求"法庭应该保障审判的公正性"——那么该证据必须被排除。在巴戈索拉案件(*Prosecutor v Bagosora*)[139] 中,卢旺达法庭的第一审判庭指出,卢旺达法庭和前南斯拉夫国际刑事法庭均认同"普通法系中长期存在的这一原则",即"被告人的品性证据通常不可被采纳,以用来证明被告人有依照其品性行事的倾向"。审判庭深受一个先前案例,即纳希马纳案(*Prosecutor v Nahimana*)中的裁判意见的影响。在此案中,沙哈布丁(Shahabuddeen)法官认为以下普通法原则在卢旺达法庭的程序中同样适用[140]:

> 如果关于其他犯罪行为的证据,不仅仅只是表明被告人有实施犯罪或某一类特殊犯罪的倾向,而且能以其他方式向委员会证明本案所审理的罪行,那么在它的证明价值超过或大于它会导致的偏见性影响时,该证据即具有可采性。

虽然第 89(c)条表示卢旺达法庭适用大陆法系的"自由证明"方法,但在实践中,法庭仍选择遵循普通法系中相似事实证据规则的精神。这很值得注意,因为卢旺达法庭《程序和证据规

---

[139] *Prosecutor v Bagosora et al*, Decision on Admissibility of Proposed Testimony of Witness DBY, Case No. ICTR-98-41-T, 18 September 2003, para 17. 这一裁定在上诉程序中被维持: *Prosecutor v Bagosora et al*, Decision on Prosecutor's Interlocutory Appeals Regarding Exclusion of Evidence, Case No. ICTR-98-4-AR93 & ICTR-98-41-AR93.2, 19 December 2003 (decision of Appeals Chamber), paras 12 – 14.

[140] Separate opinion of Judge Shahabuddeen delivered on 5th September 2000 in the appeal from *Prosecutor v Nahimana*, ICR-96-11-T, para 20, quoting from Thompson v R (1989) 169 CLR 1, 16 (Australian High Court).

第六章 相似事实证据

则》中并没有明确规定相似事实证据规则。卢旺达法庭并不需要遵守普通法：第89（A）条明确地规定了"本法庭不受各国证据规则的约束"。法庭之所以觉得有必要遵循普通法中的相似事实证据原则，是因为该原则被认为对于审判之公正性至关重要；而根据卢旺达法庭规约第 19 条，法庭有责任保障审判公正。[141] 这一观点会阻止那些武断地认为相似事实证据规则不过是非必要的技术性特征，因而想废弃该规则的人。

1.3.6　对理论范围的限制

本章所提出的理论，应当受到以下两个方面的限制。第一，它没有垄断式的野心。它所主张的仅仅是，采取作为道德主体的事实认定者的视角，以上文论述的方式审视该规则，会揭示出该规则之内在价值的重要方面；它没有主张，这是分析相似事实证据规则的**唯一**方式，或该规则**仅仅**具有通过这种分析而揭示出来的那种功能和价值。外部分析者认为，设立排除被告人不良经历的证据规则，会带来更广泛的系统性效益，会督促"警察进行更

---

[141] 人们可能会注意到，卢旺达法庭和前南斯拉夫国际刑事法庭的程序和证据规则第 93 条都明确规定："与严重违背国际人道法相关的一致行为模式证据……出于司法之利益，可能被采纳。"然而，在巴戈索拉等案件（*Prosecutor v Bagosora et al*）中，上诉庭依据第 93 条所持的意见是，当对"模式证据"（pattern evidence）的采纳可能导致审判程序的不公正时，例如提出的证据的证明价值比不上其产生的偏见影响，则根据《规约》第 19（1）条款的规定，法官有责任保证审判的公正和效率，所以出于司法之利益，该证据仍然可能被排除。参见：Decision on Prosecutor's Interlocutory Appeals Regarding Exclusion of Evidence（n 139）para 13. 在卢旺达法庭对联合国大会和安理会所作的第一个年度报告中（29 August 1994, para 76, available at http://www.un.org/icty/rappannu-e/1994/AR94e.pdf.），详细说明了这个特殊条款的必要性。上述第 93 条之所以有必要，是因为卢旺达法庭和前南斯拉夫国际刑事法庭所审判的罪行性质比较特殊。这些罪行"不是相互孤立的犯罪行为，事件的规模，不管在空间上还是时间上，都迥异于普通的国内裁判"：Opinion of Judge Shahabuddeen delivered in *Prosecutor v Nahimana*（n 140）para 24. 对危害人类罪的审判不仅涉及对特定个体行为的调查，它需要把许多事件关联在一起，尝试指出它们背后的政策，即故意从事某种制度化的实践。第 93 条背后的基本原理，对于普通的刑事审判来说没有意义。

彻底的调查"[142]，或者使有不良犯罪记录的人有动力改过自新。[143]这些观点可能是正确的。即便如此，这些外部分析视角下的优点也不能代表该规则的全部意义。

315 　　第二，正如本章标题所示，该理论仅仅是提供了一种对相似事实证据规则的阐述；它并没有提出一种关于品性证据规则（相似事实规则仅是其中一部分）的理论。品性证据规则是一个更大的领域，对于这个领域能否构造出一种统一的理论，是很有疑问的。例如，在普通法中，允许被告人提交关于他自己良好品性的证据。这受到了批评："法律允许被告人提出他的良好品性，来表明他没有犯罪倾向，但当被告人具有不良品性时，却不允许检控方据此证明被告人有犯罪倾向。"[144] 正如本书所论述的，如果相似事实证据规则源于对被告人的尊重，其意义在于对他的人格尊严的保护，那么，当被告人试图提出他的良好品性证据时，根据这种解释所得出的排除理由将不复存在。[145] 但这本身也不是一个

---

[142] Richard O Lempert, Samuel R Gross and James S Liebman, *A Modern Approach to Evidence: Text, Problems, Transcripts and Cases* (3rd edn, West Publishing, 2000) 329, quoted in Sanchirico (n 54), 1250, note 58.

[143] See Joel Schrag and Suzanne Scotchmer, "Crime and Prejudice: The Use of Character Evidence in Criminal Trials" (1994) 10 J of L, Economics, and Organization 319. 作者分析了限制品性证据对刑法的威慑效应所产生的影响。作者认为："允许考虑品性证据，会使陪审团对惯犯的惩罚过于严厉；而隐瞒品性证据会使陪审团更宽容，这会有助于威慑"（ibid, 323）；"受到偏见影响的陪审团可能会'过于严厉'，即可能会不考虑与被告所涉犯罪相关联的证据，而直接对惯犯作出有罪裁决。如果惯犯预期到这种结果，他或她避免再犯的动机会减损"（ibid, 341）。桑吉里科提出了类似的观点：Sanchirico (n 54)；对他的论文的批判性讨论，see Roger C Park and Michael J Saks, "Evidence Scholarship Reconsidered: Results of the Interdisciplinary Turn" (2006) 47 Boston College Law Review 949, 1014 - 1017.

[144] Auld (n 48) 566. Similarly, Jenny McEwan, "Previous Misconduct at the Crossroads: Which 'Way Ahead'?" [2002] Crim LR 180, 187.

[145] 当辩护方提出第三人的品性证据去说明第三人（非被告人）是有罪的时候，本文的解释所得出的排除理由也不适用：*R v Arcangioli* [1994] 1 SCR 129, 139 - 142; Andrew Ligertwood *Australian Evidence* (3rd edn, Sydney: Butterworths, 1998) 163 - 4; John H Blume, Sheri L Johnson and Emily C Paavola, "Every Juror Wants a Story: Narrative Relevance, Third Party Guilt and the Right to Present a Defense" (2007) 44 American Crim L Rev 1069 at 1107 - 8.

第六章 相似事实证据

采纳这类证据的理由，所以我们只能在本书的理论之外寻找其他理由。例如，有人会论述说——祖克曼（Zuckerman）就是如此论述的——被告人的良好品性证据是"作为人性的一个姿态"（a gesture of humanity）[146] 而被采纳的。我们再考虑以下制定法规则：如果被告人攻击另一个人的品性，或者将自己塑造成品行良好的人，此时关于被告人不良品性的证据就可以被采纳了。[147] 对于这一规则，我们也无法通过将上文提出的相似事实规则阐释作逻辑延伸而论述其正当性。要论述这一规则的正当性，必须根据其他不同的、独立的理由，比如：可以形成所谓针锋相对的（tit-for-tat）论辩[148]；或者，"允许呈现被告人的不良品性是为了纠正错误印象，这是符合正义的"[149]。

1.4 小结

关于证据法的论述，一般都是从外在视角进行的。这种论述会采取结果主义的形式，而且会对证据规则采取一种工具主义的路径。采取这种路径的人们倾向于关注审判的逻辑层面，把它视为一个被设计用来发现争议事实之真相的系统。他们对于事实认定方法论所提出的建议，主要是受到以下愿望的激励和推动：提高在当前案件中作出正确裁判的概率，或者从长远来看使正确裁判的概率最大化。外部观察者主要感兴趣的是，找出事实认定结构与结果可靠性之间的因果联系。

如果我们想要领会证据法的多重道德意义，就必须采取一种内在视角。从这个角度来看，需要关注的问题出现在评议的语境中：什么是事实认定？它包含哪些要求？负有认定事实职责的人应当如何在其评议中考量证据？正如事实认定不是一个单纯的认

---

[146] Zuckerman（n 53）234. Cf Roberts and Zuckerman（n 10）551-554.

[147] Criminal Justice Act 2003, s 101 (1) (f), (g).

[148] Roberts and Zuckerman（n 10）559.（作者认为，这一原理不如以下观点"更受尊崇"：提高证据的完整性和证明的透明度。）

[149] J R Spencer, *Evidence of Bad Character*（Oxford：Hart，2006）at 82.

知过程，回答这些问题所依据的原则，也不完全是逻辑原则。道德考量在其中发挥着至关重要和不可替代的作用。

我们在分析刑事案件中的相似事实证据规则时，展示了这些一般性的问题。该规则从两个方面规制着审判评议的过程。第一，该规则不允许法院按下述方式推理：被告人可能是有罪的，因为他的过往显示了，他属于那类在特定条件下会不能自已实施当前所控之罪的人。使用这种推理得出有罪裁判，是不正当的。如果被告人确实是"不能自已而实施了犯罪"，他并不需要为他的行为承担道德责任，而且通常情况下都不应该被定罪。大多数事实认定者都会认可和接受这种规范性质疑，出于这个原因，违反这一禁令的风险较低。第二，法庭不应当直接使用被告人不名誉的过往来反对他，因为这样做就相当于否定了被告人的道德自主性。他的不良记录只能被间接地用于反对他，即作为关于其动机倾向的证据，以支持对其行为的某种解释——这种解释是由现有的其他证据提出的。而且只有符合以下条件的时候才能如此使用：存在足够有力的证据表明，本案的具体条件就是那种会激发他这种品格特性、使他产生理由或欲望去实施当前所控之罪的环境；而且，必须有依据相信，这些理由和欲望足够强，能够超过他所处的环境可能诱发产生的任何其他相反的品格倾向。相似事实证据规则最终是建立在"法庭应在追求真相的过程中对被告人施以正义"这一要求上的。它对那种可能用于支持有罪裁决的推理施加了道德约束。普通法的特别之处在于，这些道德约束是以排除规则的形式实现的；但这些约束条件在大陆法系和国际审判制度中同样得到了认可。的确，在任何一个公正的刑事证明制度中，它们都必须被认可。

第六章　相似事实证据

第二节　民事案件[150]

2.1　概述

直到最近，在英国的民事诉讼中，关于相似事实证据的权威观点是由"现代报告案例三部曲"（trilogy of modern reported cases）[151] 构成的。但是，现在我们必须在三部曲的基础上添加奥布赖恩案（O'Brien v Chief Constable of South Wales Police）。上诉法院在奥布赖恩案中审查并重新表述了这一领域的法律规则。[152] 它开辟了一个新的路径，这随后得到了上议院的支持。[153] 但这条新路径遇到了一些困难。从根本上讲，这些困难源于没有充分把握相似事实规则的道德基础。该规则的许多内容，尤其是其适用于民事案件和适用于刑事案件时的差别，只有从道德视角才能得以充分阐释和证成。为了评价奥布赖恩案的影响，我们有必要从分析现代权威判例三部曲中创设的规则入手。

2.2　判例三部曲中的规则

三部曲中的第一个案例是氛围音乐发行公司诉乌尔夫公司案（Mood Music Publishing Co v De Wolfe Ltd）[154]（以下简称氛围音乐案）。丹宁勋爵（Lord Denning）裁决此案时，所做的以下论述非常著名[155]：

---

[150] 本节的内容是在我这篇文章的基础上修改而成："Similar Facts in Civil Cases"（2006）26 OJL 131.

[151] O'Brien v Chief Constable of the South Wales Police ［2003］EWCA Civ 1085 at ［57］；Times, 22 August 2003；［2003］All ER (D) 381（July）（Court of Appeal）.

[152] Ibid.

[153] O'Brien v Chief Constable of South Wales Police ［2005］UKHL 26；［2005］2 AC 534（House of Lords）.

[154] ［1976］1 Ch 119.

[155] Ibid at 127.

刑事法院非常谨慎地不采纳相似事实证据，除非：它的证明价值非常强，以至于为了司法之利益不得不接受它；而且对它的采纳不会给被告人施加不正义（injustice）。在民事案件中，法院遵循类似的路径，但不必如此吝于采纳它。在民事案件中，若相似事实证据具有逻辑证明力，即与正在裁决的争议问题具有逻辑相关性，法院就可以采纳它，但条件是：它对另一方当事人不是压迫性的（oppressive）或不公平的（unfair）；而且对方当事人已经被合理告知且有能力应对它。

民事法院采纳相似事实证据时遵循与刑事案件"类似的路径"，这种说法意味着，可采性检验方法在民事审判和刑事审判中大致相同。因此，当丹宁勋爵进一步谈到，民事法官采纳这类证据不需要像刑事法官那样谨慎时，他的意思可能并不是说，在这两种情形中要适用不同的检验方法。他的意思更可能是指，民事审判和刑事审判适用相同的检验方法，但在适用该方法的过程中，刑事诉讼中证据的排除理所当然会比民事诉讼中证据的排除更频繁。[156] 产生这种差异的原因，也已显示在上述段落中。正如丹宁勋爵所理解的，相似事实规则以"正义"原则和"公平"原则为依据。"正义"和"公平"在刑事审判中的要求，不同于它们在民事审判中的要求。这是我们必须重申的一个要点。

丹宁勋爵引用了博德曼案（*DPP v Boardman*）[157] 作为以下观点的权威先例：在刑事案件中相似事实证据不具有可采性，除非"它的证明价值非常强，以至于为了司法之利益不得不接受它"。在博德曼案的判决被做出不久之后，此案就作为一个法律里

---

[156] 杜萨法官（von Doussa）在一个案件中表达了该观点："这并非是说适用哪种检验方法有所不同。这里的情况是，同一个检验方法在不同的审判环境中，产生了不同的结果。"*Sheldon v Sun Alliance Limited*（(1988) 50 ALR 236, 246）.

[157] [1975] AC 421.

第六章　相似事实证据

程碑而广受赞誉。有评论者认为，上议院实现了一个"思维的突破"[158]。它终于推翻了与更早的梅金案（Makin v Attorney-General for New South Wales）[159]有关的"分类方法"。根据这种分类方法，要想让相似事实证据具有可采性，它必须能被归入某个已被认可的相关性种类——例如，该证据指向被指控的行为究竟是"故意的还是偶然的"这一问题；或者，该证据被用来"反驳一项被告人所能提出的抗辩"[160]。在博德曼案中，法律做了一个向"原则性"方法的转变。但在此案中，各位法官的判决意见存在差异。需要进行高度的提炼，才能从多个法官意见中得出丹宁勋爵认为本案整体上体现出来的那个简练原则。[161]

直到 P 案（DPP v P）[162]，上议院才认可了一个检验标准。本章第一节明确地将这个检验标准阐述为一般性的正义原则。再重述一次：控方可以提交相似事实证据支持起诉的条件是，"该证据在证明被告人实施了某罪上的证明力，足以使得采纳该证据是正当的，即使披露被告人过去所犯其他罪行可能引起偏见"[163]，上议院还认定——与其在先前案例中的观点相悖——这种证明力不需要源于被告人牵涉其中的各种事件之间的"显著相似性"[164]。

P 案确定的刑事法律原则，不同于丹宁勋爵在民事案件中确立的原则。在刑事审判中，相似事实证据的证明力必须超过其导

---

[158] L H Hoffmann, "Similar Facts After Boardman" (1975) 91 LQR 193, 193. See also Rupert Cross, "Fourth Time Lucky-Similar Fact Evidence in the House of Lords" [1975] Crim L R 62. 然而，存在一些对此案的批判：eg, Adrian A S Zuckerman, "Similar Fact Evidence-The Unobservable Rule" (1987) 103 LQR 187.

[159] [1894] AC 57.

[160] Ibid, 65.

[161] 克罗斯（Cross）法官的判决意见（(n 157) 456）和威尔伯福斯（Wilberforce）法官的判决意见（(n 157) 442），最接近于支持这个原则。博德曼案中阐明的可采性检验方法，与菲利普斯（Phillips）法官在奥布赖恩案中提出的方法（(n 153) para 28）存在差别。

[162] [1991] 2 AC 447.

[163] Ibid at 460.

[164] Ibid at 462.

致的潜在偏见影响；然而，在民事审判中，需权衡考量的因素被表述为"公平"，而不是"偏见"。下文将会论述，公平对相似事实规则施加了一项道德要求，要求公平地对待双方当事人。此处的"公平"不仅包括丹宁勋爵强调的"合理告知"和避免"压迫性"等实践要求，还有更深层的含义。

三部曲中的第二个案例是伯杰案（*Berger v Raymond Sun Ltd*）。[165] 在这个案件中，沃纳（Warner）法官认为（与丹宁勋爵仔细限定的观点存在细微差别），"对相似事实证据可采性的检验……在民事案件和刑事案件中是相同的"[166]。尽管沃纳法官声称遵循了氛围音乐案的意见，但他至少在两个方面有所偏离。第一，出人意料地，沃纳法官在引用和适用梅金案时，并没有提及博德曼案；他采用了"分类方法"，而没有提到以下事实，即在刑事案件中"分类方法"已经被"原则性方法"所取代。[167] 第二，华纳法官认为，法院有至高的自由裁量权去排除（或者接受）相似事实证据。但在这种自由裁量权的运用中，法院要考虑丹宁勋爵提到的影响因素，比如采纳该证据给当事人带来的压迫性、对方当事人充分应对该证据的机会等。对此更好的观点是，若沿着沃纳法官的思路，则丹宁勋爵的意思应当被理解为：在决定相似事实证据的可采性时，**必须把上述影响因素考虑在内，因为这是一个法律规则**；换言之，这些因素是在对可采性的检验**过程中**发挥作用，而不是在认定证据可采**之后**再行使自由裁量权的阶段发挥作用。[168] 因此沃纳法官提到的自由裁量权，被一个评论者描述

---

[165] ［1984］1 WLR 625.

[166] Ibid at 630.

[167] 至少在理论上是如此。但有一些迹象表明，在刑事审判中，"分类方法"实际上在博德曼案之后的很长时间内都继续占据统治地位。See Roderick Munday, "Law Reports, Transcripts, and the Fabric of the Criminal Law-A Speculation" (2004) 68 J of the Criminal Law 227.

[168] Eg Colin Tapper (ed), Cross and Tapper on Evidence (London: Butterworths, 9th ed, 1999) 381; cf (11th edn, 2007) 355 – 6.

第六章 相似事实证据

为存在"可疑的谱系"[169]。

三部曲中的第三个案例是索普案（Thorpe v Chief Constable of Greater Manchester Police）。[170] 此案再次确认了，"通常情况下，相似事实证据的可采性检验在民事案件和刑事案件中是大体相同的"[171]。在上诉法院的裁定中，有两个值得注意的更深层次的要点。第一，根据狄龙（Dillon）法官的观点，当丹宁勋爵在氛围音乐案中认定，法院在民事案件中采纳相似事实证据应该比在刑事案件中更果断时，他所考虑的必定是民事案件由法官单独审判的情况。陪审团与法官不同，我们无法完全信任陪审团能正确地评价相似事实证据。[172] 所以可以推测，当一个民事审判有陪审团参与时，需要像刑事审判那样小心谨慎地采纳相似事实证据。

第二，尽管本案的裁决本身没有援引梅金案，但梅金案明显得到了尼尔（Neill）法官的认同。具有讽刺意味的是，这种认同恰好跟在尼尔法官引用丹宁勋爵在氛围音乐案中的一段论述之后——在那段论述中，丹宁勋爵引用博德曼案，将注意力转到刑事案件中刚刚采纳的"原则性方法"上。没有提及梅金案，尼尔法官认为："无论是在民事案件还是在刑事案件中，为了反驳意外、巧合等抗辩理由，或者有时为了证明某种行为系统（system of conduct），相似事实证据是相关的。但是，仅仅为了证明有关当事人具有实施所控行为之倾向，则该证据不可采。"[173] 这意味着，提出相似事实证据的目的具有决定性。相比之下，根据博德曼案和P案所采用的"原则性方法"，必须通过权衡证据的证明价值和它导致的偏见影响来决定其可采性，而不需要确定该证据所属的相关性种类。

---

[169] Rosemary Pattenden, "The Discretionary Exclusion of Relevant Evidence in English Civil Proceedings" (1997) 1 Int'l J of Evidence and Proof 361, 367.
[170] [1989] 2 All ER 627.
[171] Ibid, 830.
[172] Ibid, 830-831.
[173] Ibid, 834.

上述现代判例三部曲在何种情形下偏离了原有的法律呢？首先，我们可以看到一种明显的矛盾心理。法官既希望又不情愿把刑事审判中的相似事实规则推及民事审判中适用。正如我们所见，在氛围音乐案中，丹宁勋爵主张，民事审判和刑事审判遵循了相似的路径；但他马上就补充说，两者又有所不同，因为前者在采纳相似事实证据时不像后者那般严苛。在伯杰案中，沃纳法官采用了该规则在刑事审判中的表达方式；但是又使之受制于排除证据的自由裁量权，而不顾刑事审判的可采性检验方法。[174] 这两种观点带来了相同的整体效果，使刑事案件中排除证据的范围大于民事案件。情况也本应如此，正如狄龙法官在索普案中所解释的：通常情况下，刑事案件由陪审团裁判，而民事案件不然；在正确评价相似事实证据问题上，陪审员的能力显然不如法官。其次，如果或在某种程度上，民事法官必须遵循刑事法庭适用相似事实规则的方式，那么他至少应该对该刑事领域普通法的最新进展有所知悉。很难证成梅金案对民事审判所产生的上述影响；不幸的是，梅金案的"分类方法"在伯杰案和索普案中被适用或认可，其中未显示法官们意识到了该"分类方法"已经不再是刑事案件中所适用的法律。

奥布赖恩案并没有把该规则引入更好的境地。首先，这个案件呈现出与前几个案件相同的矛盾态度，而且仍然没有给出令人信服的理由来解释这种态度。其次，尽管奥布赖恩案明确否定了"分类方法"的适用[175]，使得民事规则和刑事规则更接近，但与此同时它在民事案件中引入了一种两阶段分析法，从而在民事审判和刑事审判之间造成了不对称性。基于下文将论述的理由，我们很难宣称，该规则已经更加清晰或变得更明朗。

---

[174] 尽管在民事案件和刑事案件中，相似事实证据的可采性检验方法是相同的，但法院在运用自由裁量权排除这类证据时的标准却存在差别，see（n 165）630.

[175] See in the Court of Appeal（n 151）para 59, and in the House of Lords（n 153）para 48, per Lord Phillips.

第六章 相似事实证据

2.3 奥布赖恩案中的事实与裁决

在这个案件中,原告曾被指控犯有两起谋杀罪,被判处终身监禁。在服刑超过 11 年后,根据刑事案件审查委员会(the Criminal Cases Review Commission)依照《1995 年刑事上诉法》(Criminal Appeal Act 1995)第 9 条作出的指令,原告提起上诉。随后上诉被认可,原告的定罪被撤销了。在此之后,原告以恶意起诉(malicious prosecution)和公务人员不当行为(misfeasance)为由,对南威尔士警察局提起诉讼。原告主张:负责调查案件的两名警官行为失当。这项主张主要是针对直接负责此次调查活动的探长刘易斯(Lewis),同时原告主张,探长的行为得到了总警司卡尔森(Carlsey)的明示或默示认可。为了支持这些主张,在案件庭前会议上,原告请求法院允许其在庭审中提出关于这两名警官在另外两起案件中的类似不当行为,并以其作为证据。琼斯(Jones)法官接受了原告的请求。

法官在本案中作出裁定,分为以下两个步骤。第一,他认为这些事件之间存在足够多的相似之处,因此相似事实证据在法律上具有可采性。例如,在每一个案件中,负责审讯的警官均声称,在没有其他人在场时嫌疑人对他做了供述,但警官没有同时形成一份真实的供述笔录。而且,在每一个案件中都有人声称,负责审讯的警官使用了类似的手段给嫌疑人施加不适当的压力,迫使其作出不真实的陈述。这些手段包括欺凌行为、拖延审讯、封闭嫌疑人会见律师的渠道等。第二,琼斯法官认为,此案的情形并不能使法官正当地运用自由裁量权,来排除可采的相似事实证据。把这些证据引入审判程序,不会造成审判的过度拖延;争议事项很明确,这些证据不大可能会分散陪审团的注意力;而且"本案对原告的重要性和严重性……以及社会公众的关注度会强烈支持采纳这些证据"[176]。

上诉法院驳回了对本案裁决的上诉。上诉法院的裁决是由布鲁克（Brooke）法官作出的。他赞同琼斯法官采取的方法，即把可采性问题和自由裁量问题拆分开。在第一个阶段，法官必须考虑相似事实证据的可采性问题。如果他得出的结论是，该证据是可采的，则必须进入第二个阶段。在第二个阶段，法官要决定是否运用自由裁量权，去排除已被认定可采的证据。在对该案的进一步上诉中，这种"两阶段"的方法得到了上议院的完全支持。

2.4 阶段一：可采性

上诉法院制定了适用于第一阶段的检验标准，如下：

> 为了具有可采性，［该证据］必须对案件中的某个问题具有逻辑上的证明力；同时还必须适用上议院在 P 案中所作检验的第一部分，排除那些与在审案件中的证据没有足够相似性的证据。[177]

上面这一段中的一个难点是：相似事实证据的可采性取决于，力图用证据证明的事实和在本案中被主张的事实之间要有"足够的相似性"（sufficient similarity）。如果上诉法院打算把"足够的相似性"作为可采性的一个条件，而不是仅仅把它看作影响证明力的多种因素之一，就犯了麦凯（Mackay）法官在 P 案中所批判的错误，即"限制了该原则的适用，赋予了一种具体的表达它的方式过多的效力，而这种限制没有正当理由"[178]。

还有另一个难点。在确定可采性时，法官应该适用"上议院在 P 案中所作检验的第一部分"。这当然会令人感到奇怪，因为严格来讲，这个检验并不包含几个部分。麦凯法官在 P 案中确立的

---

[176] (n 151) para 29.

[177] Ibid, 70.

[178] (n 162) 460。讽刺的是，正是这种表达方式被上诉法院引用：(n 151) para 37.

第六章 相似事实证据

"检验",实际上就是个单一的原则[179]:证据若要具有可采性,则其在支持指控上的证明力必须足够大,以使采纳该证据是正当的,即使可能引发对被告人的偏见。上诉法院所指的 P 案中的检验之"第一部分",几乎可以肯定,是指所做权衡中涉及证明力评估的部分。进一步来讲,上诉法院仅仅提及检验的"第一部分",大概是因为认为:在民事诉讼中,作为一个法律问题,相似事实证据产生的偏见影响并不会成为影响证据可采性的一个因素。所以,尽管在 P 案中需要衡量相似事实证据的证明价值和其导致的偏见影响;而在奥布赖恩案中,并不需要做这种比较。重要的是,该证据是否"对案件中的某个问题具有逻辑上的证明力"。

在上议院,有人提出:上诉法院使用了过于宽松的可采性检验标准,因为"已经存在一条法律规则,阻止在民事诉讼中采纳相似事实证据,除非该证据具有更强(enhanced)的证明价值"[180]。然而这一观点受到了上议院法官的一致反对。他们认为,相似事实证据的法律可采性仅仅取决于它的相关性;应该在普通的意义上理解这里的相关性,正如西蒙(Simon)法官在基尔伯恩案(*R v Kilbourne*)[181]中所定义的:"该证据是否对某个需要证明的问题具有逻辑上的证明力。"[182]

2.4.1 相关性和证明力

有时,法官会以证据不相关为由排除相似事实证据。例如,在萨坦案(*Sattin v National Union Bank*)[183]中,劳顿(Lawton)法官认为:"一般而言,一项关于 A 在特定的某天做了某一

---

[179] 卡斯韦尔(Carswell)法官认同这一原则:O'Brien (n 153) paras 68 and 71.

[180] (n 153) para 15.

[181] [1973] AC 729, 756.

[182] (n 153) paras 3 – 4, 15, 57 and 75.

[183] (1978) 122 SJ 367, 368. See also R v Miller [1952] 2 All ER 667, 668; Inglis v The National Bank of Scotland, Limited [1909] SC 1038, 1040. Cf R v Randall [2003] UKHL 69, paras 20 – 22;[2004] 1 WLR 56.

特定行为的主张,与 A 在另一天做了相同的行为这一事实之间并不具有关联性。"这里所蕴含的想法似乎是,认为"过去并不会对未来做出一成不变的指引"[184]。当然,过去肯定不会提供"一成不变"的指引。然而,人类拥有品格特性,即有相对稳定的品性倾向,能使人在特定条件下做出特定行为;所以,一个人的过往行为,可以在一定程度上反映该人在特定时间和地点的具体行为。因此,如果我们对相关的品性倾向和条件,以及对被指控行为的环境有足够的了解,我们就可以获得一些指引。

否定这种观点就会违反常识。在索普案中,狄龙法官(Dillon)不认为"警官在其他环境下逮捕其他人时过度使用了暴力"这一证据,"具有证明力,可以用来证明这些警官在 1985 年 3 月 1 号对原告过度使用了暴力"[185]。一个人有以某种方式行事的品性倾向,既不意味着该倾向会恒定不变,也不意味着它会与特定行为完全一致。我们很难想象一个有暴力倾向的人会一直对所有人都使用暴力。他是否会以某种特定方式做出暴力行为,取决于许多因素,我们在前面 1.3.2 部分已经讨论过这些因素。它们包括行为者所处的环境,以及这种环境是否容易激发行为者以特定方式行事的倾向。进一步来讲,这种倾向还必须足够强大,以至于超过了他在这种环境下同时可能产生的其他相反倾向。因此,不能仅仅根据一个人有暴力倾向,就认定他在某特定场合下已经实施了暴力行为。这正是以下说法所表达的关键点:例如,如果证据**仅仅**显示出"有关当事人有实施被指控行为的倾向"[186],那么该证据没有充足的相关性,或更准确地说,该证据没有充足的证明力。[187] 还需要知道更多的因素才能证成——而且通常可以从案

---

[184] John Peysner, "Being Civil to Similar Fact Evidence"(1993)Civil Justice Quarterly 188,189.

[185] (n 170) 831.

[186] Thorpe (n 170) 834.

[187] 黑尔什姆(Hailsham)法官在博德曼案中的说法大概夸大了这一点,他说这种证据毫无证明价值。See Redmayne (n 47) 710 - 713.

第六章 相似事实证据

中提交的所有证据中知道更多,从而证成——从一个人的特定倾向推论出与该倾向一致的行为。[188] 如果我们已知,在执行职务过程中,面临嫌疑人抗拒抓捕的压力时,某位警官有过滥用权力和暴力执法的行为;那么毫无疑问,这种过往行为有一定的合理性去说明,在与这种场合之细节非常近似的环境中,该警官很有可能再次如此行事。他具有这种倾向性这一事实是相关的,因为相比于没有该倾向的人,这位警官在那种场合下以同样方式行事的可能性更大。[189] 倾向性证据在证明被指控的行为时很少发挥决定性作用,但显然,在相关性问题上不需要达到决定性的程度。[190] 因此,狄龙法官认为该案中相似事实证据不具有相关性的观点,是值得怀疑的。

在奥布赖恩案中,卡斯韦尔(Carswell)法官明确认可了"倾向性证据具有相关性"这一观点。[191] 但把相似事实证据的可采性仅仅建立在相关性上,会遇到一个基本的问题。因为一项证据——不仅是相似事实证据,还包括任何其他的证据——若要具备可采性,必须对案件中的待证事项有证明力。相关性是可采性的初步条件,这是一条基本规则。可采性检验的第一个分析阶段不仅是老调重弹,而且实际上意味着:在民事案件中已不存在相

---

[188] 这种观点与法律委员会的论述一致,see *Evidence of Bad Character in Criminal Proceedings* (n 29) para 4.10. 单独的倾向性证据没有充足的证明力,除非其"可以与案件中的其他特征结合在一起"。

[189] Rachana Kamtekar, "Situationism and Virtue Ethics on the Content of Our Character" (2004) 114 Ethics 458, 475-6.

[190] 为使相似事实证据具有可采性,它不需要对证明对象起到决定性作用:see *R v Handy* (n 5) 415-416. 上议院在奥布赖恩案之前提出了一项相反观点,但该观点建立在对一个案例(*Metropolitan Asylum District Managers v Hill* (n 193))的误解的基础上,且已经被纠正了:see (n 153) paras 46 and 71. 请比较 *Pfennig v R* (n 4) 485:"如果对于倾向性证据存在一种合理观点,该观点与无罪主张相一致,……那么不应该采纳该倾向性证据"。这种检验方式得到了澳大利亚高等法院的认可:*Phillips v The Queen* (2006) 224 ALR 216. 但在这个案件中适用的检验方式,遭到了批评:see David Hamer, "Similar Fact Reasoning in Phillips: Artificial, Disjointed and Pernicious", forthcoming in (2007) 30 University of New South Wales LJ.

[191] (n 153) para 73;宾汉(Bingham)法官作出了类似陈述:see ibid, para 4.

似事实证据规则(在与相关性规则区分的意义上来理解)。只有当要求相似事实证据不仅具有证明力,而且其证明力要达到**足够高的程度**(sufficiently high degree)时,才存在一个相似事实证据规则。[192] 既然更高证明力的要求被上议院明确拒绝了,我们似乎被迫得出以下结论,即相似事实证据规则荡然无存了。

然而,该规则仍留有痕迹。因为似乎在第二个分析阶段,如果相似事实证据缺乏足够的证明力,法院还是**可以**把它排除。在两级上诉中我们都可以发现这种迹象:上诉法院所持意见是,排除具有可采性的相似事实证据的自由裁量权应受制于以下原则,即"证据的证明力越强,法院就越不应该将它排除"[193];在上议院中,卡斯韦尔法官提出,在第二个分析阶段,"有必要寻求更大的相关性或实质证明力以抵消证据引起的偏见"[194]。菲利普斯(Phillips)法官持有类似观点,他认为:如果相似事实证据"带来的偏见与其相关性不成比例",法官在运用自由裁量权时,"会敏锐地看到,出于公正审判之利益,该证据的证明力证成了其所带来的偏见风险"[195]。此处又展现了先前提及的矛盾,即趋同和分歧这两种倾向之间的紧张关系。刑事排除规则被拒绝了,却以弱化的裁量排除权力的形式回归。这就导致了,在民事诉讼中比在刑事诉讼中更容易采纳相似事实证据。为什么要存在这种差

---

[192] 南澳大利亚最高法院在一个案件中所持意见为:在普通法中,只要相似事实证据具有"逻辑上的证明力",其就是可采的。See Sheldon v Sun Alliance Australia Ltd (1989) 53 SASR 97, 148. 然而,《1995 年澳大利亚证据法》第 97(1)条所采取的立场不同:证据只有相关性是不够的,它还必须有"重要的证明价值",see *Jacara v Perpetual Trustees* (2000) 180 ALR 569, 586 (decision of the Federal Court of Australia). 相比较而言,在英国《2003 年刑事审判法》第 101(1)(d)条中,相关性就是可采性的检验标准。法律委员会曾经提出过一个更高的标准,即不良品性证据不仅要具有相关性,还必须有"实质的"证明价值,才能被采纳:see clause 8(2) of the draft Criminal Evidence Bill in Evidence of Bad Character in Criminal Proceedings (n 29).

[193] (n 151) para 71.

[194] (n 153) para 75;民事案件中,在检验程序的第二个阶段,相似事实证据的证明力可能是权衡因素中的一个关键因素:similarly ibid, para 73.

[195] Ibid, 55.

异呢？

2.4.2 心理偏见

在奥布赖恩案之后，如果相似事实证据缺少足够的证明力来抵消其导致的潜在偏见，法院仍然可将其排除。为什么此处要保留法官的自由裁量权呢？为什么相关性的一般门槛不足以适用于相似事实证据？必定存在一些这类证据所独有的危险，因此在采纳这类证据时需要比一般情况更加谨慎。在刑事审判的语境中，传统观点将这种危险性理解为可能产生的偏见影响。在传统观点看来，事实认定者可能会赋予该类证据过高的分量，或者过于草率地推断出被告人犯有被指控的罪行。根据传统观点，这种排除规则之所以存在，是因为相似事实证据所具有的促进发现事实真相之价值，可能会被它误导陪审团作出错误裁判的风险超越。

那么在民事案件中，上述观点也有意义吗？上述传统观点本质上是心理学性质的。它基于以下经验性主张：事实认定者在评议裁决时，其头脑是如何对相似事实证据做出反应的？民事诉讼通常由法官审理，没有陪审团参与。菲利普斯法官在奥布赖恩案中指出："在抵御非理性偏见方面，陪审团成员没有法官经验丰富。"[196] 狄龙法官在索普案中也告诉我们："法官接受过职业训练，能够更好地辨别证据是否具有证明力。"[197] 所以，鉴于大多数民事案件由法官单独审理，而且法官赋予相似事实证据过高分量的风险很小，就可以得出以下解释：与刑事审判相比，在民事审判中反对采纳相似事实证据的理由更少。

对这一解释的逻辑推演，会向我们指出更极端的结论。正如我们在探讨刑事案件中的相似事实证据规则时已经看到的，如果相似事实证据规则的真正基础确实是心理学性质的，那么在法官审判中适用这种规则就存在概念上的不一致。首先，根据对传统

---

[196] （n 153）para 11.
[197] （n 170）831.

理论的字面理解，法官在决定证据的可采性时，必须预测自己的心理意志是否能防止受到证据的过度影响。如果回答是"不能"，该证据必须被排除。但是，恰恰基于同样的原因，由于该证据已经暴露给法官，排除它基本上没有多大意义。[198] 其次，如果法官决定排除相似事实证据，他必须防止该证据影响到他对裁决的评议。我们信任法官有遵从法律的意愿，以及把已排除的证据完全从思想中抹掉的能力。但是，正是对法官的这种信任，应当使我们采纳而不是排除相似事实证据。[199]

2.4.3 道德偏见

在没有陪审团参与的审判中，要使反对排除相似事实证据的论点显得具有说服力，我们必须回到该论点本身，而且假定该规则旨在避免证据评价中出现逻辑错误。有人提出，相似事实证据规则的基本原理可以追溯到更深层的规范性正当理由。根据稍后我们将分析的原因，这种规范性正当理由在刑事案件中比在民事案件有更大的效力；它还能说明，为什么当控方提出相似事实证据时，我们希望该证据的可采性受到更多的限制。传统的观点认为，事实认定者接触相似事实证据的危险在于，他可能会因为该证据所证明的行为，而对实施该行为的行为者产生偏见。但准确说来，这种使我们担忧会污染审判之评议的偏见，它的本质又是什么呢？宽泛地说，所担忧的是：事实认定者对被告人作出裁判的依据，不是他被指控实施的某个具体行为，而是他属于哪一类人。即事实认定者可能推断该人一定以这种特定的不良方式实施

---

[198] 请比较新加坡上诉法院在一个案件中的答复："我们认为以下观点具有创新性，如果相似事实证据早已被允许潜入庭审法官的头脑里，那么对相似事实规则的严格执行将变得毫无意义。我们在答复中所要说的是，我们对法官的能力更有信心，相信他们在需要时能对导致偏见的证据弃置不顾。" Meng Jee v PP [1996] 2 Singapore L Rep 422, 434.

[199] Attorney-General of Hong Kong v Siu Yak-Shing [1989] 1 WLR 236, 241. See also Robert A Margolis, "Evidence of Similar Facts, the Evidence Act, and the Judge of Law as Trier-of-fact" (1988) 9 Singapore L Rev 103, 106-7.

第六章 相似事实证据

了行为,仅仅由于他是那种会实施这种行为的人。这一推理包含了一个假定或一个预判。我们假定,基于对某人不良品性背景的知悉,他一定实施了该行为;在没有充足的证据支持从其品性倾向得出"在当前事件中他一定再次实施了该行为"这一推论的情况下,我们已经预判该人须对此事负责。

从相似事实证据规则中得出的所谓"禁止推论链条"[200]禁令,应当被理解为一个用以防止在审判评议中出现上述假定的道德禁令。需要强调的是,被作为"不容反驳"的规则[201]而严格禁止的,是上述假定的作出。只有当事实认定者草率地根据某人是那类有如此行事倾向的人,就得出结论认定该人在特定场合以这种特定的不良方式实施了该行为,该道德禁令才被违反。[202]然而,如果有进一步的充分证据证明,事件所处的环境很可能激发该人的品性倾向去实施那一类行为,那么此时得出的结论并不违反上述道德禁令。在这些支撑性证据被提交给事实认定者和被他们考虑之后,他们的评议过程就不再被禁止受到上述预判的影响。按照这种方式,对相似事实证据规则的传统解释与现代解释是可以调和的。传统解释认为,该规则的效力在于施加了一个严格的"禁止推论链条"禁令;现代解释[203]则认为,当相似事实证据的证明力特别强时,准许通过从一个人的倾向来推断在本案中该人可能的行为。

按照这种理解,所指向的不是某种心理学弱点;然而更重要

---

[200] *Makin v New South Wales* (n 4) 65.

[201] *R v Straffen* [1952] 2 QB 911, 914.

[202] 或许我们就是要以这种方式来理解诸如以下陈述:"**当且只有当**相似事实证据超出了显示一般性倾向时,它才具有可采性"(*R v Handy* (n 5) para 71, original emphasis);"证据不会仅仅因为显示了被告人的不良倾向而被排除,它被排除是因为它除此之外没有显示更多的内容"(*R v Sims* [1946] 1 All E R 697, 700)。

[203] 关于现代观点:see Boardman (n 30) 456-7;R v Randall, (n 813) para 26, endorsed by Lord Carswell in O'Brien (n 153) para 73. 现在在刑事案件中,《2003年刑事审判法》里有关于使用倾向性推理的明确规定:see the Criminal Justice Act 2003, s 101 (1) (d) and s 103 (1) (a).

的是，我们对于证据推理之道德合法性的信奉，赋予了相似事实证据规则以意义和价值。即使事实认定是由法官作出的，也要对这一规范性问题保持关注。一项对某人不利的事实认定，要从得出该认定的程序之正义性（justice）中获得正当性。在相似事实证据规则的适用中，并不需要（或者至少不仅仅需要）预测事实认定者对某人不良行为记录的心理反应。如果在排除证据问题上，我们仅仅看到法官如何指导陪审团——甚至更加令人难以置信地，指导法官自己——作出正确的裁判，那我们将不能领会制定这一规则的本意，并且没有抓住以下要点：法庭在排除证据时，就是做出了一个道德声明，即使在法官单独审理的案件中，该声明也意义深刻。法官排除违反相似事实规则的证据，就是在宣称，不准许以侮辱个人尊严的推理形式来对某人作出裁判；而且，当法院将关注点聚焦于裁判评议所使用的推理之道德可废止性时，法院在寻求说服被告人和公众，并向他们保证最终得出的裁判之合法性。在对证据的排除中隐含着，法官承认被告人有权利被作为自主性道德主体而尊重。如果在审判中，被告人没有得到应有的尊重，该审判就丧失了要求被告人接受不利裁判的道德正当性——丧失的程度与被告人受到不尊重的程度相对应。正是出于这些原因，对证据的排除是有价值的，而且无论在陪审团审理的还是法官单独审理的案件中，它都有价值。

2.4.4 相似事实规则在民事和刑事诉讼中的差异

上述论点与以下观念一致：审判是这样一种程序，在做出不利于某人的裁决时，必须将该裁决的理由告知此人，且邀请此人加入关于这些理由之正当性的对话。法院在让此人参与审判的过程中，就表达了将其作为一个责任主体予以对待的尊重；法院也认可了，他"不只是一个被采取行动的客体"[204]，而且是一个参

---

[204] Herbert L Packer, The Limits of the Criminal Sanction (Stanford: Stanford UP, 1968) 157.

第六章 相似事实证据

与到证成事实认定——该事实认定对他不利或有损其利益——之基础程序中的人。这种审判观念主要是在刑事领域中提出的。在大多数刑事诉讼中,道德批评都有显著的影响,而在许多民事诉讼中它们却不见踪影。[205] 通常,人们认为民事责任就是由于某人违背个人义务而需要对相对人履行赔偿,但这并不一定以过错为基础;然而在刑事领域中,惩罚个人的典型情况是因为其行为违反了社会标准或侵犯了社会利益。[206]

但这种差异也不应被夸大。在民事案件中,有时一个裁决也会对当事人表示谴责(在归咎于当事人的意义上),而且通常会损害到他们的利益(例如,让当事人承担支付赔偿金的责任)。所以,民事法庭同样需要证成其作出的对当事人不利的判决,而且需要关注支撑这些判决的推理之道德性。但不可否认的是,在民事案件中使用的推理存在道德问题的可能性,比在刑事案件中更小;而且,当这类问题出现在民事领域时,通常不像出现在刑事领域中那么严重。因此,我们可以理解为什么在民事领域法官很少提及"偏见"。正如我们看到的,在氛围音乐案中丹宁勋爵选择用"公平""压迫"和"合理告知"代替。而且稍后我们将会看到,上诉法院在奥布赖恩案中极力主张用民事程序规则的现代术语来替代氛围音乐案中的表述,并且着眼于"公正"处理案件的需要。[207] 在斯蒂尔案(*Steel v Commissioner of Police for the*

---

[205] 哈特认为,"使刑事处罚区别于民事处罚的(所有)因素在于……其判决附带着社会谴责,而且该社会谴责为判决提供了正当性";see Henry M. Hart, "The Aims of The Criminal Law" (1958) 23 *Law and Contemporary Problems* 401, 404. Similarly, see Peter Brett, *An Inquiry into Criminal Guilt* (London: Sweet & Maxwell, 1963) 36, 50.

[206] 本文不详细分析这种差异的复杂性,请参见:Paul H Robinson, "The Criminal-Civil Distinction and the Utility of Desert" (1996) 76 Boston U L Rev 201; Andrew Ashworth, "Punishment and Compensation: Victims, Offenders and the State" (1986) 6 OJLS 86, 87-99; A P Simester and W J Brookbanks, *Principles of Criminal Law* (2nd edn, Wellington: Brookers, 2002) 2-5.

[207] (n 151) para 75.

Metropolis)[208] 中，贝尔顿（Beldom）法官说过："丹宁勋爵提出的在民事诉讼中对被告适用的'公正'概念，是否包含了在刑事案件中对被告适用的'偏见'概念，是一个值得我们在今后探讨的问题。"

之所以避免使用"偏见"这个术语，部分原因是，如帕滕顿（Pattenden）所说："在民事诉讼中提交的相似事实证据通常不会披露不良品性。"[209] 但正如她也谨慎承认的那样，它们有时会披露不良品性。[210] 说得更确切一点，在民事诉讼中提起的指控，有时也会包含道德控诉。当然，尽管会包含道德控诉，但一般不像在刑事案件中提出的控诉那样严重。然而，在民事案件中由相似事实证据造成的道德偏见问题，也不应被低估。在民事诉讼中，这类问题会像过失索赔一样常见。过失致伤或过失致人死亡的侵权行为存在道德缺失，尽管这种道德缺失不像实施袭击或谋杀那样严重。[211] 在黑尔斯诉克尔案（Hales v Kerr）[212] 中，查奈尔（Channell）法官认为：相似事实证据规则在民事案件和刑事案件中的适用，并"没有不同"。在查奈尔法官所写的以下判决附带意见中，他拒绝否认被告的自我道德革新能力，这明确表达了对被告个体自主性的尊重[213]：

---

[208] Unreported judgment of the Court of Appeal (Civil Division) dated 18 February 1993.

[209] Pattenden (n 169) 384.

[210] Ibid, 384-385：相似事实证据有时确实会"显示出当事人……存在某种不良品性，这可能会使其他人对其产生偏见"。See also J R S Forbes, *Similar Facts* (Sydney: Law Book Co., 1987) 170："有些轻微的刑事案件，几乎不会使名誉受损；而另一方面，在民事诉讼中，诸如欺诈、违反信托甚至重大过失等指控，都能引起他人对被指控者的强烈不满。"

[211] 在一个案件中，斯蒂芬（Stephen）法官认为，使用其他过失行为事例与使用犯罪行为事例同样应受质疑："你不可以证明……一名火车司机是一个粗心大意的人，进而以此证明在某个特定的场合他的粗心大意导致了某个特定的事故；正如你不可以证明一个被指控犯有某罪的人是一名惯犯那样。" *Brown v Eastern and Midlands Railway Co.* (1889) 22 QBD 391, 393.

[212] [1908] 2 KB 601.

[213] Ibid at 604-5.

第六章 相似事实证据

因为某人在 10 月份某一天的一个过失行为而起诉这个人，同时要求陪审团根据他在 9 月份的每一天都是粗心大意的，来推断该人在 10 月份那天也处于粗心大意的状态，这种做法不具有合法性。因为被告可能在 10 月的那天之前，已经改善了自己的习性。

上文曾论述过，认为某人的品性倾向永远不会具有相关性的观点是错误的。与我们之前的观点相一致，上面这段文字应该被理解为：某人具有粗心大意的品性，这一证据**自身**，不能证成"该人在特定场合粗心大意地作出了行为"这一推论。当且仅当有证据显示，事件发生时的环境有助于激发该人按照其倾向性行事时，该人的倾向才具有**足够的**相关性。我们会看到，在许多民事案件中，使用相似事实证据不会引发道德偏见问题。然而，如果出现了道德偏见问题，法官就必须——或者，根据奥布赖恩案的观点，法官应该运用他的自由裁量权——在允许使用相似事实证据之前，先寻找到能够证明当时的环境易于激发按品性行事的证据。另一方面，如果不会出现道德偏见，有相关性即满足了可采性。

乔治·百龄坛诉狄克逊案（George Ballantine & Son v Dixon & Son）同样表达了对证据推理之道德合法性的关注。[214] 本案中的原告是一家著名的苏格兰威士忌酒厂和出口商。原告起诉被告生产和销售假冒产品，主张被告在苏格兰之外的五个国家将当地生产的烈酒稀释后冒充苏格兰威士忌。在诉讼中，原告想要获知被告的"平行交易"信息，并且申请披露"被告在世界上所有国家的相关交易记录，而不仅仅是这五个国家"。沃尔顿（Walton）法官否决了该申请——鉴于申请范围极其宽泛，这一裁决不出意料。有趣的是，这个裁决的作出不仅是依据"允许原告对被告进行这种庭外调查是不公平的"这个理由，而且还依据以下理由：一般

---

[214] (n 57).

性地使用关于被告的有损信誉的行为证据，来证明被告必定以相同方式在所诉的交易中实施了这种行为，是不公正的。正如法官所解释的，这个信息披露申请[215]：

> 仅仅针对信誉，因为它只是简单地将原告置于某个位置，然后论述说："你在厄瓜多尔（或无论其他什么地方）实施了一项恶劣行为，因此你是这样一种人，在那五个国家也实施了该恶劣行为——这些行为正是本案所关注的。"换言之：给他一个坏名，然后将他绞死（give a dog a bad name and hang him）。

331   上面这段文字不是将"偏见"视作一个心理现象，而是作为一个道德问题。如果一系列推理是在没有尊重个体自主性的基础上得出的，那么归责的正当性就被削弱了。相较于刑事领域，相似事实证据在民事领域更容易被采纳，部分原因是偏见在民事领域一般构不成什么问题。首先，对民事责任的裁决，可能不会考虑人的行为。比如，在因一棵橡树的根系造成建筑物毁坏从而主张损害赔偿的案件中，如果采纳了关于这棵树同样造成其他邻近房屋类似毁损的证据，并不会产生道德的问题。[216] 其次，即使把某人的先前行为作为证据，也不一定会产生针对他的道德问题。[217] 例如，在麦克威廉斯案件（*McWilliams v William Arrol &*

---

[215] Ibid at 1132.

[216] *Malewski & Anor v Ealing London Borough Council* [2003] EWHC 763 (TCC), 89 Con L R 1.

[217] 在一个案件中，科曾斯-哈迪（Cozens-Hardy）法官问道："如果你可以去调查一匹马的习性，以便考察这匹马是否性情恶劣、可能踢人，那么你没有权利去调查一个男孩的习性吗？*Joy v Phillips, Mills & Co, Limited* [1916] 1 KB 849, 853. 毫不奇怪，法官没有看到对采纳本案中相似事实证据的任何障碍，因为该证据没有显示任何严重不道德的行为，而只是反映了孩子的恶作剧天性。

第六章 相似事实证据

Co)[218]中,一名工人在过去始终拒绝系雇主提供的安全带。一天,他从工地上摔了下来,碰巧,当时所有的安全带被转移到了另一个工作区域。有一些证据能够证明,这些安全带很笨重,并在某些情况下可能带来危险。[219]那么即使认定:就算在事故发生的当天安全带可以使用,这名工人也依旧不会系安全带;也很难看出这一认定表达了什么道德谴责。实际上,这一认定甚至可能是在赞扬他——或许他是一名认真、尽责的雇员,不想让安全带降低他的工作效率。

因此,我们在民事诉讼中更倾向于采纳相似事实证据的一个原因是,通常其不会导致或仅造成很小的道德偏见问题。可能还存在另一个原因:在使用相似事实证据确实会导致道德偏见的情形下,对这种证据的排除,在民事诉讼中不如在刑事诉讼中那样容易证成。与刑事语境中的"正义"相比,民事语境中的"正义"需要对互相冲突的利益进行更精细的调整。在刑事审判中,核心利益在于保护无辜者不被定罪,法官对被告人采取一种"保护性态度"[220]。而在民事案件中,正义要求同等地对待双方当事人,即平等地尊重他们和平等地关心他们的利益。[221]鉴于在民事审判中平等价值被置于首位,丹宁勋爵在氛围音乐案中对"公平"的强调是非常恰当的。相似事实证据规则在具体适用中的差异,反映出民事审判和刑事审判在价值取向上的不同。正如史密斯

---

[218] [1962] 1 WLR 295. 这个案例还被《克罗斯论证据》一书引用,以论证以下观点:"当不存在对被告人的偏见问题时,例如在民事诉讼中那样,就可以说相似事实规则没有发挥作用的空间了。"J D Heydon (ed), *Cross on Evidence* (Sydney: Butterworths, 5th Australian edn, 1996) 604.

[219] (n 218) 304.

[220] Zuckerman (n 53) 4–6, and, above, Ch 4, Pt 2.3.3.

[221] 正如史密斯(Smith)法官在一个案件中简练、有力说明的:"正义意味着公平对待当事人。"*R v Isleworth Crown Court ex parte Marland* (n 30) 262.

(Smith) 法官所说[222]：

"采纳相似事实证据的条件，与对被告人的保护息息相关。在民事案件中，采纳相似事实证据受到了更少的限制，因为民事诉讼的潜在目的不是保护某一方，而是公平对待双方当事人。"

在何种意义上，采纳相似事实证据受到"更少的限制"？为什么"公平对待双方当事人"的需要，会使采纳该证据受到"更少的限制"？在大多数案件中，法庭上呈交的证据不仅表明：（1）其行为正受审判的人，有以某种特定方式行事的品性倾向；而且还表明：（2）在本案所发生的环境中存在一些条件，它们易于在相关时间点上激发该人做出与其品性倾向一致的行为。证据能够多么强烈地支持（2），是一个程度问题；这种支持必须多么强烈才能证成对关于（1）的证据的采纳，则是一个"个别判断的问题"[223]。这一点可以通过比较两个案例来阐明。

在马兰德案件（*R v Isleworth Crown Court, ex parte Marland*）[224] 中，申请人是一位荷兰居民，他在希思罗机场被拦截，并被发现随身携带了大量现金。他解释说，随身带着这笔钱是因为，他本来打算在英国买一辆"古典"汽车并且运到荷兰，但后来他改变了主意。根据《1994 年毒品走私法》第 42 条，这笔钱被扣押，因为有合理根据怀疑这笔钱是毒品走私的收入或者被打

---

[222] Ibid, 258. 其他一些案件也采取了这种观点，这些案件包括：*Hurst v Evans* (1916) 1 KB 352, 357（"在刑事诉讼中，法院并不调整当事人之间的权利。法官会经常告诉陪审团，尽管有一些证据针对被告人，但并不能由此保证定罪的安全性。民事案件中的做法则完全不同"）；*Berger*（n 165）633（"我排除该证据会对原告产生的潜在不公正，超过了我采纳该证据会对被告造成的额外负担"）；*W Alexander v Dundee Corporation* [1950] SC 123, 133（"忽略这里所提到的全部证据，将会造成无法公平对待当事人"）。

[223] R v H（n 120）621，per Lord Mustill. See also *Reza v General Medical Council* [1991] 2 WLR 939, 957.（"对相似事实证据之可采性的裁决，已经被正确地称为一个程度问题"）

[224] (1998) 162 JP 251.

第六章 相似事实证据

算用于毒品走私。皇家法院在确信这笔钱事实上与毒品走私有关后，根据《1994年毒品走私法》第43条第1款，作出了一份没收令。法院适用了第43条第3款所规定的民事证明标准。法院作出裁判的主要依据是，对申请人的两项关于毒品走私的前科定罪。这些犯罪前科被视为参与毒品走私的倾向性证据。

如果仅仅做出以下推理："被告一定再次实施了毒品走私，因为他是那种会做这种事的人"；这样做就违反了相似事实证据规则中包含的道德禁令。我们还需要确信，该案的具体环境与导致其过去罪行的环境是相同的。但在裁决中很难发现这种证据。本案中的焦点是申请人对这笔钱的持有，而他对此提出了一种无罪辩解。我们仅仅因为他不光彩的过去就怀疑他没有讲述事实真相，这样做是错误的。我们所要求的确信程度（这种确信程度是采纳被告人的过往作为指控他的证据的前提条件），反映了我们将他作为一个人来尊重的程度，或者如卡多佐法官所言，认可其"重新开始生活"的能力的程度。[225] 尽管高等法院维持了对前科定罪证据的采纳，但这并不是一个令人满意的裁决，尤其是将其作为临界个案。[226] 令人不满意之处在于：法院以马兰德的过往行为定义其品性，草率地得出了他再次进行毒品走私的结论，没有给予马兰德应有的尊重。

在奥布赖恩案中采纳相似事实证据的正当理由则更强一些。本案中，法院允许原告提交探长刘易斯在其他两个案件中被指控的不法行为作为证据。仅仅根据刘易斯是那类有虐待嫌犯倾向的人以及他将一直是个有虐待倾向的坏警官，就推断刘易斯必定虐待了奥布赖恩，这是错误的。但是，这个关于品性倾向的推论，得到了相关环境证据的支持。即在每个案件中，刘易斯都有类似的机会或受到类似的诱惑，按照他的品性倾向行事，以逼取虚假

---

[225] *People v Zackowitz*（n 84）468. See also *R v Handy*（n 5）401.（反对"倾向性证据"的一个理由就是，它没有重视某人"改过自新和重新做人"的能力）

[226]（1998）162 JP 251，262.

供述。例如，在每一个具体案件中，刘易斯都处于对嫌疑人有掌控权的状态；嫌疑人被隔离监禁，没有自己的律师；而且，刘易斯没有理由担心须为自己对待嫌疑人的不当行为负责，因为他采取的讯问策略据推测已经得到了上级的首肯。此外，刘易斯伪造证据的压力差不多大，因为在这些案件中，所涉及的犯罪都引起了公众关注，而案件的调查活动进展不太顺利。法院并不能简单地假定，刘易斯在此案中实施了与其品性倾向一致的行为，从而伪造了证据；但奥布赖恩案中的环境表明了，刘易斯处于一个很可能激发他按照该品性倾向行事的环境中。在谨慎地探查这些环境时，法院拒绝用一个笼统的概念——"警察中的败类"——对刘易斯做出预判。法院认真对待了他的个人自主性，因为法院承认了：他的行为产生于道德选择，而他在每一个场合都可以自由地重新做出这种道德选择。

公正对待还需要考虑合比例性。一个人应当得到的尊重和应当受到的关心，取决于对他的指控之严重程度。被指控的行为越严重，法院在认定该指控时就要越谨慎。相较于民事案件，刑事案件中的指控往往严重得多。因此就可以理解，为什么刑事领域里通常要求在更高程度上确信，一个人在被指控的场合中"按其品性"实施了行为。所以在通常情况下，我们可以预测，刑事诉讼中的门槛要更高一点。

降低民事诉讼中的门槛的压力，源于"公平对待双方当事人"的需要。法院既有道德义务去尊重和关心被使用相似事实证据指控的一方当事人，也有道德义务去平等对待力图使用相似事实证据的另一方当事人。后一种义务产生了对抗性的道德压力，要求采纳相似事实证据。[227] 所以，在民事诉讼中，法院应该接受当事

---

[227] 关于法官在对每一方当事人的正义之间权衡的例子，参见：Berger (n 165) 633 ("排除相似事实证据给原告带来的潜在不公正，超过了采纳该证据而给被告额外施加的负担")；Perrin v Drennan [1991] FSR 81, 87-88.

第六章 相似事实证据

人可能希望提出的这些证据和论证。[228] 对案件进展的不合理限制，会削弱审判的合法性。正如霍夫曼（Hoffmann）法官在弗农诉博斯利案件（Vernon v Bosley）中解释的[229]：

> 当事人应该尽可能地被准许自主决定如何呈现他自己的案子，这是对抗制正义的一个重要方面。如果当事人的律师认为某个证据……可能是相关的，法院通常不愿阻止该证据。不应该给当事人留下这样一种感觉，即假如他被准许提交那些被法官排除了的证据，他本来会胜诉。

我们对当事人希望我们看到和听到的、并且切实影响他的权利或利益的信息的接受，反映了我们对当事人的尊重和关心。我们通过希望理解、领会以及把握案件中的更多信息，来表达我们的尊重和关心；因此法律赋予了当事人完整陈述的自由。牵涉到当事人的权利或利益越大，就越应该准许他自由地提出证据以支持其主张。出于这个原因，既然相似事实证据具有证明价值，在民事诉讼中就有一定的道德压力，准许当事人使用相似事实证据来支持其主张。但如果这是一个刑事诉讼，在希望使用相似事实证据证明某个刑事指控时，这种附加的压力是不存在的；谈论对公诉方的尊重和关心，会让我们觉得莫名其妙。[230] 在奥布赖恩案中，准许原告使用相似事实证据的压力尤其突出，原因就在于，他的主张中所指控的不公正行为非常严重。上诉法院显然觉察出

---

[228] James Fitzjames Stephen, *The Indian Evidence Act*, *With an Introduction on the Principles of Judicial Evidence* (Calcutta: Thacker, Spink & Co, 1872) 33: "在所有的文明国家，司法调查至少应该以这样一种方式进行，即给所有对裁判结果有利益牵涉的人以充分机会，以便他们去证明他们希望得出的结论。"

[229] [1994] PIQR P337, P339.

[230] See generally Ronald Dworkin, "Hard Cases" in Taking Rights Seriously (London: Duckworth, 1991) 81, 100. 德沃金注意到，在标准的民事案件中存在权利的对称性，这种对称性在刑事案件中不存在："如果被告人是无辜的，他有权利得到一个对其有利的裁决；但如果被告人是有罪的，国家并没有类似的权利去得到一个定罪裁决。"

了这种压力。它强调说，本案具有"例外的特点"[231]。要充分考虑到奥布赖恩"因谋杀罪（对此他予以否认）已被监禁了 11 年，而现在他的谋杀罪被撤销了"[232]；还要考虑到，"如果在审判中他的主张被证实，就表明他在警察手中遭受了严重的不法对待"[233]。这些因素也同样被上议院考虑到了。[234]

2.5 阶段二：自由裁量

根据奥布赖恩案中确立的"两阶段"分析法，"法院在决定相似事实证据具有可采性之后，就必须运用自己的自由裁量权，考虑是否应该拒绝采纳该证据"[235]。这其实就是沃纳法官在早前的伯杰案中采取的方法。正如上文提到的，在普通法中，法官要求保留排除具有可采性的证据的司法裁量权，很难说这一要求是正确的。然而，随着《民事诉讼规则》（the Civil Procedure Rules）的出台，这个问题被回避了。《民事诉讼规则》第 32.1（2）条授予了法官排除具有可采性的证据的一般性权力。[236] 但是，这一条适用于各种证据，并没有特别针对相似事实证据。奥布赖恩案裁决的创新之处在于，从《民事诉讼规则》第 32.1（2）条授予的一般裁量权中，发现了排除民事诉讼相似事实证据的裁量权。当氛围音乐案和伯杰案的裁决出台时，"民事诉讼中的现代'摊牌式'方法仍处于初始阶段"[237]。在现在的民事诉讼中，证人陈述需于审前交换。对证据导致"不公平突袭"或"压迫"的担忧，变得不再严重。"现在，是《民事诉讼规则》中的表述……在管控

---

[231] (n 151) para 80.

[232] Ibid para 80.

[233] Ibid para 86.

[234] (n 153) para 60.

[235] (n 151) para 71.

[236] 上诉法院也对此表示认同：*Grobbelaar v Sun Newspapers Ltd*，The Times，12 August 1999.

[237] (n 151) para 56.

第六章　相似事实证据

自由裁量权的运用。"[238]

《民事诉讼规则》规定，在运用这种一般性的裁量权时，法院必须考虑在所处理的案件中实现正义这一最高目标。[239] 第 1.1 (2) 条规定了为此目标而需考虑的各种相关因素[240]，例如：法院必须尽自己的能力保证案件得到公正、有效的处理，而且审理的方式要与纠纷的重要性相称。但此处的列举不是穷尽性的。根据上诉法院在奥布赖恩案中所持的意见，对相似事实证据的采纳必须符合《民事诉讼规则》的立法精神："如果采纳相似事实证据会延长诉讼时间、增加花费或者使案件变得更为复杂，那么法院应该倾向于拒绝使用相似事实证据，除非对此存在其他方面的非常强烈的对抗性理由。"[241] 上议院也作出过类似表述，例如，菲利普斯法官认为："法官行使自由裁量权的方式必须与案件所涉的利害关系程度相称，而且裁量权的行使必须符合效率和公正"[242]；卡斯韦尔法官强调："使用相似事实证据而造成的诉讼延长和花费增加，不能不合比例。"[243]

把排除相似事实证据的裁量权仅仅看作是排除一般性证据的裁量权的个例，是存在危险的。这种观点可能会导致以下理念，即相似事实证据所呈现出来的问题不过是一个效率问题，只需要对其按照"案件管理的方式"进行分析即可。[244] 毋庸置疑，引入相似事实证据可能会带来一些其他类型的证据同样会导致的问题，比如审判的过度拖延、对当事人的"压迫"（因为他被迫面对不合

---

[238] Ibid para 75.
[239] CPR 1.2 (a) and 1.1 (1).
[240] "在决定如何行使裁量权时，法院在评议过程中必须考虑《民事诉讼规则》1 (2) 所列的问题"：(n 151)，para 71.
[241] Ibid.
[242] (n 153) para 54.
[243] Ibid para 77.
[244] Ibid para 65，per Lord Rodger.

理的宽泛的指控)。[245] 即便如此,相似事实证据规则仍是一个独特的规则,它有独立的适用范围。我们必须给予特殊的规范性关注。相似事实证据规则所保护的,是审判评议的正当性。它将那些不尊重被指控者道德自主性的推理排除在评议之外。这种排除应当是一个法律权利的问题,而不是一个司法裁量权的问题。[246]

结　论

我们在第一节中看到,针对刑事案件中相似事实证据的可采性,英格兰和威尔士的《2003年刑事审判法》设立了一种可能是简化了的制度。根据这个法律,如果关于被告人不良品性的证据"与辩方和控方之间的某个重要争议事项相关时",它就是可采的[247];但如果采纳这项证据会危害到"程序的公正性",法院就不能采纳它。[248] 因此,该证据在刑事法律中的可采性不仅取决于相关性,而且还受制于对"公正"的考量。奥布赖恩案的裁决为民事案件设定了大致相同的框架。它铺设了一条看似简单的路径:只要相似事实证据具有逻辑上的证明力,它就是可采的;但是法官可应正义之需,行使自由裁量权排除该证据。

这种简化只是个表面现象。所有最重要的问题都被回避了。不良品性证据会引发什么样的特殊正义或公平问题?这些问题的本质是什么?应该遵循什么原则解决这些问题?逻辑本身并不能解释或证成普通法中的相似事实规则。这一规则有其道德渊源——尽管还可以用其他方式审视它。这一规则表达了,在根据

---

[245] *Eg Kennedy v Dobson* [1895] 1 Ch 334, 338 - 9; *Managers of The Metropolitan Asylum District v Hill & Ors* (n 193) 31; *Hollingham v Head* (1858) 4 CB (NS) 388, 392 - 3. 似乎避免这些问题的需要,在该规则的早期历史中被视为其主要原理:John H Langbein, *The Origins of Adversary Criminal Trial* (Oxford: Oxford University Press, 2003) 191.

[246] *Boardman* (n 30) 457; *R v Gurney* [1994] Crim LR 116.

[247] S 101 (1) (d).

[248] S 101 (3).

第六章 相似事实证据

一个人不名誉的过往经历裁判他的行为时，对该人应有的尊重和关心。根据这种观点，相似事实规则建立在尊重个体自主性这一道德规范上。如果忽视了这种道德视角，这个规则就只能成为一个纯粹的技术性规则，限制或废止该规则也就不足为奇了。

  采用上述道德视角，有助于解释普通法在这一领域中表现出来的矛盾。一方面，我们会觉得相似事实规则应在民事案件和刑事案件中都发挥作用。如果认可下述观点（正如本章所论述的那样），这种感觉就是对的：该规则保障了证据推理的道德合法性，而使用先前不当行为证据在两种程序中都可能破坏这种合法性。另一方面，在采纳相似事实证据时，民事法官不像刑庭法官那样"谨慎"。这一点从道德视角同样是可以解释的。在民事审判中相似事实规则所应对的道德问题，既没有刑事审判中出现得那样频繁，也通常没有那样严重；同时，在民事审判中存在要求采纳这种证据的相互抵消的道德压力，而这不存在于刑事审判中。奥布赖恩案正确地警示我们，"要意识到刑事诉讼和民事诉讼之间的重要差异"[249]。但与目前被广为接受的观点相反，这些差异中最重要的部分，与是否存在陪审团无关。如果本书提出的论点是正确的，那么关键的差异是规范性的，而不是结构性的。

---

[249] (n 151) para 35.

结　语

正如本书标题所示，它探讨的是"证据法哲学"。不过其"雄心"比它的标题可能显示出来的要谦卑一些。在前面这些章节里，本书并未试图发展出一种法律理论，即那种对一大批相互关联的规则和教义的总揽全局的阐述。毋宁说，本书旨在提出一种看待审判的人道主义方式，并通过分析一些选定的规则，来展示一种价值本位的分析方法。简言之，本书想促进一种独特的哲学态度。这种态度是由以下基本关注点所激发的：法庭应当在探究真相的过程中实现正义。与这一主张形成对比的，是另一个明显有别的观念：发现真相，才能实现正义。根据这种传统观念，当法律被正确地适用于真实的案件事实时，正义就正式地实现了。但是，非常有必要认识到以下这一点：正义对于发现事实所使用的方式，施加了一些要求。这个关于过程的主张，并无新奇之处。然而现在的趋势是，仅仅将该主张适用于那些对发现真相施加了边界限制的规则（如作证特免权规则），而且最终认为，关于正义的要求限制或者排斥了我们在发现真相上的利益。本书的研究试图表明，这个主张远比这种理解更加深刻。本书将这个主张拓展适用于那些位于证据法之核心位置的规则：本书选择作为分析对象的规则（证明标准、关于传闻和相似事实的规则），对于审判中的发现真相目的而言，是核心性的。在这些规则的排除形式外表下，它们实质上体现了正义的道德要求。它们要求事实认定者表现出对诉讼双方的移情式关怀，即尽到恰当程度的谨慎，以尊重和关心的态度对待他们。

这种对正义的坚持，并不要求减损法庭关于发现真相的承诺。

结 语

从外部视角来看，这一承诺是非常重要的，正如人们所论述的那样。一般说来，只有当法庭有正当理由断定，一个人会有正当理由相信某事实为真的时候，法庭才应当肯定性地认定该事实。在作出该认定时，法庭受到证据规则的约束。在很多情况下，这些规则与常识观念相悖；正因为如此，才引发了要求废除规则的呼声。但是，如果我们理解了规则运行的具体语境，那么，这些规则（至少包括本书所研究的全部规则）所施加的约束，就不会显得不合理。

与上述实质性内容密切相关，本书还有一个方法论上的贡献。关于证据规则之优劣的论证，不需要取决于一些经验假设。的确，某些经验数据是否有用以及是否相关，只能根据对所讨论的规则之价值和目的的理解，来作出判断。例如，对"外行人具有认知弱点"这一假设的经验验证（或证伪），可以支持"某个具体规则在陪审制系统中是正当的（或不正当的）"理论。但只有当该规则仅仅是建立在对外行人认知能力的不信任这个假定之上时，上述结论才成立。本书则提出了另一种阐述。证据法的许多组成部分，表达了对于事实认定者的规范性限制——无论这里的事实认定者是法官还是陪审团成员。我们不依赖任何经验假设，就可以评价这种规范性论点。正如本书所论述的，证据法背后的首要规范是，要求在探究真相的过程中实现正义。

索 引

accuracy(准确性)
    meaning(含义),66-7
adjudication(裁判)
    adjudication outcome(裁判的结果),6
    proof outcome(证明的结果),6
advice(劝告)
    deliberation process,and(评议过程和劝告),40-1
assertion(断言),86-7
    belief,and(信念和断言),89-99
    duty of jury(陪审团的职责),86
    'finding'(认定),86
    Knowledge,and(知识和断言),87-9
    proposition of core fact(核心事实主张),87

Bayes's theorem(贝叶斯定理),114
Belief(信念),89-99
    acceptance,and(接受和信念),103-4
    arbitrary(武断的),102
    assertion(断言),89-99
    categorical(绝对的) 参见categorical belief(绝对的信念)
    correctness of(信念的正确性),104

---

* 所注序码为英文原版书页码,即本书页边码。——译者注

索 引

deliberation, and（评议和信念），102

differences and relationship between partial and categorical beliefs（部分信念和绝对信念的区别和关系），130-5

doxastic judgment（信念判断），96

evidence adduced at trial（庭审中提交的证据），94

'free proof'（自由证明），94

governed normatively by standard of truth（真相标准的规范性支配），101

guilty plea, and（有罪答辩和信念），97

intime conviction（内心确信），94

judgment, and（判决和信念），104-5

justifiable（可证成的/有正当理由的），95

justified（证成的/被证成的/已证成的），92

justified true belief（证成的真信念），90

knowledge-based account of fact-finding（事实认定的知识解释），98

legal rules on admissibility and use of evidence（证据可采性和运用的法律规则），94

partial（部分的）参见 partial belief（部分信念）

personal（个人的），92-3

prejudice, and（偏见和信念），91-2

rebuttable presumptions of law, and（可反驳的法律推定和信念），96-8

review of conviction, and（对有罪裁决的复审和信念），95

selfless（无私的），92-3

sincerity, and（真诚和信念），95-6

suspicion, and（怀疑和信念），103

truth, and（真相和信念），99-106

two concepts of（两种信念概念），124-35

voluntariness（意愿性），99

without deliberation（未经评议的信念），100

belief and fact-finding（信念和事实认定），106-10

 acceptance of presumptions（接受推定），108

 'actual belief in truth'（对真相的实际信念），106-7

 choice of verdict, and（裁决的选择与信念和事实认定），107

 personal beliefs of fact-finder（事实认定者的个人信念），107-8

 probability（概率），108-10

 propositional content of finding（认定的命题内容），109-10

 regulation of trial deliberation by law（法律对审判评议的规制），108

belief and probability（信念和概率），106-43

 categorical belief（绝对信念），127-30

  commitment to categorical judgment（对绝对判断的保证）

  illustration（例证），129-30

  knowledge-orientated（知识取向的），131

  probability threshold（概率阈值），133

  suspending（搁置），132-3

  switching to partial belief（转向部分信念）

classification of facts and findings（事实和认定的分类），10-12

 material facts（关键事实）

coin-tossing（掷硬币）

 dispute resolution, and（争议解决和掷硬币），3

constitutive judgments（形成之诉的判决），21-2

cross-examination（交叉询问）

 hearsay, and（传闻和交叉询问），235-8

索 引

declaratory judgment（宣告式裁决），21-2

deliberative process（评议过程），32-46

 admissibility（可采性），32

 advice（劝告），40-1

 aspects of（评议过程的各个方面），33-6

 capacity（能力），37

 cognitive process（认知过程），33-4

 conflicts（冲突），46

 consideration of arguments（对论证的考量），35-6

 constraints（限制），36-9

 deciding what to believe and what to find（决定相信什么和认定什么），36

 'disobedience'（不服从/违抗），45

 effectiveness of instructions to ignore evidence（忽略证据指示的有效性），44-6

 effectiveness of regulation（规定的有效性），44-6

 evaluating evidence（评价证据），35-6

 exclusion（排除），43-4

 forms of control（管控的形式），39-46

 freedom（自由），36-9

 hearsay evidence, and（传闻证据和评议过程）

 jury deliberation as group activity（作为团体活动的陪审团评议），34

 meta-level of evidential reasoning（证据推理的元层次），45

 proof（证明），32

 rationality（合理性），37-9

 regulation（规定），42-3

 responsibility（义务/责任），37-9

 Romano-canonical system of proof（罗马—教会法中的证明

制度），39-40
  second-order evidential rules（二阶证据规则），38
  traffic code, and（交通法规和评议过程），38
  warning by judge to jury（法官对陪审团的警告），40-1
Denning, Lord（丹宁勋爵）
  Birmingham Six, on（丹宁勋爵在伯明翰六人案中的意见）

epistemic foundations（认识论基础），86-106
epistemic justification（认识论证成），71-8
  critical self-consciousness（严格的自我意识），74
  deliberation, and（评议和认识论证成），74-5
  explicitness, and（明确性和认识论证成），76
  internal（内在的），71-6
  irrational reasoning（非理性推理），73
  private and public process（私密的和公开的过程），76
  rational argument, and（理性论证和认识论证成），72
  "received view of trial"（关于审判的公认观点），75
  strong-subjective justification（强主观正当理由），72
  subconscious prejudice（潜意识偏见），75
  subjective and detached first-personal statements（主观的和超然的第一人称陈述），71-2
  weak-subjective justification（弱主观正当理由），72
epistemology of legal fact-finding（法律中的事实认定认识论），85-171
ethics of justice（正义的伦理学），78-84
  basic capacity for empathic interpersonal role taking（移情式人际角色承担的基本能力），82
  ethics as empathic caring（作为移情式关怀的道德），82-3
  fact-finder as moral agent（作为道德主体的事实认定者），83

索 引

  findings of fact，and（对事实的认定和正义的伦理学）

  justice as humanity（作为人道的正义），81-2

  moral frame of mind（道德心情），83-4

  offensive reasoning（攻击性推理），79

  Raymond Gaita on（雷蒙德·盖特的正义伦理学）

  reasoning，and（推理和正义的伦理学），78-9

  unjust reasoning，and（不公正的推理和正义伦理学），80-1

evidential support，concept of（证据支持的概念），165-70

  categorical belief（绝对信念），170

  causal explanation（因果解释），168-9

  comprehensiveness of evidence（证据的全面性），166

  credibility（可信性），165

  detective，and（侦探和证据支持的概念）167-8

  evidence justifying categorical belief（证成绝对信念的证据），169-70

  incomplete evidence（不完整的证据），166

  moral dimension（道德维度），167-8

  perfect possibility，requirement of（对完全可能性的要求），169

  weight of evidence（证据的分量），166

exclusion（排除）

  deliberation process，and（评议过程和排除），43-4

fact（事实），1-12

  classification（事实的分类），10-12 也参见 classification of facts and findings（事实和认定的分类）

  coin-finding，and（掷币式认定和事实），3

  composite of physical and neutral（物质事实和精神事实的混合），7-8

  evaluation（评价），9

event, as（作为事件的事实），7

importance of conceptual distinction from law（事实与法律之概念区分的重要性），6

institutional background（制度背景），8-9

medieval forms of proof（中世纪的证明形式），4-5

primary（初始的），8

process, as（作为过程的事实），7

relevant, proposition of（对相关事实的主张），11

role of（事实的角色），2-6

secondary（次生的），8

state of affairs, as（作为事态的事实），7

fact-finding（事实认定），1-50

central aspects of（事实认定的核心方面），1

classification（分类），11-12

consequences of application of evidential rules（适用证据规则的后果），47

criminal trial as epistemic engine（作为认识装置的刑事审判），47

deliberative process（事实认定的评议过程），32-46　也参见 deliberative process（评议过程）

effectiveness of rules of evidence（证据规则的有效性），47

epistemic and ethical concerns reflected in law of evidence（反映在证据法中的认识论和伦理关怀），48-9

ethical issues（道德/伦理问题），49

external perspective of system（系统的外在视角），46-8

fact, and（事实和事实认定），1-12　也参见 fact（事实）; question of fact（事实问题）

internal perspective of fact-finder as moral agent（作为道德主体的事实认定者的内在视角），48-9

索 引

intrinsic value of evidential rules（证据规则的内在价值），48

perspective（视角），46-9

public aspect（公共方面），12

speech act analysis（对事实认定的言语行为分析），12-32 也参见 speech act analysis（言语行为分析）

trial deliberation（审判评议），32-40 也参见 deliberative process（评议过程）

fact, law and value（事实、法律和价值），7-10

Frank, Jerome（杰罗姆·弗兰克）

fact-sceptic, as（作为事实怀疑论者的杰罗姆·弗兰克），56

Gaita Raymond（雷蒙德·盖特）

justice, on（雷蒙德·盖特论正义），81-2

hearsay（传闻），231-83

acceptance of verdict, and（对裁决的接受和传闻），58-60

act of testifying（作证行为），240-1

assessment of trustworthiness（可信赖性评估），253-4

assumption of truth of evidence, and（对证据真实性的假定和传闻），250

claim of knowledge（知识主张），271-2

"closure", and（"封闭性"和传闻），262-3

continental legal systems（大陆法系），255

correctness of verdict, and（裁决的正确性和传闻），282

critique of fairness argument（对公平论点的批评），267-8

cross-examination（交叉询问），235-8，271

default view（缺省观点），248-9

defeasibility argument（可废止性论点），264-82

justice and truth, and（正义、真相和可废除的论证）

definition（定义），244

deliberation process, and（评议过程和传闻），41

demeanour, and（行为和传闻），252-3

disputational framework（争论的框架），271

distribution of risks（风险分配），266-7

duty of critical judgment（批判性裁判的责任），248-52

duty of judgment（裁判的责任），259-63

epistemic individualism（认知个人主义），260-1

epistemological role of testimony（证言的认识论功能），251-2

ethical concern, and（道德担忧和传闻），272-3

evaluation of testimonial argument（对证言论点的评价），254-9

external view（外在视角），231-9

fairness argument（公平论点），264-7

"folk psychology"（大众心理学），252

implied（暗示性传闻），276-82

epistemic stability of inference（推论的认知稳定性），278

"implied assertion"（暗示性断言/主张），277

intended assertion（有意的断言/主张），281-2

justice, and（正义和暗示性传闻），281-2

words relied on "testimonially"（"作为证言"而使用的言词），279

incompetence of jury（陪审团能力不足），232-5

inferentialist view（推论主义者的观点），248-9

internal analysis（内在分析），239-82

international courts（国际法院），256-9

just treatment, notion of（公正对待的观念），270-1

索 引

justification for believing testimony（相信证言的正当理由），248

justification of rule（规则的正当理由），233-4

"lay" testimony（"外行"证言），240-2

limits of defeasibility argument（对可废除性论点的限制），273-6

 risk of falsehood（谎言的风险），274

 risk of injustice（不正义的风险），275

logic of epistemology, and（认识论逻辑和传闻），269

logistical challenges（逻辑挑战），257-9

non-taking of oath（未经宣誓），236-7

operation of rule（规则的运行），242-5

opinion rule, and（意见规则和传闻），261-2

party-presentation, principle of（当事人举证原则），265-6

personal knowledge requirement（亲身知识要求），245-8

practice of epistemology, and（认识论实践和传闻），270

probative value of evidence（证据的证明价值），266

procedural safeguards（程序保障），235-8

receipt of testimony（对证言的接收），241-2

reliability（可靠性），238-9

reliance on（依赖），245

scope of rule（规则的范围），243-5

significance of not following testimonial procedure（不遵循作证程序的意义），252-4

"source of proof"（证据来源），264-5

testimonial argument（证言论点），239-64

testimonial communication（证言交流），240-2

testimonial procedure（作证程序），235-8

testimony（证言），239-42

third-hand testimony（三手证言），260

trend to reduce rigour of rule（减弱规则刚性的趋势），255-6

underlying interests（潜在利益），282-3

international courts（国际法院）

hearsay, and（传闻和国际法院），256-9

international criminal trials（国际刑事审判）

similar fact evidence, and（相似事实证据和国际刑事审判），311-14

International Criminal Tribunal for Rwanda（卢旺达国际刑事法庭）

similar fact evidence（相似事实证据），313-14

jury（陪审团）

hearsay, and（传闻和陪审团），232-5

jury deliberation（陪审团评议）

group activity, as（作为团体活动的陪审团评议），34

justice（正义）

insistence on（对正义的坚持），339

justice as rectitude（作为公正的正义），68-9

rules and facts（规则和事实），68-9

knowledge（知识），87-9

assertion, and（断言和知识），87-9

language, uses of（语言的用途），16-19

consequential effect of verdict（裁决的附随效果），18-19

force of verdict（裁决的力量），17-18

illocutionary act（言外行为），17-18

locutionary act（言内行为），16 - 17

perlocutionary act and illocutionary point（言后行为和言外指向），18 - 19

point of verdict（裁决的指向），17 - 18

propositional content of verdict（裁决的命题内容），16 - 17

verdict as speech act（作为言语行为的裁决），19 - 31

wording of verdict（裁决的用语），16 - 17

marriage, declaration of（对婚姻的宣告），23

material facts（关键事实），10 - 11

generic（一般的），10 - 11

particular（具体的），10 - 11

medieval forms of proof（中世纪的证明形式），4 - 5

narrative model of trial deliberation（审判评议的叙事模式），161 - 5

"holistic" approach（"整体论"方法），161 - 2

justification（证成/正当理由），163

plausibility（似真性），163 - 5

storytelling literature（叙事文献），162 - 3

Nesson, Charles（查尔斯·奈森）

truth and sincerity, on（查尔斯·奈森论真相和真诚），57 - 60

New Evidence Scholarship（新证据学），115

Oath（宣誓）

hearsay, and（传闻和宣誓）

partial belief（部分信念），124 - 7

action-orientated（行为取向的），131

"probably p"（可能 p），125-6

probability threshold（概率阈值），133

subjective credence based on mere hunch（仅仅出于直觉的主观信任）

suspicion, and（怀疑和部分信念），125

switching to categorical belief（转向绝对信念），134-5

probability, theories of（概率论），110-17

Bayes's theorem（贝叶斯定理），114

classification（分类），111

differences and relationship（区别和联系），115-117

epistemic probability（认识论概率），111-12，113-15

subjective theory, and（主观概率理论和认识论概率），113-14

logical or epistemic probability different from objective probability（不同于客观概率的逻辑或认识概率），116

logical or epistemic probability different from objective probability in not being empirical（因非经验性而不同于客观概率的逻辑或认识概率），118

logical or epistemic probability is relevant to evidence（逻辑或认识概率和证据相关），116

logical probability（逻辑概率），111

mathematical component（数学要素），110

New Evidence Scholarship（新证据学），115

objective probability（客观概率），111

physical probability（物理概率），111-13

frequency（频率），113

propensity theory（倾向理论），111-13

subjective probability different from logical or epistemic

索 引

probability（不同于逻辑或认识概率的主观概率），115

    subjective probability different from objective probability（不同于客观概率的主观概率）

  procedural justice, inadequacy of（程序正义的不充分性），64-6

    fair process（公平的程序），64-5

    miscarriage of justice, and（错判和程序正义的不充分性），65

  proof paradox（证明悖论），135-43

    blood tests（血液检测），142-3

    cab scenario（出租车场景），136-41

    civil standard of proof（民事证明标准），135

    determination of propositions by substantive law（由实体法确定待证的命题），141

    epistemological probability（认识论概率），136-7

    external perspective of system engineer（系统工程师的外在视角），137-8

    gatecrasher scenario（逃票者场景），135-41

    statistical evidence, and（统计证据和证明悖论），141-2

  proposition of probability（概率主张），121-4

    disputed propositions of past events（关于过去事件的争议主张），112

    finding of fact, and（事实认定和概率主张），122

    positive verdicts asserting factual propositions（断言了事实主张的肯定性裁决），123

    propositions of proof（关于证明的主张），123

  quashing of conviction（撤销定罪）

    effect of（撤销定罪的影响），26

question of fact（事实问题），1-12

question of law distinguished（事实问题与法律问题的区分），1-2

regulation（规定）

deliberation process, and（评议过程和规定），42-3

relative plausibility theory（相对似真性理论），155-61

Australia（澳大利亚），160

circumstantial evidence（间接证据），156-8

civil trials（民事审判），155

Court of Appeal for Eastern Africa（东非上诉法院），160

criminal trials（刑事审判），155-6

Indian Evidence Act（印度证据法），158

International Criminal Tribunal for the Former Yugoslavia（前南斯拉夫国际刑事法庭），161

Malaysia（马来西亚），159-60

Singapore（新加坡），159-60

United States（美国），158-9

relevant alternatives theory of knowledge（RATK）（知识的相关替代性理论），151-5

alternative or competing hypothesis（替代性的或竞争性的假说），152

alternative possibilities（替代性的可能性），153-4

"elimination"（排除），154-5

"reasonable doubt"（合理怀疑），153

relevance, definition of（相关性的定义），152-4

"rule of actuality"（现实性规则），152

"rule of resemblance"（相似性规则），152-3

索 引

Shackle's model of categorical belief（沙克尔的绝对信念模式），143-51

 "confidence"（信心），143-4

 degree of belief（信念度），149-50

 heuristic model（启发式），144-5

 perfect possibility of hypothesis（假说的完全可能性），146

 "possibility"（可能性）145-6

 possibility distinguished from probability（区别于概率的可能性），148-9

 "preference"（偏向），143-4

 proposition judged impossible（被判断为不可能的主张），146

 tenacity of belief（信念的牢固性），150

 two possible competing hypothesis（两种可能的竞争性假说），148

similar fact evidence（相似事实证据），285-337

 civil cases（民事案件），317-37

 admissibility（可采性），321-35

 Berger（伯杰案），319

 Civil Procedure Rules（《民事诉讼规则》），335-6

 criminal proceedings compared（与刑事诉讼比较），328-35

 discretion to exclude（自由裁量排除），319

 deposition（倾向），330

 discretion（自由裁量），335-6

 disposition, evidence of（倾向性证据），323-4

 fairness（公平），336-7

 forbidden chain of reasoning（禁止的推论链条），327

 interests of justice（正义的利益），318

 "less circumscribed"（更少的限制），332

        Mood Music（氛围音乐案），317-19

        moral issues（道德问题），329

        moral legitimacy of evidential reasoning（证据推理的道德合法性），327-8，330-1

        moral prejudice（道德偏见），326-8，331-2

        O'Brien（奥布赖恩案），320-5

        "prejudice"（偏见），329-30

        prejudice as ethical problem（作为道德问题的偏见），330-1

        pressure to lower threshold（降低门槛的压力），334-5

        probative to sufficiently high degree（证明至足够高的程度），324-5

        probative force（证明力），323-5

        propensity（倾向），332

        proportionality（相称），333-4

        psychological prejudice（心理偏见），325-6

        relevance（相关性），323-5，336-7

        "sufficient similarity"（足够相似性），322

        Thorpe（索普案），319-20

        trilogy of leading cases（主要案例三部曲），317-21

    criminal cases（刑事案件），285-316

        account of external justifications（外部证成解释），289-91

        autonomy（自主性），300-1

        character, concept of（品性的概念），298

        character traits（品格特性），303-4

        civil cases compared（与民事案件比较），328-35

        common law test（普通法检验），285-6

        critique of external justifications（对外部证成的批判），291-4

        deterministic conception of human behavior（人类行为的决

定论观念），299-300

  ethics of belief（信念伦理学），309-11

  exclusion（排除），293

  external analysis（外在分析），288-94

  fairness, and（公平和刑事案件），308, 336-7

  forbidden chain of reasoning（禁止的推论链条），294-5, 302-5

  inference of guilt（有罪推论），305

  inquisitional systems（纠问制），311-14

  internal analysis（内在分析），294-316

  internal perspective（内在视角），316

  international criminal trials（国际刑事审判），311-14

  International Criminal Tribunal for Rwanda（卢旺达国际刑事法庭），313-14

  involuntary belief（非意愿性的信念），311

  justice, and（正义和刑事案件），308

  limitations of scope of history（对历史范围的限制），314-15

  moral constraints on evidential reasoning（证据推理的道德约束），294-8

  moral evaluation（道德评价），310-11

  moral responsibility（道德责任），295-6

  motivations（动机），303, 311

  offensive characterization（攻击性的品格定性），309

  potential prejudice（潜在偏见），289-91

  prejudice（偏见），300

  probative value（证明价值），287-8

  probative value of accused's disposition（被告人倾向性证据的证明价值），304-5

  powers of reflective self-control（反思性自我控制能力），

295-6，297-8

  psychological explanation of rule（规则的心理学解释），307-8

  purpose of criminal trial（刑事审判的目的），302

  R v Ball（鲍尔案），305-6

  regulation（规定/规制），293

  regulation of trial deliberations（对审判评议的规制），316

  reinterpretation of balancing test（对平衡检验的重新解读），306-9

  relevance（相关性），336-7

  reliability（可靠性），289

  risk of cognitive error（认知错误风险），290

  risk of emotivism（情绪风险），290-1，293-4

  role of character and situation in influencing behavior（品性和情境对行为的影响），299

  specified offences（特定的违法行为），296

  statistical reasoning（统计推理），300-1

  statutory rule（成文法规则），286-7

  traditional analysis of balancing exercise（对运用平衡检验的传统分析），306-7

  undue influence（不当影响），292

  use and abuse of evidence of previous misconduct（先前不当行为证据的使用和滥用），298-305

speech act analysis（言语行为分析），12-32

  abuse of procedure（程序滥用），15

  constative-performance distinction（叙事—施为的区别），13-14

  infelicities（不当言行），14-16

  language, uses of（语言的用途）也参见 language, uses of

索 引

（语言的用途）
  sincerity condition（真诚条件），14 - 16
standard of caution（谨慎标准），186 - 223
  carefulness on part of jury（陪审团的仔细），187
  context and caution（语境和谨慎），186 - 8
  context and confidence（语境和信心），188 - 9
  divergence of judicial views（司法观点的分歧）
  epistemic aspect（认识方面），193
  epistemic contextualization（认识语境化），201 - 5
    airport case（机场案例），203 - 4
    "justified belief"（证成的信念），204
  ethics of epistemology（认识论的伦理学），207 - 13
    caution, exercise of（尽到谨慎），212 - 13
    epistemic standard（认识标准），211 - 12
    justified belief（证成的信念），208
    practical interests（实践利益），207 - 8
    relational theory of justice（正义的关系理论），210 - 11
    self-attribution of knowledge（知识的自我归属），208
    self-interested fact-finder（自利的事实认定者），209
    virtuous trier of fact（有德行的事实裁判者），209 - 10
  importance of avoiding injustice（避免不正义的重要性），195 - 6
  injustice in judgment（判决中的不正义），194 - 5
  interest-relative accounts of knowledge and justified belief（对知识和证成之信念的利益相关解释），205 - 7
    belief tout-court（简单信念），207
    practical interests（实践利益），205 - 6
  justice and justifications in fact-finding（事实认定中的正义和正当理由），190 - 6
  "know" as indexical（作为指代词的"知道"），202 - 3

moral absolutism（道德绝对主义），192-3

practical aspect（实践方面），197

practical justification（实践性正当理由），190-1

probative value（证明价值），189-90

rationality of belief（信念的合理性），190

rationality of inquiry（调查的合理性），190

res judicata（既判力），189

risk management（风险管理），196-7

risk of moral harm（道德伤害风险），195

scepticism（怀疑论），199-201

seriousness of allegation（指控的严重性），196

standard of proof，and（证明标准和谨慎标准），187

theoretical and practical reasoning（理论推理和实践推理），189-90

theoretical and practical reasoning in trial deliberation（审判评议中的理论推理和实践推理），196-9

utilitarianism（功利主义）

variant standard of proof（可变的证明标准），213-20

wrongful conviction，and（错误定罪和谨慎标准），193-4

wrongful punishment（错误惩罚），194-5

standard of proof（证明标准），173-229

achievement of social ends（社会目标的实现），183-4

civil standard（民事标准），179-80

criminal standard（刑事标准），175-6，180-2

decisional thresholds，as（作为裁决阈值的证明标准），174，179

distribution of caution（对谨慎的分配），223-8

difference in attitude（态度差异），223-4

impartial attitude（中立性态度），224-6

索 引

protective attitude（保护性态度），226-8

errors（错误），184-5

external analysis（外在分析），173-85

fixed（固定的），174-5

fixing threshold（使门槛固定），182-3

instrument of policy, as（作为政策性工具的证明标准），176-7

normative question（规范性问题），175

predetermined（预设的），174-5

public confidence, and（公信力和证明标准），176

rationality of belief（信念的合理性），178-9

regulatory function（管控功能），174

revision of understanding of concept（对概念理解的修正），185-228

standard of caution（谨慎标准），也参见 standard of caution（谨慎标准）

strength of belief required for proof（证明要求的信念强度），182

variant（可变的），213-20

    allegation of exceptional act（对异常行为的指控），219-20

    allegation of occurrence of common event（对普通事件之发生的指控），219-20

argument for（对证明标准可变性的论证），220

balance of probabilities（盖然性权衡），218-19

civil liability（民事责任），213-20

consequences of civil finding（民事事实认定的后果），215

conviction of lesser offence（以较轻罪行定罪），222

criminal liability（刑事责任），213-20

exemplary or punitive damages（惩戒性或惩罚性赔偿），214

judicial ambivalence（司法中的矛盾态度），221

opposition to（对证明标准可变性的反对），221-3

probability threshold（概率阈值），222-3

proof beyond reasonable doubt（排除合理怀疑的证明），215-17

 uncertainty（不确定性），222

wrongful convictions（错误定罪），184-5

structure of trial deliberation（审判评议的结构），143-71

 Shackle's model of categorical belief（沙克尔的绝对信念模式），143-51 也参见Shackle's model of categorical belief（沙克尔的绝对信念模式）

testimony（证言）

 hearsay, and（传闻和证言），239-42

trial and probabilities（审判和概率），117-21

 epistemological interpretations（认识论解释），118

 interpretation of probability（对概率的解释），120-1

 objective probability, concept of（客观概率的概念），118-19

 reference class problem（参照组问题），120

truth（真/真相），99-106

 belief, and（信念和真相），99-106

 first and pre-eminent virtue, as（真相是首要的、优异的美德），52

 rules based on extra-epistemic considerations, and（基于外在认识考量的规则和真相），105

 standard of correctness（正确性标准），106

 standard of justification（证成/正当理由标准），106

truth and accessibility（真相与可接近性），54-7

 commonsense or classical view（常识性的或经典的观点），56-7

索引

correspondence（符合论），57

Jerome Frank on（杰罗姆·弗兰克的观点），56

scepticism（怀疑主义），54-7

"veriphobia"（"真实恐惧症"），55

truth and polemics（真相与争辩），53-4

cognitive irrationality, and（认知上的不合理性和真相与争辩），53

rationality of jurors（陪审员的理性），53

rules of contest, and（争论的规则和真相与争辩），54

truth and sincerity（真相与真诚），57-61

Charles Nesson on（查尔斯·奈森的观点），57-60

Difference between acceptability and acceptance of verdict（裁决的可接受性和接受之间的区别），59-60

hearsay evidence（传闻证据），58-9

legal fact-finding（法律中的事实认定），61

Lord Denning（丹宁勋爵），60

public acceptance（公众接受），57-8

public order, and（公共秩序和真相与真诚），58

truth as aspiration（对真相的愿望），66-8

accuracy（准确性），66-8

commitment to truthfulness（对真实性的承诺），68

reliability（可靠性），66-8

truth as external standard of correctness（作为外在的正确性标准的真相），76-8

correctness of belief（信念的正确性），77

third-person perspective（第三人称视角），76-7

truth as primacy but not absolute goal（真相是首要但非绝对的目标），69-70

"collateral value"（附属价值），69-70

"side constraints"（边际约束），70

truth, justice and justification（真相、正义与正当理由），51 - 84
 external analysis（外在分析）
 internal analysis（内在分析）

truth, search for（探究真相），51 - 61
 adversarial system, and（对抗制和探究真相），63
 exclusion of evidence（证据排除），62 - 3
 fact-finder's point of view（事实认定者的视角/立场），64
 impediments to（探究真相的障碍），61 - 4
 justice, and（正义和探究真相），53，339
 relevant evidence（相关证据），62 - 3

verdict（裁决）
 ascriptive aspect of（裁决的归属性方面），27 - 8
 assertion of proposition, as（断言命题的裁决），20
 assertive aspect of（裁决的断言性方面），22 - 4
 basis of（裁决的根据），12
 consequential effect（附随效果），18 - 19
 corresponding assertion of fact（符合的事实断言），26
 criminal prosecution（刑事指控），31
 declarative aspect（宣告性方面），31
 declaration（宣告），22 - 3
 declaration of state of legal relation between parties（对当事人之间法律关系状态的宣告），14
 declaration without corresponding assertion of fact（不包含符合的事实断言的宣告），24 - 27
 effect（效果），31 - 2
 evaluative nature of trial deliberation（审判评议的评价性质），27 - 8

索 引

expressive aspect of（裁决的表达性方面），28-31

force of（裁决的效力），14-15

general（一般裁决），12-13

"giving"（给出），13

guilty, effect of（有罪裁决的效力），30

not guilty, effect of（无罪裁决的效力），24-5

official status of guilt or liability（犯罪或担责的官方状态），21

propositional content（命题内容），30

reliability（可靠性），67

rightness（正确性），29

speech act, as（作为言语行为的裁决），19-31

tort action（侵权诉讼），31

type of（裁决的类型），31

validity（有效性），28-9

wording of （裁决的用语），16-17

war, declaration of（宣战），22-3

译者后记

对本书的翻译是由张保生教授发起的。2014年，张保生教授倡议由几位在校攻读博士或硕士学位的研究生，一起阅读、研讨和翻译何福来教授的英文原著。随后各位译者应召形成了一个翻译小组，按照分工陆续完成和提交了各章初译稿。后来，参与翻译的同学均从中国政法大学证据科学研究院毕业，多位译者进入法律实务部门工作。为保证有充足时间参与讨论，并使统稿工作具有连续性，本书后期的统稿和校对由张保生、樊传明、曹佳完成。2019年，我们形成了最终译稿。

各位译者的信息和具体分工如下。

张保生，中国政法大学证据科学研究院教授，翻译第一章，校对前三章。

樊传明，华东师范大学法学院副教授，翻译第二章、序言、致谢、结语和索引，校对后三章，并对全书统稿。

曹佳，中国政法大学证据法学博士，翻译第三章，校对第四章。

郑应伟，北京市两高律师事务所执业律师，翻译第四章初稿。

杨青青，任职于中国证券投资基金业协会，翻译第五章初稿。

禹佳媚，北京市集佳律师事务所执业律师，翻译第六章和索引词表初稿。

阳平，中国纪检监察学院助理研究员、中国政法大学证据科学研究院在读博士生，阅读并参与校对了第五章。

作者何福来教授通过电子邮件解答了我们在翻译过程中遇到的一些问题，并撰写了中文版序言。他在序言中感叹翻译工作的

译者后记

诸多不易，还高度评价了在证据法领域进行跨语言、跨地域和跨学科交流的意义。中国人民大学出版社编辑团队为出版本书付出了许多心血。还有许多人（或许不经意地）推动了本书中译本的出版。例如，凯斯西储大学法学院的戴尔·南斯教授最早向樊传明博士推荐了本书，作为其在美访学期间的阅读资料，这为我们译介本书提供了最初契机；2016年由司法文明协同创新中心和华东师范大学联合主办的"事实与证据：哲学与法学的对话国际研讨会"是我们翻译过程中的一段插曲，参会的哲学与法学报告人（何福来教授是报告人之一）成功开展了一次深入的"对话"，鼓舞了我们译介本书的信心；许多知晓本书翻译计划的学界朋友偶尔会催问我们的工作进度，这种"被期待"的感觉，激励着我们不敢懈怠。

谨向前述提及的人士表示衷心感谢！我们真诚地期盼能够通过译介工作，将这样一本在彼时彼处写就的著作，以恰当的方式带入此时此处的证据法学术研究和制度建构。我们希望不会因为自己的水平有限等原因而阻碍这种交流。但愿我们的翻译工作不负作者，更不负读者！

樊传明

2020年10月

A PHILOSOPHY OF EVIDENCE LAW: JUSTICE IN THE SEARCH FOR TRUTH, FIRST EDITION by Ho Hock Lai

9780199228300

Copyright © Ho Hock Lai 2008
Simplified Chinese Translation copyright © 2021 by China Renmin University Press Co., Ltd.

"A PHILOSOPHY OF EVIDENCE LAW: JUSTICE IN THE SEARCH FOR TRUTH, FIRST EDITION" was originally published in English in 2008. This translation is published by arrangement with Oxford University Press. China Renmin University Press is solely responsible for this translation from the original work and Oxford University Press shall have no liability for any errors, omissions or inaccuracies or ambiguities in such translation or for any losses caused by reliance thereon.

Copyright licensed by Oxford University Press arranged with Andrew Nurnberg Associates International Limited.

《证据法哲学》英文版 2008 年出版，简体中文版由牛津大学出版社授权出版。

All Rights Reserved.

图书在版编目（CIP）数据

证据法哲学：在探究真相的过程中实现正义/（新加坡）何福来（Ho Hock Lai）著；樊传明等译. -- 北京：中国人民大学出版社，2021.2
（法学译丛. 证据科学译丛）
书名原文：A PHILOSOPHY OF EVIDENCE LAW: JUSTICE IN THE SEARCH FOR TRUTH
ISBN 978-7-300-29040-9

Ⅰ. ①证… Ⅱ. ①何… ②樊… Ⅲ. ①证据－法学－法哲学－研究 Ⅳ. ①D915.130.1

中国版本图书馆 CIP 数据核字（2021）第 032297 号

"十三五"国家重点出版物出版规划项目
法学译丛·证据科学译丛
丛书主编 张保生 王进喜

证据法哲学
——在探究真相的过程中实现正义
[新加坡] 何福来（Ho Hock Lai） 著
樊传明 曹 佳 张保生 等 译
Zhengjufa Zhexue

出版发行	中国人民大学出版社			
社 址	北京中关村大街 31 号	邮政编码	100080	
电 话	010-62511242（总编室）		010-62511770（质管部）	
	010-82501766（邮购部）		010-62514148（门市部）	
	010-62515195（发行公司）		010-62515275（盗版举报）	
网 址	http://www.crup.com.cn			
经 销	新华书店			
印 刷	唐山玺诚印务有限公司			
规 格	155 mm×235 mm 16 开本	版 次	2021 年 2 月第 1 版	
印 张	31.75 插页 2	印 次	2022 年 11 月第 3 次印刷	
字 数	406 000	定 价	158.00 元	

版权所有　侵权必究　印装差错　负责调换